全国高等教育金融系

Money and Banking

货币银行学

第2版

主　编◎夏丹阳

副主编◎冯　莉　胡　丹

石璋铭

经济管理出版社

ECONOMY & MANAGEMENT PUBLISHING HOUSE

图书在版编目（CIP）数据

货币银行学/夏丹阳主编 . —2 版 . —北京：经济管理出版社，2013.8

ISBN 978-7-5096-2633-7

Ⅰ.①货… Ⅱ.①夏… Ⅲ.①货币银行学-高等学校-教材 Ⅳ.①F820

中国版本图书馆 CIP 数据核字（2013）第 207309 号

组稿编辑：申桂萍

责任编辑：魏晨红

责任印制：黄 铄

责任校对：超 凡

出版发行：经济管理出版社
　　　　　（北京市海淀区北蜂窝 8 号中雅大厦 A 座 11 层　100038）

网　　址：www. E-mp. com. cn

电　　话：(010) 51915602

印　　刷：三河市延风印装厂

经　　销：新华书店

开　　本：787mm×1092mm/16

印　　张：32.75

字　　数：737 千字

版　　次：2013 年 8 月第 2 版　2013 年 8 月第 1 次印刷

书　　号：ISBN 978-7-5096-2633-7

定　　价：64.00 元

全国高等教育金融学专业系列规划教材
编委会成员

《金融学系列教材》总序

随着我国高等教育事业的飞速发展，我国高等教育教学培养方向呈现出日趋多样化的趋势。不同高等院校的定位和办学理念存在着比较大的差距，但是，为社会培养高素质人才这一基本方向却是相同的。《国家中长期教育改革与发展规划纲要》（2010～2020年）提出我国教育工作的根本要求是：培养造就数以亿计的高素质劳动者、数以千万计的专门人才和一大批拔尖创新人才。对于多数高等院校，尤其是多数非重点本科院校、独立学院和高职高专来说，其核心任务应该是培养造就数以亿计的高素质劳动者。

20世纪90年代以来，在国家政策的支持和指引下，我国高等教育领域中，新的主体得到了较快的发展。它们历史较短，独自开展教材建设的力量都比较薄弱。但实践证明，高等学校教师编写适合自己的教材，不仅有利于教师开展科研和教学工作、保证教学质量，而且有利于学生汲取最新最重要的知识、获取日后工作中所需的核心技能、成长为满足社会需求的人才，进而推动学科的发展和我国高等教育事业的进步。为此，我们组织了一批高等学校的教师编写了这套金融学专业系列教材，希望起到抛砖引玉的作用。

本系列教材以培养具备较强实践能力和动手能力的应用型人才为出发点，深入浅出，在为学生提供基本理论知识的基础上强调案例教学，是学生进入金融学科的一部梯子，是教师组织教学活动的基础，是师生沟通的桥梁。

本系列教材的主编均为长期从事教学工作的教授，还有"211"院校的研究生导师，汇集了多所高等院校多年的教学经验和教学研究成果，是数十位具有丰富一线教学经验的老师心血的结晶。

本系列教材的编写得到了经济管理出版社的高度重视，申桂萍编辑给予了极大支持。在此，对以上为本系列教材的面世而付出辛勤劳动的所有单位和个人表示衷心的感谢。

同时，希望读者对本系列教材提出宝贵的意见，使其更精、更好。

杨开明

2010 年夏于武汉南湖

前 言

《货币银行学》是教育部确定的21世纪全国高等院校经济学、管理学各专业的核心课程，是金融学专业最重要的专业理论基础课。在金融学科体系中，《货币银行学》是联系理论经济学和金融专业课程的纽带和桥梁。《货币银行学》研究的对象是货币、信用与经济运行之间的关系和内在规律，金融市场与金融体系的运行机制，以及金融调控和金融监管理论与方法。学习货币银行学可以为人们提供理解政府经济政策、企业和个人经济行为以及各种经济现象的万能钥匙。

20世纪60年代以来，金融创新与金融改革成为当代金融发展的趋势，在其浪潮的推动下，金融不仅日益成为人类经济活动的核心，金融理论也得到了前所未有的发展。为了更好地体现西方货币银行学领域理论研究的最新进展和金融业运行所发生的翻天覆地的变化，以及我国货币银行学理论研究和金融体制改革的实践，满足提高金融教学质量的迫切要求，本书对传统的《货币银行学》内容和体系作了调整和补充。全书共分为三篇：第一篇为基础理论篇，系统介绍了货币、货币制度、信用、利息、外汇、国际收支等基本理论和知识，旨在为后续内容的学习打下基础。第二篇为微观金融篇，系统介绍了金融中介机构的组织、经营和管理的基本理论与知识，以及金融市场的运行方式和规律。第三篇为宏观金融篇，重点介绍了货币供求、货币均衡和失衡、货币政策与宏观调控、金融监管、金融发展与金融危机。

教材的编写突出了以下特点：一是教材结构体系按三篇十二章设计，比较简洁，突破了同类教材框架结构，有所创新。二是在各章节内容的编排上，注重知识介绍的系统性、内在逻辑性和循序渐进性，既系统介绍了货币银行学的基础理论、制度和政策的演进，又大量涉及了金融市场和金融机构的实务操作，体现了货币银行学教学微观化和市场化的趋势。三是注重反映国内外金融理论研究的新成果和实践的新进展，适当吸纳现代货币金融的前沿理论与创新业务，使读者进一步了解金融理论的发展动态和未来中国金融改革的发展趋势。四是对国内外金融理论和技术方法的讲解，力求深入浅出、通俗易懂，增强教材的可接受性，帮助学生更好地理解和把握金融理论和方法的精髓。五是教材具有较强的趣味性和可读性。在每章开头都以经典故事或案例作引言来概括本章的内容和学习目的，引起学生的学习兴趣；在正文内以专栏的形式插入若干阅读资料，供学生学习参考，拓展学生的视野。六是为了便于学生复习，在每章都编有本章要点回顾、练习题（包括选择题、判断改错、简答、计算题、论述、案例分析题等）。

《货币银行学》教材是集体劳动和团队合作的结果，夏丹阳教授担任主编，负责全书的框架设计及总纂、改稿和定稿；副主编为胡丹、冯莉、石璋铭。撰写分工如下：第一章（夏丹阳）、第二章（胡丹）、第三章（夏丹阳）、第四章（胡丹）、第五章（张露丹）、第六章（石璋铭、帅愿愿）、第七章（夏丹阳、陈光兴）、第八章（冯莉）、第九章（夏丹阳、詹彩云）、第十章（李政）、第十一章（石璋铭）、第十二章（冯莉）。詹彩云、陈光兴、帅愿愿还参与了全书阅读资料和课后复习思考题的编写以及全书的校对工作。本次修改，重点修改、充实了练习题，我带的金融专业 2010 级硕士研究生周志强、吴章芳、朱丹、吴津、张亚博协助我完成了练习题的修改和编写工作。

夏丹阳

于武汉东湖之滨

2013 年 7 月

目　录

基础理论篇

微观金融篇

宏观金融篇

基础理论篇

第一章　货币与货币制度

【学习目的】

　　了解货币的起源，了解货币形式演变过程。掌握货币的本质及职能并了解西方经济学家货币本质观。理解货币与经济的关系以及货币在经济中的作用。了解货币制度的主要构成要素与货币制度的演变。

　　在现代经济生活中，货币是人们最熟悉的东西，几乎每天都要和它打交道。人们用它购买商品、支付费用、偿还债务、缴纳税金，还用它购买股票、债券、投资办公司。货币还是财富的象征，拥有货币也就占有了财富。货币同样是现代经济发展的要素，企业间的经济往来，财政收支的组织和实现，金融机构各项业务的开展，国际经济的交往都离不开货币。从社会再生产过程来看，如果把社会再生产比作有生命的机体，货币就是这个生命体的血液；如果把社会再生产比作没有生命的机器，货币就是这台机器上的润滑油。可以说，在现代社会中，人们随时随地都与货币发生着密切的联系。货币以其特有的渗透力，影响着社会经济生活的方方面面。然而货币也是最复杂的经济现象，货币是怎样产生的？是如何演变发展的？货币的本质是什么？货币与经济关系如何？等等，从古到今曾有无数的经济学家去研究和探寻货币的奥秘。本章我们将一一解答这些问题，使大家通过学习，对货币和货币制度有比较全面和深入的了解。

第一节　货币的起源与形式演变

一、货币的起源

　　人类社会在地球上已有百万余年的历史，但货币只不过是几千年以前才出现的事物。在中国，货币的存在已有四五千年的历史。现在我们在日常生活中，每天都在与货币打交道，对货币可以说是司空见惯，但货币到底是从哪里来的？它的本质如何？这些问题长期困扰着人们。对此，马克思曾引用当时英国议员格来斯顿的话说："受恋爱愚弄的人，甚至还没有因钻研货币本质而受愚弄的人多。"货币到底从何而来，似乎成了一个谜。但这又是一个非解开不可的谜，因为了解货币的起源是认识货币本质、职能与作用的起点，从某种意义上说，也是正确认识货币金融理论的起点。

（一）历史上的各种货币起源说

1. 西方学者的不同观点

早在公元前300多年前，古希腊学者亚里士多德（Aristotle）就提出了货币是由国家规定和创造的观点。他又认为，货币不是自然产生的，而是根据协议或国家法律确定的，货币的价值可以由法律规定，也可以根据法律废除货币。这种观点是货币名目论和货币国定论的萌芽。

货币名目论的主要代表人物巴贲（N. Barbon）认为，货币是国家创造的，国家权威赋予铸币价值。他认为只要有君主的印鉴，任何金属都可以有价值，都可以作为货币。巴贲在货币本质的理论方面是彻底的货币名目论者，在货币起源的理论方面是坚决的货币国定论者。

古典学派的杰出代表亚当·斯密（Smith Adam）比较明确地认为，货币是随着商品交换的发展逐渐从"许多种类货物"中分离出来作为"共同衡量标准"或"共同价值标准"的一种货物。斯密详细地从物物交换中由于物品种类多，人们很难记住它们的相对价值，以及由于生产的专业化和需求的多元化使交换极不方便等方面，说明了货币出现的原因，他认为，货币是聪明人为了克服直接物物交换的困难而协议出来的，是"有思虑的人"在交换中挑选出来的特殊产品，而且还认为货币不是由国家随意规定和随意取消的，而是在交换过程中自发产生的。

杜尔阁（A. R. Turgot）较早对货币起源问题进行了理论探讨，也较有成效。他从商品交换的不同形式出发，将货币的产生分为三个阶段：首先，在一种商品同另一种商品之间孤立的交换行为中，商品的交换价值是不确定的；其次，他认为，在一个对每种商品都有许多供给和许多需求的国家里，每种商品对每种其他商品都会保有一种担保品；最后，并非每种商品都可以作为取得其他商品的普遍担保品，这要取决于该种商品是否容易转运、保存和不变质。黄金和白银由于其自然属性而最终成为人们乐意保存的这种担保品。

布阿吉贝尔（Pierrede Bois-Guillebert）认为，货币的产生与信用有关，他认为由于卖者出售商品以后，不能立刻从买方那里得到自己所需的货物，于是就要某种物品作为将来交换商品的保证，所以就需要金钱来帮忙，于是就产生了货币。

2. 中国古代的货币起源说

中国古代关于货币起源有代表性的观点大体有两种，即先王制币说、交换起源说。中国古代主流观点是先王制币说，出自《管子·国蓄》中的一句话："玉起于禹氏，金起于汝汉，珠玉起于赤野，东西南北距周七千八百里，水绝壤断，舟车不能通。先王为其途之远，其至之难，故托用于其重，以珠玉为上币，以黄金为中币，以刀布为下币。三币握之……先王以守财物，以御民事，而平天下也。"意思是说先王为了进行统治而选定某些难得到的、贵重的物品为货币，认为货币是帝王贤人钦定的，是人君之权柄，是统治阶级治国安邦的工具。交换起源说出自于西汉司马迁《史记·平准书》中的论断，"农工商交易之路通，而龟贝金钱刀布之币兴焉"，即货币产生于交换的发展之中，而对于交换，他认为，是一种自然发生的事情。

总之，从历史上看，中外学者对货币的起源提出了种种假说，其中有些观点对货币起源有科学的认识，比如亚当·斯密、司马迁认识到货币是因交换而产生，一些西方古典学派学者还认识到货币是由普通商品演变而来等，但是大部分观点主观臆断的成分大，而且没有历史考证的科学证明。马克思在《资本论》中对货币产生的分析受到了西方古典学派的影响，相比而言，马克思对这个问题的分析比西方古典学派的分析更为系统、深入、全面和科学，这是经济学研究中公认的事实。马克思从辩证唯物主义和历史唯物主义的观点出发，采用历史和逻辑相统一的方法观察问题，科学地揭示了货币起源。

（二）马克思的货币起源学说

1. 货币是商品经济内在矛盾发展的产物

马克思认为，商品的内在矛盾是使用价值与价值、具体劳动与抽象劳动、私人劳动与社会劳动的矛盾。其中私人劳动与社会劳动的矛盾是商品经济的基本矛盾，这对基本矛盾决定于商品经济的两个基本条件——生产资料私有制和社会分工。生产资料私有制使生产成为私人的事情，劳动直接是私人劳动；社会分工使生产者之间相互联系、相互依存，每个人的劳动都是社会总劳动的一部分。在社会分工的条件下，每个人的生产活动都是专业化的，都是一元的，生产的产品也是一元的，但他的消费需求却是多元的，要求用多元的产品来满足，为了克服这种一元的生产与多元的消费之间的矛盾，生产者就必须将自己的产品与他人的产品相交换，产品的交换使私人劳动转化为社会劳动。也就是说在社会分工条件下，有着使私人劳动转化为社会劳动的内在要求。私人劳动要转化为社会劳动，必须以个人产品的使用价值对他人有用为前提条件，通过交换产品出售出去了，才证明个人产品对他人有用，从而也就实现了商品的价值，使生产个别产品的私人劳动与社会劳动的矛盾得到解决。所以私人劳动与社会劳动的矛盾推动了商品运动——商品交换。

商品要交换，就要解决一个交换量的问题，就是你给我多少，我给你多少的问题，交换必须公平，交换双方互不吃亏。那么，商品是根据什么确定交换量的呢？能不能根据商品的使用价值呢？回答是否定的。因为商品的使用价值是异质的，无法进行比较，比较的根据只能是各种商品共同具有的同质的东西。什么是同质的东西呢？马克思指出就是人类劳动，因为各种产品都是人类劳动的产物，都是支付一定体力、脑力的结果。商品可以按照其所包含的劳动量来进行交换，这个凝结包含在商品中的人类的一般劳动、抽象劳动就是政治经济学中所说的价值。各种商品的价值，在质上是同一的，因此在量上是可以比较的，经过比较，价值量相等的商品相交换，这就是等价交换的原则。为了实现等价交换，必须根据商品价值来衡量交换量是否相等。

但是价值是包含在商品中的内涵因素，它既看不见也摸不着，所以商品的价值还必须有一个外在的表现形态，才能进行量的比较，这就是价值形态，比如一只羊与两把斧头相交换，一只羊的价值就通过两把斧头外在地表现出来了。羊的价值的具体形象就是两把斧头，后一种商品斧头就是前一种商品羊的价值表现形式。随着生产力的发展，商品的内在矛盾推动着商品交换不断地由低级向高级发展，价值表现形式也不断地由低级向高级演进，价值形式发展的最高形式就是货币形式，所以我们说货币的产生是商品内在矛盾不断发展的结果。

2. 货币是价值形式发展的最高形式

价值形式发展是一个漫长的历史过程，货币形式的产生，是一个从低级的价值形式向高级的价值形式发展、演化的漫长的历史过程。马克思根据大量的历史资料，指出历史上曾出现过四种价值形式，即简单价值形式、扩大价值形式、一般价值形式、货币形式。了解了这四种价值形式的演变过程，就可以了解货币是如何产生的，如图1-1所示。

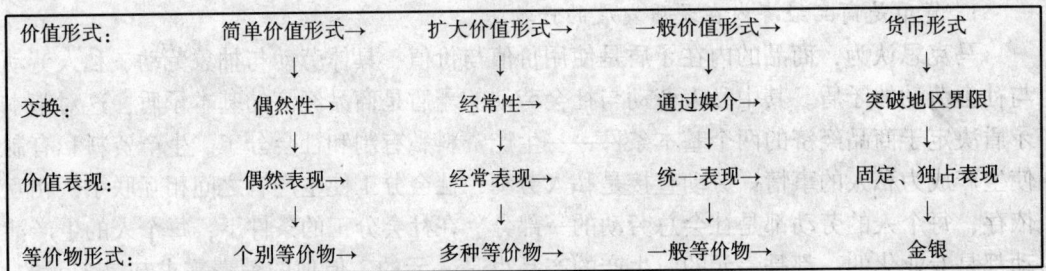

价值形式：	简单价值形式→	扩大价值形式→	一般价值形式→	货币形式
交换：	偶然性→	经常性→	通过媒介→	突破地区界限
价值表现：	偶然表现→	经常表现→	统一表现→	固定、独占表现
等价物形式：	个别等价物→	多种等价物→	一般等价物→	金银

图1-1 价值形态的演化过程

（1）低级的价值形式——简单的价值形式与扩大的价值形式。简单价值形式，也称偶然价值形式，即一种商品的价值偶然地表现在另一种商品上的价值形式。早在上古时代，在原始社会较晚阶段，由于劳动生产率很低，剩余产品数量非常有限，交换只是在原始公社之间偶然发生，一种商品的价值只是简单地、偶然地通过另一种商品表现出来。

在新石器时代的晚期，由于金属工具的使用，第一次社会大分工产生了，畜牧业和农业相分离，共同生产逐渐被个人生产所代替。随着私有制的出现，公社与公社之间的交换逐步被个人与个人之间的交换所代替，交换日益发展成为经常的现象，这时一种物品不再是非常偶然地和另外一种物品发生交换关系，而是经常地与另外多种物品相交换。扩大的价值形式，即一种商品经常地与另外多种商品相交换，其价值可以通过许多商品的使用价值表现出来，商品价值表现的范围扩大了，就称为扩大的价值形式。

简单价值形式与扩大价值形式有一个共同特点，就是它们都属于直接的物物交换形式，在直接物物交换的条件下，只有交换双方在同一时间、同一地点、彼此都需要对方的商品，而且价值量相等时，交换才能成立。交换的成立受到严格的条件限制，这就使交换受到极大的局限。比如，有羊的人希望以羊换布，而有布的人则想换米，有米的人希望换锄头，有锄头的人愿换丝，有丝的人想换羊。在物物交换的条件下，有羊的人为了得到布必须先以羊换丝，再以丝换锄头，然后以锄头换米，最后以米换布。只有逐步地解开需求链，才能使生产这些产品的劳动得到社会承认，从而使私人劳动转化为社会劳动。要解开这个需求链是要花费极大精力的，更何况在一个限定的时间和空间范围内这样的需求链未必存在。所以物物交换具有极大的局限性，制约了交换的发展，提高了交易成本。

（2）高级的价值形式——一般价值形式和货币形式。随着商品经济日益发展，当越来越多的物品进入交换领域以后，人们自发地行动起来寻找克服物物交换困难的方法。人们发现市场上有一种或几种商品交换次数最多，其使用价值是大家所普遍需要的，于是大家都先用自己的产品去换这种商品或这几种商品，然后再用它去换回自己所真正需要的商品。于是慢慢地，这种商品或这几种商品就从整个商品界中分离出来了，当市场上所有的商品都要求用这种商品或这几种商品表现自身价值的时候，这种商品就成为所有其他商品价值的表现材料，具有了与其他所有商品直接交换的能力，成为所有物品的等价物，也称为一般等价物。用一般等价物表现所有物品的价值，马克思称之为一般价值形式。

当价值表现物被长期固定在某一种或某几种商品上，这时价值形式发生了质的飞跃，一般等价物的出现标志着商品交换进入了高级阶段，直接的物物交换让位于通过媒介的间接交换，交换过程就分裂为买和卖两个独立的阶段，商品所有者先卖再买，为了买而卖，这种间接交换就是商品流通，其公式是：商品→一般等价物/交换媒介→商品。

随着商品交换的发展，交换的地域范围越来越大，为了便于携带，克服交换的地域限制，一般等价物逐渐固定在金银等贵金属上，当金银等贵金属独占地、固定地充当一般等价物时，一般价值形式就演变为货币形式了。

当价值形式发展到高级阶段，等价物被固定在某一种商品上时，这种商品被称为货币商品。从货币的发展历史来看，某种商品作为一般等价物，从商品世界分离出来以后，人们就把它视为货币了，也就是说人们不仅仅认为金银是货币，还将能够充当一般等价物的实物商品也看作货币，看作是与金银货币不同的货币形式。在当代，货币形式仍然在不断地发展，在不同的国家、不同的历史时期，曾有许多不同的商品充当过货币的材料，形成了不同的货币形式。

二、货币形式的发展与演变

货币形式的发展主要体现在币材的变化上，货币形式的发展经历了数千年的历程，虽然世界各国经济发展程度不同，同一时期不同国家的货币发展程度也是不同的，但是从总体趋势来看，各国货币形式的发展大体都经历了从实物货币到金属货币，再从金属货币到信用货币的演变发展过程。如图1-2所示。

```
                    ┌ 商品货币 ┌ 实物货币（贝、珠、布帛等）
                    │         └ 金属货币（铜、银、金）
   货币 ┤
                    │         ┌ 可兑换信用货币（代用货币）
                    └ 信用货币 │                      ┌ 现钞
                              └ 不可兑换信用货币 ┤ 存款货币
                                                └ 电子货币
```

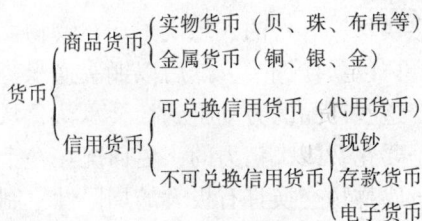

图 1-2 货币形式的发展

（一）实物货币

实物货币是人类最早采用的、最原始的货币形式，实物货币具体表现为实物形态的商品，其作为非货币用途的价值，与其作为货币用途的价值是相等的。换句话说，假如某一种商品既可以作为货币用以交换，又可以作为一般商品进行消费，其价值都是相等的，那么这种商品就是一种实物货币。在人类历史的远古时期，生产力不发达，交换的目的就是为了满足生产和生活的某种需要，所以作为交换媒介的货币一般是具有特殊使用价值的、最普通的供求对象，是相比其他商品而言较为珍贵，最能代表社会财富，并易于保存的实物。据考证，在中国的商周时期，牲畜、粮食、布帛、珠玉、贝壳等都充当过货币，其中，以贝最为流行。"夏后以玄贝"，贝自然生成均匀的个体，便于计量和找零。在古语中货币两个字有不同的含义，"货"是指珠、贝、金、玉等，"币"是指皮和帛，钱在中国古代是一种形如铲的农具，说明中国古代社会曾长期使用实物货币。

实物货币刚刚脱胎于商品，并不是理想的币材，理想的币材应当具备四个特征：一是价值比较高，这样可用较少的媒介完成较大的交易量；二是易于分割，即分割之后不会减少它的价值，以便于同价值高低不等的商品交换；三是易于保存，即在保存过程中不会损失价值，也无须支付费用；四是便于携带，以便于在较为广大的地区进行交易。而实物货币一般都不能同时具备以上四个特征，比如贝壳便于携带和保存，因是外来商品价值也比较高，但是却不易于分割；牲畜价值虽高，便于转移，但保存它要花费成本，特别是一头牲畜分割以后，其部分价值会大大低于整体价值。

随着交换的发展，对以上四个方面的要求越来越高，这就使得金属日益成为货币商品。因为只有金属的自然特性最符合充当币材的四个特征，尤其是金属可以多次任意分割，分割后还可以冶炼还原，这就比实物货币具有更明显的优越性。所以世界上比较发达的民族都比较早地采用金属充当货币。

（二）金属货币

严格地说，金属货币也是一种实物货币，由于金属货币在货币发展史上有独特的地位，所以单独讨论。

世界上充当货币的金属主要是金、银、铜，铁作为货币的情况较少，这是因为冶炼技术发展以后，铁的价值很低，用于交易过于笨重，而且易锈蚀，不易保存，但是有的民族、国家也曾短暂出现过以铁充当货币的历史。总的来看，金属货币演化的顺序是沿着两个方向进行的。

第一，金属货币经历了由贱金属到贵金属的演变。这个发展方向是与生产力的发展和商品交换的发展相适应的，在金属货币产生的初期，生产力不发达，商品交换规模相应较小，所以价值低的贱金属铁、铜就可以满足交易的需要，当社会经济发展到相当水平，交易规模相当庞大时，就需要价值高的贵金属金银来充当币材。金银的自然属性具有质地均匀、便于分割、便于携带、不易损坏、体积小、价值高的特征，这些特征使金银最适于充当货币，所以马克思说过一句话："金银天然不是货币，但货币天然是金银。"

在西方主要资本主义国家，黄金充当币材的垄断地位是在19世纪先后完成的，其货币形式的发展基本遵循了由贱金属向贵金属的演变。但中国货币形式的发展并没有严格地由贱金属向贵金属演变。据考证，中国最早的货币金属是铜和金两种，铜在殷商时代的中晚期，公元前14世纪至前11世纪，已经使用铜铸造货币，距今已有3100年以上的历史，黄金在商代的遗址中就有发现，但只是作为饰物，在战国时期就开始作为货币使用了，考古发现一种铭文读为"郢爰"的金钣，就是战国楚地的货币。进入周代以后，中国一直是铜币流通的天下，直到20世纪30年代还有铜元流通。白银作为币材是从宋朝开始，并一直是主币的币材。

总之，从中国货币史考察，中国的币材是金、银、铜并行，以铜为主。中国使用铁做货币的历史很短，五代十国出现过铁钱，宋代四川专用铁钱，有些地方铁钱、铜钱并用，贵金属做货币主要是银，金做货币相对较少。

第二，金属货币经历了从称量货币到铸币的演变。金属货币最初是以块状流通的，金银块、金银锭、金银元宝都属于称量货币，使用称量货币每笔交易都需要称重量、鉴定成色，有时还要按交易额的大小把金属块进行切割，这种货币就是称量货币。称量货币交易起来很不方便。后来，有些有名望的大商人在贵金属块上打上自己的印记，标明重量和成色，表示用自己的信誉对其真实性负责，这样就方便流通了，这就是铸币的雏形，当商品交换扩大到更大范围以后，当地有名望的商人给货币进行信用背书就不行了，这时要求对货币的重量、成色给予更权威的证明，而最具权威的自然就是国家。

铸币是由国家打上印记，证明重量和成色的金属块。所谓国家的印记，包括形状、图案、花纹、文字等。最初各国的铸币有各种各样的形状，但后来都逐步过渡到圆形，因为圆形最便于携带且不易磨损。中国最古老的金属铸币是铜铸币，有三种形制："布"、"刀"、"铜贝"。第一种是"布"，是铲形农具的缩影，最早的布出现在西周、春秋。第二种是"刀"，是兵器刀的缩影，它主要流通在齐国、燕国。第三种是"铜贝"，最初是在南方楚国流通，通常称为"蚁鼻钱"，形状像海贝，也称鬼脸钱。从秦始皇起，我国历代王朝发行的铜铸币都采用秦朝"半两"铜钱圆形方孔的形制，与西方圆形铸币不同的是中间有方孔。秦始皇的"半两"铜钱是中国统一铸币制度的开始，以后历代王朝货币的名称虽有改变，但秦始皇"半两"铜钱的圆形方孔的形制却一直延续到清代。秦朝到隋朝的铸币是以重量命名的叫"半两钱"和"五铢钱"，"五铢钱"从汉朝起到隋朝流通了700年；唐武德四年（621年），废铢两制，实行宝货制，成为历代皇朝铸币的基本形制，其形状仍为圆形方孔，其币文为通宝、元宝、重宝等，前面再加当朝皇帝的年号，这种形制一直延续到清代，唐高祖武德四年发行的货币为"开元通宝"，不再以重量铭文而以年号铭文，使铸币彻底摆脱了称量货币的影响。受西方货币文化的影响，清光绪二十六年，在广东首先制造了新式的机制铜元，改变了铜钱圆形方孔的形制，机制铜元只流通了短短30多年，1935年实行法币政策以后，铜元也逐步退出历史舞台。清朝中后期，开始铸造银币，称"龙洋"；北洋政府发行的银币，俗称"袁大头"；国民政府发行的印有孙中山头像的银币，称"孙中山银元"。我国历史上的一些实物货币和金属货币如图1-3所示。

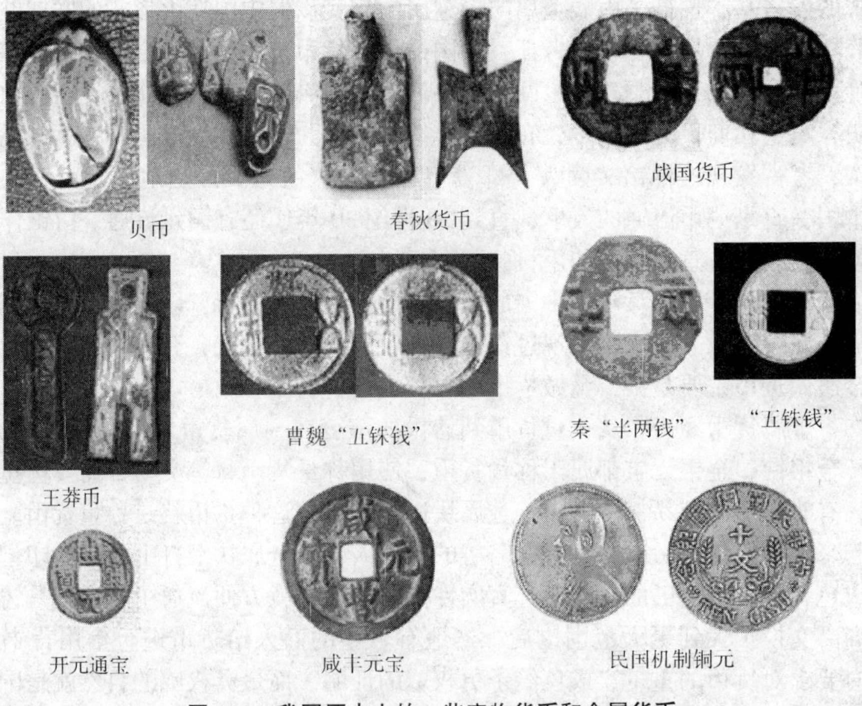

图1-3　我国历史上的一些实物货币和金属货币

（三）信用货币

信用货币是以信用作为保证，通过信用程序发行和创造的价值符号。信用货币有两种类型：一种叫可兑换信用货币，也称传统的信用货币；另一种叫不可兑换信用货币，也称现代信用货币。

可兑换信用货币就是随时可以兑换黄金的信用货币，这种货币实际上是黄金的代用货币，它是一种价值符号，代表金币在流通中发挥货币的职能。可兑换信用货币最早出现在英国，在中世纪后期，英国的金匠为顾客保管金银货币所开出的收据，在中国称为"银票"。可以在流通领域代表金银币流通，这是原始的信用货币（信用货币的雏形），在持有者需要的时候，这些收据随时可以兑现金银币，所以叫可兑换信用货币。可兑换信用货币是金属货币流通制度下的价值符号，开始信用货币是被动发行的，银行出现以后便开始主动地发行信用货币，银行事先印制好不同面额的银行券，印制发行的数量由银行所吸存的金银的数量所决定，银行所储存的金银是发行银行券的信用保证和兑现的准备。于是银行券就成为银行发行的、代替金银货币流通的、可以随时兑换金银的信用货币。最初的银行券都实行100%的黄金保证，即发行多少银行券就须储备多少黄金。后来由于银行券的普遍使用，兑现的频率下降，黄金准备的比率也就降低了，最低的时候甚至只需10%的准备就可以满足兑现的需要。银行券是通过商业票据贴现发行的，因此有黄金和商业信用双重保证，银行券的发行与商品流通是紧密联系的，不会因过多发行而造成通货膨胀。信用货币的使用克服了大宗交易携带贵金属货币的不便，扩大了货币供给的规模，提高了交换效率。

不可兑换信用货币就是不能兑换金银的信用货币。典型的不可兑换信用货币是政府以政权为后盾，强制发行、流通的纸币，也称法币。纸币是政府以国家信用为基础发行的，它的发行并不需要金银准备作保证，不受金银准备的束缚，国家可以在没有金银准备的情况下发行纸币。它完全割断了货币与贵金属的联系，国家不承诺兑现金银。这些货币在流通领域之所以被接受，完全是由于人们信赖政府，相信货币的购买能力将会得到政府的保证。另外，由银行发行的不兑现的银行券，也是与纸币并行流通的不兑现信用货币的重要形式。不兑现银行券是由可兑现银行券演变而来的，在第一次世界大战前发生经济危机时，一些国家的银行曾停止银行券兑付黄金，在第一次世界大战期间，世界各国的银行券普遍停止兑现黄金，战后有的国家曾短暂恢复兑付，但往往附带有苛刻的条件，直到1971年布雷顿森林体系崩溃，美国政府宣布美元停止兑换黄金，各国政府也宣布与美元脱钩，从此世界各国发行的银行券都成为不兑现的信用货币，银行券完全纸币化了，至此银行券与政府纸币合二为一，由中央银行垄断发行，流通中的货币完全由纸质的不兑现信用货币所取代，货币商品完全退出历史舞台。

专栏 1-1

我国的纸币

我国从古到今的纸币有：北宋的"交子"（使用纸币比西方早700年）、元朝的"中统元宝钞"、明朝的"大明宝钞"、清朝的"大清宝钞"、国民政府的"法币"、边区发行的银行券、新中国的"人民币"，人民币现在已发行到第五套。

我国的第一套人民币从1948年12月1日起发行，到1955年5月10日停止流通。它统一了各解放区革命政权发行的货币，取代了国民党政权发行的货币，停止了金银和各种外币的流通使用，使统一的货币占领了全国市场。

第二套人民币于1955年3月1日开始发行，到1998年12月31日宣布停止流通。从第二套人民币开始，发行了人民币硬币，自此新中国货币进入纸硬币混合流通的时代，对健全我国货币制度、促进社会主义经济建设起到了应有的作用。

第三套人民币从1962年4月20日开始发行，其券别结构合理，纸币、硬币品种齐全，设计思想明确，印制工艺水平进一步提高。第三套人民币是我国独立自主研制开发出来的第一套货币。

第四套人民币从1987年4月27日开始陆续发行，并增加了50元和100元两种大面额币种，这对于适应商品经济的发展，方便流通，提高效率等发挥了显著作用。

第五套人民币从1999年10月1日起陆续发行。第五套人民币共有100元、50元、20元、10元、5元、1元纸币和5角、1角硬币八个券种。为调整人民币流通结构，完善币制，第五套人民币增加了20元票面的券种。2005年8月31日又发行了改进版的第五套人民币。

现代信用货币不仅包括现钞，还包括银行存款。因为银行存款也是银行部门通过信贷程序创造出来的，存款所有权的转移成为现代社会购买商品和支付费用的主要形式。尤其是活期存款，它能与现钞一样发挥作用，存款人可以使用支票直接在其活期存款中支付货款和费用，所以可以签发支票的活期存款被称为"存款通货"。在现代经济生活中，人们的货币收付中，现钞收付只占一少部分，大部分都通过支票转账（据统计全世界现钞收付仅占货币收付的27%，此比例还在不断下降），现钞加上活期存款统称为流通中的货币，也称狭义货币。

定期存款和储蓄存款因为不能直接用支票进行转账支付，而必须转为现金或活期存款之后才能购买商品、支付费用，所以，它们是不能直接流通的信用货币，被称为"准货币"、"亚货币"或"潜在的货币"。另外，商业票据、国库券、保险单等票券，在一定的条件和范围内也充当购买手段和支付手段，所以也可视为"准货币"、"亚货币"、"潜在的货币"。狭义货币与准货币之和称为广义货币。

（四）电子货币

20世纪以来，电子商务在世界范围内悄然兴起，作为其支付工具的电子货币也随之产生和发展。电子货币的产生被称为继中世纪法币取代铸币以来，货币形式发生的第二次标志性变革。电子货币就是由消费者（及相对的特约商户）占有的，存储在一定电子装置中，代表一定的货币价值的"储值"或"预付价值"的产品。具体而言，这里所讲的电子装置通常包括两种形态：以IC卡为媒质的智能卡和以计算机为基础的电子货币载体。电子货币的货币价值以数字信息的方式存储在电子装置载体中，表现为各种各样的银行卡、储值卡、智能卡以及利用计算机网络进行支付的货币形态。银行卡与银行的结算系统相联系，依靠现代电子技术，用电子信息的传送来完成个人、企业及经济单位之间的货币的收付，用多种类型的银行卡取代现钞和支票。而储值卡、智能卡则离开了银行的中介作用，在交易过程中不与银行存款发生密切联系，消费者以预存现金，消费扣减的方式支付。

在网络交易越来越发达的背景下，为了克服小额支付的困难，网络运营商发行了各种各样的网络代金券，也称网币，如Q币、泡币、U币、百度币、酷币、魔兽币、天堂币、盛大点券等。为了使网币的使用不冲击人民币发行，中央银行只允许人民币兑换网币，而不许反向兑换。然而随着网游产业的发展，民间自发出现了各种网币之间的兑换，甚至可用网币购买通常只有人民币才能买到的实物产品或服务，形成了类似货币的购买力，虚拟货币与真实货币之间的界限逐渐模糊，中央银行垄断货币发行权的"铁律"受到了挑战。近年出现的"比特币"更是直接挑战中央银行发行货币的权威，如何正确地利用网络虚拟货币为生产流通发展服务，是摆在人类面前的现实课题。

专栏1-2

通过计算机联网"计算出"的货币——"比特币"

据业内人士介绍，"比特币"是一种虚拟的电子货币，"比特币"并不属于任何国家和金融机构，也没有中央银行来控制发行多少、汇率多高这类指标。

"比特币"并不是一枚一枚的钱币，而是由网络节点在完成一个特定数学问题计算之后生产出的，简言之，一枚"比特币"就是用联网的计算机运行特定程序，通过复杂的计算后得到的64位的数字符号，这串数字的排列必须符合固定的秘密算法。获得"比特币"的唯一方法是验证每个64位数是否符合密码算法。一旦通过，参与者即可将这枚"比特币"收入囊中。这一获得"比特币"的过程就叫作"挖矿"。

2009年2月11日晚上10点27分，一个化名为中本聪的人，在P2P基金会网站上发帖，称自己开发出了一个叫作"比特币"的开源P2P（点对点）电子现金系统，它完全去中心化，没有中央服务器或者托管方，所有一切都是基于参与者。这意味着与以往基于对政府或中央银行的信任而发行和流通的货币不同，"比特币"无须任何机构来担保，是完全基于程序设定（甚至连开发者自己都不能改变其规则）而产生和流通的一种货币，其货币总量将在2140年达到2100万个的极限。其分布式特性与去中心化的设计结构，确保了理论上任何机构都不可能操控"比特币"的货币总量，或者制造通货膨胀。

2010年5月，美国佛罗里达州程序员拉斯洛·豪涅茨用1万枚"比特币"（当时约合25美元）购买到两块棒约翰比萨，这是"比特币"从"极客"手中的玩物摇身一变首次用作购买实物。此后，芬兰SC5软件开发公司尝试用"比特币"为员工发放部分工资，加拿大一名男子欲以"比特币"出售占地3.6英亩的住宅……数百个互联网企业也纷纷接受"比特币"支付，涵盖网上服务、招聘、有形商品买卖和慈善捐赠等领域。

随着越来越多的人开始加入"比特币"市场，自然而然建立起来"比特币"与其他货币的兑换汇率，这也为后来疯狂的投机行为奠定了基础。开始时，"比特币"的汇率极低，1"比特币"长期在兑换0.1美元以下徘徊，随后慢慢提高，到了2013年"比特币"价格一路突破30美元、40美元，4月1日终于突破100美元，十天之后的4月10日，冲至266美元的高点，从诞生至2013年不到四年时间里，"比特币"增幅高达 5000 多倍，因而受到关注，也被很多人当作一种理财选择或者投机方式。

"比特币"的产生对中央银行货币发行制度、货币的本质、货币的信用基础等传统理论提出了挑战。

第二节　货币的本质与职能

一、马克思的货币本质观

货币的本质就是分析货币的本质属性是什么。马克思将货币本质概括为这样一句话："货币是固定充当一般等价物的特殊商品，它反映一定的社会生产关系。"这是对金属货币本质的概括。马克思对货币本质的认识是建立在对货币起源分析基础上的。我们如果去掉修饰词，就可以得到货币是商品的表述。从货币发展史可以知道，在实物货币、金属货币阶段，货币是商品，反映了历史事实，马克思写《资本论》时是 19 世纪中下叶，西欧各国普遍实行金本位制，当时货币就是黄金，黄金本身就是有价值的货币商品，是一般等价物的载体。马克思对货币本质的表述包含了三个重要的理论前提：

（1）货币最终是一种商品，因为它是在长期的交换过程中，从商品世界分离出来的，它不仅有价值，而且有使用价值。按照马克思的货币理论，只有货币本身是商品时，它才能发挥货币的职能。

（2）货币具有以自身使用价值形态表现商品价值的能力，即可充当一般等价物。这样，就使得货币成为特殊商品。

（3）交换领域之所以能够普遍接受货币，首先是由于货币本身也是一种商品，具有价值和使用价值，同时也因为货币所代表的是一般购买力，持有货币实际上等于握有相应的商品。

马克思也对纸币的本质作出过解释，他认为纸币是金属货币的代表，是一种价值符号，间接地发挥货币的职能。他说："纸币是金的符号或货币符号。纸币同商品价值的关系只不过是商品价值观念地表现在一个金量上，这个金量则由纸象征地可感觉地体现出来。纸币只有代表金量，才成为价值符号。"① 马克思时代的纸币是可以兑换金的银行券，它是金的符号，代替金流通，马克思对当时纸币本质的概括是科学的。然而，现

---

① 马克思. 资本论. 第 1 卷［M］. 北京：人民出版社，1975.

代纸币已不是商品，它的发行已与贵金属完全脱离了关系，说它是金的代表，是金的价值符号是不符合事实的。因此，马克思所表述的货币本质和纸币本质，已不适用于现代信用货币。现在，大部分国内教科书把货币的本质概括为："货币是一般等价物，并反映一定的社会经济关系。"由于现代信用货币符合一般等价物的两个基本特征：充当表现和衡量一切商品价值的材料，具有与一切商品相交换的能力。所以仍然发挥着一般等价物的作用，这样表述现代信用货币的本质是科学的。

马克思认为货币不是单纯的物，是对经济关系或生产关系的反映，这是马克思对货币本质的深层认识。马克思指出："货币代表着一定的社会生产关系，却又采取了具有一定属性的自然物的形式。"货币体现了什么样的生产关系，它如何体现生产关系，这也是理解货币本质的一个关键。在信用货币制度下货币体现的经济关系包括：

（1）商品经济关系。具体就是指在商品经济条件下，各个商品生产者必须按社会需求的客观比例进行生产和交换的生产关系，而这种生产关系又体现为货币对商品的制约关系。通过货币交换可以检验生产的产品是不是为社会所需要，假如商品生产者生产的产品不为社会所需要，就不能卖掉它而获得货币，生产商品的私人劳动就不能转化为社会劳动；反之，假如生产的产品为社会所需要，那么就能卖掉它，生产商品的私人劳动就可以实现为社会劳动。通过货币交换还可以检验生产的产品有多少为社会所需要，如果某种产品的生产数量超过了社会分工的需要，就只能部分实现其价值，所以就要求每个商品生产者都必须按社会生产的客观比例来进行生产，这就是商品经济的生产关系，是一条市场法则。在西方经济学中，把货币说成"选票"，消费者对市场上的商品买不买，出多少价格买，就好像对某种商品投不投选票，投多少选票。不投选票或少投选票的商品，就是市场不需要的商品，或生产过剩的商品，生产者就要停止生产或减少生产，从而保证经济均衡发展，这就是著名的"看不见的手"的理论。西方经济学货币选票理论与马克思关于商品经济关系的阐述是一致的，这种经济关系表现了在不同的社会形态下货币本质的共同性。

（2）货币体现了市场经济条件下人们的分配关系。无论是按资分配还是按劳分配，都必须通过货币来完成；无论是以红利的形式分配，还是以工资的形式分配，分配货币的多少，都表明对新创造价值贡献的大小。将来共产主义社会按需分配，人们的分配关系就不需要货币来体现了。

（3）马克思阐述了货币在不同社会形态中所体现的社会生产关系的特殊性，货币是一个历史范畴。在私有制社会里，货币是无偿占有他人劳动的工具，体现的是阶级剥削关系；在社会主义多种经济成分并存的条件下，货币主要反映了国家、集体、个人三者之间利益一致的、相互协作的、新型的社会生产关系；将来货币会随着私有制的消亡而消亡。

二、马克思的货币职能观

货币职能就是货币本身所客观存在的功能。在商品交换中，货币作为一般等价物的作用是通过货币的各种职能来表现的，所以我们说货币职能是货币本质的具体体现。通过对货币职能的分析，我们可以进一步了解到，货币的一般等价物作用是如何发挥的。马克思认为，货币具有价值尺度、流通手段、贮藏手段、支付手段、世界货币五种职能。下面分别介绍：

（一）价值尺度职能

1. 价值尺度职能的含义

价值尺度职能是货币表现商品价值并衡量商品价值量的功能。这是货币最基本、最重要的职能。马克思说："金的第一个职能是为商品世界提供表现价值的材料，或者说是把商品价值表现为同名的量，使它们在质的方面相同，在量的方面可以比较。"可见货币的价值尺度职能包含两个含义：一是在质的方面，充当表现一切商品价值的手段；二是在量的方面，充当计量商品价值大小的标准。

2. 货币执行价值尺度职能时的特点

（1）执行价值尺度的货币可以是观念上的货币。货币作为价值尺度必须具有价值，用自己的价值（或代表的价值）去衡量商品的价值，但具体执行这一职能时并不需要用现实的货币同商品进行比较，只需要观念上的货币就可以了，比如100斤大米值150元，在交换中，对大米的价值进行测定时并不需要放150元货币在米的旁边进行衡量，而是在观念上标一个价就可以了，但是在观念上进行标价，并不是凭空臆想，而是以大米和货币的价值比例关系为依据的，所以执行价值尺度职能的货币必须具有价值。

（2）执行价值尺度的货币必须是足值的货币。在金属货币条件下，所谓足值就是货币的名义价值必须和实际价值相等，在信用货币条件下，所谓足值就是指货币的名义价值相对稳定，也就是单位货币所代表的价值要相对稳定。如果货币本身的价值不稳定，就不能很好地执行价值尺度职能，完成表现和衡量普通商品价值的任务。

（3）货币执行价值尺度职能具有独占性和排他性。执行价值尺度职能的货币只能是一种。充当计价货币、主币的币材只能是一种，即货币形式是唯一的，计价方式是统一的。在金属货币流通条件下，如果两种不同价值的货币商品同时充当价值尺度，那么所有商品就会有两种不同的价格，这两种价格会随着两种货币商品市场比价的变化而变化，引起市场价格的混乱，对商品交换是不利的，所以价值尺度的两重化是同价值尺度职能的独占性与排他性的要求相矛盾的。在信用货币流通条件下也有这个要求，现在主权国家一般不允许其他国家的货币在本国流通，就是这个道理。

（4）货币执行价值尺度职能要通过价格标准这个中间环节来完成。由于货币在执行价值尺度职能时，是用本身的量来表现和衡量商品的量，所以货币本身必须有计量单位，就像用尺子量其他物品的长度一样，首先尺子本身要有长度单位：尺、寸、分一样。价格标准就是货币本身的计量单位，具体地说价格标准就是人们所规定的货币单位及其等分，这是一种为统一计价而作出的技术性规定。制定价格标准的过程是首先确定一个基本的货币单位，然后对这个单位进行等分，比如人民币基本货币单位是"元"，然后对元进行等分，等分10份，每一份是"角"，等分100份，每一份是"分"。有了价格标准，商品的价值就可以直接表现为基本货币单位或等分的倍数，如某一种商品值多少元、多少角、多少分；或多少英镑、多少先令、多少便士等。

3. 价格标准的决定

从历史上看，最初金属货币的价格标准是与其重量单位一致的，如秦朝铸造过"半两"铜钱，汉朝、隋朝铸造过"五铢"铜钱，钱币上分别铸有"半两"、"五铢"的币文，表示货币单位的名称。史书说，这些铜钱"重如其文"，即每一枚铜币含铜的重量与铜钱的货币单位名称是相符的。[①] 再如，英国货币单位英镑原来是重一磅的银币的货币单位名称。

后来在商品经济的发展过程中，价格标准与重量标准逐渐分离了，而由国家通过法律来规定。比如在旧中国流通银元时，国家规定银元的货币单位名称为圆，"圆"是舶来品，"圆"与货币重量无关，一圆银币含纯银 0.648 两。再如英国 18 世纪实行金本位制以后，虽然金币的货币单位名称没有变，仍然称作镑，但是货币单位名称英镑已与重量镑无关了，1 英镑只重 1/15 磅，因为按当时 1：15 的金银比价，1 英镑含 1/15 磅纯金而不是 1 磅纯金。

现代信用货币的价格标准中，除货币单位名称的规定可能有历史沿袭之外，其货币单位已与重量标准没有任何联系了，比如我国现行的人民币"元"是从银元的货币单位"圆"沿袭而来，而英国的纸钞英镑是从金银币的货币单位"镑"沿袭而来，这种货币单位名称只是由国家所作的一种纯技术的规定，与重量标准已毫无关系。

在金属货币流通条件下，通过价格标准衡量商品的价值，就好像用砝码的重量去衡量物体的重量；在信用货币流通条件下，通过价格标准衡量商品的价值，就好像我们利用预先在弹簧秤上刻好刻度去衡量物体的重量，两者效果是一样的。

4. 价格的决定

有了价格标准后，商品的价值就可以表现为价格，商品价格是商品价值的货币表现。商品价格的变动，主要取决于商品的价值和货币的价值这两个因素的变化。商品价格与商品的价值成正比，与货币商品的价值成反比。在货币价值不变的条件下，商品价值上升，商品价格会上升；商品价值下降，商品价格会下降。在商品价值不变的条件下，货币价值下降，商品价格会提高；货币价值上升，商品价格会下降。

商品价格等于商品价值要有一个前提，这就是供求平衡。但在商品经济条件下，供求平衡是罕见的，供求不平衡是经常的，所以商品价格常常高于或者低于它的价值。商品的供求关系，取决于货币数量与商品的对比关系。对于某种商品来说，供求平衡与否取决于购买该种商品货币数量的多少，当用于购买某种商品的货币数量过多时，会造成该商品求大于供，从而引起该商品价格上升；反之，会引起该商品价格下降。这相当于消费者用货币对商品投选票。

如果货币数量的过多过少不是相对于某种商品而言的，而是相对于所有商品而言的，那么过多的货币就会造成全部商品价格的普遍上升，这就是货币价值的下降，也称

---

① 一两等于二十四铢，半两等于十二铢。

货币贬值、通货膨胀。反之，就会造成价格下降，货币升值。

5. 价值尺度与价格标准的区别

（1）价值尺度是商品内在的人类劳动的化身，具有抽象的性质，价格标准是商品价值外在的、具体的表现形式。

（2）价值尺度就是表现商品的价值和衡量商品的价值大小，是人们使用货币的目的之一，而价格标准是达到目的的手段。

（3）价值尺度是在商品交换中自发形成的，并不依靠国家的权力，而价格标准是由国家法律确定的。

（4）由于货币商品价值会因劳动生产率的变化而变化，所以价值尺度本身会因货币商品价值的变化而变化，并通过价格表现出来。价格标准是人为规定的，因而不会经常变动。

（二）流通手段职能

流通手段职能是指货币充当商品的交换媒介，实现商品价值的功能。货币执行流通手段职能时有以下三个特点：

1. 必须是现实的货币

作为价值尺度不需要现实的货币，而是观念上的货币，可是作为流通手段则必须是现实的货币，要求一手交钱，一手交货，观念上的货币是买不到任何商品的。

2. 可以是不足值的货币本体

货币作为流通手段，只是起交换媒介的作用，人们出售商品取得货币，并不是为了消费货币，而是要用货币购买自己所需要的商品，因而人们对货币本身的价值如何并不十分关心，他们关心的是货币的购买力，即能不能换回与其面值等值的商品，这样就产生了用不足值的铸币或用价值符号——纸币来代替足值货币执行流通手段职能的可能性。

3. 具有一定的货币危机性

货币危机是指货币流通与商品流通脱节，造成经济失衡。在货币充当交换的媒介，执行流通手段职能的条件下，商品交换分裂为买和卖两个独立的行为，商品生产者出售商品取得货币以后，可以立即购买自己所需要的商品，也可以隔一段时间再去购买，可以用所得的全部货币购买商品，也可以只用一部分购买商品，可是社会分工把各个生产者联系在一起，形成了一个相互依赖的链环，如果有人出售了自己的产品后不立即购买，就会连锁地影响许多人不能出售和购买，这种情况超过一定的限度就会造成买卖的严重脱节，从而有引发经济危机的可能性。

（三）贮藏手段职能

1. 货币贮藏的形式

货币贮藏是指货币退出流通，被当作价值的独立形态或社会财富的一般代表保存起来的功能。货币贮藏的典型形式是一般社会财富贮藏，因为货币是"天生的平等派"，是社会财富的一般代表，货币的交换范围是无限的，货币可以随时同任何商品相交换，是所有商品价值的体化物，贮藏货币，也就是贮藏了一般社会财富，作为贮藏手段的货币必须退出流通领域长期贮存。在金属货币条件下，最典型的货币贮藏形式就是金银窖藏。因为金银本身具有价值，是社会财富，同时它又随时可以同任何商品相交换，所以它是一般社会财富的代表。

现代信用货币能不能充当贮藏手段呢？对此现在是有争论的，一种观点认为，信用货币没有贮藏手段职能，因为纸币本身没有价值，是货币符号，纸币只有在流通中才有价值，退出了流通，它就是纸、印刷品，保存纸币达不到保存价值的目的。另一种观点认为，纸币具有贮藏手段职能，因为纸币本身虽然没有价值，但是它代表了一定的价值，贮存纸币也能起到贮存价值的作用。在现实生活中窖藏现钞的情况较少发生，一般是以银行存款的形式来保存。与金属货币发挥贮藏手段职能不同的是，金属货币发挥贮藏手段的职能是无条件的，而纸币发挥贮藏手段的职能是有条件的，就是纸币的币值必须稳定，如果币值不稳定，纸币就丧失了贮藏手段职能，在通货膨胀时纸币丧失贮藏手段的职能，银行存款就会变成出笼的老虎。

2. 货币贮藏手段的特点

货币作为贮藏手段具有三个特点：一是执行贮藏手段的货币必须是现实的货币。二是必须是具有十足价值的货币。贮藏货币是为了保存价值和保存一般社会财富，因此一般要求具有十足价值的现实货币，在金属货币制度下就是金银自身。贮藏金银，不论对贮藏者个人来说，还是对社会来说，都是价值的实际积累，不论是以金币、银币储存，金块、银块储存，还是以金银饰物储存，其作用都是一样的。在信用货币制度下，必须是价值稳定的货币，不断贬值的货币不可能发挥贮藏手段的职能。三是执行贮藏手段的货币具有量上的有限性和质上的无限性。执行贮藏手段的货币可以购买商品的数量是有限的，但是可以与任何商品相交换，所以在质上是无限的。

3. 货币贮藏手段对货币流通的作用

对于不同的货币形式来说，其贮藏手段对货币流通的作用是不一样的。在金属货币流通的条件下，货币贮藏具有自发地调节流通中货币的作用。当流通中货币数量过多时，过多的货币会自动地退出流通转为贮藏；当流通中货币数量不足时，贮藏的货币又会自动地投入流通。货币的贮藏手段职能可以自发地调节流通中的货币量，使货币的实际流通量符合流通领域对货币的客观需要。这是在金属货币流通条件下一个极其重要的自发调节机制，它意味着金属货币制度是最稳定的货币制度。这种机制形成的原理是：在金属货币流通条件下，货币和商品都有内在价值，如果流通中多余的金属货币不退出流通，按供求关系决定市场价格的规律，货币的名义价值就会低于它的实际价值，其表现就是货币贬值，商品价格上涨，这时货币所有者为了避免蒙受交换的损失，就会把多余的金属货币熔化成金属条、块贮藏起来，由于过多的货币退出流通进入贮藏领域，所以流通中的实际货币量与货币客观需要量又会恢复均衡。如果流通中的货币量过少，商品的价格会下降，这时用金属货币购买商品有利可图，于是贮藏金银又会重新投入流通，直到货币的流通量与客观需要量相等为止。

在信用货币流通条件下，由于货币投入流通以后就无法自动退出流通，当流通中货币量过多的时候，把货币存放在银行并不能使货币供应量减少，因为在纸币流通条件下，银行存款是货币供给量的组成部分，在银行存款货币派生机制的作用下，存款还会派生更多的货币，因此当货币数量过多时，只会导致货币贬值、物价上涨，这种不断贬值的纸币不能发挥贮藏手段职能，从而也不能起货币流通"蓄水池"的作用。在信用货币流通的条件下，货币供求不能自发地实现均衡，只有通过国家的宏观调控机制实现均衡。

（四）支付手段职能

1. 货币发挥支付手段职能的具体形式

支付手段职能是指货币作为独立的价值形式进行价值单方面转移的功能。所谓价值形式的单方面转移，就是说货币运动与商品运动不是在同一时间进行，货币作为价值的独立形态先于或后于商品运动而转移。

货币发挥支付手段职能有两种形式：一是为商品流通服务；二是为非商品流通服务。在为商品流通服务方面：最初，货币作为支付手段是由商品的赊销、预付引起的。赊销就是商品的买者在买卖中先获得商品，待约定日期到达时再用货币清偿债务；预付就是在商品交换中买者先交付货款或定金，待约定日期到达时再取得商品。在这两种交易方式下，货币都是作为独立的价值形式先于或后于商品运动进行价值的单方面转移，所以货币执行的是支付手段的职能。随着商品经济的发展，商品流通的规模越来越大，商品的大宗交易、批发交易都采用转账结算的付款方式，这时货币也是发挥支付手段的职能，因为在通过银行转账结算的情况下，交货的时间与货款到账的时间是不一致的。① 这时货币作为独立的价值形态作单方面的转移。现在，一手交钱，一手交货，钱货两清的交易方式，只会在商品的零售交易中发生，这时货币执行的是流通手段的职能。执行支付手段的货币的规模要大于执行流通手段的规模。

当商品生产发展到一定水平和规模的时候，货币发挥支付手段职能的范围就会越过商品流通领域，为非商品流通服务，如在支付工资，交纳房租、地租、水电费等的时候，货币都是进行价值单方面转移，发挥支付手段职能。另外，与财政、信贷有关的货币收支活动，也是货币发挥支付手段职能的领域。

2. 货币发挥支付手段职能的特点

货币发挥支付手段职能的特点：①必须是现实的货币。②可以是不足值的货币，价值符号、纸币都可以发挥支付手段的职能。③使发生货币危机的可能性有了进一步发展。因为货币发挥支付手段职能使商品交易不卖也能买，从而使买卖进一步脱节，商品经济的矛盾进一步复杂化，商品生产者之间的债务链条越来越长、越来越紧密，当其中某一个链环失常，不能按期支付债务时，就会引起连锁反应，使更多人不能支付债务，如果超过一定限度，就会引起整个支付链条的断裂，而使大批企业破产，所以货币的支付手段职能使货币危机发生的可能性有了进一步发展。

（五）世界货币职能

1. 世界货币职能的主要内容

世界货币的职能是指货币超越国界，在国际市场上发挥一般等价物作用的功能。货

---

① 时间差在三天以上。

币执行世界货币职能主要包括三个方面的内容：①作为国际间的一般支付手段，用以平衡国际贸易差额，偿付国际债务、支付利息和其他非商业性支付。②作为国际间的一般购买手段，即一个国家以货币向另一个国家购买商品。③作为国际间财富的一般转移手段，这种货币的转移不是由国际间商品流通引起的，而是由一些特殊的原因引起的货币单方面的价值转移，如战争赔款，经济援助，捐赠，提供政府、民间贷款等。

2. 发挥世界货币职能的形式

在金属货币流通条件下，货币发挥世界货币职能时必须脱下自己的"民族服装"，恢复贵金属条块的本来面目，以原始金属条块的形式发挥职能，因为在各个国家内部起作用的价格标准、铸币印记等，是根据本国的民族习惯和国家政权的强制力而获得社会意义的，对其他国家来说毫无意义，但是贵金属是各个国家的货币材料，本身是有价值的，所以完全可以以原始贵金属条块的形式，在国际市场上发挥世界货币的职能。

在信用货币流通的条件下，货币的名义价值都是发行国强制赋予的，越出国界以后，其国家强制力不再有效，所以大多数国家的货币都不具备世界货币的职能，只有少数几个发达国家和地区的货币，由于其经济实力雄厚，对外贸易发达，可以自由兑换，币值稳定，被世界各国在国际贸易中广泛接受，当作国际贸易的计价、结算手段以及储备货币，所以被称作硬通货，如美元、欧元、日元、英镑等，这些国家和地区的货币现实地在国际间的经济交往中发挥着世界货币的职能，这是世界货币流通领域出现的新情况。

专栏1-3

人民币国际化路径和进程

随着我国经济实力和国际影响力的不断提升，人民币在国际市场的认可度也不断增强。中国和许多国家都开展了以货币互换为主要内容的金融合作。如何利用好货币互换协议，进而促进人民币在国际贸易、投资和金融等领域的交易使用，不仅决定着类似中澳间国际金融合作能否深化，更是人民币能否真正成为国际货币的关键所在。

2008年全球金融危机前，我国央行对外签订的货币互换协议，主要是基于《清迈倡议》框架下的货币合作。从2001年开始，我国先后与亚洲六国央行签订了9项货币互换协议，总额为205亿美元。其中，以美元与对方本币互换的协议5项，对象国分别是泰国、马来西亚与印度尼西亚，规模105亿美元；以人民币进行的双边本币互换4项，互换对象分别是日本、韩国和菲律宾，规模100亿美元。

美国次贷危机爆发后，由于全球流动性紧张，给以外向型经济为主导的亚洲国家和有关地区的贸易体系带来了巨大困难。与此同时，危机导致美元汇率波动性加大，一些大量持有美元的国家经济受到拖累。为了缓解对美元的依赖，不少国家开始使用其他货币进行国际支付与结算。由于汇率的相对稳定，人民币开始受到青睐，以中国为中心的双边本币互换协议开始增加。2008年以来，中国人民银行先后与20多个国家、地区的央行及货币当局签署了货币互换协议，总金额超过2万亿元人民币，截至2013年4月，与中国央行签署货币互换协议的国家、地区央行及货币当局中，亚太地区包括韩国、中国香港、马来西亚、印度尼西亚、蒙古、新加坡、新西兰、乌兹别克斯坦、哈萨克斯坦、泰国、巴基斯坦、阿拉伯联合酋长国、澳大利亚；欧洲地区包括白俄罗斯、土耳其、冰岛、乌克兰；美洲地区包括阿根廷和巴西。这些货币互换协议为人民币参与国际贸易结算创造了有利条件，同时也为提高人民币的国际化程度和国际地位，继而为人民币成为国际储备货币奠定了基础。

（六）五大职能之间的关系

（1）在货币的五大职能中，价值尺度和流通手段是货币最基本的职能，也是货币的定性职能，一般等价物的两个特点就体现在这两个职能上，具备这两个职能的物品就是一般等价物，就是货币。

（2）货币的支付手段和贮藏手段职能都是在价值尺度职能的基础上发展起来的。价值尺度是支付手段、贮藏手段的共同前提。没有价值尺度职能，就没有支付手段职能和贮藏手段职能。

（3）支付手段以流通手段为归宿，因为支付手段的最终结果是商品交换。

（4）贮藏手段以流通手段和支付手段为归宿，因为贮藏货币最终是为了在今后某一天用其购买商品或支付债务。

（5）世界货币职能不过是货币超越国界发挥价值尺度、流通手段、支付手段和贮藏手段的职能而已。

三、西方经济学家货币本质观

（一）货币金属论

货币金属论（Metallic Theory of Money）强调货币的价值尺度、贮藏手段和世界货币等职能，将货币与贵金属等同，认为货币是一种商品，货币必须具有金属内容和实质价值，其价值由贵金属的价值所决定。货币的本质就是贵金属。

这种理论源于古希腊哲学家亚里士多德朴素的金属学说。16 世纪至 17 世纪形成的重商主义思想理论体系的早期特征就是"重金主义"或"金属主义",认为只有金银才是一个国家的真正财富。学术界一般认为后来的古典经济学派也是货币金属论者。

(二) 货币名目论

货币名目论(Nominal Theory of Money)是同货币金属论相对立的一种货币理论。货币名目论者从流通手段、支付手段等职能的角度认识货币,完全否定货币的商品性,否认货币是内在价值的一般等价物。认为货币只是计量商品价值的一种符号,一种名义上的存在。而货币之所以成为货币,与货币本身的价值无关。"货币国定论"是货币名目论的典型代表,根据这种理论,货币是法制的产物,是国家职权的创造物。货币的价值由国家法律和行政力量所决定,只要获得国家法律和行政力量的支持,任何没有价值的东西都可以充当货币。商品价格的变动,原因在商品方面,不在货币方面。凯恩斯的货币本质观也是具有代表性的货币名目论,他认为货币是一种计算单位的符号,经济生活中的债务和一般购买力均通过这种计算单位的符号来表现。

四、西方经济学家关于货币职能和货币定义的表述

西方经济学家把货币职能表述为交换中介、价值标准、延期支付标准和财富贮藏手段,其中,交换中介、延期支付标准和财富贮藏手段与马克思流通手段、支付手段和贮藏手段的内涵并没有很大的区别,但是西方经济学的价值标准与马克思的价值尺度有根本的区别,反映了两种理论的理论基础根本不同。西方经济学家对货币本质的认识上持货币名目论的观点,因此他们对价值标准的认识是建立在货币名目论的基础上的,在他们看来,货币本身没有价值,只是一种计量单位,货币发挥价值标准的职能,就是把商品价值按照国家法律所确定的、共同的货币单位来划分,就像把长度单位确定为米、分米、厘米或英尺、英寸,把重量单位确定为磅、盎司或吨、公斤、克一样。而马克思经济学中的价值尺度职能,是建立在劳动价值论基础上的,他认为,货币是有内在价值的商品(金属货币)或代表黄金的价值符号(纸币),货币之所以能作为衡量其他商品价值的尺度,是因为货币与其他商品一样,是劳动的产物,本身凝结着价值。货币发挥价值尺度职能不过是在货币与商品价值对等的基础上,把商品的价值表现为货币的若干量。马克思认为,货币的流通手段职能与价值尺度职能是相互独立的,价值尺度职能是表现、衡量商品的价值,流通手段是实现商品的价值。货币有价值才流通,货币的价值尺度职能在其进入流通过程以前就已经具备了,是先于流通手段职能而存在的,进入流通过程以后,只不过是用其价值的具体表现形式——价格标准把商品的价值表现为价格而已。所以,马克思认为货币的价值尺度职能和流通手段职能是第一性职能,是货币的定性职能,因而马克思从职能的角度给货币下的定义是:"价值尺度和流通手段的统一是货币。"[①] 而西方经

---

① 马克思,恩格斯.马克思恩格斯全集.第 23 卷 [M].北京:人民出版社,1975.

济学的交换中介职能与价值标准职能不是相互独立的，货币发挥价值标准职能与发挥交换中介职能是同一个过程。西方经济学家认为，由于货币本身没有价值，只有进入流通以后才有价值，所以货币发挥价值标准职能是在货币发挥交换中介职能的过程中完成的。货币发挥交换中介职能，媒介商品的交换，实际上包括两个转化，即商品转化为价格，价格转化为商品。前一个转化是货币发挥价值标准职能，后一个转化是货币发挥交换中介职能。前一个转化不过是为货币媒介商品交换提供一个价值计量标准，所以货币发挥交换中介职能的过程实际上包含了货币发挥价值标准职能的过程。因此，西方经济学家认为，货币第一性职能是交换中介职能，而价值标准职能是从属于交换中介职能的，货币的价值标准职能只有在货币发挥交换中介职能时才存在。这就是西方经济学家为什么把货币定义为交换中介，而不定义为交换中介和价值标准的统一的原因。

第三节　货币在经济活动中的作用

一、西方经济学家对货币作用的认识

在西方经济学研究中，货币的作用以及货币同经济的关系的讨论，是一个很古老的论题，我们甚至可以向上追溯数百年的历史，但是对这个问题展开系统研究却是从古典经济学派才开始的，是近代金融理论的重要组成部分。自此以后关于对这个问题的研究可分为以下三个阶段：

第一阶段是古典学派的研究。古典学派的经济学家用"两分法"（Dichotomy）对经济进行分析，得出了"货币面纱观"（the Veil-view of Money）的结论。"两分法"的要害在于否定货币对实体经济的影响，认为货币是商品交换的媒介，它只是在流通领域中发挥作用，它只不过是覆盖于实物经济之上的一层"面纱"，它的变动只影响一般物价水平的变动，而不会对实体经济产生影响，货币对实体经济的作用是"中性"的。在古典学派经济学家看来，经济的长期发展完全是实质经济因素而不是货币因素所决定的，因而政府任何积极的货币政策都是多余的，甚至是有害的；货币政策的任务只是在于控制货币数量，稳定物价水平，维持货币的购买力。

第二阶段是维克塞尔（K. Wicksell）和凯恩斯的研究。首先对古典经济学派"货币面纱观"提出挑战的是瑞典经济学家维克赛尔，他以累积过程学说论证了货币通过利率影响商品相对价格变动，进而影响实体经济变动传导过程。凯恩斯借鉴维克塞尔的理论，在1936年出版的《就业、利息与货币通论》中深入地揭示了货币对实体经济的影响，将货币金融理论与经济理论融合在一起，填平了货币分析与实物分析之间相隔离的"壕沟"，从而奠定了货币经济理论的基础，为国家运用货币金融政策干预经济提供了理论依据，从此，以货币金融政策为研究核心的宏观金融理论得到了空前发展。凯恩斯关于货币对经济作用的理论被称为经济学领域的一场革命。

第三阶段是现代货币学派的研究。认为短期内货币会对经济的实质增长产生影响，但是长期只会造成物价的变动，而不会对实体经济增长产生影响，任何试图通过货币手段干预经济的做法，只会成为经济的扰乱因素，因此反对政府干预经济，主张实行自由经济政策。

二、马克思对货币作用的认识

马克思对货币作用的考察是分别在《资本论》第一卷和第三卷中进行的。《资本论》第一卷考察的背景是简单商品流通，把握这个条件对于我们理解马克思货币作用理论是相当重要的。在简单商品流通条件下，马克思并没有把货币看作资本，只是把货币看作交换的媒介，货币只是在商品交换中起计价和媒介的作用，在这里马克思只是强调商品流通对货币流通的决定关系，而并没有在第一卷讨论货币对实体经济增长的影响。认为在货币经济的初始阶段货币对实体经济的作用是消极的。马克思对货币与实体经济关系的考察是在《资本论》第三卷进行的，《资本论》第三卷考察的背景是资本主义商品生产，在资本主义商品生产条件下，货币不仅是交换的媒介，在社会总资本的周转、循环过程中，货币还作为资本发挥职能，马克思认为货币在经济运行中的作用有以下四个要点：①生产要素只包括生产资料和劳动力，货币资本不是生产要素，在商品经济条件下，它是使生产要素结合在一起形成新的生产能力的黏合剂。因此，货币要发挥促进经济增长的作用必须有一个前提，即流通界在没有货币的条件下就已存在着生产资料和劳动力，投入的货币量要与生产要素的数量相适应。②货币资本是推动经济增长的第一推动力和持续推动力，资本所有者要投资于企业，必须预付货币资本，资本循环以货币资本开始，以增值的商品换得货币而告终，企业家如果要继续生产，必须把货币资本投入第二次资本循环过程。③资本循环是生产过程与流通过程的统一，因此，与商品流通相适应的货币量，是实现社会再生产过程的必要条件。即主张适量货币流通。④对货币流通的正确调控可以缓解经济危机；反之，会加深经济危机。

我们可以把马克思关于货币对实体经济作用的论述归纳为四点：①动力作用。它是推动实体经济增长的动力。②导向作用。货币资本投向哪里，现实生产要素就配置到哪里。③媒介作用。生产资料和劳动力都是商品，商品交易必须以货币作交易媒介。生产资料与劳动力结合形成生产过程，必须以货币为黏合剂。④纽带作用。货币资本是把个别资本循环联结在一起构成社会总资本运动的纽带。

三、社会主义经济学家对货币作用的认识

（一）计划经济时期对货币作用的认识

在计划经济时期，社会主义经济学家讲到货币的作用时，总是强调社会主义货币与资本主义货币的作用是不同的。首先，他们认为，社会主义货币发挥作用的范围与资本

主义是不同的，传统社会主义经济学否认生产资料、劳动力、技术等是商品，认为只有生活资料是商品，货币作为一般等价物只是在与生活资料交换的狭小范围内起作用，即斯大林所谓的半商品经济理论。其次，他们强调货币是计划的工具，是国家有计划地安排生产、分配、交换和积累的手段。其实质是认为计划是国家管理宏观经济、配置资源的主要手段，而货币只是在计划的制订和执行过程中起统计和核算的作用。因此，在计划经济条件下，货币是消极货币，货币是跟着物资走的，而物资是由计划分配的。

（二）社会主义市场经济时期对货币作用的认识

在社会主义市场经济条件下，经济体制改革使货币发挥作用的条件发生了根本的变化，所以货币发挥作用的范围也发生了极大的变化，在理论上和实践上都把生产资料、技术、商誉、经济信息等当作商品，必须通过市场买卖取得它们，虽然还没有在理论上提劳动力是商品，但是劳动力市场的形成，实际上意味着劳动力已成为商品；根据社会主义法律，土地、矿藏、森林等自然资源属于国家或集体所有，还不能自由买卖，但在实际操作时又制定了许多变通的政策，使土地的使用权、矿藏的开采权等可以在市场上交易，从而使土地、矿藏等自然资源具有了价值，成为交易的对象，货币在这些领域现实地发挥着作用。与资本主义不同的是，社会主义法律规定"黄毒赌"不允许成为买卖的对象，这有利于货币在社会经济生活中发挥健康的作用。在社会主义市场经济条件下，国家进行宏观经济的调控，已不再主要依靠计划、行政的手段，而主要依靠货币的手段来发挥经济杠杆的作用。对物质资源的分配，主要通过市场，企业和个人要获取资源首先要有货币，货币资金的流动引导物资的流动，物资是随着货币走的。总之，在社会主义市场经济条件下，货币对经济的作用，不再是无关紧要的，而是至关重要的，货币不再是消极货币，而是积极货币，是积极影响经济发展的工具，货币流通不仅决定于商品流通，而且对商品经济的发展有着巨大的反作用。

社会主义经济学家还认为，虽然货币对经济的发展和社会的进步发挥着巨大的作用，但是货币在人类社会经济发展中的作用是有限的。首先，货币是一个历史范畴，它随着私有制的产生而产生，也会随着私有制的消亡而消亡。其次，货币并不是社会再生产的基本生产要素，它只是社会再生产基本生产要素生产资料和劳动力的黏合剂，社会经济发展的决定因素不是货币，而是取决于社会资源、科学技术、劳动生产率等实质经济因素。所以任何夸大货币的作用，认为货币是万能的观点都是片面的、不科学的。

第四节　货币制度的形成与演变

一、货币制度的形成

货币制度简称"币制"，是指国家以法律形式确定的关于货币发行和流通的结构和组织形式。它由国家有关货币方面的法令、条例等综合构成。

货币制度是在资本主义国家规范金属铸币发行和流通的基础上形成的，人类使用金属铸币有 4000 年以上的历史。[①] 但是，在前资本主义社会，由于自然经济占主导地位，商品经济不发达，所以货币发行和流通呈现极其分散、极其紊乱的特点。这些特点主要表现在：①铸币权分散，欧洲在前资本主义社会没有统一的民族国家，由各个封建领主分而治之，各个封建领主都铸造自己的铸币，比如中世纪的德国，分属于各国封建领主的制币所就有 600 多个。在中国，秦朝以前封建君主列国割据，造币权也是非常分散的，秦始皇统一了中国后，虽然统一了铜币的造币权，但是后来银币的铸造却极其分散，如清朝，银币是主币，按实际重量流通，但重量标准却不统一，同是一两，就有广平、关平、漕平、库平之分，而且各个省都铸造银币，其重量、成色、名目、形式都很杂乱，大多限于本省流通。②铸币不断变质，造成流通秩序混乱。铸币变质就是铸币的重量减轻、成色降低。铸币变质开始是一种自然现象，是无意的，是使用磨损造成的，但由于国家信用的作用，变质的铸币与足值的铸币一样能以其名义价值流通，并换回等值的商品，所以后来统治者发现了这个秘密，为了财政的需要就有意铸造变质铸币，其结果是使货币的发行超过货币的需要量，造成物价上涨，流通秩序混乱。以中世纪的欧洲为例，9 世纪下半叶因加罗林王朝统治的瘫痪，使享有最高裁判权的大领主都发行了不同的银第尼尔，由于缺乏有效控制，统治者发行的第尼尔重量和成色不断下降，结果，查理曼货币改革时铸造的优质银币逐步被含有大量铜的新币代替，到 13 世纪中叶，第尼尔已不再是银白色，而几乎是黑色的了。铸币的变质使物价飞涨，民不聊生。

流通秩序混乱不利于正确地计算成本、价格、利润，不利于建立广泛稳定的信用关系，阻碍了商品生产的发展和统一市场的形成，这对资本主义的发展是极为不利的，为扫清发展的障碍，资本主义国家先后以各种法令的形式对货币和货币的发行、流通作出了种种规定，这些法令和条例逐渐固定下来就形成了统一的稳定的资本主义货币制度。

货币制度的宗旨是加强对货币发行和流通的管理，维护货币的信誉，管理金融秩序，促进经济发展。

二、金属货币制度的构成要素

（一）币材和货币单位

规定以哪一种金属作为币材，这是一个国家货币制度的基础，确定不同的金属作为币材，就构成不同的货币本位。例如确定以白银作币材，就是银本位制；确定以黄金作币材，就是金本位制；确定以黄金和白银同时作币材，就是金银复本位制。究竟选哪一种金属作为币材虽然是由国家确定的，但这种选择要受客观经济条件的制约，随着经济的发展，币材的选择一般是由贱金属向贵金属演进的。

[①]　据考证中国在公元前 21 世纪就使用货币。

货币单位是在货币金属确定以后随之确定的，货币单位包括货币单位名称和货币单位价值量的确定。在金属货币流通条件下，货币单位名称在各个国家是不一样的，是由各个国家的民族习惯决定的，如在英国称为镑、在美国称为元、在法国称为法郎等，一国货币单位的名称往往就是该国货币的名称；货币单位价值量的确定，就是规定货币单位所含货币金属的重量。最初，货币单位名称与货币单位所含的货币金属的重量是一致的，后来两者逐渐脱离了。

（二）本位币与辅币的铸造与偿付能力的规定

一个国家的通货通常分为本位币和辅币。本位币又称主币，是一个国家的基本通货，是法定的计价、结算货币，在金属货币制度下，本位币是按照国家规定的币材和货币单位铸造的货币，它的名目价值与实际价值是一致的，是足值货币；辅币是主币以下的小面额货币，主要用于零星交易和找零，辅币的面额小于单位主币的面额，是主币的一个可分部分，辅币是用较贱的金属铸造的，是不足值的货币，其名目价值高于其实际价值。

国家对主币和辅币的铸造和偿付的规定主要有如下两条：

1．本位币自由铸造，辅币限制铸造

因为本位币是一种足值铸币，铸造者不会因铸造货币而盈利，所以本位币既可以由国家铸造，也允许公民将任何数量的货币金属送到国家造币厂请求铸造成本位币，造币厂只收少量的铸造费或完全免费，同时也允许公民将本位币熔化成金属条块。这样做，就可以发挥货币贮藏手段职能自发地调节流通中货币量的作用，使货币流通量与客观需要量始终保持一致。为了保证铸币足值铸造和流通，国家还以法律形式规定了主币的公差，"公差"即铸币的实际成色和重量与国家标准比较所能容许的最大误差，如果超过公差，可以请求政府兑换新币，所以主币是按实际价值流通的，这些规定保证了一个国家货币流通的稳定。

由于辅币是不足值货币，其名义价值高于实际价值，可以为铸造者带来收益，所以辅币不能自由铸造，只能由国家来铸造，而且严格限制辅币铸造的数量，以防不足值的辅币充斥市场，劣币驱逐良币，造成币值不稳。保证不足值的辅币能按其面值流通，主要是依靠国家法律规定的辅币与主币的固定的兑换比例，以及辅币与主币的自由兑换的强制性规定。辅币之所以用较贱的金属铸造是因为辅币流通频繁、磨损大，如果用贵金属铸造是对社会财富的一种浪费；辅币之所以不按实际价值铸造，主要是为了避免价值尺度二重化，引起流通程序的紊乱。

2．本位币具有无限法偿能力，辅币只具有有限的法偿能力

无限法偿即法律赋予本位币在一切交易、支付活动中，不论数额大小，任何人都不得拒绝接受，否则将被视为违法。辅币是有限法偿货币，即每次支付活动中在一定金额内可以用辅币支付，如超过规定的金额，可以拒绝接受。为了能使过多的辅币自发地流回到国家手中，还规定用辅币向国家纳税，向政府兑换主币不受数额限制。

（三）银行券和纸币的发行与流通

在金属货币制度下，流通中货币除了铸币形式的主辅币外，还有银行券和纸币。货币制度对其发行与流通也要加以规定。

在金属货币制度下，银行券是一种黄金凭证，是商业银行在商业票据贴现基础上，通过银行信贷程序投入流通的，最初银行券的发行是有双重保证的，就是既有商业票据的信用保证，又有黄金保证，持券人可以随时到发行银行兑换黄金。19世纪中叶以后，银行券逐渐改由中央银行集中独占发行，被国家法律认定为法定的支付手段。发行时不实行严格的黄金准备制度，虽然规定了含金量，但并不能保证兑现，直到完全取消兑现，银行券也由可兑换银行券演变成不可兑换银行券，银行券完全凭借着国家政权的力量强制流通，此时，银行券已经完全纸币化了，而不再是典型意义的银行券了。

纸币是由于战争和弥补财政赤字的需要，由国家强制发行的，既无任何保证也不规定含金量的货币符号，如果纸币发行数量超过流通的需要，就会出现纸币贬值。

（四）黄金准备制度

准备制度也称发行保证制度。在金属货币制度下，发行银行券和辅币的银行必须建立贵金属储备制度，它的作用有三个：一是作为兑付银行券的准备金；二是作为调节货币量的准备金；三是作为国际支付的准备金。在金属货币制度下，对可兑换的银行券的发行国家规定了严格的准备金比例。

三、货币制度的演变

从货币制度发展的历史过程来看，各国先后曾采用过的货币制度有以下几种，如图1-4所示。

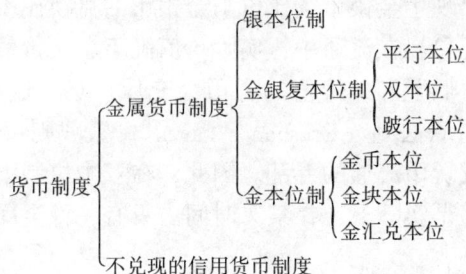

图1-4　货币制度类型

（一）银本位制

银本位制是以白银为本位币币材的金属货币制度。其主要内容包括：白银为本位币币材，享有无限法偿能力、按实际价值流通、自由铸造和熔化、自由输出输入等。

银本位制有银两本位和银币本位两种类型。银两本位是实行银块流通的货币制度，以白银的重量单位——两作为价格标准；银币本位是实行银铸币流通的货币制度。

银本位制是历史上最早的金属货币制度，在货币制度萌芽的中世纪，欧洲的一些国家和地区曾采行此制。16世纪后半叶开始盛行。中国早在汉代，白银就已成为货币金属并广为流通，但直到清末宣统二年（1910年）才正式采用银本位制，实际上是银元与银两并用。1933年4月，国民政府实行"废两改元"，才真正实行银币本位制。而其他国家则早在19世纪末就相继放弃了银本位制。各国放弃银本位制的原因：一是金贵银贱。从18世纪70年代开始，由于白银开采冶炼技术进步，白银供应增长很快，白银价格大跌，金银比价差距越来越大，造成实行银本位制的国家货币对外贬值，影响了国际收支的平衡以及国内经济发展和物价稳定。二是银的价值含量走低，已不能满足越来越频繁的大宗交易的需要，资本主义商品经济迅速发展，要求用价值更高的黄金加入流通，由于大宗交易逐渐改用黄金计价、结算，这样，银本位制就逐渐过渡到了金银复本位制。

（二）金银复本位制

金银复本位制是指以金和银两种金属同时作为本位币币材的金属货币制度。在这种货币制度下，金银是货币金属，均可自由铸造和熔化、两种货币自由兑换、无限法偿，金银可以自由输出输入。金银复本位制是资本主义发展初期最典型的货币制度，它于1663年由英国开始实行，随后欧洲各主要国家纷纷采用。这种货币制度又可分为平行本位制、双本位制和跛行本位制三种类型。

平行本位制是两种货币都按其所含金属的实际价值流通，国家对两种货币的兑换比率不作规定，而由市场上生金银的比价自然确定，这样市场的商品必然出现两种价格，即金币价格和银币价格。如生金银的市场比价波动，金银币的兑换比率也会随之变动，从而以两种铸币表示的价格也会相应发生波动，这样会使两种货币都不能很好地发挥价值尺度的作用，造成交易的混乱。于是一些国家就用法律规定了金币和银币的兑换比率，这就形成了双本位制。

双本位制是金银币按法定比价同时流通的货币制度。在这种货币制度下，生金银的市场比价大幅波动，会出现生金银市场比价与金银币的兑换比率相背离的情况，其结果会出现劣币驱逐良币的现象，在流通中，实际价值高于名义价值的良币会被人们收藏起来退出流通，而实际价值低于名义价值的劣币会充斥市场。这种现象被称为"劣币驱逐良币"规律，也称格雷欣法则（Gresham's Law）[1]。银贱则银币充斥市场，金贱则金币充斥市场，这必然造成货币流通的混乱。因此，在双本位制下，虽然法律规定两种金属铸币可以同时流通，但是实际上，在某一时间内只有一种金属货币流通，这样货币制度又演变为跛行本位制。

所谓跛行本位制是指国家虽然规定金银币都是本位币，可以同时流通，但又规定金币可以自由铸造，而银币不能自由铸造，金币和银币按固定的兑换比率流通。限制银币自由铸造，目的是为了避免劣币驱逐良币的情况发生。在这种货币制度下，银币不能以本身的价值流通，而只能以金币的价值符号流通，银币实际上只起辅币的作用，真正的本位币只是金币。严格地说，这种货币制度已不是复本位制，而是一种由复本位制向金本位制过渡的货币制度。

总之，复本位制是一种不稳定的货币制度，其主要根源在于这种货币制度价值尺度

---

① 汤姆斯·格雷欣是16世纪英国的财政学家。"劣币驱逐良币"规律最早由16世纪英国伊丽莎白王朝的造币局长汤姆斯·格雷欣向国王上书建议改革币制时提到这个现象，当时是指成色差的铸币驱逐成色好的铸币。

两重化与货币发挥价值尺度职能时所具有的独占性和排他性是相矛盾的，不符合充当一般等价物的商品要固定在一种商品上的客观要求。所以，英国于 1816 年宣布废除这种货币制度，随后，拉丁货币同盟各国（包括法国、意大利、比利时、瑞士、希腊、西班牙）也于 1878 年废除了这种货币制度。

（三）金本位制

金本位制是以黄金作为本位币币材的货币制度。19 世纪美国加利福尼亚、南非和澳大利亚丰富的金矿大量开采，黄金供应充裕，加上资本主义经济迅速发展，迫切需要体积小、价值大的货币用于交易，于是各国纷纷采用了金本位制度。金本位制又可分为金币本位制、金块本位制和金汇兑本位制三种形式。

1. 金币本位制

金币本位制就是以金币作为本位币流通的货币制度。金币本位制是典型的金本位制，这种货币制度以黄金作为本位币的币材，是一种非常稳定的货币制度，其稳定是由所谓"三大自由"保证的：为了保证主币按实际价值流通，规定金币可以自由铸造、无限法偿；为了保证各种价值符号能稳定地代表黄金流通，规定辅币和银行券还可按其面额自由地兑换黄金；为了保证货币的对外价值稳定，规定黄金可以自由地输出输入。正是这"三大自由"，保证了金币本位制具有自发调节货币流通、稳定物价和平衡国际收支的能力。

金币本位制是一种比较稳定的货币制度，资本主义第一次、第二次产业革命的全盛时代就发生在金币本位制时期，金币本位制对资本主义的发展起了重要的促进作用。金币本位制大约最早于 1821 年在英国开始实行，后来，德国、法国、比利时、意大利、美国等国相继采用，直到 1914 年第一次世界大战爆发时中断，前后盛行达 100 年之久。中断的原因主要是资本主义国家为战争和弥补财政赤字大量发行银行券和纸币，造成通货膨胀，破坏了金币本位制的信用基础。战后各资本主义国家曾试图恢复金币本位制，使通货稳定，但是由于资本主义各国黄金存量分配不平衡的矛盾不能得到解决，大部分都面临币材不足的困难，所以各国都未能恢复战前那种典型的金币本位制，而采用了金块本位制和金汇兑本位制这两种变通形式。

2. 金块本位制

金块本位制又称生金本位制，是指国家虽然规定金币为主币，但国家并不铸造和使用金币，而由中央银行发行以生金为准备的银行券进行流通的货币制度。这种货币制度虽然规定了银行券的含金量，但持有人只能有限制地兑换生金。如英国在 1925 年规定银行券至少在 1700 英镑以上才能兑换黄金，法国在 1928 年规定银行券至少在 215000 法郎以上才能兑换黄金。第一次世界大战以后资本主义相对稳定时期（1924～1928 年），英国、法国、比利时、荷兰等国曾采用过这种货币制度。1929～1933 年世界性经济危机爆发以后，由于不能保证银行券兑换黄金，所以这些国家都先后放弃了金块本位制，转而实行不兑现的信用货币制度。

3. 金汇兑本位制

金汇兑本位制又称虚金本位制。这种货币制度规定金币为主币，但国家并不铸造和使用金币，只发行有含金量的银行券。这种银行券与另一个实行金本位制国家的货币挂钩，实行固定的兑换比率，该银行券在国内不能兑换黄金，但可以兑换外汇，再用外汇到挂钩国兑换黄金。这种货币制度要求将作为货币发行的黄金和外汇准备全部存放在被挂钩国，国家主要采用无限制地向公民供应外汇的方法，来维持本国货币与挂钩国的兑换比率。采用这种货币制度必然使本国货币依附于某一个经济实力雄厚的外国货币，其本质是一种附庸的货币制度。第一次世界大战的战败国——德国、意大利、奥地利等国，曾采用过这种货币制度。旧中国国民党政府于 1935 年 11 月实行币制改革发行的法币，先后依附于英镑和美元，也属于金汇兑本位制。1944 年 7 月，根据布雷顿森林条约，各资本主义国家的货币与美元挂钩，实行固定比价，各国中央银行可以用 35 美元一盎司黄金的官价向美国联邦储备银行兑换黄金，从而形成了以美元为中心的世界货币体系，这种货币制度也是金汇兑本位制的一个变种。但是，20 世纪 60 年代相继发生了数次黄金抢购风潮，美国政府为了维护自身利益，于 1971 年 8 月宣布美元停止兑换黄金，并在 1971 年和 1973 年两次宣布美元贬值，于是一些资本主义国家先后宣布废止本国货币与美元的固定比价，因此，布雷顿森林体系瓦解，开始了黄金非货币化改革，直到 1978 年修改后的《国际货币基金协定》获得批准，制度层面上的黄金非货币化进程宣告完成，至此，世界货币制度完全进入不兑现的信用货币本位制。

专栏 1-4

黄金的货币属性还存在吗？

1976 年，国际货币基金组织通过的《牙买加协议》及两年后对协议的修改方案，确定了黄金非货币化。主要内容有：黄金不再是货币平价定值的标准；废除黄金官价，国际货币基金组织不再干预市场，实行浮动价格；取消必须用黄金同基金进行往来结算的规定；出售国际货币基金组织的 1/6 的储备黄金，所得利润用来建立帮助低收入国家的优惠贷款基金；设立特别提款权代替黄金用于会员之间和会员与国际货币基金组织之间的某些支付（特别提款权：国际货币基金组织创设的一种储备资产和记账单位，亦称"纸黄金"。它是基金组织分配给会员国的一种使用资金的权利。会员国发生国际收支逆差时，可用它向基金组织指定的其他会员国换取外汇，以偿付国际收支逆差或偿还基金组织贷款，还可与黄金、自由兑换货币一样充作国际储备。但由于其只是一种记账单位，不是真正货币，使用时必须先换成其他货币，不能直接用于贸易或非贸易的支付。特别提款权定值是和"一篮子"货币挂钩，市值不是固定的）。

在 1976 年牙买加体系宣布"黄金非货币化"之后，黄金作为世界流通货币的职能降低了。但是，黄金的非货币化发展过程并没有使黄金完全退出货币领域。黄金的货币属性依然遗存：仍有多种法定面值的金币发行、流通；黄金价格的变化仍然是衡量货币的有效工具，是人们评价经济运行状态的参照物；作为特殊的贵金属，黄金目前依然是世界各国所青睐的主要国际储备，截至 2005 年，各国央行外汇储备中总计有黄金 3.24 万吨，约占数千年人类黄金总产量的 22%，私人储藏金条2.4万吨，两项总计占世界黄金总量的37%；虽然在外贸活动中不再直接使用黄金进行结算，但最后平衡收支时，黄金仍是一种公认的、贸易双方都可以接受的、可替代货币进行清偿结算的方式，特别提款权的推进远远低于预期，目前黄金仍然是国际上可以接受的继美元、欧元、英镑、日元之后的第五大硬通货；20世纪90年代末诞生的欧元货币体系，明确黄金占该体系货币储备的15%。也可以看作黄金仍具有一定货币属性的表现。大经济学家凯恩斯揭示了货币黄金的秘密，他指出："黄金在我们的制度中具有重要的作用。它作为最后的卫兵和紧急需要时的储备金，还没有任何其他的东西可以取代它。"现在黄金可视为一种准货币。

（四）不兑现的信用货币制度

不兑现的信用货币制度特点是：以不兑现的纸币为本位币，不规定含金量也不能兑换黄金，完全取消货币发行的金银保证，货币由中央银行垄断发行，并通过信贷程序投放到流通中去，信用货币以国家政权的强制力流通，并具有无限法偿能力。

信用货币的使用不仅大大节约了社会流通费用，而且金属货币制度下经常出现的币材匮乏的问题也得到了一劳永逸的解决，但是信用货币制度本身也孕育着很大的危机性，通货膨胀主要由以下三个原因导致：一是由于信用货币的发行没有特定的保证，发行过程中缺少内在的制约机制，所以很容易出现财政发行，导致通货膨胀；二是信用货币通过银行信贷程序发行，在商业银行存款派生机制的作用下，很容易导致信用膨胀；三是信用货币制度下已不存在货币的贮藏手段对货币流通的自发调节机制，一个国家货币流通能否正常，将取决于该国政府宏观调控的能力，政府经济政策的失误将导致货币流通秩序的紊乱。因此，在信用货币制度下，中央银行必须严格遵循经济发行的原则，并灵活地运用各种货币政策工具对货币流通进行调控，以保证币值的稳定。

四、人民币制度

人民币制度的建立是以人民币发行为标志的。1948年12月1日，华北银行、北海银行和西北农民银行合并成立了中国人民银行，同时正式发行人民币作为全国统一的货币。人民币发行后，在通过逐步收兑、统一解放区货币的基础上，又迅速收兑了原国民党政府发行的伪法币、金圆券乃至银行券，并废除了当时尚有流通的金银外币等，从而建立了以人民币为唯一合法货币的、统一的货币制度。人民币制度的基本内容是：

（1）人民币主币单位为"元"；辅币单位为"角"和"分"；"元"、"角"、"分"为10进制。

（2）人民币没有含金量的规定，它属于不兑现的信用货币。人民币的发行保证是国家信用和国家拥有的商品物资，黄金外汇储备主要是作为国际收支的准备金。

（3）人民币是我国唯一合法货币，严禁伪造、变造和破坏人民币。

（4）人民币的发行实行高度集中统一，中国人民银行是人民币唯一合法的发行机构，并集中管理货币发行基金。

（5）人民币的发行实行经济发行的原则，中国人民银行必须根据国民经济和适应商品流通的需要发行人民币，保证人民币的币值稳定。

（6）人民币对外国货币的汇率，由国家外汇管理局统一管理，按有管理的浮动汇率体制，由市场决定。人民币汇率采用直接标价法。

这里特别需要指出的是，随着我国经济体制改革的不断深入和对外开放的进一步发展，我国的货币制度在一些方面还有待于进一步完善。作为长远目标，国家将创造条件，逐步使人民币成为自由兑换的货币。随着祖国统一大业的逐步完成，香港、澳门已回归祖国，形成了"一国三币"的格局，如何协调人民币与港币、澳元的货币流通，建立与新时期的新要求相适应的货币制度，仍然是一个需要认真研究的课题。此外，随着我国市场经济体制的不断发展和完善，尤其是在加入世界贸易组织（WTO）之后，货币制度中有关金银、外汇的规定，也需要做出适当的调整。

五、国际货币制度

国际货币制度（International Monetary System）也称国际货币秩序，是调节各国货币关系的一整套国际性规则、惯例、安排和组织形式。它主要包括以下几个方面的内容：①汇率制度，即各国货币汇率的确定和变化机制，它在国际货币制度中居于核心地位，制约着国际货币制度的其他方面，并反映着一定时期内国际货币制度的特点。②国际储备资产的确定，即为满足国际支付和调节国际收支的需要，一国应持有的储备资产总额和构成。③各国货币的可兑换性与国际结算的原则，即一国货币能否自由兑换，在结算国际间债权债务时采取什么样的结算方式，对支付是否加以限制等。④国际收支调节方式，即当出现国际收支不平衡时，各国政府应采用什么方法调节国际收支，各国间政策措施如何相互协调。

根据国际货币制度的历史演变过程以及国际上的习惯称谓，国际货币制度大体可分为国际金本位制度、布雷顿森林体系以及现行的牙买加体系。

（一）国际金本位制度

国际金本位制度是历史上第一个国际货币制度，它大约形成于19世纪末，到1914年第一次世界大战时结束。1816年，英国制定了《金本位制度法案》，率先采用金本位制度。鉴于当时英国在国际上的地位和影响，英国的做法被欧洲各国及美国纷纷效仿。到19世纪80年代，资本主义比较发达的国家如法国、比利时、意大利、瑞士、荷兰、德国及美国先后实行了金本位制，至此，金本位制度发展成为世界性的货币制度。

国际金本位制度的特征主要有以下几点：①黄金充当国际货币，是国际货币制度的基础。在金本位制度下，金币自由铸造（意味着也可以自由熔化），黄金能够在货币形式与商品形式之间自由转换。这一特点决定了金本位制度具有一个与纸币本位制度截然不同的优势——没有通货膨胀。②各国货币之间的汇率由它们各自的含金量对比所决定。金本位制度是严格的固定汇率制。各国货币都规定了含金量，各国货币所含金量之比即铸币平价，铸币平价决定着两种货币汇率的法定平价。黄金输送点和铸币平价之间的差异取决于黄金在各个国家间的运输费用。而且，由于当时黄金的运输费用相当便宜，金本位制度下的汇率是非常稳定的。③国际收支可以实现自动调节。当一国国际收支赤字时，意味着本国黄金的净输出，从而国内黄金储备下降，货币供给减少，物价水平下跌，导致本国商品在国际市场上的竞争能力增强，外国商品在本国市场上的竞争能力减弱，于是出口增加，进口减少，国际收支改善。反之则反是。

（二）布雷顿森林体系

在第二次世界大战还没有结束的时候，重建国际货币体系的工作被提上议事日程。1944 年 7 月，44 个同盟国的 300 多位代表出席在美国新罕布什尔州布雷顿森林市召开的国际会议，在这次会议上确立了新的国际货币体系——布雷顿森林体系（The Bretton Woods System）。

布雷顿森林体系的主要内容有：①建立一个永久性的国际金融机构，即国际货币基金组织，以促进国际货币合作和国际政策协调。②实行以美元—黄金为基础的、可调整的固定汇率制，美元直接与黄金挂钩，规定 35 美元等于 1 盎司黄金，各国政府和中央银行随时可用美元向美国联邦储备局按规定价格兑换黄金。③国际货币基金组织向国际收支赤字国提供短期资金融通，以协助其解决国际收支困难。④废除经常项目下的外汇管制，但是对国际资本流动进行限制。⑤规定"稀缺货币"条款（Scarce‐currency Clause），即当大量盈余国的货币在基金组织的库存下降到 75% 以下时，该国货币就被宣布为"稀缺货币"，成员国有权对"稀缺货币"采取临时性兑换限制。

布雷顿森林体系是国际货币合作的产物，它消除了战前国际金融秩序的混乱状况，在一定时期内稳定了资本主义世界的货币汇率，营造了一个相对稳定的国际金融环境，促进了世界贸易和世界经济的增长。但是，由于布雷顿森林体系实际上是一种美元本位制，因此，它的运行既要求储备货币发行国——美国，保证美元按固定官价兑换黄金，以维持各国对美元的信心，又要求美国提供足够的国际清偿力即美元。而信心和清偿力又存在着不可克服的矛盾：美元供给太多就会有不能兑换的危险，从而发生信心问题；美元供给太少就会发生国际清偿力不足的问题，这就是所谓的"特里芬两难"（Triffin Dilemma）。从 20 世纪 40～50 年代的"美元荒"到 60 年代以后的"美元灾"，美元泛滥严重打击了人们对美元的信心，1960 年就开始出现了抛售美元的现象。随着美国国际收支的进一步恶化，抛售美元、抢购黄金乃至抢购德国马克、瑞士法郎的风气越来越盛，美元危机不可避免。

1971 年 8 月 15 日，为阻止各国政府继续向美国以美元兑换黄金，美国总统尼克松宣布实施"新经济政策"，单方面终止各国政府按官价向美国政府以美元兑换黄金承诺，并加征 10% 的进口关税。其他国家也纷纷撕毁与美元保持固定汇率的协议。至此，布雷顿森林体系宣告崩溃。

（三）牙买加体系

布雷顿森林体系崩溃后，国际金融形势动荡不安。1976 年国际货币基金组织（IMF）达成《牙买加协定》，同年 4 月国际货币基金组织理事会通过《IMF 协定第二次修正案》，从而形成了新的国际货币制度。《牙买加协定》的主要内容包括：

1. **浮动汇率合法化**

会员国可以自由选择汇率制度，可以采取自由浮动、管理浮动或其他形式的固定汇率制，但会员国的汇率政策应受 IMF 监督，并与 IMF 协商。

2. **黄金非货币化**

废除黄金条款，取消黄金条款，取消黄金官价，黄金与货币完全脱离联系，取消会员国相互之间以及会员国与 IMF 之间需用黄金清算债权债务的义务，并逐步处理掉 IMF 所持有的黄金。

3. **提高特别提款权的国际储备地位**

修订特别提款权的有关条款，以使其逐步取代美元和黄金而成为主要的国际储备资产。

4. **增加成员国基金份额**

成员国的基金份额从原来的 292 亿特别提款权增加至 390 亿特别提款权，增幅达 33.6%。

5. **扩大对发展中国家的资金融通**

以 IMF 出售黄金所得收益援助发展中国家，并扩大 IMF 信贷的部分贷款额度，放宽"出口波动政策"额度。

牙买加体系是世界经济动荡、多变和发展不平衡的产物，而它的运行也恰恰能够大体适应世界经济的这种状况，因而对世界经济的发展有一定的推动作用。但是，由于当前货币体系汇率频繁波动，调节机制不健全以及缺乏统一的货币标准，随着国际经济关系的变化与发展，其弊端也日益显露，并越来越制约着国际贸易和世界经济的发展。因此，进一步改革国际货币制度，建立合理、稳定的国际货币新秩序，就成为各国所面临的共同课题。

专栏 1-5

金本位制 1816~1914	布雷顿森林体系 1944~1976	牙买加体系 1976至今	下一个? 2008—
金币可以自由铸造，自由熔化，具有无限法偿能力，同时限制其他铸币的储蓄和偿付能力；	成立国际货币基金组织和世界银行	1. 实行浮动汇率制度的改革。	改革设想：建立单一世界货币及世界中央银行
辅币和银行券可以自由兑换金币或等量黄金；	美元与黄金挂钩，成员国货币和美元挂钩，实行可调整的固定汇率制度；	2. 推行黄金非货币化。 3. 增强特别提款权的作用。	恢复金本位制 建立汇率目标区制度
黄金可以自由出入国境； 以黄金为唯一准备金	取消经常账户交易的外汇管制権。	4. 增加成员国基金份额。 5. 扩大信贷额度，以增加对发展中国家的融资。	现行的IMF体系下继续推行金融自由化

六、区域性货币制度

区域性货币制度是指由某个区域内的有关国家（地区）通过协调形成一个货币区，由联合组建的一家中央银行来发行与管理区域内的统一货币的制度。区域性货币制度的建立，以货币一体化理论为依据，其中以西方经济学家蒙代尔的"最适度货币区理论"为代表。区域性货币制度一般与区域性多国经济的相对一致性和货币联盟体制相对应。

1. 区域货币制度的发展过程大致经历了两个过程

（1）较低阶段。各成员国仍保持独立的本国货币，但成员国之间的货币采用固定汇率制和自由兑换，成员以外的由各国自行决定，对国际储备部分集中保管，但各国保持独立的国际收支和财政货币政策。

（2）较高阶段。区域内实行单一的货币，联合设立一个中央银行为成员国发行共同使用的货币和融资政策，办理成员国共同商定并授权的金融事项，实行资本市场的统一和货币市场的统一。

2. 区域性货币制度现存类型

（1）西非货币联盟制。其最初组建于1962年，由非洲西部8个国家组成，并成立了西非国家中央银行，发行共同的货币"非洲金融共同体法郎"，供各成员国使用。

（2）中非货币联盟制度。其成立于1973年，由中非5个国家组成，并成立了中非国家中央银行，发行共同的货币"中非金融合作法郎"。

（3）东加勒比货币联盟制度。其于1965年成立了共同的货币管理局，发行"东加勒比元"，实行与英镑挂钩的联系汇率，1976年脱钩改为盯住美元。

（4）欧洲货币制度。它是从欧洲货币联盟开始的，最早可以追溯到1950年建立的"欧洲支付同盟"和1958年取代该联盟的"欧洲货币协定"。欧共体建立以后，1994年成立欧洲货币局，1998年成立欧洲中央银行，1999年1月1日欧元正式启动。

练习题：

一、单选题

1. 商品价值形式最终演变的结果是（　　）。

A. 简单的价值形式　　　　　　B. 扩大的价值形式

C. 一般价值形式　　　　　　　D. 货币价值形式

2. 马克思认为金属货币制度下货币的本质是（　　）。

A. 货币金属　　　　　　　　　B. 计算单位

C. 价值符号　　　　　　　　　D. 充当一般等价物的特殊商品

3. 在金属货币制度下，货币的（　　）可以自发地调节流通中的货币量。

A. 价值尺度职能　　　　　　　　B. 流通手段职能
C. 支付手段职能　　　　　　　　D. 储藏手段职能

4. 马克思关于货币职能阐述中,以下说法正确的是(　　　)。
A. 执行价值尺度职能的货币必须是足值的货币
B. 执行流通手段职能的货币可以是观念的货币
C. 执行储藏手段职能的货币可以是不足值的货币
D. 货币的第一性职能是交换中介

5. 纸币产生于货币的(　　　)职能。
A. 价值尺度职能　　　　　　　　B. 流通手段职能
C. 支付手段职能　　　　　　　　D. 储藏手段职能

6. 中国金属货币是以(　　　)为主。
A. 金币　　　　　　　　　　　　B. 银币
C. 铜币　　　　　　　　　　　　D. 铁币

7. "劣币驱逐良币"现象出现在(　　　)。
A. 跛行本位制　　　　　　　　　B. 平行本位制
C. 双本位制　　　　　　　　　　D. 金汇兑本位制

8. 金银复本位制的不稳定源于(　　　)。
A. 金银的稀缺性　　　　　　　　B. 生产力的迅猛提高
C. 货币发行管理混乱　　　　　　D. 金银同为本位币

9、下列货币制度中最稳定的是(　　　)。
A. 银本位制　　　　　　　　　　B. 金块本位制
C. 金币本位制　　　　　　　　　D. 金汇兑本位制

10. 人民币的主币单位是(　　　)。
A. 元　　　　　　　　　　　　　B. 角
C. 分　　　　　　　　　　　　　D. 百元

11. 必须是现实的货币是货币执行(　　　)职能的特征。
A. 价值尺度　　　　　　　　　　B. 流通手段
C. 支付手段　　　　　　　　　　D. 贮藏手段

12. 不兑现的信用货币——纸币产生于货币的(　　　)职能 。
A. 价值尺度　　　　　　　　　　B. 流通手段
C. 支付手段　　　　　　　　　　D. 贮藏手段

13. 资本主义原始积累时期最典型的货币制度是(　　　)。
A. 银本位制　　　　　　　　　　B. 金银复本位制
C. 金本位制　　　　　　　　　　D. 纸本位制

14. "劣币驱逐良币"规律也称"格雷欣法则",其中被驱逐的良币是(　　　)。
A. 实际价值高于名义价值的货币　　B. 名义价值高于实际价值的货币
C. 现实的货币　　　　　　　　　　D. 狭义的货币

15. 金属铸币能够自动调节货币流通量，发挥"蓄水池"功能的主要原因在于（　　）。

A. 自由铸造原则　　　　　　　　B. 无限法偿原则

C. 限制铸造原则　　　　　　　　D. 有限法偿原则

16. 货币危机性最大的职能是（　　）。

A. 流通手段　　　　　　　　　　B. 支付手段

C. 贮藏手段　　　　　　　　　　D. 世界货币

17. 晓敏使用信用卡在商场购买高档化妆品花费了 3000 元，此时货币发挥（　　）职能。

A. 储藏手段　　　　　　　　　　B. 支付手段

C. 价值尺度　　　　　　　　　　D. 流通手段

18. 实物货币是指（　　）。

A. 没有内在价值的货币　　　　　B. 不能分割的货币

C. 专指贵金属货币　　　　　　　D. 作为货币价值与普通商品价值相等的价值

19. 如金银的法定比价为 1:12，而市场比价为 1:15，则充斥市场的将是（　　）。

A. 银币　　　　　　　　　　　　B. 金币

C. 金币和银币　　　　　　　　　D. 两者都不是

20. 作为金银复合本位制向金本位制过渡形式的货币制度是（　　）。

A. 平行本位制　　　　　　　　　B. 双本位制

C. 跛行本位制　　　　　　　　　D. 虚金本位制

21. 可直接执行流通手段职能的信用工具是（　　）。

A. 支票　　　　　　　　　　　　B. 汇票

C. 期票　　　　　　　　　　　　D. 股票

二、多选题

1. 中国最早出现的铸币金属是（　　）。

A. 铜　　　　　　　　　　　　　B. 银

C. 金　　　　　　　　　　　　　D. 铁

2. 马克思名言"金银天然不是货币，但货币天然是金银"是指（　　）。

A. 货币并不起源于金银　　　　　B. 金银就是货币

C. 金银自然属性最适宜于充当货币　　D. 金银不适宜充当货币

3. 马克思认为货币的定性职能是（　　）。

A. 价值尺度　　　　　　　　　　B. 流通手段

C. 支付手段　　　　　　　　　　D. 贮藏手段

4. 货币价值尺度职能的特点是（　　）。

A. 必须是足值的货币　　　　　　B. 可以是不足值的货币

C. 必须是唯一的货币　　　　　　D. 可以是观念的货币

5. 金属货币制度的构成有（　　）。

A. 币材和货币单位　　　　　　　B. 本位币和辅币的铸造和清偿能力

C. 银行券和纸币的发行和流通　　　D. 黄金准备制度

6. 对货币单位的理解正确的是（　　）。
A. 国家法定的货币计量单位　　　B. 规定了货币单位的名称
C. 规定本位币的币材　　　D. 确定技术标准

7. 货币制度的基本类型有（　　）。
A. 银本位制　　　B. 金银复本位制
C. 金本位制　　　D. 信用本位制

8. 国际上曾经经历过的货币制度有（　　）。
A. 金本位制　　　B. 布雷顿森林体系
C. 牙买加体系　　　D. 区域货币制度

9. 下列有关金银复本位制说法正确的是（　　）。
A. 双本位制下会产生"劣币驱逐良币"现象
B. 平行本位制下金银币按国家强制规定的法定兑换比例流通
C. 跛行本位制下金币为主币，银币为辅币
D. 它是一种不稳定的货币制度

10. 下列关于货币职能的说法正确的是（　　）。
A. 货币的价值尺度通过商品的价格来表现
B. 货币的收付与商品的买卖在时间和空间上发生分离时，货币执行的不是流通功能而是支付功能
C. 观念货币也能执行货币贮藏手段职能
D. 货币执行流通手段职能时必须是足值货币

三、判断题

1. 货币是一般等价物，并反映一定的经济关系。（　　）
2. 执行流通手段的货币，可以是不足值的货币。（　　）
3. 布雷顿森林体系崩溃的根本原因是美国政府无法解决"特里芬两难"。（　　）
4. 牙买加体系规定黄金和货币完全脱离关系，会员国货币兑换必须采取浮动汇率制度。（　　）
5. 不兑现的信用货币制度下，货币由商业银行垄断发行，以国家政权的强制力流通。（　　）
6. 西方经济学家货币定义为交换中介和价值标准的统一。（　　）
7. 以自身所包含的价值与其他商品相交换的货币是信用货币。（　　）
8. 跛行本位制下的金币、银币均可自由铸造。（　　）

四、名词解释

1. 货币　　2. 信用货币　　3. 价值尺度职能　　4. 流通手段职能
5. 贮藏手段职能　　6. 支付手段职能　　7. 本位币　　8. 辅币
9. 无限法偿　　10. 货币制度　　11. 平行本位制　　12. 双本位制
13. 跛行本位制　　14. 金块本位制　　15. 金汇兑本位制　　16. 格雷欣法则

五、简答题

1. 为什么说货币是商品经济内在矛盾发展的产物？请结合价值形式发展阐述货币产生的过程。

2. 简述货币形式演变发展的过程。

3. 贵金属为什么最适合充当货币的币材？

4. 货币执行价值尺度职能和流通手段职能有何特点？

5. 什么是货币的贮藏手段职能？人民币具有贮藏手段职能吗？

6. 在金属货币制度下，货币的贮藏手段职能为什么能自发地调节货币流通？

7. 请阐述马克思的货币本质观。

8. 马克思的货币本质观与西方经济学家的货币本质观有何不同？

9. 马克思的货币定义与西方经济学家的货币定义有何不同？为什么？

10. 马克思的货币五大职能之间的关系是什么？

11. 计划经济时期与社会主义市场经济时期货币作用有何不同？

12. 什么是货币制度？金属货币制度包括哪些内容？

13. 金银复本位制为什么是不稳定的货币制度？

14. "劣币驱逐良币"规律的发生原理是什么？

15. 为什么金币本位制是稳定的货币制度？

16. 不兑现的信用货币制度为什么容易产生通货膨胀？

17. 国际货币制度的主要内容是什么？

18. 布雷顿森林体系为什么会崩溃？

六、案例分析题

（一）2013年4月，华尔街"金融大鳄"在美联储的授意下举起了做空黄金的屠刀，国际黄金价格在4月12日和15日经历了一次震撼暴跌，直接从1550美元/盎司（约合人民币307元/克）下探到了1321美元/盎司（约合人民币261元/克），世界哗然！不料半路杀出一群"中国大妈"，拿出1000亿元人民币，300吨黄金瞬间被扫（约占世界黄金年产量的10%），华尔街卖出多少黄金，"中国大妈"们照单全收。多空大战中，世界500强企业之一的高盛集团率先举手投降，4月24日，宣布暂停做空。一场"金融大鳄"与"中国大妈"之间的黄金阻击战——"中国大妈"完胜。

思考题：

①黄金有投资价值吗？为什么？

②"中国大妈"抢购黄金的背景是什么？原因是什么？

③"中国大妈"的投资是理智的吗？她们真能战胜华尔街"金融大鳄"吗？

（二）周末快下班的时候，在一家网络公司里，老板找来员工小王，给了他一个装有工资的信封，里面按理说应该是1000元，但小王打开后发现里面竟然是一张5年期债券，承诺未来4年里每年年末支付100元的利息，并在第5年末支付1100元。小王有点生气，因为自己马上还要交房租，所以他告诉老板他要货币，不要债券。老板想劝说他接受债券，因为债券承诺在未来会支付他更多的钱，但是老板失败了。最后只能给小王开了1000元的支票。支票当天就能兑现，小王可以收到全部的1000元。

思考题：

①货币职能究竟是什么？在我们的生活中又有怎样的作用和地位呢？

②为什么小王要货币而不要那张债券？在什么情况下他可以接受那张债券，又可以解决自己的急需呢？

第二章　信用与经济

【学习目的】
　　掌握信用的基本定义、特征及其构成要素。了解信用的产生与发展过程。掌握信用的经济职能。了解信用在经济生活中的作用。熟悉现代经济中信用的主要形式。

　　16世纪末，为了打破西班牙人和葡萄牙人对印度洋航线的垄断，同时也为了攫取更大的利润，荷兰人试图寻找一条属于自己的通往中国和东印度群岛的航线。1596年，荷兰人组织的一次探险航行，使船长威廉·巴伦支（Willem Barents）成为了举世瞩目的英雄，北冰洋西面的海洋也以他的名字命名。但是，让人们久久难以忘怀的并不是巴伦支那传奇般的探险经历，而是巴伦支所带领的那些无名水手的信用。

　　探险船起程前，阿姆斯特丹的商人们把一些准备与中国进行贸易交换的货物装上航船。当探险船抵达北冰洋后，夏季结束，探险船被冻结在冰水中。全体船员被迫登陆，他们在新地岛上自己动手修建了木棚，并掘洞来过冬。陋室中所生的火抵挡不住北极的严寒，穿在身上的衣服在背部都结了冰。他们不得不设法宰杀北极熊和海象来充饥，但他们的食物储备很快耗尽了。当时的天气非常寒冷，他们只有把手指伸进嘴里才能保持温暖，但只要手指一露出来立刻就被冻成冰棍儿。在极端恶劣的环境下，在饥寒交迫的困境中，一些水手由于饥饿和患病而不幸死去。

　　第二年冰雪融化后，探险队就迫不及待地踏上了归途。1597年6月，幸存者通过了一段冰海，在新地岛南端遇到了俄罗斯人，幸运地获救。尽管此时水手们衣衫褴褛，不少人身患重病，在海风中瑟瑟发抖，但没有一个人动用船上的衣物和药品。1597年10月29日，探险队终于回到了自己的故乡，这支深入极北海域的探险队员早已财尽囊空，但临行前商人们所托付的货物却完璧归赵。船员们用生命捍卫了信用，也为荷兰商人赢得了海运贸易的世界市场。

　　这个故事说明了信用在人们的社会活动中的重要性。如今，在现代市场经济中，信用已成为社会生活的核心。在市场经济发达的国家，信用更是个人和企业在市场经济中的通行证。

第一节　信用概述

一、信用定义和本质

人们在日常生活中使用"信用"一词，一般用作评价一个人的道德标准，指的是"遵守诺言"这样一种基本的道德准则，这是从社会学的角度解释信用。人们常说的"诚信"、"讲信用"、"一诺千金"、"言行一致"、"君子一言，驷马难追"反映的就是这个层面的意思。英文 Credit 一词最早源于拉丁文 Credo，名词意是信用、声望、信誉、威望；动词意是相信、信任，也是从社会学角度解释信用。在经济学中，信用是指借贷行为，是从属于商品生产关系的经济范畴，是以偿还和付息为基本特征的价值运动的特殊形式，体现的是一种债权债务关系。如果从法律的层面理解"信用"，有两层含义：第一层含义是指契约当事人之间的一种关系，只要契约当事人之间的权利和义务不是即期交割，而是存在时滞，就存在信用关系；第二层含义是指双方当事人按照"契约"规定所享有的权利和应承担的义务。

对信用的本质我们可以从以下三个方面认识：

(1) 信用是一种以还本付息为条件的借贷行为。信用是一种有条件的借贷行为，是借贷双方调剂资金余缺的一种形式，在借贷活动中，贷方将其拥有的货币或商品的使用权暂时转让给借方，借贷双方约定期限，到期由借方归还本金，并以利息的形式对贷方转让货币或商品的使用权给予价值补偿。信用不同于无偿的财政分配、无偿的捐赠或援助，而是以偿还和付息为条件的。在信用关系中，借出的可以是物资、商品、劳务或货币，将来偿还时，可以采取同一形式，也可以折算成其他形式。这就能解释为什么在现实生活中，有时会有无利息的借贷，因为无息借贷通常是出于某种政治目的或经济目的而采取的优惠措施，而借者所获得的政治或经济上的利益就可以看作利息的其他表现形式；又如西方不少国家的银行虽然对活期存款不付利息，但存款者所享受的银行提供的金融服务或享有的取得贷款的便利，其实也是一种"利息"。

(2) 信用关系是受法律保护的债权债务契约关系。在借贷活动中，有价物的所有者由于让渡有价物的使用权而取得了债权人的地位，债权人既拥有借贷期满收回有价物价值和利息的权利，又同时承担在借贷期内让渡有价物使用权的义务；有价物的借入者则成为债务人，既需要承担将来偿还有价物价值和支付利息的义务，又同时享受在一定时间内使用有价物的权利。在债权债务契约中所确定的借贷双方的权利的实现，是受到法律的保护的，借贷双方应履行的义务的执行，也是受到法律监督的。在信用活动中，如采用口头方式或记账方式约定借贷双方的权利和义务，极易发生争执，且很难受到法律的保护，因此，采取书面契约的方式来约定借贷双方的权利和义务，既有利于一国信用关系的制度化、标准化和规范化，也有利于一国信用关系的稳定。

（3）信用是一种价值单方面转移的特殊运动形式。一般价值运动即商品的直接买卖，在商品直接买卖活动中，卖方让渡商品的所有权和使用权，取得货币的所有权和使用权，而买者取得商品的所有权和使用权，让渡货币的所有权和使用权，这时商品和货币的所有权和使用权均发生双向移动。在商品的直接买卖活动中，一手交钱，一手交货，货币运动和商品运动在时间空间上是一致的。但在信用活动中，一定数量商品或货币从贷出方手中转移到借入方手中，并没有同等价值的双向移动，贷方只暂时让渡了商品或货币的使用权，并没有让渡所有权，借入方只是暂时取得了商品或货币的使用权，而没有取得商品或货币的所有权。信用关系发生时，信用标的只是进行价值单方面转移，借贷契约期满，还本付息价值回流。因此，信用活动中，商品或货币让渡与价值回流在时间空间上是不一致的。在信用活动中，货币发挥支付手段职能，而商品直接买卖活动中，货币发挥流通手段的职能。

二、信用的构成要素与特征

（一）信用的构成要素

信用是由四大要素构成的：一是信用主体。信用是一种借贷行为，信用的行为主体就是借贷双方及信用中介人。借者是资金的需求者，是接受资产转移的一方，称为受信者；贷者是资金的供给者，是转移资产的一方，称为授信者。信用中介人是为借贷双方的借贷活动提供中介服务的金融机构或经纪人，是社会资金融通的中介和桥梁，如商业银行。二是信用客体。信用客体又称信用标的物，是指信用活动中被交易的对象。在信用活动中转移的资产可以是有形的（如实物商品或货币），也可以是无形的（如各种服务或知识产权）。信用活动中交易的对象是授信方所拥有的资产的使用权而不是所有权。三是信用工具。借贷双方在信用交易中所形成的债权债务关系的书面证明就是信用工具，它规定了借贷双方的权利和义务，具有法律效力。信用工具是实现资金融通的载体。四是信用条件。主要条件指借贷的期限和利率，其他条件包括付息方式、有否抵押等。

（二）信用的特征

从信用本质的描述中可以概括出信用的四个基本特征：一是暂时性。信用关系中商品或货币的所有权与使用权的分离是暂时的，信用关系结束后，商品或货币的使用权重新回归到债权人手中，其所有权始终未发生转移。二是偿还性。在信用活动中商品或货币的让渡不同于捐赠，不是无偿的，其债务具有偿还性。信用关系建立后，债务人必须承担按期还本付息的义务，债权人拥有按期收回本息的权利。三是收益性。即债权人让渡商品或货币的使用权应以利息的形式得到价值补偿，并形成债权人的收益。四是风险性。即债权人让渡商品和货币的使用权以后，要承受本金和利息不能收回，或不能全部收回的风险。信用活动中偿还本息的不确定性，主要受债务人的偿还意愿、偿还能力，以及法律的完善程度和社会道德规范的约束力等因素影响。

三、信用的产生与发展

对信用的产生与发展应从三个层面认识:

(一) 信用的产生和发展的前提条件

信用是与商品货币经济密切相联系的一个经济范畴,它是商品货币关系发展到一定阶段的产物。

1. 社会分工和私有制出现

在原始社会初期,社会生产力水平低下,人们的劳动只能维持最低限度的生活,没有剩余产品可供交换,自然也没有信用的存在。到了原始社会末期,社会生产力的发展,使原始社会出现了两次社会大分工,第一次大分工是畜牧业和农业的分工,第二次大分工是手工业和农业的分离。这两次大分工,促进了生产的发展,提高了劳动生产率,使剩余产品日益增多,也产生了直接为交换的商品生产,并加速了原始公有制的瓦解和私有制的产生。私有制的出现,造成财富占有的不均和贫富的分化。富裕家庭拥有较多的可供交换的商品和货币,生活条件较为优越,贫困家庭则因缺少生活或生产资料,生活难以为继,于是,借贷关系产生的现实基础出现了。这样,一旦遇到天灾人祸,因贫穷而缺少生产资料或生活资料的家庭,为维持生活和继续从事生产,就不得不向富裕家庭借贷,通过借贷调剂余缺,最早的信用活动也就随之产生。

2. 商品交换的发展

信用并不是随着商品交换的产生而同时产生的,而是商品交换发展到一定阶段的产物。因为最初的商品交换规模小,人们为了满足生活的需求而交换,所以只需要物物交换和现金交易就可以满足;后来随着社会分工和生产资料的私有化,产生了以生产为目的的商品交换,商品交换的规模大了,由于生产周期长短不一、商品购销地点远近不同,商品买卖脱节,使得一部分商品交换必须借助信用的方式实现,才能保证社会再生产连续地进行。

3. 货币支付手段职能的产生

马克思是在论述货币的支付手段职能时谈及信用关系的,说明信用的产生和发展与货币的支付手段职能的发挥有密切的关系。信用产生于货币与商品的交换,或者更进一步说,信用和 "信用货币的自然根源是货币作为支付手段的职能"[①]。当发生商品的赊销和货币的借贷时,商品的运动与货币的运动在时间上分离开来,货币是作为独立的价值形态进行价值单方面的转移,货币发挥着支付手段的职能。因此,货币职能的衍生和扩张,不断地克服自身的束缚,不仅促进了商品交换的发展,也促进了信用关系的产生和发展。反过来,信用的发展又扩大了货币的支付手段职能发挥作用的范围,因为信用扩大,债务规模就要扩大,就要以更多的货币发挥支付手段职能来偿还债务。

---

① 马克思. 资本论. 第1卷 [M]. 北京:人民出版社, 1975.

（二）信用方式不断从低级向高级演进——经历了实物借贷、商品赊销、货币借贷

信用的最初方式是实物借贷，与货币无关，借实物还实物，主要是为了生存的需要而借贷。虽然实物借贷有直接性、及时性的特点，但它与物物交换一样有需求链很难解开的缺点，所以运用的范围是有限的，因此，实物借贷并不是信用的典型形式。后来随着商品流通的发展，出现了商品赊销这种信用方式，赊销是借实物还货币，货币运动真正与商品运动分离了，商品赊销是现代意义的信用活动。商品赊销是满足生产的需要而借贷，比实物借贷发展了一步。这种信用活动是与商品流通和生产活动紧密联系在一起的。随着商品货币关系的发展，货币支付手段发挥作用的范围超出了商品流通的范围，信用关系也超出了商品流通的范围，直接表现为货币的借贷。货币借贷是借货币还货币，是以获取利息为目的的借贷活动，货币借贷的出现使商品流通与货币的流通进一步分离。这种以获取利息为目的贷放出去的货币叫生息资本，生息资本的出现使信用关系得到了更广泛的发展。

（三）信用是一个历史的经济范畴

信用产生之后，伴随着商品经济的发展而不断发展，随着社会生产方式（或生产经营方式）的改变而改变，依次经历了高利贷信用、借贷资本信用和现代信用等多种形态。

1. 高利贷信用

随着商品生产和商品交换的发展，出现了货币，也就出现了货币借贷。由于社会分工的发展、交换的增长和私有制的出现，原始社会内部出现了贫富分化，当经济地位不稳定的贫者生活陷入窘迫境地时，为维持生计，只能开始采用还本付息的方式借贷。此外，奴隶主和封建主阶级为了弥补因为穷奢糜烂的生活或战争等开支而发生的赤字，也只能求助于高利贷。由于当时剩余产品有限，可贷资产极少，而借贷的需求量相比又很大，供求不平衡决定了借入者只有付出高额利息才能得到急需的商品和货币，于是，高利贷在奴隶社会和封建社会获得了广泛的发展。

高利贷信用具有以下特征：①利率水平非常高。高利贷的年利率一般为30%～40%，有的甚至高达200%～300%。高利贷的利率之所以特别高，一是小生产者借贷多用于生活救急之需，奴隶主、封建主举债，多用于满足穷奢极欲的生活。他们取得贷款是为获得购买手段和支付手段，而不是作为资本，这种非生产性消费的借贷性质决定了高利贷利率上限不受利润率的客观限制。二是在小生产占统治地位的自然经济条件下，高利贷资本的供应小于需求，从而为高利贷者索取高息提供了条件。②高利贷具有非生产性。从高利贷资本来源看，它是商人、奴隶主、封建主、僧侣、修道院和教堂等通过各种途径积聚起来的货币资本，不是社会再生产中暂时闲置的资本。从高利贷资本的用途看，一般只用于生活消费和支付债务，而不能用于发展生产。因为在高额利息的盘剥下，不仅将借款人所创造的全部剩余劳动价值侵吞，甚至连一部分必要劳动所创造的价值也被夺走，所以，如果用高利贷进行生产连简单再生产也无法维持。③高利贷具有保守性。在高利贷的压榨下，小生产者和债台高筑的奴隶主、封建主会破产而沦为奴隶、农奴，而不能成为自由人。高利贷不能改变旧的生产方式，创造新的生产方式，而是像寄生虫一样紧紧吸附在它身上，使旧的生产方式每况愈下、苟延残喘。因此，高利贷起着维护落后生产方式的作用，阻碍着新生产方式的产生。由于高利贷信用促使劳动者与生产资料分离，促进了货币财富的集中，所以同时也为资本主义生产方式的产生准备了前提条件。

2. 借贷资本信用

封建社会末期，高利贷者手中积累了相当数量的货币资本，可以随时投入资本主义生产、创办资本主义企业。但由于高利贷资本数量有限，无法满足资本家的需要，又因为它过高的利息吞没了资本家的全部利润，不适应资本主义发展对信贷的迫切需要，于是新兴的资产阶级展开了反对高利贷的斗争，斗争的焦点是降低利率。斗争方式基本上有两种：第一种是通过法律限定高利贷利率。例如，英国 1545 年的法律规定最高年利率为 10%，1624 年降低到 8%，1651 年降为 6%，1774 年降为 5%。第二种是发展资本主义自身的信用事业。随着资本主义经济的发展，资本家将产业循环中暂时闲置的货币资本出借，并在此基础上形成了专门从事货币借贷的借贷资本家这样一个独特的资本家集团与高利贷者相抗衡，使借贷利息迅速降低，高利贷信用逐渐失去它的活力，借贷资本信用开始形成。

借贷资本是货币资本家为获得利息而贷放给职能资本家使用的一种货币资本，是在产业资本循环周转的运动中产生和发展起来，并为产业资本服务的生息资本。产业资本的循环和周转是借贷资本形成的基础。在产业资本的循环周转过程中，暂时游离出的一部分货币资本需要寻求发挥其职能的场所，以实现价值的增值；同时，职能资本家为保持生产过程的连续性或为扩大生产经营规模，又会对货币资本产生临时性的需求，于是职能资本家与货币资本家为追逐更多的剩余价值，就采取有偿的方式来调剂货币资本的余缺，从而产生了借贷资本的运动。借贷资本反映了资本主义生产关系：一方面，它体现了借贷资本与职能资本之间的信用关系；另一方面，它体现了借贷资本与职能资本共同剥削雇用工人，瓜分剩余价值的生产关系。

3. 现代信用

当今的社会经济活动已为商品货币关系所覆盖，在日常的经济生活中，任何经济行为主体（企业、个人、政府）的经济活动都伴随着货币的收支。在频繁的货币收支过程中，任何货币的盈余或赤字，都同时意味着相应金额的债权、债务关系的存在。当经济生活中广泛存在着盈余和赤字的经济行为主体时，通过信用，即借贷关系进行调剂已成为必然。现代信用就是这样一种在社会化大生产基础上建立起来的适用高度发达的市场经济的信用形式。

现代信用已成为现代经济的核心，不仅在发达的工业化国家，就是在发展中国家，在经济活动中都普遍存在着债权债务关系。现代信用本质上仍然是借贷资本运动，所不同的是现代信用的借贷资本运动越来越决定国民经济的变动，信用的范围更加扩大，形成了跨地区、跨国界的全球一体化信用。随着电子化货币时代的到来，现代信用的形式也将随着货币形式的演变而不断变化，将会随着现代货币的逐渐抽象而越来越抽象，甚至脱离任何载体，独立存在，并将继续作为促进现代社会发展的重要力量而存在。

四、信用产生的客观经济基础

信用的实质是一种借贷行为，我们通过分析借贷行为是如何产生的就可以了解信用产生的客观经济基础。

从宏观经济学的角度，一个国家的经济主体可分为居民家庭、企业、政府和金融机构四大部门；居民家庭、企业和政府又可分为收支平衡部门、收大于支的盈余部门、支大于收的赤字部门。盈余部门多余的资金需要找出路，而赤字部门短缺的资金需要补充，这就产生了在资金盈余部门和资金赤字部门之间进行资金余缺调剂的需要。

在商品经济条件下，不同的资金所有者的利益不同，所以，资金余缺的调剂不能通过无偿的方式，而必须采用有借有还，还要付息的信用方式来进行。为了提高资金的配置效率，资金余缺的调剂必须通过金融市场进行，在金融市场上，银行等金融机构承担了信用中介的责任，运用自身的专业技术能力和服务，促使资金从盈余部门向赤字部门流动，实现全社会的资源优化配置。

那么，资金的盈余部门和赤字部门是如何产生的呢？我们可以对居民家庭、企业和政府三个经济主体分别进行分析。

居民家庭收支不平衡主要原因是不同的人对当前消费与未来消费的效用评价不一样，而对当前消费与未来消费有不同的时间偏好的选择。有的人认为当前消费效用高，就会将自己的收入更多地用于当期消费而很少储蓄，甚至借贷消费成为负债家庭；有的人认为未来消费效用高，就会减少当期消费而把收入大部分储蓄起来，成为盈余家庭。由于中国当前社会保障制度还不健全，以及勤俭节约的民族习惯，所以，从整体上看，中国家庭储蓄率是比较高的，是经常性的资金盈余部门。

企业收支不平衡的主要原因是：一方面在产业资本和商业资本循环的过程中会因种种原因出现大量的货币资本闲置现象，如：①企业提取的折旧基金在固定资产更新前，会以闲置的货币资本存在。②在支付工资和集中购买原材料前，部分流动基金会以闲置的货币资本存在。③历年形成的利润积累，在没有作为追加资本投入扩大再生产时，也会以闲置的货币资本存在。另一方面在社会再生产过程中总有一部分企业因种种原因需要临时补充资本，如：①当企业需要提前更换设备，提取的折旧基金不能满足需要时。②因季节性、临时性原因需要集中采购原材料时，需要临时补充流动资金。③因扩大再生产，而企业利润积累不能满足需要时，需要通过外源融资补充资本。从整体来看，由于企业部门内部积累的速度总是赶不上其扩大再生产的速度，所以企业部门是经常性赤字部门。

从政府部门来看，由于经济景气或不景气，以及自然灾害或战争等特殊原因都会产生财政收支不平衡，有时会因财政结余而成为资金的供应者，有时又会因财政出现赤字而成为资金的需求者。中国的政府部门大部分时间都是赤字部门，因为国家承担了重要的经济建设的责任，所以常常出现巨额的财政赤字。

在金融市场上，金融机构承担了信用中介的责任，以信用的方式促进资金从盈余部门向赤字部门流动，充当资金盈余部门与资金赤字部门之间融通资金的中介和桥梁。同时，金融部门往往因为补充资本金，扩大业务的需要，也常常需要融入资金，成为金融市场上的资金需求者。

五、信用在现代经济中的作用

信用在现代经济中的作用既有积极的一面也有消极的一面。

（一）信用的积极作用

信用已经成为现代经济社会不可缺少的相对独立的经济范畴和生活现象，对现代经济的发展有着强大的促进作用。信用对现代经济发展的推动作用主要表现在以下几个方面：

1. 现代信用扩大了投资规模

现代经济的增长，有赖于不断扩大再生产，投资就是扩大再生产的起点，而扩大投资的前提又是增加储蓄。因此，在储蓄转化为投资过程中，信用就成为了推动资金积累的有力杠杆。

现代化大生产要求的有效投入，往往需要一定的规模，如新建铁路、发电站、工业园等，都需要巨大的投资。这时仅靠企业的自身储蓄，很难满足有效投资的要求。同时，企业和家庭在生产和消费的过程中会因种种原因，产生暂时闲置的资金，这些资金闲置的数量不等，时间有长有短，其所有者自己往往难以运用。于是，通过信用调剂，就可以动员闲置资金，扩大社会储蓄规模，再将资金投向投资收益较高的项目，优化社会资源配置，扩大社会投资规模，增加社会就业机会，增加社会产出，促进经济增长。此外，信用还可以创造和扩大消费，通过消费的增长刺激生产扩大和产出增加，也能起到促进经济增长的作用。例如，政府可以通过发行国债的方式筹集资金，投入大型基础设施建设；工商企业可以通过金融机构获得贷款来扩大投资规模；个人和家庭也可以通过分期付款方式购买住房或者汽车，扩大消费需求，进而带动生产和投资。

2. 现代信用提高了消费总效用

每个家庭都必须根据收入的多少来合理安排消费。但是，收入与消费在时间上并不总是一致的。例如，某些家庭可能现在有支付医药费或者儿童教育费的迫切需要，本期的收入却不能满足这种要求，但预计将来的收入比本期更多，而消费的需求更小。其他家庭的情况可能正好相反，他们现在的需求较小，但预期将来供子女上大学或赡养退休父母的需求较大，而现在的收入却相对较多。显然，这两类家庭对现时的消费与未来的消费有不同的估价。前者高估现时的消费，甚至愿意以付出利息的代价来取得超过本期收入的消费；后者高估未来的消费，需要积蓄，未雨绸缪。借助信用关系，把现时的消费与未来的消费相交换，双方的利益都能得到满足。信用可以使每个家庭把他们的消费按时间先后作最适当的安排，从而提高了消费的总效用。

3. 现代信用节省了流通费用和流通时间

现代信用制度的存在，使债权债务的清算采用转账结算方式成为可能。这种不动用现金的转账结算方式，既可以使债权、债务相互抵销，使结算更加迅速、方便，又可以大大节省现金制作、保管、点数、运输等流通费用。信用还加快了商品周转速度，加速实现商品价值，因而减少了商品储存以及与此有关的各种管理费用，也缩短了资本的流通时间。资本的流通时间愈短、资本周转速度愈快，实现的剩余价值也就愈多。尤其是在当前 IT 技术高速发展的情况下，网络盛行所带来的虚拟货币的使用，进一步节省了流通费用和流通时间。现代社会，越来越多的人逐渐习惯在互联网上查找信息，购买商品，并使用网上银行进行支付。这样，消费者不用出门，也不需要使用纸币，坐在家中面对计算机、点击鼠标就可以买到比实体店铺更实惠的产品。据亚洲最大的网络零售商——阿里巴巴集团宣布，其旗下的淘宝网和天猫网在 2012 年销售额已突破 1 万亿元，占全国 2012 年全年社会消费品零售总额 207167 亿元的 4.8%。显然，在 21 世纪这样一个信息化的时代，电子商务作为信息时代的一种新的商贸形式将成为一种不可抗拒的潮流，并实现更快的发展。

4. 现代信用促进了社会资金利润率的平均化

马克思曾经说信用制度"对利润率的平均化或这个平均化运动起中介作用，整个资本主义生产就是建立在这个运动的基础之上"。信用通过积累、集中和再分配社会资金，调剂社会资金的余缺分配，按照经济利益诱导规律，将资金从使用效益差、利润率低的项目、企业、行业和地区调往使用效益好、利润率高的项目、企业、行业和地区，从而使前者的资金利润率提高，后者的资金利润率降低，从而促使社会资金利润率趋于平均化。在这个过程中，资金的流动在现代市场经济体制下绝大多数都要通过银行这个环节，因此，银行在调节资金的流向中具有核心的作用。

（二）信用的消极作用

信用在一定的程度上对社会生产也存在消极作用，甚至可能引发极大的危机。信用的扩张使得商品的生产和流通突破了流通手段的束缚而实现了扩张的正效应，但是也可能产生泡沫经济的负效应，因为信用的扩张以及虚拟资本的扩张都是有其边界的。如果脱离生产和流通的实际需要，盲目扩大信用规模，或在信用支持下，掩盖生产经营中的问题，那么，信用不但对经济无益，反而有害。

1. 现代信用助长了投机的产生和发展

马克思曾说："人们奋斗所争取的一切，都同他们的利益相关。"恩格斯也进一步说："革命的开始和进行将是为了利益，而不是为了原则，只有利益能够发展成为原则。"市场的逐利性直接导致了这一切的发生，马克思曾经有一段形象的说法："资本害怕没有利润或利润太少，就像自然界害怕真空一样。一旦有适当的利润，资本就胆大起来。如果有 10% 的利润，它就保证到处被使用；有 20% 的利润，它就活跃起来；有 50% 的利润，它就铤而走险；为了 100% 的利润，它就敢践踏一切人间法律；有 300% 的利润，它就敢犯任何罪行，甚至冒绞首的危险。如果动乱和纷争能带来利润，它就会鼓励动乱和纷争。走私和贩卖奴隶就是证明。"于是，由于信用的扩张效应，在利益的驱动下，经济领域中的冒险家们将信用看作能够带来收益的"万能灵药"，甚至不惜采取违法手段"圈钱"，最终导致资源配置的失灵。所以，尤其是在当前世界市场竞争相当激烈的大背景之下，不论是出于主观还是客观原因，过度投机，甚至赌博欺诈等行为都比过去更为常见，这已经是不争的事实。

2. 现代信用潜藏着经济危机发生的危险性

在经济发展中，由于信用的作用，突破了需求的制约，拉动了需求的增加，造成了对商品的虚假需求，表现出的就是虚假信用。在现代经济社会中，虚假信用所带来的泡沫似乎无可避免，虚拟资本过度增长与相关交易持续膨胀，日益脱离实物资本的增长和实业部门的成长，金融证券剧烈波动，地产价格飞涨，投机交易等都成为极为活跃的经济现象。信用体制的不健全极易引起经济发展中泡沫破裂，一旦错综复杂的债权债务链条上有一个环节断裂，就会引发连锁反应，对整个社会的信用联系造成巨大危害。严重的话，甚至会导致社会震荡，经济崩溃。2007 年席卷美国的次贷危机，就是由作为债务链终端的一些信用度较低的债务人无法偿还借贷资金而引起的。现代市场经济的本质就是信用经济，信用是市场经济正常运转的基石，在信用制度高度发达的情况下，任何一个信用环节的失误都可能会引起整个信用链条的断裂，可以说是"牵一发而动全身"。

由此可见，信用在现代经济中的作用具有双重性，尤其是在当前经济全球化的背景之下，世界经济体系已日趋稳定和成熟，再不是过去闭门造车的年代。10 多年前的亚洲金融危机及当前的全球金融海啸一再提醒我们，如何深刻地认识信用在现代经济中的双重性，是极其重要的。而要克服或减少信用带来的种种弊端，则有赖于社会及经济管理制度的进步和完善。

第二节　现代信用形式

一、商业信用

（一）商业信用的概念

商业信用（Commercial Credit）是指工商企业之间在正常的经营活动和商品交易中，以延期付款或预收货款方式进行购销活动而形成的借贷关系。它是经济活动中最基本、最普遍的债权债务关系，是现代信用制度的基础。

商业信用是较早产生的一种信用形式，它是在商品经济发展的基础上产生并发展起来的，与商品交易直接联系。商业信用产生于商品交换中货与钱在空间上和时间上的分离。例如，有些企业生产出来的商品急待销售，需要这些商品的企业却暂时缺乏支付能力。如果商品交易只限于现金的支付，势必出现"卖不出"与"买不进"同时并存的矛盾，影响生产的正常进行。而商业信用正是解决这种矛盾的有效方法。

（二）商业信用的形式

现代商业信用的具体形式很多，有赊销商品、委托代销、分期付款、预付定金、补偿贸易等。归纳起来可分为两大类。

1. 由卖方提供给买方的商业信用

赊销商品是最典型的商业信用形式。以这种方式买卖商品时，在商品转手后，买方不立即支付现金，而是承诺在一定时期后再支付。于是，买卖双方的关系便演变成为债务人和债权人的关系。例如原材料生产厂商给予产品生产企业，产品生产企业给予产品批发企业，或者产品批发企业给予产品零售企业商业信用。卖方给买方所提供的商业信用，相当于把一笔资本贷给买方，因而买方要支付利息。赊销的商品价格一般要高于现金支付的商品价格，其差额就类似于债务人对债权人所支付的利息。

2. 由买方提供给卖方的商业信用

由买方提供给卖方的商业信用的典型形式为预付货款。预付货款是由卖方给予现金折扣后获取买方提前付款而形成的一种商业信用。现金折扣就是卖方筹资的成本，即买方获得的利息。预付货款又可分为预付全部货款和预付部分货款两种，从买方的角度看，都是把货币贷出并在约定的日期以商品形式收回；而从卖方的角度看，都是利用预收账款或者减少应收账款的筹资渠道。此外，由于预付货款通常是与购买某些专用、紧俏商品联系在一起的，所以这种信用的利息并不为买者所重视。

其实，无论是由卖方主动推销滞销商品而形成的商业信用（如赊销），还是由买方主动订购紧俏商品形成的商业信用（如预付），都是商品供求状况的反映，也就是买方和卖方之间力量的抗衡。例如有些处于垄断地位的电力设备厂家根本不愁商品销售不出去，通常会要求买方预付 50%～60% 的定金，才开始安排生产。如中国家电连锁零售企业的领跑者——苏宁电器，利用其销售网络优势来增强与家电供应商的讨价还价能力，要求供应商接受延长应付款周转天数。

（三）商业信用的特点

1. 商业信用的主体是工商企业

商业信用的主体，即授信的债权人和受信的债务人都是直接参加生产和流通的工商企业。因此，商业信用的发展扩大了生产或经营商品企业之间的经济联系。对授信企业来说，通过商业信用的媒介作用，顺利地实现商品的销售；对受信企业来说，则通过商业信用方式，解决了资金不足的困难，买到了原材料或商品，保证企业生产或经营的正常进行。

2. 商业信用的客体主要是商品资本

商业信用的客体不是从产业资本循环中游离出来的货币资本，而是处于产业资本循环最后阶段的商品资本，具体表现为各种各样的实物商品。也就是说授信企业所借出的不是货币资本，而是商品资本，这也是商业信用与其他信用的重要区别之一。商业信用活动使商品资本向货币资本转化的时间延迟了。在没有发生商业信用的条件下，商品资本向货币资本的转化，是在商品交换行为发生时一次完成的。在发生商业信用的条件下，商品资本向货币资本的转化分为两个阶段完成。当商业信用发生时商品的买卖行为完成了，商品的使用权发生了转移，但由于货款未支付，商品的所有权没有转移，买卖双方形成了债权债务关系，直到契约到期，货款支付给卖方，债权债务关系才解除，商品资本向货币资本的转化才真正完成。所以商业信用活动并没有从再生产过程中独立出来，它是产业资本循环的一个组成部分。

3. 商业信用是一种直接信用

商业信用中的买卖双方直接成交，借贷双方直接见面。企业之间的信用关系，可以根据双方当事人的需要，通过直接协商确定，无须任何中介机构介入。同时，商业信用也是非常简便的信用方式。在多数情况下，商业信用关系的建立和消除都由相同的当事者履行，不需要经过有关部门审批，也不需要公布财务状况和评定信用等级，即商业信用的建立和消除完全取决于信用关系双方的意志。只要延期付款能被卖方所接受，或者预收货款能被买方所接受，商品交易的另一方自然都乐意接受这种信用形式。这就使商业信用在商品交易中有广泛的适应性，任何大、中、小企业以及个体工商户都能够轻易取得，可以说只要有商业活动，就存在商业信用。

4. 商业信用的规模受经济景气状态的影响

商业信用的供求往往与经济景气状态一致。在经济繁荣时期，社会生产力大幅度提高，生产规模、商品流通的数量也不断扩大，商业信用的数量和规模也会随之增大；而在经济萧条时期，情况则正好相反。特别是对于那些不具备发行债券条件，银行贷款受到限制的中、小企业来说，对商业信用的依赖性较强，因而受到经济周期的影响更为明显。

（四）商业信用的优点和局限性

1. 商业信用的优点

（1）商业信用筹资方便、迅速。通常，商业信用发生在既存在供求关系又有相互信用基础的企业之间，所以，不需要像银行贷款筹资那样办理复杂的申请和审核手续，更不需要提供抵押品或者第三方担保，只要买卖双方同意，即可完成借贷。从而既解决了商品买卖的矛盾，也解决了资金融通的困难，缩短了交易时间和融资时间。

（2）商业信用具有较大的灵活性。借贷双方能够根据需要，自由选择借贷的金额大小和期限长短，不会受到标准化合同的限制。甚至万一出现逾期付款或逾期交货的情况时，还可以通过友好协商，请求延长借贷或交货的期限，从而避免银行贷款违约所面临的合同纠纷或抵押资产被处置的风险。这样，企业的生产经营能力不易受到损失，有利于企业寻求摆脱困境的途径。

（3）商业信用的筹资成本较低。由于商业信用是直接信用，没有中介加入，不需要支付中介服务费用，因此，大大降低了融资费用。如果授信企业不要求支付利息，则相当于受信企业获得了一项无息贷款。

专栏 2-1

商业信用融资案例

中国移动通信公司广州分公司曾实行一项话费优惠活动，具体是：若该公司的手机用户在上一年的年底前向该公司预存下一年的全年话费 4800 元，可以获赠价值 2000 元的缴费卡；若预存 3600 元，可以获赠 1200 元缴费卡；若预存 1200 元，可以获赠 300 元的缴费卡。

该通信公司通过这种诱人的话费优惠活动，可以令该公司的手机用户得到实实在在的利益，当然更重要的是，还可以为该公司筹集到巨额的资金，据保守估计，假设有1万个客户参与这项优惠活动，该公司至少可以筹资2000万元；假设有10万个客户参与，则可以筹资2亿元，公司可以利用这笔资金去拓展新的业务，扩大经营规模。另外，该通信公司通过话费让利，吸引了一批新的手机用户，稳定了老客户，在与经营对手的竞争中赢得了先机。

2. 商业信用的局限性

商业信用的局限性主要表现在以下五个方面：

（1）商业信用的规模和数量是有限制的。由于商业信用是企业之间相互以商品为对象提供的信用，所以商业信用的最大规模不会超过授信企业所拥有的商品资本总额，这还要以授信企业能同时从其他渠道获得资金补充为前提，否则再生产无法进行；在不能从其他渠道取得信用支持的情况下，授信企业所能提供的商业信用规模最大不能超过其所拥有的后备资本总额，否则其再生产无法进行。

（2）商业信用受到商品流转方向的限制。由于商业信用的客体是商品资本，因此，授信企业只能按商品流转方向，向需要该种商品的企业提供信用，而不能倒过来。例如，矿山机械制造厂可以以自己生产的矿山机械向矿山开采企业提供信用，矿山开采企业可以以自己开采的矿石向冶炼企业提供信用，但矿山机械制造厂却无法从矿山开采企业取得商业信用，矿山开采企业也无法从冶炼企业取得商业信用。

（3）商业信用受到信用能力的限制。商业信用关系成立的重要条件是授予信用的企业比较了解接受信用的企业的支付能力，只有授予信用的一方相信接受信用的一方能按期如数偿还货款，信用关系才能成立。所以信用关系一般只会发生在相互熟悉、相互信任的企业之间。相互不了解信用能力的企业间不易发生商业信用关系。由于受信用能力的限制，商业信用发生的范围是有限的。

（4）商业信用受到期限的限制。由于商业信用的对象是处于再生产过程中的商品资本，如果不能很快地转化为货币资本，则会影响产业资本的循环和周转，所以商业信用只能是短期信用。

（5）商业信用的风险性较大。首先，商业信用不要求任何质押、抵押，全凭交易双方各自的诚信为基础，以双赢作为目的。然而，在一般情况下，对方是否诚信很难把握，而且经济活动中的许多不确定因素也难以保证双方在交易中都成为赢家，一旦一方遇到不测，极易诱发其不守信心理因素的急剧膨胀，从而导致失信。其次，由于社会分工，商业信用会通过生产供求关系把许许多多的企业联系在一起，形成一条长长的债务链条。一旦债务链条的某一环出现问题，就会对其他相关的债权企业产生连锁影响，当债务链条断裂时，甚至会使链条上的许许多多企业陷入"债务危机"。

二、银行信用

银行信用（Banking Credit）是指商业银行及其他金融机构以货币形态，向企业或个人提供的信用。它属于间接信用，是在商业信用广泛发展的基础上，产生与发展起来的一种更高层次的信用形式。主要包括吸收存款和发放贷款两大类业务活动。

（一）银行信用的特点

银行信用是在商业信用的基础上产生的，在一定意义上可以说银行信用是在克服商业信用的局限性的基础上产生的，所以银行信用具有与商业信用显著不同的特点。

1. 银行信用的主体具有双重身份

银行信用的借贷双方是专门从事货币经营的银行等金融机构和企业、个人。在银行信用活动中，银行等金融机构具有接受信用和授予信用的双重身份，在吸收存款的业务活动中，授予信用的一方是企业或个人，而接受信用的一方是银行等金融机构；在发放贷款的业务活动中，授予信用的一方是银行等金融机构，而接受信用的一方是企业或个人。

2. 银行信用的客体是单一形态的货币资金

银行信用的客体是从产业资本循环周转中暂时游离出来的货币资本和社会各阶层用作储蓄的货币收入。这一特点使银行信用在授信方向上不受限制。由于银行信用是以货币形态提供的信用，而货币是一般等价物，可以购买任何商品，所以可将它提供给任何需要它的部门、企业和个人使用，授信方向可以不受商品流转方向的限制，从而克服了商业信用授信方向上的局限性。

3. 银行信用与产业资本循环的动态不一致

银行信用的资金来源主要取决于从生产过程中游离出的闲置货币资本的多少，而闲置资本的变动以及银行信用的规模，与产业资本循环的动态是不完全一致的。例如，当经济萧条时，产业资本萎缩，在投资需求下降的同时，银行信用的需求相应减少，但是却有大量资本闲置起来游离于再生产过程之外，使借贷资本的来源过剩；当经济繁荣时期，产业资本规模扩大，对银行信用的需求也扩大，但闲置的资本相对减少，使借贷资本处于供不应求的状况。

4. 银行信用是一种间接信用

银行并不是主要依靠自己所拥有的资本向社会提供信用，而主要是以信用中介的身份，通过吸收存款，再以发放贷款的形式向社会提供信用，所以是一种间接信用。这一特点使银行信用克服了商业信用在授信数量、期限和信用能力上的局限性。首先，银行作为信用中介能有效地聚集社会上的各种闲置资金，不仅包括产业资本周转中闲置的货币资本，而且聚集了社会各阶层用于储蓄的货币收入，不仅包括短期资金，也包括长期资金。因此银行不仅向社会提供信用的数量远远大于商业信用的数量，而且可以向社会提供中、长、短不同期限的信用。其次，由于银行信誉高，与社会有广泛的联系，能及时地调查了解企业的经营状况和个人的财务状况，所以能与社会广大的企业和个人建立稳定的信用关系，这就克服了商业信用在信用能力上的局限性，信用范围扩大了。

5. 银行信用具有信用创造的功能

银行不仅可以根据其吸收的原始存款向社会提供信用，而且可以通过自己的资金运用创造出新的资金来源，向社会提供超过原始存款的信用（银行信用创造的原理见第七章第二节）。

（二）银行信用与商业信用的联系

商业信用与银行信用的联系，具体可以从以下三方面进行论述：

1. 商业信用是银行信用的基础

首先，商业信用先于银行信用产生，商业信用关系的确立表明信用关系双方有一定的资本，为银行信用提供了基础的条件，银行信用才能在商业信用关系广泛建立和发展的基础上产生和发展起来；其次，商业信用的普遍化和经常化，要求信用关系制度化，而信用关系制度化又为银行信用的建立和发展创造了条件；最后，商业票据的产生和流通，也成为银行票据产生和流通的基础。

2. 银行信用是商业信用的延伸和发展

第一，银行信用有效地弥补了商业信用的局限性，其规模和范围远远超过了商业信用，使信用关系得以充分发展。第二，有了银行信用的支撑，企业持续运转所需资金能从银行渠道得到解决，商业信用的授信方就不必过多地担心赊购赊销造成企业资金链条断裂，企业之间的商业信用才可以维持。第三，银行信用产生后，商业票据的持有者可以通过向银行办理承兑和贴现，取得现金或流动性强的银行信用工具，使得商业票据能够及时兑现，促使商业信用得到进一步发展。

3. 商业信用与银行信用形成有效互补

银行信用凭借其在规模、范围、期限上的优势，成为现代经济中占主导地位的信用形式，但银行信用的发展并未使其完全取代商业信用。商业信用直接与商品的生产和流通紧密相连，使用便利、成本低廉，因此，企业通常会优先考虑使用商业信用。而对资金需求数量较大、期限较长的企业，则可以通过银行融通资金。此外，从银行信用的角度看，商业信用票据化以后，以商业票据为基础的放贷，反映了客观的货币流通的需要，其业务风险比单纯的信用贷款也要小得多，有利于银行进行风险管理。就这样，商业信用与银行信用相互补充、相互促进，成为现代经济生活中服务于社会经济的两种最基本的信用形式。

三、国家信用

（一）国家信用的概念

国家信用（Fiscal Credit）也称政府信用，是以国家为主体的借贷行为，它包括国家以债务人身份举债和以债权人身份提供信用两个方面。而这两方面的信用活动又涉及国内借贷和国际借贷两部分。国家以债务人身份向国内居民、企业、团体取得信用，形成国家的"内债"；国家以债务人身份向国外居民、企业、团体、政府和国际金融组织取得信用，形成国家的"外债"。国家以债权人的身份向国内企业、团体提供贷款，形成国家的"对内债权"；国家以债权人的身份向国外企业、团体、金融机构和政府提供贷款，形成国家的"对外债权"。在一般意义上，国家信用仅指国家以债务人身份举债。

(二) 国家信用的形式

国家对内举债的典型形式是发行公债和国库券。其中公债是政府为筹集建设资金而发行的期限在一年以上的中长期债券。与公债互为补充的国家信用形式是国库券，它是政府发行的融资期限在一年以下的短期债券。由于国库券的债务人是国家，国家的偿债能力源于国家的财政收入，所以国库券几乎不存在信用违约风险，被看作是金融市场风险最小的信用工具，并被称为"金边债券"或"零风险债券"，有非常好的流动性。另外，财政向中央银行借款透支也是国家对内举债的重要方式，财政向中央银行借款透支等于发行货币，由于货币是一种以国家信用为基础的债务凭证，债权人是货币的持有人，债务人是国家，所以，发行货币也就等于国家向广大社会公众举债。国家对外举债通常采取在国际金融市场上发行国际债券和向外国政府、国际金融机构借款的形式。中国最近几年的外债规模有了一定程度的增长（见表2-1）。国家通过国家信用取得的资金，成为财政资金的来源之一。

表2-1　2002～2008年中国外债余额

债务类型	2002年	2003年	2004年	2005年	2006年	2007年	2008年
总计（亿美元）	1713.58	1936.34	2285.96	2810.45	3229.88	3736.18	3746.61
按债务类型分							
外国政府贷款	244.23	254.20	322.08	271.95	276.67	300.57	324.73
国际金融组织贷款	277.02	264.67	251.01	267.88	278.11	283.71	270.54
国际商业贷款	929.10	1051.73	1247.83	1362.62	1635.10	1820.90	2010.34
贸易信贷	263.23	365.74	465.04	908.00	1040.00	1331.00	1141.00
按偿还期限分							
长期债务余额	1155.60	1165.90	1242.87	1249.02	1393.60	1535.34	1638.76
短期债务余额	558.00	770.44	1043.09	1561.43	1836.28	2200.84	2107.85
构成（%）	100.00	100.00	100.00	100.00	100.00	100.00	100.00
按债务类型分							
外国政府贷款	14.5	13.1	14.1	9.7	8.6	8.0	8.7
国际金融组织贷款	16.4	13.7	11.0	9.5	8.6	7.6	7.2
国际商业贷款	53.5	54.3	54.6	48.5	50.6	48.6	53.7
贸易信贷	15.6	18.9	20.3	32.3	32.2	35.5	30.5
按偿还期限分							
长期债务余额	67.4	60.2	54.4	44.4	43.1	41.0	43.7
短期债务余额	32.6	39.8	45.6	55.6	56.9	58.7	56.3

资料来源：《中国统计年鉴》（2009）。

目前，世界各国普遍重视国家信用的使用。以美国为例，其联邦政府、州政府与地方政府每年都要通过向外举债，才能应付各项庞大的开支。近年来，美国国债规模不断膨胀，2002～2007年，美国国债发行量一直稳定在5000亿美元左右，2008年和2009年更是突破了1万亿美元。规模急剧扩张的美国国债，也开始越来越依赖于海外的资金购买。尤其是在次贷危机发生以后，美国政府更是在全球范围内积极推销美国国债，企图以大规模发行国债来应付庞大的经济刺激计划所需开支。然而，国债的发行是有界限的，在国际上常用国债负担率指标来衡量一个国家国债发行规模是否合理。所谓国债负担率，是指年末国债余额对当年GDP的比率，目前公认的国债负担率的警戒线是60%。国债的发行一旦超出这个界限，不仅会使国家财政付息背上沉重的包袱，严重的还会导致政府的偿付危机。1998年俄罗斯爆发的债务危机和2009年迪拜爆发的债务危机都是国家信用过度扩张的结果。美国2008年国债负担率大致在85%上下，预计2009年将接近甚至突破100%，大大超过了国际公认的警戒线，说明美国国债发行规模过大已积聚了较大风险。统计数据显示，我国2008年末的国债余额为5.55万亿元，国债负担率为19.3%，大大低于国际公认的警戒线，处于较安全水平，说明中国仍有扩大国债发行规模的空间，对当前实行积极财政政策拉动经济增长，防止经济衰退极为有利。

专栏2-2

欧债危机

欧债危机，全称欧洲主权债务危机，是指自2009年以来在欧洲部分国家爆发的主权债务危机。欧债危机是美国次贷危机的延续和深化，其本质原因是政府的债务负担超过了自身的承受范围而引起的违约风险。

早在2008年10月华尔街金融风暴初期，北欧的冰岛主权债务问题就浮出水面，而后中东欧债务危机爆发，鉴于这些国家经济规模小，国际救助比较及时，其主权债务问题未酿成较大全球性金融动荡。

2009年10月20日，希腊政府宣布当年财政赤字占国内生产总值的比例将超过12%，远高于欧盟设定的3%上限。随后，全球三大评级公司相继下调希腊主权信用评级，欧洲主权债务危机率先在希腊爆发。2010年上半年，欧洲央行、国际货币基金组织（IMF）等一直致力于为希腊债务危机寻求解决办法，但分歧不断，由于欧元区成员国内部协调机制运作不畅，致使救助希腊的计划迟迟不能出台，导致危机持续恶化。与此同时，葡萄牙、西班牙、爱尔兰、意大利等国接连曝出财政问题，德国与法国等欧元区主要国家也受拖累，欧债危机全面爆发。

欧债危机本质上是欧元区部分国家的财政危机。尽管如此，如果处理不好，极有可能演变成为全球金融危机和欧洲货币危机。在美、欧、日三大主要经济体中，日本2011年的政府债务与GDP比值为200%。美国的债务余额已经接近14.29万亿美元上限，达到GDP的90%，年度财政赤字达到GDP的10.5%。而欧盟27国预算赤字只是该地区GDP的6.4%，政府债务为GDP的85%，而且欧元区的私人储蓄率为12%，也要高于美国的5.8%。从表面上看，欧洲不应该首先发生危机，实际上，主权债务危机最先发生在欧洲是出于欧盟的一个结构性的原因。欧盟在1997年制定的《稳定与增长公约》，规定了年度财政赤字不得超过GDP的3%，公共债务不许超过GDP 60%的上限。可是目前欧盟27个成员国中已有24个成员国财政赤字状况超标。欧洲通过建立欧元区统一了货币政策，但财政政策的主导权却属于各个成员国。欧央行负责欧元的发行和管理。欧洲各国政府却大多数都没有按照《稳定与增长公约》的要求执行财政纪律，有的国家比较严，有的国家很宽松，比如说希腊甚至在政府换届时曝出在统计上弄虚作假的行为。财政政策的不一致导致欧盟各国的财政状况分化十分严重。2008年全球金融危机爆发后，欧元区整体经济增长放缓，使矛盾日益凸显，财政纪律松懈的国家的主权债务危机拖累了整个欧元区国家。

（三）国家信用的作用

国家信用在经济活动中具有非常重要的作用，具体表现在：

1. 调节财政收支的短期不平衡

国家财政收支出现短期不平衡是经常的，由于财政收支有先支后收的特点，因而即使从整个财政年度看，财政收支是平衡的，但由于财政收入与支出发生时间不一致，也会出现某月、某季的收支不平衡。为了解决这种年度内暂时不平衡，国家往往需要发行国库券来保持短期内的平衡。

2. 弥补财政赤字

如果财政年度支出大于收入，就出现了财政赤字，一般来说国家弥补财政赤字的途径有三种：增税、向中央银行借款透支、发行政府债券。增税不仅立法程序复杂，而且容易引起社会公众的不满；向中央银行借款透支等于发钞票，又容易导致通货膨胀；发行债券弥补赤字，比向中央银行透支有利得多，因为发行国债向社会筹资只是一部分社会资金使用权发生转移，货币供给量并没有扩大，不会造成通货膨胀，而且，由于国债的认购遵循自愿的原则，并且给认购者支付利息，对利息收入还实行免税，所以不会引起社会公众的不满。发行国债筹集资金弥补财政赤字是一种最佳途径。

3. 为国家筹集生产建设资金

向国内的社会公众举债，可以变货币为资金，变消费基金为积累基金，向国外举债可以增加国内资金总量。通过国家信用集中的各方面的财力，可以由国家集中统一安排，进行资源重组，增加重点建设投资，改善产业结构，为经济发展创造良好的社会条件。

4. 促进社会总供求平衡

在求大于供，出现通货膨胀时，发行国债，可以产生"挤出效应"，抑制过热的投资需求和消费需求，减少通货膨胀的压力。当供大于求，出现通货紧缩时，发行国债，可以将闲置的资金集中在国家手中，进行重点工程和基础设施建设，从而扩大内需，促进社会总供求实现平衡。

5. 为金融宏观调节创造条件

公开市场业务是中央银行调节货币供给量的主要手段，中央银行在公开市场上通过吞吐国家债券，扩大或收缩货币供给量，实现宏观经济调控目标，所以国家信用形成的大量的、种类各异的国家债券，为中央银行进行宏观经济调控创造了条件。

（四）国家信用与银行信用的关系

两者既有联系又有区别，联系是两者筹集的资金是同源的，都是社会闲置资金，所以，两者动员的资金具有此消彼长的关系，当国家增加国债发行时，银行信用的规模就会相应收缩。两者的区别一是国家信用可以采取特殊的手段，动员银行信用难以动员的资金，比如在战争、动乱、恶性通货膨胀的非常时期，可以发行强制性公债动员资金；在正常时期，也可以优惠条件诱使货币所有者减少消费，扩大可融资金总量。二是国家信用筹集的资金稳定性比银行信用高。国家债券的偿还期限较长，不到期国家不予还本付息，因此国家信用筹集的资金比较稳定，可以用于长期性投资和支出。而银行存款一般期限较短（活期存款占多数），即使是定期存款存款人要提前支付，银行也不得不付，所以银行信用筹集的资金稳定性较差，因此在安排银行资金使用时，则不得不大打折扣。三是两者的利息负担不同，国家债券的利息是由纳税人承担的，是财政支出的一部分；银行吸收存款支付的利息最终是由贷款人承担的。所以对于国家来说，以国家信用筹资的利息负担要大于以银行信用筹资的利息负担。四是国家利用银行信用与利用国家信用解决财政赤字问题效果是不同的。以银行信用解决财政赤字（向中央银行透支）会造成通货膨胀，而以国家信用解决财政赤字则割断了弥补赤字与货币发行的联系。

四、消费信用

消费信用（Consumer Credit）是工商企业、银行或其他金融机构，以商品、货币或劳务的形式向消费者个人提供的信用。目的是解决消费者支付能力不足的困难，主要用于高值耐用消费品，如家具、汽车、家用电器、房屋、教育消费等的购买。

消费信用有三种类型：①工商企业直接向消费者提供的信用，提供信用的主要形式是分期付款。②由银行等金融机构向消费者提供的信用（买方信贷），提供信用的主要形式是以特定的消费品为对象提供消费贷款，或者以不确定的消费品为对象提供信用卡信用。③企业向消费者提供信用，银行再向企业提供信用（卖方信贷）。其中前两种是消费信用的主要类型。从消费信用的这三种类型来看，消费信用实际上不是一种独立的信用形式，第一种实际上是商业信用的延伸，只不过是将企业之间的赊销延伸到企业和个人之间进行；第二种实际上是银行信用；第三种实际上是商业信用与银行信用的结合。

消费信用从本质上讲是购买力的提前实现，收入的提前使用，因此，它既有积极作用也有消极作用。消费信用的积极作用在于：①消费信用的发展可以提高人们的消费水平。②消费信用可以通过刺激消费来刺激生产，通过及时向企业提供消费信息，来引导企业生产的发展。③消费信用可以引导消费，使消费结构与生产结构相适应。④消费信用可以调节社会供求关系。⑤消费信用能促进新技术的应用、新产品的推广以及产品更新换代。

消费信用的消极作用是：①消费信用的过度发展，会造成消费品市场的虚假繁荣，向市场提供虚假信息，掩盖生产和消费的矛盾，不利于调整产业结构和企业管理水平的提高。②消费信用的过度发展，会造成宏观经济总量失衡。如果在国家经济基础比较薄弱时，生产增长能力有限的情况下，过分发展消费信用，强调超前消费、高消费，必然会加剧市场供求矛盾，促使物价上涨，对经济发展产生破坏性影响。③消费信用的过度发展，隐藏着巨大的信用风险。2007年爆发的美国次贷危机就是生动案例，美国政府为了通过发展房地产业拉动经济增长，放松了对发放住房贷款的风险控制，向大量不符合贷款条件的低收入人群发放了巨额住房抵押贷款，从2006年开始美国房价不断走低，导致大量偿还违约发生，使美国最大的房贷公司"房利美"和"房地美"濒临破产，从而引发了美国次贷危机，在这场危机的冲击下形成的一波又一波金融海啸，最终引发了世界性金融危机和经济衰退。

五、民间信用

民间信用（Folk Credit）是指企业或个人为解决生产经营或生活费用不足而自发采取的相互让渡资金使用权的信用形式，包括现金借贷和实物借贷。相对于其他信用形式，民间信用具有这样一些特点：①通常发生在居民家庭中，参与者主体是个人或个体商品生产经营者。②借贷期限较短、规模较小、范围有限。③资金运用具有盲目性和分散性。④借贷利率具有较大的浮动性，有的地方甚至存在高利贷。⑤借贷方式灵活、简便，随意性较大，缺乏规范性约束，因此风险性较高。

民间信用在我国已有几千年的历史。以前的民间信用主要用来解决个人生活困难，其形式有私人间直接或间接的货币借贷，成立合会由参加者之间轮番提供信贷和典当等。随着城乡经济体制改革和经济发展，资金供求矛盾加剧，我国的民间信用日趋活跃。例如，在我国的江苏、浙江、福建、广东等民营经济发达的地区，地下钱庄、企业集资、合会、台会、标会、农村合作基金会等各种形式的民间信用非常活跃，已形成一个颇具规模的"地下金融"市场。

民间信用的发展一方面能在一定范围内弥补银行信用的不足，缓解信贷资金的供需矛盾，尤其是帮助中小企业走出融资困境，提高生产要素的利用率；另一方面，民间信用由于游离于官方金融监管范围之外，其经营者又缺乏大资金运作的专业技能和管理经验，一旦其借贷活动形成的资金链断裂，一场复杂的民间金融危机恐怕在所难免，甚至可能引发局部社会不安定。尤其是民间信用中暗藏着高利贷、台会、地下钱庄等非法融资形式，严重扰乱了国家的金融秩序。因此，对于民间信用，政府应该进行正确的政策引导和规范管理制度，使其扬长避短，成为正规金融的有效补充。

专栏 2-3

温州民间借贷危机

随着 2011 年 4 月温州江南皮革有限公司董事长黄鹤失踪，正式拉开了温州企业"跑路"的序幕。接着，媒体曝光了一系列温州企业主因资金链出现困境、企业互保出现问题相继"跑路"出走的负面新闻。9 月 22 日，温州最大的眼镜企业浙江信泰集团董事长胡福林欠款 8 亿元"跑路"，顿时牵动了所有温州人的神经，让原本严峻的"跑路"局势进一步升级。通过分析发现，在温州的"跑路事件"背后却隐藏着一个共同的原因：温州民企的资金链断裂。

温州是一个民间借贷、民间资本市场十分活跃的地方。据中国人民银行温州中心支行 2011 年 7 月 21 日发布的《温州民间借贷市场报告》显示，温州大约 89% 的家庭、个人和 59% 的企业参与了民间借贷，温州民间借贷规模约为 800 亿元，其中企业民间借款 160 亿元、个人民间借款 470 亿元、融资中介借贷 170 亿元。从事借贷的融资中介，主要为从事高利贷的担保、典当公司等。温州 40 万家企业中，大部分企业特别是中小企业高度依赖民间借贷市场进行融资。民间借贷的发展，虽然让融资难、筹资难的中小企业获得了企业发展所需的资金，促进了中小企业的发展，但由于民间资本市场体制的不健全，也给融资市场带来了很多的风险，引发了民间借贷的危机。

近年来，温州民间融资呈现出组织化、规模化苗头，一些机构和自然人为谋取利益，专门介绍民间借贷赚取手续费，甚至借进贷出取得利差。从事民间融资的中介机构有担保公司、投资公司、咨询公司及"台会"等，为了最大限度地获取银行授信规模，部分企业利用担保公司短期借贷资金进行资本金垫资活动；而另有部分企业由于过度融资以及多元化经营，在遭遇资金链断裂风险时，利用担保公司资金或民间借贷进行续贷，而这部分资金的单笔金额往往比一般的民间借贷资金大得多。据悉，个人民间借贷最高单笔金额已高达 1000 万元。2009 年后，温州民间借贷空前活跃，借贷利息一路疯涨，在危机爆发前，温州民间借贷利率超过了历史最高值，一般月息 3~6 分，有的则高达 1 角，甚至 1 角 5 分，年化利率高达 180%，用民间借贷资金搞项目，注定要亏损，在企业资金链断裂后，温州的民间借贷危机终于爆发了。

六、证券信用

证券信用（Security Credit）是指企业以发行股票和债券的形式筹集资金的一种信用方式。因此证券信用包括股份信用和债券信用两种形式。

股份信用是对现代股份制度的概括，具体表现为以入股方式筹集资本、创办股份公司。从理论上讲，股票集资体现的是一种财产所有关系而不是债权债务关系。投资人购买股票就拥有了企业相应的财产所有权，具有了参与经营管理决策和分红的权利，且不能退股，所以并不符合信用有借有还还要付息的特征。那么，为什么也将这种经济关系视为信用关系呢？首先，现代股份公司的资本所有权和经营权在形式上是分离的，这与债权融资是一样的。股东一般不直接经营，而是雇用经理经营，经理虽具有支配实际资本独立开展经营活动的权利，但没有所有权。其次，投资者依据其对公司的所有权，按期获得股息和分红收入，这一点类似于存款者的存款取息。再次，虽然不能退股，但是投资者若急需现金，可以随时在市场上出售股票收回本金，因此在某种意义上，股权投资也可以还本。最后，股份有限公司的存在必须以信用关系的普遍发展为前提。

债券信用是企业以债务人的身份通过发行企业债券向社会筹集资金的一种手段和形式。通过债券信用筹集资金，主要是解决企业流动资金或固定资产投资的不足，企业债券有短期债券和长期债券多种形式，债券投资风险比股票投资小，比国债投资大。

七、国际信用

国际信用（International Credit）也称国际借贷，是指各国银行、企业、政府之间相互提供的信用及国际金融机构向成员国政府、银行、企业提供的信用，它反映的是国际间的借贷关系。国际信用实质上是国内信用关系在国际市场上的延伸和扩展。国际信用主要包括国际商业信用、国际银行信用、政府间信用和国际金融机构信用等。

国际信用的主体是多元化的，客体既可以是商品资本，也可以是货币资本。提供信用的目的也是多样化的，主要是为了促进双边经济贸易的发展，也有的是为了地区经济、全球经济的发展或人类生存环境的保护等更高的目标，但也有纯粹为了某种政治目的的。

国际商业信用是国际商品交易过程中由出口商向进口商以延期付款的方式提供的信用。来料加工、补偿贸易是国际商业信用的常见形式。

国际银行信用是进口国和出口国双方银行为进出口商提供的信用。主要是以出口信贷的方式出现。出口信贷是指一个国家为了支持本国商品的出口，加强国际竞争力，以政府利息补贴的方式，通过本国银行对本国出口商提供的信贷（卖方信贷）或外国进口商提供的信贷（买方信贷）。

政府间信用是指发生在两国或多国政府的财政部之间的融资活动。其特点是利率较低、期限较长，条件优惠，具有援助性质，但一般均附带限制性的条件，如要求受信国必须将贷款用于购买提供贷款的国家的商品等。

国际金融机构信用是指世界性或地区性国际金融机构为其成员国所提供的信用。世界性国际金融机构主要有国际货币基金组织和世界银行集团。地区性金融组织较多，比如为各个洲服务的亚洲开发银行、美洲开发银行、非洲开发银行等。这些国际金融机构的贷款是一种优惠贷款，一般期限较长，最长可达50年，利率较低，有的还不支付利息，只收取很低的手续费，但其审查较严格，一般用于受信国的经济开发和基础设施建设。

　　我国实行对外开放政策以来，国际信用得到了广泛运用，获得了较大发展。过去我国主要致力于引进外资发展经济，如今我国不仅继续引进外资，也积极开展境外投资。国际信用的发展对我国促进对外经济关系和充分利用外国的先进技术、设备和资金起到了积极作用。

练习题：

一、单选题

1. 在资本主义以前，信用主要以（　　）形式表现出来。

A. 生息资本　　　　　　　　　　B. 信贷资本

C. 高利贷资本　　　　　　　　　D. 借贷资本

2. 信用是一种以偿还本金和支付利息为条件的借贷活动，体现的是一种（　　）。

A. 所有权关系　　　　　　　　　B. 借贷关系

C. 债权债务关系　　　　　　　　D. 管理者与被管理者的关系

3. 信用的最初形式是（　　）。

A. 高利贷信用　　　　　　　　　B. 国家信用

C. 商业信用　　　　　　　　　　D. 银行信用

4. 下列不属于信用经济职能的是（　　）。

A. 资金配置　　　　　　　　　　B. 流通工具创造

C. 国民经济调节　　　　　　　　D. 资源配置

5. 信用产生的客观经济基础是（　　）。

A. 市场经济的发展　　　　　　　B. 经济主体资金余缺的存在

C. 所有制的不同　　　　　　　　D. 现代银行的出现

6. 下列属于直接融资方式的是（　　）。

A. 股票融资　　　　　　　　　　B. 银行存款

C. 银行贷款　　　　　　　　　　D. 国际信贷

7. 工商企业之间在正常的经营活动和商品贸易中，以延期付款或预收账款方式进行赊销活动而形成的借贷关系是（　　）。

A. 商业信用　　　　　　　　　　B. 银行信用

C. 国家信用　　　　　　　　　　D. 消费信用

8. 现代信用的主要形式是（　　）。

A. 高利贷信用　　　　　　　　　B. 国家信用

C. 商业信用　　　　　　　　　　D. 银行信用

9. 被称为"金边债券"的是（　　）。

A. 国家债券　　　　　　　　　　B. 国库券

C. 银行券　　　　　　　　　　　D. 企业债券

10. 在各种信用形式中处于主导地位的是(　　)。

A. 商业信用　　　　　　　　　　B. 银行信用

C. 国家信用　　　　　　　　　　D. 消费信用

11. 前资本主义社会信用的基本形式是(　　)。

A. 民间信用　　　　　　　　　　B. 高利贷信用

C. 国家信用　　　　　　　　　　D. 商业信用

12. 现代信用体系的主体和基础是(　　)。

A. 银行信用　　　　　　　　　　B. 商业信用

C. 国家信用　　　　　　　　　　D. 消费信用

13. (　　)创造存款货币的功能最强。

A. 商业信用　　　　　　　　　　B. 银行信用

C. 国家信用　　　　　　　　　　D. 消费信用

二、多选题

1. 关于信用本质的描述正确的是(　　)。

A. 信用是一种以还本付息为条件的借贷行为

B. 信用关系是受法律保护的债权债务契约关系

C. 信用是一种价值单方面转移的特殊运动形式

D. 信用是一种所有权凭证

2. 信用的构成要素有(　　)。

A. 信用主体　　　　　　　　　　B. 信用客体

C. 信用关系　　　　　　　　　　D. 信用工具

3. 信用的特征有(　　)。

A. 偿还性　　　　　　　　　　　B. 收益性

C. 暂时性　　　　　　　　　　　D. 风险性

4. 下列属于商业信用的是(　　)。

A. 赊销商品　　　　　　　　　　B. 委托代销

C. 分期付款　　　　　　　　　　D. 企业债券

5. 商业信用的优点有(　　)。

A. 筹资方便、迅速　　　　　　　B. 有国家信用作保证

C. 具有较大的灵活性　　　　　　D. 筹资成本较低

6. 商业信用的特点有(　　)。

A. 商业信用的主体是工商企业　　B. 商业信用的客体是商品资本

C. 商业信用是一种间接信用　　　D. 商业信用是一种直接信用

7. 关于银行信用和商业信用的联系下列说法正确的是(　　)。

A. 商业信用是银行信用的基础

B. 银行信用是商业信用的基础

C. 银行信用是现代经济生活中服务于社会经济的最基本的信用形式

D. 商业信用和银行信用是现代经济生活中服务于社会经济的两种最基本的信用形式

8. 以货币形态提供的信用有( )。

A. 商业信用 　　　　　　　　B. 银行信用

C. 国家信用 　　　　　　　　D. 消费信用

9. 国家信用的形式有( )。

A. 公债 　　　　　　　　　　B. 国库券

C. 政府信贷 　　　　　　　　D. 国家税收

10. 证券信用的两种形式包括( )。

A. 国家信用 　　　　　　　　B. 股份信用

C. 债券信用 　　　　　　　　D. 企业信用

三、判断题

1. 银行信用是现代经济中占主导地位的信用形式。　　　　　　　( )

2. 商业信用的主体具有双重身份。　　　　　　　　　　　　　　( )

3. 商业信用与产业资本循环的动态不一致。　　　　　　　　　　( )

4. 商业信用具有信用创造的功能。　　　　　　　　　　　　　　( )

5. 以银行信用筹资的利息最终是由纳税人承担的。　　　　　　　( )

四、名词解释

1. 信用 　　　　2. 金融 　　　　3. 商业票据 　　　　4. 商业汇票

5. 商业本票 　　6. 直接融资 　　7. 间接融资

五、简答题

1. 什么是信用,它的本质是什么?

2. 信用的特征有哪些?

3. 信用在商品经济中具有哪些职能?

4. 简要概括商业信用的形式和特点。

5. 如何理解银行信用在现代经济中起主导作用?

6. 试比较商业信用与银行信用的特点,并说明两者之间的相互关系。

7. 发行股票集资体现的是一种所有权关系,而不是债权债务关系,为什么仍把它称为"证券信用"?

8. 简述银行信用相对于商业信用的优势。

六、论述题

1. 试结合欧债危机,谈谈你对国家信用的认识。

2. 论述信用在现代经济中的作用。

七、案例分析题

迪拜是阿拉伯联合酋长国第二大酋长国,面积 3885 平方公里,占阿拉伯联合酋长国总面积的 5%。迪拜的经济实力在阿联酋也排第二位,阿拉伯联合酋长国 70% 左右的非石油贸易集中在迪拜,所以习惯上迪拜被称为阿联酋的"贸易之都",它也是整个中东地区的转口贸易中心。迪拜拥有世界上第一家七星级酒店、全球最大的购物中心、世界最大的室内滑雪场，源源不断的石油和重要的贸易港口地位，为迪拜带来了巨大的财富，如今的迪拜成了奢华的代名词。

然而，2009 年底，在全球金融危机退潮之际，迪拜的主权投资实体"迪拜世界"宣布将暂停偿还近 600 亿美元债务的消息，令投资者对迪拜的主权信用产生严重疑虑，进而在全球金融市场引发巨大震动。2009 年 11 月 26 日，欧洲三大股市跌幅均超过 3%。

迪拜与阿拉伯联合酋长国首都所在地阿布扎比酋长国不同，它没有丰厚的石油储藏，经济以地产、金融和旅游开发为主。过去四年多以来，迪拜以建设中东地区物流、休闲和金融枢纽为目标，推进了 3000 亿美元规模的建设项目。在此过程中，政府与国有企业的债务像滚雪球一样不断增加，到 2009 年底债务约为 800 亿美元。在这种情况下，2008 年 9 月爆发的全球经济危机对迪拜造成了直接打击。房价下跌、建设项目被取消等利空因素接连出现，使暂停偿还债务的可能性越来越大。最终，全球金融危机结束了迪拜数年的辉煌发展史，众多工程被迫停工甚至取消，许多类似棕榈岛的项目成为"烂尾楼"，人们终于发现，迪拜庞大的基建项目和棕榈型旅游度假区，是名副其实"建在沙子上"的。

根据统计，"迪拜世界"共有超过 70 个债权人。除了汇丰控股外，其他债权银行还包括瑞士信贷、巴克莱、苏格兰皇家银行。其中最大债权银行为阿布扎比商业银行及阿拉伯联合酋长国 NBD PJSC。"迪拜世界"一旦无力还债，这些大银行都难逃连累，人们担心可能触发新一轮的金融风暴。

思考题：

① "水能载舟，亦能覆舟"，请结合以上案例说明信用在经济中的作用。

② 试分析迪拜信用危机产生的原因，并提出防范此类危机的方法。

第三章　利息与利息率

【学习目的】
　　理解利息的本质，了解利息的来源。了解利率的基本类型，掌握利率体系的构成。了解单利与复利，掌握各种利率的计算。掌握利率决定及利率期限结构理论。认识市场利率的作用，了解中国利率市场化进程。

　　曼哈顿岛原是印第安人居住地。1626 年荷兰人用 24 美元的物品从印第安人手中低价买下曼哈顿岛，将近哈得孙河口一角地辟作贸易站，称为"新阿姆斯特丹"。1664 年被英国夺占，改名纽约，范围扩大到邻近陆地和长岛等处。现在的纽约经济繁盛，是世界性的大城市和港口，面积 830 平方公里，也是美国和美洲最大的城市。而到 2000 年1 月 1 日，曼哈顿岛的价值已经达到了约 2.5 万亿美元。用 24 美元买下如今价值 2.5 万亿美元的曼哈顿岛，这听起来像是痴人说梦，荷兰人无疑占了大便宜，但它却是一个事实，一个流传已久的故事，也是一个已经实现的愿望。

　　从理论上讲，印第安人并没有吃亏，因为我们必须考虑货币的时间价值。如果荷兰人当时并没有用那 24 美元去买曼哈顿岛，而是去进行投资，按照 11% 收益来计算（美国近 70 年股市的平均投资收益率为 11%），到 2000 年，这 24 美元将变成 23.8 万亿美元，远远高于 2.5 万亿美元，如果按 8% 的社会平均收益来计算，也绝对高于 2.5 万亿美元。是什么神奇的力量让资产实现了如此巨大的倍增？是复利。长期投资的复利效应将实现资产的翻倍增值。一个不大的基数，即使以一个很微小的量增长，假以时日，都将膨胀为一个庞大的天文数字。那么，即使以 24 美元作为起点，经过一定的时间之后，你也一样可以买得起像曼哈顿岛这样的超级岛屿。

　　爱因斯坦就曾经说过，"宇宙间最大的能量是复利，世界的第八大奇迹是复利"。

第一节 利息的起源与本质

一、利息的起源

利息的起源，就是讲利息产生的原因。在西方中世纪，高利贷十分猖獗，具有残忍的剥削性，所以，人们一般认为放债收息是不道德的，是不合理的。早期西方经济学家，如英国的威廉·配第、洛克、坎蒂隆、诺思、杜尔阁等主要是从分析放债取息的合理性的角度，来阐述利息产生的原因。配第认为，虽然借出货币收取利息饱受争议，但是出租土地收取地租自古以来却都被认为是天经地义的事，实际上借出货币就是租出货币，所以也应该收取租金，因此放债收息也是天经地义的事。

洛克也是从租地收租来说明利息产生的合理性，他说地租产生于租地的行为，而之所以出现租地的行为就是因为土地分配不均，而利息产生于借贷行为，之所以出现借贷行为，就是因为货币分配不均。

坎蒂隆认为，利息起源于货币所有者借出货币所要承担的风险。

诺思认为，利息是由资本分配不均产生的，这就与洛克认为利息是由货币分配不均而产生的观点有了本质的区别。马克思对这一观点给予了高度的评价。按照马克思的观点，货币是交换的媒介，货币作为交换媒介使用，不可能增殖，只有货币作为资本使用，与生产过程结合起来，才能增殖，才能产生利息。

杜尔阁认为，利息产生的基础是对货币的所有权，贷者借出货币之所以可以要求借入者支付利息，就是基于他对货币的所有权，贷者借出了货币只是让渡了货币的使用权，而没有让渡所有权，贷者凭借着对货币的所有权就可以要求使用者支付利息，而不论借者使用货币是否赢利。

在商品经济十分发达、利息成为市场经济构成要素条件下，现代西方经济学对利息的产生一般是不讨论的，因为放债取息的合理性已不成问题了，所以现代西方经济学的利息理论一般只研究利息的性质和利息的决定两大问题，利息政策理论则要研究利息、利率对经济的影响以及如何运用利率杠杆调控经济的问题。有的学者认为利息、利率的决定理论实际上已包含了利息、利率的存在理论，已经回答了利息、利率为什么存在的问题。从现代意义上理解，这是有道理的。

马克思认为借贷资本家与职能资本家的职能分离是利息形成的基础，马克思通过借贷资本运行所具有的双重使用、双重归流的特点，说明利息产生于生产过程，是工人创造的剩余价值的一部分，是职能资本家支付给借贷资本家的剩余价值的一部分，是对借贷资本家出让资本使用权所得到的补偿。

二、利息的本质

利息本质就是研究利息的本质属性的理论。东西方理论有本质的区别。

（一）西方经济学家的利息本质论

利息的本质是什么？概括地说，西方经济学家都认为利息本质上是一种报酬或补偿，是货币的借入者付给货币贷出者的报酬或补偿。那么货币的贷出者因何而得到报酬或补偿呢？由于不同的经济学家对利息的形成有不同的解释，因而他们对货币贷出者获得报酬的原因就有不同的看法，这样就形成了不同的利息本质理论。关于西方经济学家阐述的获取报酬或补偿的原因，大体可将其分为两类：有的经济学家认为借出资金会给贷出者造成某种损失，利息就是货币的借入者对贷出者的一种补偿，如配第和洛克的利息报酬论、坎蒂隆的风险补偿论、西尼尔的节欲论、凯恩斯的灵活偏好论等。有的经济学家认为借入者运用借入资金会获取额外的收益，利息是借入者为获取货币使用权，而以租金的形式分给贷出者的一部分收益，如斯密的产业利润说、萨伊的资本生产力论等。以下介绍西方经济学家有代表性的理论：

1. 利息报酬论

这一理论是由古典经济学家威廉·配第提出的。配第认为利息是暂时放弃货币使用权而给贷者带来不方便的报酬。配第把暂时放弃货币使用权分为三种情况：①贷者可以随时收回借款。②贷者虽然到期才能收回借款，但到期前并不急需货币。③在借款未到期前，贷者急需货币。配第认为只有第三种情况才应收取利息，这是对不能收回借款，而给贷者带来不方便给予的补偿。

洛克也认为利息的本质是贷款人应得到的报酬，与配第不同的是，洛克认为利息是贷款人承担了风险而应得到的报酬，承担的风险越大，利息应越多。

2. 资本租金论

关于利息的产生，巴本和诺思提出了资本租金论，他们认为，利息是由于资本分配不均产生的，这与利息是由货币分配不均而产生的观点有了本质的区别；因而他们认为利息本质是使用资本而支付的报酬。

3. 产业利润说

斯密认为利息来自于借入的资金作为产业资本使用产生的利润，因此，利息的本质是资本的借入者作为报答分给借出者的一小部分产业利润。

4. 风险补偿论

坎蒂隆认为利息起源于货币所有者借出货币所要承担的风险。因此，利息的本质是对风险的补偿。

5. 资本生产力论

这一理论的倡导者是萨伊，萨伊认为利息是"借款人支付资本生产力的报酬"。为什么借用资本要付一定的报酬呢？萨伊说，资本具有像自然力一样的生产力。使用资本比不使用资本能生产出更多的商品，这就像利用渔网能捕到更多的鱼一样，从而就自然而然地引出一个结论：资本产生利息是因为它具有生产力，由于资本生产力会获取额外的收益，所以借款人就须将因借入资本而生产出的价值的一部分向贷款人支付资本生产力报酬。

6. 节欲论

这一理论的倡导者是西尼尔，西尼尔认为，利息是人们牺牲自己目前消费而应得的报酬。西尼尔认为资本不是产生利息来源的原始因素，节欲才是利息来源的原始因素。在西尼尔看来，人类社会存在三种生产要素：①人类的劳动。②跟人力无关的自然要素。③节欲。所谓节欲是指牺牲眼前的消费欲望，或将可自由使用的货币不用于当期消费而储蓄起来的行为。西尼尔认为，资本来源于储蓄，储蓄又来源于节欲。因此，节欲是比资本更为基础的生产要素。有了节欲，资本就能够不断增长。既然节欲是一种牺牲，就应当得到报酬，利息是贷出者牺牲自己目前消费增加资本而应得到的报酬。

7. 灵活偏好论

凯恩斯认为利息是货币的所有者在一定时期放弃货币周转灵活性的报酬。凯恩斯认为，货币是财富的真正代表，它能随时转化为其他的资产，因而具有完全的流动性和最小的风险性，所以人们在考虑其财富的持有形式时大多选择持有货币，也就是人们对货币流动性有偏好。所谓灵活性偏好是指人们具有喜好以流动性强、周转灵活的货币资产来保存财富，以应不时之需的一种心理倾向。由于在一定时间内货币供应量是有限的，企业和商人如果想取得一定的货币，就必须以支付一定的报酬来诱使公众让渡出一部分货币。利息就成为公众放弃对货币灵活偏好控制权的一种报酬，是对货币所有者因失去货币的流动性而造成的心理上的不安全感和实际生活中的不便的一种补偿。

8. 时差论

庞巴维克认为，利息产生于人们因时差而对现在物品与未来物品价值主观评价上的差异。利息本质是同种同量的物品的现在价值和未来价值的差额，是借出者借出物品所获取的货币时间价值报酬。

9. 等待与资本收益说

马歇尔认为，利息是等待的收益，是牺牲"时间偏好"的报酬，即获得现在消费的人对延期消费的等待者支付的报酬。

10. 人性不耐论

费雪认为，利息是对"人性不耐"的报酬，产生现在物品与将来物品相交换时的"贴水"，与生产无关。所谓"人性不耐"，是指人们宁愿现在获得而不愿将来获得财富的不耐心情或时间偏好。利息是"耐"的报酬，"不耐"的代价。一个人越不耐，所付利息就越多，利率也就越高，由于"人性不耐"，所以，现在的物品与将来的物品相交换时会"贴水"，利息就是对"贴水"的补偿。

(二) 马克思的利息本质论

马克思的利息本质观与西方经济学家是有本质不同的，马克思利息本质观与西方经济学家不同是由于他对利息来源的认识不同。

马克思通过对借贷资本的运动的分析，说明了资本主义利息来源于工人在生产过程中创造的剩余价值，利息是剩余价值的一部分；利息是借贷资本家和职能资本家对剩余价值进行分割后形成的，归借贷资本家所得的一部分是利息，归职能资本家所得的一部分是企业主收入。由于利润是剩余价值的货币表现，所以马克思认为利息的本质是利润的一部分，是剩余价值的转化形式；由于利息体现了一定的生产关系，所以利息的本质还体现了借贷资本家和职能资本家之间瓜分剩余价值，并共同剥削雇用工人的阶级关系。

马克思还分析了高利贷利息的本质。高利贷信用是前资本主义社会普遍存在的经济现象，高利贷信用的利息与资本主义借贷资本的利息不同，高利贷利息远远高于平均利润，高利贷利息既包括奴隶、农民等小生产者所创造的全部剩余价值，还包括一部分必要劳动所创造的价值，高利贷利息体现了高利贷者同奴隶主和封建主共同对劳动者的超经济剥削。

马克思主义经济学家还对社会主义利息本质进行了分析，认为社会主义利息的本质仍然是利润的一部分，是社会收入再分配的一种形式，是从利润中分给资金所有者的那一部分，是按过去的劳动分配的结果，这种分配不存在剥削关系。

第二节 利率与利率体系

一、利率的定义和表现方式

马克思在研究资本主义利率时，曾经指出利率具有的两种含义：一种是利息与生息资本在数量上的比例关系，即一定时期内利息额同贷出资本额的比率，用公式可表示为：

$$利息率(r) = \frac{利息额(\Delta g)}{预付借贷资本(g)} \times 100\%$$

通过这一公式可以表现生息资本的增殖程度。

另一种是以利息与利润的比例关系表现利润率，或者说利息率是总利润率中的一定比例。用数学公式表示为：

利息率=利润率×利息在总利润中的比例

如利润率为20%，利息在总利润中的比例为25%，则利息率为5%。通过这一公式可以表现利息额与利润额的关系，反映借贷资本家与职能资本家共同瓜分剩余价值的情况。

日常生活中对利息率的计算用第一个公式。

利息率的表现方式有年利率、月利率和日利率。年利率是以年为时间单位计算利息；月利率是以月为时间单位计算利息；日利率习惯叫"拆息"，是以日为时间单位计算利息。年利率通常以百分之几表示，称为分；月利率通常以千分之几表示，称为厘；日利率通常以万分之几表示，称为毫。年利率与月利率、日利率之间的换算关系：月利率乘以 12 为年利率；反过来年利率除以 12 为月利率；年利率除以 360 或月利率除以 30 为日利率。

在习惯上，我国不论是年息、月息、拆息都用"厘"作单位，如年息 5 厘、月息 5 厘、拆息 5 厘等，虽然都叫"厘"，但差别极大。年息的厘是指"%"，年息 5 厘即为 5%；月息的厘是指"‰"，月息 5 厘即为 5‰；拆息的厘是指"‱"，拆息 5 厘即为 5‱。

在民间借贷中一般利息按月息计算，月息 1‰，叫一厘息；月息 1%，叫一分息；月息 1/10，叫一毛息。

中央银行确定的官定利率以"基点"为计算单位，一个基点为 0.01%，即 1‰。

二、利率的种类

（一）实际利率与名义利率

名义利率是借贷契约和有价证券上载明的利息率。实际利率是名义利率剔除了通货膨胀因素以后的真实利率。用公式表示为：

实际利率＝名义利率－通货膨胀率

判断利率水平高低不能只看名义利率，而必须以实际利率为主要依据，因为借贷资本的真实收益是实际利率，所以真正影响经济主体行为的不是名义利率而是实际利率。比如，当通货膨胀率大于名义利率时，实际利率就成为负数，此时的利率即为负利率。负利率实质是对债务人的补贴，而债权人转让了货币的使用权不仅得不到实际收益，而且还会因货币贬值而承受损失，负利率会造成债权债务关系的扭曲，使货币需求无穷扩大，加剧货币供求的失衡，对通货膨胀起火上浇油的作用。所以要发挥利率调节货币需求的作用，要求利率为正利率。当然正利率水平过高也不好，会使消费需求、投资需求减少，造成通货紧缩。

专栏 3-1

费雪效应

费雪效应是由著名的经济学家欧文·费雪第一个发现的。它揭示了通货膨胀率预期与利率之间的关系，指出当通货膨胀率预期上升时，利率也将上升。

通俗的解释：假如银行储蓄利率有 5%，某人的存款在一年后就多了 5%，是说明他富了吗？这只是理想情况下的假设。如果当年通货膨胀率为 3%，那他只富了 2% 的部分；如果通货膨胀率是 6%，那他一年前 100 元能买到的东西现在要 106 元了，而存了一年的钱只有 105 元，他反而买不起这东西了！

其公式为：

实际利率＝名义利率－通货膨胀率

把公式的左右两边交换一下，公式就变成：

名义利率＝实际利率＋通货膨胀率

在某种经济制度下，实际利率往往是不变的，因为它代表的是你的实际购买力。

于是，当通货膨胀率变化时，为了求得公式的平衡，名义利率也就是公布在银行的利率表上的利率会随之而变化。名义利率的上升幅度和通货膨胀率完全相等，这个结论就称为费雪效应或者费雪假设（Fisher Hypothesis）。

（二）短期利率与长期利率

短期利率一般指融资时间在一年以内的利息率。长期利率一般指融资时间在一年以上的利息率。

短期利率一般低于长期利率。因为，首先，长期融资比短期融资风险大，期限越长，市场变化的可能性越大，借款者经营风险越大，因而贷款者遭受损失的风险越大；其次，融资时间越长，借款者使用借入资金经营取得的利润应当越多，贷款者得到的利息也应越多；最后，在现代纸币流通条件下，通货膨胀是一个普遍现象，因而，融资时间越长，通货膨胀率上升的幅度可能越大，只有较高的利率才能使贷者避免或减少通货膨胀的损失。

（三）固定利率与浮动利率

固定利率是指利息率不随借贷资金的供求状况而波动，在整个借款期间都固定不变。固定利率的最大特点是利息率不随市场利息率的变化而变化，因而具有简便易行、易于计算借款成本等优点。在借款期限较短或市场利率变化不大的条件下，可采用固定利息率。但是，当借款期限较长或市场利率变化较快时，其变化趋势很难预测，借款人或贷款人可能要承担利率变化的风险，因此，对于中长期贷款，借贷双方都不愿采用固定利率，而乐于选用浮动利率。

浮动利率又称为可变利率，指利息率随市场利率的变化而定期调整的利息率。调整期限以及调整时作为基础的市场利率的选择，由借贷双方在借款时议定。例如，欧洲货币市场上的浮动利率，调整期限一般为3个月或半年，调整时作为基础的市场利率大多采用伦敦市场银行间3个月或半年的借贷利率。

实行浮动利率，借款人在计算借款成本时要困难一些，利息负担也可能加重，也可能减轻。但是，借贷双方承担的利率变化风险较小，利息负担同资金供求状况紧密结合。因此，一般中长期贷款都选用浮动利率。我国中长期贷款利率一般为一年一定，不属于浮动利率，但具有一定的浮动性。

（四）市场利率与官定利率

市场利率是指在借贷货币市场上由借贷双方通过竞争而形成的利息率。市场利率是借贷资金供求状况变化的指示器。当资金供给超过需求时，利率呈下降趋势；反之，当资金需求超过供给时利率呈上升趋势。由于影响资金供求状况的因素十分复杂，因而市场利率变动非常频繁、灵敏。另外，市场利率在不同的国家由不同的具体利率表示，如我国主要以同业拆借利率作为市场利率的参考指标；美国主要是指国库券利率；欧洲货币市场则以伦敦同业拆放市场的隔夜拆放利率为市场利率。

官定利率是指一国政府通过中央银行而确定的各种利息率。例如，中央银行对商业银行和其他金融机构的再贴现率和再贷款利率等。在现代经济中，利息率作为国家调节经济的重要经济杠杆，市场利率水平会随着资金供求状况的变动而波动，同时，国家也会通过中央银行确定的官定利率影响市场利率的水平。官定利率在一定程度上反映了非市场的强制力量对利率的干预。

因此，官定利率在整个利率体系中处于主导地位。由银行公会确定的各会员银行必须执行的利息率也是官定利率的一种形式。例如，香港银行公会有权定期调整并公布各种存贷款利率，会员银行必须执行，其具有一定的强制性。

官定利率与市场利率有密切关系。一方面，官定利率的变化代表了政府货币政策的意向，对市场利率有重要影响，市场利率随官定利率的变化而变化；另一方面，由于市场利率的变化非常灵敏地反映借贷货币资金的供求状况，因此它又是国家制定官定利率的重要依据。

（五）差别利率与优惠利率

差别利率是指针对不同的贷款种类和借款对象而实行的不同利息率，一般可按期限、行业、项目、地区设置不同的利息率。由于利率水平的高低直接决定着利润在借贷双方的分配比例，影响借款者的经济利益，银行对国家支持发展的行业、地区和贷款项目实行低利率贷款，对于国民经济发展中的长线产品和经济效益不好、经营管理水平差的企业实行高利率贷款，有利于支持产业结构的调整和经济的协调发展。因此，实行差别利率是运用利率杠杆调节经济的一个重要方面。

优惠利率是差别利率的有机组成部分，即对国家支持的贷款种类和借款对象实行优惠的低利率。例如，有些国家为了支持本国产品出口，对本国的出口商或国外的进口商实行优惠利率贷款。

优惠利率从短期看与银行追求利润最大化的目标相矛盾，但从长期看有利于整个经济协调、稳定地发展，这正是银行赖以生存和发展的基础，因而实行优惠利率与银行的长期利益是一致的，与国家的利益是一致的，因此国家对银行的优惠利率实行贴息的政策，即由财政部门对银行的优惠利率贷款给予一定的税收优惠或财政补贴。

（六）存款利率与贷款利率

存款利率是指客户在银行或其他金融机构存款所取得的利息与存款额的比率。

存款利率的高低直接决定了存款者的利息收益和银行及其他金融机构的融资成本，对银行集中社会资金的数量有重要影响。一般说来，存款利率越高，存款者的利息收入越多，越能调动存款人的积极性，便于银行吸收更多的存款。但是，存款利率越高，银行的融资成本越高，银行的收益会减少，又会影响到银行吸收存款的积极性，所以存款利率水平高低要适当。

贷款利率是指银行和其他金融机构发放贷款所收取的利息与贷款本金的比率。

贷款利率的高低直接决定着剩余价值在借款企业和银行之间的分配比例，因而影响着借贷双方的经济利益。贷款利率越高，银行的利息收入越多，借款企业留利越少，企业的贷款积极性随之下降，所以贷款利率水平的高低也要适当。

存款利率与贷款利率关系密切。存贷款利差直接决定着银行的经营效益；存款利率高低直接影响银行集中社会资金的规模，即决定借贷资金供给的规模，而贷款利率高低直接影响贷款规模，即借贷资金需求的高低，因此，保持合理的存贷款利率对实现信贷收支平衡和调节货币流通有重要作用。

三、利率体系

利率体系，是指在一个经济运行机体中存在的各种利息率及其之间的相互关系的总和，主要包括利率结构和各种利率间的传导机制。

由于世界各国的经济体制和经济条件不同，因而利率体系各有特色。就我国情况而论，利率体系结构主要有中央银行利率、商业银行利率和市场利率。

在中央银行利率中主要有中央银行对商业银行和其他金融机构的再贴现（再贷款）利率，商业银行和其他金融机构在中央银行的存款利率等。在商业银行利率中主要有商业银行和其他金融机构吸收各种存款的利率，发行金融债券利率，发放各项贷款利率，商业银行之间互相拆借资金的同业拆借利率。在市场利率中主要包括商业信用利率、民间借贷利率，以及政府部门、企业发行各种债券的利率等，具体如图 3-1 所示。

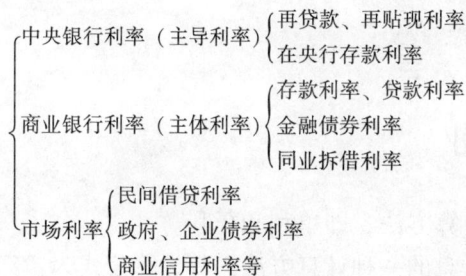

图 3-1　利率体系

在各种利率中，中央银行利率对商业银行利率和市场利率具有调节作用，甚至中央银行调整利率的意图都对其产生直接影响，因此，人们把中央银行的再贴现利率称为基准利率。商业银行利率和市场利率灵敏地反映着货币资金供求状况，因而是中央银行调整利率的指示器。

各种利率之间的传导机制如图 3-2 所示。

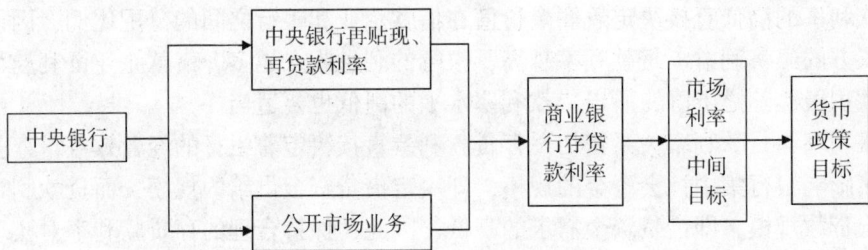

图3-2 利率之间的传导机制

各种利率之间的传导机制是通过以下途径进行的。中央银行对商业银行存贷款利率和市场利率从两个方面施加影响：一方面，中央银行调整对商业银行的再贴现利率，调节商业银行的可贷资金量，影响商业银行的存贷款利率，进而调节金融市场上货币资金的供求状况，使市场利率朝着中央银行的调节目标变动；另一方面，中央银行直接在金融市场上买卖有价证券，通过调节市场货币资金供求状况，影响商业银行存贷款利率和市场利率。而市场利率又是中央银行货币政策的中间目标，中央银行依此监测货币政策的执行情况，并根据市场利率变动情况采取相应的政策调节措施，其中包括调整中央银行利率和实施公开市场操作等，并实现货币政策的最终目标。

第三节　利率的计算

一、单利与复利

利息有两种基本的计算方法，即单利和复利。

单利是指只对本金计息的一种计息方法，其计算公式为：

利息：$I = P \cdot r \cdot n$

本利和：$S = P(1 + r \cdot n)$

其中，I 为利息；P 为本金；r 为利息率；n 为借贷期限；S 为本金和利息之和，简称本利和。

复利是指不仅对本金计息，而且对利息也要计息的一种计算方法。复利的计算是在每一期期末结息一次，随即将利息并入本金作为下一期计算利息的基础，也称"利滚利"。其计算公式为：

$$S = P \cdot (1 + r)^n$$

$$I = S - P$$

单利的计算简单、方便，利息水平低，而复利的计算比较复杂，利息水平较高，但复利的计算更符合商品经济条件下利息的本质特征，即借贷资本在循环、周转中会不断增值，不仅原有的本金经过一段时间要增值，而且已经增值的利息部分作为资本使用也要增值。因此，把增值的部分加入本金再计算利息是由借贷资本运动规律所决定的。运用复利计息能更准确地计算资本所有者的收益，有利于提高货币资本的时间价值观念和使用效益。

二、现值与终值

现值是指投资期期初的价值，终值是指投资期期末的价值。现值和终值是相对而言的，现值相对于其前面的价值是终值，而终值相对于其后面的价值而言又是现值。

（一）单利的现值与终值

1. 单利终值的计算

单利终值是指现在一笔资金按单利计算的未来价值，其公式如下：

$$I = P \cdot r \cdot n$$

$$S = P(1 + r \cdot n)$$

例如，2009 年 3 月 8 日存入银行 3500 元，年利率为 4%，求到 2009 年 6 月 6 日（共 90 天）的本利和。

$$S = P(1 + r \cdot n) = 3500 \times (1 + 4\% \times 90/360) = 3535 \text{（元）}$$

除非特别指明，在计算利息时，给出的利率均为年利率，年利率折算为日利率时一般按 1 年等于 360 天折算。

2. 单利现值的计算

单利现值是指若干年以后收到或支出一笔资金，按单利计算相当于现在的价值，单利现值是单利终值的逆运算，其计算公式如下：

$$P = \frac{S}{1 + i \cdot n}$$

例如，某人在银行存入一笔钱，年利率为 5%，想在 5 年后得到 1250 元，按照单利计算，问现在应存入多少？

$$P = \frac{S}{1 + i \cdot n} = \frac{1250}{1 + 5\% \times 5} = 1000 \text{（元）}$$

（二）复利的现值与终值

1. 复利终值的计算

复利终值是指现在一笔资金按复利计算的未来价值，其公式如下：

$$S = P \cdot (1 + r)^n$$

例如，某人在银行存入 5000 元，年利率为 6%，如按复利计算，5 年后本利和是多少？

$$S = P \cdot (1 + r)^n = 5000 \times (1 + 6\%)^5 = 6691.13 \text{（元）}$$

2. 复利现值的计算

复利现值是指未来某一时间的终值按复利计算的现在价值，或者说是为取得将来一定本利和现在所需投入的本金。将未来值换算为现在值的过程叫作贴现，使用的利率叫贴现率。复利现值计算公式：

$$P = \frac{S}{(1+r)^n}$$

复利终值和复利现值是可以相互换算的。例如，一笔价值为 100 万元的货币存入银行 10 年，银行存款年利率为 15%，则现值的 100 万元相当于 10 年后的 404.6 万元，或者颠倒过来，10 年后的 404.6 万元，按照 15% 的折现率，其现在的价值为 100 万元。

以上为期末一次还本付息的复利现值计算公式，如果分次定期定额还本付息，复利现值的计算公式为：

$$P = \frac{S_1}{(1+i)^1} + \frac{S_2}{(1+i)^2} + \frac{S_3}{(1+i)^3} + \cdots + \frac{S_n}{(1+i)^n} = \sum_{i=1}^{n} \frac{S_n}{(1+i)^n}$$

该公式可以用来计算：如某人希望在存款期 n 年内，各年从银行收回 S_1、S_2、S_3、…、S_n，问在年利率 i 的条件下，以复利计算，现在应存入多少资金？

3. 连续复利

所谓连续复利，就是在给定的年利率不变的条件下，如果不断缩短计算复利的时间间隔，则以复利计算的年利率会不断提高。例如假设年利率为 7.75%，如果某银行提出按照半年复利计算一次利息，则半年支付的利率为：

7.75/2 = 3.875%

按照复利方法计算，年利率为：$(1+3.875\%)^2 - 1 = 7.9\% > 7.75\%$

如果另一家银行提出按照季度进行复利计算，季度利率为：

7.75/4 = 1.938%

则按季度计算的年利率为：

$(1+1.938\%)^4 - 1 = 7.978\% > 7.9\%$

很明显，随着计算利息的时间间隔的缩短，按照复利方法计算的年利率不断增加，但增加的极限值是多少呢？

假设 r 为年利率，n 为 1 年内计算利息的次数，则用复利计算的年利率为 r_e，为：

$(1+r/n)^n = 1 + r_e$

当复利计算的时间间隔越短，当 1 年内复利的次数越多，按复利计算的利率就越大。当计算复利的时间间隔无穷小时，即 1 年内复利次数无穷大时，即：

$\mathrm{Lim}(1+r/n)^n = e^r$

其中 e = 2.71828。

上例中，$(1+7.75\%/n)^n$ 的极值为 $e^{0.0775} = 1.806$，即以复利计算的年利率最大极限值为 8.06%。

（三）现值公式的应用

在商业票据交易中可以将票据面额作为终值，选择某一市场利率按照现值公式估计票据的当前价格，即票据的"贴现值"。对于无息债券如短期国库券，也可以按照类似方法估计现值。现值公式可以被用于各类资产以及投资项目的评估中。

下面介绍用现值方法比较同一投资项目的两种投资方案。

设有一投资项目需要 10 年建成，甲、乙两种方案分别需投资 9500 万元和 1 亿元，市场利率为 10%。两种方案各年度投资以及投资的现值分布见表 3-1。

表 3-1 两种方案各年度投资以及投资的现值分布　　　　　　单位：万元

甲方案			乙方案		
年份	每年年初投资额	现值	年份	每年年初投资额	现值
1	5000	5000	1	1000	1000
2	500	454.55	2	1000	909.09
3	500	413.22	3	1000	826.45
4	500	375.66	4	1000	751.31
5	500	341.51	5	1000	683.01
6	500	310.46	6	1000	620.92
7	500	282.24	7	1000	564.47
8	500	256.58	8	1000	513.16
9	500	233.25	9	1000	466.51
10	500	212.04	10	1000	424.10
合计	9500	7879.51	合计	10000	6759.02

哪种方案更好些？将两种方案的现值总额作为投资成本，显然乙方案更可行。可比甲方案节约 1000 多万元投资成本。

三、利率与收益率

（一）到期收益率

通常计算利率的途径有很多种，其中最重要的一种就是到期收益率，也就是使债务工具所有未来回报的现值与其今天的价值相等的利率。由于到期收益率的计算显著地体现了经济含义，经济学家认为这是最准确的利率计算指标。

这里以息票债券为例介绍到期收益率的计算。由于息票债券涉及多次支付，债券的现值等于所有息票利息的现值加上最后到期偿还的本金的现值（即债券面值的现值）之和。

面值为 1000 元、期限为 10 年、每年息票利息为 100 元（10% 的票面利率）的债券，其现值的计算方法如下：第 1 年末支付的 100 元的现值为 $100/(1+i)$；第 2 年末 100 元息票利息的现值为 $100/(1+i)^2$；以此类推，到期日 100 元息票利息的现值为 $100/(1+i)^{10}$。

加上所偿付的 1000 元面值本金的现值 $1000/(1+i)^{10}$，令债券现在的价值（即债券的现价，以 P 表示）与债券所有偿付额的现值相等，即：

$$P=100/(1+i)+100/(1+i)^2+\cdots+100/(1+i)^{10}+1000/(1+i)^{10}$$

一般的，对于任何息票债券，现价为：

$$P=C/(1+i)+C/(1+i)^2+C/(1+i)^3+\cdots+C/(1+i)^n+F/(1+i)^n$$

其中，P 为债券的现价；C 为每年的息票利息；F 为债券的面值；n 为距到期日的年数。

在上述公式中，息票利息、面值、期限和债券价格都是已知的，只有到期收益率未知，因此可以从这个公式中求解出到期收益率 i。

下面来考察几个已知面值为 1000 元、息票利率为 10%、期限为 10 年的债券，以求解到期收益率。如果债券的买入价格为 1000 元，则通过计算，可以得出到期收益率为 10%。如果债券的买入价格为 900 元，那么到期收益率为 11.75%（见表 3-2）。

表 3-2　面值为 1000 元、息票利率为 10%、期限为 10 年的债券到期收益率

债券买入价格（元）	到期收益率（%）
1200	7.13
1100	8.48
1000	10.00
900	11.75
800	13.81

（二）当期收益率与贴现收益率

1. 当期收益率

当期收益率是到期收益率的近似值，由于计算比较简单，故而经常采用。它被定义为年息票利息除以债券价格，即：

$$i=C/P$$

其中，i 为当期收益率；P 为息票债券的价格；C 为每年的息票利息。

已经知道，当债券的价格等于其面值时，到期收益率就等于息票利率（息票利息除以息票面值）。由于当期收益率等于息票利息除以债券的价格，当债券价格等于面值时，当期收益率等于息票利率。这意味着债券价格与面值越接近，当期收益率越近似于到期收益率。当期收益率的一般特征可以归纳如下：

债券价格与面值越接近，期限越长，当期收益率越接近到期收益率；反之，债券价格越偏离于面值，期限越短，当期收益率就越偏离到期收益率。无论当期收益率与到期收益率的近似程度如何，当期收益率的变动总是意味着到期收益率的同向变动。

2. 贴现收益率

由于对到期收益率的计算比较复杂，与当期收益率一样，贴现收益率是一种比较简单的计算利率的方法。其公式定义为：

$$i = \frac{F-P}{F} \times \frac{360}{\text{距到期日的天数}}$$

其中，i 为贴现收益率；F 为贴现发行债券的面值；P 为贴现发行债券的购买价格。

这种利率计算有两个特征：①它使用的是债券面值的百分比收益(F-P)/F，而非计算到期收益率时所采用的债券购买价格的百分比收益(F-P)/P。②它按 1 年 360 天而非 365 天来计算年度收益率。由于这两个特征，贴现收益率低估了以到期收益率来衡量的利率。

例如，出售价格为 900 元，面值为 1000 元的 1 年期国库券的到期收益率为(1000-900)/900=11.1%，但其贴现收益率为：

(1000-900)/1000×(360/365)=9.9%

贴现收益率低于到期收益率 10%，造成低估的原因主要在于，使用面值的百分比收益而非购买价格的百分比收益。根据定义，贴现发行债券的购买价格总是低于面值，因此面值的百分比收益必然低于购买价格的百分比收益。贴现发行的债券的购买价格与面值差额越大，贴现收益率对到期收益率的低估程度越大；期限越长，购买价格与面值的差额越大。对于贴现收益率与到期收益率之间的关系，可以得到下面的结论：贴现收益率总是低于到期收益率，并且贴现发行债券的期限越长，两者之间的差距越大。

（三）利率、收益率与回报率的关系与区别

许多人都认为，知道了债券的利率，就能知道买进债券的全部收益了。但是，回报率才是衡量一个人在一定时间段，持有某种债券或其他有价证券所获得的收益的指标。对于任何有价证券而言，回报率都是持有人的利息收入和有价证券价值变动的总和占购买价格的比率。

为使这个定义更加清晰，进行举例说明。面值为 1000 元，息票利率为 10%，购买价格为 1000 元，持有 1 年后以 1200 元出售的回报率。持有者在这 1 年内的利息收入为 100 元，价值变动为 1200-1000=200 元，加总两项，并将其表示为购买价格 1000 元的比率，可得这种债券 1 年持有期的回报率为：

(100+200)/1000=0.3=30%

对于以上的回报率可能十分惊讶，在表 3-2 中计算的这种债券的到期收益率只有 10%。这说明了债券的回报率不一定等于债券的利率。利率和回报率之间的区别十分重要。

一般的，从时间 t 到 t+1，持有一种债券的回报率可以表示为：

$$RET = \frac{C + (P_{t+1} - P_t)}{P_t}$$

其中，RET 为从时间 t 到 t+1 持有债券的回报率；P_t 为时间 t 时的债券的价格；P_{t+1} 为时间 t+1 时的债券的价格；C 为息票利息。

可以将上式分解得到：

$$RET = \frac{C}{P_t} + \frac{(P_{t+1} - P_t)}{P_t}$$

第一项为当期收益率 i，即：

$$i = \frac{C}{P_t}$$

第二项为资本利得，即价格相对最初购买价格的变动：

$$g = \frac{(P_{t+1} - P_t)}{P_t}$$

所以，$RET = i + g$。

这个公式表明债券的回报率等于当期收益率加上资本利得之和。即使对于债券而言，当期收益率 i 可以很准确地度量到期收益率，回报率仍然与利率存在很大的差别，尤其在债券价格剧烈波动引起较大的资本利得或损失的情况下，两者的差别就更大了。

利率与回报率的关系可以归纳如下：

只有持有期和到期期限一致的债券的回报率才与最初的到期收益率相等；

对于到期期限长于持有期的债券而言，利率的上升与债券的价格负相关；

债券的到期日越远，利率上升时回报率越低；

债务的到期日越长，利率变动引起的债券价格变动的比例就越大。

四、利率计算与收益的资本化

利息是资本所有者由于贷出资本而取得的报酬，无论何种社会条件下，它均来自于生产者使用该笔资本发挥生产职能而形成的利润。显然，没有借贷，便没有利息。但在现实生活中，利息已被人们视为资本收益的一般形态：无论资本是否贷出，利息都被资本所有者看作理所当然的收入——可能取得的或将会取得的收入；无论借入资本与否，生产经营者也总是把自己的利润分为利息和企业主营收入两部分，似乎只有扣除利息后所余下的利润才算是经营所得。相应地利息率就成为一个尺度：如果投资所得与投资本金之比不大于利息率，则根本无须投资；如果投资所得所余利润与投资本金之比甚低，则说明经营效益不高。所以，在会计制度中利息支出都列入成本，而利润则只是总利润中扣除利息支出后所余的那部分利润。

由于利息转化为资本收益的一般形态，相应地通过利息率计算公式的倒算，一切收益也就都"资本化"了。根据利息率计算公式，任何有收益的事物，都可以通过其预期收益与市场利率的对比，而倒过来算出它相当于多大的资本金额。这就是所谓"收益的资本化"。

在一般的贷放中，贷放的货币金额即本金 P，与利息收益 B 和利息率 R 之间有如下关系式：

$$B = P \cdot R$$

当已知 P 和 R 时，很容易计算出 B；同样，当已知 B 和 R 时，P 也不难求得，即：

$$P = \frac{B}{R}$$

例如，已知一笔贷款 1 年的利息收益是 100 元，市场年平均利率为 5%，则可以算得本金为：100/0.05 = 2000 元。

可以运用收益资本化理论把以上计算方法推演到土地价格的计算：土地本身不是劳动产品，因而没有价值，因此无法用价值定价法为其定价，但是土地有收益。例如，一块土地原来是农用土地，每亩的年预期收益为 200 元，假定市场利率为 5%，则这块土地每亩的转让价格就可以确定为 200/5% = 4000 元。如果这块土地被征用为商业用地，则每亩预期收益为 1 万元，在市场利率不变的条件下，则该土地的转让价格为 20 万元（10000/5% = 200000）。如果土地预期收益不变，而市场利率上升，则地价反比下降；利率下降时，地价反比上升。这就是在市场竞争过程中土地价格形成的原理。因此可得到收益资本化的一般计算公式：

$$某种可获取收益事物的市场转让价格 = \frac{预期年收益}{市场利率}$$

收益资本化使某些本来不是资本，但是可以获取收益的事物也可以被视为资本，一些本来无法运用价值定价法来确定其转让价格的事物，也可以用其预期收益和市场利率换算出它的转让价格。通过收益资本化，可以对土地、人力资源和金融资产等这些无价值或无法用价值定价法来确定转让价格的事物进行定价。收益定价法运用最广泛的领域就是确定有价证券的市场转让价格，将在第六章介绍有关内容。

第四节　利率的决定

一、西方均衡利率决定理论

利率水平是怎样决定的，这是利息理论的重要课题。现代西方经济学的利率决定理论也是正在不断发展和完善的，并且从不同的角度形成了不同的学派。西方利率决定理论可以概括为均衡利率理论，即由市场的供求关系决定均衡利率水平的理论。西方的利率决定理论与马克思主义的利率决定理论是有很大区别的，下面分别介绍。

（一）古典学派均衡利率决定理论

该理论也称投资储蓄理论，它建立在货币数量论和萨伊定律的基础之上，认为工资和物价的变化可以自动促进充分就业，其他因素如货币对实体经济的影响不存在，经济完全可以完成自动均衡。在此条件下，利率只由 I（投资）和 S（储蓄）决定（见图 3-3）。

古典经济学派认为，均衡利率是一国实体经济处于均衡状态的利率水平，也就是储蓄等于投资时的利率水平。储蓄是利率的递增函数，利率越高，储蓄额越多，利率越低，储蓄额越少，所以边际储蓄曲线是一条向右上方倾斜的曲线；投资是利率的递减函

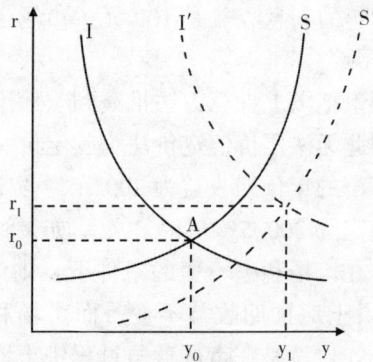

图 3-3　古典学派的投资储蓄理论

数，利率越高，投资额越少，利率越低投资额越大，所以边际投资曲线是一条向右下方倾斜的曲线。边际储蓄曲线与边际投资曲线相交的 A 点，是经济均衡点，那一点所决定的利率 r_0 就是均衡利率水平。

边际储蓄倾向、边际投资倾向的变动也会使利率升降。在边际投资倾向不变的条件下，边际储蓄倾向提高会使 S 曲线向右下方移动，从而使利率下降；在边际储蓄倾向不变的前提下，边际投资倾向提高会使 I 曲线向右上方移动，从而使利率上升。古典利率理论着眼于实体经济均衡和均衡利率之间的关系的分析，着重分析实体经济长期因素变动对利率的影响。

(二) 新古典学派均衡利率决定理论

可贷资金利率理论是古典利率理论的延伸和发展，可贷资金利率理论既重视实体经济的长期因素——储蓄和投资对利率的影响，也重视虚拟经济的短期因素——货币供给和需求变化对利率的影响，可贷资金利率理论把这两方面的影响归结为可贷资金供求对利率的影响，可贷资金供求达到均衡时所确定的利率水平是均衡利率水平。可贷资金就是可以用来借贷的资金，可贷资金的供给不仅包括储蓄（包括个人、企业和政府的储蓄），还包括货币当局增发的货币数量以及国外资金的流入；可贷资金的需求不仅包括企业投资，还包括政府、家庭弥补赤字的货币需求，以及流向国外的资金。

可贷资金供给是利率的递增函数，因此可贷资金供给曲线是一条向右上方倾斜的曲线；可贷资金需求是利率的递减函数，因此可贷资金需求曲线是一条向右下方倾斜的曲线。均衡利率水平是由可贷资金供求曲线相交时确定的利率水平（见图 3-4）。

通过可贷资金的利率决定原理，不仅可以分别分析可贷资金需求变动对利率的影响，以及可贷资金供给变动对利率的影响，还可以深入分析影响可贷资金供求的一些具体因素对利率变动的影响：①实体经济的长期因素——储蓄和投资变动对利率的影响。②虚拟经济的短期因素——对货币供给的增长，国外资金的流入对利率的影响；家庭赤字、政府赤字增减变动对利率的影响；流出国外资金的增减对利率的影响等。

可贷资金利率理论认为，可贷资金供给总量在很大程度上受中央银行的控制，因此

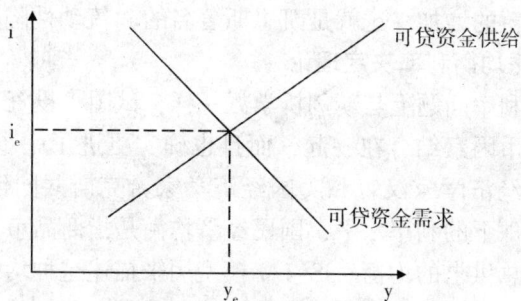

图 3-4 新古典学派的可贷资金理论

政府的货币政策便成为利率的决定因素而必须予以考虑。

（三）凯恩斯均衡利率决定理论

凯恩斯理论体系中最具特色的就是流动性偏好理论。凯恩斯认为，利率水平是由货币需求与货币供给共同决定的，均衡利率是货币供求均衡时的利率水平，也就是货币供给等于货币需求时的利率水平，如图 3-5 所示。

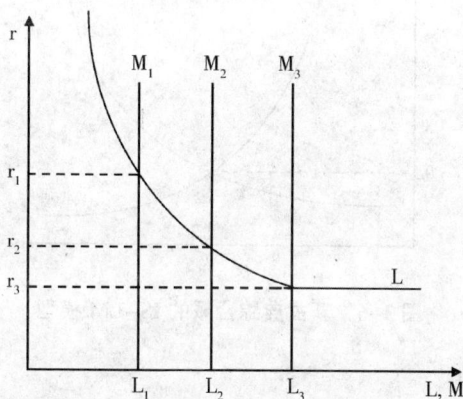

图 3-5 凯恩斯的流动性偏好理论

凯恩斯认为，货币供给是由货币管理当局决定的外生变量，与利率变动无关，因此货币供给曲线是一条平行于纵轴的直线。货币需求由人们的流动性偏好所决定，是利率的递减函数，因此货币需求曲线是一条向右下方倾斜的曲线，并且越向右越与横轴平行。

利率决定于人们流动性偏好所决定的货币需求与中央银行所控制的货币供给之间的关系。货币供给曲线与货币需求曲线相交的点是货币供求的平衡点，对应平衡点的利率就是均衡利率水平。

在货币需求曲线不变的情况下，货币供给量的增加会使利率降低，但是当货币供给曲线与货币需求曲线平行部分相交时，随着货币供给量的增加，利率将不再变动，货币供给的增加只会导致储蓄的增加，这就是凯恩斯著名的"流动性陷阱学说"。

（四）新古典综合派均衡利率决定理论

新古典综合学派在利率问题上与新剑桥学派一样，试图将投资与储蓄这一对实质因素与货币供求这一对货币因素结合在一起，而且也确实更进了一步，提出了 IS-LM 模型。IS-LM 模型由英国经济学家汉森和美国经济学家希克斯共同创立，他们提出均衡利率是国民经济均衡条件下的利率水平，国民经济均衡是指商品市场供求与货币市场供求同时达到均衡的社会总供求的均衡。IS-LM 模型用来描述这种均衡关系。

在图 3-6 中，IS 曲线表示在一定收入和利率条件下的 I 与 S 的均衡，即投资和储蓄处于均衡水平情况下的不同利率和所得组合的轨迹；LM 曲线表示在一定收入和利率条件下的 L 和 M 的均衡，即货币市场均衡状态下收入和利率的组合。这样，IS 曲线和 LM 曲线的交点，表示商品市场和货币市场同时达到均衡，它所对应的利率（r_0）就是均衡利率，对应的收入水平（y_0）就是均衡收入。

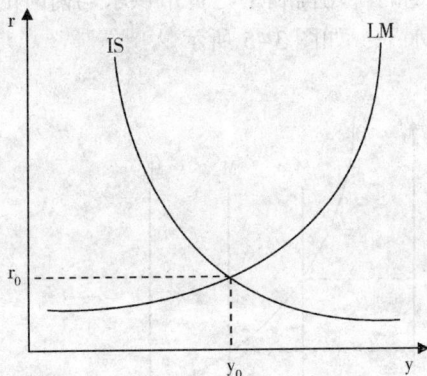

图 3-6　新古典综合派的 IS-LM 模型

二、马克思平均利润率决定理论

所谓平均利润率就是在价值规律的作用下，所形成的各行业的利润率的平均水平，它是决定利率水平最重要、最基本的因素。马克思认为，利息是借贷资本家对剩余价值的瓜分，剩余价值表现为利润，因此，利息是利润的一部分，利息额的多少取决于利润总额，利息率的高低取决于平均利润率。一方面，由于利息只能是利润的一部分，如果将借入资本创造的利润全部支付给货币资本家，职能资本家就无利可图，就没有必要借入资本，因此，利息的最高界限就是平均利润，利率的最高界限就是平均利润率；另一方面，利率又不能等于零，如果利率等于零，则借贷资本家会因一无所获而不愿将资金借出去，因此利率的最低限是大于零。所以，利率的变化范围在零与平均利润率之间。由于平均利润率水平是与产业周期变化相关的，因此，利率进而受到产业周期变化的调节。关于平均利率的变动趋势，马克思认为主要取决于平均利润率的变动趋势。由于平均利润率是在技术发展和资本有机构成不断提高的过程中逐渐下降的，因而从长期来看，平均利率水平是不断下降的。但是，就一段时间的平均利率水平来看，由于平均利润率是相对稳定的，因此，利率水平也是稳定的。在马克思的平均利润率决定利息的理论中，并没有排斥在短期内利率受借贷市场供求状况变化和借贷双方竞争力量影响而发生特殊波动的情况，没有排斥在偶然情况下会有超越平均利润率限制而存在的市场利率。

三、决定和影响利率水平的实际因素

（一）平均利润水平

根据马克思利率决定理论，利息率一般在平均利润率与零之间波动。平均利润率是决定利率的最重要、最基本的因素。

（二）借贷资金的供求关系与竞争

利息率在平均利润率与零之间究竟处于哪一具体水平，取决于借贷资本家与职能资本家对利润分割的结果，而双方分割比例的大小，又是由借贷资本的供求状况及借贷双方的竞争决定的。当借贷资本供不应求时，贷方处于竞争的优势地位，贷方在利润分割中占较大的比例，所以竞争的结果促使利率上升；相反，在借贷资本供大于求时，借方在竞争中处于优势，借方在利润分割中占有较大的份额，贷方所占份额较小，所以竞争的结果会使利率下降。

（三）社会再生产状况

上面讲了借贷资本供求状况会影响利率水平，那么又是什么影响借贷资本供求发生变化的呢？马克思认为借贷资本供求关系的变动主要是由实质经济过程所决定的，是社会再生产状况决定着借贷资本的供求，因此社会再生产是影响利率的最根本因素和决定性因素。这是马克思利息理论与资产阶级利息理论最根本的区别。资产阶级经济学家认为借贷资本的供求变化，是由借贷双方主观愿望决定的，是由人们的心理预期决定的，而且把影响利率变动的因素仅仅局限在借贷关系上，不作进一步分析。马克思把影响利率变化因素的分析深入到生产领域，揭示了利率变化最根本的原因和决定性原因。

社会再生产状况对借贷资本供求的影响，马克思是从资本主义产业周期的四个阶段（危机、萧条、复苏、繁荣）进行分析的。在危机阶段生产过剩、商品积压，失业骤增，工厂纷纷破产倒闭，全社会的资金支付链条断裂，因要偿还债务，社会各方对购买手段和支付手段的需求非常强烈，所以对借贷资本的需求非常大，但由于借贷风险大，贷款人不愿提供贷款，借贷资本供给减少，致使供求矛盾尖锐，利率达到最高水平。危机过后，进入萧条阶段，市场萎缩，投资前景悲观，企业纷纷压缩生产，对借贷资本的需求极少，由于生产萎缩，从生产过程中游离出大量的闲置资本，借贷资本家希望把闲置的资本尽量贷放出去，此时，借贷资本的需求大大低于供给，致使利率水平跌入最低水平。当经济进入复苏阶段，虽然这一阶段市场情况好转，投资环境逐渐变好，企业对借贷资本的需求增加，但是由于这个阶段信用周转灵活，支付环节畅通，借贷资本充足，借贷资本的供给仍大于需求，所以没有导致利率明显上升。进入繁荣阶段，市场需求旺盛，特别是信用投机的出现，使企业对借贷资本需求猛增，利率水平迅速高涨，此时利率虽已提高到平均利润率水平，但由于对借贷资本的需求还在增大，以致利率仍在继续上升。

总之，在经济危机时期，借贷资本的供求矛盾非常尖锐，需求大大超过供给，此时利率水平最高；在萧条时期，借贷资本的供给大大超过需求，此时利率水平最低；在复苏时期，利率水平没有明显上升；在繁荣时期，借贷资本的需求迅速上升，利率水平大幅上涨。

（四）物价水平

在纸币流通条件下，利率与物价水平有着密切的关系，一般来说，货币币值上升，物价下跌利率就下降；货币币值下降，物价上涨利率就上升；利率与物价的变动具有同向运动的趋势。那么，为什么发生通货膨胀，货币币值下降、物价上涨，利率会提高呢？在通货膨胀条件下，由于货币币值下降，原来一定数量的本金和利息的价值也相应下降，这样借贷资本的所有者就会遭受损失，如果借贷资本的利率不提高，借贷资本的所有者就会把资本用在其他用途上，如购物保值等，这样借贷资本的来源就会减少，所以为了使借贷资本所有者不受通货膨胀所带来的损失，利率应随通货膨胀率的上升而提高，一般地说应该使名义利率高于通货膨胀率或物价上涨率，使实际利率为正数。存款利率提高后，银行就会提高贷款利率，这样借款人须支付更多的利息。保值储蓄利率就是一种保证存款人利益不受通货膨胀损失的利率。在通货紧缩物价下降、币值上升的情况下，借贷资本的本金和利息会随着币值的上升而升值，实际利率也会随之提高，债务方的借贷成本实际是在提高的，为了鼓励借贷就必须降低利率。

（五）国家经济政策

当今任何国家的经济都不同程度地受制于政府，利率也越来越成为一个国家较为重要的货币政策工具，在相当程度、范围内为国家所控制。因此，利率水平和结构变化在很大程度上反映了国家调控宏观经济的政策和意图。比如在国民经济结构失衡时，通过低利率支持某些产业、部门、企业的发展，同时通过高利率限制某些产业、部门、企业的发展。当国民经济总量失衡时，国家可以通过利率水平的升降来调节货币供求，使社会总供求实现均衡。所以某一时期利率水平的高低还要考虑国家宏观经济政策的需要。

（六）银行的经营成本

贷款利息是商业银行收入的主要来源，贷款利息收入弥补经营成本后的余额是商业银行的利润。银行经营成本包括存款利息以及职工工资、固定资产折旧、办公费等经营费用，因此，贷款利率应由在经营成本的基础上加上合理利润决定。

（七）贷款对象的信用等级和风险程度

贷款对象的信用等级高、经济实力强，贷款的风险程度就低，贷款利率就可以相对低一些；而贷款对象的信用等级低、经济实力弱，贷款的风险程度就高，贷款利率就会高一些。

（八）历史和国际的影响

从历史上看，大部分国家都有一个历史上习惯形成的利息率水平，这个利息率对现实利息率的形成有一定的影响，并成为确定现实利息率的基础。

由于世界经济的一体化，国际市场利率水平及其变动趋势对一国利率水平的变动影响也会越来越大，主要表现为：一是国际市场利率水平及变动趋势对一国利率水平具有很强的示范效应，使国际间的利率水平有很强的联动性，尤其是经济联系比较密切的国家之间，如欧盟国家之间、东盟国家之间等。二是由于受市场规律的影响，当国际市场利率水平低于该国利率水平时，则国际借贷资本会流入该国，使该国利率水平以向下运动的趋势向国际市场利率水平靠拢；反之，则以向上运动的趋势向国际市场利率水平靠拢。

四、西方利率结构理论

（一）西方利率期限结构理论

所谓利率期限结构，是指其他特征相同而期限不同的各种债券利率之间的关系。在金融产品的利率差异中，期限因素往往是最重要的。利率期限结构作为重要的参考指标，可以提高中央银行的预测能力和政策分析的精度，对于微观经济主体，它是金融市场中固定收益类证券定价的基本工具。

在介绍利率期限结构之前，我们先了解相关的基本概念，即收益率曲线。收益率曲线是描述利率期限结构的重要工具。收益率曲线是由同风险和流动性但不同期限的证券的实际收益率连接而成，它的形状主要有向上倾斜（如图3-7中的曲线C）、平缓（直线B）和向下倾斜（曲线A）三种情况。当收益率曲线向上倾斜时，长期利率高于短期利率；当收益率曲线平缓时，长期利率等于短期利率；当收益率曲线向下倾斜时，长期利率低于短期利率。

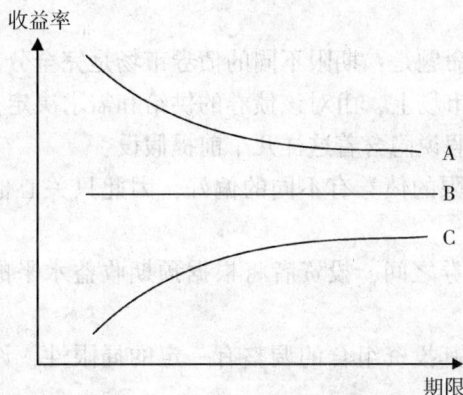

图3-7　三种不同的收益率曲线分布

1. 纯预期理论

该理论把当前对未来利率的预期作为决定当前利率期限结构的关键因素。该理论认为，市场因素使长期债券的收益率等于当前短期债券的收益率与当前预期的未来短期债券收益率的平均值。该理论首先由费雪（1896）提出，后由弗莱德里奇·A. 卢兹（1949）等人进一步发展。

该理论有以下基本假设：投资者对债券的期限没有偏好，其行为取决于预期收益的变动，而且所有市场参与者都有相同的预期；在投资人的资产组合中，期限不同的债券是完全替代的；金融市场是完全竞争的；完全替代的债券具有相等的预期收益率。

为了更好地理解该理论，举例进行说明，假设投资者有以下两种投资策略可供选择：

一是购买 1 年期债券，1 年期满时，再购买同样条件的 1 年期债券。

二是购买 2 年期债券，并将其持有至到期。

如果以上两种投资策略的预期回报是相同的，那么 2 年期债券的利率必然等于两个 1 年期债券利率的平均值。例如，假设 1 年期债券的当期利率是 5%，预期明年 1 年期债券的利率为 7%，则两年预期回报的平均值为：(5% +7%)/2 = 6%。只有当 2 年期债券的年预期回报率与之相等时，人们才愿意同时持有 1 年期和 2 年期的债券，因此 2 年期债券的当期利率必然等于 6%。用同样的方法对期限更长的债券进行分析，可以得到该理论的一般规律：

$$r_{nt} = \frac{r_t + r_{t+1}^e + r_{t+2}^e + \cdots + r_{t+n-1}^e}{n}$$

式中表明，n 年期债券的现行利率等于 1 年期债券的现行利率和人们预期的未来 n−1 期内每年 1 年期债券利率的平均值。

因此，该理论暗示着债券市场是高度有效的市场的假设。当债券的价格反映影响该债券价值的所有信息时，就会出现有效金融市场，这时每种证券的市场价格都根据新的信息迅速地调整。

2. 市场分割假说

市场分割假说的基本命题是：期限不同的债券市场是完全分离的或独立的，每一种债券的利率水平在各自的市场上，由对该债券的供给和需求决定，不受其他不同期限债券的收益变动的影响。该假说隐含着这样几个前提假设：

（1）投资者对不同期限的债券有不同的偏好，因此只关心他所偏好的那种期限的债券的预期收益水平。

（2）在期限相同的债券之间，投资者将根据预期收益水平的高低决定取舍，即投资者是理性的。

（3）理性的投资者对其投资组合的调整有一定的局限性，许多客观因素使这种调整滞后于预期收益的变动。

（4）期限不同的债券不是完全替代的。这一假定和预期假说的假定正好截然相反。

市场分割理论认为，造成市场分割的原因有以下四个：①法律上的限制，如在分业经营的条件下，中国政府限制信贷资金进入股市。②缺乏能够进入未来债券交易的市场，且这种债券的未来价格能够与现价连接起来。③债券的风险不确定。④不同期限的债券完全不能替代，以至于一种债券的预期回报率对另一种期限债券的需求没有影响。

3. 流动性偏好理论

为了考虑风险因素对利率期限结构的影响，希克斯和卡尔博特森对预期理论进行了修正，形成了流动性偏好理论。

流动性偏好理论的基本命题是：长期利率等于在该期限内预计出现的所有短期利率的平均数，再加上一个流动性升水或称正的时间溢价。该假说吸收了前两种理论的内容，认为不同期限债券是可以替代的，但基于市场偏好，相互不是完全替代的。具体假定包括：

（1）期限不同的债券之间可相互替代，因而一种债券的预期收益率确实会影响其他不同期限债券的利率水平。

（2）投资者对不同期限的债券有不同的偏好，投资者会根据其偏好而停留在特定债券市场上。

（3）投资者的决策依据是该债券的预期收益，而不是其偏好的某种债券的期限。

（4）不同期限债券的预期收益的差距不是很大，这样在大多数的时候投资人存在流动性偏好。

（5）投资人只有在能获得一个正的流动性升水或时间溢价时，才愿意持有长期债券。

根据上述假定，长期利率与短期利率之间的关系可以用以下公式表示：

$$r_{nt} = K_{nt} + \frac{r_t + r_{t+1}^e + r_{t+2}^e + \cdots + r_{t+n-1}^e}{n}$$

其中，K_{nt} 表示 n 期债券在第 t 期时的流动性补偿。

（二）西方利率风险结构理论

西方利率风险结构理论研究相同期限的证券或贷款为何利率可能会不同的问题。同期限的证券之所以利率可能会不同，主要是因为受到信用风险、流动性和税收政策等因素的影响。

1. 信用风险因素

如果一种证券如国库券没有或者几乎没有信用风险，则其利率反映了无风险利率或称无差异的时间价值。但实际上绝大多数证券都面临或大或小的信用风险，这样投资者在进行证券投资选择时，就必须考虑信用风险的问题。如果无信用风险证券与风险证券的利率相同的话，很显然投资者会选择无风险证券，风险证券的需求就会减少，风险证券的发行者要如期发行该证券，就必须提高其利率水平以补偿投资者面临的风险。所以实际上利率=无风险利率+风险溢价，所有同期限证券的无风险利率是相同的，但不同证券由于信用风险不同，其风险溢价或称为风险升水不同。

2. 流动性因素

不同证券的流动性不同。由于投资者都存在流动性偏好，即倾向于持有更容易变现的金融资产，所以当同期限的证券风险也相同时，投资者必然会选择流动性更强的证券，而流动性差的证券因需求减少而必须提高利率或通过市场价格下降来提高实际收益率。正如第一章中所描述的，衡量流动性的标准是金融资产变现的速度与效率之间的协调性。变现速度可通过交易时间的长短来看，变现效率则可通过交易可能面临的成本和预期损失来看。流动性强弱除了金融资产本身的特征原因外，金融市场的完善程度也很重要，一个不完善的金融市场可能使交易成本上升，交易时间延长，从而降低流动性。

3. 税收政策等间接成本因素

金融交易除佣金等直接交易成本外，还有税收等一些间接成本。不同交易的契税、印花税和所得税可能不同，尤其是所得税。如政府债券一般会对利息所得免征所得税，这样其他征收所得税的债券品种如企业债券等就必须提高利率以弥补投资者的成本开支。

一般而言，不同风险、流动性和税收的证券在发行时会按利率风险结构的规律设计好利率，即便利率没有在发行时设计好，通过市场竞争和投资选择也会修正这种偏差。比如风险证券的票面利率与无风险证券利率一样时，投资者选择无风险证券，风险证券需求减少，其价格必然下降。在固定利率条件下以低价买入该证券的投资者就会获得高于票面利率的实际收益率，实际上就修正了偏差。

第五节　利率的作用

一、利率的经济杠杆作用

（一）利率对宏观经济的调节作用

1. 聚集社会闲散资金

积聚和积累资金是利率最主要的功能。正是因为利率的存在及其作用的发挥，才使得分散在各个阶层的货币收入和再生产过程中暂时闲置的货币资金通过有偿的手段得以集中起来，转化为信贷资金，通过信贷资金的分配满足扩大生产的资金需求，促使经济快速发展。

2. 优化产业结构

利率作为资金的价格，会自发地引导资金流向利润率高的部门，实现社会资源的优化配置。同时，国家还可以自觉地运用差别化的利率政策，对国家急需发展的农业、能源、交通运输等行业以及有关的企业和产品适当地降低贷款利率，大力支持其发展；对所需要限制的行业，可以适当提高利率，限制其发展，适当地调整产业结构，实现经济结构合理化。

3. 协调积累与消费的比例

要达到经济持续发展的目标，还要保证社会总需求和总供给不断地运动，并处于一种平衡状态，呈螺旋式上升。在给定资源和产出的条件下要做到这一点，就要切实安排好消费和积累的比例，合理的消费和积累比例是至关重要的。利率可以通过调整，将部分消费转化为积累，或将部分积累转化为消费来达到两者之间的平衡。

4. 调节信贷规模

利率对银行信贷规模有很重要的调节作用。贷款利率的高低与企业的收益成反比，提高贷款利率必然使企业留利减少，使企业对投资的兴趣减小，贷款数量和投资规模随之收缩。当贷款利率提高到一定的程度，生产企业不仅会减少新借款，而且还会收缩现有的生产规模；反之，降低贷款利率，减少借款者的借款成本，增加其投资收益，企业就会增加贷款，扩大生产规模。因此，贷款利率水平的高低与信贷资金总量呈反方向变化。

专栏 3-2

银行利率调整对于商业银行信贷业务的影响

为规避国际金融危机的影响并防范经济衰退的出现，2008 年 11 月 27 日，中国人民银行实施了"五率齐降"，包括 1 年期存贷款利率大降 108 个基点，个人住房公积金贷款利率、金融机构存款准备金利率、中央银行再贷款、再贴现等利率分别下调 54 个基点、27 个基点、108 个基点、135 个基点。

当年 12 月，金融机构人民币贷款就增加了 7718 亿元，同比多增 7233 亿元；2009 年 1 月人民币贷款增长更加迅速，达到 1.62 万亿元，同比多增 8141 亿元。根据相关资料显示，这一数字创出我国月度新增贷款的历史新高；到 2009 年 1 月，人民币各项贷款余额为 31.99 万亿元，同比增长 21.33%，增幅比 2008 年末高 2.6 个百分点。

这种中央银行基准利率调整的力度与宽度，都可以说是前所未有的。中央银行基准利率下调引起商业银行借贷策略由"惜贷"转为迅速增长，从其方向性来看，商业银行的反应是符合中央银行意图的；从其时滞性来看，商业银行的反应是迅速的。由此可见，我国利率体系的基本传导方向与路径是有一定效率的，至少在中央银行利率到商业银行利率这一环节是有效的。虽然存在外部影响和经济运行惯性等多种原因，经济总体尤其是一些主要的宏观经济指标还未表现出应有的反应，但从许多经济学家的乐观预期和企业景气指数止跌复扬的情况看，经济作出符合中央银行利率变动意图的反应是指日可待的。

---

5. 稳定货币流通

存款利率的高低直接影响银行的存款规模，对实现社会购买力与商品可供量的平衡有调节作用；提高存款利率，会减少市场上的即期购买力。贷款利率的高低直接影响银行的贷款规模，决定货币供应量，对币值稳定有重要作用；提高贷款利率，会减少信贷需求，减少货币供应量。相反，则增加货币供应量。贷款的差别利率对贷款结构和产业结构有重要的影响，而产业结构是否合理直接影响到货币正常流通的基础。利率的高低直接影响企业的生产规模和经营状况，从而影响社会商品供给总量和结构，对货币正常流通有重要作用。

6. 平衡国际收支

当国际收支不平衡时，可以通过利率杠杆来调节。如当国际收支逆差比较严重的时候，可以将本国的利率调到高于其他国家的程度，这样一方面可以阻止本国资金的流出，另一方面还可以吸引外资的流入。但是当本国国际收支逆差发生在经济衰退时期，则不宜采用调节利率水平的做法，而只能通过调整利率结构来平衡国际收支。

（二）利率对微观经济的调节作用

（1）对于微观主体——企业而言，利率能够促使企业加强经济核算，提高经济效益。通常情况下，产品成本和税金是稳定的。如果企业的销售收入不变，企业的利润就取决于应付利息的多少，而利息的多少，又与企业占用的信贷资金的多少相关。如果利率变动，企业利润的大小就随着变动。企业作为最大利润的追求者就会加强经营管理，加快资金周转，努力节约资金提高资金的使用效率。

（2）对于个人而言，利率也会影响其行为。一方面，利率能够引导人们的储蓄行为，合理的利率能够增强人们的储蓄愿望和热情，不合理的利率会削弱人们的储蓄愿望，因此，利率的变动，在某种程度上可以调节个人的消费倾向和储蓄倾向；另一方面，利率可以引导人们选择金融资产。人们在将收入转化为金融资产时，通常会考虑资产的安全性、流动性和收益性。在金融商品多样化的今天，在保证一定安全性和流动性的前提下，主要由利率决定的收益率的高低往往是影响人们选择的主要因素。因此，金融商品利率差别成为引导人们选择金融资产的有效依据。

二、利率发挥杠杆作用的前提条件

如上所述，利率作为一个经济杠杆，对宏观和微观经济运行均有着重要的调节作用。但是，在现实生活中，并不是有了利率的存在，其作用就能充分地发挥，要使利率发挥作用，必须具备一定的条件，其中包括利率的自身条件和外部宏观环境及微观基础。

（一）利率发挥作用的自身条件

利率的自身条件包括市场化的利率决定机制、灵活的利率联动机制、适当的利率水平、合理的利率结构。

市场化的利率决定机制是指利率既不是政府人为决定，也不受少数寡头的制约，而是通过市场和价值规律机制，由市场的资金供求状况灵活自由决定。市场化的利率决定机制既能真实地反映资金的供求状况，又能促使资金合理流动，缓和资金供求的矛盾，有利于筹集资金，调剂余缺。

灵活的利率联动机制是指各种利率之间不是互相独立的，而是相互联系、相互影响的，联动性很强。在中央银行基准利率发生变化时，利率体系中的其他利率也会同步起伏。在灵活的联动机制下，商业银行和市场利率能随中央银行基准利率的变动而迅速反应并呈现同方向变动，中央银行货币政策措施就能通过利率的杠杆作用，调控宏观经济，实现货币政策目标。

适当的利率水平是指利率水平既不高也不低。适当的利率水平一方面能真实地反映社会资金的供求状况；另一方面使借贷双方都有利可图，从而促使利率对社会总供给、物价、收入等因素发挥作用，推动经济稳定发展。

合理的利率结构是指利率的期限结构、行业结构、地区结构、风险结构等能真实地体现经济发展的时期、地域、产业及风险差别，通过利率结构的变动，引起一连串的资产调整，从而使投资结构、投资趋向发生改变，使经济环境产生相应的变化，更加充分地发挥利率对经济结构、产业结构以及发展比例的协调作用。

（二）利率发挥作用的微观基础

利率发挥作用的微观基础是指具备利率发挥作用的现代企业制度。具体地说，企业要真正成为自主经营、自负盈亏的市场主体。因为利息是对企业利润的扣除，只有利息支出成为企业追求最大利润的约束条件时，利率的变动才会对企业的行为产生影响。企业从而对利率的变动作出灵敏的反应。

（三）利率发挥作用的宏观环境

利率发挥作用的宏观环境包括：经济的商品化、货币化、信用化程度应比较高；应有完善的金融市场，只有在完善的金融市场条件下，市场利率才能正确形成并发挥作用；宏观经济的调控机制应以间接调控为主；要有较高的金融监管水平；要有健全的社会保障制度和法律制度。

在利率市场化没有实现之前，利率发挥作用是有限的，利率市场化是利率发挥作用首要的自身条件。

三、中国利率市场化改革

利率市场化是我国金融体制的重大变革，也是建立和完善社会主义市场经济体制的需要。按照党的十六大精神，确定我国利率市场化改革的目标是建立由市场供求决定金融机构存贷款利率水平的利率形成机制。中央银行通过运用货币政策工具调控和引导市场利率，使市场机制在金融资源配置中发挥主导作用。

利率市场化改革的原则是正确处理好利率市场化改革与金融市场稳定和金融业健康发展的关系，正确处理好本外币利率政策的协调关系，逐步淡化利率政策承担的财政职能。改革采取渐进的方式进行，总体步骤是：首先放开同业拆借利率，其次放开金融市场利率，再次扩大商业银行决定利率的自主权，最后放开商业银行存贷款利率。

回顾中国利率市场化改革的历史进程，中国在利率市场化改革的漫长道路上已取得了令人瞩目的成绩：

1993 年《关于建立社会主义市场经济体制改革若干问题的决定》和《国务院关于

金融体制改革的决定》最先明确利率市场化改革的基本设想。1995 年《中国人民银行关于"九五"时期深化利率改革的方案》初步提出利率市场化改革的基本思想。

1996 年 6 月，我国放开了银行间拆借市场利率，实现由拆借双方根据市场资金供求自主确定拆借利率，拉开了利率市场化改革的序幕。此后我国利率管制逐步放松，利率市场化改革措施陆续出台。

1997 年 6 月，银行间债券市场正式启动，图书室放开了债券市场债券回购和现券交易利率。

1998 年 3 月，改革再贴现利率及贴现利率生成机制，取消贴现利率在再贴现利率基础上加点确定，扩大了金融机构再贴现利率决定的自主权。

1998 年 9 月，放开了政策性银行金融债券市场化发行利率；成功实现国债在银行间债券市场招标发行。

我国先后开放债券市场利率和银行间市场国债和政策性金融债的发行利率；放开了境内外币贷款和大额外币存款的利率；试办人民币长期大额协议存款；逐步扩大人民币贷款利率的浮动区间。

商业银行存、贷款利率的市场化改革是实现我国利率市场化改革的关键。我国在同业拆借利率、债券市场利率市场化改革取得重大突破后，从 1998 年开始，人民银行按"先外币后本币；先贷款后存款；先长期、大额，后短期、小额"的次序，加快了商业银行存贷款利率的市场化改革的步伐。

1998 年金融机构对小企业的贷款利率浮动幅度由 10% 扩大到 20%，农村信用社贷款利率最高上浮幅度由 40% 扩大到 50%；1999 年，县以下金融机构贷款利率最高可上浮 30%；1999 年 10 月尝试对保险公司大额定期存款实行协议利率；2000 年 9 月放开外币贷款利率。

2003 年 7 月，小额外币存款利率由原来国家制定并公布七种减少到境内美元、欧元、港币和日元四种；2003 年 11 月小额外币存款利率下限放开。2004 年 11 月人民银行在调整境内小额外币存款利率的同时，决定放开 1 年期以上小额外币存款利率，商业银行拥有了更大的外币利率决定权。

2004 年 1 月 1 日，中央银行扩大了金融机构贷款利率浮动区间，商业银行、城市信用社的贷款利率浮动区间上限扩大到贷款基准利率的 1.7 倍，农村信用社上限扩大到 2 倍；3 月 25 日实行再贷款浮息制度；10 月 29 日完全放开了商业银行贷款利率上限管理，城乡信用社贷款利率浮动上限扩大到基准利率的 2.3 倍，允许贷款利率下浮至基准利率的 0.9 倍，这一次改革的最大亮点是允许人民币贷款利率下浮，实现了"贷款利率管下限，存款利率管上限"的阶段性目标。

2005 年 1 月 31 日，中央银行发布了《稳步推进利率市场化报告》。同年 3 月 16 日，中央银行再次大幅度降低超额准备金存款利率，并完全放开了金融机构同业存款利率。允许金融机构自行确定除活期和定期整存整取存款外的其他存款种类的计结息规则。

2006 年 1 月 24 日，允许国内商业银行开展人民币利率互换交易。

2006 年 9 月，人民银行决定建立中国货币市场基准利率 Shibor 报价机制，2007 年

1 月 Shibor 正式运行。

2008 年 10 月，允许商业银行个人住房贷款利率下浮 30%。

2012 年 6 月和 7 月，中国人民银行宣布在降息的同时扩大存贷款利率的浮动空间，允许商业银行贷款利率最大可以下浮至基准利率的 0.7 倍，存款利率最大可上浮至基准利率的 1.1 倍，这两次利率调整被看作是中国的利率市场化改革的重大突破。

2013 年 7 月 20 日，经国务院批准，中央银行全面放开了对金融机构的贷款利率管制：一是取消金融机构贷款利率 0.7 倍的下限，由金融机构根据商业原则自主确定贷款利率水平；二是取消票据贴现利率管制，改变贴现利率在再贴现利率基础上加点确定的方式，由金融机构自主确定；三是对农村信用社贷款利率不再设立上限。

至此，中国本外币贷款利率、债券利率、贴现利率、银行间同业拆借利率等均已实现市场化，外币存款利率、同业存款利率和银行理财产品的价格也已完全市场化。中国利率市场化改革已进入最后的攻坚阶段——取消中央银行对金融机构存款利率的上限管制，彻底放开存款利率，可以相信中国利率完全市场化已指日可待。

练习题：

一、单选题

1. 利息是(   )的价格。

A. 资本货币　　　　　　　　　　B. 借贷资本

C. 外来资本　　　　　　　　　　D. 银行贷款

2. 在多种利率并存的条件下起决定作用的利率是(   )。

A. 基准利率　　　　　　　　　　B. 差别利率

C. 实际利率　　　　　　　　　　D. 官定利率

3. 在物价下跌时，要保持实际利率不变，应把名义利率(   )。

A. 保持不变　　　　　　　　　　B. 与实际利率对应

C. 调高　　　　　　　　　　　　D. 调低

4. 利率对储蓄的收入效应表示，人们在利率水平提高时，希望(   )。

A. 增加储蓄，减少消费　　　　　B. 减少储蓄，增加消费

C. 在不减少消费的情况下增加储蓄　　D. 在不减少储蓄的情况下增加消费

5. 某公司获得银行贷款 100 万元，年利率 6%，为期 3 年，按年计息，单利计算，则到期后应偿还银行本息共为(   )万元。

A. 11.91　　　　　　　　　　　　B. 119.1

C. 118　　　　　　　　　　　　　D. 11.8

6. 某公司获得银行贷款 100 万元，年利率 6%，为期 3 年，按年计息，复利计算，则到期后应偿还银行本息共为(   )万元。

A. 11.91　　　　　　　　　　　　B. 119.1

C. 118   D. 11.8

7. 某人期望在 5 年后取得一笔 10 万元的货币，若年存款利率为 6%，按年计息，复利计算，则现在他应该存入自己银行账户的本金为(   )元。

A. 74725.82   B. 7472.58

C. 76923   D. 7692.3

8. 凯恩斯的"流动性（灵活性）偏好论"认为(   )。

A. 利率取决于货币的供求状况，而货币的需求量取决于货币当局，货币的供给量取决于人们对现金的流动性偏好

B. 流动性偏好是利息的递减函数，利息是放弃流动偏好的报酬

C. 如果人们对流动性的偏好强，愿意持有货币的数量就减少，当货币的需求大于货币的供给时，利率下降；反之，人们的流动性偏好较弱，对货币的需求便上升，利率也上升

D. 当人们的流动性偏好所决定的货币需求量大于货币当局所决定的货币供给量时，利率便达到均衡水平

9. 利率市场化条件下，当资金供给大于需求时，(   )。

A. 市场利率下跌   B. 市场利率上升

C. 市场利率不变   D. 市场利率与资金供给无关

10. 利息率的合理区间是(   )。

A. 等于平均利润率   B. 大于零

C. 大于零而小于平均利润率   D. 无法确定

11. 在整个利率体系中起主导作用，因而被称之为基准利率的是(   )。

A. 国库券利率   B. 市场利率

C. 商业银行存贷款利率   D. 中央银行再贴现（再贷款）利率

12. 流动性偏好利率理论认为，利率取决于(   )

A. 货币的供求状况   B. 边际储蓄曲线和边际投资曲线的均衡点

C. 可贷资金供求状况   D. 收入水平

13. 名义利率扣除通货膨胀因素影响后的真实利率称为(   )。

A. 基准利率   B. 市场利率

C. 实际利率   D. 平均利率

14. 名义利率、实际利率和通货膨胀率三者之间的关系是(   )。

A. 名义利率＝实际利率－通货膨胀率   B. 名义利率＝实际利率＋通货膨胀率

C. 名义利率＝实际利率÷通货膨胀率   D. 名义利率＝实际利率×通货膨胀率

二、多选题

1. 利率按期限可以分为(   )。

A. 长期利率   B. 短期利率

C. 固定利率   D. 浮动利率

2. 利率的风险结构受(   )影响。

A. 违约风险　　　　　　　　　　B. 预期利率

C. 税收因素　　　　　　　　　　D. 流动性

3. 关于利息的理解, 正确的有(　　　)。

A. 利息只存在于资本主义经济关系中

B. 利息属于信用范畴

C. 利息的本质是对价值时差的一种补偿

D. 利息是企业生产成本的构成部分

4. 市场利率的高低取决于(　　　)。

A. 统一利率　　　　　　　　　　B. 国家政府

C. 借贷资金的供求关系　　　　　D. 基准利率

5. 比较名义利率和实际利率, 下列说法正确的是(　　　)。

A. 名义利率高于通货膨胀率时, 实际利率为正利率

B. 名义利率高于通货膨胀率时, 实际利率为负利率

C. 名义利率等于通货膨胀率时, 实际利率为零

D. 名义利率低于通货膨胀率时, 实际利率为负利率

6. 利率对宏观经济的影响主要表现在(　　　)。

A. 利率能够调整社会资本供给

B. 利率能够调节投资

C. 利率能够影响企业和个人的经济活动

D. 利率能够调节社会总供给

7. 下列说法正确的有(　　　)。

A. 从债权人角度看, 利息是债权人贷出资金而从债务人处获得的报酬

B. 从债务人角度看, 利息是债务人为获得货币资金的使用权所付出的代价

C. 利息是债务人使用资金的价格

D. 利息来源于货币资金的自行增值

8. 决定和影响利率水平的因素有(　　　)。

A. 平均利润率　　　　　　　　　B. 经济周期

C. 通货膨胀　　　　　　　　　　D. 经济政策

E. 均衡利率

三、判断题

1. 一般来说, 长期利率比短期利率高。　　　　　　　　　　　　(　　)

2. 利率上升, 债券价格上升; 利率下降, 债券价格也下降。　　　(　　)

3. 市场经济国家的利率是完全自由化的。　　　　　　　　　　　(　　)

4. 实际利率水平小于零, 意味着债权人让渡了资金的使用权, 只得到了较少的收益。

　　　　　　　　　　　　　　　　　　　　　　　　　　　　(　　)

5. 利率水平上升, 会抑制社会资金需求的增加。　　　　　　　　(　　)

6. 在通货膨胀条件下, 固定利率使债务人要承担由于通货膨胀给其造成的金融资

产损失的风险。　　　　　　　　　　　　　　　　　　　　　　　　　（　　）

7. 浮动利率比较适合长期借贷或市场利率多变的借贷关系。　　　　　（　　）

四、名词解释

1. 名义利率　　　　2. 基准利率　　　　3. 浮动利率　　　　4. 利率体系

5. 差别利率　　　　6. 优惠利率　　　　7. 内部收益率　　　　8. 利率市场化

9. 收益资本化　　　10. 利率期限结构

五、简答题

1. 利率的主要种类有哪些？

2. 什么是利率的期限结构？运用期限结构理论分析为什么收益率曲线有不同的形状？

3. 简述西方利率风险结构理论。

4. 马克思如何分析和揭示利率的本质？

5. 简单说明西方利率理论中流动性偏好理论和借贷资金理论的异同。

6. 利率的经济杠杆作用主要体现在哪些方面？

7. 简述决定和影响利率水平的实际因素。

8. 试简述利率发挥杠杆作用的前提条件。

9. 简述我国利率体系的主要内容。

六、计算题

1. 一笔贷款为 10000 元，贷款利率为年息 10%，期限为 1 年，请按下列要求计算：

（1）用单利法计算其应支付的利息。

（2）若利息转换期为 3 个月（即 3 个月计息一次），用复利法计算其应支付的利息。

2. 一张 10 年期债券，息票利率为 5%，每半年支付一次利息；债券面值为 1000 元，市场价格为 900 元，该债券到期收益率为多少？

3. 某债券的息票利率为 10%，面值为 1000 元，距离到期日还有 5 年，如果债券现有到期收益率为 8%，债券的价格为多少？

4. 一张零息债券面值 1000 元，现在的价格为 800 元，距离到期日还有 4 年，问债券的到期收益率为多少？如果该债券每年付息 40 元，问债券当期收益率和到期收益率各为多少？

5. 某企业将资金 48000 元存入银行，存期 5 年，年利率 6%，问以单利计算本利和是多少？以复利计算本利和是多少？

6. 某企业计划于 4 年筹款 40 万元用以扩建厂房，当银行存款年利率为 6% 时，该企业现在应存入的款项数额是多少（要求分别以单利和复利计算）？

七、论述题

1. 结合实际，试论述如何看待我国的利率市场化改革。

2. 试论述收益资本化理论及其应用。

八、案例分析

固定利率房地产按揭贷款

2006 年 1 月 13 日，光大银行率先获得银监会的批示，在北京和上海开始试点推行

这一时期，人民币官方汇率阶段性大幅调低，并尝试实行有管理的浮动。为改变人民币长期高估的状况，1985 年 1 月 9 日、1986 年 7 月 5 日、1989 年 12 月 16 日、1990 年 11 月 17 日，人民币官方汇率先后四次大幅度贬值，人民币官方汇率与调剂汇率的差距有所缩小。同时，由于国家不断提高外汇留成比例，放宽外汇调剂范围，逐步放松直至最终解除对外汇调剂价格的管制，调剂汇率的市场形成机制不断改善。

（3）第三阶段（1994～2004 年）。这一时期人民币对美元的汇率基本上是在较窄的区间波动的，实际上"有管理的浮动汇率"发展成了"盯住美元的固定汇率制度"，削弱了供求力量在汇率形成中的作用。从 1994 年开始，我国进行了外汇体制的重大改革。改革的主要内容包括：第一，实行以市场供求为基础、单一的、有管理的浮动汇率制，消除以前存在的官方汇率与外汇市场调剂价格并存的状况。第二，实行银行结售汇制，人民币在经常账户下实现有条件的可兑换。第三，建立全国银行间外汇市场。第四，人民币汇率确定方法采用供求定价法，由外汇的市场供求状况决定汇率水平。

（4）第四阶段（2005 年至今）。2005 年 7 月 21 日中国人民银行发布《关于完善人民币汇率形成机制改革的公告》，宣布对人民币汇率形成机制进行改革完善，主要内容包括：①实行以市场供求为基础、参考"一篮子货币"进行调节、有管理的浮动汇率制度。人民币汇率不再单一盯住美元，形成更富弹性的人民币汇率机制。②中国人民银行于每个工作日闭市后公布当日银行间外汇市场美元等交易货币对人民币汇率的收盘价，作为下一个工作日该货币对人民币交易的中间价格。③2005 年 7 月 21 日 19 时，美元兑人民币交易价格调整为 1 美元兑换 8.11 元人民币，作为次日银行间外汇市场上外汇指定银行之间交易的中间价，外汇指定银行可自此时起调整对客户的挂牌汇价。④现阶段，每日银行间外汇市场美元兑人民币的交易价仍在人民银行公布的美元交易价格中间价上下 3‰ 的幅度内浮动，非美元货币对人民币的交易价在人民银行公布的该货币交易价格中间价上下一定的幅度内浮动。

2005 年的人民币汇率制度改革标志着中国外汇市场进入了向市场化、自由化方向发展的新阶段，多种交易方式并存、分层有序的外汇市场体系正逐步确立。此后 4 年里，在主动性、可控性和渐进性原则的指导下，人民币汇率制度改革稳步推进。人民币汇率形成机制改革的内容包括：增强人民币汇率浮动弹性、完善人民币远期汇率定价机制、改革中央银行外汇公开市场操作方式。人民币汇率形成机制改革的同时，外汇管理体制改革的步伐也在加快。首先是外汇资金运用的理念由"宽进严出"转变为平衡式的外汇流入流出管理思路，强制结售汇正在积极向意愿结售汇转型，逐步放宽企业和居民的用汇限制。其次是有序拓宽外汇资金流出渠道，积极开展 QDII（合格境内机构投资者，Qualified Domestic Institutional Investors），拓展银行外汇理财业务，研究在风险可控的前提下开展境内个人直接对外证券投资业务试点。伴随着各项改革措施的实施，8 年来，人民币汇率水平也发生了明显变化。2006 年，人民币汇率突破 7.8 元，正式超越港元；2008 年，人民币汇率突破 7 元，进入"6 时代"；截至 2013 年 6 月 13 日，人民币对美元中间价为：1 美元兑人民币 6.1612 元，比 2005 年汇改第一天 1 美元兑人民币 8.11 元，升值了约 31.6%（见图 4-3）。

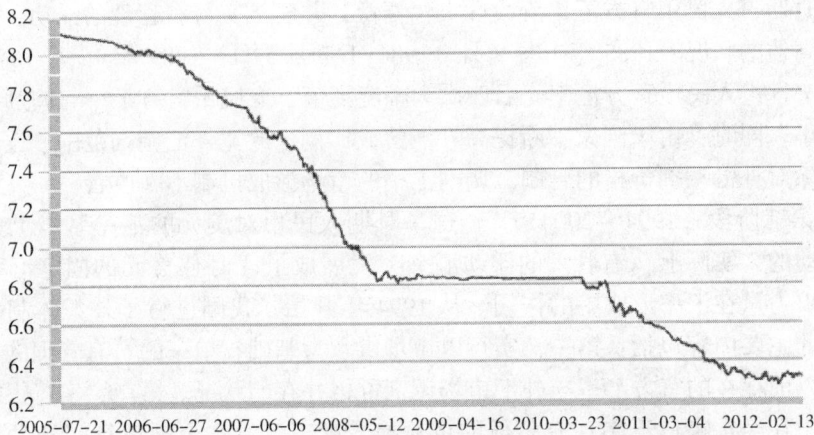

图4-3　2005年汇改以来人民币兑美元汇率走势

(二) 人民币升值的影响分析

人民币升值的主要好处有：一是可以在一定程度上降低我国企业的进口成本。二是可以改善我国的贸易条件。近年来，我国出口商品基本上处于薄利多销的状态，出口利润的增长远低于出口量的增长，实际资源转移速度加快，这对我国经济的可持续发展是不利的。人民币升值后，出口商的人民币收入相应减少，为了保持原有的利润水平，提高出口商品的国外售价，或是减少低附加值商品的出口量，从而使贸易条件得到改善。三是有利于减少国际贸易摩擦。近年来，国外对我国出口商品的反倾销及其他贸易争端不断加剧，商品出口的国际环境恶化，人民币升值会使中国商品在国外的销售价格提高，能在一定程度上缓解这种贸易摩擦。四是有利于我国产业结构的调整。一方面，人民币升值降低了我国企业进口先进技术、设备的成本，有利于出口企业尤其是民营企业的技术升级。另一方面，人民币升值压缩了我国出口商品的利润空间，促使企业减少低附加值商品的出口，增加高技术含量、高附加值商品的出口。五是有利于我国企业的跨国投资活动。人民币升值节省了我国企业对外投资的成本，使得国内企业更容易"走出去"。六是可以减缓我国外汇储备的增长速度，从而减少由外汇储备过快增长而带来的一系列负面影响。

人民币升值也带来一些不利影响：一是会在一定程度上对我国出口贸易起到抑制作用。作为发展中国家，我国出口的商品在很大程度上靠价格取胜，人民币升值削弱了很多商品出口的价格竞争优势，从而影响我国出口商品在国际市场上的竞争力。二是出口的抑制又会加大就业压力。我国出口企业主要是劳动密集型企业，吸纳了众多的劳动力就业。人民币升值对劳动密集型企业的影响远大于对资本密集或技术密集型企业的影响，一旦劳动密集型产品出口增速放缓，势必造成就业压力。三是会在一定程度上减缓外商来华投资的增长速度，因为人民币升值虽然会使已在华外资企业的资产增值，但却会使准备前来中国投资的外商的投资成本增大。四是为已流入中国的国际游资提供了获利机会，并有可能增强国际游资对人民币继续升值的预期，从而加剧国际游资的非正常流动。

　　结合这次人民币汇率制度改革的影响来看，更富弹性的人民币汇率制度的确更适合我国市场经济发展的需要。虽然人民币升值在短期内会引起我国进出口商品价格和贸易量的波动，但从长期来看，其有利于我国市场经济体系的完善，有利于我国产业结构和进出口商品结构的调整，从而有利于我国对外贸易与整体经济的可持续发展。

专栏4—3

述评：人民币汇率的高与低

　　2013年4月，短短一个月内，人民币兑美元汇率九天创出历史新高，单月涨幅达0.77%，是2012年全年涨幅的三倍多。2013年一季度，人民币对美元已升值约1%。截至2013年6月13日，人民币对美元中间价为：1美元兑人民币6.1612元，比2005年汇改第一天1美元兑人民币8.11元，升值了约31.6%。

　　不光是对美元升值，人民币对"一篮子货币"升值速度更快。近期国际外汇市场风云变幻，日元、英镑等主要货币大幅贬值，造成人民币"被动"升值。按照国际清算银行统计，2013年第一季度人民币对"一篮子货币"的实际有效汇率升值高达3.5%，而2012年全年仅升值约2%。

　　虽然人民币升值迅猛，但在国际舆论场上，对于人民币汇率究竟是高还是低却依然看法不同。国际货币基金组织在4月16日发布的《世界经济展望报告》中说，人民币汇率依然被"小幅低估"。而就在前一天，美国财政部发表半年度汇率报告，认为人民币对美元汇率仍"严重被低估"。

　　英国巴克莱资本亚洲首席经济学家黄益平调侃说："现在还说严重低估！美国财政部的官员是在梦中写的吧？"这一调侃的背后，是不少经济学家对人民币升值已接近到位的判断。

　　其依据在于，此前判断人民币低估的主要论据——中国贸易顺差过高已不再站得住脚。近两年中国贸易顺差占国内生产总值的比例已经从之前6%的高点降至3%以内，达到国际公认的"均衡"水平。并且，现行贸易统计方法还大幅高估了中国的顺差，按照经合组织和世界贸易组织在2013年1月发布的贸易统计新方法，中国对美贸易顺差将骤减25%。

　　根本而言，汇率受经济实力、外贸收支、资本流动、增长前景等多重因素影响，人民币汇率究竟是高还是低，无论学术界还是政经界都难有定论。而在国际舆论场上，人民币汇率也从来不是一个单纯的经济话题，还掺杂了政治、外交等其他复杂因素。正因如此，围绕人民币汇率才会有那么多争论。

　　但是，透过喧闹看本质，问题的关键不在于汇率数字上的高低差别，而是人民币汇率定价机制的完善与否。因此，讨论人民币汇率，应超越高低之争，把重点放在完善制度建设上。

　　完善汇率机制的目的，是令人民币汇率保持均衡。而均衡是一个不断变化的动态过程。过往经验已表明，汇率被高估或被低估都有损经济。

如果人民币汇率被高估，将损害出口企业利益，影响金融稳定，进而损害实体经济。由于中国及其贸易伙伴已经深度嵌入国际产业链，中国经济和金融风险势必会迅速传到全球。因此，对美国来说，不顾经济现实一味逼迫人民币升值最终会带来"双输"结果。

而如果人民币汇率被低估，则既可能加剧国内通货膨胀、经济过热的短期风险，又可能阻碍中国产业升级和经济转型的长期进程，并推高贸易顺差、加剧国际失衡，有违金融危机之后"再平衡"的全球改革目标。因此，一味反对升值可能令中国孤立于改革大潮之外。

无论是外部的争论和喧闹，还是内部的部门和行业利益，都不应当影响到我们的改革步伐和节奏。完善汇率定价机制、确保人民币汇率水平接近动态均衡，符合中国的长远利益。

第二节 国际收支与国际储备

一、国际收支与国际收支平衡表

(一) 国际收支的概念

国际收支（Balance of Payments）是指一个经济体（国家和地区）与其他经济体在一定时期（通常为一年）发生的全部对外经济交易的综合记录。所谓对外经济交易是指在居民与非居民之间发生的商品、劳务和资产的所有权从一方转移到另一方的行为。这个概念建立在经济交易（Economic Transaction）的基础上，既包括已实现外汇收支的交易，也包括尚未实现外汇收支的交易，因而称为广义的国际收支概念。狭义的国际收支概念则建立在现金基础（Cash Basic）之上，即一个国家在一定时期内，由于经济、文化等各种对外交往而发生的，必须立即结清的外汇的收入与支出。由于这一概念仅包含已实现外汇收支的交易，因此称为狭义的国际收支概念。目前国际货币基金组织以及我国的国际收支统计中，都使用广义的国际收支概念。

(二) 国际收支平衡表的含义及其编制方法

1. 国际收支平衡表的含义

国际收支集中反映在国际收支平衡表中。国际收支平衡表（Balance of Payments Statement）是一个国家在一定时期内（一年、半年、一季度或一个月）所有对外外汇收支的系统记录，并应用会计原则，按照会计核算的借贷平衡方式编制，经过调整最终达到账面上收付平衡的统计报表。

国际收支平衡表不仅综合记载了一国在一定时期内与世界各国的经济往来情况和在世界经济中的地位及其消长对比情况，还集中反映了该国的经济类型和经济结构，因此，国际收支平衡表是经济分析的重要工具。

2. 国际收支平衡表的编制方法

（1）国际收支平衡表是按照现代会计学的复式簿记原理编制的，也即以借贷作为符号，每个项目都有借方和贷方两栏，借方（Debit）记录资产的增加和负债的减少，贷方（Credit）记录资产的减少和负债的增加。根据"有借必有贷，借贷必相等"的记账规则，每笔经济交易同时分记有关的借贷两方。按照此原则，国际收支平衡表全部项目的借方总额与贷方总额总是相等的，这也是其被称为"平衡表"的原因。

（2）国际收支平衡表应记录所有发生在一国居民与非居民之间的交易。居民是一个经济学范畴的概念，其不同于法律上的公民，是指一个国家的经济领土内具有经济利益的经济单位和自然人。在一国居住超过1年以上的法人和自然人均属该国的居民，而不管该法人和自然人的注册地和国籍。例外的情况是留学生、外交使节、驻外军事人员、出国就医者等，不论时间长短，均属于派出国居民；国际性机构是任何国家的非居民。

（3）所有国际经济交易的记录时间采取权责发生制，是指一旦经济价值产生、改变、交换、转移或消失，交易就被记录下来，一旦所有权发生变更，债权债务就随之出现。如签订国际买卖合同、货物装运、结算、交货、付款等一般都是在不同日期进行的，为了统一各国的记录口径，均以所有权的变更日期为标准。

（4）所有的记账单位需要折合为同一种货币，既可以是本币，也可以是外币，如我国的国际收支平衡表选取的记账货币就是美元。

（三）国际收支平衡表的内容

不同国家往往根据不同的经济交易内容和范围以及不同的经济分析需要，编制不同内容和格式的国际收支平衡表。为便于横向比较和综合统计，国际货币基金组织出版了《国际收支手册》（最新版为第五版），此出版物对国际收支的概念、定义、分类和标准构成等都作了详细规定和说明，使各国国际收支平衡表的格式趋于统一和标准化。

根据国际收支发生原因的不同，即不同类型的国际经济交易，国际收支平衡表可分为三大基本账户：经常账户、资本与金融账户以及错误与遗漏账户，各账户下再按照交易内容又分若干项目。

1. 经常账户（Current Account）

经常账户是对实际资源在国际间的流动行为进行记录的账户，它是国际收支平衡表中最重要最基本的账户，它表现了一个国家（或地区）自我创汇的能力，影响和制约着其他账户的变化，具体包括：

（1）货物和服务（Goods and Services）。货物项目系统地记录一国商品的进出口情况，货物进出口又称有形贸易。货物包括一般商品、用于加工的货物、货物修理、各种运输工具在港口购买的货物和非货币黄金。服务项目系统地记录服务的进出口，服务进出口也称无形贸易，包括运输、旅游以及在国际贸易中的地位越来越重要的其他服务项目，如通信、建筑、金融、计算机、专有权使用和特许以及咨询、广告等。

（2）收入（Income）。收入项目系统地记录因生产要素在国际间的流动而引起的要素报酬收支。收入包括职工报酬和投资收入，其中职工报酬包括以现金或实物形式支付给非居民工人的工资、薪金和其他福利；投资收入指居民因持有国外金融资产或承担对非居民负债而造成的收入或支出，包括直接投资项下的利润利息收支和再投资收益、证券投资收益（股息、利息等）和其他投资收益（利息）。

（3）经常转移（Current Transfers）。经常转移属于单方面转移项目，专门记录单方面、无对等的交易，即在国际间移动后并不产生归还或偿还问题的交易。包括：①各级政府的无偿转移，如战争赔款、政府间的经济援助、军事援助和捐赠、政府与国际组织间定期缴纳的费用，以及国际组织作为一项政策向各国政府定期提供的转移等。②私人的无偿转移，如侨民汇款、捐赠、继承、赡养费、资助性汇款、退休金等。

2. 资本与金融账户（Capital Account and Financial Account）

资本与金融账户是对资产所有权在国际间流动行为进行记录的账户，包括资本账户和金融账户两大部分。

（1）资本账户（Capital Account）包括资本转移（Capital Transfers）和非生产、非金融资产（Capital Transfers and Acquisition or Disposal of Nonproduced, Nonfinancial Assets）的收买和放弃。其中资本转移项目主要记录投资捐赠和债务注销的外汇收支，投资捐赠可用现金形式来进行（即定期或不定期地向非居民转移资产价值征收的税款，如遗产税等），也可用实物形式（如交通设备、机器和机场、码头、道路、医院等建筑物）来进行；债务注销是指债权人放弃债务，而未得到任何回报。资本转移与经常转移的区别在于：后者经常发生，规模较小，并直接影响捐助者与受援者的可支配收入和消费；前者则不经常发生，规模较大，也不直接影响双方当事人的可支配收入的消费。非生产、非金融资产的收买或放弃是指各种不是由生产创造出来的有形资产（土地、地下矿藏）和某些无形资产（专利、版权、商标、经销权等）的收买或出售。关于无形资产，需要指出的是，经常账户的服务项下记录的是无形资产的运用所引起的收支，而资本账户的资本转移项下记录的则是无形资产所有权的买卖所引起的收支。

（2）金融账户（Financial Account）包括了引起一个经济体对外资产和负债所有权变更的所有权交易。与经常账户不同，金融账户的各个项目并不按借贷方总额来记录，而是按净额来计入相应的借方或贷方。根据投资类型或功能，金融账户可以分为以下五类项目：①直接投资（Direct Investment）。直接投资的主要特征是，投资者对另一经济体的企业拥有永久利益。这一永久利益意味着直接投资者和企业之间存在着长期的关系，并且投资者对企业经营管理施加着相当大的影响。直接投资可以通过在国外直接建立分支企业，或购买国外企业10%以上股票的形式实现。②证券投资（Portfolio Investment）。证券投资的主要对象是股本证券和债务证券。其中债务证券可细分为长期债券、中期债券和货币市场工具。投资的利息收入或支出按净额记录在经常账户下，本金还款记录在金融账户下。③衍生金融产品（Financial Derivatives）。主要包括无条件的远期合同和期权合同。这是《国际收支手册》第五版第三次修订所增改的一项内容。由于近年来衍生金融工具交易的数量和重要性都有所增加，把衍生金融工具列为一个独立的职能类别反映了这类金融工具重要性的提升，也强调了衍生金融工具和其他类型的金融工具之间的区别。④其他投资（Other Investment）。这是一个剩余项目，它包括所有直接投资、证券投资或储备资产未包括的金融交易。⑤储备资产（Reserve Assets）。储备资产包括货币当局可随时动用并控制在手的外部资产。它可以分为货币黄金、特别提款权、在基金组织的储备头寸、外汇资产和其他债权。储备资产的相关问题将在本章第二节国际储备这一部分详细介绍。

3. 错误与遗漏账户（Errors and Omissions Account）

错误与遗漏账户是人为设立的一个项目，由于国际收支平衡表是按复式簿记原理编制的，经常账户与资本和金融账户的借贷总额应当相等。但是，由于编制国际收支平衡表的原始资料来源分散不一，有的数据甚至还来自于估算，加上一些人为的因素（有些数据须保密，不宜公开；有些数据如商品走私、资金外逃难以掌握），致使上述两账户的借贷总额不能相等，为此设立错误与遗漏账户人为地进行调整，以轧平平衡表中借贷方差额。

我国的国际收支平衡表是由国家外汇管理局按照国际货币基金组织《国际收支手册》第五版所规定的各项原则编制，表4-4简要记录了2009年中国的国际收支状况。

表4-4　2009年中国国际收支平衡表　　　　　　　单位：百万美元

项　目	行　次	差　额	贷　方	借　方
一、经常项目	1	2971	14846	11874
A. 货物和服务	2	2201	13333	11132
a. 货物	3	2495	12038	9543
b. 服务	4	−294	1295	1589
1. 运输	5	−230	236	466
2. 旅游	6	−40	397	437
3. 通信服务	7	0	12	12
4. 建筑服务	8	36	95	59
5. 保险服务	9	−97	16	113
6. 金融服务	10	−3	4	7
7. 计算机和信息服务	11	33	65	32
8. 专有权利使用费和特许费	12	−106	4	111
9. 咨询	13	52	186	134
10. 广告、宣传	14	4	23	20
11. 电影、音像	15	−2	1	3
12. 其他商业服务	16	59	247	188

项 目	行 次	差 额	贷 方	借 方
13. 别处未提及的政府服务	17	1	9	8
B. 收益	18	433	1086	653
1. 职工报酬	19	72	92	21
2. 投资收益	20	361	994	632
C. 经常转移	21	337	426	89
1. 各级政府	22	-2	0	3
2. 其他部门	23	340	426	86
二、资本和金融项目	24	1448	7464	6016
A. 资本项目	25	40	42	2
B. 金融项目	26	1409	7422	6014
1. 直接投资	27	343	1142	799
1.1 我国在外直接投资	28	-439	42	481
1.2 外国在华直接投资	29	782	1100	318
2. 证券投资	30	387	981	594
2.1 资产	31	99	669	570
2.1.1 股本证券	32	-338	122	461
2.1.2 债务证券	33	437	547	110
2.1.2.1 中长期债券	34	370	479	110
2.1.2.2 货币市场工具	35	67	68	0
2.2 负债	36	288	312	24
2.2.1 股本证券	37	282	288	7
2.2.2 债务证券	38	6	23	17
2.2.2.1 中长期债券	39	6	23	17
2.2.2.2 货币市场工具	40	0	0	0
3. 其他投资	41	679	5299	4620
3.1 资产	42	94	1174	1080
3.1.1 贸易信贷	43	-544	0	544
3.1.1.1 长期	44	-38	0	38
3.1.1.2 短期	45	-506	0	506
3.1.2 贷款	46	130	450	320
3.1.2.1 长期	47	-315	0	315
3.1.2.2 短期	48	445	450	5
3.1.3 货币和存款	49	52	267	216
3.1.4 其他资产	50	456	457	1

续表

项 目	行 次	差 额	贷 方	借 方
3.1.4.1 长期	51	0	0	0
3.1.4.2 短期	52	456	457	1
3.2 负债	53	585	4125	3540
3.2.1 贸易信贷	54	321	321	0
3.2.1.1 长期	55	22	22	0
3.2.1.2 短期	56	298	298	0
3.2.2 贷款	57	37	3222	3185
3.2.2.1 长期	58	−97	135	232
3.2.2.2 短期	59	134	3087	2953
3.2.3 货币和存款	60	116	456	340
3.2.4 其他负债	61	111	126	15
3.2.4.1 长期	62	110	110	0
3.2.4.2 短期	63	1	16	15
三、储备资产	64	−3984	0	3984
3.1 货币黄金	65	−49	0	49
3.2 特别提款权	66	−111	0	111
3.3 在基金组织的储备头寸	67	−4	0	4
3.4 外汇	68	−3821	0	3821
3.5 其他债权	69	0	0	0
四、净误差与遗漏	70	−435	0	435

资料来源：中国国家外汇管理局网站（http：//www. safe. gov. cn）。

二、国际收支差额及国际储备

（一）国际收支失衡的含义

根据复式簿记的记账原理，国际收支平衡表最后总是平衡的，这种平衡是会计意义上的平衡。但是在现实中，国际收支平衡表中某一具体项目的借方与贷方经常是不平衡的，收支相抵后，总会出现差额，这就是国际收支失衡（Disequilibrium）的含义。具体项目上出现的差额称为局部差额。收入大于支出，称为顺差；支出大于收入，称为逆差。各项局部差额的总和便是国际收支总差额，称为国际收支顺差或逆差，亦称国际收支盈余或赤字。

国际收支平衡表所列的全部项目中，除了错误与遗漏账户之外，其余所有的项目都代表着实际的交易，所有这些交易活动，按照其交易目的的不同，可以分为自主性交易和补偿性交易。自主性交易（Autonomous Transactions），又称事前交易（Ex-Ante Transactions），是指经济实体或个人出于某种经济动机或目的，主动自发地进行的经济交易。如为追逐利润而进行的商品和劳务输出输入或者其他投资、旅游、汇款赡养亲友等，都是自主性交易。所谓补偿性交易（Compensatory Transactions），又称事后交易（Export Transactions）或调节性交易（Accommodating Transactions），是指为弥补或消除自主性交易所产生的差额而进行的经济交易。例如，为弥补国际收支逆差而向外国政府或国际金融机构借款、动用储备资产，或者为支付进口而减少在国外的银行存款或从国外融通资金等。自主性交易的差额必然要由调节性交易来调节或弥补，因此，国际收支平衡实质上是指自主性交易的收支基本相等。所以如果一国的自主性交易自动相等或基本相等，不依靠调节性交易来调节，则说明这个国家的国际收支是平衡的，这也是开放经济下各国宏观经济政策的四大政策目标之一。

这种按交易动机识别国际收支平衡与否的方法在理论上看虽然很有道理，但在统计上和概念上很难准确区别自主性交易与补偿性交易。因为一笔交易从不同的角度看可以是不同的种类。例如，一国货币当局以提高利率来吸引外资，就投资者而言属自主性交易，就货币当局而言却属补偿性交易；如果投资者是该国居民，则同一笔交易既可归入自主性交易，也可列入补偿性交易。因此，这种识别国际收支差额的方法仅仅提供了一种思维方式，迄今为止，还无法将这一思维付诸实践。

（二）国际收支差额

由于各国政府和国际经济组织都将国际收支平衡作为金融运行良好的指标，对国际收支失衡的定量分析结果就成为各国制定宏观经济政策的重要依据。按照人们的传统习惯和国际货币基金组织的做法，国际收支差额的统计口径可以分为以下四种（见图4-4）。

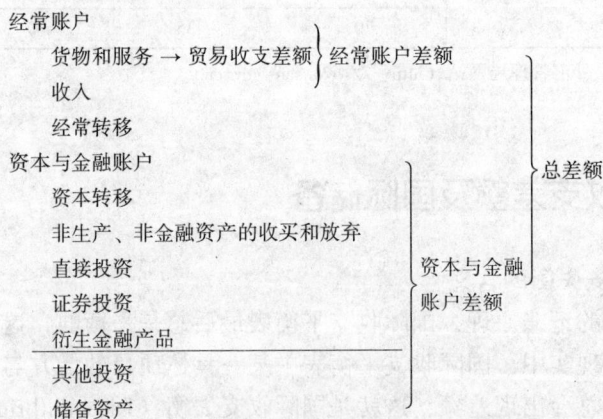

图4-4　国际收支差额的统计口径

1. 贸易收支差额

贸易收支差额（Trade Balance）又称净出口、贸易余额，是指一国商品出口总值与进口总值之间的差额。从国际收支概念的历史发展来看，贸易收支等同于国际收支的概念一直沿袭至第一次世界大战以前。如今的贸易收支仅仅是国际收支的一个组成部分，不能代表国际收支的整体，但是，对于某些国家来说，贸易收支在全部国际收支中所占的比重相当大，以至于经常性地把贸易收支作为国际收支的近似代表。此外，贸易收支所记录的商品的进出口情况还可以综合反映一国的产业结构、产品质量和劳动生产率状况，反映该国产业的国际竞争能力。因此，即使像美国这类资本与金融账户比重相当大的国家，仍然非常重视贸易收支的差额。

2. 经常账户差额

经常账户差额（Current Account Balance）是一定时期内，一国商品、服务、收入和经常转移项目上借方总值和同期贷方总值之差，包括经常账户下全部子项目的外汇收入和支出的对比。当其为顺差时，实际上反映的是由于本国真实资源的流出大于他国真实资源的流入而形成的净外汇收入，也是当期本国让渡给他国的可支配本国物质资源的程度。虽然经常账户的收支不能代表全部国际收支，但它综合反映了一个国家的进出口状况（包括无形进出口，如劳务、保险、运输等），而被各国广泛使用，并被当作是制定国际收支政策和产业政策的重要依据。例如，当经常账户为盈余时，就要通过资本的净流出或储备资产的增加来平衡；当经常账户为赤字时，就要通过资本的净流入或储备资产的减少来平衡。同时，国际经济协调组织也经常采用这一指标对成员国经济进行衡量，例如国际货币基金组织就特别重视各国经常项目的收支状况。

3. 资本与金融账户差额

资本与金融账户差额（Capital Account and Financial Account Balance）是分析国际收支账户的另一个重要指标。它记录了世界其他国家和地区对本国的投资净额或贷款/借款净额。资本与金融账户差额具有两方面的分析作用：

（1）通过资本与金融账户余额可以了解一个国家资本市场的开放程度和金融市场的发达程度。一般而言，一国的资本市场越开放，金融市场越发达，资本与金融账户的流量总额就越大。由于各国在利率、金融市场成熟度、本国经济发展程度和货币价值稳定程度等方面存在较大的差异，资本与金融账户差额往往会产生较大的波动，要保持这一余额为零是非常困难的。

（2）资本与金融账户和经常账户之间具有融资关系。所以，资本与金融账户的余额可以折射出一国经常账户的状况。根据复式记账原则，在国际收支中，一笔贸易流量通常对应一笔金融流量，可以说，经常账户中实际资源的流动和资本与金融账户中资产所有权的流动是同一问题的两个方面。因此，如果不考虑错误与遗漏，经常账户中的余额必然对应着资本与金融账户在相反方向上数量相等的余额，也就是说，经常账户余额和资本与金融账户余额之和等于零。当经常账户出现赤字时，必然对应着资本与金融账户的相应盈余，这意味着一国利用金融资产的净流入为经常账户赤字融资。影响金融资产流动的因素很多，这些因素主要是影响国内和国际各种资产的投资收益率与风险的各种因素，例如利率、各种其他投资的利润率、预期的汇率走势和税收方面的考虑，以及政治风险等因素。

随着全球经济一体化的发展，资本与金融账户与经常项目之间的这种融资关系正在逐渐发生深刻变化。

首先，资本与金融账户为经常项目提供融资受到诸多因素的制约。比如，如果一国难以吸引国外资本流入，那么势必主要通过本国政府持有的金融资产（即资本与金融账户中的储备资产）进行融资。由于一国的储备数量是有限的，所以这一融资也是有限的。再比如说，如果提供融资的主要是国外资本（即资本与金融账户中的直接投资、证券投资和其他投资），那么这种融资方式将受到稳定性和偿还性两方面的限制。其主要有两个方面的原因：①流入的资本并不一定稳定。一国经济环境的变化、国际资本市场上的供求变动，乃至于突发事件等因素都有可能引起资本的大规模撤出。同时，这些资本中有相当部分以短期投机为目的，一国的经常账户赤字如果主要依靠这类资本融资，很难长期维持下去。②利用外国资本进行融资必然面临着偿还的问题。如对借入资金使用不当，这一偿还就会非常困难。特别是当吸引资本流入的高利率并非自然形成，而存在人为扭曲的因素时，更容易发生偿还困难。资本流入为经常账户赤字融资，意味着资本的所有权与使用权分离，从而蕴涵了发生债务危机的可能性。所以，即使是为了规避金融风险、维持经济稳定，政府也会限制资本与金融账户对经常账户的融资作用。

其次，资本与金融账户已不再是被动地由经常项目决定，并为经常项目提供融资服务了。国际间的资本流动曾经在长时期内依附于贸易活动，本身流量有限，对各国经济的影响并不突出。进入 20 世纪后，尤其是近 20 年来，国际资本流动取得了突破性进展，其流量远远超过国际贸易流量，从根本上摆脱了与贸易的依附关系，具有相对独立的运动规律，对一国乃至于世界经济都发挥着越来越大的影响。

最后，在资本与金融账户和经常账户的融资关系中，债务和收入因素也会对经常账户产生影响。这是因为，收入账户是影响经常账户状况的重要因素，资本与金融账户为经常账户提供融资后产生的资本流动会造成收入账户的相应变动，并通过债务支出进而影响到经常账户。尤其是当一国经常账户赤字数额长期居高不下时，由此导致的债务积累会使利息支出越来越大，这又加剧了经常账户状况的恶化，从而形成恶性循环的局面。

可见，资本与金融账户具有非常复杂的经济含义，应当对它进行综合的分析和谨慎的运用，这将有利于对本国的金融市场和资本流动进行有效的调控。

4. 总差额

总差额（Overall Balance），又称综合账户差额，是将国际收支账户中的储备资产账户剔除后的余额。这一概念综合反映了一国自主性国际收支的状况，是全面衡量和分析国际收支状况的重要指标。由于总差额必然导致储备资产的反方向变动，所以可以用它来衡量国际收支对一国储备造成的压力。总差额的状况直接影响到一国的汇率是否稳定；而动用储备资产弥补国际收支不平衡、维持汇率稳定的措施又会影响到一国的货币发行量。其原因在于，当一国实行固定汇率制（即本币与某一种外币保持固定比价）时，国际收支中的各种行为将影响两个币种比价的稳定性。为了保持外汇市场汇率的稳定，政府必须利用储备资产介入市场以实现供求平衡。而在浮动汇率制度（即本币与某一种外币的比价可以上下波动）下，政府原则上可以不动用储备资产而听任汇率变动，或是使用储备资产调节的任务有所减轻。因此，总差额是非常重要的。国际货币基金组织倡导使用总差额这一概念。在没有特别说明的情况下，人们所说的国际收支盈余或赤字，通常指的就是总差额。

（三）国际储备

1. 国际储备的概念

国际储备（International Reserve）是指一国货币当局为弥补国际收支逆差、维持本国货币汇率稳定以及应付各种紧急支付而持有的、在国际间可以被普遍接受的各种形式的资产。

能够作为国际储备的资产一般应该具备以下四个特性：

（1）官方持有性。国际储备资产必须由该国货币当局集中掌握，任何非官方金融机构、企业和私人所持有的黄金和外汇尽管也是流动资产，但均不能算是国际储备资产，因此国际储备又称官方储备。

（2）普遍接受性。国际储备资产必须能够被世界各国所普遍认同和接受，否则就不能作为国际支付手段，用于弥补国际收支赤字。

（3）充分流动性。国际储备资产必须是能在其各种形式之间自由兑换，在必要时能被随时动用的资产。这样，当一国出现国际收支赤字时，就可迅速动用这些资产予以弥补，或干预外汇市场来维持汇率的稳定。

（4）自由兑换性。作为国际储备的资产必须可以自由地与其他金融资产相交换，充分体现储备资产的国际性。只有具备自由兑换性，储备资产价值才能实现，国际收支逆差才能弥补，汇率才能稳定。

2. 国际储备的构成

国际储备的构成，是指充当国际储备资产的资产种类。随着国际经济金融的发展，不同的历史时期充当国际储备的资产种类、数量、各资产之间的比重存在较大的差异。在国际金币本位制下，黄金是一国国际储备的主要内容，随着英镑地位的加强，英镑逐渐成为各国国际储备的主要组成部分，形成了黄金—英镑储备体系。第二次世界大战后，随着布雷顿森林货币制度的建立，黄金成为国际储备的基础，美元按照黄金官价自由兑换黄金，并被赋予国际储备货币的特殊地位，形成了黄金—美元储备体系。进入20世纪70年代，黄金已成为次要的国际储备，到20世纪80年代，黄金储备在国际储备总额中的比重已不足10%，进入21世纪则下降到2%以下。此外，由于美元汇率的极不稳定，世界各国逐步采取分散持有几种相对稳定的货币作为外汇储备，国际储备的构成进入了一个多元化的时期。目前，各国的国际储备通常由四种资产构成：黄金储备、外汇储备、在IMF中的储备头寸和IMF分配给会员国尚未动用的特别提款权。

（1）黄金储备（Gold Reserve）。黄金是最古老的一种国际储备资产。各国公布的黄金储备是指一国货币当局持有的货币性黄金（Monetary Gold），而不包括为了满足工业用金和民间藏金的需求作为商品储备的黄金。由于黄金具有可靠的保值手段和不受超国家权力干预的特点，它一直是国际储备的主要来源之一。但如今的黄金已经难以达到人们对国际储备资产的要求，黄金本身的一系列缺陷导致大多数国家虽然仍持有黄金储备，但黄金只在国际储备中占较小比例。例如，截至2009年12月，中国的黄金储备规模达到 3389 万盎司，按当时的黄金价格约合 370 亿美元，而同期中国的外汇储备则达到 2.399 万亿美元。

各国不愿过多持有黄金的原因主要在于：①黄金的供应受到黄金产量的限制，无法满足国际经贸活动不断增长对国际储备的需求。②黄金储备对国际收支的调节作用有限，在通常情况下很少直接用作对外支付。③黄金价格波动频繁，往往大幅背离其内在的价值，从而影响了黄金发挥国际储备的作用。例如，1980 年 1 月世界黄金价格曾上升至每盎司 870 美元，创纪录高峰，后来逐步下跌到 1985 年 11 月每盎司 327 美元的谷底，1987 年黄金市价又上涨到 482 美元的高峰，随后又不断下滑，20 世纪 90 年代徘徊在 350 美元左右；进入 21 世纪，黄金价格又开始一路上涨，截至 2010 年 3 月，黄金价格约在 1120 美元。④黄金储备的机会成本很高，持有黄金储备要占用大量财富，不仅不能生息，而且还要支付保管费用，是一种很大的资源浪费。

（2）外汇储备（Foreign Exchange Reserve）。外汇储备是指一国政府所持有的可用作国际间结算和对外支付的流动性较高的金融资产，主要表现为国外银行存款和外国政府债券等形式。充当国际储备的货币必须具备以下几个条件：①能够自由兑换成其他储备货币。②在国际货币体系中占据重要地位。③购买力稳定。一般来说，同时具备上述三个条件的货币通常都是由综合经济实力名列世界前茅的国家所发行。目前，充当外汇储备的主要货币有美元、日元、欧元、英镑等。

在国际储备资产中，外汇储备是规模最大、增长速度最快的资产，其占国际储备的比重由 1950 年的 27.6% 增加到目前已超过 90%。因此，外汇储备已成为国际储备中最主要、最活跃的组成部分，国际储备管理实质上就是外汇储备管理。

一国外汇储备的多少，也能从一定程度上反映该国应付国际收支的能力，关系到该国货币汇率的维持和稳定，也是显示一个国家经济、货币和国际收支等实力的重要指标。根据中国国家外汇管理局公布的数据显示，2009 年 12 月中国外汇储备余额突破 2 万亿美元，达到 2.399 万亿美元（见图 4-5），占全球外汇储备的 30.7%，其数量连续四年位居全球第一。中国的巨额外汇储备是国家财力的象征。充足的外汇储备有利于增强政府宏观调控的能力，有利于维护国家和企业在国际上的信誉，更有助于拓展国际贸易、吸引外国投资、降低国内企业融资成本、防范和化解国际金融风险。但是，外汇储备规模的急剧扩大也会对经济发展产生许多负面影响，包括：①损害经济增长的潜力。一定规模外汇储备的流入代表着相应规模实物资源的流出，这种状况持续下去将损害经济增长的潜力。②储备币种的价值不稳定易导致储备资产缩水，如中国的外汇储备构成中，大部分是美元资产，近年来美元的大幅贬值使我国的外汇储备遭受巨大损失。③机会成本损失大。④中国巨额的外汇储备闲置不用，而每年又大量引进外商投资，为此国家要提供大量的税收优惠，造成国家财政收入减少。⑤外汇储备过多会使中国失去享受 IMF 优惠低息贷款的资格。⑥过多的外汇储备还会加速热钱流入，引发或加速本国的通货膨胀。因此，对外汇储备数量和结构的管理已成为国家宏观经济调控的重要组成部分。

（亿美元）

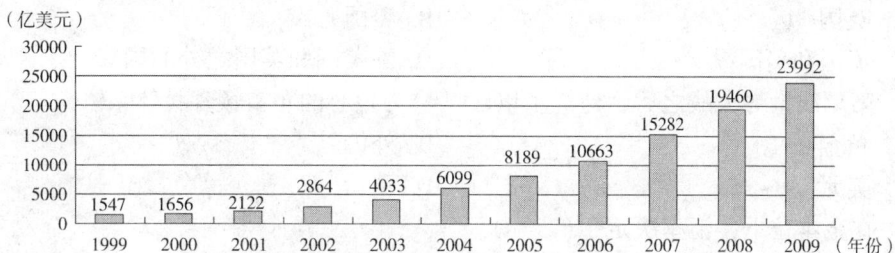

图 4-5　1999～2009 年中国外汇储备规模

资料来源：中国人民银行网站（http：//www.pbc.gov.cn）。

（3）在 IMF 中的储备头寸（Reserve Position in IMF）。在 IMF 中的储备头寸也称普通提款权（General Drawing Rights），指 IMF 的会员国按规定从 IMF 提取一定数额款项的权利。它是 IMF 中最基本的一项贷款，用于解决会员国国际收支不平衡，但不能用于会员国经常账户下交易的支付。

IMF 就像一个股份制性质的储备互助会，其会员必须按一定的份额向 IMF 缴纳一笔钱，作为入股基金，即份额。IMF 规定，认缴份额的 25% 必须以可兑换货币缴纳，其余 75% 用本国货币缴纳。当会员国发生国际收支困难时，就有权向基金组织申请普通贷款。

具体来说，一国在 IMF 中的储备头寸包括三个部分：①会员国向 IMF 所交份额中 25% 的黄金或外汇。②IMF 为满足会员国的借款需要而使用掉的该国货币持有量部分，即该国货币的持有量下降到不足该国本币份额 75% 的差额部分。③IMF 向该会员国借款的净额。

（4）特别提款权（Special Drawing Rights，SDRs）。特别提款权，又称为"纸黄金"，是 IMF 于 1969 年创设的一种新的国际储备资产和记账单位，其目的是为了补充国际储备资产的不足。IMF 的会员国可用分配到的特别提款权归还 IMF 的贷款，或用于会员国政府之间的支付。所以对于 IMF 的会员国来说，已分到而尚未使用的特别提款权，就构成该国国际储备资产的一部分。

特别提款权与上述三种储备资产相比，有四个特点：①它是一种没有任何物质基础的记账单位，不能用于兑换黄金，也不能直接用于国际间贸易和非贸易的支付。②它只能由成员国货币当局持有，并且只能在成员国货币当局和 IMF、国际清算银行之间使用。③成员国可无条件享有它的分配额，无须偿还。④它的定值取决于主要的国际储备货币，不受单一国家政策的影响，是一种比较稳定的储备资产。

练习题：

一、单选题

1. 使用间接标价法表示汇率的国家有（　　　）。

A. 英国　　　　　　　　　　　　　　B. 美国

C. 英国和美国　　　　　　　　　　　D. 除美国和英国之外的国家

2. 第二次世界大战之后，建立了以(　　　)为核心的布雷顿森林体系。

A. 黄金　　　　　　　　　　　　　　B. 外汇

C. 美元　　　　　　　　　　　　　　D. 英镑

3. 在金本位下，汇率决定于(　　　)。

A. 黄金输送点　　　　　　　　　　　B. 铸币平价

C. 金平价　　　　　　　　　　　　　D. 汇价

4. 在浮动汇率制度下，汇率是由(　　　)决定的。

A. 货币含金量　　　　　　　　　　　B. 外汇市场供求状况变动的幅度

C. 购买力　　　　　　　　　　　　　D. 物价水平

5. 在直接标价法下，如果一定单位的外国货币折成的本国货币数额增加，则说明(　　　)。

A. 外币币值上升，外币汇率上升　　　B. 外币币值下降，外汇汇率下降

C. 本币币值上升，外汇汇率上升　　　D. 本币币值下降，外汇汇率下降

6. 如果一国货币对外汇率上涨，则(　　　)。

A. 出口增加，进口减少　　　　　　　B. 进口减少，出口增加

C. 有利于出口商，不利于进口商　　　D. 有利于进口商，不利于出口商

7. 对国际收支这一概念的正确描述是(　　　)。

A. 国际收支是一个流量概念

B. 国际收支是一个存量概念

C. 国际收支记录的是本国居民之间的交易

D. 国际收支记录的是非本国居民之间的交易

8. 根据国际收支的定义，下列说法正确的是(　　　)。

A. 在国际收支中的居民是以国籍为标准的

B. 一国公民在国外工作，他汇回国的款项属于国际收支

C. 官方外交使节是其所在国的居民，因此他汇回国的款项属于国际收支

D. 跨国公司海外子公司和母公司之间的贸易不属于国际贸易

9. 目前我国人民币实施的汇率制度是(　　　)。

A. 固定汇率制　　　　　　　　　　　B. 弹性汇率制

C. 有管理的浮动汇率制　　　　　　　D. 盯住汇率制

二、多选题

1. 外汇必须具备的特征是(　　　)。

A. 必须随时可以得到　　　　　　　　B. 必须是以国外货币表示的资产

C. 必须是在国外能得到补偿的债权　　D. 必须是以可兑换货币表示的支付

2. 布雷顿森林体系的基本内容是(　　　)。

A. 世界货币制度以美元—黄金为基础　B. 实行可调整的固定汇率

C. 美元与黄金挂钩
D. 各国货币与美元挂钩

3. 我国规定外汇包括(　　)。

A. 外国钞票
B. 外国铸币

C. 外国有价证券
D. 外国支付凭证

4. 记账外汇实际就是协定外汇或双边外汇。这种外汇未经货币发行国批准(　　)。

A. 不能自由兑换成其他货币
B. 可以自由兑换

C. 不能转给第三国使用
D. 不能充当国际支付手段

5. 国际收支的概念从狭义上来讲,以下对国际收支描述正确的是(　　)。

A. 其状况集中反映了一个国家在一定时期内的经济实力和对外经济活动状况

B. 国际收支的好坏不直接影响一国国际经济地位的好坏

C. 研究有关国家的国际收支状况,对于本国正确制定对内、对外经济政策有重要意义

D. 应重视对有关国家国际收支状况的分析与研究

6. 资本与金融项目反应资本所有权在一国与他国之间的转移,也即是国际资本流动,包括资本账户和金融账户两个部分,资本账户包括(　　)。

A. 资本转移和非生产、非金融资产的收买或放弃

B. 债务豁免

C. 非生产、非金融资产的放弃

D. 非生产、非金融资产的收买

7. 国际收支平衡表错误和遗漏发生的原因包括(　　)。

A. 认为隐瞒
B. 资本外逃

C. 时间差异
D. 重复计算或漏算

8. 下列项目属于自主性交易的是(　　)。

A. 经常项目
B. 长期资本项目

C. 为追逐利润的短期资本流动
D. 错误与遗漏

三、判断题

1. 广义的静态外汇不仅包括以自由兑换货币所表示的货币资产,也包括以不能自由兑换货币所表示的外币资产。　　　　　　　　　　　　　　　　(　　)

2. 只要有一国愿意接受作为支付手段的货币,就可以普遍用于国际结算的支付手段。
　　　　　　　　　　　　　　　　　　　　　　　　　　　　　　(　　)

3. 世界上绝大多数国家采用间接标价法。　　　　　　　　　　　(　　)

4. 在国际收支平衡表中,设置平衡项目主要是为了消除统计偏差。　(　　)

5. 浮动汇率的弊端之一就是易造成外汇储备的大量流失。　　　　(　　)

6. 浮动汇率制度下,汇率受黄金输送点的限制。F 由市场供求决定,在金本位制度下,汇率波动的界限是黄金输出点和黄金输入点。　　　　　　　(　　)

7. 在间接标价法下,一定单位的本币折算的外币数量增多,说明本币升值。
　　　　　　　　　　　　　　　　　　　　　　　　　　　　　　(　　)

四、名词解释

1. 直接标价法　　2. 铸币平价　　3. 黄金输送点　　4. 管理浮动
5. 盯住浮动　　6. 自主性交易　　7. 补偿性交易　　8. 特别提款权

五、简答题

1. 外汇有哪些形式和特征？

2. 外汇的直接标价法和间接标价法有什么不同？

3. 浮动汇率有哪些形式？

4. 简述浮动汇率制的主要特点。

5. 比较固定汇率制度和浮动汇率制的优劣。

6. 影响汇率变动的主要因素有哪些？

7. 简述购买力平价理论。

8. 国际收支平衡表包括哪些内容？它们之间存在什么关系？

9. 国际储备的构成是什么？

10. 一国外汇储备资产的数量是不是越多越好？

11. 试述我国现行人民币汇率制度，并分析其存在的问题。

六、计算题

1. 2008 年 6 月 21 日，中国工商银行人民币即期外汇牌价：

	现汇买入价	现钞买入价	卖出价
100 美元	686.63	681.13	689.39

请问：美国游客持 1000 美元的旅行支票在中国工商银行可兑换多少人民币？

2. 某年 1 月 2 日中国某公司从瑞士进口仪表，若以瑞士法郎报价，每只为 100 瑞士法郎；若以美元报价，每只为 66 美元。当天人民币对瑞士法郎及美元的即期汇率分别为：

	买入价	卖出价
1 瑞士法郎	2.9784	2.9933
1 美元	4.7103	4.7339

请将以上报价折算成人民币进行比较，比较哪种报价更便宜。

3. 某法国公司准备在美国投资，银行外汇交易报价是 1 欧元 = 1.3754 ~ 1.3784 美元。如果法国公司计划投资 500 万美元，它应准备多少欧元的资金？

4. 国际金本位制下，设 1 英镑的含金量为 7.32238 克纯金，1 美元的含金量为 1.50463 克纯金，在英国和美国之间运送 1 英镑黄金的费用约为 0.03 美元。试计算美国的黄金输出点和黄金输入点。

5. 试根据 2009 年 1~6 月的中国国际收支平衡表，计算国际收支差额（单位：千美元）。

项　　目	行　次	差　额	贷　方	借　方
一、经常项目	1	134459941	643376735	508916794
A. 货物和服务	2	102319724	576190644	473870920
a. 货物	3	118976618	521262315	402285697
b. 服务	4	-16656894	54928329	71585222
B. 收益	5	16936295	47143272	30206978
C. 经常转移	6	15203922	20042819	4838897
二、资本和金融项目	7	60994554	342306167	281311613
A. 资本项目	8	1348333	1448015	99683
B. 金融项目	9	59646222	340858152	281211930
1. 直接投资	10	15561165	49222658	33661493
2. 证券投资	11	20184651	42542136	22357485
3. 其他投资	12	23900406	249093358	225192952
三、储备资产	13	-185941174	0	185941174
A. 货币黄金	14	0	0	0
B. 特别提款权	15	-28637	0	28637
C. 在基金组织的储备头寸	16	-336537	0	336537
D. 外汇	17	-185576000	0	185576000
E. 其他债权	18	0	0	0
四、净误差与遗漏	19	-9513322	0	9513322

七、案例分析题

中国人民银行发布的数据显示，截至 2013 年 3 月末，国家外汇储备余额为 3.44 万亿美元，约等于德国的经济总量。英国《金融时报》报道称，中国 2013 年一季度外汇储备出现自 2011 年第二季度以来的最高季度增幅，相当于 2012 年全年外汇储备增幅。有人担心，由于美国、日本都在实行超级量化宽松的货币政策，国际热钱正通过各种渠道流入中国。《金融时报》称，美联储及日本央行大规模收购债券，令两国货币供应大大增加。产生的现金中，部分资本最终可能流入中国等新兴市场。虽然中国政府一直实行严格的资本管制，以阻止国际热钱的流入，然而，中国 3 月份出口总额仅增长了 10%，而对香港的出口却增长了 93%，这一数据表明，一些企业可能通过虚开贸易发票，通过虚假贸易绕过监管机构，将热钱带入中国。由于一季度中国外汇储备快速增加导致一季度银行信贷大幅增长，与 2012 年一季度相比，中国 2013 年一季度新增信贷总额增长了 58%，达到 6.2 万亿元人民币。2013 年 4 月惠誉国际（Fitch）出于对中国企业和地方政府积累太多债务的担忧，下调了中国主权信用评级，这是自 1999 年以来，国际主要信用评级机构首次下调中国的信用评级。

思考题：

1. 中国的外汇储备是不是太多？面临着什么风险？如何化解风险？

2. 当前，中国外汇储备增长加快是不是"热钱"涌入的结果？国际"热钱"涌入的国际背景是什么？对中国经济会造成什么危害？应如何阻止国际"热钱"的涌入？

3. 惠誉国际下调中国的信用评级是正确的吗？为什么？

微观金融篇

第五章　金融中介机构

【学习目的】

　　了解金融中介机构的产生与发展，金融中介机构的概念和分类。了解金融机构存在和发展的必要性。理解金融中介机构的基本结构和内容。了解我国的金融中介机构。掌握商业银行业务基本知识、业务创新以及经营管理原则。

　　在如今信息发达的时代，互联网已是我们获取信息的重要渠道，在网络平台上我们几乎天天都会看到和金融机构相关的各种新闻。

　　(1) 在2010年农村中小金融机构监管工作会议上，银监会主席刘明康强调，2010年是农村金融机构全面深化改革、迈向现代化农村金融企业的关键之年。

　　(2) 在2010年4月14日，中国农业银行新闻发言人表示，中国农业银行按照市场惯例，经过严格的内部评审程序，确定由中金公司、中信证券、银河证券、国泰君安证券共同协助中国农业银行完成A股发行上市相关工作；由高盛、摩根士丹利、摩根大通、中金公司、德意志银行、麦格理共同协助中国农业银行完成H股发行上市相关工作。

　　(3) 内地金融市场的巨大发展潜力和粤港两地日益紧密的经贸往来吸引了很多香港银行通过在广东设立异地支行的形式，加速对内地市场的渗透。除了布局沿海二线城市外，外资银行还在加速西进的步伐，成都、重庆、武汉等内陆城市仍将是外资银行中西部布局的重点，而内蒙古、河北等区域则有望成为外资银行青睐的新热点。

　　(4) 在2010年召开的国家开发银行一季度工作会上，国开行董事长陈元透露，一季度国开行将82.1%的贷款投向煤电油运、农林水、通信和公共基础设施等国家急需发展的领域；68.7%的贷款投向中西部地区和东北老工业基地；配置70亿元专项贷款规模，支持西藏和四省藏区跨越式发展。

　　(5) 银监会2010年发布的数据显示，截至3月末，我国银行业金融机构境内本外币资产总额达到84.3万亿元，比上年同期增长21.3%。分机构类型看，国有商业银行资产总额达到42.9万亿元，增长17.5%；股份制商业银行资产总额达到12.6万亿元，增长28.5%；城市商业银行资产总额达到6.0万亿元，增长33.5%；其他类金融机构资产总额达到22.7万亿元，增长22.0%。

　　(6) 穆迪投资者服务机构宣布下调了对总额220亿欧元的希腊个人消费者及公司

贷款支持债券的评级，并将其评级放入进一步降级的观察名单。

(7) 在上海世博会的背景下，太平洋保险推出为世博游客量身定做的"金棕榈——太平洋世博游保险"。该保险根据世博会期间天气炎热、客流量大、水土不服等特点，扩展意外保障的覆盖范围和保险责任，把感冒、中暑、发烧、腹泻、老年眩晕等都纳入了保障范围，实现意外急症全覆盖，充分体现了"服务世博"的理念。

这些金融中介机构之间有什么不同之处？金融中介机构在我们的生活中起着怎样的作用？这些是本章所要阐明的问题。

第一节　金融中介机构概述

一、金融中介机构的产生与发展

金融业起源于公元前2000年的巴比伦和公元前6世纪的希腊寺庙的货币保管和收取利息的放款业务。金融中介机构的古老形式是公元前5世纪至公元前3世纪在希腊雅典和罗马帝国出现的货币兑换商和银钱业主，主要从事货币兑换、货币保管和货币汇兑。从12世纪中期开始，欧洲地中海沿岸各国的国际贸易十分繁荣，意大利是国际贸易的中心，与此同时，意大利威尼斯等地的货币兑换业和银钱业得到迅速发展，货币兑换商和银钱业主手中积聚了大量货币，他们发现客户日常提取的货币额仅占所储存货币的少部分，自己手中经常存有大量的货币余额。于是，他们开始秘密地将客户储存的部分货币进行私下放款，收取利息，由于有了利息收入，他们不仅不再收取客户的货币保管费，而且还付给客户一定的利息，贷款业务和存款业务的出现，使钱币兑换业逐渐演变为银行业。

金融中介机构的近代形式是在中世纪欧洲出现的从货币兑换业和金匠业中发展出的早期银行和16世纪中叶以后出现的商人银行。中世纪，最早的银行是意大利的威尼斯银行，建于1171年；随后又有于1407年设立的热那亚银行等；欧洲的商人银行有米兰银行（1593年）、阿姆斯特丹银行（1609年）、汉堡银行（1619年）、纽伦堡银行（1621年）、鹿特丹银行（1635年）等，这些银行主要为商人服务，因而得名商人银行。早期银行和商人银行已具备了银行的基本功能，主要办理存款、贷款和结算、汇兑业务，但是贷款仍属于高利贷性质。由于高利贷性质的银行不能满足资本主义经济发展的需要，因此，新兴资产阶级开始建立自己的银行。

金融中介机构的现代形式是在17世纪末至19世纪初出现的资本主义股份制商业银行。1694年在英国政府支持下成立的英格兰银行，是第一个资本主义股份制银行。它的正式贴现率一开始就规定为4.5%~6%，大大低于早期银行业的贷款利率，英格兰银行的成立标志着高利贷银行垄断地位的终结和现代银行制度的建立。继英格兰银行之后，到18世纪末19世纪初，欧洲主要资本主义国家先后建立了股份制商业银行，这些银行不仅不再具有高利贷性质，而且资本雄厚、规模巨大、能向社会提供多种多样的金融服务，成为全社会资金融通的枢纽。早期高利贷性质的银行也逐步适应新的生产方式的转变而转化为现代银行。

现代金融中介机构的进一步发展以 19 世纪中叶中央银行的建立为标志。随着商业银行及金融市场的发展，金融安全及宏观金融的协调控制的需要越来越突出，于是从商业银行中分离出一种专门从事货币发行、保管商业银行准备金、向商业银行提供贷款支持，为商业银行办理结算，对商业银行经营活动实行监管的银行，这就是中央银行。中央银行体系建立以后，就意味着两级银行体制的建立。

金融机构的多元化发展是当今时代趋势。随着社会化大生产的发展，社会分工越来越精细，金融需求也越来越多样化，促进了金融机构专业化发展，各种各样的专业化金融机构不断涌现，形成了以中央银行、商业银行和各种专业银行组成的银行体系为主体，以各种专业化金融企业所组成的非银行金融机构并存的，规模庞大、分工精细的金融体系。

二、金融中介机构概念及种类

金融中介机构是专门从事各种金融活动，以及为金融活动提供相关金融商品和金融服务的企业组织。金融中介机构包括从事间接融资活动的金融中介机构和从事直接融资活动的金融中介机构。从事间接融资活动的金融中介机构主要通过各种负债业务筹集资金，然后再通过各种资产业务活动分配这些资金，即通过自己的资产负债业务来实现资金供给者与资金需求者之间的资金融通，如存款类金融机构、契约类金融机构等；而从事直接融资活动的金融中介机构则主要是作为中间人，通过提供各种金融服务，如策划、咨询、承销、经纪服务等，为资金供给者与资金需求者牵线搭桥，促成资金需求者与资金供给者直接进行对手交易，撮合资金融通的实现，如投资银行、证券公司及证券交易所等。这两类金融中介机构在社会资金的融通中都充当中介的角色，只是充当中介的方式不同，所以把它们都称为金融中介机构，如图 5-1 所示。

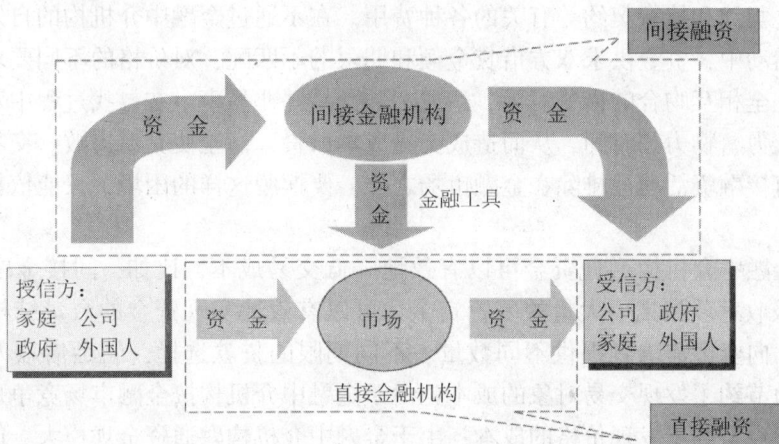

图 5-1　直接金融机构和间接金融机构

三、金融中介机构存在、发展的必要性

由于不通过金融中介机构自发、分散的直接融资会因信息不对称引发逆向选择和道德风险，且交易成本高，所以虽然在自己的周围不乏资金的需求者，但是，大部分有闲置资金的人都不会将自己的资金直接借给别人，而选择通过金融中介机构运用资金获取收益；其原因就是通过金融中介机构融通资金可有效克服自发、分散的直接融资的缺陷，这正是金融中介机构存在的必要性。

（一）金融中介机构能克服直接融资中资金供求双方在市场信息方面的非对称现象

直接融资中存在信息不对称现象，即交易的一方（如资金需求方）比交易对手（资金供给方）拥有更多信息。信息不对称会导致两种后果，即交易发生之前的逆向选择和交易发生之后的道德风险。逆向选择是指资金供给者本希望选择优质交易对手，规避可能发生的风险，但往往受到虚假信息的欺骗，而恰恰选择了可能使自己遭受损失的劣质交易对手。道德风险发生在金融交易以后，由于借款人的行为难以被贷款人所察知，借款人可能违背承诺，转向投资收益高、风险大的项目，从而降低了借款归还的可能性。

金融中介机构存在的重要理由就是它们拥有处理信息不对称，以及与此相关的逆向选择与道德风险方面问题的优势。例如，银行等间接金融机构作为个人和企业的支付中介，掌握着大量的个人和企业的信息，通过对潜在借款人支付情况的观察，能比较深入地了解潜在借款人的经营状况及财务状况，从而有效地规避逆向选择；在金融交易发生后，银行也具有专业的技术方法和手段监督借款人履行契约，避免发生道德风险。在有直接金融机构参与的直接融资活动中，由于有完备的信息披露制度，也可有效地规避或减少逆向选择和道德风险。

（二）通过金融中介机构融通资金能有效地降低交易成本

交易成本是指为进行金融交易所花费的时间和金钱，包括发现交易对象、发现交易价格、订立契约和执行契约等有关的各种费用。在不通过金融中介机构的自发、分散的直接融资活动中，资金供求双方借贷金额和期限的不匹配，对价格的不同要求，使得要找到一对完全相互吻合的借贷对手，达成一项交易并非易事。在寻找过程中双方都可能花费很多人力、物力和时间，从而造成交易成本昂贵，甚至使交易失败。交易成本昂贵使小额的直接融资活动被排除在金融市场之外。要摆脱这样的困境，只能依靠金融中介机构。

通过金融中介机构融通资金可以有效地降低交易成本，比如，间接金融机构（银行）通过吸收存款聚集了大量的闲置资金，可以有效地实现资金的数量结构和期限结构的转换，向资金需求者提供不同数量、不同期限的贷款选择，满足借款人的不同需要，大大地节约了发现交易对象的成本；由于金融中介机构按金融市场竞争形成的价格进行交易，也节约了发现价格的成本；由于金融中介机构融通资金规模大，能够享受规模经济的好处，可以降低处理信息、签订契约以及执行契约的成本。

（三）通过金融中介机构融通资金能有效地降低风险

在自发、分散的直接融资活动中，借款人对贷款人的任何一次违约都将使贷款人蒙受重大损失，如果通过金融中介机构融通资金则能有效地降低风险。比如，银行由于聚集了大量资金，可以将不同风险的投资进行科学的组合，达到分散投资、降低风险的目的，还可以通过提取损失准备、按不同风险调整利率来补偿风险带来的损失。

第二节　金融中介机构基本结构和内容

一、间接金融机构

西方间接金融机构以业务特点和基本功能为标准，可分为存款类金融机构、契约类金融机构和投资类金融机构。

（一）存款类金融机构（Depository Financial Institutions）

存款类金融机构也称融资类金融中介机构，是指主要通过吸收存款作为资金来源，并向需要资金的各经济主体发放贷款而获取收益的金融中介机构，其典型代表有商业银行、储蓄机构、信用合作社等金融机构。

1. 存款类金融机构的分类

（1）商业银行（Commercial Banks）。商业银行是以吸收存款、发放贷款为主，并提供各种金融服务的规模最大、历史最悠久的存款类金融机构。商业银行因其机构数量多、业务渗透面广和资产总额比重大而成为一国金融机构体系中的骨干。商业银行是唯一能吸收各种存款，通过办理转账结算，实现支付结算的非现金周转，并发挥创造存款货币作用的金融机构。虽然随着金融体系的多元化发展，非银行金融机构已得到了空前发展，但是商业银行仍然是主要工业化国家中金融活动的主导力量。自20世纪80年代以来，由于金融机构间竞争的加剧和金融创新的浪潮，使商业银行业务经营发生了巨大变化，呈现全能化或多元化趋势，能从事多种综合性金融服务，被称为"金融百货公司"或"金融超市"。商业银行在各国都有一些自己的特色。在外部组织形式上只有美国采取单一银行制，而其他西方国家普遍采取分支行制，多数国家，包括美、英、日等国的商业银行大都按股份制形式建立，私人银行为数较少，而法国、意大利和印度等国则对商业银行实行完全或不完全的国有化；以美、英、日等国为首的绝大部分西方国家采取了职能分离的银行制度，而德国则代表着全能银行制度。在英国，商业银行被归入零售性的一级银行系统，这种划分方法可以清楚地反映商业银行的本质特征。

（2）储蓄机构（Savings Associations）。储蓄机构是西方国家一种专门以吸收储蓄存款作为资金来源的金融机构，主要功能是鼓励私人储蓄，并通过抵押贷款的方式，提供建房、买房和消费信贷融资。储蓄机构汇集起来的储蓄存余额较为稳定，所以大部分资金都被用来发放不动产抵押贷款，投资于长期国债或者其他证券。与商业银行相比，储蓄机构的资产业务期限长，抵押贷款比重很高。西方政府常利用储蓄机构来实现政府的某些经济目标，其中多为房地产政策目标，因此，一些储蓄机构得到了政府的扶持。由于房地产抵押贷款具有自偿性低、资金周转慢的特点，使得储蓄机构的抗风险能力较弱。在美国，储蓄机构包括储蓄信贷协会（S&Ls）、互助储蓄银行（Mutual Savings Banks）。美国储蓄信贷协会是专门从事储蓄业务和住房抵押贷款的非银行金融机构，全美第一家储蓄信贷协会于 1831 年诞生于宾夕法尼亚州。第二次世界大战后，美国民众住房需求空前旺盛，加上政府为刺激内需，推行"人人有住房"的政策，这给储蓄信贷协会带来了空前的发展机遇。到 20 世纪 70 年代末，全美共有 4700 家储蓄信贷协会，资产总额突破 6000 亿美元，成为美国重要的金融巨人之一。但是由于从 70 年代中后期开始，美国通货膨胀率和利率持续攀升，储蓄信贷协会借贷利率出现严重倒挂现象，到 80 年代初，全行业亏损超过 500 亿美元，以后又由于内部管理混乱，监管不力等原因，到 1989 年，全美倒闭和有问题的储蓄信贷机构数以千计，总亏损额高达 5000 亿美元左右，储蓄信贷协会已走到了全行业破产的边缘，此后，虽然美国政府制订了庞大的救助计划，但是储蓄信贷协会从此一蹶不振。美国互助储蓄银行是由联邦政府担保的住宅抵押贷款组织，最早于 1819 年在纽约建立，以后在美国东北地区发展。初期目的是为小额存户储蓄提供服务，以后由于金融机构间争取储蓄存款的竞争日益加剧，其经营业务逐步集中于由联邦住宅管理局和退伍军人管理局提供的住宅抵押贷款，规模次于储蓄贷款协会。由于美国 2007 年爆发次贷危机，到 2008 年，美国互助储蓄银行的净亏损总额达 159 亿美元，截至 2010 年第一季度，已经有 73 家互助储蓄银行被监管机构接管，其中有 5 家已经被关闭。

（3）信用合作社（Credit Unions）。信用合作社是某些具有共同利益的人们（如某行业雇员、某互助会成员或某教会教徒等）组织起来的，具有互助性质的会员组织。信用合作社的资金来源主要是会员的存款，也有一部分来自于非成员的存款，例如，日本的信用合作社允许会员外存款占总存款的 20%。信用合作社资金运用主要是对会员提供短期贷款、消费贷款、票据贴现、从事证券投资等，也有部分资金用于同业拆借和转存款等。在美国，信用合作社是美国第三大对个人与家庭提供分期贷款的机构，仅次于商业银行与金融公司，大约占美国消费者分期贷款的 1/8。随着金融竞争的加剧和金融创新的发展，美国信用合作社的业务不断拓展，贷款领域由过去的消费贷款扩大到发放长期抵押贷款，并可向客户通过股份汇票的方式提供支票存款账户。

2. 存款类金融机构资产和负债的特点

在存款类金融机构中，各类具体机构在发挥中介功能时作用也有所不同，如商业银行的功能最为全面，而信用合作社、储蓄机构等在提供融资服务方面的功能较为突出。但它们在业务活动方面拥有一些共同点。表 5-1 列出了美国存款类金融机构主要的资产和负债类型。

表5-1　美国存款类金融机构主要的资产和负债类型

存款机构	原始负债（资金来源）	原始资产（资金运用）
商业银行 Commercial Banks	支票存款、储蓄存款、定期存款	商业、消费者、抵押贷款，联邦政府和地方政府债券
储蓄贷款协会 Saving & Loan Associations	储蓄存款（股份）、支票存款、定期存款	住房抵押贷款、长期国债
互助储蓄银行 Mutual Saving Banks	原先只有存款（股份），现在有支票存款	住房抵押贷款、长期国债
信用合作社 Credit Unions	特定社会集团的存款（股份）、支票存款	消费者信贷、长期抵押贷款

从表5-1中可以看到，存款类金融机构资产的主要表现形式为贷款与证券投资，负债的主要表现形式为各类存款和借入资金。这也是存款类金融机构在资产和负债方面所具有的共同特点。

（二）契约类金融机构（Contractual Savings Institutions）

契约类金融机构是指在契约的基础上按期取得稳定的资金，主要投向股票、抵押贷款和长期债券的金融中介机构，包括各种保险公司和养老基金等。表5-2列出了美国契约类金融机构主要的资产和负债类型。

表5-2　美国契约类金融机构主要的资产和负债类型

契约储蓄机构	原始负债（资金来源）	原始资产（资金运用）
人寿保险公司 Life Insurance Companies	保险金	公司债券、抵押贷款
火灾及意外伤害保险公司 Fire and Casualty Insurance Companies	失窃、火灾及意外事故保险金	政府债券、股票，要求资产有较大的流动性
个人养老金和政府退休金 Pension Funds，Government Retirement Funds	雇主缴纳的资金份额	公司股票和债券

1. 保险公司（Insurance Companies）

保险公司是经营保险业务的契约类金融机构，是以吸收保险费的形式建立起保险基金，用于补偿投保人在保险责任范围内发生的经济损失，或对个人死亡、伤残支付保险金的具有法人资格的金融企业。保险公司的经营对象是一种看不见、摸不着的风险。根据经营保险业务的种类不同，保险公司可分为财产保险公司、人寿保险公司、意外灾害保险公司、信贷保险公司、存款保险公司、再保险公司等。其中，人寿保险公司以其同时兼有保险和储蓄双重性质的特殊优势，在保险业发展中居于领先地位。

保险公司的经营是建立在科学分析和专业化操作基础上的，主要功能是承担并分散风险，在具有经济补偿功能的同时又具有投资功能。保险公司办理的保险业务是在社会经济互助原则下建立起来的一种经济补偿制度，通过保险可以使少数人的损失由多数人来共同分摊。假设每年平均每100艘驶离港口的船中有3艘船会沉没或被海盗劫持，并不知道具体是哪3艘船会发生损失。如果没有保险，这些船主将面临潜在的经济损失，也许将无法维持经营。然而如果100名船主联合起来，每天缴纳小额保费，这些保费总额等于那3艘船的成本，那么实际损失就变得可以承受了。保险公司的经营原则是大数法则和概率论。大数法则指在随机现象的大量重复中往往出现几乎必然的规律，它是现代保险的数量基础。这意味着保险公司的客户越多，承保范围越大，风险就越分散。这样才能做到保险保障范围的扩大和保险公司自身经营的稳定和扩张。保险关系一般是通过投保人与保险人在自愿原则下签订保险合同来实行的，保险合同受国家法律保护。

在保险公司业务经营的一般过程中，主要经过展业、核保和承保、理赔三个环节。保险展业，是保险公司进行市场营销，向客户推销保险商品和服务的活动。核保和承保，是保险人对投保人或被保险人的投保要求进行审核、判断和决定是否接受投保的过程，是控制保险业务质量的最主要环节。保险理赔，是保险人处理有关保险赔偿责任的程序及工作。此外保险公司还具有融通资金、活跃金融市场的作用，也是金融市场重要的投资者，所以是重要的金融机构之一。

专栏 5-1

美国的人寿保险公司与财产及意外保险公司

在美国，历史非常悠久的保险公司是人寿保险公司，它可以与银行竞争个人储蓄，向个人出售对风险的保护，向保险单持有人收取合同保险费。虽然保险单持有人通常并不把他们的保险当作储蓄，但人寿保险单的累积现金价值可供保险单持有人提取，从而具有流动性。人寿保险公司通过收取保险费累积资金，然后投入到相对无风险的长期投资上，例如公司债券和多户抵押贷款以及商业抵押贷款。大多数保险公司都是股份公司，它们发行股票，为股东所有。只有一少部分人寿保险公司是共同保险公司，由保单持有人所有。

财产及意外保险公司是美国又一类重要的契约类金融中介，财产保险是保护财产所有者（或出租人）免受因自然灾害（如火灾、暴风雨、不可抗力等）或人为因素（如车祸、故意破坏、纵火、入室行窃等）造成的财产损失、破坏或毁灭等经济损失。意外保险是保障保单持有人免于承担由于意外事故、产品不合格或者专业问题上玩忽职守所导致的经济责任。产品制造商购买意外保险保护由于自己产品的缺陷导致顾客受伤或死亡引起的责任赔偿。医生、律师和其他专业人员投保使自己免于疏忽或玩忽职守的索赔。

2. 养老基金（Pension Funds）

养老保险是社会保障制度中的重要内容，一般是设立一个特殊的养老保险资金账户，也称养老基金。养老基金由专门的机构负责经营管理，并通过对退休人员按月支付养老金的方式，为退休人员生活提供基本经济保障。

19 世纪末，欧美各国纷纷建立以公共养老保险为主体的社会保险制度，这种制度后来发展为由专业机构进行信托管理的公共养老基金。1875 年，美国通用公司为其雇员建立了世界上第一个正式的雇主养老计划，最初这种养老计划只是对永久伤残的工人支付伤残抚恤金，后来发展为退休职工的退休收入保障计划。早期的养老金计划几乎都是年金模式，主要投资于典型的寿险产品。后来通用汽车公司对雇主养老金计划进行改革，将其作为一个投资信托，建立私人养老基金，由专业机构投资于长期公司债券、绩优股票和发放长期贷款。现在无论是公共养老基金还是私人养老基金，都已成为美国、英国等发达国家在证券市场上有较大影响的金融中介机构。

（三）投资类金融机构（Investment Intermediaries）

投资类金融机构，是指发售基金份额汇集投资者资金，通过专家理财，以组合投资的方法进行证券投资的金融机构。主要包括证券投资基金、货币市场共同基金、金融公司等。

1. 证券投资基金（Securities Investment Funds）

证券投资基金是一种利益共享、风险共担的集合投资方式，该方式通过发售基金份额，将众多投资者的资金集中起来，形成独立财产，由基金托管人托管，由基金管理人管理和运作，以投资组合的方法进行证券投资，并将投资收益按投资者所投资金比例加以分配。

按设立方式分类，证券投资基金可分为契约型基金和公司型基金。两者的主要区别如表 5-3 所示。

表 5-3 契约型基金与公司型基金的主要区别

区别	契约型基金	公司型基金
基金性质	通过发行受益凭证筹集的信托财产	通过发行普通股票筹集的公司法人资本
投资者地位	受益人，无表决权	公司的股东，享有表决权
营运依据	基金契约	基金公司章程

从世界基金业的发展趋势看，公司型基金除了比契约型基金多了一层基金公司组织外，其他各方面都与契约型基金有趋同化的倾向。

按能否赎回分类，证券投资基金可分为封闭式基金与开放式基金。封闭式基金发行的份额是固定的，基金可以像股票一样在证券市场交易，但持有人不能向基金公司赎回。开放式基金发行的股份不固定，基金持有人随时可按基金资产净值向基金管理公司赎回投资。两者的主要区别如表 5-4 所示。

表 5-4 封闭式基金与开放式基金的主要区别

区别	封闭式基金	开放式基金
期限	有固定存续期	无限期
基金规模	固定	随申购或赎回而增加或减少
交易场所	证券交易所	管理人设立的直销中心或委托的代理处
交易方式	不能赎回，只能在交易所交易	可申购或赎回，买卖方式灵活
价格形成	受二级市场供求关系影响	以基金份额净值为基础

　　世界基金发展史就是从封闭式基金走向开放式基金的历史。目前美国绝大多数基金公司都是公司型开放式基金，称为共同基金（Mutual Funds），每个基金管理公司都是一家独立的投资公司。第一个共同基金"马萨诸塞投资信托基金"于 1924 年在美国的波士顿成立，此后股票基金、债券基金、货币市场基金，以及具有各类特殊投资对象的基金纷纷出现。在美国约有 50% 的家庭投资于基金，基金占家庭资产的 40% 左右。

　　2. 货币市场共同基金（MMMFs）

　　货币市场基金是 1972 年美国新出现的一种新型基金形式，属于一种特别的共同基金。它向投资者出售股份，然后把资金用于投资货币市场工具，如国债、短期存单、商业票据等，货币市场共同基金提供一个支票账户选择权，使其股份持有人可以开具 500 美元以上的支票，从其股份中提款。投资者还可以从由基金向投资者提供的银行账户中，以电子转账的方式赎回股份。由于货币市场共同基金的蓬勃发展，个人和机构越来越多地将资金从商业银行和储蓄机构的账户转移到高收益的货币市场基金中，导致商业银行和储蓄机构开办了货币市场存款账户（MMDAs）与货币市场共同基金竞争。

　　3. 金融公司（Financial Companies）

　　金融公司是向家庭和工商企业提供资金的非银行金融机构。在美国，主要分为消费者金融公司、销货金融公司和商业金融公司。消费者金融公司主要向客户提供医药费、住院费、教育费、房屋维修费和燃料费等贷款，其利率较银行和储蓄类存款机构的分期付款要高；销货金融公司主要购买商业本票、间接向消费者融资，也开展商业授信和租赁业务，以及承办分期付款等直接向消费者融资的业务；商业金融公司一般对中小企业和批发商承办应收账款融资、应收账款收买、融资性租赁和短期无担保贷款等业务。

　　金融公司和银行的不同之处：一是它们较少接受存款而依赖于长短期负债，即通过短期和长期借款来筹集资金。短期借款主要通过银行贷款和发行相对大额的记名债券或商业票据来筹集；长期筹资主要靠推销公司证券和发行公司本身的证券。金融公司的资金运用主要是消费信贷、企业和房地产信贷。二是金融公司的目标客户通常为高风险的借款人，为了补偿更高的违约风险，金融公司通常要求更高的利率。之所以这样经营是因为金融公司的非储蓄身份使其比银行和储蓄机构接受的监管要少。三是金融公司行业在规模和业务上与银行和储蓄机构截然不同，从数十亿美元的跨国公司到很小的单元型贷款公司都有，业务也从经营各种信贷业务到专门经营某一类特定业务。目前，金融公司业务逐步扩大到包销证券、经营外汇、投资咨询和不动产抵押贷款等。

表5-5列出了美国投资类金融机构主要的资产和负债类型。

表5-5　美国投资类金融机构主要的资产和负债类型

投资中介	原始负债（资金来源）	原始资产（资金运用）
共同基金 Mutual Funds	出售股权以获得基金份额	债券、股票
金融公司 Finance Companies	股票、债券、商业票据	消费者信贷、房地产信贷及商业信贷
货币市场共同基金 Money Market Mutual Funds	基金份额，账户可以有限制地签支票	货币市场工具

二、直接金融机构

（一）投资银行（Investment Banking，Corporate Finance）

投资银行是指主要从事证券发行、承销、交易、企业重组、兼并与收购、投资分析、风险投资、项目融资等业务的非银行金融机构，是资本市场上的主要金融中介。在美国，投资银行往往有两个来源：一是由综合性银行分拆而来，1933 年，《格拉斯·斯蒂格尔法案》获得通过，一大批综合性银行按照法案进行了分拆，其中最典型的例子就是摩根银行分拆为从事投资银行业务的摩根士丹利，以及从事商业银行业务的摩根大通。二是由证券经纪人发展而来，典型的例子如美林证券。经过最近 100 年的发展，现代投资银行已经突破了证券发行与承销、证券交易经纪、证券私募发行等传统业务框架，企业并购、项目融资、风险投资、公司理财、投资咨询、资产及基金管理、资产证券化、金融创新等都已成为投资银行的核心业务。

当前世界的投资银行主要有三种类型：

（1）独立的专业性投资银行。这种形式的投资银行在全世界范围内广为存在，美国的高盛公司、美林公司、雷曼兄弟公司、摩根士丹利公司、第一波士顿公司，日本的野村证券、大和证券、日兴证券、山一证券，英国的华宝公司、宝源公司等均属于此种类型，并且它们都有各自擅长的专业方向。

（2）商业银行拥有的投资银行（商人银行）。这种形式的投资银行主要是商业银行对现存的投资银行通过兼并、收购、参股或建立附属公司的形式从事商人银行及投资银行业务。这种形式的投资银行在英、德等国非常典型。

（3）全能型银行直接经营投资银行业务。这种类型的投资银行主要在欧洲大陆，它们在从事投资银行业务的同时也从事一般的商业银行业务。

2008 年金融危机的爆发，使美林公司、雷曼兄弟公司倒台，高盛公司和摩根士丹利也转型为金融控股公司。

（二）证券公司（Securities Agency）

证券公司是专门经营证券业务的金融中介机构。从证券公司的功能来看，可分为证券经纪商、证券自营商和证券承销商。①证券经纪商，即证券经纪公司，是代理买卖证券的证券机构，接受投资人委托代为买卖证券，并收取一定手续费即佣金。②证券自营商，即综合型证券公司，除了证券经纪公司的权限外，还可以自行买卖证券的证券机构，它们资金雄厚，可直接进入交易所为自己买卖股票。③证券承销商，以包销或代销形式帮助发行人发售证券的机构。实际上，许多证券公司是兼营这三种业务的。按照各国现行的做法，证券交易所的会员公司均可在交易市场进行自营买卖，但专门以自营买卖为主的证券公司为数极少。

证券公司与现代投资银行是有区别的，证券公司经营的核心业务是现代投资银行的传统业务，而传统业务收入在现代投资银行收入中所占的比重已不到30%。由于发展中国家资本市场不发达，其证券公司并不具有现代投资银行的全部功能，因此不能把这些国家的证券公司称为投资银行，同时，西方发达国家的证券公司（如日本的证券公司）也不再是传统意义上的证券公司，而是现代投资银行。随着资本市场日益成熟，一些发展中国家的证券公司业务将会突破传统业务的框架发展为真正意义上的投资银行。

（三）证券交易所（Stock Exchange）

证券交易所亦称"场内交易市场"。是设有固定场所、备有各种服务设施和必要的管理和服务人员，有组织而集中进行证券竞价交易的有形场所。其主要职能是为证券交易提供场所和服务，并组织和管理证券交易。它是证券流通市场的核心。证券交易所本身不参与证券买卖，只是提供场所、设备和服务，由买卖双方通过交易所内的经纪人，经讨价还价后达成交易，因而最有可能为交易双方提供公平、公开且稳定的交易市场。

世界上最早成立的交易所是1613年成立的荷兰阿姆斯特丹证券交易所，成立于1773年的伦敦证券交易所和成立于1792年的纽约证券交易所是最大的交易所，其他较著名的交易所还有东京证券交易所、中国香港股票交易所和多伦多股票交易所等，证券交易所是随股票发行与流通的迅速扩展而产生并发展起来的。

证券交易所组织机构分为公司制与会员制两种。公司制的证券交易所按本国《公司法》规定组织成立，有股份公司章程和资本，要求设有股东大会、董事会、监事会等机构，以盈利为目的，只允许经申请合格的证券经纪商进场买卖，对买卖方违约造成的损失负责赔偿。实行会员制的证券交易所是由证券经纪商同业设立，参加者为会员，会员由证券公司、投资公司等证券商组成，共同负担会费，不以盈利为目的，只准有会员身份的证券经纪商入场进行买卖，设有赔偿准备基金，做会员违约赔偿用。这两类不同组织形式的证券交易买卖，均采用经纪制，即一切证券买卖必须委托具有会员席位资格的评格证券经纪商办理。代办买卖的证券商称经纪商。自行买卖的证券商称自营商。还有一种是专业股票商，兼有经纪和自营两重身份和职能。目前，大多数西方国家的证券交易所，如世界上最大的纽约证券交易所，都是采用会员组成形式。

证券交易所的功能主要体现在：①维持证券的市场能力。保持较强的流动变现性是证券的生命力所在。证券交易所为证券买卖提供一切方便，并有一套较成熟的组织管理手段，使证券能在价格较稳定及较短时间内完成大量交易，从而保证证券流通市场是储蓄与投资的桥梁，其发展有赖于证券交易所的发展。在证券交易所上市的公司可以较方便地采用公开募集方式（发行新证券）来筹集资金。②经济信息来源之一。证券交易所的有关信息，如股票价格指数、成交量、成交额等不仅是投资者投资决策的重要信息来源，也是国家宏观经济走势的信号。

三、政策性金融机构

政策性金融机构是指那些由政府或政府机构发起、出资创立、参股或保证的，不以利润最大化为经营目的，在特定的业务领域内从事政策性融资活动，以贯彻和配合政府的社会经济政策或意图的金融机构。

政策性金融机构主要产生于一国政府提升经济发展水平和安排社会经济发展战略或产业结构调整的政策要求。一般来说，处在现代化建设起步阶段的经济欠发达国家，由于国家财力有限，不能满足基础设施建设和战略性资源开发所需的巨额、长期投资需求，最需要设立政策性金融机构；一些经济结构需要进行战略性调整或升级，薄弱部门和行业需要重点扶持或强力推进的国家，设立政策性金融机构，以其特殊的融资机制，将政府和社会资金引导到重点部门、行业和企业，可以弥补单一政府导向的财政的不足和单一市场导向的商业性金融的不足。

政策性金融机构的主要特点是：①有政府的财力支持和信用保证。②不以追求利润最大化为目的。③具有特殊的融资机制。政策性金融机构的融资机制既不同于商业性金融机构，也不同于政府财政。它的资金来源除了国拨资本外，主要通过发行债券、借款和吸收长期性存款获得，是高成本负债，而它的资金运用则主要是长期低息贷款，通常都是商业性金融机构所不愿或无法经营的，这样的负债和资产结构安排是通过由国家进行利息补贴、承担部分不良债权或相关风险等来实现的。但是，政策性金融机构的融资又明显不同于财政，它的基本运作方式是信贷，通常情况下要保证资金的安全运营和金融机构的自我发展能力。因此，在符合国家宏观经济发展和产业政策要求的前提下，行使自主的信贷决策权，独立地进行贷款项目可行性评价和贷款审批，以保证贷款的安全和取得预期的社会经济效益以及相应的直接经济效益。④具有特定的业务领域，政策性金融机构不与商业性金融机构进行市场竞争，它的服务领域或服务对象一般都不适于商业性金融机构，而是那些受国家经济和社会发展政策重点或优先保护，需要以巨额、长期和低息贷款支持的项目或企业。

政策性金融机构按业务领域和服务对象划分，主要有以下几种类型：

（1）经济开发政策性金融机构，是指那些专门为经济开发提供长期投资或贷款的金融机构。这种金融机构多以"开发银行"、"复兴银行"、"开发金融公司"、"开发投资公司"等称谓命名，如日本开发银行、德国复兴信贷银行、美国复兴金融公司、加拿大联邦实业开发银行、意大利工业复兴公司、新加坡开发银行、印度工业开发银行、巴基斯坦工业开发银行、国际复兴开发银行、亚洲开发银行、中国国家开发银行，等等。这些金融机构多以促进工业化，配合国家经济发展振兴计划或产业振兴战略为目的而设立，其贷款和投资多以基础设施、基础产业、支柱产业的大中型基本建设项目和重点企业为对象。

（2）农业政策性金融机构，是指专门为农业提供中长期低利贷款，以贯彻和配合国家农业扶持和保护政策的政策性金融机构。如美国农民家计局、英国农业信贷公司、法国农业信贷银行、德国农业抵押银行、日本农林渔业金融公库、印度国家农业及农村开发银行、巴基斯坦农业开发银行、国际农业发展基金、国际农业信贷联合会、亚洲太平洋地区农业信贷协会、中国农业发展银行，等等。这些金融机构多以推进农业现代化进程、贯彻和配合国家振兴农业计划和农业保护政策为目的而设立。其资金多来源于政府拨款、发行以政府为担保的债券、吸收特定存款和向国内外市场借款，贷款和投资多用于支持农业生产经营者的资金需要、改善农业结构、兴建农业基础设施、支持农产品价格稳定和提高农民收入等。

（3）进出口政策性金融机构，是一国为促进进出口贸易，促进国际收支平衡，尤其是支持和推动出口的政策性金融机构。如美国进出口银行、加拿大出口发展公司、英国出口信贷担保局、法国对外贸易银行、德国出口信贷银行、日本进出口银行、印度进出口银行、新加坡出口信贷保险公司、非洲进出口银行、拉丁美洲出口银行、中国进出口银行等。这些金融机构，有的为单纯的信贷机构，有的为单纯的担保和保险机构，有的为既提供信贷，又提供贷款担保和保险的综合性机构，其宗旨都是为贯彻和配合政府的进出口政策，支持和推动本国出口。这些机构在经营过程中，以国家财力为后盾，由政府提供必要的营运资金和补贴，承担经营风险。

（4）住房政策性金融机构，是指专门扶持住房消费，尤其是扶持低收入者进入住房消费市场，以贯彻和配合政府的住房发展政策和房地产市场调控政策的政策性金融机构。如美国联邦住房贷款银行、美国联邦住房抵押贷款公司、美国联邦全国抵押协会、美国政府全国抵押协会、加拿大抵押贷款和住房公司、法国房地产信贷银行、挪威国家住房银行、德国住房储蓄银行、日本住宅金融公库、印度住房开发金融公司、泰国政府住房银行、新西兰住房贷款公司、韩国住房银行等。这些机构一般都通过政府出资、发行债券、吸收储蓄存款或强制性储蓄等方式集中资金，再以住房消费贷款和相关贷款、投资和保险等形式将资金用以支持住房消费和房地产开发资金的流动，以达到刺激房地产业发展，改善低收入者住房消费水平，贯彻实施国家住房政策的目的。中国目前在一些城市已成立了经政府批准的商品住宅基金会或住房合作基金会，以满足住房基地开发、建设和流通周转性资金的需要，推动住房商品化和房产市场的建立和发展。

四、服务类金融机构

前面几类金融中介机构构成了现代金融中介体系的主体框架，它们是具体金融业务活动的组织承担者。除了这些主体金融机构外，还有一类专门为金融活动提供咨询、经纪、代理和资信评估等服务的机构。这类机构虽不直接参与投融资活动，但却为投融资的顺利进行提供必要的信息服务。它们既是投融资活动的现实促进者，也是保证金融活动健康发展的重要力量。以下仅介绍几种：

（一）证券投资咨询公司

证券投资咨询公司是证券投资者的职业性指导者。主要向客户提供参考性的证券市场统计分析资料，对证券买卖提出建议，代拟某种形式的投资计划等，并收取相应的咨询费。证券投资咨询公司的最大特点，就是根据客户的要求，通过对大量基础信息资料进行收集、整理和系统的研究分析、向客户提供分析报告和操作建议，帮助客户建立有效的投资策略及确定投资方向。

（二）征信机构

征信机构是指依法设立的专门从事征信业务即信用信息服务的机构，它可以是一个独立的法人，也可以是某独立法人的专业部门。征信机构分为信用调查机构、信用信息登记机构、信用评级机构以及信用管理机构四类。

1. 信用调查机构

信用调查机构又可以分为企业信用调查机构和个人信用调查机构，是最基础的业务从事者，也是信用行业发展的起点。信用调查机构主要是接受委托对企业和个人的信用情况进行调查，并将从各方收集到的信用信息进行整理、核对、归类，提供企业信用调查报告和个人信用调查报告的机构。

2. 信用信息登记机构

信用信息登记机构指通过批量初始化和定期更新相结合的方式，集中采集借款人信用信息形成数据库的机构。核心数据是借款人借、还款的历史信息。信用信息登记机构一般只以原始数据或通过数学和统计学的方法客观反映借款人的信用记录或信用状况，不对借款人进行进一步分析判断。

3. 信用评级机构

信用评级机构是依法设立的从事信用评级业务的社会中介机构，是金融市场上一个重要的服务性中介机构，它是由专门的经济、法律、财务专家组成的对证券发行人和证券信用进行等级评定的组织。信用评级主要包括国家主权信用评级、企业资信评级和个人信用评级三大类。企业资信评级一般在资本市场上运作，提供的服务主要有：债券评级、金融机构评级、上市公司评级、公用事业单位评级等。个人信用评级主要应用于消费信贷中，征信调查的对象主要是消费者。消费者的资信状况可以从众多方面反映出来，信息来源广，内容多，需要建立大型数据库，通过动态数据来评估消费者的信用状况。

世界上著名的评级机构有：美国的穆迪投资服务公司（Moody's Investers Service）和标准普尔公司（Standard & Poor's Corporation，S&P）、惠誉国际公司（Firch），等等。这些评级机构以其评级的公正性、客观性和权威性而享誉全球，其为证券发行所作出的信用等级评定，对发行公司和投资者都会产生重要的影响。

4. 信用管理机构

信用管理机构是征信的延伸服务类，主要包括非金融类的商账追收、信用培训、信用咨询以及金融类的信用保险、信用保理、信用担保等机构。

第三节 中国金融中介机构简介

改革开放 30 多年来，我国现行的金融机构体系的特点是：由中国人民银行、中国银行业监督管理委员会、中国证券监督管理委员会、中国保险监督管理委员会作为最高金融管理机构，对各类金融机构实行分业经营与分业监管，形成了以国有商业银行为主体，多种金融机构并存的金融机构体系格局。

由于我国国情，金融机构的划分口径与国外有所不同，分为四类：商业银行、政策性金融机构、非银行金融机构和外资金融机构。

一、商业银行

商业银行是我国金融中介机构的主体，在我国信用活动中起着主导作用。我国融资格局是以间接融资为主，商业银行贷款是企业外源融资的主渠道。商业银行的信贷活动影响着企业经营的方向和规模，业务范围非常广泛，并同其他金融机构发生密切联系。经济活动中绝大部分货币周转都是通过商业银行的转账结算实现的，商业银行的信贷活动还不断派生出新的存款货币，成为一个国家货币供应机制的组成部分。商业银行对一个国家的经济起着举足轻重的作用。

我国 2003 年修订的《中华人民共和国商业银行法》中规定，商业银行是指依照本法和《中华人民共和国公司法》设立的吸收公众存款、发放贷款、办理结算等业务的企业法人。根据我国现行的商业银行法规定，商业银行可以从事的业务范围包括：吸收公众存款；发放短期、中期和长期贷款；办理国内外结算；办理票据承兑与贴现；发行金融债券，代理发行、代理兑付、承销政府债券；买卖政府债券、金融债券；从事同业拆借；买卖、代理买卖外汇；从事银行卡业务；提供信用证服务及担保；代理款项及代理保险业务；提供保管箱服务；经国务院银行业监督管理机构批准的其他业务。商业银行经中国人民银行批准，可以经营结汇、售汇业务。由此可见，我国的商业银行与国际上的全能银行还有较大差距。

我国的商业银行分为大型国有控股商业银行、其他股份制商业银行、城市商业银行和农村商业银行等。

（一）大型国有控股商业银行

目前，我国大型国有控股商业银行由六家组成：中国工商银行、中国农业银行、中国银行、中国建设银行、交通银行和中国邮政储蓄银行。前四家商业银行也称四大国有商业银行，是由国家专业银行演变而来。四大国有商业银行的主体地位是在其作为专业银行时期就奠定了的，无论在人员、机构网点数量，还是在资产规模及市场占有份额上，在我国整个金融领域均处于绝对举足轻重的地位，在世界上的大银行排序中也处于较前列的位置。表5-6是除了中国邮政储蓄银行外的五家大型国有控股商业银行2009年资产负债统计情况。

表5-6 五家大型国有控股商业银行2009年主要指标 单位：亿元，%

2009年	第一季度	第二季度	第三季度	第四季度
总资产	365138.9	384808.3	390541.5	400890.2
比上年同期增长率	25.10	27.70	28.00	25.90
占银行业金融机构比例	52.60	52.20	51.90	50.90
总负债	344687.8	364564	369612.6	379025.6
比上年同期增长率	25.40	28.30	28.70	26.90
占银行业金融机构比例	52.60	52.30	52.00	51.00

资料来源：中国银监会网站。

专栏5-2

我国的大型国有控股商业银行

中国工商银行，1984年成立，总部设在北京，起初承担着原由中国人民银行办理的工商信贷和储蓄业务，担当起积聚社会财富、支援国家建设的重任。2005年，在完成了股份制改造后更名为中国工商银行股份有限公司。2006年，中国工商银行成功在上海、香港两地同步发行上市。目前，中国工商银行在中国拥有领先的市场地位、优质的客户基础、多元的业务结构、强劲的创新能力和市场竞争力，以及卓越的品牌价值，是我国规模最大的商业银行，其业务优势主要是办理城市企业和城市居民的信用业务。截至2008年末，中国工商银行总市值达到1739.18亿美元，居全球上市银行之首，全年实现税后利润1111.51亿元，较上年增长35.6%，成为全球最盈利的银行。

中国农业银行，最初成立于1951年，1979年再次恢复成立后，成为在农村经济领域占主导地位的国有专业银行。1994年中国农业发展银行分设，1996年农村信用社与农业银行脱离行政隶属关系，中国农业银行开始向国有独资商业银行转变。2009年1月15日，中国农业银行由国有独资商业银行整体改制为股份有限公司，并更名为"中国农业银行股份有限公司"，总部设在北京。中国农业银行网点遍布中国城乡，成为国内网点最多、业务辐射范围最广的大型国有商业银行。其业务优势在农村乡镇，其现在的市场定位概括为：不放弃农村，但不局限于农村。业务领域已由最初的农村信贷、结算业务，发展成为品种齐全，本外币结合，能够办理国际、国内通行的各类金融业务。

中国银行，1912年成立，至1949年中华人民共和国成立的37年间，中国银行先后是当时的国家中央银行、国际汇兑银行和外贸专业银行。1994年外汇管理体制改革，中国银行正式结束了国家外汇专业管理，成为国有独资商业银行。经过股份制改造后，2004年中国银行股份有限公司挂牌成立。目前中国银行是中国国际化程度最高的商业银行，中国银行拥有国际业务的优势，在世界各大金融中心都开设有分支机构，在国际金融、外汇业务和贸易融资等领域处于领先地位，并先后成为香港地区、澳门地区的发钞银行。其业务范围涵盖商业银行、投资银行和保险领域，旗下有中银香港、中银国际、中银保险等控股金融机构。

中国建设银行，总部设在北京。经过改革发展，中国建设银行已从单一管理财政资金、办理基建拨款监督的银行，发展成为管理财政投资，经营信贷业务，办理固定资产投资信贷，发放配套流动资金贷款，办理国内国际金融业务的商业银行。2004年中央汇金投资有限责任公司、中国建设银行投资有限责任公司、国家电网公司、上海宝钢集团公司和中国长江电力股份有限公司决议共同发起设立中国建设银行股份有限公司。目前，中国建设银行营销网络覆盖全国的主要地区，有约13629家分支机构，在中国香港、新加坡等设有海外分行，在纽约等设有代表处。中国建设银行优势是为大行业、大企业服务。中国建设银行的子公司包括中国建设银行（亚洲）股份有限公司、建银国际（控股）公司、中德住房储蓄银行公司、建信基金管理公司和建信金融租赁。

交通银行，1986年被作为金融改革的试点由国务院批准重新组建，成为中国第一家全国性的国有股份制商业银行，现为中国五大国有大型商业银行之一。交通银行既是百年民族金融品牌的继承者，又是中国金融体制改革的先行者。在深化股份制改革中，交通银行完成了财务重组，成功引进了汇丰银行、社保基金、中央汇金公司等境内外战略投资者。2005年交通银行在香港成功上市，成为首家在香港上市的中国内地商业银行。目前，交通银行已经发展成为一家发展战略明确、公司治理完善、机构网络健全、经营管理先进、金融服务优质、财务状况良好的具有百年民族品牌的现代化商业银行。

中国邮政储蓄银行于2006年底成立，2007年中国邮政储蓄银行有限责任公司依法成立。中国邮政储蓄银行由中国邮政集团公司组建，邮政网络是邮政储蓄银行生存和发展的依托，邮政企业和邮政储蓄银行一起实现网络资源共享、产品交叉销售和业务共同发展。邮政储蓄银行的前身邮政储蓄自1986年恢复开办以来，经过多年长足发展，已成为我国金融领域的一支重要力量，现已建成全国覆盖城乡网点面最广、交易额最多的个人金融服务网络。截至2006年底，全国邮政储蓄存款余额达到1.6万亿元，存款规模列全国第五位。中国邮政储蓄银行的成立是我国邮政体制改革和金融体制改革取得的又一重大成果。

（二）股份制商业银行

我国已经初步形成多层次、多类型的金融机构体系，股份制商业银行已成为我国商业银行体系中一支富有活力的生力军，成为银行业乃至国民经济发展不可缺少的重要组成部分。目前，我国通过银监会批准成立的股份制商业银行有 12 家，包括中信银行、光大银行、华夏银行、广东发展银行、深圳发展银行、招商银行、上海浦东发展银行、兴业银行、民生银行、恒丰银行、浙商银行和渤海银行。已先后有 8 家股份制商业银行上市。通过上市，建立了正常的资本金补充机制，为提高透明度、发挥市场监督功能和建立现代银行制度作了有益的探索。表 5-7 是 12 家股份制商业银行 2009 年资产负债统计情况。

表 5-7　12 家股份制商业银行 2009 年主要指标　　　　　　单位：亿元,%

2009 年	第一季度	第二季度	第三季度	第四季度
总资产	98380. 4	108492. 4	111441. 4	117849. 8
比上年同期增长率	28. 10	34. 30	33. 30	33. 70
占银行业金融机构比例	14. 20	14. 70	14. 80	15. 00
总负债	93820. 6	103840. 3	106280. 5	112215. 3
比上年同期增长率	28. 30	35. 20	33. 80	34. 10
占银行业金融机构比例	14. 30	14. 90	14. 90	15. 10

资料来源：中国银监会网站。

专栏 5-3

股份制商业银行

　　我国第一家完全由企业法人持股的股份制商业银行招商银行成立于 1987 年，中信银行、深圳发展银行、兴业银行、广东发展银行等全国性股份制商业银行也相继成立。1988 年，深圳发展银行率先进入资本市场。1992 年，上海浦东发展银行和光大银行成立，同年我国第一家由工业企业开办的股份制商业银行——华夏银行成立。1994 年中国人民银行率先在招商银行等股份制商业银行开始资产负债比例管理的试点，进一步推动中小商业银行提高经营管理水平。股份制商业银行抓住改革机遇，逐步建立了灵活的管理机制和市场化的管理模式，加快了发展。1996 年成立的民生银行，成为我国第一家由民营企业为主出资设立的股份制商业银行。同年渤海银行获中国政府批准成立，是第一家在发起设立阶段就引入境外战略投资者的中资商业银行。恒丰银行的前身烟台住房储蓄银行成立于 1987 年，2003 年正式改制为股份制商业银行。2004 年浙江商业银行由外资银行重组为一家以浙江民营资本为主体的中资股份制商业银行，并更名为浙商银行股份有限公司。

（三）城市商业银行

　　城市商业银行是中国银行业的重要组成和特殊群体，其前身是 20 世纪 80 年代设立的城市信用社，当时的业务定位是：为中小企业提供金融支持，为地方经济搭桥铺路。

从 20 世纪 80 年代初到 20 世纪 90 年代，全国各地的城市信用社发展到了 5000 多家。然而，随着中国金融事业的发展，城市信用社在发展过程中逐渐暴露出许多风险管理方面的问题。20 世纪 90 年代中期，中央以城市信用社为基础，组建城市商业银行。城市商业银行是在中国特殊历史条件下形成的，是中央金融主管部门整肃城市信用社、化解地方金融风险的产物。

经过 10 多年的发展，城市商业银行已经逐渐发展成熟，尽管其发展程度良莠不齐，但有相当多的城市商业银行已经完成了股份制改革，并通过各种途径逐步消化历史上的不良资产，降低不良贷款率，转变经营模式，在当地占有了相当大的市场份额。目前我国已有 92 家城市商业银行，上海、北京、南京、大连、杭州、宁波等城市商业银行综合实力发展迅速，并实现了跨区域发展，南京银行、北京银行、宁波银行已发行上市。

（四）农村商业银行

农村商业银行是由辖内农民、农村工商户、企业法人和其他经济组织共同入股组成的股份制地方性金融机构。在经济比较发达、城乡一体化程度较高的地区，"三农"的概念已经发生很大的变化，农业贷款比重很低，有些只占 5% 以下。作为农村信用社服务对象的农民，虽然身份没有变化，但大都已不再从事以传统种养耕作为主的农业生产和劳动，对支农服务的要求较少，农村信用社实际也已经实行商业化经营。对这些地区的农村信用社，可以实行股份制改造，组建农村商业银行。2001 年江苏省常熟市农村商业银行、张家港市农村商业银行、江阴市农村商业银行成立，这是我国的首批三家农村商业银行。目前我国已有 20 多家农村商业银行。

二、政策性金融机构

我国政策性金融机构包括政策性银行、金融资产管理公司和出口信用保险公司等。政策性银行是由政府投资设立的、根据政府的决策和意向专门从事政策性金融业务的银行。它们的活动不以盈利为目的，并且根据具体分工的不同，服务于特定的领域，所以也称作政策性专业银行。

1994 年以前，我国没有专门的政策性金融机构，国家的政策性金融业务分别由四家国有专业银行承担。1994 年，为了适应国家专业银行商业化改革的需要，根据把政策性金融与商业性金融相分离的原则，相继建立了国家开发银行、中国进出口银行和中国农业发展银行三家政策性银行。

1. 国家开发银行

国家开发银行于 1994 年 3 月正式成立，总部设在北京，下设总行营业部、27 家国内分行和香港代表处。国家开发银行注册资本金为 500 亿元，由国家财政全额拨付。设立国家开发银行的主要目的是：一方面为国家重点建设项目融通资金，保证关系国民经济全局和社会发展的重点建设项目顺利进行；另一方面把当时分散管理的国家投资基金集中起来，建立投资贷款审查制度，赋予国家开发银行一定的投资贷款决策权，并要求其承担相应的责任与风险，以防止盲目投资，重复建设。国家开发银行的主要任务是：

按照国家有关法律、法规和宏观经济政策、产业政策、区域发展政策等，筹集和引导境内外资金，重点向国家基础设施、基础产业和支柱产业项目以及重大技术改造和高新技术产业化项目发放贷款；从资金来源上对固定资产投资总量和结构进行控制和调节。

2. 中国进出口银行

中国进出口银行于1994年4月正式成立，总行设在北京，境内设有9家代表处，境外设有2家代表处。中国进出口银行注册资本金为33.8亿元，由国家财政全额拨付。中国进出口银行实行自主、保本经营和企业化管理的经营方针。主要任务是：执行国家产业政策和外贸政策，为扩大我国机电产品和成套设备等资本性货物出口提供政策性金融支持。

3. 中国农业发展银行

中国农业发展银行于1994年4月正式成立，总行设在北京，国内设有2216家分支机构。中国农业发展银行注册资本金为200亿元，由国家财政全额拨付。中国农业发展银行实行独立核算，自主、保本经营和企业化管理的经营方针。其主要任务是：按照国家有关法律、法规和方针、政策，以国家信用为基础，筹集农业政策性信贷资金，承担国家规定的农业政策性金融业务，代理财政性支农资金的拨付。

政策性银行的资金来源和使用如表5-8所示。

表5-8 政策性银行的资金来源和使用

	资金来源	资金运用
国家开发银行	主要依靠国内外金融机构发行金融债券筹集资金	向国家基础设施、基础产业和支柱产业的大中型基本建设和技术改造等政策项目及其配套工程发放贷款
中国进出口银行	以发行政策性金融债券为主，在国际市场上筹资	为机电产品、成套设备等资本性货物出口提供出口信贷，推动国内企业开展对外承包工程和境外投资等提供政策性金融支持，包括办理出口信贷（包括出口卖方信贷和出口买方信贷）、对外承包工程和境外投资类贷款、出口信用保险、出口信贷担保等
中国农业发展银行	以中国人民银行的再贷款为主，同时发行少量的政策性金融债券	办理粮食、棉花、油料等主要农副产品的国家专项储备和收购贷款，办理扶贫贷款和农业综合开发贷款以及小型农、林、牧、水基本建设和技术改造贷款

除了政策性银行之外，我国政策性金融机构还包括：华融（工）、长城（农）、东方（中）、信达（建）金融资产管理公司以及中国出口信用保险公司。

专栏5-4

我国的金融资产管理公司

金融资产管理公司是各国主要用于清理银行不良资产的金融中介机构，通常是在银行出现危机时由政府设立，不以盈利为目的。由于银行自行清理不良资产会遇到法规限制、专业技术知识不足、管理能力不够和信息来源不充分等困难，因而成立由有关方面人员组成的、拥有一定行政权力的金融资产管理公司来清理不良资产，有利于降低清理成本，有助于盘活资产，减少清理损失。

我国于1999年成立了华融资产管理公司、东方资产管理公司、长城资产管理公司和信达资产管理公司四家金融资产管理公司，分别处置中、农、工、建四家国有商业银行的不良资产。目前，这四家金融资产管理公司的资产处置手段日益创新和完善，多元化的资产处置格局正在形成，使用了包括债务重组、资产置换、诉讼追偿、债转股、租赁、外包、转让、投资银行、海外路演、国际合作、打包出售、国内跨区域的大范围拍卖在内的多种方式，不仅吸引了国内民间资本、上市公司，也是资产管理公司在利用外资处置不良资产的工作中取得的可喜进展。

中国出口信用公司（简称中国信保，英文Sinosure）是我国唯一承办出口信用保险业务的政策性保险公司，于2001年12月18日正式揭牌运营，注册资本为40亿元人民币，资本来源为出口信用保险风险基金，由国家财政预算安排。中国信保现有15个职能部门，营业机构包括总公司营业部、12个分公司和7个营业管理部，已形成覆盖全国的服务网络，并在英国伦敦设有代表处。

中国信保的主要任务是：积极配合国家外交、外贸、产业、财政、金融等政策，通过政策性出口信用保险手段，支持货物、技术和服务等出口，特别是高科技、附加值大的机电产品等资本性货物出口，支持中国企业向海外投资，为企业开拓海外市场提供收汇风险保障，并在出口融资、信息咨询、应收账款管理等方面为外经贸企业提供快捷、完善的服务。

中国信保承保国家风险和买方风险。国家风险包括买方国家收汇管制、政府征收、国有化和战争等；买方风险包括买方信用风险（拖欠货款、拒付货款及破产等）和买方银行风险（开证行或保兑行风险）。

三、非银行金融机构

在我国除了中央银行和商业银行之外的金融机构统称非银行金融机构。包括证券公司、基金公司、保险公司、信用合作组织、财务公司、信托公司、金融租赁公司等。

（一）证券公司

证券公司是专门从事对股票与债券承销、代理投资，并为企业提供长期信贷业务服务的金融机构。我国证券公司的业务范围一般有：代理证券发行业务；自营、代理证券买卖业务；代理证券的还本付息和红利的支付；代理保管证券；接受委托代收证券本息和红利；接受委托办理证券的登记和过户；证券抵押贷款；证券投资咨询业务；等等。

证券公司是我国改革开放之后出现的一个全新行业，一直处于建设社会主义市场经济体系的前沿领域，其发展过程不仅具有新兴行业的一般特点，还较早、较多地面对着体制转型中的各类挑战与机遇。2004 年以来，针对一批证券公司积累的风险和全行业在发展中存在的突出问题，中国证监会对证券公司进行了综合治理，平稳处置了一些高风险公司，化解了长期积累的巨大风险。经过综合治理，证券公司历史遗留风险彻底化解，公司风险管理意识和能力显著增强，较好地经受了近年来市场大幅波动的考验。2006 年新修订的《证券法》实施，进一步完善了证券公司设立制度。对证券公司实行按业务分类监管，建立以净资本为核心的监管指标体系。我国证券公司分为经纪类证券公司和综合类证券公司，大多都是综合类证券公司。截至 2009 年底，我国共有证券公司 106 家，包括银河证券、申银万国、海通证券、国泰君安、广发证券等。表 5-9 是 2009 年 10 家主要证券公司的证券经纪承销业务的情况。

表 5-9　2009 年 10 家主要证券公司的证券经纪承销业务情况　　　　单位：元

公司	股票基金交易总金额	股票及债券承销金额	股票及债券主承销家数
银河证券	5704744991059.27	41234967784.80	26
国泰君安	4719541801766.51	41943849410.36	24
国信证券	4714334917691.19	34607189914.13	30
广发证券	4072261661085.98	21685653754.36	15
海通证券	4054365494893.50	17096154621.00	15
招商证券	4017907509270.65	45438983162.00	22
中信证券	3749704267167.40	161226433684.09	55
申银万国	3470806182602.37	10105272988.00	7
中信建投	3358933813161.36	46832508152.20	28
光大证券	3030009150982.35	19968703380.00	12

资料来源：中国证券业协会网站。

　　证券服务机构是为证券市场参与者提供各种服务的专门机构。包括证券登记结算机构、证券交易服务机构、证券投资咨询机构和资信评估机构。

（二）证券投资基金

　　在我国的基金是契约型基金，基金持有人、基金管理人、基金托管人是基金最重要的三方当事人。基金持有人即基金投资者，是基金的出资人、基金资产的所有者和基金投资收益的受益人。基金管理人是基金产品的募集者和基金的管理者，其主要职责是按照基金合同的约定，负责基金资产的投资运作，在风险控制的基础上为投资者争取最大的投资收益。在我国，基金管理人只能由依法设立的基金管理公司担任。为了保证基金资产的安全，基金应按照资产管理和保管分开的原则进行运作，基金托管人独立于基金管理人之外，对基金资产进行保管、清算、会计复核，以及对基金的投资运作进行监督。在我国，基金托管人只能由依法设立并取得基金托管资格的商业银行来担任。截至 2009 年底，我国共有 17 家商业银行符合托管人的资格条件。

随着《证券投资基金法》的实施，我国基金业的发展进入了一个新的阶段。开放式基金取代封闭式基金成为市场发展的主流。截至 2009 年底，我国基金数量达到了 557 只，开放式基金有 528 只，具有代表性的基金创新产品有 LOF、ETF 和 QDII。我国的基金管理公司有 60 家，如华夏、国泰、华安、博时、嘉实、长盛、大成、富国、易方达基金管理有限公司等。我国的基金管理公司除了募集、管理公募基金外，已被允许开展社保基金管理、企业年金管理、QDII 基金管理以及特定客户资产管理等其他委托理财业务，基金管理公司的业务正在日益走向多元化。

（三）保险机构

我国共有 976 家保险机构，主要包括保险集团控股公司、保险公司（财产险、人身险）、再保险公司、保险专业中介公司（代理、经纪和公估）等，其中，保险公司共 120 家。2009 年保险行业保费收入为 1.11 万亿元，同比增长 13.8%，保险总资产超过 4.06 万亿元，保险公司利润总额达到 530.6 亿元。行业整体效益状况良好，实力明显增强，可持续发展能力进一步提高。

保险公司的业务范围为两大类：一是财产保险业务，具体又包括财产损失保险、责任保险、信用保险等业务；二是人身保险业务，具体包括人寿保险、健康保险、意外伤害保险等业务。

根据我国《保险法》的规定，同一保险人（保险公司）不得同时兼营上述两类保险业务，即实行分业经营。按照分业经营的原则，我国保险公司分为人寿保险公司、财产保险公司及再保险公司三类，形成了国有控股（集团）公司、股份制公司、政策性公司、专业性公司等多种组织形式、多种所有制成分并存，公平竞争、共同发展的市场格局。

目前，我国商业保险公司有国有独资的中国人民财产保险股份有限公司、中国人寿保险（集团）公司和中国再保险公司；还有全国性的股份制的中国太平洋保险（集团）股份有限公司、中国太平洋财产保险股份有限公司、中国太平洋人寿保险股份有限公司，以及一批股份制商业保险公司，如平安、大众、天安、华泰、新华、泰康、华安公司等，现在中国人寿、中国太保、中国平安已实现了上市。

中国平安保险（集团）股份有限公司成立于 1988 年，是我国第一家以保险为核心，以融证券、信托、银行、资产管理、企业年金等多元金融业务为一体的紧密、高效、多元的综合金融服务集团。中国太平洋保险（集团）股份有限公司是在 1991 年成立的中国太平洋保险公司的基础上组建而成的保险集团公司，旗下拥有太平洋寿险、太平洋产险和太平洋资产管理公司等专业子公司。中国人寿保险（集团）公司的前身，是 1996 年从中国人民保险（集团）公司分设的中保人寿保险有限公司以及 1999 年成立的中国人寿保险公司。2003 年，重组改制，变更为中国人寿保险（集团）公司。公司提供个人和团体人寿保险与年金、意外险和健康险等保险产品和服务。表 5-10 是中国平安、中国太保、中国人寿的基本财务数据。

表 5-10 我国三家上市保险公司的基本财务数据

简称	总股本（亿股）	总资产（亿元）	净资产（亿元）	净利润（亿元）	净资产收益率（%）
中国平安	73.4505	8732.0500	905.2200	69.2400	7.6000
中国太保	84.8300	3656.3300	500.5200	40.6100	8.1100
中国人寿	282.6471	11282.4500	1481.2700	198.7400	13.4200

注：数据截至 2009 年 9 月 30 日。

保险中介机构是专门从事保险中介服务活动，并收取佣金或手续费的机构，包括保险代理机构、保险经纪公司、保险评估机构、保险精算事务所、保险会计师事务所、保险律师事务所等。

（四）信用合作社

我国的信用合作社分为城市信用合作社和农村信用合作社，是群众性的合作制金融组织，是对国家银行体系的必要补充和完善。它的本质特征是：由社员入股组成，实行民主管理，为社员提供信用服务。

1. 城市信用合作社

城市信用合作社（Urban Credit Cooperative，城市信用社，城信社）是城市居民集资建立的合作金融组织。其宗旨是通过信贷活动为城市集体企业、个体工商业户以及城市居民提供资金服务。

我国城市信用社是在改革开放后出现的。20 世纪 70 年代末，随着我国经济体制改革的逐步开展，一些地区出现了少量城市信用社。自 80 年代中期开始，城市信用社设立的速度加快，当时主要设立在地级以上的大中城市，但有一些地方在县（市）也设立了城市信用社。到 1993 年底，城市信用社数量接近 4800 家，总资产为 1878 亿元，职工 12.3 万人。针对一部分城市信用社管理不规范、经营水平低下、不良资产比例高、抗御风险能力差，形成了相当大的金融风险这一现实情况，为切实防范和化解金融风险，保持社会稳定，确保城市信用社稳健经营和健康发展，自 1993 年下半年开始，中国人民银行大力清理整顿城市信用社，责令各省分行自 1993 年 7 月 1 日起一律停止审批新的城市信用社，要求采取自我救助、收购或兼并、行政关闭或依法破产等方式化解城市信用社风险；对城市信用社及联社进行规范改造或改制；加强对城市信用社的监管。至 1999 年底，除了对少数严重违法违规经营的城市信用社实施关闭或停业整顿外，完成了将约 2300 家城市信用社纳入 90 家城市商业银行组建范围的工作，为城市信用社的健康发展奠定了良好的基础。

2. 农村信用合作社

农村信用合作社是由农民入股，实行社员民主管理，主要为社员提供金融服务的地方性金融组织，它的服务对象是农民，服务区域在农村，服务目标是为了促进地方经济的发展和社会的稳定。农村信用合作社是根据经济发展要求，按照方便群众、便于管理、保证安全的原则，在县以下的农村按区域、一般主要是按乡设立的。一般的县建有县联社，对本县农村信用合作社进行管理和服务。我国的农村信用社成立于 20 世纪 50 年代初，在县以下的农村按区域、一般主要按公社（现在的乡镇一级行政区划）设立的，此外，一般在县设立联社。经过50多年的发展，农村信用社体系已经发展成为中国金融市场上一支重要的力量：信用社机构达到4万多家、职工近70万人、存款余额达到1.9万亿元、贷款余额达到1.4万亿元，但是，农村信用社长期以来只是作为国家银行——中国农业银行的基础组织存在，由于背离合作金融性质、管理体制不顺、产权不明晰、历史包袱过重、地方政府过度干预，直接造成了整个系统大面积亏损。1996年下半年，我国对农村信用社进行了改革，与中国农业银行脱离了行政隶属关系。2003年又进一步对农村信用社进行了改革：由中国人民银行以发行央行票据的形式有条件地核销全国农村信用社50%的不良资产；并按股份制、股份合作制和合作制三种产权制度对农村信用社进行改组，将原以二级法人为主体的农村信用社，改造成为农村商业银行、农村合作银行或一级法人信用社。

（五）信托公司

信托是指委托人基于对受托人（信托投资公司）的信任，将其合法拥有的财产委托给受托人，由受托人按委托人的意愿以自己的名义，为受益人的利益或者特定的目的进行管理或者处分的行为。概括地说是"受人之托，代人理财"。信托投资公司是一种以受托人的身份，代人理财的金融机构。它与银行信贷、保险并称为现代金融业的三大支柱。我国信托投资公司的主要业务是：经营资金和财产委托、代理资产保管、金融租赁、经济咨询、证券发行以及投资等。根据国务院关于进一步清理整顿金融性公司的要求，我国信托投资公司的业务范围主要限于信托、投资和其他代理业务，少数确属需要的经中国人民银行批准可以兼营租赁、证券业务和发行一年以内的专项信托受益债券，用于进行有特定对象的贷款和投资，但不准办理银行存款业务。信托业务一律采取由委托人和受托人签订信托契约的方式进行，信托投资公司受托管理和运用信托资金、财产，只能收取手续费，费率由中国人民银行会同有关部门制定。

我国的信托投资公司是在改革开放后开始发展的。我国最早成立的中国国际信托投资公司创办于1979年10月，以后又陆续设立了一批全国性信托投资公司，如中国光大国际信托投资公司、中国民族国际信托投资公司、中国信息信托投资公司、中国教育信托投资公司等，以及为数众多的地方性信托投资公司与国际性信托投资公司。

从我国信托投资公司初创时的归属看，相当大部分曾属于银行系统所办，此外，少数由国务院各主管部委组建，更多的则是由各级地方政府，以及计委、财政等部门出面组建，经过不断扩张，1998年最多曾达到1000多家。1998年中国第二大的广东国际信托投资公司的破产事件成为中国信托业发展的转折点。此后，国家对信托行业进行了彻底整顿，根据分业经营与规范管理的要求，陆续铺开对信托投资公司的调整改组、脱钩及重新登记工作。经整顿，银行系统所属的信托投资公司与所属的银行全部脱钩，各级政府、计委、财政部门、银行和其他党、政、群部门所办信托投资公司，或直接被撤销，或被重组转让，经过整顿全国仅剩下56家信托投资公司。2007年3月"信托投资公司"改称为"信托公司"。

（六）金融租赁公司

金融租赁公司是专门经营租赁业务的公司，是租赁设备的物主，通过提供租赁设备而定期向承租人收取租金。金融租赁公司开展业务的过程是：租赁公司根据企业的要求，筹措资金，提供以"融物"代替"融资"的设备租赁；在租期内，作为承租人的企业只有使用租赁物件的权利，没有所有权，并要按租赁合同规定，定期向租赁公司交付租金。租期届满时，承租人向租赁公司交付少量的租赁物件的名义贷价（即象征性的租赁物件残值），双方即可办理租赁物件的产权转移手续。

我国的融资租赁业起始于 20 世纪 80 年代初，最早的租赁公司以中外合资企业的形式出现，其原始动机是引进外资。自 1981 年 7 月成立的首家由中资组成的非银行金融机构"中国租赁有限公司"到 1997 年经原中国人民银行批准的金融租赁公司共 16 家。1997 年后，海南国际租赁有限公司、广东国际租赁有限公司、武汉国际租赁公司和中国华阳金融租赁有限公司（2000 年关闭）先后退出市场。目前，经过增资扩股后正常经营的金融租赁公司有 12 家，它们主要从事公交、城建、医疗、航空、IT 等产业，截止到 2010 年 3 月末，总资产达 1863 亿元，比 2007 年增长了 9.3 倍；净利润为 25 亿元，比 2007 年增长了 16.76 倍；资本充足率由 2007 年 9 月末的 15.2% 上升到 22.1%；不良资产率由 3.95% 下降到 0.78%；设备覆盖率从 32.25% 提高到 228.6%。金融租赁公司的经营管理和风险控制能力大幅度提高，总资产超过人民币 159 亿元，租赁资产占总资产的 80% 以上，平均资本充足率达到了 30.07%。

（七）财务公司

财务公司又称金融公司，是为企业技术改造、新产品开发及产品销售提供金融服务，以中长期金融业务为主的非银行金融机构。国外类似的金融机构多数附属于商业银行，主要吸收存款。中国的财务公司不是商业银行的附属机构，而是隶属于大型集团的非银行金融机构。中国的财务公司（除中外合资的财务公司外）都是由企业集团内部集资组建的，其宗旨和任务是为本企业集团内部各企业筹资和融通资金，促进其技术改造和技术进步，以及新产品开发和产品销售。

中国的企业集团财务公司是企业体制改革和金融体制改革的产物。国家为了增强国有大中型企业的活力，盘活企业内部资金，增强企业集团的融资能力，支持企业集团的发展，促进产业结构和产品结构的调整，以及探索具有中国特色的产业资本与金融资本相结合的道路，于 1987 年批准成立了中国第一家企业集团财务公司，即东风汽车工业集团财务公司。此后，根据国务院 1991 年 71 号文件的决定，一些大型企业集团也相继建立了财务公司，目前，全国共有 124 家财务公司。

根据 2000 年 7 月中国人民银行颁布的《企业集团财务公司管理办法》，我国企业集团财务公司能够开展的主要业务有：吸收成员单位三个月以上期限的存款；发行财务公司债券；同业拆借；对成员单位办理贷款及融资租赁；办理成员单位商业汇票的承兑、贴现；办理成员单位的委托贷款及委托投资；对成员单位提供担保；办理成员单位产品的消费信贷、买方信贷、融资租赁有价证券、金融机构股权及成员单位股权投资；承销成员单位的企业债券；对成员单位办理财务咨询、信用签证及其他咨询代理业务；境外外汇借款；经中国人民银行批准的其他业务。

（八）证券交易所

我国的证券交易所按会员制方式组成，为证券集中交易提供场所和设施，组织和监督证券交易，实行自律管理、不以盈利为目的的事业法人。其本身不持有证券，也不进行证券的买卖，更不能决定证券交易的价格，而应当创造公开、公平、公正的市场环境，保证证券市场的正常运行。我国内地有两家证券交易所——上海证券交易所和深圳证券交易所。上海证券交易所于 1990 年 12 月 19 日正式营业；深圳证券交易所于 1991 年 7 月 3 日正式营业。组织机构由会员大会、理事会、监察委员会和其他专门委员会、总经理及其他职能部门组成。已公开发行的证券经过证券交易所批准可以在交易所内公开挂牌买卖，又称交易上市。

（九）资信评级机构

我国信用制度建设起步较晚，我国评级机构与国际著名评级机构相比，规模小，经验不足，评级方法落后，评级结果缺乏权威性。由于现行的国际信用评级体系是由美国控制的，任何国家和企业只有获得美国信用评级机构的评级才能进入国际金融市场融资。所以，目前，外资评级机构在中国债券评级市场的份额超过了 2/3，评级对象囊括了我国能源、通信甚至军工等行业在内的各主要行业及主要骨干企业，以及包括四大国有银行、股份制银行在内的主要金融机构。

目前，我国有大公国际资信、中诚信国际、联合资信、上海远东和上海新世纪五家全国性信用评级机构，除大公国际资信外，其余四家机构都有外资进入。

四、外资金融机构

我国的外资金融机构是指在境内开办的外资、侨资、中外合资金融机构。包括外资、侨资、中外合资的银行、财务公司、保险机构等在我国境内设立的业务分支机构及驻华代表处。

专栏 5-5

我国金融业"入世"承诺

银行业"入世"承诺：取消外资银行在中国经营人民币业务的地域限制；取消外资银行在中国经营人民币业务的客户限制；取消对外资金融机构外汇业务服务对象的限制，外资金融机构外汇业务的服务对象，可以扩大到中国境内的所有单位和个人，但必须相应增加营运资金或资本金，更换金融业务营业许可证或金融业务法人许可证。

证券业"入世"承诺：允许外国证券机构驻华代表处成为所有中国证券交易所的特别会员，在交易所设立特别席位；允许外国证券机构不通过中方中介直接进行 B 股交易；允许设立中外合资基金管理公司，"入世"第一年，外资可持合资公司 33.33% 的权益，三年后，可增至 49%，享受与国内基金管理公司相同待遇；允许外国证券公司设立中外合资证券公司，外资持股比例最高可达 33.33%；合资证券公司可承销 A 股、B 股和 H 股、政府债券和以外币计价的有

1979 年我国逐渐开始向外国金融机构开放，允许外资金融机构在华设立代表处和随后在我国设立营业性分支机构；1981 年开始引进营业性外资机构的试点；进入 20 世纪 90 年代，继经济特区以后，国务院再次批准上海、大连、天津、青岛、南京、宁波、福州、广州引进同类外资金融机构；2001 年中国加入世界贸易组织，并同时对我国的金融服务业开放作出了一系列的重要承诺。根据世界贸易组织的相关协议，自我国 2001 年加入世界贸易组织以来，我们在金融业方面逐步履行实施开放的承诺，加快了我国金融业开放的步伐。

在银行业，我国承诺从外币业务、人民币业务、营业许可等各方面逐步对外资银行取消限制。按照相关的承诺，中国银行业的开放力度不断加大，大量外资银行进入中国，并且分布范围不断扩大。截至 2008 年底，有 46 个国家和地区的 196 家银行在华设立了 237 家代表处；有 12 个国家和地区的银行在华设立了 28 家外商独资银行、2 家合资银行。

在证券业，1995 年中国建设银行与美国摩根士丹利公司等五家金融机构合资组建了中国第一家中外合资投资银行中国国际金融有限公司（中金公司），拉开了我国证券业开放的序幕。2001 年加入世界贸易组织后，我国证券业加快了开放的步伐，截至 2008 年末，中外合资证券公司共有 7 家，其总资产为 741 亿元，行业占比约6%；净资本为 198 亿元，行业占比约7%；中外合资基金管理公司共有 33 家，合计管理基金220 只，其中 16 家合资基金管理公司的外资股权达到49%。另外有 15 家境外证券类机构获中国证监会批准设立驻华代表处。除世界贸易组织承诺之外，我国还主动实施了合格境外机构投资者（QFII）等对外开放的制度安排，在 2002 年底正式推出合格境外机构投资者制度，从 2003 年 5 月到 2009 年底，已有 93 家合格境外投资者，获得中国证监会批准进入我国 A 股市场。另外，经中国证监会批准，分别有 41 家和 19 家境外证券经营机构在沪、深证券交易所直接从事 B 股交易。

在保险业，从 20 世纪 80 年代初开始到加入世界贸易组织前是对外开放的试点准备阶段，20 世纪 80 年代我国开始允许外国保险公司在华设立代表处，从 1992 年 9 月美国友邦保险公司作为第一家外资保险公司在上海设立分公司开始，到 2001 年底加入世界贸易组织止，共有来自 12 个国家和地区的 29 家外资保险公司在华设立了营业性机构。其中，中外合资保险公司 16 家，外国保险公司分公司 13 家。我国加入世贸组织后承诺的保险市场开放的过渡期只有三年，比其他金融行业提前两年全面对外开放，是开放力度较大的行业之一，在过渡期满后，保险业认真履行承诺，对外开放不断扩大。自

2004 年 12 月 11 日起，我国允许外资寿险公司提供健康险、团体险和养老金/年金险业务，取消对设立外资保险机构的地域限制，设立合资保险经纪公司的外资股权比例可达 51%。寿险除外资持股不超过 50% 及设立条件限制外，对外资没有其他限制。这意味着中国保险业将在更高领域和更深层次参与国际保险市场的竞争与合作，中国保险业基本实现了全面对外开放。2009 年，外资保险公司达到 46 家，市场份额为 6.7%。世界上主要跨国保险金融集团和发达国家的保险公司都已进入我国，《财富》杂志评选的世界 500 强企业中的 46 家外国保险公司，已经有 27 家在我国设立了营业机构。

第四节　商业银行业务与管理

一、商业银行职能

（一）商业银行产生与发展

人们公认的早期银行的萌芽，起源于文艺复兴时期的意大利。在中世纪，人类社会经历了第三次社会大分工，商品经济有了很大发展，意大利威尼斯是当时最著名的国际贸易中心，各国商人云集此地从事商品交换，而他们携带着不同国家、不同成色、不同形状、不同重量的铸币。为了适应贸易的需要，必须进行货币兑换，于是逐渐从商人中分离出一种专门从事兑换货币，收取手续费的货币商人，叫货币兑换商。银行起源于货币兑换商，我们可以从英文"银行"这个单词中看出端倪。银行的英文"Bank"原意是储钱柜的意思，而这个词起源于意大利文"Banco"，原意是长凳子和长桌子的意思，因为当时意大利的货币经营商工作条件很简陋，只要带一把椅子、一张桌子就可以营业。倘若有人遇到周转不灵，无力支付债务时，就会招致债主们群起捣碎其长凳，兑换商的信用也即宣告破碎，所以英文破产"Bankruptcy"也源于此。中国"银行"一词是外来词，是从英文"Bank"翻译过来的，但是为什么翻译成银行呢，这就有中国特色了，因为古代中国的商铺多称为"行"（水果行、蔬菜行、拍卖行、典当行等），而在中国古代流通中的货币是白银，所以专门经营钱币的商行就被称为"银行"。把办理与银钱有关的商业机构称为银行，最早见于太平天国洪仁玕所著的《资政新篇》。

随着异地交易和国际贸易的不断发展，来自各地的商人们为了避免长途携带货币而产生的麻烦和可能产生的风险，把自己的货币存放在货币兑换商处，并委托其办理支付和汇兑。后来货币兑换商发现存款人并不会同时取款，于是他们开始把一部分存款和汇兑业务中暂时闲置的资金贷放给社会上的资金需求者。这样，间接信用活动就开始萌发了，而信用业务的产生与发展则体现了银行的本质特征。当存款、贷款业务逐渐成为货币经营业的主要业务时，货币经营业就转化为银行业了。

据考证，早期商业银行的先驱是公元 1117 年在意大利威尼斯成立的威尼斯银行，在 16 世纪末至 17 世纪中叶，银行业传播到欧洲其他国家，如 1609 年成立的阿姆斯特丹银行，1619 年成立的汉堡银行，1621 年成立的纽伦堡银行等都是欧洲早期著名的银行。早期银行是高利贷性质的银行，由于规模小、利息高，很难满足资本主义经济发展对信用的需要，阻碍了资本主义经济的发展，因而在客观上需要建立适应资本主义经济发展的资本主义现代银行。

1694 年在政府的帮助下，英国建立了历史上第一家资本主义股份制商业银行——英格兰银行。它的出现宣告了高利贷性质的银行业在社会信用领域垄断地位的结束，标志着资本主义现代银行制度开始形成以及商业银行的产生。所以说英格兰银行是现代商业银行的鼻祖。从此，现代商业银行体系在世界范围内开始普及。

中国金融业的起点可追溯到公元前 256 年以前周代出现的办理赊贷业务的机构，《周礼》称之为"泉府"。南齐（479～502 年）出现了以收取实物作抵押进行放款的机构"质库"，即后来的当铺，当时由寺院经营，至唐代改由贵族垄断，宋代时出现了民营质库，当铺是中国古代主要的信用机构。明末清初是我国民族金融业快速发展的时期，明朝末期一些较大的经营银钱兑换业的钱铺发展为钱庄（北方称银号），后来又陆续出现了票号、官银钱号等其他金融机构。钱庄除兑换银钱外还从事贷放，到了清代，才逐渐开办存款、汇兑业务。在明末清初，钱庄、当铺是中国主要的信用机构。由于长期的封建统治，现代银行在中国出现较晚。中国近代银行业是在 19 世纪外国资本主义银行入侵我国之后才兴起的。鸦片战争以后，外国银行开始进入中国，最早的是英国丽如银行（1845 年）。随后又相继设立了英国的麦加利银行（即渣打银行）、汇丰银行，德国的德华银行，日本的横滨正金银行，法国的东方汇理银行和俄国的华俄道胜银行等。在华外国银行虽给中国民族经济带来了巨大破坏，但在客观上也对我国银行业的兴起起了一定的刺激作用。中国最早的国家银行是由清政府 1905 年创办的"户部银行"，后称"大清银行"，1911 年辛亥革命后，大清银行改组为"中国银行"，一直沿用至今。中国人自己创办的第一家商业银行是 1897 年成立的中国通商银行，标志着中国现代银行业的开端。

现代西方国家的银行结构非常繁杂，主要有：政府银行、官商合办银行、私营银行；股份银行、独资银行；全国性银行、地方性银行；全能性银行、专业性银行；企业性银行、互助合作银行等。按职能可划分为中央银行、商业银行、投资银行、储蓄银行和其他专业信用机构。它们构成以中央银行为中心、股份商业银行为主体、各类银行并存的现代银行体系。20 世纪以来，随着国际贸易和国际金融的迅速发展，在世界各地陆续建立起一批世界性的或地区性的银行组织，如 1930 年成立的国际清算银行、1945 年成立的国际复兴开发银行（即世界银行）、1956 年成立的国际金融公司、1964 年成立的非洲开发银行、1966 年成立的亚洲开发银行等，银行在跨越国界和更广泛的领域里发挥作用。

随着社会经济的发展，银行业竞争的加剧，商业银行的业务范围不断扩大，逐渐成为多功能、综合性的"金融百货公司"。从 20 世纪 90 年代到 21 世纪初，国际金融领域出现了不少新情况，对商业银行的经营与业务产生了深远的影响。主要表现在：银行资本越来越集中，国际银行业出现竞争新格局；国际银行业竞争激化，银行国际化进程加快；金融业务与工具不断创新，金融业务进一步交叉，传统的专业化金融业务分工界限有所缩小；金融管制不断放宽，金融自由化的趋势日益明显；国内外融资出现证券化趋势，证券市场蓬勃发展；出现了全球金融一体化的趋势。

（二）商业银行性质与职能

1. 商业银行的性质

首先，商业银行是一种企业，它具有现代企业的基本特征。和一般工商企业一样，商业银行也具有业务经营所需的自有资金，独立核算，自负盈亏，以利润最大化为经营目标。

其次，商业银行是一种特殊的企业。它与一般工商企业又有所不同。商业银行的特殊性表现在：①商业银行的经营对象和内容具有特殊性。一般工商企业经营的是物质产品和劳务，从事商品生产和流通；商业银行以金融资产和负债为经营对象，经营的是特殊的商品——货币，经营内容包括货币收付、借贷以及各种与货币运动有关的金融服务。②商业银行对整个社会经济的影响较为特殊。商业银行对整个社会经济的影响要远远大于其他企业，同时商业银行受整个社会经济的影响也较其他企业明显。③商业银行的责任特殊。一般工商企业只以盈利为目标，只对股东和使用自己产品的客户负责；商业银行除了对股东和客户负责外，还必须对整个社会负责。

最后，商业银行是一种特殊的金融企业。商业银行既有别于国家的中央银行，又有别于专业银行和非银行金融机构。中央银行是国家的金融管理当局和金融体系的核心，它不对工商企业和个人办理信贷业务，只对金融机构和政府办理信贷业务，而商业银行是为工商企业和个人提供金融服务的金融机构。专业银行和各种非银行金融机构只限于办理某一方面和几种特定的金融业务，业务经营具有明显的局限性。而商业银行的业务经营则具有广泛性和综合性，它既经营"零售"业务，又经营"批发业务"，已成为延伸至社会经济生活的"金融百货公司"和"万能银行"。

2. 商业银行的职能

（1）信用中介。信用中介职能是商业银行最基本、最能反映其经营活动特征的职能。信用中介职能就是指商业银行通过吸收存款、发行债券等形式，把社会上一切闲置货币集中起来，再通过发放贷款或投资形式把集中的资金提供给各个经济部门，这样商业银行就成为货币资金多余者和短缺者之间融通资金的中介人。商业银行这一职能克服了直接融资的种种局限，大大提高了金融活动的效率，加速资本周转，促进生产发展。

（2）支付中介。支付中介职能是商业银行最传统的职能。充当支付中介，就是指商业银行充当收款人和付款人之间货币收支的中介人。商业银行受客户委托，办理货币保管、收付和转账结算，充当客户的"账房"和"出纳"，发挥支付中介作用。商业银行支付中介职能的发展，大大减少了现金的使用，节约了社会流通费用，加速了货币资本的周转，维持与促进了社会再生产过程的顺利进行与扩张。

（3）信用创造。信用创造职能是由商业银行信用中介和支付中介职能派生出来的职能，包括两层含义：一是指创造信用的工具，如支票、本票等；二是指创造信用量。商业银行是唯一能吸收活期存款的金融机构，商业银行在支票流通和转账结算基础上，通过吸收存款、发放贷款，可以创造出数倍于原始存款的派生存款。商业银行信用创造是一个国家货币供给形成机制的重要组成部分，所以，商业银行的信贷活动成为国家调节经济的重要环节，中央银行扩展和收缩货币供应量，实现对宏观经济的调控都要通过商业银行来配合完成。

（4）金融服务。金融服务职能是现代商业银行的重要职能。现代商业银行作为金融百货公司可以为客户提供多种金融服务，金融服务职能大大拓宽了商业银行的业务领域，增加了业务收入，密切了与客户的联系。现代银行除了提供存款、贷款、代理收付、汇兑、结算、担保、现金管理等传统业务外，还提供代理买卖、保险、信托、投资银行服务、金融咨询、金融租赁、退休金管理等新服务，多样化的金融服务大大增强了商业银行的竞争力。

二、商业银行业务

表 5-11 是国内某商业银行 2009 年的合并资产负债表。资产负债表是商业银行业务活动的总括反映，因此我们可以从中看到商业银行最主要的业务活动。商业银行的业务主要包括负债业务、资产业务和中间业务三大类。负债业务和资产业务是商业银行的信用业务，也是商业银行的主要业务，执行信用中介职能和信用创造职能；中间业务是负债业务和资产业务的派生业务，是银行经营活动的重要内容，执行支付中介和金融服务的职能。

表 5-11　某商业银行合并资产负债表
2009 年 12 月 31 日
（除特别注明外，金额单位均为人民币百万元）

资产：		负债：	
现金及存放中央银行款项	1693048	同业及其他金融机构存放款项	931010
存放同业及其他金融机构款项	157395	拆入资金	70624
贵金属	2699	以公允价值计量且其变动计入当期损益的金融负债	15831
拆出资金	77906	衍生金融负债	7773
以公允价值计量且其变动计入当期损益的金融资产	20147	卖出回购款项	36060
衍生金融资产	5758	存款证及应付票据	1472
买入返售款项	408826	客户存款	9771277
客户贷款及垫款	5583174	应付职工薪酬	20772
可供出售金融资产	949909	应交税费	28626
持有至到期投资	1496738	应付次级债券	75000
应收款项类投资	1132379	递延所得税负债	178
长期股权投资	36278	其他负债	147496
固定资产	84626	负债合计	11106119
在建工程	8693	股东权益：	
递延所得税资产	18696	股本	334019

续表

资产:		负债:	
其他资产	108781	资本公积	102156
资产合计	<u>11785053</u>	盈余公积	37484
		一般准备	84222
		未分配利润	117931
		外币报表折算差额	(1919)
		归属于母公司股东的权益	673893
		少数股东权益	5041
		股东权益合计	678934
		负债及股东权益总计	<u>11785053</u>

（一）商业银行负债业务

负债业务，是商业银行组织资金来源的业务活动，形成商业银行开展资产业务的资金基础，也是保证商业银行生存以及发展的关键业务。

商业银行的负债业务分为广义和狭义两种：狭义的负债业务分为存款性资金来源和非存款性资金来源，存款性资金来源是指商业银行吸收的各种存款，而非存款性资金来源是指商业银行从其他资金来源渠道，如国内金融市场、中央银行以及国际金融市场等获取资金。广义的负债业务除了以上负债业务以外，还包括所有者权益。下面从广义的角度来介绍商业银行的负债业务。

1. 资本

资本是商业银行所有者为了商业银行正常营运而投入的各种资金、财产和物资的总和。包括核心资本和附属资本。资本是商业银行实力强弱的重要标志，也是商业银行发展经营、扩展业务的基础。商业银行资本越多，所推动的业务量也就越大，所能带动的资产规模和负债规模也就越大。商业银行资本占资产的比例越高，经营的安全性就越强。

按照1988年《巴塞尔协议》的规范，商业银行资本由核心资本和附属资本构成。"核心资本"也称为一级资本或自有资本，由股本和盈余（也称公开储备）构成，是商业银行所有者权益；"附属资本"也称为二级资本，由非公开储备、资产重估储备、普通准备金、（债权/股权）混合资本工具和次级长期债券组成。《巴塞尔协议》规定，商业银行最低资本充足率是8%（资本占其风险加权资产的比例），附属资本比率不能超过4%（附属资本占其风险加权资产的比例）。我国中央银行1992年向国际社会作出承诺，将按照《巴塞尔协议》的要求监管和规范我国银行业的资本构成和资本数量。按照我国会计制度，我国商业银行的核心资本中包括实收资本、资本公积、盈余公积和未分配利润四部分，附属资本包括各类准备金（资本/贷款/证券损失准备金）和五年及五年以上的次级长期债券。2008年世界性金融危机爆发后，为了加强对银行业的监管，提高银行抗风险能力，巴塞尔委员会于2002年10月1日颁布了《巴塞尔协议Ⅲ》，本次改革主要集中在三个方面：最低资本金比率要求、对一级资本的定义以及过渡期安排。在最低资本金比率方面，《巴塞尔协议Ⅲ》规定，全球各商业银行的一级资本充足率下限将从现行的 4% 上调至 6%，由普通股构成的"核心"一级资本占银行风险资产的下限将从现行的 2% 提高至 4.5%，另外还需要建立 2.5% 的资本留存缓冲和 0～2.5% 的"逆周期资本缓冲"。根据新规定，银行需要在 2015 年前达到最低资本比率要求，即不包括资本缓冲在内的普通股占风险加权资产的比率达到 4.5%，一级资本比率达到 6%；而对缓冲资本的落实则更为宽松一些，银行可以在 2016 年 1 月至 2019 年 1 月期间分阶段落实规定。

实际上，为抵御金融危机，保持我国金融体系的稳定，2009 年中国银监会制定了高于《巴塞尔协议Ⅲ》的监管指标：对大型银行的资本充足率定为 11%，对中小商业银行的资本充足率定为 10%。2011 年 3 月，中国银监会发布了《中国银行业实施新监管标准的指导意见》，又进一步提高了监管标准。新标准主要包括：正常条件下系统重要性银行和非系统重要性银行的资本充足率分别不低于 11.5% 和 10.5%；引入逆周期超额资本要求，对商业银行计提 2.5% 的留存超额资本，计提 0～2.5% 的逆周期超额资本；银行业金融机构贷款拨备率不低于 2.5%；将商业银行杠杆率定为 4%；要求系统重要性银行和非系统重要性银行分别于 2012 年底和 2016 年底前达到新监管标准。

一般工商企业资金来源中自有资本占较大比例，达 40%～50%；而商业银行自有资本只占其资金来源的极小部分，通常不超过负债业务总额的 10%，绝大部分营运资金来自对外负债，这决定了商业银行是高风险的行业，风险控制是商业银行经营管理的核心内容。

（1）股本（Equity Capital）。股本是商业银行核心资本的主要部分，属于自有资本，包括普通股和优先股，其中普通股是商业银行股本的最基本形式。不能赎回的优先股也是商业银行股本组成部分（我国商业银行股本都是普通股）。《中华人民共和国商业银行法》规定：设立全国性商业银行的注册资本最低限额为 10 亿元人民币；设立城市商业银行的注册资本最低限额为 1 亿元人民币；设立农村商业银行的注册资本最低限额为 5000 万元人民币。注册资本应当是实缴资本。

（2）盈余（Surplus）。盈余是由商业银行内部经营和外部规定产生的，分为营业盈余和资本盈余两种。营业盈余是商业银行按照有关规定，从税后利润中提取的公积金，它既可以用于弥补亏损，又可以转增银行资本（我国称盈余公积）。根据我国金融企业会计制度的规定，商业银行应在税后利润中提取 10% 作为盈余公积，当盈余公积达到注册资本的 50% 时可不再提取。商业银行营业盈余属于内源资本；资本盈余是指商业银行在筹集资本中形成的资本溢价、股票溢价、法定资产重估增值，以及接受捐赠的资产价值等，属于外源资本（我国称资本公积）。

（3）未分配利润（Undistributed Profit）。未分配利润是商业银行在经过各种形式的利润分配后剩余的利润。这部分利润作为所有者权益保留于商业银行中，是银行增加自有资本的重要来源，特别是对那些难以进入股市筹资的银行来讲。

（4）准备金（Reserve）。准备金是商业银行为了应付意外事件，按照一定比例从成本中提取的各项准备金，包括资本准备金、贷款损失准备金、证券损失准备金等，属于附属资本。设立准备金的目的是为了以防万一，在发生经营损失时，可以在不减少资本的前提下冲销损失。由于准备金具有资本保全作用，所以可以把其视为资本性质的资金来源。但是准备金不是所有者权益，理论上其数额应与损失额相当，所以它不是自有资本，而是附属资本。我国商业银行仅就贷款可能发生的损失提取准备金，称不良贷款拨备。

（5）资本票据和债券（Capital Note and Debenture）。资本票据和债券是商业银行的债务资本，属于附属资本。商业银行用发行资本票据和债券的方式筹集资本的有利之处在于：可以减少商业银行的筹资成本。因为商业银行的这部分债务不必保持存款准备金，银行对资本票据和债券支付的利息要少于对普通股和优先股支付的股息。不利之处在于：由于这部分资本属于非永久性资本，有一定的期限，限制了银行对此类资本的使用。

资本性票据是商业银行发行的偿还期限较短、额度不等、利息固定的期票，但连续发行仍相当于为商业银行筹集了长期资金；资本性债务也称为次级债务，固定期限不低于5年（包括5年），除非银行倒闭或清算，否则不能用于弥补银行日常经营损失，且该项债务的索偿权排在存款和其他负债之后。次级债务计入资本的条件是：不得由银行或第三方提供担保，并且不得超过商业银行核心资本的50%。有的银行以可转换债券形式发行长期债券，在没有转成股票时为附属资本，转成股票后就应划归为自有资本。

2. 存款性资金来源

存款性资金来源是商业银行最主要的资金来源，也称被动性负债，一般占总资金来源的70%以上，因此吸收存款成为商业银行最重要的负债业务，存款银行的称谓因此而来。存款性资金来源包括的类型很多，常见的有活期存款、定期存款等。西方国家的商业银行，也常根据存款的性质，将其分为交易账户和非交易账户。

（1）交易账户。交易账户是指私人和企业为了交易目的而开立的账户，客户可以通过支票、汇票、电话转账、自动柜员机等提款或对第三者支付款项。主要包括活期存款账户、可转让支付命令账户、货币市场存款账户、自动转账制度等种类。可转让支付命令账户、货币市场存款账户和自动转账制度等属于负债业务的创新，将在后面讲述。

活期存款账户是最基本的交易账户，是为支付而使用的账户，是商业银行吸收存款类资金来源中成本最低的一类存款。该账户的存款户可以随时开出支票，命令银行对第三者进行支付，因为不用事先通知银行，所以此账户交易频繁，资金的流通速度极高，银行需要用大量的人力和物力来处理业务，所以，大部分国家商业银行对活期存款不付息，有些国家商业银行甚至还要收取一定的手续费，因此，商业银行在吸收活期存款时，不能以利率作为竞争的工具，只能以提高服务质量来争取客户。活期存款传统上只能由商业银行经营，是商业银行创造存款货币的基础。随着金融机构业务的创新，目前西方国家的储蓄银行等金融机构也能经营活期存款。活期存款是银行资金来源中最具波动性和最不可预测的部分，由于存在因存款人随时提取大量存款而使银行陷入流动性风险的可能，特别是在一国经济和政治发生动荡的时候，这种威胁的可能性就更大，所以，各国金融监管当局对活期存款都规定了较高的存款准备金率。虽然活期存款流动性很强，但是由于每天有存有取、此存彼取，银行活期存款总能保持相对稳定的存款余额，成为银行可以经常占用的资金来源。

（2）非交易账户。非交易账户也被称为储蓄账户，主要由储蓄存款和定期存款构成。储蓄存款一般是个人为积累货币和取得利息收入而开立的存款账户。储蓄存款不使用支票，而是用存折或存单，手续比较简单。储蓄存款有活期和定期两种，活期储蓄存款无一定期限，只凭存折便可提现，存折一般不能转让流通，存户不能透支款项。定期储蓄存款类似于定期存款，需先约定期限，利率较高。

定期存款是相对于活期存款而言的，是一种由存户预先约定存储期限，到期才能提取的存款。期限一般为 3 个月、6 个月和 1 年不等，但也有 1 年以上的，如 3 年、5 年甚至更长时间。利率也随着期限的长短不同而高低不等，但总是高于活期存款利率。定期存款存期固定，而且期限较长，从而为商业银行提供了稳定的资金来源，对商业银行长期放款和投资具有重要意义。定期存单是存户到期提取存款的凭证，是存款所有权及获取利息的证明，它不能像支票一样直接用于支付，未到期的定期存单也不能流通转让，但其可以作为动产抵押品取得银行贷款。

3. 非存款性资金来源

商业银行除了以存款性资金作为主要的资金来源以外，还通过各种借入资金渠道获取所需要的资金，形成非存款性资金。非存款性资金来源主要包括同业拆借、回购协议、向中央银行借款、发行中长期债券和在国际金融市场融资以及结算性负债等。除了结算性负债外，其他非存款性资金来源也称商业银行的主动负债。

（1）同业拆借。同业拆借是商业银行常用的获取短期资金的简便方法。由于银行在日常经营中有时会出现暂时的资金闲置，有时又会发生临时性的资金不足，同业拆借资金市场恰好满足了资金供求双方的需要：临时发生流动性不足的银行通过同业拆借获取资金；而临时有资金闲置的银行通过同业拆放使资金得以运用。

在西方国家，由于中央银行对商业银行的存款准备金不支付利息，同时商业银行对一部分活期存款也不支付利息，这就更加刺激了商业银行将闲置的资金头寸投放到同业拆借市场以获取盈利。我国中央银行对商业银行的准备金支付存款利息，商业银行对此类存款也支付相应的利息，因此银行间同业拆借的主要目的是补充准备金的不足和保持银行的流动性。只有当拆借资金的投资所得高于中央银行的存款准备金利率时，拆借用于投资才是合算的。

我国的同业拆借利率已实现了市场化，基本体现了市场对资金的供求关系。我国对银行间同业拆借的资金用途有着严格的规定，对于拆入的资金只能用于解决调度头寸过程中的临时资金困难，而不能把拆借资金用于弥补信贷缺口，长期占用，更不能把拆借资金用于固定资产投资。

（2）回购协议。由于金融市场的快速发展，银行持有政府债券的规模越来越大，银行可以用签订回购协议的方式进行融资。回购协议是指商业银行在出售证券等金融资产时与证券的购买者签订协议，约定其先后按约定价格购回所售证券，以获得即时可用资金的交易方法。回购协议可以是隔夜回购，也可以是较长时期的回购，但一般不超过半年。利用回购协议进行资金融通，不仅可以使商业银行充分利用流动性强、安全性好的优质资产进行融资，而且由于回购协议利率较低，还可以为商业银行带来更高的收益。当然，回购协议也不是绝对安全的，有时也会发生违约风险。

（3）向中央银行借款。商业银行为满足资金需求，还可以从中央银行取得借款。一般情况下，商业银行向中央银行借款的主要目的是弥补自身资金暂时不足，而非用来放贷谋利。商业银行向中央银行借款主要有两种形式：一是再贴现，即商业银行把自己办理贴现业务所买进的未到期票据，如商业票据、国库券等，再转卖给中央银行；二是直接借款，即商业银行用自己持有的合格票据、银行承兑汇票、政府公债等有价证券作为抵押品，向中央银行取得抵押贷款或仅凭其信用向中央银行取得贷款。中央银行也通过控制向商业银行贷款作为实施货币政策、调控货币供应量的重要手段。

（4）发行中长期债券。商业银行可以在国内金融市场上，通过发行中长期债券，通过主动负债的方式筹集资金。发行中长期债券的好处是能够保证银行资金的稳定，但是其所承担的利息成本较其他融资方式要高，并且资金成本的提高又会迫使商业银行不得不去经营风险较高的资产业务，这就从总体上增加了银行的经营风险。

对于商业银行发行中长期债券，各国都有自己的法律法规。一般来说，西方国家比较鼓励商业银行发行中长期债券，尤其是资本性债券；而我国目前对此则仍存在一定的限制，因此商业银行通过发行中长期债券获得融资的比例较低。

（5）在国际金融市场融资。商业银行利用国际金融市场也可以获取所需资金，第二次世界大战以后，特别是 20 世纪 70 年代以来，跨国银行在国际货币市场上广泛地吸收存款、发行大额定期存单、出售商业票据、出售银行承兑票据及发行债券等筹集资金。一些金融市场开放程度高的国家，其银行系统对其依赖性较大。

（6）结算性负债。结算性负债是指商业银行在办理中间业务及同业往来过程中，临时占用客户和同业的资金。以汇兑业务为例，从客户把一笔款项交给汇出银行起，到汇入银行把该款项付给指定的收款人止，中间总会有一定的间隔时间，在这段时间内，该款项汇款人和收款人均不能支配，而为银行所占用。随着银行管理水平和服务效率的提高，特别是电子计算机应用于资金清算调拨，使银行占用客户或同业资金的周期不断缩短，占用机会也相对减少。但由于商业银行业务种类不断增加，银行同业往来更加密切，所以占用资金仍是商业银行可供运用的资金来源。

（二）商业银行资产业务

商业银行的资产业务是指对其负债业务集聚的资金加以运用的业务，是银行获取收益的主要途径。商业银行筹集的资金，首先要购置房屋、设备等固定资产，其余的用于日常经营的资金，这部分资金除了必须保留一部分现金资产以应付客户提款和自身日常开支之外，其余部分主要以发放贷款和投资两种形式加以运用。因此商业银行的资产除了房屋、设备等固定资产外，主要有现金资产、贷款、证券投资三大类。

1. 现金资产（Cash Assets）

现金资产也称第一准备，是满足银行流动性需要的第一道防线。现金资产是银行资产中最具流动性的部分，是银行的非营利性资产。包括库存现金、托收未达款、在中央银行的存款和存放同业存款。

（1）库存现金。库存现金是银行金库中的现钞和硬币，主要用于应付客户小额提款及银行自身日常开支的需要。由于库存现金是无息资产，且需要一定的保管费用，因此，银行一般将库存现金尽量压缩到最低的水平。

（2）托收未达款。银行术语称之为浮存，是指已办理了托收但没有到账的支票款。商业银行每天都会收到大量的、由其他银行付款的支票，如果是由本地银行付款的支票，当天可在本地票据交换所进行交换，支票上的款项当天便能入账。但如果是异地银行付款的支票，则支票上的款项当天并不能立即入账，这部分已办理了托收（收到支票）但不能立即入账的款项就称为托收未达。由于这部分款项收到后或增加存放同业的存款余额，或增加本行在中央银行准备金账户上的存款余额，所以视同现金。

（3）在中央银行的存款。在中央银行的存款是指商业银行存放在中央银行的资金，也称为存款准备金。商业银行在中央银行开立的存款账户，是用于银行的支票清算、资金转账等的基本存款账户。商业银行由于同业拆借、回购、向中央银行借款等业务而出现的资金划转以及库存现金的增减，均需要通过这个账户进行。商业银行的存款准备金包括法定存款准备金和超额存款准备金。法定存款准备金一般不能动用，商业银行只能动用超额准备金进行存款支付和贷款的发放。超额准备金的多少，直接影响商业银行的信贷扩张能力。如果中央银行提高法定准备金率，就会减少银行系统的超额准备金，限制其信贷扩张能力；反之，则商业银行的存款货币创造能力增强。

（4）存放同业存款。商业银行为了便于同业之间办理清算和委托收付，需要在往来银行开立活期存款账户，存放一定金额的资金，随时支用，该账户的资金余额等同于现金资产。这些存在同业的资金称为存放同业。

2. 贷款（Loan）

贷款是银行将其所吸收的资金，按一定的利率贷给客户并约期归还的业务。贷款是商业银行最重要的资金运用方式，而贷款利息占经营收入的比重与其他业务相比，收益率是较高的，高收益匹配高风险，银行业的风险也主要集中在信贷领域。对于我国的商业银行而言，贷款活动占到银行总资产的2/3以上，带来的收益占银行总收入的3/4以上。商业银行贷款业务种类很多，按不同的标准划分，有以下几种：

（1）按贷款的偿还期限可以分为活期贷款和定期贷款。活期贷款也称通知贷款，银行在发放这类贷款时不确定偿还期限，可以根据自己资金调配的情况随时通知收回贷款。

定期贷款是指具有固定偿还期限的贷款，按偿还期限的长短，可以分为短期贷款、中长期贷款和长期贷款。短期贷款是指偿还期限在1年以内的贷款。如季节性贷款、临时性贷款。对工商企业的短期流动资金贷款，称为自偿性贷款，由于它以商品生产、流转过程为基础，以真实的物质经济活动为保障，一旦产销过程完成，贷款本息便可以回收，故风险较小，这类贷款是商业银行的主要贷款业务之一，约占商业银行贷款总额的1/3以上。中期贷款是指偿还期限一般在1~5年的贷款。长期贷款是指偿还期限在5年（不包括5年）以上的贷款。中长期贷款主要是各种固定资金贷款、开发性贷款。

（2）按贷款的偿还方式可以分为一次性偿还贷款和分期偿还贷款。一次性偿还贷款是指借款人在贷款到期时一次性还清贷款的本息，一般适用于借款金额较小、借款期限较短的贷款。

分期偿还贷款是指借款人按贷款协议的规定在还款期内分次偿还贷款，还款期结束，贷款全部还清。这种贷款适合于借款金额大、借款期限长的贷款项目。

（3）按贷款数量可分为批发贷款和零售贷款。批发贷款是指数额较大，对工商企业、金融机构等发放的贷款，借款者的借款目的是经营获利。贷款方式不限，贷款期限不限。

零售贷款主要是指对个人发放的贷款，包括个人消费贷款、个人证券贷款等。零售贷款一般采取抵押或担保贷款方式。

（4）按贷款的具体对象可以分为工商业贷款、农业贷款、不动产贷款和消费贷款。工商业贷款是指商业银行对工商企业发放的贷款，它不仅满足工商企业生产和流通中短期资金的需要，而且要满足机器设备、固定资产投资中的长期资金需要。这种贷款一般在商业银行贷款总额中比重最大。

农业贷款是指商业银行发放给农业企业、个体农户和农村个体工商户的贷款。短期的农业贷款主要用于资助农民的季节性开支，如购买种子、化肥、农药、饲料等。中长期的农业贷款主要用于改良土壤、水利设施、购置各种机器设备等。

不动产贷款是指对土地开发、住宅公寓、厂房建筑、大型设施购置等项目所提供的贷款。不动产贷款的特点是期限长，风险较大，但收益高。

消费贷款是指向个人及家庭提供的用于购买消费品和支付其他各种费用的贷款。目前消费贷款在许多发达国家商业银行贷款中的比重已经占到20%～40%，许多国家的商业银行都加强在零售业务领域的竞争，而消费贷款则是竞争的焦点。消费贷款按用途可以分为住宅抵押贷款、汽车贷款、耐用品贷款、助学贷款、旅游贷款和信用卡贷款等。

（5）按贷款条件的不同，可以分为信用贷款、抵押贷款、担保贷款和票据贴现。①信用贷款。信用贷款是指无须任何担保，完全根据借款人的资信发放的贷款，资信就是借款人的品德、财务状况、预期收益及过去的偿债记录等。该类贷款手续简便，但单纯地以信用为依托，缺乏安全性，故大多发放给信誉卓著的工商企业以及与银行关系密切的借款人，利率较高，并且有一定附加条件，如汇报款项用途、提供资产负债表及财务收支状况表、呈报个人收支计划等，以便银行加强对企业和个人的监督和控制。②抵押贷款。抵押贷款是指以特定的抵押品作为保证发放的贷款。抵押品有两大类：一是实物资产，如土地、房屋、机器设备、库存商品；二是有价证券，如股票、债券等，甚至包括应收账款、货物提单等。作为抵押品的资产必须容易出售，一旦借款人不依约履行债务，商业银行有权处置抵押品，并对处置抵押品的所得拥有优先受偿权。抵押贷款可以在一定范围内减少银行贷款风险，但手续较复杂，必须对抵押资产进行评估等。③担保贷款。担保贷款是指银行以有经济实力的第三者作为借款人的担保人发放的贷款。该类贷款业务由于有借款人和担保人双重信用保障，可以弱化贷款风险，但风险比抵押贷款大，贷款额也受担保人经济能力大小的制约。④票据贴现。票据贴现是指银行客户将未到期的票据转让给银行，由银行扣除自贴现日起至到期日止的利息而从银行取得现款的一种融资行为。

从商业银行票据贴现业务形式上看，是一种票据的买卖，但实际上是信用业务。在贴现前，票据是债务人对票据持有人的一种负债；贴现后，票据变成了债务人对银行的负债，票据所有权发生转移，银行成了债权人。因此，票据贴现实际上是债权债务的转移，即银行通过贴现间接贷款给了贴现人。

3. 证券投资（Securities Investment）

商业银行的投资业务是指商业银行购买有价证券的业务活动。商业银行的投资活动的主要目的是为了提高资金运用的收益率、为保证银行资产流动性提供第二储备以及降低风险。从资金运用的收益率来看，贷款要比投资高，但是贷款的需求和风险不稳定，在贷款需求旺盛、风险较低时，银行资金应主要用于放款，而在贷款需求减弱或风险较高时，则应将一部分资金转到投资上，否则银行收益就会下降，所以投资是在贷款需求不旺、风险较高时保持或提高银行收益水平的一种选择。另外，从保证银行资产流动性来看，银行将一部分资金用于投资建立第二储备也是很有必要的，为了应付客户提现的需要，银行要建立流动性储备，包括商业银行的库存现金、在中央银行的准备金存款、存放同业等，这就是所谓的第一储备，但这部分资金占用收益率为零或很低，所以第一储备的数额是十分有限的，但是银行如果遇到集中提款，往往会因第一储备不足而产生流动性危机，为了避免支付困难，又能保证一定的收益率，就要求保存一部分变现能力强的盈利资产，由于国库券、公债券信用品质高，变现能力强，其安全性、流动性与现金几乎没有差别，所以是商业银行投资的首选对象，一般占商业银行投资总额的70%左右。另外，一些财力雄厚、信誉好的公司债券也是商业银行的投资对象，而对股票的投资，大多数国家是采取限制和禁止的态度，商业银行投资购入的有价证券，由于其安全性高、流动性强，所以又被称为第二储备。

（三）商业银行中间业务

中间业务是指不构成商业银行表内资产、表内负债，形成商业银行非利息收入的业务。商业银行中间业务不需要运用自己的资金，其收入主要是向客户提供各种各样的金融服务而收取的各种手续费和服务费。

目前，世界上一些发达国家商业银行的中间业务对银行的发展起着举足轻重的作用，其形成的利润已占总利润的50%以上。中间业务一方面可以充分发挥商业银行在资金、信息、信誉、机构技术等方面的优势，在为商业银行带来可观利润的同时，可以密切与客户的联系；另一方面又不改变资产负债总额，可以使商业银行逃避金融管理当局的资本金规定，并且在一定程度上免去某些税务负担。

商业银行中间业务与表外业务是既有联系又有区别的两个概念。

根据巴塞尔委员会定义，表外业务分为狭义表外业务与广义表外业务：

狭义表外业务，是指未列入银行资产负债表内，但与银行资产负债表内的资产业务和负债业务联系密切，并在一定条件下会转变为表内资产业务和负债业务的经营活动。这部分业务也被称为银行的或有债权与或有债务。主要包括：承诺业务、担保、金融衍生工具、投资银行业务等。

广义表外业务，一般是指商业银行所从事的、按通行的会计准则不列入资产负债表内，不影响银行资产负债总额，但可能影响银行当期损益，改变银行资产报酬率的各种业务经营活动。广义表外业务涵盖狭义表外业务和金融服务类业务两种业务类型。金融服务类业务是指银行向客户提供金融服务，以收取手续费为目的，不承担任何资金损失的风险，因此不构成银行的或有债权和或有债务。金融服务类业务包括代理类、信托类、信息咨询类、结算服务类以及与贷款和进出口有关的服务等。

按照中国人民银行 2001 年 7 月公布的《商业银行中间业务暂行规定》与 2002 年 4 月公布的《中国人民银行关于落实〈商业银行中间业务暂行规定〉有关问题的通知》的相关规定，我国将商业银行的广义表外业务统称为中间业务。由于受到分业经营的限制，我国商业银行目前能够开展的中间业务品种和服务范围仍然较少，主要局限于传统的收费以及结算类服务。我国商业银行的中间业务划分为九大类：

1. 支付结算类中间业务

支付结算类中间业务是指由商业银行为客户办理因债权债务关系引起的与货币支付、资金划拨有关的收费业务。商业银行需要通过结算工具、结算方式来开展此类业务。结算工具是指银行用于结算的各种票据，包括本票、汇票、支票等。结算方式按照结算点、委托人、凭证处理手续、凭证传递方式、货币资金收付方法等要素划分，如信用证、汇款、跟单（光票）托收、委托收款等。

按性质不同可把结算分为现金结算和转账结算。现金结算是指通过现金方式来完成货币收付行为的结算；转账结算是指通过银行票据或转账方式来完成货币收付行为的结算，我国习惯将转账结算称为结算。按地域不同可把结算分为同城结算和异地结算。同城结算是指在同一城镇或地区范围内收付款人之间的经济往来通过银行办理划拨的收付行为。异地结算是指收付款人不在同一城镇或地区的银行开户而进行款项划拨的收付行为。

2. 银行卡业务

银行卡是由经授权的金融机构（主要指商业银行）向社会发行的具有消费信用、转账结算、存取现金等全部或部分功能的信用支付工具。银行卡包括信用卡、借记卡、贷记卡和联名/认同卡。银行卡按币种不同可分为人民币卡、外币卡；按发行对象不同可分为单位卡（商务卡）、个人卡；按信息载体不同可分为磁条卡、芯片卡（IC 卡）。

3. 代理类业务

代理类业务是指商业银行接受客户委托代为办理客户指定的经济事务，提供金融服务并收取一定费用的业务。在代理过程中，客户的财产所有权不发生转移，银行一般不动用自己的资产，不为客户垫款，不参与收益分配，只是运用其信誉、知识、技能、网络、信息等资源代客行使监督权，提供各项金融服务，收取代理手续费，是风险比较低的中间业务。包括代理收付业务、代理承销与兑付债券业务、代理保险业务、代理政策性银行业务、代理中国人民银行业务、代理商业银行业务、代理其他业务等。

4. 担保类中间业务

担保类中间业务指商业银行为客户债务清偿能力提供担保，承担客户违约风险的业务。主要包括银行承兑汇票、备用信用证、各类保函等。银行承兑汇票是由收款人或付款人签发，并由承兑申请人向开户银行申请，经银行审查后同意承兑的商业汇票。备用信用证是指开证行根据开证申请人的请求对受益人开立的承诺承担某项义务的凭证，即开证行保证在开证申请人未能履行其应履行义务时，受益人只要凭备用信用证的规定向开证行开具汇票（或不开汇票），并提交开证申请人为履行义务的声明或证明文件，即可取得开证行的偿付。银行保函是指银行应申请人的请求，向受益人开立的一种书面信用担保凭证，保证在申请人未能按双方协议履行其责任或义务时，由担保人代其履行一定金额、一定时限范围内的某种支付或经济赔偿责任。

5. 承诺类中间业务

承诺类中间业务是指商业银行在未来某一日期按照事先约定的条件向客户提供约定信用的业务，主要指贷款承诺，包括可撤销承诺和不可撤销承诺两种。前者是附有客户在取得借款前必须履行的特定条款，在银行承诺期内，客户如果没有履行条款，则银行可撤销该项承诺；后者是银行不经客户允许不得随意取消借款承诺，具有法律约束力，包括票据发行便利、回购协议等。

6. 交易类中间业务

交易类中间业务是指商业银行为满足客户保值或自身风险管理等方面的需要，利用合适的金融工具进行的资金交易活动，包括代客债券买卖、外汇买卖、结售汇，以取得汇差收入或手续费收入的业务。随着金融市场的进一步发展，商业银行还可以介入黄金、房地产买卖业务。银行在开展此项业务时不仅可以获得价差或手续费收入，还可以吸收到保证金存款。

7. 基金托管业务

基金托管业务是指有托管资格的商业银行接受基金管理公司委托，安全保管所托管的基金的全部资产，为所托管的基金办理基金资金清算款项划拨、会计核算、基金估值复核、监督基金管理人投资运作的业务。银行作为基金托管人为基金开设独立的银行存款账户，负责账户的管理，收取托管费。此外，商业银行还可以进行基金代销业务，利用资金、网络、技术、客户等便利条件代基金管理人销售基金并收取一定的销售佣金和服务费用。

8. 咨询顾问类业务

咨询顾问类业务是指商业银行依靠自身在信息、人才、信誉等方面的优势，转让、出售信息，提供以企业并购、财务顾问等服务为主要内容的业务，并收取一定的服务费。商业银行咨询顾问类业务根据业务性质的不同，大致可以分为评估型咨询、中介型咨询、综合型咨询业务。评估型咨询业务主要包括投资项目评估、企业信用等级评估和验证企业注册资金等。中介型咨询业务主要包括资信调查、专项调查等咨询业务。综合型咨询业务主要包括管理咨询、财务顾问等。

9. 其他中间业务

包括保管箱业务以及其他不能归入以上八类的业务。

三、商业银行业务创新

随着金融市场的蓬勃发展，金融机构之间的竞争越来越激烈，金融创新不断出现。

不少发达国家的商业银行业务经营逐渐多元化，一是业务品种增加，在原有的业务范围内，通过对资产、负债和中间业务产品进行的整合及完善，创造出新的业务品种。二是业务领域的扩大，即银行的经营范围从传统的银行业务扩展到证券、基金、保险、信托等业务领域。三是业务国际化，即越来越多的商业银行抓住经济、金融全球一体化的趋势，扩大国际业务的规模与范围，在国外设立分支机构，提高金融服务的水平和质量，加入到跨国银行的行列中。

（一）商业银行负债业务创新

20 世纪 30 年代经济危机之后，西方各国纷纷立法，对银行经营实施严格管制，利率管制是金融管制的核心内容之一。当时对存款利率的管制也叫 Q 条例，其主要内容包括：禁止对活期存款支付利息，对定期存款和储蓄存款规定利率最高限。当时，这一上限规定为 2.5%，此利率一直维持至 1957 年都不曾调整。在 20 世纪 60 年代西方市场利率大幅上升的情况下，Q 条例的限制导致存款类金融机构的资金来源急剧下降，并危及这类机构的生存。为了生存和发展，存款类金融机构发掘法规漏洞率先创新。

1. 可转让支付命令账户（NOWs）

NOWs 是一种对个人、非营利性机构开立的计算利息的支票账户，也称付息的活期存款。其最主要的特点是：①转账或付款不是使用一般的支票，而是使用支付命令，这种支付命令在票面上没有支票字样，但实质上与支票无异，可以用来提款，经背书也可以转让。②可以按其平均余额支付利息。在没有这种账户时，为了获得利息，存户把存款存入储蓄账户，为了能开支票付款，存户又要开立一个活期账户。现在合二为一，给存户带来很大方便，银行也省去很多手续费。

2. 货币市场存款账户（MMDAs）

MMDAs 起源于美国，其性质介于储蓄存款和活期存款之间，开户时的最低金额为 2500 美元，平均余额（每月、每旬或每周的平均余额都由各银行自定）不低于 2500 美元；对存款最高利率无限制，如余额低于 2500 美元，则改按储蓄存款计息，利率每周按货币市场利率调整，每天复利，于月底打入该账户；对存款不规定最短期限，但银行规定客户提取存款应在 7 天前通知银行；存户使用该账户进行收付，每月不得超过 6 次，其中用支票付款不得超过 3 次；存户对象不限，个人、非营利性机构、工商企业都可开户。在西方国家，目前货币市场账户和可转让支付命令账户得到非常普遍的应用，有取代储蓄存款账户之势。

3. 自动转账制度（ATs）

ATs 在 1978 年以后开始出现，是由早期的电话转账制度演变而来的。其主要内容是：存户同时在银行开立储蓄账户和活期存款账户，活期存款账户的余额始终保持 1 美元，其余存款存入储蓄账户可获得利息收入。当需要签发支票时，存户可用电话通知开户行。该账户与 NOWs 类似，都属于转账账户，银行需提取存款准备金，对于银行提供的转账服务，存户要支付一定的服务费。

4. 协定账户

协定账户是对自动转账制度的进一步创新，该账户是银行与客户达成的一种协议，客户授权商业银行将款项存在活期存款账户、可转让支付命令账户或货币市场账户中的任何一个账户上。活期存款账户和可转让支付命令账户都设定一个最低余额，超过最低余额的部分由银行自动转入货币市场账户，以便获得较高的利息；如果不足最低余额，银行也可自动将货币市场账户中的款项转入活期存款账户或可转让支付命令账户，以补足余额。

5. 大额可转让定期存单（CDs）

可转让定期存单是指存款人将资金按某一固定利率和期限存入银行并获得的可在市场上转让买卖的存单形式凭证。1965 年 2 月，纽约花旗银行首先开始发行大额可转让定期存单，它是作为逃避政府最高利率限期与存款准备金规定的一种手段。大额可转让定期存单的特点是：不记名，可以自由转让；存单面额大，金额固定，如当时最低起价面额为 10 万美元，最大面额达到 100 万美元；期限固定，多是 3 ~ 6 个月，一般不超过一年；利率高于同期的定期存款利率，与当时的货币市场的利率一致。可转让定期存单集中了活期存款和定期存款的优点，对于银行来说它是定期存款，可作为相对稳定的资金用于放款和投资；对于存款人来说，它既有较高的利息收入，又能在需要时转让出售迅速变为现金，是一种理想的金融工具。目前，大额可转让定期存单已成为公司、养老金协会、政府机构以及个人的主要投资对象。

6. 个人退休金存款账户业务

个人退休金存款账户是美国商业银行开办的一种用于公民养老性质的存款账户，该账户规定，所有有收入来源的美国公民，在退休前都可以在银行开立该种账户，每人每年可存入 2000 美元，可享受利率和税收方面的优惠，以备退休后使用。个人退休金账户存款具有存期长、利率高于一般储蓄存款的特点，能保证银行资金来源的稳定性。

（二）商业银行资产业务创新

20 世纪 80 年代的金融证券化，大公司进一步从银行脱媒，客观上增加了银行公司信贷业务的风险。为了适应金融环境的巨大变化，银行必须调整资产结构，大力发展更多品种的资产业务来降低经营风险。

1. 贷款买卖

20 世纪 70 年代以后，西方商业银行为了规避《巴塞尔协议》关于资本充足率的要求，增强信贷资产的流动性，同时转移和分散信用风险，从资产存量方面研究信贷资产的可变换性，创造出贷款买卖业务。商业银行之间在遵守监管当局制定的有关制度规定的条件下买卖贷款。对于卖方银行来说，由于摆脱了原先的贷款承诺，获得了新的贷款机会，并获得了大额的附加手续费；对于买方银行来说，则获得了一个向一流客户提供贷款的机会，还能获得较高的投资收益率。

2. 项目融资

项目融资是一种贷款人没有完全的追索权，依赖项目的资产和现金流量，资金回报和费用较高的新型融资方式。有以下几个特点：商业银行不是凭主办单位的资产和信誉作为发放贷款的原则，而是根据为营建某一工程项目而组成的承办单位的资产状况和项目完工后的经济效益作为发放贷款的原则；由与该工程项目有利害关系的很多单位对贷款可能发生的风险进行担保，以保证该工程按计划完工、运营，有足够的资金偿还贷款；工程所需要的资金来源多样化；项目融资属于有限追索权筹资方式，贷款风险大，贷款利率高。项目融资的创新形式还有银团贷款、BOT项目贷款、TOT项目贷款等。

3. 投资银行业务

商业银行资产业务中的投资银行业务，是指商业银行运用资金头寸投资获取预期收益的经济行为，可以增强资产的流动性、增加盈利性、降低经营风险。它分为直接投资和间接投资，直接投资是将资金直接投资于社会再生产活动，间接投资是通过购买国库券、公司债券、金融债券以及股票等有价证券来获取预期收益。由于西方国家监管政策较为放松，投资银行业务在西方商业银行得到创新与发展。在我国由于受分业经营的限制，商业银行投资银行业务的空间很小。

4. 国际合作贷款

在西方商业银行的经营管理中，出于流动性、利率、汇率风险等综合因素考虑，各商业银行之间普遍存在国际合作贷款业务。

双向贷款是指贷款银行给予借款银行一定时期、一个特定的贷款额度，在贷款额度内借款银行可以随时使用、随时偿还。其中平行贷款和背对背贷款是其具有代表性的形式。

离岸贷款是指商业银行对非居民（非居民是指境外的自然人、法人、政府机构、国际组织及其他经济组织，包括本国金融机构的海外分支机构等）的资金融通行为。

5. 资产证券化

资产证券化是指商业银行将具有共同特征的、流动性较差但能产生可预见现金流的创利资产，如抵押品和消费贷款等，在金融市场上以发行证券的方式出售。当这些资产带来现金流入时，如借款人向银行偿还本金和利息时，证券持有人将从银行手中取得该部分收入。贷款证券化参与者包括发起人、特殊目的实体和受托人。贷款被证券化的银行称为发起人，贷款被转移到了特殊目的实体的手中，两者完全独立，即使发起人破产，也不会影响该笔贷款的信用等级。受托人的责任是确保发起人在资产证券化中履行各项义务，并向证券持有人提供各种合同规定的服务。对银行来讲，通过证券化能够筹集资金，并且能够利用该笔资金取得新的资产，弥补银行的部分经营成本，调整自己的资产组合，更好地匹配银行资产与负债久期，进行利率风险管理。另外，如果该笔贷款的平均收益率高于发行证券的息票率，那么银行将从中获得一定比例的差额收益。通过资产证券化提供服务，收取还本付息的资金以及对借款人的还本付息进行监督，银行会获得费用收入。

（三）商业银行表外业务拓展

20世纪70年代后是西方各国商业银行表外业务范围不断扩大的过程，也是表外业务不断创新的过程。目前西方商业银行中间业务创新具有几个特点：电子网络技术成为中间业务产品创新的重要依托；信息资源和信息处理技术在中间业务产品创新中起着实际的导向作用；产品创新打破了传统的商业银行分业经营的界限；中间业务产品创新从结构上看呈多元化和多层次，各种关联产品和"套餐"不断推出。

1. 金融衍生工具创新业务

在金融创新广泛涌现以前，商业银行从事的表外业务活动主要是传统的中介业务，而各种新型的金融工具，如互换、远期利率协议、期权、期货等则是银行新开发的表外业务。这些新型的金融工具能改善资本比率，有利于提高银行收益与竞争能力，但同时也带来了高风险。由于许多金融创新产品交易在资产负债表上没有相应科目，因而也被称为"资产负债表外交易"，简称"表外交易"。目前市场上令人眼花缭乱的针对机构和个人的理财产品，其背后实质都是银行利用衍生产品交易进行资产负债管理，降低银行潜在利率、汇率风险，帮助客户提高预期收益率。

2. 投资银行业务

投资银行业务的基本种类有：证券的发行与承销、证券交易、并购、融资融券、顾问咨询等。国外很多银行都是综合性的，因此可以涉足投资银行业务，我国目前还不允许。

3. 信息咨询业务

商业银行利用在知识、信息、人才、技术和信誉等方面的优势，接受客户委托，根据客户要求，采取科学的手段和方法，对有关信息进行收集、整理、分析、论证，向客户提供具有一定权威性、可靠性的经济金融信息、企业管理方案等。

4. 网上银行

网上银行是指商业银行利用互联网技术，通过互联网向客户提供开户、销户、查询、对账、行内转账、跨行转账、信贷、网上证券、投资理财等服务项目，使客户足不出户就能安全便捷地管理存款、支票、信用卡及个人投资等。网上银行是互联网上的虚拟银行柜台。

5. 国际中间业务

国际中间业务的基本种类主要有：国际结算业务、外汇买卖业务、外汇信托业务、国际信托投资业务、国际租赁业务、咨询业务、外汇担保业务等。国际结算业务主要有国外汇款、托收和信用证业务。外汇买卖业务是指商业银行按客户要求买入或卖出外汇的业务，包括即期、远期、掉期外汇买卖、套汇交易和期权交易等。国际信托业务是商业银行接受客户委托所从事的外汇信托存款、信托贷款以及信托投资业务。国际租赁业务是出租人用自筹或借入的资金从国外购入或租入设备，供承租人在约定的期限内使用。外汇担保业务是商业银行以开具保函形式进行的一种向投资方提供某些有价值保证的书面凭证。

四、商业银行经营管理

（一）商业银行经营管理原则

由于商业银行经营的是一种特殊的商品——货币，所以决定了它具有和其他金融机构不同的经营理念。商业银行的经营有三条原则：盈利性、流动性和安全性。

1. 盈利性

盈利性是商业银行在其业务经营活动中必须力求获取最大限度的利润的要求。只有在保持理想的盈利水平的情况下，商业银行才能够充实资本，增强经营实力，提高竞争能力。商业银行经营绩效的财务指标通常有资产利润率（ROA）和资本利润率（ROE），用公式表示为：

$$ROE = ROA \cdot EM$$

其中，ROE=净利润/股东权益；ROA=净利润/总资产；股权乘数 EM=总资产/股东权益。

2. 流动性

流动性原则是指商业银行应保持适量的流动性资产，随时满足客户提取存款、增放贷款的需求的能力，其中随时满足客户的提款要求是最重要的，如果由于银行资产的流动性不足，不能满足客户的提款要求，就会引发对银行的信用危机，造成挤兑，可使银行立即陷入破产清理的困境。所以，银行经营坚持流动性原则是至关重要的。为了保证银行的支付能力，一方面在安排资金运用时，要力求流动性资产占适当比例；另一方面要力求负债的结构合理，并保持有较多的融资渠道和较强的融资能力。

3. 安全性

安全性原则是指避免经营风险、保证资金安全的要求。银行经营与一般工商企业不同，其自有资本占比很小，主要依靠吸收客户存款或对外借款用于贷款和投资。在资金运用中，由于种种可确定的和不可确定的原因，存在着信用风险、利率风险等。如果本息不能按时、足额收回，必然会削弱甚至使银行丧失清偿能力，危及银行自身的安全。所以，坚持安全性原则，力求避免或减少各种风险造成的损害，历来都是银行家们高度重视的事情。

"三性原则"既有统一的一面，又有矛盾的一面。一般来说，安全性与流动性是正相关的：流动性较强的资产，风险小，安全有保障，但安全性、流动性与效益性往往有矛盾，效益性较高的资产，往往流动性较差，风险较大。因此，银行在其经营过程中，经常面临两难选择：为增强经营的安全性、流动性，就要求把资金尽量投放在短期周转的资金运用上，而这样又会影响银行的盈利水平；为了增加盈利，就要求把资金投放于周转期较长但收益较高的贷款和投资上，这就不可避免地给银行经营的流动性、安全性带来威胁。因此银行只能从实际出发，在"三性"中寻求一个最佳平衡点，在保障银行经营安全和必要的支付能力的前提下，将利润提高到最大的限度，这是商业银行经营管理的核心内容。

（二）商业银行经营管理理论与方法

随着各个历史时期经营条件的变化，西方商业银行经营管理理论经历了资产管理、负债管理、资产负债结合管理和资产负债外管理的演变过程。

1. 资产管理

资产管理是早期西方商业银行的经营管理理论，这种理论认为应当将商业银行经营管理的重点放在资产方面。因为当时银行资金来源大多是吸收活期存款，负债业务主要取决于客户的存取意愿，银行处于被动地位。所以银行只能对资产主动管理，努力实现资产结构的优化调整。随着经济环境的变化和银行经营业务的发展，资产管理理论经历了以下三个不同的发展阶段：

第一阶段：商业贷款理论。该理论认为，商业银行在分配资金时应着重考虑保持高度的流动性，因为银行的主要资金来源是流动性很高的活期存款。由于存款决定是外在的，银行资金的运用只能是短期的工商企业周转性贷款。商业银行不宜发放不动产抵押贷款和消费贷款，即使发放这些贷款，也应将其限定在银行自有资本和现有储蓄存款水平的范围内。

第二阶段：可转换理论。该理论认为，流动性要求仍然是商业银行需特别强调的，但银行在资金运用中可持有具有可转换性的资产。这类资产应具有信誉高、期限短、容易转让的特性，使银行在流动性需要时可随时转让它们，获取所需资金。资产可转换理论的出现导致银行资产组合中的票据贴现和短期国债比重迅速增加。

第三阶段：预期收入理论。该理论认为，商业银行的流动性状态从根本上取决于贷款的按期还本付息，这与借款人未来的预期收入和银行对贷款的合理安排密切相关。贷款期限并非一个绝对的控制因素，只要贷款的偿还期有保障，银行按照贷款各种期限合理组合，使资金回流呈现出可控制的规律性，同样可保障银行的流动性。这种理论推动商业银行业务向经营中长期设备贷款、分期付款的消费贷款和房屋抵押贷款等方面扩展。但它显然也有缺陷。银行将资产经营建立在对借款人未来收入的预测上，而预测不可能完全准确，尤其是在长期放款和投资中，借款人的经营情况可能发生变化，因而到时并不一定具有偿还能力。

基于以上资产管理理论的资产管理方法有两种：资金汇集法和资金分配法。

（1）资金汇集法。其主要内容是：把存款和各种来源的资金汇集起来，然后将这些资金在各种资产之间按优先权进行分配。银行需要首先确定资产流动性和盈利性需要的比例，然后把资金分配到最能满足这些需要的资产上，如图 5-2 所示。

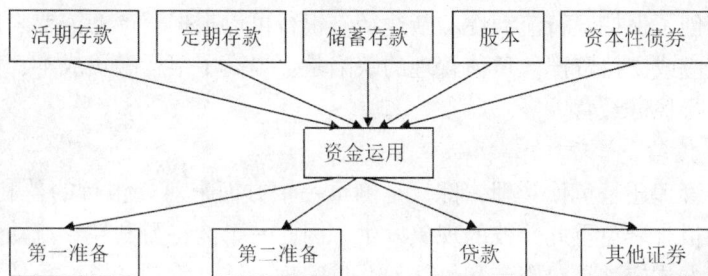

图 5-2 资金汇集法简图

按流动性优先的顺序将资产分为流动性资产、贷款和其他证券。流动性资产由第一准备和第二准备构成。第一准备是商业银行的现金资产，第二准备是短期证券、短期票据和短期贷款，用来补充第一准备的不足。贷款在资金分配中享有第三优先权，银行在满足两个准备需要后，银行资金就被分配到贷款上。资金分配的最后一个顺序是进行收益投资，银行在满足客户合理贷款需求后的剩余资金，可以投资于较长期限的、高收益的证券。

（2）资金分配法。其基本内容是：把现有资金分配到各类资产上时，应使这些资金来源的周转速度与相应的资产期限相适应，就是银行的资产与负债的偿还期应保持高度的对称关系。具有较低周转速度的存款主要分配到长期的、收益高的资产项目上；反之，周转速度较高的存款则主要分配到短期的、流动性高的资产项目上。若定期存款所占比重较高时，银行可以降低现金资产比重而增加中长期贷款；若活期存款所占比重较大时，银行就应多留一些现金资产，并侧重于短期贷款或购买短期证券。如图5-3所示。

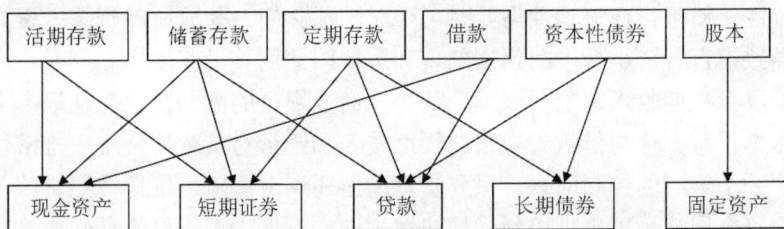

图5-3　资金分配法简图

2. 负债管理

20世纪60年代后，随着金融市场利率的升高，Q条例等金融法规的存在，产生了"脱媒"现象，即当市场利率高于Q条例所规定的存款利率的最高限时，存款者纷纷提款，直接购买带有各种市场利率的有价证券，从而使存款机构的存款大量流失。面对这种情况，银行已不能再忽视根据资金来源的性质、成本来进行资金运用决策。负债管理是商业银行通过调整资产负债表中负债方的项目，通过在货币市场上主动负债，或者购买资金来增强流动性，扩大资产规模。负债管理的产生，使商业银行的负债业务从被动转向主动，开创了保持银行流动性的新途径。银行可以根据资产的需要来调整和组织负债，让负债适应或支持资产。负债管理的缺陷是：提高了银行融资成本；增加了经营风险；不利于银行稳健经营。

3. 资产负债结合管理

无论资产管理还是负债管理，都只是侧重一个方面来对待银行的盈利性、流动性、安全性，于是很难避免重此轻彼的现象发生。因此一个能将盈利性、流动性和安全性三者结合的管理方式应该是对资产和负债的并重管理、结合管理。资产负债管理并不是对前面两种理论的否定，而是将资产和负债两个方面加以对照，对应地进行分析，根据银行经营环境的变化协调各种不同的资产和负债在利率、期限、风险和流动性等方面的搭配，以贯彻经营总方针。

资产负债管理在商业银行中有两种方法：一是资金缺口管理（Funding Gap Management），银行根据对利率波动的预测，相机调整利率敏感资金的配置，以实现目标的净利息差额率；二是久期缺口模型（Duration Gap Management），银行通过对总资产和总负债持续期缺口的调整，使银行保持一个正的权益净值。

（1）资金缺口管理。净利差（利息收入减去利息支出）是商业银行主要的利润来源，它受利率的影响很大。因此只有控制利率敏感性资产（浮动利率资产，RSA）与利率敏感性负债（浮动利率负债，RSL），才能控制住银行净利差。资金缺口（GAP）是指利率敏感性资产与利率敏感性负债之间的差额，用于衡量银行净利息收入对市场利率的敏感程度。用公式表示为：

资金缺口＝利率敏感性资产−利率敏感性负债

利率敏感比率＝利率敏感性资产/利率敏感性负债

资金缺口表示利率敏感性资产和利率敏感性负债之间绝对量的差额，而利率敏感比率则反映了它们之间相对量的大小。当利率敏感性资产大于利率敏感性负债时，为正缺口，敏感比率大于1；当利率敏感性资产小于利率敏感性负债时，为负缺口，敏感比率小于1；当利率敏感性资产等于利率敏感性负债时，为零缺口，敏感比率等于1。当市场利率变动时，资金缺口和利率敏感比例的数值将直接影响银行的利率收入。如表5–12所示。

表5–12　资金缺口、利率敏感比率、利率变动与银行净利息收入变动之间的关系

资金缺口	利率敏感比率	利率变动	利息收入变动	变动幅度	利息支出变动	净利息收入变动
正	>1	上升	增加	>	增加	增加
正	>1	下降	减少	>	减少	减少
负	<1	上升	增加	<	增加	减少
负	<1	下降	减少	<	减少	增加
零	=1	上升	增加	=	增加	不变
零	=1	下降	减少	=	减少	不变

（2）久期缺口模型。1938年美国经济学家麦考利提出了久期的概念，久期也称持续期，是指固定收入金融工具的所有预期现金流入量的加权平均时间，反映了现金流量的时间价值。计算公式为：

$$D = \frac{\sum_{t=1}^{n} \frac{tC_t}{(1+i)^t} + \frac{nF}{(1+i)^n}}{P}$$

其中，t为该金融工具现金流量所发生的时间；C_t为第t期的现金流；F为该金融工具的面值或到期日价值；n为到期期限；i是当前的市场利率；P表示该金融工具的市场价值或价格。

久期缺口管理就是银行通过调整资产与负债的期限与结构，采取对银行净值有利的久期缺口策略来规避银行资产与负债的总体利率风险。当利率变动时，不仅仅是各项利率敏感性资产与负债的收益与支出会发生变化，利率不敏感资产与负债的市场价值也会

不断变化。久期缺口是银行资产久期与负债久期和负债资产现值比乘积的差额。用公式表示为：

$$D_{GAP} = D_A - UD_L$$

D_{GAP}是久期缺口，D_A是资产久期，D_L是负债久期，U是负债资产系数，即总负债/总资产$= P_L / P_A$。

当久期缺口为正值时，银行净值随利率上升而下降，随利率下降而上升；当久期缺口为负值时，银行净值随市场利率上升而上升，随利率下降而下降；当久期缺口为零时，银行净值在利率变动时保持不变。

4. 资产负债外管理

20 世纪 80 年代以来，在放松管制和金融自由化的背景下，银行业的竞争空前激烈，来自传统存贷业务的利差收益减少，同时许多非银行金融机构正逐步介入银行的传统业务，这迫使商业银行寻找新的管理思想来摆脱困境。资产负债外管理思想提倡在传统的银行负债和资产业务以外去寻找新的经营领域，开发新的盈利空间，大力开展表外业务，如金融信息服务、衍生金融工具的交易等。还可以将原本的资产负债表内业务转化为表外业务，如将贷款转让给第三者，将存款转售给急需资金的单位等。开发表外业务不需上缴法定准备金，从程序上避开了对银行资本充足率的要求，较少接受监管部门的管理，从而降低了银行的经营成本。

资产负债外管理理论不是对资产负债管理理论的否定，而是补充。目前二者都被应用于发达国家商业银行的业务经营管理之中。

练习题：

一、单选题

1. 我国商业银行仅就贷款可能发生的损失提取准备金，称(　　)。

    A. 资本准备金　　　　　　　　　B. 贷款损失准备金

    C. 证券损失准备金　　　　　　　D. 不良贷款拨备

2. (　　)是指商业银行为满足客户保值或自身风险管理等方面的需要，利用合适的金融工具进行的资金交易活动，包括代客债券买卖、外汇买卖、结售汇，以取得汇差收入或手续费收入的业务。

    A. 交易类中间业务　　　　　　　B. 承诺类中间业务

    C. 担保类中间业务　　　　　　　D. 咨询顾问类中间业务

3. (　　)是指存款人将资金按某一固定利率和期限存入银行并获得的可在市场上转让买卖的存单形式凭证。

    A. 可转让支付命令账户（NOWs）　　B. 货币市场存款账户（MMDAs）

    C. 自动转账制度（ATs）　　　　　D. 可转让定期存单

4. 商业银行的经营有三条原则，其中不包括(　　)。

A. 风险性   B. 盈利性

C. 流动性   D. 安全性

5. 金融创新增强了货币供给的(　　　　)。

A. 内生性   B. 外生性

C. 可测性   D. 可控性

6. 现代商业银行区别于早期商业银行，在于它有(　　　)职能。

A. 信用中介   B. 支付中介

C. 信用创造   D. 服务职能

7. 商业银行最基本及最能反映其经营活动特征的职能是(　　　)

A. 信用中介   B. 支付中介

C. 信用创造   D. 金融服务

8. 我国现行金融中介机构体系的主体是(　　　　)。

A. 商业银行   B. 中央银行

C. 政策性银行   D. 非银行金融机构

9. 间接融资领域中的金融机构有(　　　　)。

A. 证券公司   B. 证券交易所

C. 投资基金公司   D. 商业银行

10. (　　　)不属于商业银行资产管理理论。

A. 自偿性理论   B. 购买理论

C. 预期收入理论   D. 销售理论

11. 次级债（附属债券）是商业银行的(　　　　)。

A. 贷款形式   B. 债务性资本

C. 存款性负债   D. 资本准备金

12. 商业银行最重要的资金运用是(　　　　)。

A. 流动性资产   B. 贷款

C. 证券投资   D. 结算业务

13. 根据《巴塞尔协议》的规定，银行的总资本占加权风险总资产的比重不得小于(　　　)。

A. 4%   B. 8%

C. 10%   D. 50%

14. 银行办理票据贴现业务属于商业银行的(　　　)。

A. 中间业务   B. 负债业务

C. 表外业务   D. 资产业务

15. 银行所持有的国库券是商业银行经营中的(　　　　)。

A. 第一道防线   B. 第二道防线

C. 第三道防线   D. 第四道防线

16. 以下业务中属于商业银行的表外业务是(　　　　)。

A. 结算业务   B. 信托业务

C. 承诺业务   D. 代理业务

17. 下列商业银行负债项目中属于被动型负债的是(　　)。

A. 吸收居民储蓄   B. 发行可转让存单

C. 进行同业市场回购交易   D. 申请中央银行再贷款

二、多选题

1. 金融中介机构的存在有其必要性，其主要原因包括(　　)。

A. 金融中介机构能克服直接融资中资金供求双方在市场信息方面的非对称现象

B. 通过金融中介机构融通资金能有效地降低交易成本

C. 通过金融中介机构融通资金能有效地降低风险

D. 通过金融中介机构融通资金能够提高资金的利用效率

2. 西方间接金融机构按业务特点和基本功能为标准，可分为(　　)。

A. 存款类金融机构   B. 契约类金融机构

C. 投资类金融机构   D. 中介类金融机构

3. 存款类金融机构也称融资类金融中介机构，是指主要通过吸收存款作为资金来源，并向需要资金的各经济主体发放贷款而获取收益的金融中介机构，其典型代表有(　　)。

A. 商业银行   B. 储蓄机构

C. 信用合作社   D. 保险公司

4. 存款类金融机构在资产和负债方面所具有的共同特点是(　　)。

A. 资产的主要表现形式为贷款   B. 资产的主要表现形式为证券投资

C. 负债的主要表现形式为各类存款   D. 负债的主要表现形式为借入资金

5. 投资类金融机构，是指发售基金份额汇集投资者资金，通过专家理财，以组合投资的方法进行证券投资的金融机构，主要包括(　　)。

A. 证券投资基金   B. 养老基金

C. 货币市场共同基金   D. 金融公司

6. 按设立的方式分类，证券投资基金可分为(　　)。

A. 契约型基金   B. 封闭式基金

C. 公司型基金   D. 开放式基金

7. 证券交易所的功能主要体现在(　　)。

A. 为证券交易提供场所和服务   B. 组织和管理证券交易

C. 维持证券的市场能力   D. 经济信息来源之一

8. 政策性金融机构的主要特点是(　　)。

A. 有政府的财力支持和信用保证   B. 不以追求利润最大化为目的

C. 具有特殊的融资机制   D. 具有特定的业务领域

9. 征信机构是指依法设立的专门从事征信业务即信用信息服务的机构，它可以是一个独立的法人，也可以是某独立法人的专业部门，征信机构分为(　　)。

A. 信用调查机构   B. 信用信息登记机构

C. 信用评级机构　　　　　　　　D. 信用管理机构

10. 由于我国国情，金融机构的划分口径与国外有所不同，分为(　　)。

A. 商业银行　　　　　　　　　　B. 政策性金融机构

C. 非银行金融机构　　　　　　　D. 外资金融机构

11. 我国的商业银行分为(　　)。

A. 国有控股商业银行　　　　　　B. 其他股份制商业银行

C. 城市商业银行　　　　　　　　D. 农村商业银行

12. 中国农业发展银行的主要任务是(　　)。

A. 以国家信用为基础，筹集农业政策性信贷资金

B. 承担国家规定的农业政策性金融业务

C. 代理财政性支农资金的拨付

D. 筹集和引导境内外资金，重点向国家基础设施、基础产业和支柱产业项目以及重大技术改造和高新技术产业化项目发放贷款

13. 商业银行的职能包括(　　)。

A. 信用中介　　　　　　　　　　B. 支付中介

C. 信用创造　　　　　　　　　　D. 金融服务

14. 商业银行的主要业务包括(　　)三大类。

A. 负债业务　　　　　　　　　　B. 资产业务

C. 表外业务　　　　　　　　　　D. 中间业务

15. 按照 1988 年《巴赛尔协议》的规范，商业银行资本由核心资本和附属资本构成。其中附属资本包括(　　)。

A. 股本和盈余　　　　　　　　　B. 普通呆账准备金

C. 重估准备　　　　　　　　　　D. 资本性债务和未公开储备

16. 商业银行除了以存款性资金作为主要的资金来源以外，还通过各种借入资金渠道获取所需要的资金，形成非存款性资金。非存款性资金来源主要包括(　　)等。

A. 同业拆借　　　　　　　　　　B. 向中央银行借款

C. 回购协议　　　　　　　　　　D. 在国际金融市场融资以及结算性负债

17. 现金资产也称第一准备，是满足银行流动性需要的第一道防线。现金资产是银行资产中最具流动性的部分，是银行的非营利性资产。包括(　　)。

A. 库存现金　　　　　　　　　　B. 在中央银行的存款

C. 托收未达款　　　　　　　　　D. 存放同业存款

18. 西方商业银行经营管理理论经历了(　　)的演变过程。

A. 资产管理　　　　　　　　　　B. 负债管理

C. 资产负债结合管理　　　　　　D. 资产负债外管理

19. 商业银行的资产业务包括(　　)。

A. 放款　　　　　　　　　　　　B. 投资

C. 租赁　　　　　　　　　　　　D. 信贷

20. 随着金融市场的蓬勃发展，金融机构之间的竞争越来越激烈，金融创新不断出现。不少发达国家的商业银行业务经营逐渐多元化，主要表现包括(　　)。

A. 金融全球一体化　　　　　　　　B. 业务品种增加

C. 业务国际化　　　　　　　　　　D. 业务领域的扩大

21. 下列属于存款类金融机构的是(　　)。

A. 商业银行　　　　　　　　　　　B. 投资基金

C. 投资银行　　　　　　　　　　　D. 储蓄银行

22. 下列金融机构中，属于非银行金融机构的有(　　)。

A. 储蓄银行　　　　　　　　　　　B. 信用合作社

C. 投资银行　　　　　　　　　　　D. 财务公司

23. 下列各项中，属于商业银行主动负债的有(　　)。

A. 定期存款　　　　　　　　　　　B. 发行大额可转让存单

C. 发行金融债券　　　　　　　　　D. 同业拆入

三、判断题

1. 我国融资格局是以间接融资为主，商业银行贷款是企业外源融资的主渠道。

(　　)

2. 政策性金融机构是我国金融中介机构的主体，在我国信用活动中起着主导作用。

(　　)

3. 政策性银行是由政府投资设立的、根据政府的决策和意向专门从事政策性金融业务的银行。它们的活动以营利为目的，并且根据具体分工的不同，服务于特定的领域。

(　　)

4. 我国政策性金融机构包括政策性银行、金融资产管理公司和出口信用保险公司等。

(　　)

5. 我国的信托投资公司是在改革开放后开始发展的。我国最早成立的中国国际信托投资公司创办于 1979 年 10 月。

(　　)

6. 在我国基金托管人只能由依法设立并取得基金托管资格的商业银行来担任。

(　　)

7. 我国的证券交易所是按公司制方式组成，为证券集中交易提供场所和设施，组织和监督证券交易，实行自律管理的不以营利为目的的事业法人。　(　　)

8. 商业银行营业盈余属于外源资本；资本盈余是指商业银行在筹集资本中形成的资本溢价、股票溢价、法定资产重估增值，以及接受捐赠的资产价值等，属于内源资本。

(　　)

9. 表外业务是指不构成商业银行表内资产、表内负债，形成商业银行非利息收入的业务。　(　　)

10. 长期贷款的证券化和票据发行便利都属于增加流动性金融创新。　(　　)

11. 商业银行的表外业务主要有贷款承诺、证券代理、担保和信托咨询服务。

(　　)

四、名词解释

1. 间接金融机构　　　2. 直接金融机构　　　3. 存款类金融机构

4. 契约类金融机构　　5. 投资类金融机构　　6. 投资银行

7. 核心资本　　　　　8. 附属资本　　　　　9. 中间业务

10. 表外业务　　　　11. 资产证券化　　　　12. 资金缺口

13. 久期

五、简答题

1. 简述金融中介机构存在、发展的必要性。

2. 请比较间接金融中介机构与直接金融中介机构的区别。

3. 试述商业银行资产负债管理理论。

4. 什么是证券回购协议？其与证券抵押贷款有何不同？

5. 抵押贷款与质押贷款有哪些共性和区别？

6. 简述商业银行资本的构成。

7. 商业银行的资金来源主要有哪些？

8. 商业银行的中间业务与表外业务有何联系和区别？

六、计算题

假设你是一家银行的经理，该银行拥有 1500 万美元固定利率资产和 3000 万美元利率敏感型资产、2500 万美元固定利率负债、2000 万美元固定利率敏感型负债。请对这家银行做一缺口分析，并说明当利率上升 5 个百分点时对这家银行的利润将有何影响。你能采取什么样的措施来减少银行的利率风险？

七、论述题

1. 加入世界贸易组织后我国国有商业银行为什么要大力扩展中间业务？

2. 请结合美国次级债危机的影响，论述商业银行的经营原则及其相互关系。

八、案例分析题

1. 阅读下面两家银行的资产负债表，回答问题：

① 这两家银行资本对总资产的比率是多少？

② 哪一家银行的资产结构更具流动性？

③ 经过一段时间，哪一家银行的存款更可能发生较大的变化？

④ 哪一家银行会引起管理当局更多的关注？

资本比重大的银行　　　　　　　　　　　　　　单位：百万美元

资产		负债	
现金资产	10	活期存款	80
短期证券	5	储蓄存款	15
长期债券	25	小额定期存款	5
贷款	70	资本项目	10
总资产	110	总负债和资本	110

资本比重小的银行　　　　　　　　　　单位：百万美元

资　产		负　债	
现金资产	20	活期存款	30
短期证券	25	储蓄存款	20
长期债券	25	小额定期存款	50
贷款	35	资本项目	5
总资产	105	总负债和资本	105

　　2. 1998 年 4 月 6 日，美国花旗银行（Citi Bank）的母公司花旗公司（Citi Corp）和旅行者集团（Travelers Group）宣布合并，这一消息给国际金融界带来了极大的震动。这次合并之所以引人注目，不仅仅是因为其涉及 1400 亿美元资产而成为全球最大的一次合并，更重要的是，一旦这次合并得到美国联邦储备委员会的批准，合并后的实体将成为集商业银行、投资银行和保险业务于一身的"金融大超市"，从而使"金融一条龙服务"的梦想成为现实。

　　花旗公司原为全美第一大银行，1996 年美国化学银行和大通曼哈顿银行合并后，屈居次席。旅行者集团是一家总部设在纽约的老字号保险金融服务公司，是道琼斯 30 种工业股票中的一员。它早期以经营保险业为主，在收购丁美邦经纪公司后，其经营范围扩大到投资金融服务领域。1997 年底又以 90 多亿美元的价格兼并了所罗门兄弟公司，成立了所罗门—美邦投资公司，该公司已居美国投资银行的第二位。至此，旅行者的业务已包括投资服务、客户金融服务、商业信贷和财产及人寿保险业四大范围。

　　合并后的新公司将命名为"花旗集团"（Citi Group）。旅行者集团首席执行官斯坦福·韦尔和花旗公司董事长约翰·里德同时担任花旗集团董事会主席。根据协议，旅行者集团的股东将以 1 股换新公司 1 股，花旗公司的股东将以 1 股换新公司 2.5 股的方式获得新公司的股份。合并完成后，原来的两家公司各持新公司股份 50%。根据两家公司原来的财务及业绩计算，新组成的花旗集团 1997 年的资产为 7000 亿美元，流通股市值超过 440 亿美元。以市值而言，是全球最大的金融服务公司，新组成的花旗集团将集中于传统的商业银行业务、消费者信贷、信用卡业务、投资银行业务、证券经营业务、资产管理业务及地产保险和人寿保险等业务。韦尔说，新集团将成为一家经营全球多元化消费者金融服务的公司，一家杰出的银行，一家全球性资产管理公司，一家全球性投资银行及证券交易公司，一家具有广泛经营能力的保险公司。花旗公司和旅行者集团即将合并的消息在世界金融界引起了巨大的震动。欧、日对此极为不安，欧洲舆论呼吁欧洲金融界尽快采取类似的兼并行动以防止美国金融界独霸全球；日本认为，花旗集团的出现使日本中小银行面临更为严峻的生存压力，同时也将冲击亚洲金融界。可以预料，花旗集团的出现将在美国乃至世界的银行与金融服务公司之间引起新一轮的兼并和合并浪潮，从而形成更多业务广泛的金融集团公司。

　　思考题：

　　本案例中，你认为有哪些原因促使花旗公司和旅行者集团合并？

第六章　金融市场与金融工具

【学习目的】

掌握金融市场的构成要素、分类。界定金融工具含义、特征和主要划分。理解金融市场的职能与作用。掌握货币市场、资本市场和衍生金融市场的构成、交易机制和参与主体。理解大额可转让定期存单的特点和发展状况。掌握债券、股票、投资基金的特征及分类。了解债券、股票的发行与流通情况。掌握证券投资基金的运作与监管。熟悉远期、期货、期权、互换的异同点。

"旧时王谢堂前燕，飞入寻常百姓家。" 20世纪70年代以来始于欧美的金融创新风起云涌，特别是最近10年来，金融工具更是推陈出新，金融市场的变化令人目不暇接。

2007年爆发的美国次债危机，不仅让MBS、ABS、CDO等这些只有专业人士才熟悉的金融工具见诸大刊小报，甚至连国内经济学人都不甚了解的CDO2工具都一股脑地进入了中国民众的视野。一场现代金融知识的"爆炸"扑面而来。

次债危机展示了金融迷幻般的魔力和冲击力。由衍生金融产品组成的产品链一旦出现问题，便山崩地裂，连那些叱咤风云的华尔街巨头，次债危机的始作俑者——美林、花旗、贝尔斯登也未能幸免。华尔街是世界金融中心，该市场小小的波动就可能在遥远的东京、悉尼等金融市场引起海啸，科技和通信领域如闪电般迅速的进步，使全世界的人们可以空前地彼此接近，就像托马斯·弗里德曼所说，"世界是平的"。

金融市场就像海洋一样，它是一个庞大而神秘的有机体，无数市场参与者的生命构成了它的生命，无数市场的参与者的性格，形成它的性格。金融市场可以给市场参与者带来极大的便利和丰富的资源，但也可以使无视市场规律者、企图操纵市场者受到惩罚，远有300多年前英国巴林银行的倒闭，近有中航油新加坡的沉没。金融市场这个海洋既可以载舟，也可以覆舟。

第一节　金融市场概述

市场是资源配置的各种交易机制和交易关系的总和。社会再生产活动是由生产、交换、分配和消费四大环节组成的周而复始的循环过程，与之相适应的资源配置也主要分为满足生产需要的要素资源配置和满足交换、分配和消费需要的产品资源配置。现代经济中不论是要素资源配置，还是产品资源配置，都表现为金融市场对资金盈余部门和资金短缺部门之间的资金融通，资源配置是由资金配置引导、实现的，因此资金配置成为整个经济的基础，金融市场也成为统一市场体系的基础性市场。

一、金融市场定义与特点

金融即资金融通和货币流通，是货币资金的供给者与需求者之间以各种方式转移货币资金的活动。在现代经济条件下，这种货币资金的转移是通过各种金融工具的交易实现的。所谓金融市场，就是指进行金融交易的场所和各种金融工具交易行为的总和。

金融市场作为各种金融工具交易的场所，它既包括特定的有组织的交易场所，如银行和其他金融机构的营业厅、各类有价证券的营业部、交易所，也包括非特定的无组织的场外交易场所；既包括具体有形的交易场所，也包括无形的交易场所，亦即利用现代技术设施建立起来的交易网络。

金融市场作为各种金融工具交易行为的总和，包括了货币和货币资金的融通在内的全部内容，泛指资金供求双方运用各种金融工具，通过各种途径进行的以货币资金为交易对象的全部金融性交易活动，如存款、贷款、信托、租赁、保险、票据贴现与抵押、股票、债券买卖、黄金外汇交易等。

金融市场相对产品市场和要素市场而言，具有以下四个特点：

（1）交易对象具有特殊性。金融市场实际的交易对象是货币资金，是一种特殊的商品。尽管在市场上直接的交易对象是以金融工具（也称金融资产）为主的金融产品，但是金融工具不过是货币资金的交易载体而已，所以双方交易的是金融产品所代表的货币资金。

（2）金融市场上供求双方的交易关系不仅是买卖关系，还是一种借贷关系和委托—代理关系，是以信用为基础的资金的使用权和所有权的暂时分离或有条件的让渡。

（3）金融市场的交易往往不受时间、场所的限制，在当今信息化时代，随着通信技术和互联网的飞速发展，任何时间、任何地点都可以实现交易。尽管当今有形的金融市场十分重要，但是金融市场无形化发展的趋势越来越明显。金融市场大部分交易没有固定的场所，交易活动可以通过电话、电传、计算机来进行，所以金融市场可以看作是一种交易行为过程或机制。

（4）金融市场的价格机制已经成为整个国民经济价格体系的基础价格。不论是要素市场还是产品市场，其市场价格体系都必须参考金融市场价格而变化，例如利率、汇率和某些衍生金融工具价格的变动都会通过成本机制影响要素或产品的价格，进而影响整个经济社会的资源配置。

二、金融市场要素

金融市场的构成要素主要有以下四个方面：金融市场主体、金融市场客体、金融市场中介、金融市场价格。

（一）金融市场主体

金融市场主体就是金融市场上的交易者，如果按交易关系划分，可分为两大类：一类是资金的需求者，另一类是资金的供给者。但是，资金的需求者与资金的供给者并不是截然分开的，大多数金融市场的交易者既是资金的需求者，也是资金的供给者。金融市场的交易者如果按经济部门来划分，通常包括居民家庭、企业和政府部门。

1. 居民家庭

居民家庭作为整体来看，其货币收入除去必要的消费，一般会出现剩余，通常人们会将这部分剩余资金存入银行、购买股票、债券等，因而是金融市场的主要的资金供给者和金融工具的购买者。居民个人在金融市场上购买金融工具，一方面可以获得投资或投机收益，另一方面也能通过合理的资产组合规避投资风险。当然某些居民家庭也可能是金融市场的资金需求者，当其收入或储蓄不能满足其超前消费的需求时，他们会向金融市场融入资金，如向商业银行取得住房贷款、汽车贷款、耐用商品分期付款等。

2. 企业

工商企业作为整体来看是金融市场上的资金需求者，因为工商企业的内部积累速度总是赶不上其扩大再生产的速度。但是，对于不同的企业，有些企业可能是金融市场的资金需求者，而另一些企业可能是金融市场的资金供应者。在生产经营过程中，由于产供销渠道与环节的差异，周期性和季节性的影响，会出现一些企业暂时性资金盈余和另外一些企业暂时性资金短缺。资金盈余的企业可以通过在金融市场上购得金融工具，将其暂时盈余的资金投资于生息资产，而资金短缺企业可以在金融市场上发行金融工具，如股票、债券等，从而得到所需的资金。

3. 政府部门

在金融市场上，政府首先是资金的需求者。对中央政府来说，在财政收支发生年度内暂时性不平衡时，需要以发行短期国债等方式，向金融市场融通短期资金；在入不敷出、发生财政赤字时，则需要以发行长期国债等方式，向金融市场融通长期资金。政府也是资金的供给者。它向地方财政、国有企业等公共部门、向民间特定的领域和政策性金融机构提供稳定资金，调整经济结构，或影响整个经济活动的规模。尽管财政资金的投放不通过金融市场进行，但财政资金的供应可以改变金融市场上资金的供求关系，所以，政府仍然被认为是金融市场的资金供应者之一。

(二) 金融市场客体

金融市场客体就是金融市场上的主要交易对象。从表面上看，金融市场上是以金融工具为主要的交易对象，但实质上金融市场真正的交易对象是货币资金，人们在金融市场上交易的最终目的是取得货币资金，投向商品生产和流通领域，金融工具不过是货币资金融通的载体而已。

金融工具又称金融资产、信用工具，金融工具代表了所有权、债权、货币要求权和一定的收益权，因而本质上是虚拟资本。金融工具往往载明了金融交易金额、期限、价格。金融工具在金融市场上融通资金的过程中发挥着两方面的重要作用：促进资金从其盈余方向其短缺方流动，使收益和风险在资金供求双方重新分布。

由于金融市场是公开的，金融工具买卖是以非特定的单位和个人为对象，如果金融工具不能取得社会的广泛信任和认同，就无法实现交易，由此在金融市场上交易的金融工具具有比普通信用工具更高的信用品质。一个健全、完善的金融市场能够向市场交易主体提供多种多样的信用品质好的金融资产和金融工具，以满足投资者的不同需要，促进货币资金的流动，顺利实现社会资源的优化配置。

(三) 金融市场中介

金融市场中介是指在金融市场上充当交易中介，从事交易或促使交易完成的组织、机构或个人。金融市场中介是金融市场上资金供应者和需求者之间的桥梁，在信息不完全的市场中，金融中介可以克服直接融资信息不对称的缺陷，为不同的资金供需者提供服务，促进资金融通顺利高效地实现。

金融市场中介可分为两类：一类是金融市场商人，也称金融市场经纪人，有货币经纪人、证券经纪人、保险经纪人、外汇经纪人等；另一类是机构媒体或组织媒体，如商业银行、证券公司、证券交易所等金融机构。金融市场中介和金融市场主体都是金融市场的参与者，都参与金融市场的交易过程，但是两者在金融市场上的作用是有差别的。从在金融市场发挥的功能角度看，金融市场中介是真正的资金需求者与供给者之间实现资金融通的中介和桥梁，扮演的是市场组织者的角色；它们参与交易的目的，是为了获取佣金或利差。

(四) 金融市场价格

与普通商品市场一样，金融市场上的各种交易都是在一定价格下实现的，但是，金融市场上交易价格与商品市场上的交易价格在表现形式上是不一样的，商品市场上的交易价格是交易对象的全价值。而金融市场上的交易价格分为两种：一是借贷资金的交易价格——利率，因为资金借贷只让渡了资金的使用权，而没有让渡所有权，利率是让渡资金使用权而应获得的报酬。二是金融工具买卖价格或转让价格，其价格也按金融工具的全价值计算，因为这种交易的本质是所有权或债权的转移，例如，股票、债券一旦卖出，资金所有权或债权就转移了。

借贷资金的交易价格——利率，决定于平均利润率、金融市场借贷资金的供求状况、借贷资金供给者与需要者之间的竞争等；股票、债券等的交易价格决定于发行单位的盈利状况及增长潜力、投资者的年收益、供求关系和市场利率等。

三、金融市场功能

金融市场功能是指金融市场所特有的促进经济发展和协调经济运行的作用和机能。

(一) 金融市场的资源配置功能

金融市场的存在，第一，扩大了资金供求双方接触的机会，便利了金融交易。第二，金融市场为筹资人和投资人提供了能够满足其不同需要的多种金融工具，多种筹资和投资的方式，开辟了广阔的融资途径，有利于降低筹资成本，提高投资效益。第三，金融市场有利于实现资金的转化。可以通过金融工具的交易实现资金期限的转化和资金性质的转化。如股票、债券的发行，可以将分散在广大社会公众手中的短期闲置货币转化为长期资本，投入到生产过程中去，不仅实现了期限的转化，也实现了资金性质的转化。股票持有人在需要现金时，也可以将股票转让出去，从而使长期投资即刻转变为现金；远期票据的贴现能使将来的收入转变成即期收入等。资金灵活转化为各种投资者提供了便利，增强了市场对投资的吸引力。第四，在一个健康和健全的金融市场上，通过各种金融工具的交易形成了各种金融工具的价格，即收益率。在金融市场上，通过各种金融资产价格的变化，引导资金的流向，使资金在各个部门、各个产业和各个行业之间重新组合、重新配置，从而提高了资金的总体配置效率。在全球金融市场一体化的条件下，资源的优化配置不仅在一个国家范围内进行，而且也在世界范围内进行。

(二) 金融市场的反映功能

金融市场通过资金运动与国民经济的每一个部门紧密相连，是市场经济的核心枢纽。

从宏观角度，金融市场历来被称为国民经济的"晴雨表"和"气象台"，是公认的国民经济信号系统。经济的繁荣首先表现为金融市场的活跃，而经济的衰退往往以金融市场的萧条为前奏，这实际上就是金融市场反映功能的写照。

具体来说，金融市场的反映功能表现在以下三个方面：

首先，金融市场利率水平的升降，是反映社会资金供求状况的最灵敏的指示器。资金供过于求，利率势必会下降，反之则利率上升。

其次，股票价格变动既能够反映企业经营状况，又能够反映社会经济景气状况。

最后，金融市场上及时公布的各种金融信息，可以作为中央政府和中央银行进行金融管理和金融决策的依据，也可为企业经营、投资、筹资提供决策的依据。

(三) 金融市场的经济调节功能

金融市场对宏观经济有重要的调节作用。金融市场一边连着储蓄者，另一边连着投资者，金融市场的运行机制通过对储蓄者和投资者的影响而发挥作用。

首先，金融市场具有直接调节作用。金融市场通过其资源配置功能，将金融市场的投票权赋予资金供应者，对微观经济部门的效率提高具有极大的促进作用，进而提高整个宏观经济的运行质量。

其次，金融市场为金融管理部门进行金融间接调控提供了条件。金融直接调控就是中央银行用行政、计划的手段直接控制货币供应量、利率，影响投资和消费等实质经济活动的开展，进而实现货币政策的目标；而间接调控就是中央银行通过金融市场，利用货币政策工具等经济手段，影响和引导微观经济主体的行为，间接控制货币供应量、利率的变动，进而使实质经济变量发生变动，最终实现货币政策的调控目标。

金融市场在金融管理当局间接调控中所起的作用表现在三个方面：第一，中央银行实行宏观经济的间接调控，必须通过金融市场的利率传导机制传递政策信号，引导各微观经济主体的行为，影响货币需求；通过公开市场操作吞吐基础货币以调节货币供应量，进而实现货币政策目标。中央银行对货币需求的调控政策信号主要通过变动再贷款、再贴现利率来传递，再贷款、再贴现利率的提高和降低直接影响商业银行等金融机构对中央银行资金的需求；中央银行对货币供给量的调节主要通过公开市场业务，中央银行通过公开市场操作，吞吐基础货币，影响商业银行的超额储备。商业银行超额储备增减直接影响同业拆借市场的资金来源，其变化直接影响同业拆借利率，而同业拆借利率的变化又影响金融机构的信贷扩张能力，最终达到调节货币供应量的目的。第二，中央银行通过对资金供求的调整影响长期利率变化，从而对投资和消费产生影响，使宏观经济的运行符合货币政策的要求。第三，金融市场的发展，使金融机构更加广泛地参与金融市场的交易活动，从而使中央银行间接调控的范围和力度不断加强。

（四）金融市场的风险分散和转移功能

金融市场和金融工具的多样化为经济主体管理风险提供了条件。首先，金融工具的存在使大额投资分散化，使较大的投资风险由大量分散的投资者共同承担。其次，金融工具的多样化提供了不同的期限、收益和风险选择，资金供应者可以依据自己的收益风险偏好和流动性要求选择其满意的投资工具，实现资金效益的最大化。最后，由于不同的主体对风险的厌恶程度是不同的。利用各种金融工具，风险回避者可以把风险转嫁给风险追求者，从而实现投资风险的再分配。

四、金融市场的分类

金融市场是一个广义的概念，是一个庞大的市场体系，根据不同的标准，可以从不同的角度进行分类：

（一）按金融市场交易的期限可以分为货币市场和资本市场

货币市场又称为短期资金市场，是指融资期限在一年以内的资金市场，其资金主要用于短期生产周转需要。短期资金市场按交易的对象又可分为国库券市场、同业拆借市场、可转让存单市场、票据贴现、承兑市场，也包括短期借贷市场。资本市场又称长期资金市场，是指融资期限在一年以上的资金市场，其资金主要是用于固定资产投资的需要。长期资金市场按交易所的对象又可分为债券市场、股票市场、投资基金市场，也包括中长期借贷市场。

（二）按金融交易的功能可分为一级市场与二级市场

资金需求者将金融资产首次出售给公众时所形成的交易市场称为一级市场或初级市场、发行市场。在一级市场上主要的经营者是投资银行、经纪人和证券公司，他们承担政府或企业发行的各类金融工具的承销和分销业务。二级市场又称流通市场，是已经发行的金融工具进行买卖、流通时所形成的市场。二级市场是一级市场的存在与发展的重要条件：首先，二级市场是一级市场流动性的保证，投资者持有的金融资产需要变现时，可以在二级市场卖出；而拥有资金的投资者没有进入一级市场购买金融资产，可以随时在二级市场购买金融资产。其次，一级市场发行时，发行价格的制定必须参考二级市场的交易价格。

（三）按金融交易的组织形式可分为场内市场和场外市场

场内交易市场是指通过证券交易所进行证券买卖流通的组织方式。交易所是按政府有关证券管理部门批准，为证券集中交易提供固定场所、相关设施和交易规则，以形成公开、公平和公正交易的正式组织。当然，证券交易所本身不参与到金融市场交易中去，只是为证券交易提供场所和各项服务，并履行对参与交易所交易的各市场主体进行监督的职能。

场外交易市场是相对场内交易市场而言的，凡是在证券交易所之外的交易活动都可以纳入场外交易市场的范畴。在场外交易的参与主体中，最主要的是证券公司。它们分为两类：一类是自营类的，也就是以自己为主体参与市场交易；另一类是经纪类的，它们接受客户的委托，代理客户进行各项证券交易。由于场内交易的条件要求比较严格，因此广大的以个人为主的中小投资者无法进入场内市场交易，必须委托券商代理自己进行交易。

场外市场又可分为店头市场或柜台交易市场、第三市场和第四市场。最初的有价证券买卖由于交易所还没有成立，一般都是银行代理买卖，在银行进行，投资者买卖有价证券都是在银行柜台交易。随着银行业和证券业的分离，这种交易转为由证券公司来承办，在证券公司的柜台前交易，所以称为柜台市场。随着现代通信和交易技术的革新，客户不需要到证券公司柜台，直接电话或网络委托就可以交易了。

第三市场是指已经在证券交易所挂牌上市的证券移到交易所外进行交易而形成的市场。在这类市场上的参与主体主要是大型金融机构，如各类养老基金、互助基金、保险公司和投资公司等。他们直接交易，可以商谈交易佣金比例，避免了交易所交易佣金固定的弊病，降低了交易成本。

第四市场是指机构投资者之间进行直接的大宗交易所形成的市场。这类交易一般不通过经纪人，避免了佣金支出，降低了交易成本。同时，这类交易往往是交易双方通过计算机终端设备进行交易，转账快捷方便，交易可随时进行。另外，这类交易一般数额巨大，如果在交易所或柜台交易，会在短时间内对市场供求产生巨大冲击，从而引起有价证券的价格剧烈波动，因此，第四市场的私下直接交易有效地避免了这种冲击。

专栏 6-1

中国内地两大证券交易所

我国内地有两家证券交易所——上海证券交易所和深圳证券交易所。上海证券交易所于 1990 年 12 月 19 日正式营业；深圳证券交易所于 1991 年 7 月 3 日正式营业。两家证券交易所均按会员制方式组成，是非营利性的事业法人。上海证券交易所的运作系统包括竞价交易系统、大宗交易系统、固定收益证券综合电子平台；深圳证券交易所的运作系统包括集中竞价交易系统、综合协议交易平台。

2004 年 5 月，经国务院批准，中国证监会批复同意深圳证券交易所在主板市场内设立中小企业板块，并核准了《深圳交易所设立中小企业板块实施方案》。为了促进自主创新企业及其他成长型企业的发展，作为多层次资本市场体系的重要组成部分的创业板于 2009 年 3 月推出。

（四）按金融交易的交割时间可分为现货市场与期货市场

现货市场是指金融工具的买卖双方在谈妥一笔交易以后，马上办理交割手续，一手交钱一手交货，钱货当场两清。随着金融市场的发展，大宗交易的钱货往往难以当即两清，于是现货市场允许交易双方在一定期限内完成钱货两清的交割，这个期限一般是指在达成交易的当天算起三个交易日内。

期货市场是指金融工具买卖双方在达成一项交易后，立即签订合约，双方就交易品种、数量、成交价格、交割时间等达成协议，交易完成后双方不必立即付款提货，到了合约规定的交割日才履行钱货两清的手续。期货市场上期货合约约定的交割时间一般都在 3 天以上 1 年以内。到期交割时，交易双方既可以进行实物交割，也可以按合约标的物交割时的市场价格与合约价格的差额实行差价结算。

（五）按金融交易的方式可分为直接金融市场和间接金融市场

直接金融市场指的是资金需求者通过直接融资方式直接从资金盈余者那里融通资金的市场，直接金融市场一般是通过资金需求者发行直接证券，如债券和股票，资金的盈余者在金融市场上购买直接证券的方式在金融市场上实现资金的融通。在直接金融市场上金融中介机构一般不参与融资双方的对手交易，但是有时为交易双方牵线搭桥，提供交易平台或服务，并收取佣金。

间接金融市场则是通过银行等金融中介机构作为媒介来进行资金融通的市场。在间接金融市场上，资金盈余者购买银行等金融中介机构发行的间接证券，然后再由金融中介机构将筹集的资金以贷款的形式提供给资金需求者。在此过程中，一般资金盈余者只拥有对金融中介机构的债权，而不能对资金的最终使用者提出权利要求。

（六）按金融交易的范围可分为国内金融市场和国际金融市场

国内金融市场是指金融交易的范围仅限于一国之内的市场，它除了包括全国性的以本币计值的金融资产交易市场之外，还包括一国范围内的地方性、区域性金融市场。

国际金融市场是指金融资产的交易跨越国界进行的市场，其中，国际借贷、外汇买卖、黄金交易等，都构成了国际金融市场融资活动的主要内容。

（七）按成交与定价方式可分为公开市场与议价市场

公开市场指的是金融资产的交易价格通过众多的买主和卖主公开竞价而形成的市场。一般在有组织的证券交易所进行。

在议价市场上，金融资产的定价与成交是通过私下协商或面对面的讨价还价方式进行的。在市场经济发达的国家，绝大多数债券和中小企业的未上市股票都通过这种方式交易。

另外，按金融交易对象划分，可分为股票市场、债券市场、票据市场、存单市场、外汇市场、黄金市场、保险市场、衍生品市场等；按金融交易的场所划分，可分为有形市场和无形市场等。

第二节　金融工具

一、金融工具概念及特征

（一）金融工具的概念

金融工具是指金融交易中所发生的债权债务关系的书面证明。之所以称为"工具"，是因为这种债权债务关系的书面证明是资金供应者和资金需求者之间实现资金融通的工具，或者形象地说它是资金或资本融通的载体，借助这个载体实现资金或资本由供应者向需求者的转移。金融工具也常被称为"金融资产"，因为金融工具代表的是债权，持有它就拥有了债权，代表着财产、财富，因此金融工具又成为金融市场上投资、买卖的对象，从这个意义上它又是一种资产。

（二）金融工具的特征

金融工具的特征概括起来有"四性"：偿还性、流动性、收益性和风险性。

1. 偿还性

偿还性即债权人或投资人可按信用凭证上所记载的应偿还债务的时间，到时收回债权金额。

多数金融工具在发行时都注明有明确的收回债权的期限，但也有例外。有的金融工具没有偿还期限，例如股票和永续债券，只付息不还本；还有的金融工具没有固定的偿还期限，例如银行支票，只要存款人在银行有活期存款，存款人就可以随时签发支票，银行作为债务人必须见票即付。

同时，我们还要认识到金融工具的偿还期是一个相对的概念，在债权人和债务人眼里的偿还期往往是不一样的，债务人眼里的偿还期是从金融工具发行到债务期满的全部时间。而债权人眼里的偿还期是他接受金融工具时起到债务期满的这段时间，例如，某投资人2005年购入某种2000年发行的公债，公债上注明2010年到期，那么债务人

（债券的发行人）眼里的偿还期是发行之日算起到 2010 年共 10 年时间，而在债权人（债券的持有人）眼里偿还期则是从 2005 年购入公债起到 2010 年共 5 年时间。

2. 流动性

流动性是指金融工具在不受或少受损失的情况下随时或迅速变为现金的能力。

对金融工具的所有者来说，流动性大小包含两方面的含义：一是能不能方便地随时自由变现；二是变现过程中损失的程度和所耗交易成本的大小。能随时、自由地卖出而换取现金的金融工具，其流动性越强；变现过程中付出的代价越高，流动性越差，而付出的代价越低，则流动性越强。一般来说，流动性和偿还期成反比，即偿还期越长，流动性越差；与债务人的信用能力成正比，即债务人的信誉越高，流动性越强。

3. 收益性

收益性即金融工具具有定期或不定期地给持有者带来收益的特性。金融工具的收益有两种：一种是固定收益，也称名义收益，就是投资人按信用工具在票面或存单上载明的利率或收益率取得的收益。另一种是实际收益，包括利息或股息收入，以及资本损益之和，资本损益是指金融工具购买价格与市场转让价格的差额，如果转让价格高于购买价格，差额就是资本收益；反之就是资本损失。

4. 风险性

风险性是指金融工具购买者收回本金和预期收益的安全保证程度。任何一种金融工具的本金和收益都存在着遭受损失的可能性，风险主要来自两个方面：一是信用风险，即债务人不履行合同，不按期偿还本金和支付利息的风险；二是市场风险，即由于市场利率、汇率等发生变化而引起的金融工具市场价格下跌的风险。例如，市场利率上升，股票价格下跌，就会造成股票持有者的资本损失。

一般来说，金融工具的风险性与偿还期限成正比，与流动性及债务人的信誉成反比。

二、金融工具的分类

金融工具种类很多，可从不同的角度来划分：

1. 按照发行者本身的性质来划分，金融工具主要可以分为直接金融工具和间接金融工具

直接金融工具是指最后贷款人与最后借款人之间进行直接融资活动所使用的工具，金融工具的发行者就是最后的贷款人或最后的借款人，如商业票据、债券、股票等。间接金融工具是指金融机构在最后贷款人和最后借款人之间充当中介，进行间接融资活动所使用的金融工具，金融工具的发行者是金融中介机构，如银行存单、银行券、人寿保险单和银行票据等。

2. 按照接受程度来划分，金融工具主要可以分为具有普遍接受性的金融工具和具有有限接受性的金融工具

前者是指为社会公众所普遍接受的，在任何场合都能充当交易媒介和支付手段的金融工具，如中央银行发行的货币、商业银行发行的银行支票、汇票和银行的活期存款单

等。后者是指可接受的范围和数量受到一定限制的金融工具。如商业票据、企业债券、股票等，这些金融工具的可接受程度要受发行企业的经济实力及信誉的影响。

3. 按照偿还的时间来划分，金融工具主要可分为货币市场金融工具和资本市场金融工具

货币市场金融工具一般指偿还期限在 1 年以下的金融工具，也称短期金融工具，如国库券、商业票据、可转让存单、回购协议等。资本市场金融工具是指偿还期限在 1 年以上的金融工具，也称长期金融工具，如公债券、股票等。

4. 按照发行基础划分，金融工具可分为基础金融工具和衍生金融工具

基础金融工具也称为原生金融工具或传统金融工具，是指在实际信用活动中所发行的能证明债权债务关系或所有权关系的合法凭证，主要有商业票据、债券等债权债务凭证和股票、基金等所有权凭证。基础金融工具是金融市场上使用最广泛的工具，主要依据自身收益定价，是引导资金进入产业领域的媒介。衍生金融工具是在基础金融工具之上衍生出来的金融工具，具体来说衍生金融工具是以基础金融工具为买卖对象而衍生出的金融工具，衍生金融工具的价值决定于它所代表的基础金融工具价值的变动，衍生金融工具一般以合约的形式出现。主要有金融期货合约、金融期权合约、互换合约、远期利率协议等。

三、基础金融工具

（一）货币市场金融工具

1. 票据

票据是承诺或命令付款的短期支付凭证。票据的签发有法定格式，具有以下几个主要特征：

流通性：这是指票据可以通过背书转让或交付转让的方式进行流通，并且在到期之前可以以贴现方式变现。记名票据可以背书转让，不记名票据无须背书就可以转让。

无因性：这是指持票人对票据债务人提示票据，要求其履行债务时，不负责证明出票原因，到期债务人必须无条件付款，假如到期票据有关内容出现问题一般由债务人负无限责任，背书人负连带责任。

自偿性：这是指票据往往对应于商品生产和销售，随着产销过程的完成，形成了销售收入后，可用收入来偿还票据债务。

完全性：这是指票据是一种以支付一定金额为目的的有价证券，票据所表示的权利与票据是融为一体的，票据的签发意味着权利的产生，票据的转移意味着权利的转移，行使票据权利则必须提示票据。

票据按照出票人可以划分为商业票据和银行票据两大类。商业票据是由工商企业签发的，由工商企业之间的商品交易形成的短期无担保债务凭证，主要是商业期票和商业汇票。商业票据是商业信用所产生的票据，一般期限比较短，商品性较强。银行票据则是银行基于银行信用签发的短期支付凭证，主要有汇票、本票、支票等。银行票据多为支付凭证，用于资金的划拨结算。

（1）汇票（Draft 或 Drill of Exchange）。汇票是由出票人签发的、要求受票人按指定日期向收款人（持票人）无条件支付一定款额的支付命令书。按照出票人不同，可以将汇票分为商业汇票和银行汇票。商业汇票产生于企业之间商品交易中的延期支付。商业汇票是由债权人（卖方企业）向债务人（买方企业）签发的支付命令书，命令债务人在约定的期限内支付一定款项给第三人或持票人。一般来说，出票人在签发汇票的同时，还附上货运清单。因此，这类汇票也称为跟单汇票（Documentary Bill）。由于商业汇票是由债权人发出的，所以必须经过票据的承兑手续才能生效。所谓承兑，就是承认兑付，指票据发行人将汇票提交给债务人或担保人，经债务人和担保人签字、盖章承诺到期付款的一种手续，承兑后承兑人在法律上负有到期付款的义务。这种经过承兑的汇票称作承兑汇票。承兑如果由企业作出称作商业承兑汇票，如果由银行作出则称作银行承兑汇票。因此商业汇票的关系人有出票人（债权人）、付款人（债务人）、受款人（持票人）、承兑人（承诺对债务负责的付款者或担保者）。

银行汇票是汇款人将款项交存当地银行，再由当地银行签发的、要求异地往来银行在一定时间内无条件支付给持票人汇款金额的支付命令书。根据汇票的传递方式不同又分为电汇和信汇；按发票地和付款地的不同，可分为当地汇票、国内汇票和国外汇票；按付款期限不同，可分为即期汇票和远期汇票；按收款人不同，可分为记名汇票和不记名汇票；由于一般情况下，银行汇票不附任何单据，因此也称光票。

（2）本票（Promissory Note）。本票是出票人签发的按指定时间向持票人无条件支付一定金额的票据，即由债务人向债权人发出的保证按指定时间无条件付款的书面承诺。本票有两个当事人：一是出票人，即债务人；二是收款人，即债权人。本票按出票人的身份不同，可分为银行本票和商业本票。银行本票是银行开出的向持票人无条件支付一定金额的票据，主要用途是为了代替现金。商业本票一般是由规模大、信誉好的企业为了筹集短期资金而发行的票据，需有金融机构担保，也称短期债券。根据付款期限的不同，本票又可分为即期本票和远期本票。即期本票是见票即付的本票，远期本票是必须到约定日期才可付款的本票，所以，远期本票又称期票。

（3）支票（Cheque）。支票是活期存款人向银行签发的，要求银行从其活期存款账户上，无条件支付一定金额给持票人或指定人的书面凭证。支票原本用于同城票据交换地区内的单位和个人之间的款项支付和结算，自 2007 年 6 月 25 日起支票实现了全国通用，异城之间也可使用支票进行支付和结算。支票是一种支付凭证，也具有出票人、收款人和付款人三个基本关系人。支票种类很多，有记名支票（也称抬头支票）和不记名支票（也称来人支票）；现金支票与转账支票（也称划线支票）等。在发达国家，支票是最普遍的支付工具，既可用于大额支付，也可用于小额支付。按照规定，中国支票分四种：支票上印有"现金"字样的为现金支票，只能用于支取现金而不能转账；支票上印有"转账"字样的为转账支票，只能用于转账而不能支取现金；支票上未印有"现金"或"转账"字样的为普通支票，既可用于转账也可用于支取现金；如果在普通支票的左上角划两条平行线为划线支票，只能用于转账而不能支取现金。

2. 信用证（Letter of Creadit）

信用证是金融机构尤其是商业银行承诺付款的凭证，它是指一家银行对受益人发出的函件，说明该银行授权另一家银行在函件规定的条件下，把一定金额的款项付给受益人或函件指定人，也是一种支付工具，主要包括旅行信用证和商业信用证。旅行信用证又称货币信用证，是一种可多次使用的异地支付凭证。旅行者在出发前将款项存在银行，银行开出旅行信用证，旅行者可以凭借信用证向指定的所在地银行取款。商业品信用证是主要用于国际结算的一种付款承诺书，它是由商业银行受客户委托开出的，证明客户有支付能力并保证支付的信用凭证，客户申请开立信用证时，往往必须在银行存入相当金额的保证金。商业信用证与承兑汇票一起使用，形成现在非常普遍的国际信用证结算方式。

3. 信用卡（Credit Card）

信用卡是一种卡基的支付工具，它以磁卡来存储相关信息，并具备储蓄、消费、转账结算、存取现金和透支等功能。信用卡是消费信用的产物，具有"先消费，后付款"的特点，主要分贷记卡和借记卡。贷记卡是真正意义的信用卡，具有透支、转账结算和提取现金的功能。借记卡也称储蓄卡，是以活期储蓄存款账户为基础，具有储蓄、转账结算和存取现金的功能，但不能透支。

专栏 6-2

信用卡于 1915 年起源于美国

最早发行信用卡的机构并不是银行，而是一些百货商店、饮食业、娱乐业和汽油公司。美国的一些商店、饮食店为招徕顾客，推销商品，扩大营业额，有选择地在一定范围内发给顾客一种类似金属徽章的信用筹码，后来演变成为用塑料制成的卡片，作为客户购货消费的凭证，开展了凭信用筹码在本商号或公司或汽油站购货的赊销服务业务，顾客可以在这些发行筹码的商店及其分号赊购商品，约期付款。这就是信用卡的雏形。

据说有一天，美国商人弗兰克·麦克纳马拉在纽约一家饭店招待客人用餐，就餐后发现他的钱包忘记带在身边，因而深感难堪，不得不打电话叫妻子带现金来饭店结账。于是麦克纳马拉产生了创建信用卡公司的想法。1950 年春，麦克纳马拉与他的好友施奈德合作投资一万美元，在纽约创立了"大来俱乐部"（Diners Club），即大来信用卡公司的前身。大来俱乐部为会员们提供一种能够证明身份和支付能力的卡片，会员凭卡片可以记账消费。这种无须银行办理的信用卡的性质仍属于商业信用卡。

1952 年，美国加利福尼亚州的富兰克林国民银行作为金融机构首先发行了银行信用卡。1959 年，美国的美洲银行在加利福尼亚州发行了美洲银行卡。此后，许多银行加入了发卡银行的行列。到了 20 世纪 60 年代，银行信用卡很快受到社会各界的普遍欢迎，并得到迅速发展，信用卡不仅在美国，也在英国、日本、加拿大以及欧洲各国盛行起来。从 20 世纪 70 年代开始，中国香港、中国台湾、新加坡、马来西亚等发展中国家和地区，也开始发行信用卡业务。

4. 国库券（Treasury Bonds）

国库券是财政部门为弥补财政赤字而发行的短期国债，它具有流动性高、风险小、投资方便和收益较高等特点，是将流动性与收益性协调较好的信用工具。国库券的收益性之所以相对较高，是因为其利率往往设定为与同期储蓄存款利率一致，但可以免除利息税。国库券的风险小是因为国库券的发行以国家税收能力担保，因此通常被认为是不具有违约风险的有价证券，正因为如此，国库券利率是货币市场工具中利率最低的，并成为货币市场基准利率之一。国库券的面额非常小，是中小投资者能在货币市场上直接购买的唯一有价证券，是非常方便的投资工具。

中国国库券的特点是期限一般较长，少有 1 年期以下的品种。这种短债长发的状况既有财政部门偏好长期国债的原因，也有债券市场结构不完善的原因。

5. 可转让大额定期存单

可转让大额定期存单是由商业银行发行的一种存款人在银行存款的证明，是定期存款单的一种。银行发行的可转让定期存单，与传统定期存款单不同，其特点为：①不记名。传统定期存款单均为记名存款单，而可转让大额定期存单是不记名的。②可转让。传统定期存款单只能由存款人到期支取，未到期不可转让买卖，而未到期的可转让大额定期存单可以自由转让、买卖，在市场上流通。③面额大。传统定期存款单的面额不固定，最低存款数额也不受限制，由存款人自己决定，而可转让大额定期存单面额较大，金额固定，如美国的最低面额为 10 万美元，一般都在 50 万美元以上，有的高达 100 万美元。④期限短。传统定期存款单既有短期的，也有长期的，而可转让大额定期存单的存款期限短，平均为 4 个月左右，最低为 7 天，最高一般在 1 年以内。⑤利率形式灵活、利率水平高。传统定期存款单实行固定利率，而可转让大额定期存单的利率有各种形式：固定的、浮动的，一般高于同期的传统定期存款单利率。

20 世纪 60 年代初期，美国市场利率上涨，高于 Q 条例规定的上限，传统定期存单是记名的，不能自由转让，只能到期取款，流动性很差，而且受美国 Q 条例限制，银行对定期存款不能支付竞争性利息，从而使传统定期存款吸引力大大降低，美国许多企业或个人宁可用闲置的资金投资利率较低，但流动性较好的有价证券，如银行承兑汇票、商业本票、国库券等，也不愿存定期存款，其结果造成了银行信贷资金来源的减少，这种现象也就是所谓的"脱媒"现象。为了规避美国法律的约束，扩大信贷资金来源，美国的花旗银行设计了一种新的可以转让的大额定期存款单，并在金融市场上买卖转让，成为一种颇受市场欢迎的优良的金融资产，其他商业银行也纷纷效仿。

（二）资本市场金融工具

资本市场金融工具主要指资本证券，是融资期限在 1 年以上的各种信用凭证，亦即通常所说的有价证券。资本市场金融工具主要包括股票、中长期债券和证券投资基金等。

1. 股票

股票是股份公司（包括有限公司和无限公司）在筹集资本时向出资人发行的股份凭证。代表着其持有者（股东）对股份公司的所有权。同一类别的每一份股票所代表的公司所有权是相等的。每个股东所拥有的公司所有权份额的大小，取决于其持有的股票数量占公司总股本的比重。股票一般可以通过买卖方式有偿转让，股东能通过股票转让收回其投资，但不能要求公司返还其出资。股东与公司之间的关系不是债权债务关系。股东是公司的所有者，以其出资额为限对公司负有限责任，承担风险，分享收益。

（1）股票具有以下一些经济特性：

①不可偿还性。股票是一种无偿还期限的有价证券，投资者认购了股票后，就不能再要求退股，只能到二级市场卖给第三者。股票的转让只意味着公司股东的改变，并不减少公司资本。从期限上看，只要公司存在，它所发行的股票就存在，股票的期限等于公司存续的期限。

②参与性。股东有权出席股东大会，选举公司董事会，参与公司重大决策。股票持有者的投资意识和享有的经济利益，通常是通过行使股东参与权来实现的。股东参与公司决策的权利大小，取决于其所持有的股份的多少。从实践中看，只要股东持有的股票数量达到左右决策结果所需的实际多数时，就能掌握公司的决策控制权。

③收益性。股东凭其持有的股票，有权从公司领取股息或红利，获取投资的收益。股息或红利的大小，主要取决于公司的盈利水平和公司的盈利分配政策。股票的收益性，还表现在股票投资者可以获得价差收入或实现资产保值增值。通过低价买入和高价卖出股票，投资者可以赚取价差利润。

④流通性。股票的流通性是指股票在不同投资者之间的可交易性。流通性通常以可流通的股票数量、股票成交量以及股价对交易量的敏感程度来衡量。可流通股数越多，成交量越大，价格对成交量越不敏感（价格不会随着成交量而一同变化），股票的流通性就越好，反之就越差。股票的流通，使投资者可以在市场上卖出所持有的股票，取得现金。通过股票的流通和股价的变动，可以看出人们对于相关行业和上市公司的发展前景和盈利潜力的判断。那些在流通市场上吸引大量投资者、股价不断上涨的行业和公司，可以通过增发股票，不断吸收大量资本进入生产经营活动，收到优化资源配置的效果。

⑤价格波动性和风险性。股票在交易市场上作为交易对象，同商品一样，有自己的市场行情和市场价格。由于股票价格要受到诸如公司经营状况、供求关系、银行利率、大众心理等多种因素的影响，其波动有很大的不确定性。正是这种不确定性，有可能使股票投资者遭受损失。价格波动的不确定性越大，投资风险也越大。因此，股票是一种高风险的金融产品。

（2）股票的分类：股票分类方法很多，主要有以下几种：

①按股东权益的差异划分，可分为普通股票和优先股票两大类。普通股票是指对股东享有的权利和应负的义务，不加以特别限制，并根据股份有限公司利润的大小而分取相应股息的股票。普通股票是股份有限公司发行的一种基本股票，它是公司存在的基础，是公司资本金的最主要来源。普通股票是最标准的股票，它在股份有限公司规定的股东权利和义务上不附加任何条件。普通股票的持有者是公司的基本股东，他享有股东

的所有权利，也承担相应的义务。在金融市场上交易的股票，一般都是普通股票，如果不加特殊说明，股票便是指普通股票。普通股股东享有股份有限公司规定的所有权利，包括参与生产经营的管理权与表决权、对盈利分配权、对剩余财产的索取权和对新股认购权等。优先股票是相对于普通股票而言的，它是指享有优先于普通股股票分取公司收益和剩余财产的股票。优先股票享有分配公司收益和剩余财产的优先权，但是同时股东权利也受到一些限制。

与普通股票相比，优先股票的特点主要有：股息事先确定，不随公司盈利多少而变化；股利分派先于普通股（先支付债券利息，再支付优先股股利，最后才是普通股红利）；在公司破产清算时，对剩余财产的分配顺序先于普通股票。从安全性考虑，优先股票比普通股票风险小。但从收益性考虑，优先股票可能比普通股票要低，公司经营状况越好，这种收益差别就越大，这也是市场上"收益与风险成正比"规则的反映。但是与优先股享受的优先权利相适应，优先股比普通股享有的权利范围小，一般没有选举权和被选举权，对公司的重大经营决策也没有投票权。由于优先股股息固定，类似于债券，但优先股票同样是所有权证书，股东不能退股，在某些情况下还有投票权，所以它又具有股票的基本特征。从投资者角度看，优先股票介于公司债券和普通股票之间。

优先股票也有不同的类型：若按股息分派能否跨年度累积划分，可分为累积优先股票和非累积优先股票。累积优先股票是指股息的分派可以逐年累积的股票。如果公司当年因盈利不足不能分派原已确定的股息时，该种股票持有人可以在下年股息分派时得到补发；这种权利年年有效，股息可逐年累积，公司只在全部分派完优先股票股息后才能分派普通股票的红利。非累积优先股票是指股息的分派以年为计算单位。如果当年度公司经营不好，盈利不足或亏损，不能分派优先股票的股息或者只能分派原定股息的一部分，在这种情况下，持有优先股票的股东不能要求在下一年度补发，也就是说，这种优先股票的股息不能逐年累积，只按年度计算。

优先股票若按参与公司盈利分配的方式划分，可分为参与优先股票和非参与优先股票。参与优先股票是指这种股票的持有人可以分两次参加公司盈利分配，第一次是先获得固定股息，第二次是在公司盈利超过一定数额以后，与普通股票一起再参与红利的分配；非参与优先股票是指只按原来规定拿固定股息，不管公司经营状况多好，都无权参与红利的再分配。

优先股票若按能否转换成普通股票划分，可分为可转换优先股票和不可转换优先股票。可转换优先股票可以在一定条件下，向公司申请把优先股票转换成普通股票；不可转换优先股票则不能实现这种转换。

优先股票若按发行公司是否有权收回划分，可分为可回购优先股票和不可回购优先股票。可回购优先股票是指股份公司在发行这种股票时即规定，在一定条件下，公司有权按某种价格将这种股票收回。这种股票收回的权力在公司，如果公司认为收回这种股票对公司有利，那么它就可能行使这种权力；如果公司认为收回不利，它就可能不行使这种权力。不可回购优先股票是指无论在什么情况下发行公司都不能将这种股票收回。

②按股票票面上是否标明金额为标准划分，可分为有面额股票和无面额股票。有面额股票是在股票票面上标明每股金额的股票（有面额股票的票面金额又称"股票面值"或"票面价值"）。对于股票的面值，有的国家作了规定，如日本规定不低于 500 日元、法国规定不低于 100 法郎等，有的国家则没有具体规定，允许股份公司自主决定（一般在公司章程中注明），如英国、美国等。我国深圳、上海等地发行的股票，面额一般有 1 元、10 元、20 元、50 元、100 元等（有面额股票的面值以股为单位标明，反映的是每一股份对发行公司所有权的占有比例。如某一公司发行股票的票面价值总额为1000 万元，每一股的面值为 100 元，那么，持有一张股票即表示对该公司拥有十万分之一的所有权）。无面额股票在股票票面上不记载金额，而只在票面上标明每股占公司资本总额的比例，如标明每一股占公司总资本的万分之一、千分之一等。这种无面额股票又称"份额股票"。

③按股票票面上是否记载股东姓名划分，可分为记名股票和无记名股票。记名股票在票面记载股东的姓名，同时也在股份公司的股东名册上登记。这类股票在转让时必须到股份公司办理过户手续，否则，即使已经买了股票，也不能行使股东权利。无记名股票在票面上不记载股东姓名，股票的实际持有人就是股份公司的股东，谁得到股票，谁就可以行使其股权。无记名股票的转让比较自由，不必办理过户手续，也不必登记。这类股票的发行各国掌握都比较严，一般都是记名股票。

④按人们对公司股票的评价划分，可分为蓝筹股票、周期性股票、成长性股票、防守性股票、投机性股票等。蓝筹股票是指一些信誉卓著、资本雄厚、经营效果好、事业处于稳定上升阶段的大公司发行的股票，这类股票一般都在证券交易所挂牌上市，安全性、流动性、收益性都较高，被众人看好，人们乐于接受，因此又被称为"热门股"或"绩优股"。

周期性股票是指那些经营受经济周期波动影响较大的公司所发行的股票。由于经济周期的作用，公司盈利也呈波动状态。当经济周期处于繁荣时期，该类股票的收益就高，市场价格也会上升；反之，当经济萧条时，该类股票的收益就低，市场价格也会下降，如钢铁企业、水泥企业、制造企业、纺织企业等。

成长性股票是指正处于飞速发展时期的公司所发行的股票。这类公司大都是一些高新技术产业部门的领军者。这类股票由于公司事业在上升时期，收益额增长快，所以股票价格上升也快。

防守性股票是指事业发展比较平稳的公司所发行的股票。这类股票受经济周期影响较小，收益比较可靠、稳定，风险不大。当外部条件好时，这类股票的收益可能比其他股票低；但当外部条件不好时，这类股票的收益要比其他股票高。这类公司大都是那些生产生活必需品的行业和部门，如食品、医药、公共事业、交通、水电、通信等部门。由于这些部门的经营状况比较稳定，收益可靠，比较适合那些不愿冒险的投资者。

投机性股票是指那些价格很不稳定或公司前景很不确定的股票。像 ST 类股票，该类股票经营已遇到严重困难，濒临破产，需要彻底改造，资产重组才能起死回生，因而投资这类股票既有很大的风险，也可能有巨大的收益。有一些善于经营的投资专家专门收购破产企业的股票。这些股票看起来投资风险很大，但公司一旦重组成功，利润往往是成倍增长，股价也会成倍增长，使投资人大为受益。因此，这类股票具有一定的投机性，经常会吸引一批富有冒险精神的投资者。

⑤我国股票分类的特殊性。需要说明的是，我国股票的分类，与国际上通行的分类办法有所不同：

按投资主体划分，我国将股票分为国家股、法人股、个人股和外资股。国家股又称国有股，是指有权代表国家的政府机构以国有资产直接投资所形成的股份；法人股是指由法人单位以其可支配的资产进行投资而形成的股份；个人股是指由个人投资者以其合法资产进行投资所形成的股份，个人投资者包括社会公众个人和公司内部职工；外资股是由港、澳、台地区以及外国的投资者投资所形成的股份。

按发行和流通原结算货币划分，我国将股票分为人民币股票和人民币特种股票。人民币股票是以人民币发行、计价、流通和结算的股票，又称人民币 A 种股票，人民币股票由国内投资者和经证监会批准的境外投资者（QFII）认购和买卖，在国内上市和流通。人民币特种股票是以人民币标明面值，以外币发行、计价、流通和结算的股票，人民币特种股票依其发行和上市地点不同又分为 B 股、H 股、N 股、S 股、L 股。在国内发行和上市的人民币特种股票称为 B 种股票，B 股分别在深、沪交易所上市，深圳用港币进行交易，上海用美元进行交易。除 B 股以外，人民币特种股票还有几种是境内公司在境外发行，由境外投资者用外币购买的股票。H 股是在香港证券联合交易所上市交易的港元股票。N 股是在美国纽约证券交易所上市交易的美元股票。S 股、L 股则分别是在新加坡交易所上市的新加坡元股票和在伦敦交易所上市的英镑股票。

按股本募集方式划分，我国将股票分为公开股票和内部股票。公开股票是指公开向社会投资者公开募集形成的股票，这部分股票经批准后可以在证券交易所公开挂牌交易，所以又称为流通股。内部股票是指股份公司成立时向特定投资者私募发行形成的股票，包括国家股、法人股和职工内部股，根据国家以前的规定，内部发行形成的国家股、法人股不能上市流通。而职工内部股在股份公司上市 3 年后除了高管人员持有的股票之外可以上市流通。1998 年以后组建的上市公司已不允许向内部职工发行股票，但是一些由国有企业改组为股份公司的上市公司仍然保留有大量不上市流通的国家股和法人股，给中国股票市场发展造成巨大障碍，是中国股票市场最大的制度性缺陷。2005年 4 月以来开展的股权分置改革就是为了彻底解决这个问题，运用对价的方法解决非流通股股东与流通股股东在利益上的矛盾，实现国家股和法人股上市流通。

2. 中长期债券

（1）债券的含义。债券是国家政府、金融机构、企业等机构直接向社会借债筹措资金时，向投资者发行，并且承诺按规定利率支付利息并按约定条件偿还本金的债权债务凭证。由此，债券包含了以下四层含义：①债券的发行人（政府、金融机构、企业等机构）是资金的借入者。②购买债券的投资者是资金的借出者。③发行人

（借入者）需要在一定时期还本付息。④债券是债的证明书，具有法律效力。债券购买者与发行者之间是一种债权债务关系，债券发行人即债务人，投资者（或债券持有人）即债权人。

根据偿还期限的不同，债券可分为长期债券、中期债券和短期债券。一般说来，偿还期限在10年以上的为长期债券；偿还期限在1年以下的为短期债券；期限在1年或1年以上、10年以下（包括10年）的为中期债券。中长期债券是资本市场金融工具，短期债券，如国库券划归为货币市场金融工具。

（2）债券要素。债券作为证明债权债务关系的凭证，一般用具有一定格式的票面形式来表现。通常，债券票面上基本标明的内容要素有：①债券的票面价值（包括币种和票面金额）。②还本期限和方式。③债券的利率和付息方式。④发行者的名称，地址。⑤债券发行的日期和编号。⑥发行者的印记和法定代表人的签章。⑦审批机关批准发行的文号、日期等。

（3）债券的特征。债券作为一种重要的融资手段和金融工具具有以下特征：①偿还性。债券一般都规定有偿还期限，发行人必须按约定条件偿还本金并支付利息。②流通性。债券一般都可以在流通市场上自由转让。③安全性。与股票相比，债券通常规定有固定的利率。与企业绩效没有直接联系，收益比较稳定，风险较小。此外，在企业破产时，债券持有者享有优先于股票持有者对企业剩余资产的索取权。④收益性。债券的收益性主要表现在两个方面：一是投资债券可以给投资者定期或不定期地带来利息收入；二是投资者可以利用债券价格的变动，买卖债券赚取差额。

（4）债券的种类。

①按发行主体划分，债券可以分为政府债券、金融债券、公司（企业）债券。

政府债券是政府为筹集资金而发行的债券。主要包括国债、地方政府债券等，其中最主要的是国债。国债因其信誉好、利率优、风险小而又被称为"金边债券"。

金融债券是由银行和非银行金融机构发行的债券。在我国目前金融债券主要由国家开发银行、进出口银行等政策性银行发行。

公司（企业）债券是企业依照法定程序发行，约定在一定期限内还本付息的债券。公司债券的发行主体是股份公司，但也可以是非股份公司的企业发行债券，所以一般归类时，公司债券和企业发行的债券合在一起，可直接称为公司（企业）债券。

②按是否有财产担保划分，债券可以分为抵押债券和信用债券。

抵押债券是以企业财产作为担保的债券，按抵押品的不同又可以分为一般抵押债券、不动产抵押债券、动产抵押债券和证券信托抵押债券。以不动产如房屋等作为担保品，称为不动产抵押债券；以动产如适销商品等作为提供品的，称为动产抵押债券；以有价证券如股票及其他债券作为担保品的，称为证券信托债券。一旦债券发行人违约，信托人就可将担保品变卖处置，以保证债权人的优先求偿权。

信用债券是不以任何公司财产作为担保，完全凭信用发行的债券。政府债券属于此类债券。这种债券由于其发行人的绝对信用而具有坚实的可靠性。除此之外，一些公司也可发行这种债券，即信用公司债。与抵押债券相比，信用债券的持有人承担的风险较大，因而往往要求较高的利率。为了保护投资人的利益，发行这种债券的公司往往受到种种限制，只有那些信誉卓著的大公司才有资格发行。除此以外在债券契约中都要加入保护性条款，如不能将资产抵押其他债权人、不能兼并其他企业、未经债权人同意不能出售资产、不能发行其他长期债券等。

③按债券形态划分，债券可以分为实物债券、凭证式债券、记账式债券。

实物债券是一种具有标准格式实物券面的债券。它与无实物票券相对应，简单地说就是发给你的债券是纸质的而非计算机里的数字。在其券面上，一般印制了债券面额、债券利率、债券期限、债券发行人全称、还本付息方式等各种债券票面要素。其不记名，不挂失，可上市流通。实物债券是一般意义上的债券，很多国家通过法律或者法规对实物债券的格式予以明确规定。实物债券由于其发行成本较高，将会被逐步取消。

凭证式债券是指国家采取不印刷实物券，而用填制"国库券收款凭证"的方式发行的国债。我国从 1994 年开始发行凭证式国债。凭证式国债具有类似储蓄又优于储蓄的特点，通常被称为"储蓄式国债"，是以储蓄为目的的个人投资者理想的投资方式。从购买之日起计息，可记名、可挂失，但不能上市流通。与储蓄类似，但利息比储蓄高。

记账式债券指没有实物形态的债券，以计算机记账方式记录债权，通过证券交易所的交易系统发行和交易。我国近年来通过沪、深交易所的交易系统发行和交易的记账式国债就是这方面的实例。如果投资者进行记账式债券的买卖，就必须在证券交易所设立账户，所以，记账式国债又称无纸化国债。记账式国债购买后可以随时在证券市场上转让，流动性较强，就像买卖股票一样，当然，中途转让除可获得应得的利息外（市场定价已经考虑到），还可以获得一定的价差收益（不排除损失的可能），这种国债有付息债券与零息债券两种。付息债券按票面发行，每年付息一次或多次；零息债券折价发行，到期按票面金额兑付，中间不再计息。

由于记账式债券发行和交易均无纸化，所以交易效率高、成本低，是未来债券发展的趋势。

④按是否可以转换为公司股票划分，债券可以分为可转换债券和不可转换债券。

可转换债券是指在特定时期内可以按某一固定的比例转换成普通股的债券，它具有债务与权益双重属性，属于一种混合性筹资方式。由于可转换债券赋予债券持有人将来成为公司股东的权利，因此其利率通常低于不可转换债券。若将来转换成功，在转换前发行企业达到了低成本筹资的目的，转换后又可节省股票的发行成本。根据《公司法》的规定，发行可转换债券应由国务院证券管理部门批准，发行公司应同时具备发行公司债券和发行股票的条件。

不可转换债券是指不能转换为普通股的债券，又称为普通债券。由于其没有赋予债券持有人将来成为公司股东的权利，所以其利率一般高于可转换债券。

⑤按付息的方式划分，债券可以分为零息债券、定息债券和浮息债券。

零息债券也称贴现债券，是指债券券面上不附有息票，在票面上不规定利率，发行时按规定的折扣率，以低于债券面值的价格发行，到期按面值支付本息的债券。从利息支付方式来看，贴现国债以低于面额的价格发行，可以看作是利息预付，因而又可称为利息预付债券、贴水债券，是期限比较短的折现债券。

定息债券也称固定利率债券，是将利率印在票面上并按期向债券持有人支付利息的债券。该利率不随市场利率的变化而调整，因而固定利率债券可以较好地抵制通货紧缩风险。

浮息债券也称浮动利率债券，其息票率随市场利率变动而调整。因为浮动利率债券的利率同当前市场利率挂钩，而当前市场利率又考虑到了通货膨胀率的影响，所以浮动利率债券可以较好地抵制通货膨胀风险。其利率通常根据市场基准利率加上一定的利差来确定。浮动利率债券往往是中长期债券。

⑥按是否能够提前偿还划分，债券可以分为可赎回债券和不可赎回债券。

可赎回债券是指在债券到期前，发行人可以以事先约定的赎回价格收回的债券。公司发行可赎回债券主要是考虑到公司未来的投资机会和回避利率风险等问题，以增加公司资本结构调整的灵活性。发行可赎回债券最关键的问题是赎回期限和赎回价格的制定。

不可赎回债券是指不能在债券到期前收回的债券。

⑦按偿还方式不同划分，债券可以分为一次到期债券和分期到期债券。

一次到期债券是发行公司于债券到期日一次性偿还全部债券本金的债券。

分期到期债券是指在债券发行的当时就规定有不同到期日的债券，即分批偿还本金的债券。分期到期债券可以减轻发行公司集中还本的财务负担。

⑧按计息方式划分，债券可以分为单利债券、复利债券和累进利率债券。

单利债券指在计息时，不论期限长短，仅按本金计息，所生利息不再加入本金计算下期利息的债券。复利债券与单利债券相对应，指计算利息时，将前期所生利息并入本金作为下期计算利息的基础，逐期滚动计算利息的债券。

累进利率债券指年利率以利率逐年累进方法计息的债券。累进利率债券的利率随着时间的推移，后期利率比前期利率更高，呈累进状态。

3. 证券投资基金

(1) 证券投资基金的特征。证券投资基金是一种利益共享、风险共担的集合投资工具，它是通过发行基金份额，募集社会公众投资者的资金，以资产组合的方式进行证券投资活动，获得的收益按基金份额平均分配给投资者的一种证券投资工具。证券投资基金单位则是证券投资基金发行的、证明持有人享有投资基金资产和相应收益的有价证券。

证券投资基金的特征是：

①小额投资，费用低廉。投资基金的本质是把中小投资者的小额资金集中成大的资金进行组合投资，以较少的投资成本获得最大的投资收益。中国的基金单位是1元，投资者可以依据自己的实际经济状况，自由决定买多少份额，解决了中小投资者资金小、入市难的窘境。

②分散投资，降低风险。由于投资基金面向社会大众募集资金，能够迅速募集大量资金，容易形成规模效应，一个基金可能掌握数百亿甚至上千亿的资金。依据金融学原理，如果在投资中要做到充分降低风险，必须至少投资15种不同的股票，一般中小投资者财力有限，难以做到。但是投资基金手中握有巨资，完全能做到足够数量的组合投资，从而实现分散风险的要求。

③专家理财，专业管理。投资基金募集起来后，一般都是由专业的基金管理公司负责聘请受过专门训练、经验丰富的专家来操作。而且各类基金公司本身都有自己的专业市场分析研究团队。他们紧盯金融市场，全面收集信息，运用最先进的技术进行分析，然后才做出投资决策。同时基金的保管则是由指定的专门金融机构设立专户来负责管理，对于基金经理不符合投资者利益或违背基金章程的命令可以不执行，确保了资金的安全。

④流动性好，变现力强。投资基金股份或受益凭证的购买非常简单，既可以由投资者个人到基金公司直接购买，也可以委托银行、证券公司等中介机构代理购买。而购买后想要变现可以直接找基金公司赎回或在二级市场上流通转让出去。

（2）证券投资基金的类型。

①按组织形式证券投资基金可分为公司型基金和契约型基金。公司型基金是依《公司法》组成，以盈利为目的，投资于有价证券的股份有限公司，公司通过发行股票或受益凭证的方式来筹集资金。投资者购买了该公司的股票，就成为该公司的股东，凭股票领取股息或红利、分享投资所获得的收益。公司型基金在法律上是具有独立"法人"地位的股份投资公司。公司型基金依据基金公司章程设立，基金投资者是基金公司的股东，享有股东权，按所持有的股份承担有限责任、分享投资收益。基金公司设有董事会，代表投资者的利益行使职权。公司型基金在形式上类似于一般股份公司，但不同于一般股份公司的是，它委托基金管理公司作为专业的财务顾问或管理公司来经营与管理基金资产。

契约型基金也称信托型基金，它是由基金经理人（基金管理公司）与代表受益人权益的信托人（托管人）之间订立信托契约而发行的受益单位，由经理人依照信托契约从事对信托资产的管理，由托管人作为基金资产的名义持有人负责保管基金资产。契约型基金通过发行受益单位，使投资者购买后成为基金受益人，分享基金经营成果。契约型基金的设立法律性文件是信托契约，而没有基金章程。基金管理人、托管人、投资人三方当事人的行为通过信托契约来规范。日本、中国香港、中国台湾地区的基金产品大多属于契约型基金。与公司型基金不同，契约型基金本身并不具备公司企业或法人的身份，因此，在组织结构上，基金的持有人不具备股东的地位，但可以通过持有人大会来行使相应的权利。

②按管理方式证券投资基金可分为封闭式基金和开放式基金。开放式基金，是指基金规模不是固定不变的，而是可以随时根据市场供求情况发行新份额或被投资人赎回的投资基金。

封闭式基金是指基金的发起人在设立基金时，限定了基金单位的发行总额，筹足总额后，基金即宣告成立，并进行封闭，在一定时期内不再接受新的投资。

开放式基金和封闭式基金的主要区别如下：

第一，期限不同。封闭式基金有固定的存续期，通常在 5 年以上，一般为 10 年或 15 年，经受益人大会通过并经主管机关统一认证后可以适当延长期限。开放式基金没有固定期限，投资者可随时向基金管理人赎回基金份额，若大量赎回甚至会导致清盘。

第二，发行规模限制不同。封闭式基金的基金规模是固定的，在封闭期限内未经法定程序认可不能增加发行。开放式基金没有发行规模限制，投资者可随时提出申购或赎回申请，基金规模随之增加或减少。

第三，基金份额交易方式不同。封闭式基金份额在封闭期限内不能赎回，持有人只能在证券交易场所出售给第三者，交易在基金投资者之间完成。开放式基金的投资者则可以在首次发行结束一段时间后，随时向基金管理人或其销售代理人提出申购或赎回申请，绝大多数开放式基金不上市交易，交易在投资者与基金管理人或其销售代理人之间进行。

第四，基金份额的交易价格计算标准不同。封闭式基金与开放式基金的基金份额除了首次发行价都是按面值加一定百分比的购买费计算外，以后的交易计价方式不同。封闭式基金的买卖价格受市场供求关系的影响，常出现溢价或折价现象，并不必然反映单位基金份额的净资产值。开放式基金的交易价格则取决于每一基金份额净资产值的大小，其申购价一般是基金份额净资产值加一定的购买费，赎回价是基金份额净资产值减去一定的赎回费，不直接受市场供求影响。

第五，基金份额净资产值公布的时间不同。封闭式基金一般每周或更长时间公布一次，开放式基金一般在每个交易日连续公布。

第六，交易费用不同。投资者在买卖封闭式基金时，在基金价格之外要支付手续费；而投资者在买卖开放式基金时，则要支付申购费和赎回费。

第七，投资策略不同。封闭式基金在封闭期内基金规模不会减少，因此可进行长期投资，基金资产的投资组合能有效地在预定计划内进行。开放式基金因基金份额可随时赎回，为应付投资者随时赎回兑现，所募集的资金不能全部用来投资，更不能把全部资金用于长期投资，必须保持基金资产的流动性，在投资组合上须保留一部分现金和高流动性的金融工具。

③按主要投资对象证券投资基金可分为债券基金、股票基金、货币市场基金、指数基金和衍生工具基金等。债券基金是一种以债券为主要投资对象的证券投资基金，由于债券的年利率固定，因而这类基金的风险较低，适合于稳健型投资者。股票基金是指以股票为主要投资对象的证券投资基金。股票基金的投资目标侧重于追求资本利得和长期资本增值。基金管理人拟定投资组合，将资金投放到一个或几个国家，甚至是全球的股票市场，以达到分散投资、降低风险的目的。货币市场基金是以货币市场为投资对象的一种基金，其投资工具期限在一年内，包括银行短期存款、国库券、公司债券、银行承兑票据及商业票据等。通常，货币基金的收益会随着市场利率的下跌而降低，与债券基金正好相反。货币市场基金通常被认为是无风险或低风险的投资。

指数基金是 20 世纪 70 年代以来出现的新的基金品种。为了使投资者能获取与市场平均收益相近的投资回报，产生了一种功能上近似或等于所编制的某种证券市场价格指数的基金。其特点是：它的投资组合等同于市场价格指数的权数比例，收益随着当期的价格指数上下波动。当价格指数上升时基金收益增加，反之收益减少。基金因始终保持当期的市场平均收益水平，因而收益不会太高，也不会太低。指数基金的优势是：第一，费用低廉，指数基金的管理费较低，尤其交易费用较低。第二，风险较小。由于指数基金的投资非常分散，可以完全消除投资组合的非系统风险，而且可以避免由于基金持股集中带来的流动性风险。第三，以机构投资者为主的市场中，指数基金可获得市场平均收益率，可以为股票投资者提供更好的投资回报。第四，指数基金可以作为避险套利的工具。对于投资者尤其是机构投资者来说，指数基金是他们避险套利的重要工具。指数基金由于其收益率的稳定性和投资的分散性，特别适用于社保基金等数额较大，风险承受能力较低的资金投资。

④根据投资目标的不同，可分为收入型基金、成长型基金和平衡型基金。收入型基金主要投资于可带来现金收入的有价证券，以获取当期的最大收入为目的。其特点是损失本金的风险小，但长期成长的潜力也相应较小，适合较保守的投资者。收入型基金又可分为固定收入型基金和股票收入型基金，前者主要投资于债券和优先股股票，后者则主要投资于普通股股票。

成长型基金是以追求资本的长期增值为目标的投资基金，其特点是风险较大，获取的收益也较大，适合能承受高风险的投资者。成长型基金又分为三种：一是积极成长型，这类基金通常投资于有高成长潜力的股票或其他证券；二是新兴成长型基金，这类基金通常投资于新行业中有成长潜力的小公司或有高成长潜力行业中（如高科技）的小公司；三是成长收入基金，这类基金兼顾收入，通常投资于成长潜力大、红利也较丰厚的股票。

平衡型基金是以净资产的稳定、可观的收入及适度的成长为目标的投资基金，其特点是具有双重投资目标，谋求收入和成长的平衡，故风险适中，成长潜力也不是很大。

四、金融衍生工具

（一）金融衍生工具的概念及种类

1. 金融衍生工具的概念

国际互换和衍生协会（International Swaps and Derivatives Association，ISDA）将衍生金融工具描述为："旨在为交易者转移风险的双边合约。合约到期时，交易者所欠对方的金额由基础商品、证券或指数的价格决定。"所谓金融衍生工具（Financial Derivative），是指建立在基础金融工具或基础变量之上，其价格随基础金融产品的价格（或数值）变动的衍生金融产品。这里所说的基础金融产品是一个相对的概念，不仅包括传统金融工具，如债券、股票、银行定期存款单等，也包括基础变量，如利率、汇率、各类价格指数等，还包括金融衍生产品。金融衍生工具的具体形式是交易双方对基础金融产品在未来某种条件下处置的权利和义务所签订的合约（Contracts）。这种合约可以是标准化的，也可以是非标准化的。标准化合约是指其标的物（基础金融产品）的交易价格、交易时间、资产特征、交易方式等都是事先标准化的，此类合约大多在交易所上市交易。非标准化合约是指以上各项由交易的双方自行约定，具有很强的灵活性。

2. 金融衍生工具的种类

金融衍生工具主要分为远期合约、期货合约、期权合约和掉期合约四大类。

远期合约和期货合约都是交易双方约定在未来某一特定时间、以某一特定价格、买卖某一特定数量和质量资产的交易形式。期货合约是期货交易所制定的标准化合约，对合约到期日及其买卖的资产的种类、数量、质量作出了统一规定。远期合约是根据买卖双方的特殊需求由买卖双方自行签订的合约。因此，期货交易流动性较高，远期交易流动性较低。

掉期合约是一种场内交易双方签订的在未来某一时期相互交换某种资产的合约。更为准确地说，掉期合约是当事人之间签订的在未来某一期间内相互交换他们认为具有相等经济价值的现金流（Cash Flow）的合约。较为常见的是利率掉期合约和货币掉期合约。掉期合约中规定的交换货币是同种货币，则为利率掉期；是异种货币，则为货币掉期。

期权交易是买卖权利的交易。期权合约规定了在某一特定时间、以某一特定价格买卖某一特定种类、数量、质量原生资产的权利。期权合同有在交易所上市的标准化合同，也有在柜台交易的非标准化合同。

（二）金融衍生工具的特点

1. 零和博弈

即合约交易的双方（在标准化合约中由于可以交易是不确定的）盈亏完全负相关，并且净损益为零，因此称"零和"。

2. 跨期性

金融衍生工具是交易双方通过对利率、汇率、股价等因素变动的趋势的预测，约定在未来某一时间按一定的条件进行交易或选择是否交易的合约。无论是哪一种金融衍生工具，都会影响交易者在未来一段时间内或未来某时间上的现金流，跨期交易的特点十分突出。这就要求交易的双方对利率、汇率、股价等价格因素的未来变动趋势作出判断，而判断的准确与否直接决定了交易者的交易盈亏。

3. 联动性

联动性是指金融衍生工具的价值与基础产品或基础变量紧密联系。通常，金融衍生工具与基础变量相联系的支付特征由衍生工具合约所规定，其联动关系既可以是简单的线性关系，也可以是非线性函数或者分段函数关系。

4. 不确定性或高风险性

金融衍生工具的交易后果取决于交易者对基础工具未来价格的预测和判断的准确程度。基础工具价格的变幻莫测决定了金融衍生工具交易盈亏的不稳定性，这是金融衍生工具具有高风险的重要诱因。

5. 高杠杆性

金融衍生产品的共同特征是保证金交易，即只要支付一定比例的保证金就可进行全额交易，不需实际上的本金转移，合约的了结一般也采用现金差价结算的方式进行，只有在期满日以实物交割方式履约的合约才需要买方交足货款。因此，金融衍生产品交易具有杠杆效应。保证金越低，杠杆效应越大，风险也就越大。

（三）金融衍生工具的功能

金融衍生工具是为满足市场交易的多样性、规避风险或逃避制度管制而出现的，在市场上金融衍生工具具有以下一些功能。

1. 规避风险的功能

金融衍生工具产生的原动力就是风险管理，因为衍生金融产品能将市场中各类体现在基础金融工具上的单一风险，例如信用风险、市场风险等集中在几个期货期权市场或远期市场上，然后进行再分割重新分配，使投资者能通过一定方法规避正常经营中的大部分的风险。比如，期权合约的购买者可选择在有利于自己的时候交易，获取交易收益，而在不利于自己的时候放弃交易仅仅损失有限的期权费，从而通过将风险转移给市场的交易对手使自己成功地回避风险。金融衍生工具具有避险的功能，同时又具有高风险的特征，这两者并不矛盾，最终出现哪种结果取决于交易者的选择：如果运用套期保值交易，将基础性交易与衍生交易结合起来，可以避险保值；如果单纯进行衍生工具交易，则必然面临高风险。这表明了衍生工具是一柄"双刃剑"，具有突出的利弊两面性。

2. 价格发现功能

衍生金融产品市场有众多的交易者，他们之间通过类似拍卖的方式确定交易价格，能够在很大程度上反映市场对衍生金融工具价值的认可程度。而衍生产品的基本价值又取决于基础金融工具的价值，因此通过决定金融衍生工具的交易可以对基础金融工具的现货交易价格产生影响作用。

第三节　货币市场

货币市场（Money Market）是指融资期限在一年以内，以短期金融工具为交易对象，进行资金融通和借贷的市场。货币市场交易对象是信用品质较高的短期金融工具，其一般期限较短，有较强的流动性，这些金融工具的特性与货币近似，因此，该市场被称为货币市场。

货币市场的特点：一是融资的期限短，最短只有1天，甚至数小时，最长也不超过1年，较为普遍的是3~6个月；二是交易的目的主要是解决短期性、临时性资金周转不足问题；三是市场参与主体是机构投资者，包括各类金融机构、政府、企业等，个人投资者很难直接参与；四是交易金额巨大，动辄数百万元甚至数千万元的金额，是资金的批发市场；五是风险较小，由于交易对象是政府、金融机构及信誉卓著的大公司发行的信用品质较高的短期金融工具，交易主体本身的信誉也较高，因此，货币市场的交易信用风险较小；六是市场无形化程度高，货币市场一般没有固定的交易场所，买卖双方通过电话、电传、计算机、互联网络等现代化通信方式交易，速度快、成本低；七是中央银行运用货币政策工具调节货币供应量的重要场所。

货币市场按不同的借贷方式和内容可以分为同业拆借市场、票据市场、可转让大额定期存单市场、短期证券市场等子市场。

一、同业拆借市场

(一) 同业拆借产生的原因

同业拆借是金融机构同业之间为了平衡其业务活动中资金来源和运用而发生的一种短期资金借贷行为。同业拆借市场（Inter-Bank Market）又叫同业拆放市场，是指银行之间、银行与其他金融机构之间进行短期（1年以内）、临时性资金借贷的市场。

商业银行之间进行拆借的原因大致有以下几种：

1. 调剂法定存款准备金多余或不足

按各国中央银行管理规定，商业银行都必须按吸收的存款额和法定存款准备金比率向中央银行上缴法定存款准备金。当商业银行存款余额出现增减变动时，商业银行在中央银行的法定准备金存款就可能出现多余或不足。由于中央银行对商业银行的准备金存款一般不付息，所以有多余资金商业银行希望借出生息；而另一些商业银行达不到法定准备金要求，需要在中央银行规定的时间内补足，否则，会受到中央银行的处罚。因而，在商业银行之间相互拆借，解决存款准备金账户的多余或不足，就很有必要，在中央银行准备金存款就成为商业银行之间融通短期资金的对象。商业银行之间以调剂准备金存款余额为对象的短期借贷活动其实是美国拆借市场的起源。

2. 结算资金不足

商业银行在每天的营业中，以转账支票等形式为客户代理收付款项，在一天营业结束后，各家银行都要按统一规定的时间到票据交换所交换票据，将应收款项的票据交给付款行，将应付款项的票据从其他有关行收进来，计算总额，相互轧差抵消，结出本行是净付出，还是净收入。对于净付行来说，如果净付额超过了自己在交换所账户上保留的资金余额，就会形成占用他行资金，这时应通过拆借来弥补缺口。对于净收行来说，就应把多余的资金拆放给其他银行，各家银行在票据交换所账户余额就成为商业银行之间融通短期资金的对象。在英国，伦敦同业拆借市场的形成，就是建立在银行间票据交换过程的基础上的。

3. 备付金不足

商业银行为应付日常的客户提取现金，都会保留一定额度的现金资产。由于现金资产是无息资产，所以，银行保留现金资产的额度是有限的。当银行遇到取款高峰时，就可能出现备付金的不足，需要紧急拆借。

4. 其他资金不足

商业银行在开展各类资产负债业务中，也会出现其他的缺头寸问题，如商业银行在增发贷款、办理票据贴现、回购、国库券投资，本票赎回，债券到期还本付息等时，可能出现的缺头寸，需要在拆借市场得到资金弥补。

（二）同业拆借的种类

1. 头寸拆借

头寸拆借是指银行同业之间为了轧平头寸、补足存款准备金或减少超额准备金进行的短期资金融通活动。

2. 同业借贷

同业借贷是指银行同业之间为了调剂临时性、季节性的业务经营资金余缺进行的融通资金的活动。对借入银行来说，同业借贷是扩大资金来源、增加贷款能力以取得更多收益的手段。对贷出银行来说，同业借贷是其投放部分闲散资金的手段，为了在保持其资产流动性的同时提高收益性。

同业借贷与头寸拆借都是银行之间融通短期资金，但是，同业借贷与头寸拆借相比较，不同之处有三点：一是借贷的目的不同。同业借贷的目的是为了解决银行之间临时性、短期性的资金短缺的需要，而头寸拆借为了轧平交换头寸和补足存款准备金。二是借贷的期限不同。同业借贷期限较长，而头寸拆借期限很短。三是借贷金额不同。同业借贷一般借贷金额较大，属于批发业务。如美国联邦基金拆借金额都在 100 万美元以上，很少有低于 50 万美元的。

（三）拆借的程序（交易过程）

拆借市场无形化程度很高，由非常先进和庞大的网络交易系统把全国的具有交易资格的金融机构联结在一起，各交易对手通过网络终端报价，拆借通常首先由资金短缺的银行通过网络交易系统寻找交易对手，寻找到有资金多余的对手银行以后，双方就要对拆借金额、期限、利率等信用条件进行协商，双方商定同意拆借后，就可办理拆借手续。

拆借的手续，一般是借入资金的银行开出一张本行的本票，交付同意拆放的银行，其金额是拆借的金额加利息，付款的期限，就是商定的拆借还款的日期；然后由拆出资金的银行开出支票交给拆入资金的银行，拆出行开出的支票可以有两种：一种是由本行付款的支票；另一种是在中央银行存款账户上付款的支票。前者因为要通过票据交换才能使用，不能解决当天头寸的不足，被称为"明日货币"；后者是拆出行存在中央银行账户的，当天就可以使用，用以平衡拆入行的头寸，所以称为"今日货币"。为了解决头寸轧差的资金不足，一般都要求对方开出"今日货币"。资金的转账是通过票据交换系统进行，借款归还也是通过票据交换系统进行。

（四）拆借条件的决定

拆借的条件在拆借之前也要商定，拆借的条件主要是有无担保、期限以及利息率的高低。

（1）拆借担保或抵押。在拆借市场上拆借资金，有时需要担保或抵押，如上面所说拆入行在拆入时需要首先开出本票，交给拆出行，这里的本票，实际上是一种抵押品，如果拆入行不能按时归还，拆出行可以将此本票处理。如果拆入资金方是证券经纪人或自营商，拆借需要用证券作抵押品。此外，还可以用定期存款单或远期外汇等作抵押品。当然拆借款项并非全部需要抵押，信用借贷也是有的。一般在大银行和银行系统会员行之间的拆借往往没有抵押或担保，对较小的银行或非银行系统会员行的拆借一般须有抵押或担保。

（2）拆借期限。拆借市场融通资金的期限都比较短，头寸的拆借期限一般是 1～7 天不等，在成熟的市场经济国家头寸拆借一般日拆为多，日拆是一日为期的借贷，也称隔夜放款，即今日借，明日还，最短的只有半天，甚至数小时，日本就有半日拆；同业借贷时间长一些，但最长也不能超过一年。

（3）拆借利息。头寸借贷时间很短，一般是以日计息，称为日拆息率，简称拆息，以万分比表示。在拆借市场上挂牌的拆息，有拆进利率和拆出利率，拆进利率写在前，表示银行愿意借款的利率，拆出利率写在后，表示银行愿意贷款的利率。拆借利率由拆借双方自行商定，其高低取决于市场资金的供求状况，以及其他市场金融工具的收益率，拆借期限，借款人的资信等多方面的因素。因此，拆借利率是一种市场化程度很高的利率，能够充分灵敏地反映市场资金供求的状况和变化。一般拆借利率都低于普通贷款利率，也低于中央银行再贷款、再贴现利率。因为期限短、信用好，所以比普通贷款利率低。因为多余的资金如不拆出存放在中央银行则无利息或只有很低的利息。如果利率高了则不如向中央银行借款，所以比央行再贷款、再贴现利率低。

在国际货币市场上，有代表性的同业拆借利率有三种：伦敦银行同业拆借利率（LIBOR）、新加坡银行同业拆借利率（SIBOR）、中国香港银行同业拆借利率（HIBOR）。其中伦敦银行同业拆借利率影响最大，目前世界上重要的金融市场和发达国家都以该利率为基础确定自己的资金借贷利率，一些浮动利率的金融工具也以此利率的变动作为利率浮动的参照标准。1996 年 1 月 4 日，中国人民银行第一次发布了全国统一拆借市场的加权利率，即 CHIBOR（China Interbank Offered Rate），并于当年的 6 月 1 日全面放开拆借市场利率管制。由于 CHIBOR 计算方法先天不足，它是由银行间融资交易的实际交易利率计算得出，因而无法代表整个市场，现已名存实亡。2007 年 1 月 4 日，由位于上海的全国银行间同业拆借中心发布的"上海银行间同业拆放利率"（Shanghai Interbank Offered Rate，SHIBOR）在我国正式运行，它是由 16 家信用等级较高的银行组成报价团，自主报出的人民币同业拆出利率计算确定的算术平均利率，是单利、无担保、批发性利率，目前，包括隔夜、1 周、2 周、1 个月、3 个月、6 个月、9 个月及 1 年，共 8 类。SHIBOR 的形成机制与 LIBOR 的形成机制非常接近，因而具备了我国基准利率的雏形，有了 SHIBOR 这杆"标尺"，中国人民银行的金融宏观调控措施将会更加精准有效。

上海银行间同业拆放利率

上海银行间同业拆放利率（Shanghai Interbank Offered Rate，SHIBOR）自 2007 年 1 月 4 日起开始运行，其以位于上海的全国银行间同业拆借中心为技术平台计算、发布并命名，是由 16 家信用等级较高的银行组成报价团，自主报出的人民币同业拆出利率计算确定的算术平均利率，是单利、无担保、批发性利率。目前，对社会公布的 SHIBOR 品种包括隔夜、1 周、2 周、1 个月、3 个月、6 个月、9 个月及 1 年。有关 SHIBOR 行情、《上海银行间同业拆放利率（SHIBOR）实施准则》和报价银行团名单等相关信息可登录上海银行间同业拆放利率网（www.shibor.org）查询，同时也可以通过中国货币网（www.chinamoney.com.cn）、中国票据网（www.chinacp.com.cn）查询与 SHIBOR 相关的行情数据。

二、票据市场

商业票据（Commercial Paper）是在商业信用基础上产生和发展起来的短期信用工具，主要有两种：一种是商业本票（Commercial Paper），也称商业期票或商业票据，它是由债务人签发的，承诺在一定时间内支付一定金额给收票人或持票人的付款保证书；另一种是商业汇票（Commercial Bills），它是由债权人签发的命令债务人在一定时间内支付一定金额给持票人的付款命令书。

票据市场是指以商业票据的发行、担保、承兑、贴现、转贴现、再贴现来实现短期资金融通的市场，包括商业本票市场和商业汇票市场，而商业汇票市场中又包含了票据贴现市场。票据市场是短期资金融通的主要场所，是直接联系产业资本和金融资本的枢纽，作为货币市场的一个子市场，在整个货币市场体系中票据市场是最基础、交易主体中最广泛的组成部分。票据市场可以把"无形"的信用变为"有形"的信用，把不能流动的挂账信用变为具有高度流动性的票据信用。

（一）商业本票市场

1. 商业本票的特点

商业本票最初是由于商品赊购赊销而产生的，也是商业信用的一种工具。通常，商业本票是在商品交易成交后，由商品买方开出的，卖方持有的票据，在付款到期时票据的持有人向票据的发行人收取现款，也可以在到期日前到票据贴现市场贴现，取得现款。由于这种票据既列明出票人，又列明收款人，所以称为双名票据。

随着信用制度的发展，商业本票不再限于商业信用中使用，逐渐演变成为金融市场上筹措资金的一种工具，即由企业向金融市场发行，用以筹措短期资金的工具，也称融资性商业本票。为了便于流通，融资性商业本票只列明出票人，也就是付款人，不再列明收款人，所以也称单名票据。票面金额也由原来因商品交易而发生的零整不一，变成整数金额。

商业本票的发行者从市场筹措资金，一般是为了解决临时性的资金需要，所以偿还期限一般较短，一般为20天到一个半月不等；由于发行者的信用等级高，所以，利率比较低。商业本票的面额一般比较大，如美国市场上的商业本票面额大都在10万美元以上，市场规定只有10万美元以上的本票才能上市交易。

企业发行商业本票筹措短期资金，可以免去申请贷款的烦琐手续，又无须任何抵押、担保，随要随筹，比较灵活；通过发行本票还可以提高企业的信誉，因为融资性商业本票的发行者必须是具有较高信用等级的大型企业，发行本票相当于作了广告，可以使企业得到扩大影响、扩张业务的好处；企业向银行贷款，往往需要将一定的资金保留在银行的往来账户上，而发行商业本票筹资则可以将全部资金投入营运，足额运用资金。

融资性商业本票的发行方式通常有两种：一种是发行企业直接发行，这样可以节省中间人费用，但手续较烦琐；另一种是委托交易商代售，工商企业大多数采取这种方式。由于商业本票偿还期短，一般较少转让，二级市场很弱。如果商业本票持有者感到流动性压力时，发行者往往可以提前赎回本票，商业本票的持有者不需要在市场上另求买主。所以，商业本票没有专门的流通市场，基本上只有发行市场。

2. 商业本票发行价格的决定

商业本票均为贴水发行，即以低于面值的价格出售，到期按面值偿还，商业本票的收益就是折扣：

折扣＝面值－发行价格（成交价格）

商业本票的收益率也称贴现率。商业本票收益率的计算是以360天为基础的。其收益的计算公式为：

$$收益率＝\frac{折扣}{发行价格（成交价格）}×\frac{360}{成交日至到期日的天数}$$

该公式是年收益率计算公式，公式前半部分是融资期的收益率，如融资期限3个月，就是一个季度的收益率，后半部分就是四个季度，一个季度的收益率乘以四个季度，就是一年的收益。

影响商业本票收益率或贴现率的主要因素是：

（1）发行者的资信等级。资信等级高的公司发行的商业本票由于安全性高，其贴现率也就较低。如在美国，票据的资信等级主要由标准普尔和穆迪公司评定，在《商业票据评论》和《债券报告》上予以公布。为商业本票评定信用级别，主要依据发行企业的盈利能力、管理质量、经营能力、风险、资金周转速度、竞争能力、流动性、债务结构、经营前景等。根据这些项目的评价把发行人分成若干等级。

（2）同期贷款利率。商业本票的贴现率与同期贷款利率，特别是优惠利率之间有着重要的联系。优惠利率是商业银行向优质客户或资信等级高的客户收取的贷款利率。商业银行非常乐于向大公司、信用好的公司提供贷款，以降低贷款风险。因此，大公司、信用好的公司可以在发行商业本票和向银行借款两种筹资方式之间自由选择，这就促使商业本票的贴现率和优惠贷款利率不可能有大的差距。信用品质好的商业本票的贴现率通常低于银行优惠贷款利率。

（3）货币市场资金供求情况。商业本票市场是货币市场的一个组成部分，因此必然受到货币市场资金供求情况的影响，当货币资金严重紧缺时，商业本票的投资者就会减少，导致商业票据的贴现率上升，甚至高于优惠贷款利率（通过发行本票筹集资金的成本上升）。

此外，商业本票的贴现率一般高于国库券利率，这反映商业票据的风险比国库券大，流动性不如国库券，同时投资商业本票必须缴纳一定的收益所得税。

（二）商业汇票市场

1. 票据的承兑

商业汇票市场是指发行和转让商业汇票的场所。商业汇票必须办理承兑手续才能生效。所谓承兑，是指持票人要求债务人签字盖章承认到期兑付的行为。汇票之所以要经过承兑手续，是因为汇票的付款人和付款金额是由出票人单方面记载在票面上的，从法律上讲，票面上标明的付款人和付款金额，必须得到债务人或担保人的确认，才具有法律效力，只有经过债务人、担保人承兑后，才在法律上确定了债权人与债务人之间的权利和义务。承兑的性质就是承兑人对收款人作出的一种无条件支付款项的保证。经过承兑的汇票叫做承兑汇票。

由于承兑人不同承兑汇票又分为两种，一种叫商业承兑汇票，另一种叫银行承兑汇票。商业承兑汇票是指由票据所记载的付款人直接承认兑付的汇票。商业承兑汇票多用于国内贸易。银行承兑汇票多用于国际贸易中，是银行为帮助本国进口商进口商品，提供信用保证而签发的。当本国的进口商向国外订购货物时，其开户行接受本国进口商的要求，对国外出口商开出的商业汇票进行承兑，承诺对进口货款承担到期付款的责任。当银行允诺负责到期支付，并在汇票上盖上"承兑"字样的印章以后，该汇票就成为银行承兑汇票。

2. 票据的流通

商业汇票必须到期以后才能偿付，一些持有未到期商业汇票，而急于使用现金的债权人，就要设法让债权变成现金，这就产生了商业汇票的流通。商业汇票的流通形式包括背书转让和贴现。

（1）票据的背书转让。转让是将商业汇票的所有权转让给其他人，实质上是转让债权。如果转让发生在商品交易时，则执行流通手段职能，如果转让发生在债务清偿时，则执行支付手段职能。在转让过程中为了保障持票人的利益，要经过"背书"的手续。背书是汇票的原持票人在转让汇票时，在汇票背面签章，并作日期记载，表示对汇票的债务清偿负责，背书人一经背书，即为票据的第二债务人，若票据的出票人或承兑人不能按期支付款项，票据持有人有权向第二债务人——背书人要求付款。由于转让可能是多次的，所以可能有多个背书人，在追偿债务时应按转让的相反次序，依次追偿。

（2）票据的贴现。票据贴现按贴现关系人和贴现环节的不同，可分为贴现、转贴现和再贴现。

贴现是持票人以未到期的汇票向银行兑取现款，银行扣除从贴现日至到期日的利息后，付给持票人现款的行为。票据贴现对于持票人来说，等于提前收回了垫付于商业信用的资金，对银行来说等于向票据的债务人提供了一笔相当于票据金额的贷款。

贴现与贷款又是有区别的。其区别表现如下：①法律关系不同。一般银行贷款体现的是放款银行与借款人的借贷契约关系，票据贴现则体现的是债权的买卖关系。②流动性不同。贷款必须到期才能收回，而贴现票据在票据到期之前可以转让，即进行转贴现和再贴现，较贷款灵活、流动性强。③融资期限不同。票据贴现时间较短，多为 3～6 个月，而一般银行贷款的期限较长。短期贷款在 1 年以下，长期贷款最长可达 10 年以上。④利率水平不同。一般情况下，贴现利率低于贷款利率，主要是因为贷款的风险大于贴现的风险。⑤利息收取时间不同。贷款利息一般是到期收取，先用款后付息；贴现利息在贴现日先从票面金额中扣除，未用款先付息。⑥关系人不同。贷款的关系人，仅有贷款人、借款人、担保人，而贴现则因票据的转让背书或承兑，关系人较多，有出票人、持票人、承兑人、背书人等。⑦资金所有权不同。贷款只是资金使用权的让渡，借款人只有使用权而无所有权，到期应归还借款本金，资金所有权仍属银行。贴现则是银行用资金买入票据获取债权，这笔资金所有权就转移到申请贴现的人手中了。银行只有将买入的票据再转让时，或在票据到期时才能收回资金，但这笔资金并不是来自贴现人，而是来自出票人、承兑人或背书人。

转贴现是指贴现银行在需要资金时，将已贴现的票据再向同业其他银行办理贴现的票据行为。转贴现是银行之间的资金融通，涉及的双方当事人都是银行。这种资金融通方式安全性强、期限短，为银行的流动性管理提供了便利，因而得到商业银行的普遍接受。

再贴现又称重贴现，是指商业银行将已贴现的未到期汇票再转让给中央银行的票据转让行为。与贴现和转贴现相比，再贴现具有更为重要的宏观经济意义。它是中央银行向商业银行融通短期资金的一种方式，是中央银行最终贷款人角色的具体体现，是中央银行调节市场银根、实施金融宏观调控的重要手段。无论是贴现还是转贴现，只是贴现资金在企业与银行、银行与银行之间发生位移，并不对总的社会货币供应量产生影响，而中央银行的再贴现，则会对货币供应量产生影响。再贴现是中央银行的货币政策工具之一，是中央银行调节基础货币投放的重要渠道，中央银行通过再贴现向商业银行提供资金会增加商业银行的超额存款准备金，通过商业银行的存款，会形成数倍于贴现资金的货币供应量，并对宏观经济产生影响。

3. 票据的贴现率及价格的决定

票据的贴现率决定是票据贴现市场运作机制的一个重要环节，贴现率是指商业银行办理贴现时预扣的利息与票面金额的比率。从理论上讲，合理的贴现率水平应比照相同档次的贷款利率水平来确定。不过，由于票据贴现率是提前预扣利息，等于是占有了客户贴息的时间价值，因而贴现率水平应比同档次贷款利率低一些。实际上，在确定贴现率的具体水平时，票据贴现期限、票据资信等级、短期资金供求关系以及中央银行的再贴现率水平等，也都是必须考虑的因素。转贴现率主要由贴现双方参照有关利率自由商定，或由金融同业公会加以规定，再贴现率则主要取决于中央银行的货币政策意图和金融宏观调控政策。

贴现额（票据价格）是指票据贴现时银行付给贴现申请人的实付贴现金额。计算公式如下：

贴现利息＝票面金额×贴现率×贴现天数/360

可以用单利的利息计算公式来解释。由于贴现率是年贴现率，所以票面金额乘以年贴现率后是年贴现利息额。要计算票据的贴现利息，还要乘以贴现天数占全年天数的比例，相当于期数，由于商业汇票的融资期限在 1 年以下，所以票据贴现的期数小于 1。这里注意 1 年以 360 天计，1 月则以 30 天计，1 季以 90 天计。

贴现额＝票面金额−贴现利息

其中，票据贴现天数是指办理票据贴现日起至票据到期日止的时间。例如，某企业持有一张 100 万元的银行承兑汇票请求贴现，时间为某年 5 月 20 日，该票据于该年 8 月 20 日到期，当时贴现率为 10.2%，则：

贴现利息＝1000000×10.2%×90/360＝25500（元）

贴现额＝1000000−25500＝974500（元）

三、可转让大额定期存单市场

大额定期存单市场，指的是以可转让大额定期存单的发行、流通来实现短期资金融通的市场。大额定期存单集中了活期存款和定期存款的优点，且面额大而不固定，一般不记名，允许流通转让。大额定期存单的作用：对银行而言，可以提供相对稳定的资金用于期限较长的放款；对存款人而言，既可获得较高的利息收入，又能在需要时转让出售，迅速变为现金。

大额定期存单市场包括银行发行可转让大额定期存单和买卖银行已发行的可转让大额定期存单两级。

可转让大额定期存单的发行通常有两种形式：一是批发式发行，即发行银行把拟发行的总额、利率、发行日期、到期日及存单面额等预先公告，供投资者选购；二是零售式发行，即发行银行根据投资者的要求，随时在柜台出售存单，利率、存单面额及期限等由双方约定。存单的发行一般都是由银行直接进行，不需要中介机构帮助发行。存单一般按面额发行，投资人购买后，按存单规定的利率获取利息收益。可转让的定期存单的利率，由发行人根据市场利率水平和银行本身的信用而定。一般它比同期限银行定期存款利率和国库券的利率水平高。之所以比银行传统定期存款利率高，是因为传统的定期存款不能实行竞争性利率，而新的金融工具——大额定期存单可以规避金融管制，适当提高利率以吸引更多的定期存款。之所以比国库券利率高，其原因一方面是可转让的定期存单的风险程度比国库券大，因为政府信誉总要比商业银行的信誉高；另一方面是可转让的定期存单所得收益应当上缴所得税，而国库券收益是免税的。还需要指出，各个银行所发行的可转让的定期存单，由于各个银行的资信及其他情况不同，其信用风险程度也不相同，由此造成了各银行所发行的可转让的定期存单的利率也不一致。资信高的大银行所发行的存款单比较资信相对低的银行所发行的存款单利息率要低一些。交易市场上的利率，与到期日长短挂钩，到期日越长，利率越高。

由于大额定期存单期限较短，很受投资人欢迎，所以发达的发行市场，一般转让较少，次级市场不发达。如需转让，通常通过交易商为中介实现交易。

可转让大额定期存单在二级市场上的转让价格计算公式是：

$$存单价格 = 面额 \times \cfrac{1 + 存单利率 \times \cfrac{存单发行日至到期日的天数}{360}}{1 + 市场利率 \times \cfrac{存单买入日至到期日的天数}{360}}$$

其中，面额是存单发行时的买价，即本金；存单价格是存单转让的价格；存单利率是存单发行确定的存单利率；市场利率是买入存单时的市场利率，也可以看作新发行存单的利率，新发行存单的利率受发行时市场利率的制约（解释公式：用单利本利和公式解释，用面额乘以分子就是存单的本利和 S，再除以分母（1+I×N）相当于按市场利率贴现，贴现的现值就是存单的价格，表示按存单价格购买该存单可以使投资者按现时的市场利率取得收益）。

存单的收益率计算公式为：

$$存单收益率 = \left[\cfrac{面额 \times \left(1 + 存单利率 \times \cfrac{存单发行日至到期日的天数}{360}\right)}{存单购买价格} - 1 \right] \times \cfrac{360}{存单买入日至到期日的天数}$$

解释公式：公式的前半部分是投资该存单从中途购进持有至到期的收益率，公式的后半部分是中途购进持有至到期的时间在 1 年之内可折合的期数，前式乘以后式后就是年收益率。该公式是上面公式的逆运算，即已知存单购买价格，求存单收益率，也就是市场利率。

例：对于面额为 100 万美元、利率为 10%、期限为 60 天的可转让存单，投资者在发行 30 天后买入，当时市场利率为 9%，则：

$$存单流通价格 = \cfrac{1000000 \times \left(1 + 10\% \times \cfrac{60}{360}\right)}{1 + 9\% \times \cfrac{30}{360}} = 1009100 （美元）$$

对应存单收益率的确定：

$$\begin{matrix} 存单实际 \\ 收益率 \end{matrix} = \left[\cfrac{面额 \times \left(1 + 存单利率 \times \cfrac{存单发行日至到期日的天数}{360}\right)}{存单购买价格} - 1 \right] \times \cfrac{360}{\begin{matrix}买入日至到\\期日的天数\end{matrix}}$$

例：面额 10 万美元、期限 60 天、利率 10% 的存单，投资者在发行 30 天后买入并持有到期，其买入价为 1009100 美元，则：

$$存单收益率 = \left[\frac{1000000 \times \left(1+10\% \times \frac{60}{360}\right)}{1009100} - 1 \right] \times \frac{360}{60-30} = 9\%$$

可转让大额存单流通市场的参与主体由商业银行、货币市场基金、政府、企业和票据经销商组成。世界上多数国家或地区都禁止发行银行在流通市场上购回自己发行未到期的大额存单，商业银行只能买卖其他银行发行的未到期大额存单。货币基金、政府和企业是大额存单的主要投资者，它们通过购买大额存单为自己手中大额、暂时闲置的资金寻求利用渠道，提高资金使用效率。票据经销商一般是大额定期存单流通市场的中介，它们在买卖双方之间牵线搭桥，沟通信息，促成交易。

我国于 1986 年下半年起由中国银行和交通银行首次发行可转让大额定期存单。1989 年以后，其他银行也相继开始发行可转让大额定期存单。中国人民银行颁布的《大额可转让定期存单管理办法》规定，我国可转让存单分为对个人发行和对单位发行两种。对个人发行的存单，面额分为 500 元、1000 元和 5000 元三种；对单位发行的存单，面额分为 1 万元、5 万元、10 万元、50 万元、100 万元等五种。存单期限有 1 个月、3 个月、6 个月、9 个月和 12 个月五种。对企业、事业单位发行的大额可转让定期存单的利率，不能高于同期限银行存款利率，对个人投资者发行的大额可转让定期存单的利率只能比银行同期限存款利率高 5%。存单不能提前支取，但可上市转让。由于对大额可转让定期存单的利率限制，加上二级市场发展严重滞后，使这种金融工具的优势不复存在，中国人民银行于 1996 年 12 月 14 日下文取消了该项业务。

四、短期证券市场

（一）国库券市场

国库券是一国政府发行的，期限在一年以内的短期债务凭证。国库券市场是在货币市场上发行和流通短期政府债券的场所。

1. 国库券的发行

美国的国库券市场是世界上最为活跃的市场之一，在美国国库券市场上有每周发行、每月发行和不定期发行的国库券。美国财政部每周发行一次偿还期为 3 个月和 6 个月的国库券，每月发行一次偿还期为 9 个月和 12 个月的国库券，当财政出现临时性的资金短缺时，可以不定期地发行计划外国库券。

（1）发行方式。国库券的发行主要采取招标方式，目前，美国、意大利、英国等发达国家都采取这一形式。美式招标方式要求购买人投标，财政部不预先确定购买价格，而是根据投标结果而定。投标的程序是这样的：首先由财政部预先公布将发行的国库券的数量和期限，要求投资者，如银行、信托公司、证券商及其他单位公开投标，将投标书送到中央银行。投标分竞争性和非竞争性两种。竞争性投标者在投标书中列出想购买的数量及价格。每一投标者可以提出几份投标书，表示愿意按不同价格购买不同的数量。非竞争性投标者不提投标价格，而以竞争性投标者的平均价格为价格，购买数量往往有一定限制。中央银行收到投标书后，在预定日开标，以价格高低为序，将投标者排队通知财政部。财政部再将国库券分配给各类投资者。首先分配的是国外官方机构和联邦银行用于更换已到期的旧国库券；其次分配的是非竞争性投标者，按竞争性的平均价格限额配售；最后将余额按投标者出价高低确定竞争性中标者的中标数量（优先卖给出价最高的投资者，然后顺次排列，售完为止，最后中标者的出价最低，购买者的购买价格是高低不等的），并在报刊上公布，并由中央银行通知中标人，得标者到中央银行交款领券。

（2）国库券的发行价格。国库券的发行有折扣发行和面额发行两种。

折扣发行也称贴水发行，折扣发行的国库券利息是不在券面上标明的，而是通过折扣价格反映出来，即国库券的发行价格是贴水的折扣价格，例如，国库券的票面额为1万元，6个月到期，如按九五折发行，那么购买这张国库券的价格就是9500元，折扣为500元，到6个月时，可凭这张国库券在中央银行兑付1万元，所以投标竞价就是指折扣价格，折扣的实质是投资者获取的利息。

国库券的发行价格计算公式如下：

发行价格＝面值×（1−贴现率×发行期限/360）

例：发行某面值为100元的国库券，发行期限为60天，贴现率为10%，则其发行价格为：

发行价格＝100×（1−10%×60/360）＝98.34（元）

按面额发行的国库券，利息由国库券上载明的利息率决定，即附息发行，按面额出售，到期一次还本付息或一次还本分次付息。

（3）国库券折扣率（或票面利率）的确定。国库券的折扣率是投标价格所决定的：

$$折扣率＝\frac{折扣}{面值}×\frac{360}{发行日至到期日天数}$$

国库券的折扣率既牵涉到政府的付息负担，同时又是投资者确定是否投资及投资多少的重要尺度。它是由投标价格所决定的，投标价格受物价水平、中央银行的货币政策、其他短期金融工具的利率水平、国库券的发行期限及规模等多种因素的综合制约，是货币市场中反映短期资金供求关系的、有代表性的短期利率，对整个货币市场的利率水平具有重要的牵制作用。

2. 国库券的流通

国库券的流通市场又叫国库券的二级市场或次级市场，是国库券买卖、转让交易活动的总称。由于国库券是政府发行的债务凭证，而政府具有征税和发行钞票的权力，所以国库券被认为是安全性最强的信用工具，加之国库券的期限短，利息收益不交所得税，流动性仅次于现金，所以国库券是最具有吸引力的投资对象，有非常活跃的二级市场。中央银行、商业银行、企业、地方政府、外国政府、个人投资者都是积极的参与者。

国库券在二级市场上的转让是按照贴现方式进行的。计算公式如下：

流通价格＝国库券面值−贴现利息

贴现利息＝国库券面值×贴现率×贴现期/360

贴现期是指投资者从购买国库券到国库券到期之日的持有时间。贴现率由买卖双方自由商定，反映交易时的市场利率水平（可能与发行时的折扣率不同）。在国库券的二级市场上，国库券的价格高低主要由离到期日的远近决定，离到期日越近，价格越接近面值。

例：某人买入186天后到期、贴现率为8%的国库券，则买入100元面额国库券的实付金额和贴现利息为：

贴现利息＝100×8%×186/360＝4.13（元）

实付金额＝100-4.13＝95.87（元）

国库券的交易一般通过证券商作为中介，证券商按挂牌价格买卖国库券，挂牌价格以贴现率表示。例如，美国的国库券在柜台市场进行交易，经销商对国库券的交易通常以现值为基础，采用双向式挂牌报价，即经销商在报出交易单位国库券买入价时，也报出交易单位的卖出价，从买卖差价中赚取收入。但挂牌只是挂出国库券的买入贴现率和卖出贴现率。

例如，面值为1000美元还有100天到期的国库券，买入贴现率为4.86%，卖出贴现率为4.82%，买卖价格按这两个贴现率算出。买卖贴现率之差就是券商的收益。

交易商在进行交易时，一般都按净价买卖，不附加任何佣金或手续费，对于国库券零星小额交易和登记方式的交易，有时酌情收取手续费或略微调整买卖价格。在英国，票据贴现所是国库券二级市场上最为活跃的市场主体。持有国库券的机构和个人如需转让，可向贴现所申请贴现。英格兰银行实施公开市场业务操作，也以贴现所为中介，先向贴现所买进或卖出国库券，然后贴现所再对商业银行进行买卖。

中央银行是国库券二级市场的积极参与者，中央银行在国库券市场上公开买卖国库券，主要目的不是为了获取收益，而是进行公开市场操作，调控货币供应量。中央银行在公开市场上卖出国库券是收缩基础货币，紧缩银根，而买入国库券是投放基础货币，扩大货币的供给。

在已知发行价格或流通价格时，国库券的实际收益率为：

$$国库券收益率＝\frac{面额-发行价或流通价}{发行价或流通价}×\frac{360}{发行期限或持有期}×100\%$$

（二）回购市场

所谓回购，是指按照交易双方的协议，由卖方将一定数额的证券卖给买方，同时承诺若干日后按约定价格将该种证券如数买回的交易。回购实质上是一种以证券为质押品的短期融资形式。

对于卖方来说，回购这一过程是售出国债取得资金的过程，融资期限一到，则把售出的国债从买方购回，借入的资金也就同时归还，这一过程称为正回购。

对于买方来说，回购这一过程是买入国债借出资金的过程，融资期限一到，则将购入的国债回售给卖方，同时收回借出的资金，这一过程称为逆回购。

回购的对象：无论在我国还是在西方国家，国债都是主要的回购对象，另外，高品质的企业债券、金融债券也可以成为回购的对象。

回购的期限：分隔夜、定期和连续性三种。隔夜回购是最常见的，融资时间为一个营业日，即今日卖出证券，明日买回，相当于日拆；也有 30 天的，最长可达 3~6 个月，超过 30 天的回购协议又称定期回购协议；还可以签订连续性合同，即每天按不同的利率进行连续几天的交易，这种交易称为连续性合约。

回购交易的利率：回购期间如未发生回购债券付息，则回购利率（年利率）计算公式为：

$$回购利率 = \left[\frac{到期资金支付额}{首期资金支付额} - 1\right] \times \frac{365}{回购期限}$$

正回购卖出证券的价格（首期资金支付额），要低于买回证券的价格（到期资金支付额），价差就是融入资金的利息支出，对于买方来说，就是借出资金的利息收入。由于回购交易有证券作质押，所以利率一般低于同业拆借利率，按天计息，一年按 365 天计。

出售证券价格一般低于证券的面值或证券的市价，因为证券的买方在持有质押证券的期限内，要承受利率风险，即由于利率变动，而导致所持有质押证券的市场价格波动，并造成损失的可能性，回购的期限越长，这种风险越大。所以，为了保证买方的利益，回购交易的售价一般应低于市价，回购交易的售价及该证券市价的差价相当于保证金交与买方，以保护买方利益。证券的回购价格是由买卖双方共同协商决定的，要求交易双方在约定证券的回购价格时，要准确估量和把握交易期内的市场利率走势及对证券市价可能产生的影响。由于证券的卖方在协议到期以后，只能按售价将卖出的证券购回，所以，在回购期限内，如果证券市价下跌到协议的回购价格以下，或比签订协议时的市价有大幅上升，一般需要追加保证金或收回部分保证金。

在期限相同时，证券回购利率与其他货币市场利率呈现如下结构：

国库券利率<证券回购利率<银行承兑汇票利率<大额可转让定期存单利率<同业拆借市场利率

回购利率之所以低于银行承兑汇票、商业票据等利率，一是因为证券回购是相当于有足额担保的贷款，其风险低于它们；二是因为非金融机构等一般不能进入同业拆借市场交易的投资者，均可参加证券回购市场的交易，这也增加了证券回购交易中资金的供给，使其利率低于同业拆借市场利率。高于国库券利率是因为国库券是政府发行的，几乎没有信用风险，且流动性要高于证券回购。

证券回购市场的参加者比较广泛，包括中央银行、商业银行、非银行金融机构、非金融机构（主要是企业），在美国还有州和地方政府，不同主体参与交易的目的、作用是不一样的。商业银行是回购市场的主要参与者，商业银行通过回购交易可以有效地实施流动性管理，而通过回购取得的资金是出售证券的收入，所以无须缴纳存款准备金，可以最充分地运用借入资金；非银行金融机构参与回购交易的目的也是进行流动性管理，非银行金融机构与商业银行短期资金盈余或不足产生的原因、方向、期限、数额不尽相同，这使它们往往与商业银行形成交易对手，进行互补交易；对于非金融机构来说，参与回购交易，可以把国债作为投资对象，使短期资金得到合理有效的运用并赚取收益；中央银行参加回购市场则是为了实行公开市场业务操作，调节货币供应量，贯彻货币政策。中央银行作为回购交易的卖方，就是收缩基础货币，称为正回购；中央银行作为回购交易的买方就是扩张基础货币，称为逆回购。

回购交易一般在证券交易所进行，目前我国不仅在上海、深圳两个证券交易所开展了回购交易，全国银行间同业拆借市场也开展了该项业务。我国已推出的回购交易品种包括 1 天、7 天、14 天、21 天、1 个月、2 个月、3 个月、4 个月、6 个月、9 个月和 1 年债券共 11 种回购交易。在两个证券交易所交易的回购券种主要是国债和企业债；在全国银行间同业拆借中心市场交易的回购券种主要是国债、中央银行融资券、中央银行票据和特种金融债券。

第四节 资本市场

资本市场（Capital Market）是融资期限在 1 年以上，以长期金融工具为交易对象的金融市场。与货币市场相比，资本市场特点主要有：①融资期限长。至少在 1 年以上，也可以长达几十年，甚至无到期日。②流动性相对较差。在资本市场上筹集到的资金多用于解决中长期融资需求，故流动性和变现性相对较弱。③风险大而收益较高。由于融资期限较长，影响资金使用效果的不确定因素多，影响资本市场价格波动的因素较多，投资者需承受较大风险。同时，作为对风险的报酬，其收益也较高。在资本市场上，资金供应者主要是储蓄银行、保险公司、信托投资公司及各种基金和个人投资者；而资金需求方主要是企业、社会团体、政府机构等。其交易对象主要是中长期金融工具，如债券、股票、投资基金等。资本市场主要包括债券市场、股票市场和投资基金市场等。

一、债券市场

债券市场（Bond Market）是债券发行和交易市场的统称，是指债券发行、交易的场所。债券市场是金融市场的一个重要组成部分，也是一国金融体系中不可或缺的组成部分。一个规范、成熟的债券市场可以为全社会的投资者和融资者提供低风险的投资、融资平台。债券市场一般由一级（发行）市场与二级（交易）市场组成。其中二级（交易）市场根据交易场所形式的不同，又可进一步分为场内市场和场外市场。

（一）债券发行市场

债券发行市场是资金筹集者为获得资金而发行债券的场所，同时也是投资者购买新发行的债券用以投资的场所。因此，一级市场的作用体现在以下两点：一是给资金筹集者提供发行债券而获得资金的便利；二是给投资者提供投资以获取收益的机会。

1. 债券发行的基本条件

债券发行的基本条件，简称发债标准，是指债券发行者发行债券时所必须达到的基本标准。为了降低债券投资的风险，保护投资者的利益，实现资金的优化配置，由证券主管机关制定债券发行基准，只有达到这些基准条件，才有资格成为债券发行者。由于国家、地方政府和金融机构有较高的信用度，可视作自然符合发行基准，所以许多国家的债券发行基准主要是针对企业制定的。如根据我国《证券法》的规定，发行公司债券，必须符合以下条件：①股份有限公司净资产额不低于人民币 3000 万元，有限责任公司的净资产额不低于人民币 6000 万元；②累计债券总额不超过公司净资产额的40%；③最近三年平均可分配利润足以支付公司债券一年的利息；④筹集的资金投向符合国家产业政策；⑤债券的利率不得超过国务院限定的利率水平；⑥公司债券可转换为股票的，除具备发行公司债券的条件外，还应符合股票发行的条件；⑦国务院规定的其他条件。

通常对于首次发行债券的企业，要求达到的基准更为严格些。上述发债基准的制定，是为了选择经营有方、信誉良好的企业发行债券并保证债券的质量和信用，使投资者能放心购买债券。但这些标准同时也可能限制了有发展前途的、但目前资金力量相对较薄弱的中小企业、高科技企业通过发行债券筹措资金。因此，近年来，一些国家对债券发行基准的掌握有宽松的迹象；与此同时，却强化了对信用评级的要求，主要是为了通过信用评级让投资者了解债券的风险，国家对不同风险债券的投资不干预，由投资者自己作选择。

2. 债券信用评级

（1）信用评级的作用。债券信用评级是指专门从事信用评级的机构依据一定的标准，对发行债券的公司进行综合的考察、分析，从而确定债券的信用等级的一种制度。债券信用评级的目的是为了向投资者提供有关债券发行者的资信、债券发行质量以及购买债券可能承担的风险等方面的参考。

现在，世界上发达的市场经济国家都有比较有影响的证券评级机构，目前国际公认的信用评级机构有美国的穆迪投资服务公司、标准普尔公司，加拿大的债务级别服务公司，英国的艾克斯特尔统计服务公司，日本的公债、公司债研究所等。它们不仅对国内、还对国际上的各种有价证券进行评级。信用评级机构与债券发行者不能有任何利害关系，它们是依法从自身的利益出发进行债券评级，若评级不当，评级机构将信誉扫地，这就在很大程度上保证了债券评级的客观性和公正性。

信用评级的作用：信用评级的结果对于债券发行要素的确定、发行方式的采用以及能否顺利上市转让有重要的影响。例如信用等级高的债券票面利率低一些，而发行价格则可以高一些，发行的条件要相对有利于发行者，而且发行和转让都会比较顺利。信用等级较低的债券，发行条件要相对有利于投资者，一般也很难采用公募发行的方式，并且不允许上市流通。因此，债券的信用评级在发行市场上具有重要的作用。资信评级机构对投资者负有道义上的义务，但无法律上的责任，它对一些证券评定较高的信用等级，但并无向投资者推荐这些证券的义务，由于市场不断变化，企业的信用状况也不是一成不变的，投资于何种证券应由投资者自己作出决策，并承担风险。许多国家的证券法不强迫发行者必须进行证券评级，但是由于没有经过评级的证券在市场上往往不被广大投资者所接受，因此，除了信誉极高的国债、金融债券以外，其他证券的发行者都自愿向证券评级机构申请评级，并成为证券发行的一个必备条件。

（2）债券信用等级评定的原则和依据。信用评级机构评定债券等级时主要考虑三个因素：①发行者的偿债能力，重点考虑发行者的预期盈利、负债比例，能否按期还本付息。②发行者的资信，重点考虑发行者在市场上的声誉，历次发行及偿债情况。③投资者承担的风险，根据对发行者破产可能性的分析，预计一旦发生偿债风险，债权人所能受到的法律保护程度和投资补偿程度。

在进行评级时分析的依据主要有以下几个方面：① 发行公司的概况。主要考察发行公司的法律性质、资产规模和以往业绩，考察公司所在行业的发展状况及前景，公司在行业中的经济地位、业务能力及商业信誉等。② 资产流动性。主要从资金周转的角度衡量发行者的偿债能力和经营能力。主要指标是流动资产与流动负债的比率；能迅速变现的资产比例；现金和视同现金的资产比例。③ 负债比率。从发行者负债总量和负债结构的角度分析衡量其偿债能力和盈利水平。使用的指标主要有总负债率、流动负债比率、净资产对长期负债的比率、长期负债占全部自有资本的比率等。④ 金融风险。用来考虑和衡量投资风险和筹资风险，常用的指标有净资产与债券发行额的比例、盈利对债券利息的比例、当年盈利对股利的比例等。⑤ 资本效益。用来分析发行者的偿债能力，主要考虑指标有销售毛利率、销售成本率、销售纯盈利率、总资产税后收益率、投资盈利率等。⑥ 公司债务的法律性质。主要考察公司债务的性质（有无抵押等），考察抵押品、债券随时偿还的规定、偿债基金等对债券级别的影响。

此外，还要考察公司领导干部、管理人员及职工的素质，如文化程度、知识结构、个人经历、管理能力、年龄结构等，这些"软"指标也对债券级别产生了不可忽视的影响。

（3）债券等级。证券评级机构根据对债券的发行质量、债券发行公司的资信以及债券投资者所承担的投资风险等方面的评价，将债券划分为若干等级，如表6-1所示。

表6-1 美国评级公司评定公司债券等级划分

标准普尔公司	穆迪公司	性质	级别	说 明
AAA	Aaa	投资性	最高级	信誉最高，债券本息支付无问题
AA	Aa		高级	有很强的支付本息的能力
A	A		中上级	仍有较强的支付能力，但当在经济形势发生逆转时，较为敏感
BBB	Baa		中级	有一定的支付能力，但当在经济形势发生逆转时，较上述级别更易受影响

续表

标准普尔公司	穆迪公司	性质	级别	说　明
BB	Ba	投机性	中下级	有投机因素，但投机程度较低
B	B		投机级	投机的
CCC-CC	Caa			可能不还的
C	Ca			不还，但可以收回很少一点
DDD-D	C			无收回的可能

3. 债券发行方式

债券的发行按发行方式和认购对象，可分为私募发行和公募发行；按其有无中介机构协助，可分为直接发行和间接发行。

（1）私募发行与公募发行。私募发行是指面向少数特定投资者的发行。包括有所限定的个人投资者和指定的机构投资者。公募发行是指公开向社会非特定投资者的发行。

（2）直接发行与间接发行。直接发行是发行者自己办理发行手续并向投资者推销债券的发行方式，包括直接募集和出售发行。直接募集就是私募发行。出售发行就是发行人通过自己的营业网点，在柜台上出售，金融债券一般采用直接发行方式。

间接发行是发行者通过中介机构向投资者发行债券，包括代销、余额包销和全额包销。政府债券和企业债券绝大部分采用间接发行方式。

代销是指承销机构代理发售证券，在发行期结束后，将未售出的证券全部退还给发行者或包销机构的承销方式。这种承销方式的发行风险由发行者承担，代销人只负有代理销售的责任，并收取手续费。

余额包销又称助销，即承销机构按既定的发行条件和发行总额向公众推销证券，如果到截止日期尚有未销售出的证券，承销者按既定的发行价格全部购买这部分证券，待日后出售或自己持有。助销对于承销机构来说，只承担部分风险，代理部分赚取的是手续费，而买进部分主要赚取的是证券买卖的差价。

包销是指承销机构一次性买下全部待发行证券，并向发行者支付全部款项，然后再按市场条件转售给投资者，承销机构从中只赚取买卖差价。由于承销机构承担了全部风险，因而可望获得的收益也是可观的。包销可以由一个承销商独自负责，也可以由一个承销商牵头组织承销团体来销售。

4. 债券发行要素的确定

债券发行要素主要是指面值、发行利率（包括计息方式）、偿还期限和发行价格四要素。

面值是债券的票面价值，包括债券的面值单位、数额及币种。附息债券的面值是指本金，贴水债券的面值是指本利和，二手债券的面值是计算收益率的主要依据。

发行利率即发行债券时所规定的票面利率。债券发行利率由发行人确定，通常要考虑多种因素，主要为大多数投资者的接受程度，如债券的信用级别、期限的长短、有无可靠的抵押或担保、计息的方式，支付的频率、市场利率水平和市场资金的供求状况、主管部门的有关规定等。

计息方式包括计息次数、计息方法等。在我国，债券付息一般是到期支付一次。但有些国家，债券是半年或一年支付一次利息。如果是三年期债券，若半年支付一次，则需要支付六次。究竟多长时间支付利息，并没有统一的标准，但支付间隔时间太长，是不利于吸引投资者的。计息的方法有单利、复利和累进三种。

债券的期限究竟定为多少，发行人主要考虑以下因素：①资金需求的性质。如发行债券是为了筹集固定资金，则期限要定得长一些；如发行债券是为了筹集流动资金，则期限要定得短一些。②对未来市场利率的预测。由于债券利率是固定的，一般不随市场利率的变化而改变，所以，如果预测市场利率今后一段时间内会下降，发行人通常愿意发行期限较短的债券，待利率下降后再发行新的债券，以降低筹资成本；反之，若预测市场利率今后要上升，发行人通常愿意发行长期债券。③流通市场的发达程度。流通市场发达，投资人敢于购买长期债券，因为投资人随时可以在市场上将债券转换为现金。而如果流通市场不发达，发行人只能发行短期债券，否则，发行就会受阻。此外，投资人的心理状况、一国的宏观经济政策、物价水平等因素也会影响债券期限的确定。

债券的发行价格是债券投资者认购新发行的债券时实际支付的价格。其依据主要以债券的发行条件（债券票面金额、票面利率、计息方式、债券期限）为基础，结合市场利率、供求状况和发行成本而定。

投资者的认购价格按其与票面额相比，大致分为三种：①平价，即认购价与面额相等。②折价，即认购价低于面额。③溢价，即认购价高于面额。在西方国家，折价和溢价是常见的，在我国，目前债券的认购价格以平价为主。因为债券到期是按面额偿还本金的，当债券利率、期限等发行条件确定后，通过折价和溢价发行，可以使投资者获得与市场利率相当的投资回报。

在复利计息、按年付息的条件下，按市场平均收益率计算债券的发行价格的公式为：

$$债券发行价格 = A \cdot \sum_{t=1}^{N} \frac{1}{(1+市场收益率)^t} + \frac{面值}{(1+市场收益率)^N}$$

其中，A 为年利息；N 为债券的有效期限；$A \cdot \sum_{t=1}^{N} \frac{1}{(1+市场收益率)^t}$ 为各年利息的现值之和；$\frac{面值}{(1+市场收益率)^N}$ 为本金的现值。以公式计算的债券发行价格可以使投资者以市场收益率获取投资回报。如果市场收益率高于票面利率（由 A 决定）则以该公式计算的发行价格会低于面值，即为折价发行；如果市场收益率低于票面利率，则以该公式计算的发行价格会高于面值，即为溢价发行；如果市场收益率等于票面利率，即为平价发行。

在按单利计息条件下，债券发行价格确定公式为：

$$债券发行价格 = \frac{债券面额 \times (1+票面利率 \times 偿还期限)}{1+市场收益率 \times 偿还期限}$$

（二）债券流通市场

债券流通又称债券的交易，是债券转让交易活动的总称。流通市场的存在，使得债券持有人可以随时出售其所持有的债券，以及时获得所需的资金，同时，拥有资金的人则可以随时购入债券，以获取投资收益。没有发达的流通市场，债券市场就不能真正成熟起来，债券发行市场也将因债券失去流动性而难以发展。

1. 债券交易市场的类型

证券交易市场可以分为两大类：一是证券交易所；二是场外交易市场。

（1）证券交易所。债券进入证券交易所内挂牌交易，首先必须经过审核、批准。证券交易所的上市管理比较严格，除了国债和交通运输、电信电话、钢铁、水电等有关国计民生的大型国有企业的债券外，大多数债券很难获准在交易所内上市。我国上海、深圳证券交易所分别规定，国债可豁免上市申请、审查等事项，但金融债券、企业债券则必须向交易所提出上市申请，当债券获准上市以后，便可在证券交易所内上市交易。客户买卖债券，均须委托具有交易所会员资格的证券商，在地点固定的交易大厅内进行。

（2）场外交易市场。场外交易是指在交易所以外进行的交易的总称。场外交易市场又可分为店头市场或柜台交易市场、第三市场、第四市场等。债券的场外交易十分发达，大部分公司债券和政府债券的转让都是在场外交易市场进行的。债券的场外交易，是以很多各自独立的金融机构为中介进行的。柜台交易就是不通过交易所而是通过证券公司进行面对面的买卖；第三市场与柜台交易相同，买卖的对象是未在交易所挂牌上市的债券或已上市但不足一个成交批量的债券；第四市场专指机构投资者和很富有的个人投资者进行对手交易的市场。

2. 债券上市的条件和程序

债券上市是指债券经批准后在交易所挂牌交易。债券上市的条件，在各个国家不尽相同，在实行审批制和核准制的国家，债券的上市首先需经金融或证券监管部门批准，然后才能向证券交易所提出申请；在实行注册制或登记制的国家中，债券的上市，通常只需经过证券交易所依法审核通过即可。为了保护投资者利益，债券上市应满足的条件是：发行人需有较强的盈利能力；已发行的债券数量超过一定的金额，且有较长的存续期；符合规定的净资产比例和符合规定的信用级别等。

我国公司债券上市的程序大致为：①发行公司提出上市申请。②证券交易所初审。③证券管理委员会核定。④订立上市契约。⑤发行公司缴纳上市费用。⑥确定上市日期。⑦挂牌买卖。债券上市后，证券交易所一旦发现该上市债券违背基准规定，有权停止该债券上市，该债券必须转为整顿阶段，一定时间后完全停止上市。

3. 债券交易方式

债券交易方式主要有现货交易、期货交易、期权交易、信用交易等。

（1）现货交易：现货交易是指交易双方在成交后的三个交易日内完成交割的交易方式。

（2）期货交易：期货交易是指交易双方在交易成功后，按照期货合约规定的价格、数量，在远期进行交割的交易方式。

（3）期权交易：也称选择权交易，是指预先支付一定期权费后，便可以取得在一定时期内按约定的价格和数量买进或卖出某种债券的权利。

（4）信用交易：又称保证金交易或垫头交易，是指投资人凭自己的信誉，通过缴纳一定数额的保证金取得经纪人信任，并委托经纪人买进或卖出某种债券的交易方式。在委托买进证券时，由经纪人垫付差额部分券款；在委托卖出证券时，由经纪人垫付债券。前者称保证金买长，后者称保证金卖短。经纪人垫付资金和垫付债券的数额取决于保证金比率，该比率一般由中央银行决定。如保证金比率为30%，则经纪人垫付资金和债券的数额为70%。投资人必须在规定的时间内归还经纪人垫款或债券，以及相应的利息。当因债券价格波动造成投资人损失达到30%时，投资人必须补交保证金，如果不补交保证金，经纪人可强行平仓收回本息。

4. 债券流通（转让）价格及收益率

（1）债券的流通（转让）价格。债券的流通（转让）价格是指在流通市场买卖双方的成交价格，有时称为债券行市。债券的转让价格并不是任意决定的，它的形成有一定的依据，这个依据便是债券的理论价格。债券的理论价格是把债券的期望值折算为转让时的现值而计算出来的。债券的期望值（简称"期值"）是指债券到期后给持有人带来的全部收益，又称债券的终值。债券的现值是指债券的期望值按一定贴现率折算成的转让时的现在价值。由于市场供求、利率变动和人们预期的影响，转让价格可以高于或低于理论价值。

一次还本付息，以复利计算债券理论转让价格：

债券的转让价格 $p = \dfrac{F}{(1+i)^t}$

一次还本，分次付息，以复利计算的债券理论转让价格：

债券的转让价格 $p = \dfrac{I_1}{1+i} + \dfrac{I_2}{(1+i)^2} + \cdots + \dfrac{I_n}{(1+i)^n} + \dfrac{C}{(1+i)^n}$

（2）债券的收益率。债券的收益率是债券投资收益与投资额的比率，通常用年率表示，即：

收益率 $= \dfrac{年均收益额}{投资额} \times 100\%$

以上公式分子、分母取值不同则可计算不同的收益率：名义收益率、即期收益率、实际收益率。

①名义收益率，即信用工具规定的收益与票面金融的比率。

收益率 $= \dfrac{债券票面年利息额}{票面金额} \times 100\%$

②即期收益率，即信用工具规定收益与当期市场价格的比率。

收益率 $= \dfrac{债券票面年利息额}{债券的市场转让价格} \times 100\%$

③实际收益率，即即期收益与资金损益共同考虑的收益率。

$$收益率 = \frac{债券票面年利息额 + 资本损益}{债券的买入价} \times 100\%$$

二、股票市场

股票市场（Stock Market）也称权益市场（Equity Market），是指进行股权证券发行和流通转让的市场。所谓股权证券是股份有限公司给予投资者以证明其向公司投资并拥有所有者权益的一种所有权凭证。它的典型表现形式就是股票。股票市场包括发行市场和流通市场。

（一）股票发行市场

发行市场是通过发行股票进行筹资活动的市场，一方面为资本的需求者提供筹集资金的渠道；另一方面为资本的供应者提供投资场所。发行市场是实现资本职能转化的场所，通过发行股票，把社会闲散资金转化为生产资本。由于发行活动是股市一切活动的源头和起始点，故又称发行市场为"一级市场"。

1. 股票发行的类型

股票发行有创设新股份公司的创设发行和旧股份公司扩大资本规模的增资发行两种类型。

（1）创设发行。股份公司创设，首先要有若干发起人，根据资源、市场、技术、劳动力和资金等具体情况，制订详细的创业计划，并由发起人按公司法规定的比例缴纳首次出资额后，召开创立大会，选举董事会和监事会，制定公司章程等，然后，向工商管理部门办理注册登记，领取营业执照。

创设发行分为发起设立和募集设立。发起设立是公司设立时，发起人必须足额认购首次发行的全部股票。募集设立是公司设立时，发起人认购不少于35%的股份后，其余部分向社会公开募集或向特定对象募集，并达到预定的资本总额。

（2）增资发行。增资发行是指已设立公司在经营过程中，为达到扩大资本规模的目的而增加发行股票的行为。增资发行分为有偿增资发行和无偿增资发行，有偿增资发行是指投资者认购新股需缴纳股款，增发新股应优先按股东所持股份占公司总股本的比例配售给原股东（称为配股），目的是保证原股东对公司控制权不发生改变，在原股东放弃配股权后也可向社会公开出售（称为增发）。无偿增资发行是指以发行股票的形式向原股东分配股息，将公积金或盈余拆成股份分配原股东，或将公司已发行的可转换债券，根据投资人的意愿转换为股票等。

2. 股票发行的方式

（1）按发行对象不同，可分为私募发行与公募发行。私募发行是指只向少数特定投资者发行股票。私募发行股票不必事先提供财务资料，也不必向主管部门申报批准，发行手续简单，发行费用较低，但不能公开上市交易，募集资金的数量受到限制。

公募发行是指向市场非特定的投资者公开发行股票。我国《证券法》规定只有公募发行的股票才能上市交易。公募发行要求发行者具有较高的信用等级和社会信誉，需符合《证券法》、《公司法》等规定的标准，并报证券主管部门批准。公募发行必须委托金融中介机构代理发行，因而发行费用较高，但由于可以扩大发行量，且能上市交易，提高企业知名度，因而受到大多数企业的欢迎。

（2）按发行过程不同，可分为直接发行与间接发行。直接发行又称直接招股，是指股份公司自己承担股票发行的一切事务和发行风险，直接向认购者推销出售股票的方式。采用直接发行方式时，要求发行者熟悉招股手续，精通招股技术并具备一定的条件。如果当认购额达不到计划招股额时，新建股份公司的发起人或现有股份公司的董事会必须自己认购出售的股票。因此，直接发行只适用于有既定发行对象或发行风险少、手续简单的股票。在一般情况下，不公开发行的股票或因公开发行有困难（如信誉低所致的市场竞争力差、承担不了大额的发行费用等）的股票；或是实力雄厚，有把握实现巨额私募以节省发行费用的大股份公司股票，才采用直接发行的方式。间接发行又称间接招股，是指发行者委托证券发行中介机构出售股票的方式。这些中介机构作为股票的推销者，办理一切发行事务，承担一定的发行风险并从中提取相应的收益。股票的间接发行有三种方法：一是代销，又称代理招股，推销者只负责按照发行者的条件推销股票，代理招股业务，而不承担任何发行风险，在约定期限内能销多少算多少，期满仍销不出去的股票退还给发行者。由于全部发行风险和责任都由发行者承担，证券发行中介机构只是受委托代为推销，因此，代销手续费较低。二是承销，又称余股承购，股票发行者与证券发行中介机构签订的推销合同明确规定，在约定期限内，如果中介机构实际推销的结果未能达到合同规定的发行数额，其差额部分由中介机构自己承购下来。这种发行方法的特点是能够保证完成股票发行额度，一般较受发行者的欢迎，而中介机构因需承担一定的发行风险，故承销费高于代销的手续费。三是包销，又称包买招股，当发行新股票时，证券发行中介机构先用自己的资金一次性地把将要公开发行的股票全部买下，然后再根据市场行情逐渐卖出，中介机构从中赚取买卖差价。若有滞销股票，中介机构减价出售或自己持有，由于发行者可以快速获得全部资金，而推销者则要全部承担发行风险，因此，包销费高于代销费和承销费。股票间接发行时究竟采用哪一种方法，发行者和推销者考虑的角度是不同的，需要双方协商确定。一般来说，发行者主要考虑自己在市场上的信誉、用款时间、发行成本和对推销者的信任程度；推销者则主要考虑所承担的风险和所能获得的收益。

上述股票发行方式，各有利弊及条件约束，股份公司在发行股票时，可以采用其中的某一方式，也可以兼采几种方式，各公司都是从自己的实际情况出发，择优选用。当前，世界各国采用最多、最普遍的方式是公开和间接发行。

3. 股票的公开发行制度

从各国证券市场的实践来看，股票公开发行监管制度主要有两种类型：核准制和注册制。

（1）核准制。核准制是证券监管部门根据法律法规所规定的股票公开发行的实质性条件，对按市场原则推选出的公司的发行资格进行审核，并做出核准与否的制度。核准制遵循"实质管理原则"，即强调证券监管部门按股票公开发行的实质性条件进行把关的作用。核准制一般采取主承销商推荐、发行审核委员会表决、证监会核准的办法。中国目前的股票发行制度就属于核准制。

（2）注册制。注册制又叫"申报制"或"形式审查制"，是指政府对发行人公开发行股票，事先不作实质性审查，仅对申请文件进行形式审查，发行者在申报申请文件以后的一定时期以内，若没有被政府否定，即可以公开发行股票。

在证券发行注册制下，证券机关对股票公开发行不作实质条件的限制。凡是拟公开发行股票的发行人，必须将依法应当公开的，与所发行证券有关的一切信息和资料，合理制成法律文件并公之于众，其应对公布资料的真实性、全面性、准确性负责，公布的内容不得含有虚假陈述、重大遗漏或信息误导。

证券监管部门不对证券发行行为及证券本身作出价值判断，对公开资料的审查只涉及形式，不涉及任何发行实质条件。发行人只要依规定将有关资料完全公开，证券监管部门就不得以发行人的财务状况未达到一定标准为由而拒绝其发行。在一段时间内，在未对申报书提出任何异议的情况下，注册生效等待期满后，股票发行注册生效，发行人即可发行股票。

注册制是证券发行管理制度中的重要形态，也是很多国家普遍采取的证券发行监管方式。目前澳大利亚、巴西、加拿大、德国、法国、意大利、荷兰、菲律宾、新加坡、英国和美国等国家，在证券发行上均采取注册制。

4. 股票的公开发行程序

一般来说，股票的公开发行程序为：发行公司制定股票发行计划；董事会决议批准通过；股票发行申请与审核；发行公司制作股票募集书；发行公司与证券中介机构签订承销协议；投资者认购股票。

5. 股票发行价格

（1）发行价格的种类及基本规定。股票发行价格指股份公司将股票公开发售给特定或非特定投资者所采用的价格。股票发行价格有三种：平价、折价和溢价。股票发行价与股票票面金额相等为平价；低于股票票面金额为折价；高于股票票面金额为溢价。溢价又可分为时价和中间价，时价即按发行时的市场供求状况决定的发行价格；中间价则介于时价和平价之间。

世界上许多国家不允许折价发行。如英国的《公司法》原则上不准折价发行，特殊情况例外。美国很多州也规定折价发行股票为非法，但是有些州则是合法的。中国《公司法》规定："股票发行价格可以按票面金额，也可以超过票面金额。"不允许折价发行股票。

（2）确定股票发行价格的方法。确定股票的发行价格基础是对发行股票企业的估值。对企业的估值主要考虑股票发行公司的盈利能力、行业背景、业务特点、管理层素质、未来增长潜力等。确定股票发行价格的方法有市盈率法、净资产倍率法、现金流量折现法和竞价确定法等。

1）市盈率法。市盈率又称股份收益比率或本益比，是指股票市场价格与盈利的比率。通过市盈率法确定股票发行价格，首先应根据专业会计师审核后的盈利预测计算出发行公司的每股净盈利；其次可根据二级市场的平均市盈率、发行公司的行业情况（同类公司的股票市盈率）、发行公司的经营状况及其成长性等拟订发行市盈率；最后依发行市盈率与每股净盈利的乘积决定发行价：

发行价＝每股净盈利×发行市盈率

$$市盈率 = \frac{股票市价}{每股净盈利}$$

市盈率的含义是股票投资的回收期，如20倍市盈率，相当于按年利润算，回收投资需20年。

$$每股净盈利 = \frac{税后利润}{股份总额}$$

每股税后利润的计算通常有两种方法：一种为完全摊薄法，即用发行当年预测全部税后利润除以总股本，直接得出每股税后利润，其实质是用发行股票以前的利润水平和股份总额计算；另一种是加权平均法。加权平均法的计算公式为：

每股年税后利润＝新股发行后的每股月利润×12

$$新股发行后的每股月利润 = \frac{新股发行后的税后利润}{新股发行后当年剩余的月份×新股发行后的公司股本总额}$$

不同的方法得到不同的发行价格。加权平均法以新股发行以后的预测税后利润为基础计算每股月利润，采用加权平均法是较为合理的，因为股票发行以后股份总额发生了变化，股票发行以后资本扩大也将对每股收益产生影响（摊薄收益），对企业今后的盈利能力也会产生重大影响（盈利能力提高），而且投资者只有在购股后才能享受应有的权益，所以用新股发行后的盈利水平和股本总额计算每股利润更合理。

2）净资产倍率法。净资产倍率法又称资产现值法，是指以每股净资产乘以一定的溢价倍率或折扣系数计算股票发行的方法。

净资产是所有者权益，是创造利润的基础，由于净资产随着利润的增加，有不断增加的潜力，所以投资者应花数倍于净资产的价格购买它，该倍数就是溢价倍数。它的高低取决于公司创造利润的潜力，以及市场对该公司增值潜力的认可程度。

净资产倍率法常用于房地产公司或资产现值有较大增值潜力的公司的股票发行。以此种发行方式确定每股发行价格不仅应考虑公平市值，还须考虑市场所能接受的溢价倍率或折扣倍率。其公式为：

发行价格＝每股净资产值×溢价倍率（或折扣倍率）

3）现金流量折现法。现金流量折现法是指通过预测公司未来盈利能力，计算出公司存续期每年的净现金流量，然后按一定的贴现率将企业存续期各年的净现金流量折算为净现值，从而确定股票发行价格的方法。

4）竞价确定法。竞价确定法是指在投资者发行底价的基础上，按价格优先和同价位时间优先的原则竞价申购所形成的竞争价格确定发行价格的方法。

竞价申购方法是：投资者在指定时间内通过交易柜台或者证券交易所交易网络，以不低于底价的价格并按限购比例或数量进行竞价认购委托，申购期满后，由交易所的交易系统将所有投资者的有效申购委托按照价格优先、同价位申报时间优先的原则进行排队，并由高价位到低价位累计有效认购数量，当累计数量恰好达到或超过本次发行数量时的价格，即为本次发行股票的发行价格。

如果在发行底价上仍不能满足本次发行股票的数量，则竞价的底价为发行价。发行底价可由发行人和承销商根据发行人的经营业绩、盈利预测、投资的规模、市盈率、发行市场与股票交易市场上同类股票的价格及影响发行价格的其他因素，共同研究协商确定。

（二）股票的流通市场

流通市场是已发行股票进行转让、买卖的市场，又称"二级市场"。流通市场一方面为股票持有者提供随时变现的机会，另一方面又为新的投资者提供投资机会。与发行市场的一次性行为不同，股票可以在流通市场上不断地进行交易。

1. 股票流通市场的组织形式

股票流通市场的组织形式可以分为场内交易市场和场外交易市场。

（1）场内交易市场。证券交易所是按照一定方式和规则组织起来的集中进行证券交易的场所，又称场内交易市场。证券交易所是股票流通市场的核心，也是股票流通的主要组织方式。证券交易所在固定地点公开营业，定时开市，一切交易必须在场内公开报价成交，并每天公开交易的行情、数量等。交易所负责监督交易按一定的章程、细则、规定和管理条例进行。证券交易所的组织形式分为公司制和会员制：①公司制证券交易所。公司制的证券交易所是按《公司法》组织的自负盈亏的营利性法人团体。公司制证券交易所的最高权力机构是股东大会，平时由选举产生的董事会负责领导和处理各项事务。②会员制证券交易所。会员制的证券交易所是以会员协会形式设立的不以盈利为目的的法人团体。会员制证券交易所规定只有会员才能进入交易大厅进行证券交易，其他人要买卖证券交易所上市的证券，必须委托会员进行。会员制证券交易所的最高决策机构是会员大会，最高管理机构是理事会，理事会成员一般由会员大会选举产生或经大多数会员同意产生。

会员制是证券交易所的典型组织形式，也是主要的组织形式。从世界来看，欧美等经济发达国家的证券交易所基本上都采用会员制组织形式。我国的上海、深圳证券交易所均采用会员制。

（2）场外交易市场。场外交易是在证券交易所以外进行的证券交易活动。场外市场的特点是交易的品种主要为非上市股票，且品种多、数量大。场外交易市场是一个分散的市场，投资者之间或投资者与证券经纪商和自营商可直接商洽交易；场外交易的股票价格由买卖双方协商达成。

场外交易市场包括柜台交易市场、第三市场和第四市场。柜台交易市场是在证券公司的柜台上交易未上市股票的市场。第三市场是在证券交易所之外交易上市股票的市场。第三市场的交易主体多为拥有巨额资金的机构投资者。第四市场是指计算机终端联结的在有组织的集体投资者之间直接进行大额交易的证券交易市场。在国外一般由专门的证券经纪公司安排资金雄厚、规模巨大的投资者，通过计算机终端技术进行直接的证券交易。买卖双方通过计算机协商价格，成交迅速，无须经纪人，从而实现交易的保密性。世界主要的股票交易所如表 6-2 所示。

表 6-2 世界主要的股票交易所

国　　家	股票交易所
美国	纽约股票交易所
日本	东京股票交易所
英国	伦敦股票交易所
德国	法兰克福股票交易所
法国	巴黎股票交易所
中国	深圳股票交易所、上海股票交易所
新加坡	新加坡股票交易所
加拿大	多伦多股票交易所

2. 股票上市交易的程序

根据我国《公司法》、《证券法》和有关法规的规定，我国公开发行的股票可以在证券交易所公开挂牌上市交易，但需采取以下程序：公司提出上市申请；证券交易所委员会审批；公司与证券交易所订立上市协议书；股东名册送交证券交易所或证券登记公司备案；披露上市公告书；公司股票挂牌交易。

3. 股票的价值与交易价格

（1）股票的价值。股票的价格是股票价值的货币表现。那么股票的价值是什么呢？虽然股票本身是纸质的或电子的凭证，只有很低的价值，或没有价值，但是股票是所有权证书，它代表了一定数额的资本，代表了获取收益的权利，其价值有四种形式：①票面价值，通常指面值，是股份有限公司在其发行的股票上标明的票面金额，一般由股票发行时每股净资产价值决定。②净值，又称账面价值，是股份公司存续期内不同时期的每股净资产价值。③清算价值，是股份公司终结或破产进行清算时，股票每股所代表的剩余资产价值。④市场价值，是股票在股票市场竞价交易过程中，由投资者所认可的价值，或由市场发现的价值，它反映了投资者对股份公司现在价值（净值）及潜在价值（未来盈利能力）的判断。

（2）股票的理论价格与交易价格。股票交易价格是指在二级市场上流通买卖的价格。股票交易价格是以股票理论价格为基础的。股票的理论价格是按收益资本化理论计算的价格。任何能取得收益的事物都可视同资本，其资本的价格可以用自身收益比较借贷资本收益（市场利率）来折算。这样就使无法用价值定价法来确定转让价格的土地、人力资源和金融资产等无价值的事物也具有了价格。这个通过自身收益折算资本价格的过程就叫收益的资本化。

股票代表的是持有者的股东权益，其经济权益，表现为股息、红利收入。股票的理论价格，就是为获得这种股息、红利收入的请求权而付出的代价，是股息资本化的表现。其计算公式可以表述为：

$$股票理论价格 = \frac{股息红利收益}{利息率}$$

例如，一张面值为100元的股票，预期每年可获得15元的股利收益，当时的市场利率（以银行存款利率为代表）若为5%，则这些股票行市应该为300元（15÷5%）；股票理论价格的计算可以解释为：按照等量资本获得等量收入的理论，对不同金融产品的等量投资，都应获得相等的收益，银行存款的利息率可以看作投资不同金融产品的市场平均收益率，从理论上说，投资任何金融产品等量资本所获取的收益，都应与以等量资本存入银行所获取的银行利息相等。以上计算结果说明，如果股票投资者以购买股票的钱存入银行，也可以得到与股票投资相等的利息收益，即在利率5%的情况下存入300元钱可以获得与股票预期股利收益相等的15元的利息，所以，股票的理论价格应为300元。

（3）股票交易价格。股票的理论价格不等于股票的交易价格，甚至两者有相当大的差距。但是，股票理论价格对于预测股票交易价格的变动趋势，提供了重要依据，同时，也是股票交易价格形成的一个基础性因素。股票交易价格在很大程度上受股票市场供求关系的影响。股票出售多而买入少，供过于求会使股价下跌；当股票的买入大于卖出时，供不应求将使股价上升。股票市场上这种供求关系的变化是难以预测的，其原因也是错综复杂、多种多样的。影响股票供求关系进而造成股价波动的因素主要有：

1）经济因素。①发行股票的股份公司的经营状况。经营状况良好，一般表现在资本净值增加、营业额上升和选用优惠派息方式、公司经营管理机构稳定、对外信誉卓著、销路看好等方面。公司经营状况优劣与股票变化成正比，公司经营状况好，预期股利收益高，购买股票者就多，股票的需求量增加，股价就会上升；反之下降。②发展前景。如果从国民经济发展总体来看，前景是乐观的，公司发展余地很大，盈利看好，人们就会踊跃购买股票，股价就会上升。在相同的大经济背景下，公司所属的行业前景就成为衡量股票价值的重要因素。一些新兴发达行业的股票收益有很大的增值潜力，其价格就具有上升趋势；反之，当经济处于萧条和危机阶段，由于公司生产经营萎缩，盈利下降，各种股票价格都会下降。③金融形势。如果采取松动银根的金融政策，市场资金充裕，利率下跌，会刺激人们争相购买股票，股价会随之上升；反之，若收缩银根，市场资金紧张，利率上升，造成公司经营困难，股价下跌。同时，通货膨胀也对股价波动有较大影响，一般在温和通货膨胀率时，因物价上涨，公司销售收入增加，股利收益也会上升，吸引人们进行股票投资，使股价上涨；但当恶性通货膨胀时，则投资者可能因实际股利收益下降或心理恐慌而抛售股票，那就会使股价下跌。④财政状况。当财政状况好，支出增加时，经济繁荣，股价上涨，但若财政状况不好，赤字过大，通货膨胀威胁严重时，股价又会下跌。⑤国际收支。当国际收支顺差时，刺激经济增长，使股价上浮；反之，当出现巨额逆差时，经济前景暗淡，影响人们购买股票的热情，股价就会下浮。⑥汇率。汇率的变动不仅对公司的对外贸易和利润有重大影响，也对外国投资者有重要影响，特别是在开放型国家中，股票的外国投资者很多，若本币看涨时，股票的外国购买者会增加；反之，本币看跌时，股票的外国投资者会出售股票，股价也会因此而受到冲击。⑦其他。如技术更新、产品换代、他国经济动向等都对股票行市有重要影响。

2）政治因素。①战争。例如，海湾战争使英美等国与军工有关的公司股票价格上升，但使与石油相关的公司股票价格下跌。在中断运输或受战争侵扰的国家，因公司经营受阻，股票价格也会受影响。②政局。如政权的转移、领导人的更替、政府的作为、社会的安定等均影响人们对未来前景的预计，从而影响股票价格的波动。③国际政治形势的变化，也对股票市场产生较大影响。一般国际政治舞台上有较大风波时，股票市场的价格也会随之波动。④劳资纠纷。国外经常发生的劳资纠纷，妨碍公司生产，甚至引发罢工风潮，都将引起股价的波动。

3）市场因素。市场投资者的行为，特别是大投资者的意向和买卖行为对股价影响很大；市场投机者的套利行为，信用交易和期货交易的规模，对股价冲击较大；股票市场上公司的并购行为，往往也造成股票的大量购进或抛出，引起股价大幅度涨跌。另外，公司的增资方式和数量等也会影响股价。

4）心理因素。投资者心理状况对股票价格有重要影响。影响人们心理状况的因素很多，其中有些是客观的，有些是主观的，特别是当投机者不甚了解事实真相或缺乏预期判断能力时，心理上波动很大，往往容易跟在一些大投资者后面，出现急于抛出或买进的状况，形成抢购风潮或抛售风潮，对股价影响很大。甚至某些传说或谣言也会使投资者人心惶惶，盲目抢购或抛售股票，引起股价的猛涨或暴跌。

5）其他因素。有些非经济、政治、心理的因素也会影响股价，例如，自然灾害，一旦发生自然灾害，经济和生产受损，股价也会变化，其波动幅度与受损害的影响程度成同方向变化。

上述这些经济、政治、市场、心理等方面的因素，主要是通过影响股票的供求关系来影响股价的，一般股价的变动很难说是某一个因素影响的结果，往往是上述多种因素综合影响的反映。

4. 股票价格指数

股票价格指数是用以表示多种股票平均价格水平及其变动并衡量股市行情的指标。由于经济、政治、供求等方面的原因，股票价格经常处于变动之中，为了综合反映这些变化，世界各大金融市场都编制股票价格指数，将一定时点上众多的股票价格表现为一个综合的指标。

股票价格指数通常以某日股价平均数作为基期平均价，然后将报告期的股价平均数与基期平均价进行比较，再乘以基期的指数值（一般设为100或1000）计算。衡量股票价格水平的指标有两类，一类是用算术平均法计算指数；另一类是用加权平均法计算指数。

（1）算术平均股价指数。

$$I = \frac{\sum\limits_{i=1}^{n} P_1^i / P_0^i}{n} \cdot I_0$$

其中，P_0^i 表示第 i 种股票的基期价格；P_1^i 表示第 i 种股票的报告期价格；n 为样本数；I_0 为开始计算股票价格指数时设定的基期股票价格指数。

（2）加权股价指数。

加权股价指数是根据各期样本股票的相对重要性予以加权，其权重可以是成交股数、总股本等。

$$I = \frac{\sum_{i=1}^{n} P_1^i \cdot W_i}{\sum_{i=1}^{n} P_0^i \cdot W_i} \cdot I_0$$

其中，P_0^i 表示第 i 种股票的基期价格；P_1^i 表示第 i 种股票的报告期价格；W_i 表示第 i 种股票的权数，可以按基期（或报告期）的第 i 种股票成交额占总成交额的比例计算（或按第 i 种股票股本占总股本比例计算）。拉斯拜尔加权指数偏重基期成交股数（或总股本），而派许加权指数则偏重报告期的成交股数（或总股本）。目前世界上大多数股价指数都是派许加权指数，只有德国法兰克福证券交易所的股价指数为拉斯拜尔加权指数。

股票价格指数按照股市涵盖股票数量和类别的不同，可以分为综合指数、成份指数和分类指数三类。综合指数是指在计算股价指数时将某个交易所上市的所有股票市价升跌都计算在内的指数，如纽约证交所综合指数、我国的上证综合指数等。成份指数是指在计算股价指数时仅仅选择部分具有代表性的、交易量大、业绩好的股票市值作为标的指数。目前世界大多数的指数都是成份指数，如道琼斯指数、标准普尔指数、伦敦金融时报 100 指数、上证 180 指数、深证成份指数等。分类指数是指选择具有某些相同特征（如同行业）的股票作为目标股计算出来的指数，如房地产指数、金融股指数、工业股指数等。

专栏 6-4

世界著名的股票价格指数

道琼斯股票指数是世界上历史最为悠久的股票指数，它的全称为"股票价格平均数"。它是在 1884 年由道琼斯公司的创始人查理斯·道开始编制的。最初的道琼斯股票价格平均指数是根据 11 种具有代表性的铁路公司的股票编制的股票价格平均数。随后，道琼斯股价平均数的样本股逐渐扩大至 65 种，编制方法也有所改进。现在的道琼斯指数实际上是一组股价平均数，包括工业股价平均数、运输业股价平均数、公共事业股价平均数、股价综合平均数、道琼斯公正市价指数。

《金融时报》股票价格指数的全称是"伦敦《金融时报》工商业普通股股票价格指数"，是由英国《金融时报》编制和公布，现由《金融时报》和伦敦证券交易所共同拥有的富时集团编制。该股票价格指数包括在英国工商业中挑选出来的具有代表性的 30 家公开挂牌的普通股股票。它以 1935 年 7 月 1 日作为基期，其基点为 100 点。该股票价格指数以能够及时显示伦敦股票市场情况而闻名于世。

日经平均股价是由日本经济新闻社编制并公布的反映日本股票市场价格变动的股票价格平均数。该指数从 1950 年 9 月开始编制。最初根据东京证券交易所第一市场上市的 225 家公司的股票算出修正平均股价，当时称为"东证修正平均股价"。1975 年 5 月 1 日，日本经济新闻社向道琼斯公司买进商标，采用美国道琼斯公司的修正法计算，改称"日经道琼斯平均股价"。1985 年 5 月合同期满，改名为"日经平均股价"。

香港恒生指数是香港股票市场上历史最久、影响最大的股票价格指数，由香港恒生银行于 1969 年 11 月 24 日开始发表。恒生股票价格指数包括从香港 500 多家上市公司中挑选出来的 33 家有代表性且经济实力雄厚的大公司股票作为成份股，这些股票占香港股票市值的 63.8%，分为四大类：4 种金融业股票、6 种公用事业股票、9 种地产业股票和 14 种其他工商业股票。

三、证券投资基金市场

投资基金市场（Security Investment Fund Market）是指进行投资基金交易的场所，是资本市场的一部分。

（一）证券投资基金的设立

1. 证券投资基金设立的步骤

（1）确定基金性质。按组织形态不同，基金有公司型和契约型之分；按基金券可否赎回，又可分为开放型和封闭型两种，基金发起人首先应对此进行选择。

（2）选择共同发起人、基金管理人与托管人，制定各项申报文件。根据有关对基金发起人资格的规定慎重选择共同发起人，签订"合作发起设立证券投资基金协议书"，选择基金保管人，制定各种文件，规定基金管理人、托管人和投资人的责、权、利关系。

（3）向主管机关提交规定的报批文件。同时，积极进行人员培训工作，为基金成立做好各种准备。

（4）发表基金招募说明书，发售基金券。一旦招募的资金达到有关法规规定的数额或百分比，基金即告成立；否则，基金发起便告失败。

2. 证券投资基金的销售与申购

（1）申购程序。投资者在认购封闭式基金的基金份额时，须开设证券交易账户或基金账户，在指定的发行时间内通过证券交易所的各个交易网点以公布的价格和符合规定的申购数量进行申购。如果有效申购总量超过封闭式基金发行总量，则以抽签配号方式决定投资者实际认购量。改制基金的扩募由原基金持有人按照规定比例和价格在规定时间内配售。投资者投资开放式基金时，应先到基金管理公司或其指定的代销机构开设专用基金账户及相应的资金账户；一名投资者只能在一个销售网点开户，且只能开设一个基金账户；投资由不同基金管理公司管理的不同的开放式基金时，应该到不同的基金管理公司或其代理机构分别办理手续。

（2）基金份额的销售。我国封闭式基金都是采用自办发行方式通过证券交易所交易系统进行基金券发行的，但开放式基金由于其交易（认购、申购、赎回）是在投资者与基金管理人或其代理人之间进行的，故开放式基金券除了由基金管理人自办发行外，一般还选择一些机构（如银行、证券公司等）代理销售。

按照规定，证券投资基金的发行只有在符合以下条件时才能成立：

第一，封闭式基金的募集期限为自该基金批准之日起计算的 3 个月内，只有在募集期限内募集的资金超过该基金批准规模的 80% 时，该基金方可成立。

第二，开放式基金的募集期限也是 3 个月，在募集期限内净销售额超过 2 亿元时，该基金方可成立。

如果基金的募集未达到上述要求，基金的发行即告失败，基金发起人应承担募集费用，并将已募集资金加计银行活期存款利息于 30 日内退还给基金认购人。

基金设立后通过发行基金收益单位募集资金，按国际惯例在基金发行结束后的 3 ~ 4 个月内就必须开始基金单位交易和投资活动。

（二）证券投资基金当事人及其职责

经批准设立的投资基金，一般由基金发起人委托商业银行作为投资基金托管人托管投资基金资产，委托基金管理公司作为基金管理人管理和运用基金资产。基金托管人、基金管理人应当在行政上、财务上相互独立，其高级管理人员不得在对方公司兼任任何职务。

1. 基金发起人

基金发起人是指按照共同投资、共享收益、共担风险的基本原则和股份公司的某些原则，运用现代信托关系的机制，以基金方式将投资者分散的资金集中起来以实现预先规定的投资目的的投资组织机构。它可以是非法人机构，也可以是法人机构；可以是事业性法人机构，也可以是公司性法人机构；可以是合作性公司，也可以是股份制公司。

我国规定证券投资基金发起人为证券公司、信托投资公司及基金管理公司。

2. 基金托管人

基金托管人又称基金保管人，是依据基金运行中"管理与保管分开"的原则对基金管理进行监督和保管基金资产的机构，是基金持有人权益的代表，通常由有实力的商业银行或信托投资公司担任。基金托管人与基金管理人签订托管协议，在托管协议规定的范围内履行自己的职责并收取一定的报酬。基金托管人在基金的运行过程中起着不可或缺的作用。

基金托管人应该履行以下职责：安全保管基金财产；按照规定开设基金财产的资金账户和证券账户；对所托管的不同基金财产分别设置账户，确保基金财产的完整与独立；保存基金托管业务活动的记录、账册、报表和其他相关资料；按照基金合同的约定，根据基金管理人的投资指令，及时办理清算、交割事宜；办理与基金托管业务活动有关的信息披露事项；对基金财务会计报告、中期和年度基金报告出具意见；复核、审查基金管理人计算的基金资产净值和基金份额申购、赎回价格；按照规定召集基金份额持有人大会；按照规定监督基金管理人的投资运作；等等。

3. 基金管理人

基金管理人是负责基金发起设立与经营管理的专业性机构。基金管理人由依法设立的基金管理公司担任。基金管理公司通常由证券公司、信托投资公司或其他机构发起设立，具有独立法人地位。基金管理人的目标函数是受益人利益的最大化，因而，不得出于自身利益的考虑损害基金持有人的利益。

基金管理人应当履行以下职责：依法募集基金，办理或者委托经国务院证券监督管理机构认定的其他机构代为办理基金份额的发售、申购、赎回和登记事宜；办理基金备案手续；对所管理的不同基金财产分别管理、分别记账，进行证券投资；进行基金会计核算并编制基金财务会计报告；编制中期和年度基金报告；计算并公告基金资产净值，确定基金份额申购、赎回价格；办理与基金财产管理业务活动有关的信息披露事项；召集基金份额持有人大会；保存基金财产管理业务活动的记录、账册、报表和其他相关资料；以基金管理人名义，代表基金份额持有人利益行使诉讼权利或者实施其他法律行为。

4. 基金份额持有人，即基金的投资者

基金份额持有人享有下列权利：分享基金财产收益；参与分配清算后的剩余基金财产；依法转让或者申请赎回其持有的基金份额；按照规定要求召开基金份额持有人大会；对基金份额持有人大会审议事项行使表决权；查阅或者复制公开披露的基金信息资料；对基金管理人、基金托管人、基金份额发售机构损害其合法权益的行为依法提起诉讼；基金合同约定的其他权利。

基金份额持有人大会由基金管理人召集；基金管理人未按规定召集或者不能召集时，由基金托管人召集。代表基金份额 10% 以上的基金份额持有人就同一事项要求召开基金份额持有人大会，而基金管理人、基金托管人都不召集的，代表基金份额 10% 以上的基金份额持有人有权自行召集，并报国务院证券监督管理机构备案。

（三）证券投资基金的交易

1. 基金的交易方式

基金交易方式因基金性质不同而不同。封闭式基金因有封闭期规定，在封闭期内基金规模稳定不变，既不接受投资者的申购也不接受投资者的赎回，因此，为满足投资者的变现需要，封闭式基金成立后通常申请在证券交易所挂牌，交易方式类似股票，即在投资者之间转手交易。而开放式基金因其规模是"开放"的，在基金存续期内其规模是变动的，除了法规允许自基金成立日始至基金成立满 3 个月期间，依基金契约和招募说明书规定，可只接受申购不办理赎回外，其余时间如无特别原因，应在每个交易日接受投资者的申购与赎回。因此，开放式基金的交易方式为场外交易，在投资者与基金管理人或其代理人之间进行交易，投资者可至基金管理公司或其代理机构的营业网点进行基金券的买卖，办理基金单位的随时申购与赎回。

2. 封闭式基金的交易及交易价格

（1）封闭式基金的上市申请及审批。如前所述，封闭式基金的交易方式为在证券交易所挂牌上市，因此，封闭式基金在募集成立后，应及时向证券交易所申请上市。上市申请及主管机关审批的主要内容包括：基金的管理和投资情况；基金管理人提交的上市可行性报告；信息披露的充分性；内部机制是否健全，能否确保基金章程及信托契约的贯彻实施；等等。上述材料必须真实可靠，无重大遗漏。

（2）封闭式基金的交易规则。①基金单位的买卖遵循"公开、公平、公正"的"三公"原则和"价格优先、时间优先"的原则。②以标准手数为单位进行集中无纸化交易，计算机自动撮合，跟踪过户。③基金单位的价格以基金单位资产净值为基础，受市场供求关系的影响而波动，行情即时揭示。④基金单位的交易成本相对低廉。

（3）影响封闭式基金价格变动的因素。基金单位净资产值和市场供求关系是影响封闭式基金市场价格的主要因素，但其他因素也会导致其价格波动。

1）基金单位净资产值。基金单位净资产值是指某一时点上某一基金每份基金单位实际代表的价值，是基金单位的内在价值。由于基金单位净资产值直接反映一个基金的经营业绩和相对于其他证券品种的成长性，同时，也由于基金单位净资产值是基金清盘时，投资者实际可得到的价值补偿，因此，基金单位净资产值构成影响封闭式基金市场价格的最主要因素。在一般情况下，基金单位的市场价格应围绕基金单位净资产值而上下波动。

2）市场供求关系。由于封闭式基金成立后，在存续期内其基金规模是稳定不变的，因此，市场供求状况存在对基金交易价格产生重要影响。一般而言，当市场需求增加时，基金单位的交易价格就上升；反之，就下跌，从而使基金价格相对其单位净值而言经常出现溢价或折价交易的现象。

3）市场预期。市场预期通过影响供求关系而影响基金价格。当投资者预期证券市场行情看涨，或基金利好政策将出台，或基金管理人经营水平提高，基金净资产值将增加，或基金市场将"缩容"等时，将增加基金需求，从而导致基金价格上涨；反之，将减少基金需求，从而导致基金价格下跌。

4）操纵。如同股票市场一样，基金市场也存在着"坐庄"操纵现象。由于封闭式基金的"盘子"是既定的，因此资金实力大户往往通过人为放大交易量或长期单向操作来达到影响市场供求关系及交易价格，从中获利的目的。

3. 开放式基金的交易及交易价格

（1）开放式基金的认购、申购、赎回。投资者在开放式基金募集期间，基金尚未成立时购买基金单位的过程称为认购。通常认购价为基金单位面值（1元）加上一定的销售费用。基金初次发行时一般会对投资者有费率上的优惠。投资者在认购基金时，应在基金销售点填写认购申请书，交付认购款项，注册登记机构办理有关手续并确认认购。只有当开放式基金宣布成立后，经过规定的日期，基金才能进入日常的申购和赎回。

在基金成立后，投资者通过基金管理公司或其销售代理机构申请购买基金单位的过程称为申购。投资者办理申购时，应填写申购申请书并交付申购款项。申购基金单位的金额是以申购日的基金单位资产净值为基础计算的。

投资者为变现其基金资产，将手持基金单位按一定价格卖给基金管理人，并收回现金的过程称为赎回。赎回金额是以当日的单位基金资产净值为基础计算的。

(2) 开放式基金申购、赎回的限制。根据有关法规及基金契约的规定，开放式基金的申购与赎回主要有如下限制：①基金申购限制。基金在刊登招募说明书等法律文件后，开始向法定的投资者进行招募。依据国内基金管理公司已披露的开放式基金方案来看，首期募集规模一般都有一个上限。在首次募集期内，若最后一天的认购份额加上在此之前的认购份额超过规定的上限时，则投资者只能按比例进行公平分摊，无法足额认购。开放式基金除规定有认购价格外，通常还规定有最低认购额。另外，根据有关法律和基金契约的规定，对单一投资者持有基金的总份额还有一定的限制，如不得超过本基金总份额的10%等。②基金赎回限制。开放式基金赎回方面的限制，主要是对巨额赎回的限制。根据《开放式证券投资基金试点办法》的规定，开放式基金单个开放日中，基金净赎回申请超过基金总份额的10%时，将被视为巨额赎回。巨额赎回申请发生时，基金管理人在当日接受赎回比例不低于基金总份额的10%的前提下，可以对其余赎回申请延期办理。也就是说，基金管理人根据情况可以给予赎回，也可以拒绝这部分的赎回，被拒绝赎回的部分可延迟至下一个开放日办理，并以该开放日当日的基金资产净值为依据计算赎回金额。当然，发生巨额赎回并延期支付时，基金管理人应当通过邮寄、传真或者招募说明书规定的其他方式，在招募说明书规定的时间内通知基金投资人，说明有关处理方法，同时在指定媒体及其他相关媒体上公告。通知和公告的时间，最长不得超过3个证券交易日。

(3) 开放式基金的申购、赎回价格。开放式基金的交易价格即为申购、赎回价格。开放式基金申购和赎回的价格是建立在每份基金净值基础上的，以基金净值再加上或减去必要的费用，就构成了开放式基金的申购和赎回价格。

基金的申购价格，是指基金申购申请日当天每份基金单位净资产值再加上一定比例的申购费所形成的价格，它是投资者申购每份基金时所要付出的实际金额。基金的赎回价格，是指基金赎回申请日当天每份基金单位净资产值再减去一定比例的赎回费所形成的价格，它是投资者赎回每份基金时可实际得到的金额。

专栏 6-5

我国基金产品的创新

在我国基金业不长的发展历程中，也能充分感受到创新的力量。1998年，第一只封闭式基金——基金开元问世；2001年是开放式基金的"元年"，而后短短三年内，我国基金业完成了在现有市场基础条件下的几乎所有可能的产品布局，包括美国1993年才发展起来的ETF。2002～2004年，我国基金业保持了每年三大创新品种问世的速度（见表6-3）。

表6-3　我国基金产品的创新状况

创新概念	基金名称	设立时间	发行规模（亿份）
第一只封闭式基金	基金开元	1998年3月	20
第一只开放式基金	华安创新	2001年9月	50
第一只偏债型基金	南方宝元	2002年9月	49.02
第一只纯债务型基金	华夏债券	2002年10月	51.32
第一只指数基金	华安180	2002年11月	30.94
第一只伞型基金	湘财合丰	2003年4月	26.3
第一只保本型基金	南方避险	2003年6月	51.93
第一只货币型基金	华安富利	2003年12月	42.54
第一只可转债基金	兴业可转债	2004年5月	32.82
第一只LOF基金	南方积极配置	2004年10月	35.36
第一只ETF基金	华夏上证50	2004年12月	54.53
第一只短债基金	博时稳定价值	2005年8月	45.79
第一只复制基金	南方稳健成长2号	2006年7月	53
第一只封转开基金	华夏平稳增长基金	2006年10月	18.46

资料来源：中国基金网（http://www.chinafund.cn）。

（四）证券投资基金的收益及分配

投资基金的收益，是指投资基金管理人将募集的资金进行投资获得的收益。证券投资基金主要投资于股票、债券等金融工具，因此，它的收益来源主要有以下三部分：第一部分是买卖价差，就是投资基金卖出股票等有价证券的价格高于原来买入价的部分；第二部分是利息收入，主要包括存款利息收入和债券利息收入；第三部分是股息收入，主要来自于投资股票的分红派息。因运用投资基金资产带来的成本或费用的节约计入投资基金收益，投资基金净收益为投资基金收益扣除国家有关规定可以在投资基金收益中扣除费用后的余额。

投资基金的收益分配。投资基金的投资收益在扣除有关费用后，需把相当的比例分配给投资者。不同国家、不同投资基金的收益分配方案都不尽相同。我国的《证券投资基金管理办法》中规定，封闭式基金的收益分配每年不得少于一次，封闭式基金年度收益分配比例不得低于基金年度已实现收益的90%。开放式基金的基金合同应当约定每年基金收益分配的最多次数和基金收益分配的最低比例。开放式基金的基金份额持有人可以事先选择将所获分配的现金收益，按照基金合同有关基金份额申购的约定转为基金份额；基金份额持有人事先未做出选择的，基金管理公司应当支付现金。我国《货币市场基金管理暂行规定》第九条规定，对于每日按照面值进行报价的货币市场基金，可以在基金合同中将收益分配的方式约定为红利再投资，并应当每日进行收益分配。

第五节　金融衍生产品市场

一、金融衍生产品交易的特点及方式

金融衍生产品市场（Financial Derivative Market）是金融市场发展创新到一定阶段的产物，是进行金融衍生产品交易的场所。其产生和发展的根本原因在于投资者追求投资回报与规避投资风险之间的矛盾，主要有金融远期市场、金融期货市场、金融期权市场和金融互换市场。

（一）金融衍生产品交易的特点

金融衍生品交易呈现出不同于基础商品的特点，具体归纳为：

1. 杠杆性

金融衍生品交易的共同特征是保证金交易，即只要支付一定比例的保证金就可以全额交易，不需实际上的本金转移，合约的了结一般也采用现金价差结算的方式进行，只有在满期日以实物交割的方式履约的合约才需要买方交足货款。因此，金融衍生品交易具有杠杆效应。

2. 高风险性

由于金融衍生产品的交易具有杠杆性，因此投资者或投机者可以操作价值数倍乃至数十倍于保证金或押金的金融合约，这既为投资者提供了低成本的风险管理手段，同时也为投机者提供了更大的冒险机会，保证金越低，风险也就越大。

专栏 6-6

索罗斯与他的量子基金

乔治·索罗斯，1930 年出生于匈牙利布达佩斯一个犹太家庭。1969 年，索罗斯与另一个投资奇才杰姆·罗杰斯（Jim Rogers）合伙成立了"量子基金"，开始了他的国际投资生涯。

量子基金是索罗斯旗下经营的五个对冲基金之一。1992 年 8~9 月，短短一个月内，索罗斯利用欧共体货币体系的不稳定性，在英镑与美元的套利交易中，净赚了 15 亿美元，被称为"打垮英格兰银行的人"。由于索罗斯的天才和颇具哲理的投资理念，他管理的"量子基金"取得了十分骄人的业绩，平均每年 35% 的综合成长率，让所有的投资专家都望尘莫及。

但量子基金自 1998 年以来投资屡遭重大损失。先是索罗斯对 1998 年俄罗斯债务危机及对日元汇率走势的错误判断使量子基金遭受重大损失，之后投资的美

国股市网络股也大幅下跌，损失总数近 50 亿美元，量子基金元气大伤。2000 年 4 月 28 日，索罗斯不得不宣布关闭旗下两大基金"量子基金"和"配额基金"，同时索罗斯宣布将基金的部分资产转入新成立的"量子捐助基金"继续运作；他强调"量子捐助基金"将改变投资策略，主要从事低风险、低回报的套利交易。

3. 虚拟性

由于投资于金融衍生产品的收益是来自于金融原生产品价格的变化，并非是金融原生产品本身的增值，这就使得金融衍生产品的交易具有虚拟性，尤其是当金融原生产品为股票、债券等虚拟资本时，相应的金融衍生产品则具有双重的虚拟性。这一特点使得金融衍生产品的交易呈现出脱离金融原生产品而独立发展的趋势。

（二）金融衍生产品交易的方式

1. 场内交易

场内交易又称交易所交易，指所有的供求方集中在交易所进行竞价交易的交易方式。这种交易方式具有交易所向交易参与者收取保证金、同时负责进行清算和承担履约担保责任的特点。此外，由于每个投资者都有不同的需求，交易所事先设计出标准化的金融合同，由投资者选择与自身需求最接近的合同和数量进行交易。所有的交易者集中在一个场所进行交易，这就增加了交易的密度，一般可以形成流动性较高的市场。期货交易和部分标准化期权合同交易都属于这种交易方式。相对而言，场外衍生品市场监管难度更大，对于参与者的要求也更高。场内衍生品交易市场管理最为严格，是衍生品市场稳步发展的重要基石。

2. 场外交易

场外交易又称柜台交易，指交易双方直接成为交易对手的交易方式。这种交易方式有许多形态，可以根据每个使用者的不同需求设计出不同内容的产品，场外交易不断产生金融创新。同时，为了满足客户的具体要求、出售衍生产品的金融机构需要有高超的金融技术和风险管理能力。由于每个交易的清算交割都是在交易双方之间进行的，市场监管难度较大，因此要求交易双方具有较高的信誉。掉期交易和远期交易是具有代表性的柜台交易的衍生产品。

二、金融远期市场

金融远期市场（Financial Forward Contract Market）是以远期金融合约为主要交易金融工具的市场。金融远期市场是适应规避现货交易风险的需要而产生的，进行远期合约交易的市场。存在远期市场就可以找到锁定未来产品价格的机会。

远期合约是非标准化合约，因此它不在交易所交易，而是在金融机构之间或金融机构与客户之间通过谈判后签署远期合约。因此在远期市场中，双方可以就交割地点、交割时间、交割价格、合约规模、标的物的品质等细节进行谈判，以便尽量满足双方的需要，远期市场灵活性较大，这是远期市场的主要优势。但远期市场也有明显的缺点，首先，由于远期交易没有固定的、集中的交易场所，不利于信息交流和传递，不利于形成统一的市场价格，市场效率较低。其次，由于每份远期合约千差万别，给远期合约的流通造成较大不便，因此远期合约的流动性较差。最后，远期合约的履约没有保证，当价格变动对一方有利时，对方有可能无力或无诚意履行合约，因此远期市场的违约风险较高。

常见远期合约有远期利率协议、远期外汇合约和远期股票合约。

远期利率协议（Forward Rate Agreements，FRA）是买卖双方商定在未来某一特定时间，针对协议金额进行协定利率与市场利率差额支付的一种远期合约。远期利率协议的作用主要在于能够在一定程度上避免利率波动的风险。一般来说，远期利率协议的买方是名义借款人，其订立远期利率协议的目的主要是为了规避利率上升的风险，由其支付协定利率。远期利率协议的卖方则是名义贷款人，其订立远期利率协议的目的主要是为了规避利率下降的风险，由其支付市场利率。之所以称为"名义"，是因为借贷双方不必交换本金，只是在合约结算日，根据协议利率和市场利率之间的差额以及名义本金额，由交易一方付给另一方结算差额。当市场利率（通常参照LIBOR）高于协定利率，则合约的卖方向买方支付结算差额；如果市场利率低于协定利率，则由合约的买方向卖方支付结算差额。结算差额的计算公式如下：

$$结算金额=\frac{合约金额×（市场利率-协定利率）×合约天数/360}{1+市场利率×合约天数}$$

远期外汇合约（Forward Exchange Contracts），也称远期货币协议，是指双方约定在将来某一时间按约定的汇率（即远期汇率）买卖一定金额的某种外汇的合约。利用远期外汇合约可以在一定程度上避免因汇率变动而造成的外汇风险。

远期股票合约指双方约定在将来某一时间按约定的远期价格买卖一定数额的某种股票的合约。

表6-4 中国银行间市场衍生产品交易

年份	债券远期		利率互换		远期利率协议	
	交易笔数	交易量（亿元）	交易笔数	名义本金额（亿元）	交易笔数	名义本金额（亿元）
2005	108	178.0	—			
2006	398	664.5	103	355.7		—
2007	1238	2518.1	1978	2186.9	14	10.5
2008	1327	5005.5	4040	4121.5	137	113.6
总计	3071	8366.1	6121	6664.1	151	124.1

资料来源：上海期货交易所网站（http://www.shfe.cn）。

三、金融期货市场

（一）金融期货市场的组织形式

金融期货市场（Financial Futures Market）是以金融期货合约为主要交易金融工具的市场。金融期货市场是资本交易市场发展到一定程度的产物。20世纪70年代，为了回避资本市场上金融资产价格剧烈波动的风险，利率、股票和股票指数、外汇等金融期货相继推出。到20世纪80年代，期货市场具有的杠杆效应又吸引了大量的投机者，投机者的加入大大推动了金融期货市场的发展，如今金融期货市场成为现代资本市场不可缺少的重要组成部分。

所谓金融期货，是指在期货交易所内达成的、规定交易双方在未来某一特定时间按约定价格交割某一特定金融商品的标准化合约。由于金融期货合约的标准化特点，使得金融期货合约的交易必须在专门的期货交易所进行，因此金融期货合约没有场外市场，只有交易所市场。在交易所内参与金融期货交易的主体包括金融期货投资者、结算机构、经纪公司。

期货交易所的结算实行保证金制度、每日无负债制度和风险准备金制度等。期货结算是指交易所结算机构或结算公司对会员和客户的交易盈亏进行计算，计算的结果作为收取交易保证金或追加保证金的依据。因此结算是指对期货交易市场的各个环节进行的清算，交易所只对会员结算，非会员单位和个人通过期货经纪公司会员结算。其计算结果将被记入客户的保证金账户中。期货结算的组织形式有两种，一种是独立于期货交易所的结算公司，如伦敦结算所同时为伦敦的三家期货交易所进行期货结算；另一种是交易所内设的结算部门，如日本、美国等国期货交易所都设有自己的结算部门（以下统称"结算机构"）。独立的结算所与交易所内设结算机构的区别主要体现在：结算所在履约担保、控制和承担结算风险方面，独立于交易所之外，交易所内部结算机构则全部集中在交易所。独立的结算所一般由银行等金融机构以及交易所共同参股，相对于由交易所独自承担风险来说，风险比较分散。

（二）金融期货市场的交易机制

1. 保证金制度和逐日结算制

保证金制度和逐日结算制是金融期货市场交易安全的重要保证。由于期货交易的交割实际是在未来发生，为了防止交易中出现违约风险，期货交易所要求交易双方在交易之前都必须在经纪公司开立专门的保证金账户，并存入一定数量的保证金，这个保证金也称为初始保证金。初始保证金可以用现金、银行信用证或短期国库券等缴纳。

在每天交易结束时，结算公司根据当日的结算价格（结算价格由交易所规定，它有可能是当天的加权平均价，也可能是收盘价，还可能是最后几秒钟的平均价）对投资者未结清的合约进行重新评估，保证金账户将根据期货结算价格的升跌而进行调整，以反映交易者的浮动盈亏，这就是所谓的逐日盯市。

当保证金账户的余额超过初始保证金水平时，交易者可随时提取现金或用于开新仓。而当保证金账户的余额低于交易所规定的维持保证金时（维持保证金通常是初始保证金的 75%），经纪公司就会通知交易者限期将保证金账户余额补足到初始保证金的水平，这就是保证金追加，如果客户不能及时存入追加保证金，就会被强制平仓。

2. 涨跌停板制度

涨跌停板制度是将每日价格波动限定在一定的幅度之内的规定，这种人为的制度安排是为了防止期货价格的剧烈震动，保证市场的稳定性。

3. 限仓和大户报告制度

限仓制度是期货交易所为防止市场风险过度集中于少数交易者和防范操纵市场行为而规定会员或投资者可以持有的、按单边计算的某一合约投资头寸的最大数额。大户报告制度则是与限仓制度紧密相关的另一个控制交易风险、防止大户操纵市场行为的制度。期货交易所建立限仓制度后，当会员或客户投资达到了交易所规定的数量时须向交易所申报，申报的内容包括客户的开户情况、交易情况、资金来源、交易动机等，便于交易所审查大户是否有过度投资和操纵市场行为以及大户的交易风险情况。

(三) 金融期货市场交易品种

1. 利率期货

利率期货，是指以一定数量的某种与利率相关的金融商品作为标的物的期货合约。

市场利率的变动会引起金融资产价格发生变化，这就会给投资者带来投资风险。利率期货交易通过预先确定利率以便固定金融资产的价格，从而可以在一定程度上避免因市场利率波动而产生的投资风险。世界上最先推出的利率期货是于 1975 年由美国芝加哥商业交易所推出的美国国民抵押协会的抵押证期货。利率期货主要包括以长期国债为标的物的长期利率期货和以 2 个月短期存款利率为标的物的短期利率期货。

2. 货币期货

货币期货，是指以外汇为标的物的期货合约。

货币期货是适应各国从事对外贸易和金融业务的需要而产生的，目的是借此规避汇率风险，1972 年美国芝加哥商业交易所的国际货币市场推出第一张货币期货合约并获得成功。其后，英国、澳大利亚等国相继建立货币期货的交易市场，货币期货交易成为一种世界性的交易品种。目前国际上货币期货合约交易所涉及的货币主要有英镑、美元、德国马克、日元、瑞士法郎、加拿大元、法国法郎、澳大利亚元以及欧洲货币单位等。在外汇期货交易中，交易双方可以先就成交汇率达成一致，然后在约定的期限内再按规定的汇率进行交割，或通过做一笔反向的外汇期货交易来对冲原来的期货合约。

3. 股票价格指数期货

股票价格指数期货，是指以股票价格指数为标的物的期货合约。

进行股票价格指数期货交易并不意味着买卖股票价格指数所包含的股票，而是要求在未来特定的日期，按照合约规定的股价指数与市场上的即时股价指数进行差额结算。股价指数期货的价格通常以股价指数的若干倍来表示，这个倍数称为指数乘数（Index Multiplier）。例如，日经指数期货的指数乘数为 1000 日元，那么当日经指数为 19000 点时，每张日经指数期货合约的价格就为 1900 万日元。股票指数期货是目前金融期货市场最热门和发展最快的期货交易。

目前，国际金融期货市场上常涉及的股价指数期货主要有标准普尔指数期货、纽约证券交易所综合指数期货、金融时报 100 种股票指数期货、日经指数期货、恒生指数期货等。中国沪深 300 股票指数期货于 2010 年 4 月 16 日正式开市交易。

专栏 6-7

沪深 300 股指期货合约简介

股指期货的基本条款主要包括合约标的、合约乘数、报价单位、最小变动价位、合约月份、交易时间、每日价格最大波动限制、最低交易保证金、最后交易日、交割日期和交割方式等。

1. 合约标的

沪深 300 股指期货合约是以中证指数公司编制发布的沪深 300 指数作为标的指数。沪深 300 指数成份股票有 300 只。该指数借鉴了国际市场成熟的编制理念，采用调整股本加权、分级靠档、样本调整缓冲区等先进技术编制而成。首个股指期货合约以沪深 300 指数为标的物，主要基于以下考虑：

（1）市场检验表明，自 2005 年 4 月 8 日该指数发布以来，沪深 300 指数一直具有较强的市场代表性和较高的可投资性。

（2）沪深 300 指数市场覆盖率高，主要成份股权重比较分散，能有效防止市场可能出现的指数操纵行为。据统计，截至 2009 年 12 月 31 日，沪深 300 指数的总市值覆盖率和流通市值覆盖率约为 72%；前 10 大成份股累计权重约为 25%，前 20 大成份股累计权重约为 37%。最大权重股招商银行比重为 3.5%。高市场覆盖率与成份股权重分散的特点决定了该指数有比较好的抗操纵性。

（3）沪深 300 指数成份股行业分布相对均衡，抗行业周期性波动较强，以此为标的的指数期货有较好的套期保值效果，可以满足投资者的风险管理需求。沪深 300 指数成份股涵盖能源、原材料、工业、金融等多个行业，各行业公司流通市值覆盖率相对均衡。这种特点使该指数能够抵抗行业的周期性波动，并且有较好的套期保值效果。

2. 合约规格

沪深 300 股指期货合约乘数为每点 300 元，也就是说，期货价格每变动 1 点，合约价值变动 300 元，1 手沪深 300 股指期货合约的价值等于该合约的报价乘以 300 元。最小变动价位为 0.2 点。合约到期月份为当月、下月及随后两个季月，季月是指 3 月、6 月、9 月和 12 月。交易时间为：9:15 ~ 11:30,13:00 ~ 15:15；最后交易日当月合约交易时间为：9:15 ~ 11:30,13:00 ~ 15:00。每日价格最大波动限制为上一个交易日结算价的 ±10%，季月合约上市首日涨跌停板幅度为挂牌基准价的 ±20%。上市首日成交的，于下一交易日恢复到合约规定的涨跌停板幅度；上市首日无成交的，下一交易日继续执行前一交易日的涨跌停板幅度。交易保证金不低于合约价值的 12%。最后交易日是合约到期月份的第三个周五，遇国家法定假日顺延，交割日期同最后交易日。交割采用现金交割的方式。

四、金融期权市场

金融期权市场就是以金融期权合约为主要交易金融工具的市场。金融期权是赋予其购买者在规定期限内按双方约定的价格或执行价格购买或出售一定数量某种金融资产的权利的合约。

金融期权合约按不同分类标准可以分为不同的类别：按期权买者的权利划分，期权可分为看涨期权和看跌期权。凡是赋予期权买者购买标的资产权利的合约，就是看涨期权；而赋予期权买者出售标的资产权利的合约，就是看跌期权。按期权买者执行期权的时限划分，期权可分为欧式期权和美式期权。欧式期权的买者只能在期权到期日才能执行期权（即行使买进或卖出标的资产的权利）。而美式期权允许买者在期权到期前的任何时间执行期权。按照期权合约的标的资产划分，金融期权合约可分为利率期权、货币期权（或称外汇期权）、股价指数期权、股票期权以及金融期货期权等。

（一）金融期权的交易

与期货交易不同的是，期权交易场所不仅有正规的交易所，还有一个规模庞大的场外交易市场。交易所交易的是标准化的期权合约，场外交易的则是非标准化的期权合约。

对于场内交易的期权来说，其合约有效期一般不超过9个月，以3个月和6个月最为常见。跟期货交易一样，由于有效期（交割月份）不同，同一种标的资产可以有好几个期权品种。此外，同一标的资产还可以规定不同的协议价格而使期权有更多的品种，同一标的资产、相同期限、相同协议价格的期权还分为看涨期权和看跌期权两大类，因此期权品种远比期货品种多得多。

金融期权的交易有以下一些特点：首先，期权的交易对象（即标的物）不是任何金融资产实物，而是一种买进或卖出金融资产的权利。这种权利交易具有很强的时间性，它只能在合约规定的有效期内行使，一旦超过合约规定期限，就视为自动失去这种权利。其次，期权交易的双方享有的权利和承担的义务不一样，期权的买方享有选择权，他有权在规定的时间内，根据市场行情变化，决定是否行使，或者转让其权利；而期权的卖方则有义务履行合约，不得以任何理由拒绝。最后，期权交易双方的合约一旦订立，买方须事先向卖方支付一笔期权费，且不论买方是否行使期权，其期权费均不退还。

（二）金融期权的价值分析

一份期权合约的价值（PV）等于其内在价值与时间价值之和，其数学表达式为：$PV = IV + TV$。

内在价值（IV），又称内涵价值，指在履行期权合约时可获得的总利润，当总利润小于零时，内在价值为零。内在价值反映了期权合约中预先约定的敲定价格与相关基础资产市场价格之间的关系。其计算公式为：

$$IV = \begin{cases} S-X & \text{（在看涨期权中）} \\ X-S & \text{（在看跌期权中）} \end{cases}$$

其中，IV 为内涵价值；S 为标的资产的市价；X 为敲定价格（实施价格）。

期权时间价值（IV），指期权买方随期权时间延续和相关商品价格变动可能使期权增值时，愿为购买这一期权付出的权利金额。从动态上看，期权时间价值有一个变化规律：随期权合约剩余有效期缩短而衰减。发生衰减的原因很简单，对期权买方而言，有效期越长，市况发生有利于买方变化的可能性也越大，获利机会也越多，买方愿付出的时间价值也越高。同时，卖方亏损风险也越大。伴随合约剩余有效期限缩短，买方获利机会减少，卖方承担风险减少，时间价值也逐步减少。期权的时间价值还取决于标的资产市价与敲定价格之间的差额的绝对值。当差额为零时，期权的时间价值最大。当差额的绝对值增大时，期权的时间价值是递减的。

五、金融互换市场

金融互换市场（Financial Swaps Markets）是指由金融互换交易形成资金融通的市场。金融互换是两个或两个以上当事人按照商定条件，在约定的时间内，交换一系列现金流的合约。互换合约最早出现在 1979 年的伦敦，但一开始并没有引起市场的充分重视。1981 年所罗门兄弟公司促成了世界银行和 IBM 公司的一项货币互换，成为互换市场发展的里程碑。同年在伦敦推出了利率互换，第二年利率互换被引进美国。从此互换市场迅速成长起来。直至今日互换在场外交易的衍生工具中仍然占据着一个重要的位置。

由于金融互换往往是交易双方直接协商而定的，因此没有交易所市场。参与互换的主体往往是大的金融机构、企业和投机商人。他们进行互换的目的是为了投资套利、利用比较优势降低成本。互换的基本种类有利率互换和货币互换两种，我们以利率互换为例介绍如下：

利率互换指两个单独的借款人，从不同或相同的金融机构或地区取得贷款，在中介机构的撮合下或自行商定，相互为对方支付贷款利息，使得双方获得比当初条件更为优惠的贷款。

例如，有 A、B 两家公司，在市场上进行借款时面临的条件如表 6-5 所示。

表 6-5　利率互换示例

	A 公司	B 公司
固定利率	10.0%	11.0%
浮动利率	6 个月 LIBOR+0.4%	6 个月 LIBOR+1.0%

我们看到 A 公司在两个市场上都具有绝对优势，在固定利率市场的绝对优势是 1.0%，在浮动利率市场的绝对优势是 0.6%。不过在浮动利率市场 B 公司的劣势稍微小于在固定利率市场的劣势，因此反过来可以说 B 公司在浮动利率市场又有比较优势。现在假设 A 公司想在浮动利率市场借款，而 B 公司想在固定利率市场借款，这样两家公司似乎都是在自己不具备优势的市场进行借款，融资成本一定会比较高。为了降低融

资成本，两家公司就可以展开互换，不过互换的前提是两家公司借款的本金必须相同。

于是这种互换安排如下：由于借款本金相同，不必交换本金，而对未来的利息进行交换，A向B支付浮动利息，B向A支付固定利息。通过发挥各自的比较优势，双方总的筹资成本降低0.4%，这就是互换利益。这是合作的结果，由两者分享，具体分享由谈判决定，假定没有中介，则两家分享一半，这样双方按照自己的意愿实现借款，同时各自降低融资成本0.2%，A、B的实际支付为浮动利率6个月LIBOR+0.2%、固定利率10.8%，如图6-1和表6-6所示。

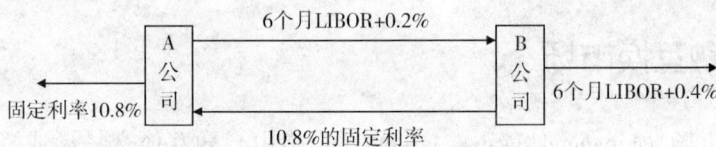

图6-1 利率互换某种安排方案

表6-6 通过互换达到的效果

项目	A公司	B公司
实际筹资成本	6个月LIBOR+0.2%	10.8%
市场筹资成本	6个月LIBOR+0.4%	11%
成本节约	0.2%	0.2%

专栏6—8

金融衍生产品与巴林银行的破产

巴林银行集团是英国伦敦城内历史最久、名声显赫的商人银行集团，素以发展稳健，信誉良好而驰名，其客户也多为显贵阶层，包括英国女王伊丽莎白二世。该行成立于1762年，当初仅是一个小小的家族银行，逐步发展成为业务全面的银行集团。巴林银行集团的业务专长是企业融资和投资管理，业务网络点主要在亚洲及拉美新兴国家和地区，在中国上海也设有办事处。到1993年底，巴林银行的全部资产总额为59亿英镑，1994年税前利润高达1.5亿美元。1995年2月26日巴林银行因遭受巨额损失，无力继续经营而宣布破产。从此，这个有着233年经营史和良好业绩的老牌商业银行在伦敦城乃至全球金融界消失。目前，该行已由荷兰国际银行保险集团接管。

巴林银行破产的直接原因是新加坡巴林公司期货经理尼克·里森错误地判断了日本股市的走向。1995年1月，里森看好日本股市，分别在东京和大阪等地买了大量期货合同，指望在日经指数上升时赚取大额利润。谁知天有不测风云，日本阪神地震打击了日本股市的回升势头，股价持续下跌。巴林银行最后损失金额高达 14 亿美元之巨，而其自有资产只有几亿美元，亏损巨额难以抵补，这座曾经辉煌的金融大厦就这样倒塌了。那么，由尼克·里森操纵的这笔金融衍生产品交易为何在短期内便摧毁了整个巴林银行呢？我们首先需要对金融衍生产品（亦称金融派生产品）有一个正确的了解。金融衍生产品包括一系列的金融工具和手段，买卖期权、期货交易等都可以归为此类。具体操作起来，又可分为远期合约、远期固定合约、远期合约选择权等。这类衍生产品可对有形产品进行交易，如石油、金属、原料等，也可对金融产品进行交易，如货币、利率以及股票指数等。从理论上讲，金融衍生产品并不会增加市场风险，若能恰当地运用，比如利用它套期保值，可为投资者提供一个有效的降低风险的对冲方法。但在其具有积极作用的同时，也有其致命的危险，即在特定的交易过程中，投资者纯粹以买卖图利为目的，垫付少量的保证金炒买炒卖大额合约来获得丰厚的利润，而往往无视交易潜在的风险，如果控制不当，那么这种投机行为就会招致不可估量的损失。新加坡巴林公司的里森，正是对衍生产品操作无度才毁灭了巴林集团。里森在整个交易过程中一味盼望赚钱，在已遭受重大亏损时仍孤注一掷，增加购买量，对于交易中潜在的风险熟视无睹，结果使巴林银行成为衍生金融产品的牺牲品。

透过巴林银行倒闭事件，我们应怎样看待衍生金融工具？

练习题：

一、单选题

1. (　　)是指偿还期限在 1 年以上的金融工具，也称长期金融工具，如公债券、股票等。

　　A. 资本市场金融工具　　　　　　　　B. 货币市场金融工具

　　C. 基础金融工具　　　　　　　　　　D. 衍生金融工具

2. (　　)是出票人签发的、按指定时间向持票人无条件支付一定金额的票据，即由债务人向债权人发出的保证按指定时间无条件付款的书面承诺。

　　A. 支票　　　　　　　　　　　　　　B. 汇票

　　C. 本票　　　　　　　　　　　　　　D. 光票

3. (　　)具有类似储蓄又优于储蓄的特点，通常被称为"储蓄式国债"，是以储蓄为目的的个人投资者理想的投资方式。从购买之日起计息，可记名、可挂失，但不能上市流通。

　　A. 实物债券　　　　　　　　　　　　B. 记账式债券

C. 凭证式国债　　　　　　　　　　　D. 电子债券

4. 证券投资基金是一种利益共享、风险共担的集合投资工具，它是通过发行基金份额，募集社会公众投资者的资金，以资产组合的方式进行证券投资活动，获得的收益按基金份额平均分配给投资者的一种证券投资工具。以下哪一点不属于证券投资基金的特征(　　)。

A. 小额投资，费用低廉　　　　　　　B. 流动性差，变现力弱

C. 专家理财，专业管理　　　　　　　D. 分散投资，降低风险

5. (　　)是一种场内交易双方签订的在未来某一时期相互交换某种资产的合约。

A. 期货合约　　　　　　　　　　　　B. 期权交易

C. 远期合约　　　　　　　　　　　　D. 掉期合约

6. (　　)，即承销机构按既定的发行条件和发行总额向公众推销证券，如果到截止日期尚有未销售出的证券，承销者按既定的发行价格全部购买这部分证券，待日后出售或自己持有。

A. 余额包销　　　　　　　　　　　　B. 间接发行

C. 代销　　　　　　　　　　　　　　D. 全额包销

7. 股票价格指数按照股市涵盖股票数量和类别的不同，可以把指数分为综合指数、成份指数和分类指数三类，以下属于成份指数的是(　　)。

A. 我国的上证综合指数　　　　　　　B. 道琼斯指数

C. 房地产指数　　　　　　　　　　　D. 金融股指数

8. 以下不属于基金管理人应当履行的职责是(　　)。

A. 依法募集基金，办理或者委托经国务院证券监督管理机构认定的其他机构代为办理基金份额的发售、申购、赎回和登记事宜

B. 召集基金份额持有人大会；保存基金财产管理业务活动的记录、账册、报表和其他相关资料

C. 按照规定开设基金财产的资金账户和证券账户；对所托管的不同基金财产分别设置账户，确保基金财产的完整与独立

D. 办理基金备案手续；对所管理的不同基金财产分别管理、分别记账，进行证券投资

9. 证券投资基金的收益不包括(　　)。

A. 买卖价差　　　　　　　　　　　　B. 再投资收益

C. 股息收入　　　　　　　　　　　　D. 利息收入

10. 我国的《证券投资基金管理办法》中规定，封闭式基金的收益分配每年不得少于一次，封闭式基金年度收益分配比例不得低于基金年度已实现收益的(　　)。

A. 60%　　　　　　　　　　　　　　B. 70%

C. 80%　　　　　　　　　　　　　　D. 90%

11. (　　)是买卖双方商定在未来某一特定时间，针对协议金额进行协定利率与市场利率差额支付的一种远期合约。远期利率协议的作用主要在于能够在一定程度上避免

利率波动的风险。

A. 远期合约 　　　　　　　　　B. 远期外汇合约

C. 远期利率协议 　　　　　　　D. 远期股票合约

12. 以下不属于期货交易所的结算制度的是(　　)。

A. 涨跌停板制度 　　　　　　　B. 每日无负债制度

C. 保证金制度 　　　　　　　　D. 风险准备金制度

13. 以下属于优先股股东权利范围的是(　　)。

A. 选举权 　　　　　　　　　　B. 被选举权

C. 收益权 　　　　　　　　　　D. 投票权

14. 金融工具的价格与其市盈率和市场利率分别是哪种变动关系(　　)。

A. 反方向，反方向 　　　　　　B. 同方向，同方向

C. 反方向，同方向 　　　　　　D. 同方向，反方向

15. 期权合约买方可能形成的收益或损失状况是(　　)。

A. 收益无限大，损失有限大 　　B. 收益无限大，损失无限大

C. 收益有限大，损失有限大 　　D. 收益无限大，损失无限大

16. 以下属于所有权凭证的金融工具是(　　)。

A. 商业票据 　　　　　　　　　B. 股票

C. 政府债券 　　　　　　　　　D. 可转让大额订单

17. 银行对某企业交来的票面金额为20万元的商业票据办理贴现，该票据过三个月后到期，年贴现率为12%，银行对企业的贴现付款额是(　　)万元。

A. 20.6 　　　　　　　　　　　B. 19.4

C. 17.6 　　　　　　　　　　　D. 22.4

18. 卖出看跌期权在金融资产价格下降时对期权合约卖方(　　)。

A. 有利 　　　　　　　　　　　B. 无影响

C. 影响不确定 　　　　　　　　D. 不利

19. 下列几类证券中，信用级别最高的是(　　)。

A. 公司债券 　　　　　　　　　B. 普通股

C. 优先股 　　　　　　　　　　D. 政府债券

20. 买入看涨期权在金融资产价格上升时对期权合约买方(　　)。

A. 有利 　　　　　　　　　　　B. 无影响

C. 影响不确定 　　　　　　　　D. 不利

21. (　　)不属于货币市场。

A. 同业拆借市场 　　　　　　　B. 股票市场

C. 国库券市场 　　　　　　　　D. 回购协议市场

22. 不以盈利为目的的证券交易所属于(　　)。

A. 会员制 　　　　　　　　　　B. 公司制

C. 股份制 　　　　　　　　　　D. 合伙制

23. 转贴现是(　　)。

A. 指企业将未到期的票据向商业银行贴现

B. 指商业银行将已贴现未到期的票据向央行贴现

C. 指商业银行将未到期的票据向其他商业银行贴现

D. 指商业银行将已贴现未到期的票据向其他商业银行贴现

24. 中国货币市场中的基准利率是(　　)。

A. 再贴现利率 　　　　　　　　　　B. 存款利率

C. 同业拆借利率 　　　　　　　　　D. 国库券利率

25. 投资者持有一批金融资产的现货，既可以减低资产价格下跌的风险，同时当资产价格上升时又可从中获利的适宜的套期保值方式是(　　)。

A. 在期货市场上卖空 　　　　　　　B. 购买看跌期权

C. 出售看涨期权 　　　　　　　　　D. 在远期市场上卖出

26. LIBOR 是指(　　)。

A. 伦敦同业拆借利率 　　　　　　　B. 本币相对于其他国家货币的价值

C. 银行资产对利率的敏感性 　　　　D. 固定收益债券

27. 在证券发行中，(　　)是面向少数特定投资者发行证券的方式。

A. 公募发行 　　　　　　　　　　　B. 间接发行

C. 私募发行 　　　　　　　　　　　D. 贴现发行

28. 下列属于间接金融工具的是(　　)。

A. 存折 　　　　　　　　　　　　　B. 人寿保险单

C. 公司债券 　　　　　　　　　　　D. 大额可转让存单　　　E. 股票

29. 在证券发行中，面向公众发行证券的方式是(　　)。

A. 直接发行 　　　　　　　　　　　B. 私募发行

C. 公募发行 　　　　　　　　　　　D. 间接发行

30. 能够完全规避风险的金融衍生交易方式的是(　　)。

A. 远期交易 　　　　　　　　　　　B. 期权交易

C. 套期保值交易 　　　　　　　　　D. 互换交易

二、多选题

1. 金融市场相对产品市场和要素市场而言，具有以下几个特点(　　)。

A. 交易对象具有特殊性

B. 金融市场上供求双方的交易关系不仅仅是买卖关系，而是一种借贷关系和委托—代理关系，是以信用为基础的资金的使用权和所有权的暂时分离或有条件的让渡

C. 金融市场的交易往往不受时间、场所的限制

D. 金融市场的价格机制已经成为整个国民经济价格体系的基础价格

2. 金融市场的构成要素主要有以下几个方面(　　)。

A. 金融市场主体 　　　　　　　　　B. 金融市场客体

C. 金融市场交易中介　　　　　　　D. 金融市场价格

3. 金融市场功能主要包括(　　)。

A. 金融市场的资源配置功能　　　　B. 金融市场的反映功能

C. 金融市场的经济调节功能　　　　D. 金融市场的风险分散和转移功能

4. 金融工具的特征包括(　　)。

A. 偿还性　　　　　　　　　　　　B. 流动性

C. 收益性　　　　　　　　　　　　D. 风险性

5. 以下属于直接金融工具的有(　　)。

A. 商业票据　　　　　　　　　　　B. 银行存单

C. 人寿保险单　　　　　　　　　　D. 债券

6. 货币市场金融工具一般指偿还期限在 1 年以下的金融工具，也称短期金融工具，包括(　　)。

A. 国库券　　　　　　　　　　　　B. 商业票据

C. 可转让存单　　　　　　　　　　D. 回购协议

7. 衍生金融工具是在基础金融工具之上衍生出来的金融工具，一般以合约的形式出现，主要有(　　)等。

A. 金融期货合约　　　　　　　　　B. 金融期权合约

C. 互换合约　　　　　　　　　　　D. 远期利率协议

8. 票据是承诺或命令付款的短期支付凭证。票据的签发有法定格式，具有以下的几个主要特征(　　)。

A. 流通性　　　　　　　　　　　　B. 完全性

C. 自偿性　　　　　　　　　　　　D. 完全性

9. 银行票据是银行基于银行信用签发的短期支付凭证，主要有(　　)。

A. 商业期票　　　　　　　　　　　B. 支票

C. 商业汇票　　　　　　　　　　　D. 银行汇票

10. 支票是一种支付凭证，其基本关系人有(　　)。

A. 出票人　　　　　　　　　　　　B. 承兑人

C. 收款人　　　　　　　　　　　　D. 付款人

11. 国库券是财政部门为弥补财政赤字而发行的短期国债，它具有(　　)等特点，是将流动性与收益性协调较好的信用工具。

A. 流动性高　　　　　　　　　　　B. 风险小

C. 投资方便　　　　　　　　　　　D. 收益较高

12. 股票具有以下一些经济特性：(　　)。

A. 不可偿还性　　　　　　　　　　B. 参与性

C. 收益性　　　　　　　　　　　　D. 价格波动性和风险性

13. 股票分类方法很多，主要划分方法有以下几种(　　)。

A. 按股东权益的差异划分，可分为普通股票和优先股票

B. 按股票票面上是否标明金额为标准划分，可分为有面额股票和无面额股票两类

C. 按股票票面上是否记载股东姓名而划分，可分为记名股票和无记名股票两类

D. 按人们对公司股票的评价划分，有蓝筹股票、周期性股票、成长性股票、防守性股票、投机性股票等

14. 债券作为一种重要的融资手段和金融工具具有如下特征(   )。

A. 偿还性   B. 流通性

C. 收益性   D. 参与性

15. 抵押债券是以企业财产作为担保的债券，按抵押品的不同又可以分为(   )。

A. 一般抵押债券   B. 不动产抵押债券

C. 动产抵押债券   D. 证券信托抵押债券

16. 金融衍生工具的特点包括(   )。

A. 零和博弈   B. 跨期性

C. 联动性   D. 高杠杆性

17. 同业拆借市场（Inter-bank Market）又称同业拆放市场，是指银行与银行之间、银行与其他金融机构之间进行短期（1年以内）、临时性资金借贷的市场。商业银行之间进行拆借的原因大致有(   )。

A. 调剂法定存款准备金多余或不足   B. 结算资金不足

C. 备付金不足   D. 其他资金不足

18. 影响商业本票收益率或贴现率的主要因素是(   )。

A. 发行者的资信等级   B. 同期贷款利率

C. 货币市场资金供求情况   D. 融资期限

19. 可转让大额存单流通市场的参与主体包括(   )组成。

A. 商业银行   B. 货币市场基金

C. 政府、企业   D. 票据经销商

20. 在进行债券信用评级时分析的依据主要有以下几个方面(   )。

A. 资本效益   B. 发行公司的概况

C. 负债比率   D. 资产流动性

21. 债券交易方式主要有（   ）。

A. 现货交易   B. 期货交易

C. 期权交易   D. 信用交易等

22. 影响股票供求关系进而造成股价波动的因素主要有(   )。

A. 经济因素   B. 政治因素

C. 市场因素   D. 心理因素

23. 股票价格指数按照股市涵盖股票数量和类别的不同，可以把指数分为(   )。

A. 金融股指数   B. 分类指数

C. 成份指数   D. 综合指数

24. 金融衍生品交易呈现出不同于基础商品的特点，具体归纳为(   )。

A. 杠杆性 　　　　　　　　　　　　B. 高风险性

C. 流动性 　　　　　　　　　　　　D. 虚拟性

25. 以下属于封闭式基金的基金单位买卖应当遵循的原则是(　　)。

A. 公开原则 　　　　　　　　　　　B. 公正原则

C. 公平原则 　　　　　　　　　　　D. 价格优先、时间优先原则

26. 商业票据可以通过(　　)变现。

A. 转贴现 　　　　　　　　　　　　B. 背书转让

C. 作贷款抵押 　　　　　　　　　　D. 再贴现

27. 以下金融市场类型中，属于货币市场的有(　　)。

A. 回购协议市场 　　　　　　　　　B. 证券投资基金市场

C. 国库券市场 　　　　　　　　　　D. 同业拆借市场

28. 我国财政部发行的年息4%的5年期国债，可称为(　　)。

A. 政府债券 　　　　　　　　　　　B. 公募债券

C. 信用债券 　　　　　　　　　　　D. 固定利率债券

29. 金融市场的主要功能有(　　)。

A. 资本积累功能 　　　　　　　　　B. 资源配置功能

C. 调节经济功能 　　　　　　　　　D. 反映经济功能

30. 金融工具风险的大小与(　　)有关。

A. 偿还期限 　　　　　　　　　　　B. 流动性

C. 利率升降 　　　　　　　　　　　D. 债务人的信誉

31. 下列关于票据的说法正确的是(　　)。

A. 商业汇票是指经债务方承兑的支付命令书

B. 本票是一种无条件支付承诺书

C. 商业汇票和本票都是由收款人签发的票据

D. 汇票又称为期票，是一种无条件偿还的保证

32. 在其他条件不变的情况下，下列关于金融工具的流动性的描述正确的是(　　)。

A. 偿还期越长，流动性越好

B. 流动性与风险性成正比关系

C. 金融工具的交易成本与流动性成反比关系

D. 流动性与收益性成反比关系

33. 国库券与其他金融工具相比，具有以下特点(　　)。

A. 风险低 　　　　　　　　　　　　B. 流动性高

C. 国库券利率一般被看成无信用风险利率　D. 国库券利率可起基准利率的作用

三、判断题

1. 所谓金融市场，就是指进行金融交易的场所和各种金融工具交易行为的总和。

(　　)

2. 在公开市场上，金融资产的定价与成交是通过私下协商或面对面的讨价还价方式进行的。（　　）

3. 任何一种金融工具的本金和收益都存在着遭受损失的可能性。（　　）

4. 一般来说，金融工具的风险性与偿还期限成正比，与流动性与债务人的信誉成反比。（　　）

5. 支票上印有"转账"字样的为转账支票，既能用于转账又能支取现金。（　　）

6. 如果在普通支票的左上角画两条平行线为划线支票，只能用于转账而不能支取现金。（　　）

7. 2005年4月以来开展的股权分置改革，运用对价的方法解决非流通股股东与流通股股东在利益上的矛盾，实现国家股和法人股上市流通。（　　）

8. 凭证式国债是一种具有标准格式实物券面的债券。（　　）

9. 同业借贷是指银行同业之间为了轧平头寸、补足存款准备金或减少超额准备金进行的短期资金融通活动。（　　）

10. 会员制的证券交易所是按公司法组织的自负盈亏的盈利性法人团体。（　　）

11. 封闭式基金的募集期限是3个月，在募集期限内净销售额超过2亿元时，基金方可成立。（　　）

12. 基金托管人可以对所托管的不同基金财产设置相同的账户。（　　）

13. 欧式期权允许买者在期权到期前的任何时间执行期权。（　　）

14. 期权买方的损失可能无限大。（　　）

15. 期限越长，则风险越大，金融工具的发行价格越低；利率越低，发行价格也越低。（　　）

16. 本票必须经过债务人承兑后方能有效。（　　）

17. 同业拆借利率在一般情况下高于再贷款利率。（　　）

四、名词解释

1. 金融市场　　　　2. 金融工具　　　　3. 商业汇票　　　　4. 商业本票

5. 金融衍生工具　　6. 货币市场　　　　7. 同业拆借市场　　8. 回购

9. 贴现、转贴现、再贴现　　10. 资本市场　　　11. 证券投资基金

12. 核准制　　　　13. 注册制　　　14. 股票价格指数　　15. 金融互换

16. 金融期货　　　17. 金融期权

五、计算题

1. 现有三年期国债两种，分别按一年和半年付息方式发行，其面值为1000元，票面利率为6%，市场利率为8%，其发行价格分别是多少？

2. 根据同等资本追求同等报酬的原理，在目前存款利率为3%的情况下，股票市场的平均市盈率应以多少为宜？

3. 某债券面额为1000元，5年期，票面利率为10%，以950元的发行价向全社会公开发行。某投资者认购后持有至第三年末以995元的市价出售，则该债券的持有期收益率是多少？

4. 某公司 2008 年税后利润为 1000 万元。公司股份为 4000 万股，市价为每股 10 元。计算市盈率。

5. 某公司 2007 年 1 月 1 日以 102 元的价格购买了面值为 100 元、利率为 10% 的债券，该债券 2003 年 1 月 1 日发行，期限 5 年，每年 1 月 1 日支付一次利息，到期还本。请计算其到期收益率。

6. 某企业持有一张某年 4 月 1 日签发的面额为 100 万元的银行承兑汇票请求商业银行贴现，申请贴现的时间为某年 5 月 20 日，该票据于该年 8 月 20 日到期，当时贴现率为 10.2%。请回答：（1）银行付给企业的贴现额是多少？（2）银行所得的贴现利息是多少？

7. 市场流通面额 150 万元，票面利率 6%，期限 120 天的可转让存单，某投资者在发行后 30 天买入，当时的市场利率为 5%，问该存单的流通价格应如何确定？该投资者的投资收益率如何计算？

8. 试用复利法计算一笔为期 2 年，年利率为 5% 的 100 万元的贷款到期应支付的本息和。

9. B 公司以延期付款方式购得 A 公司价值 10 万元的某商品，并承兑期限为 3 个月、面额为 10 万元的无息商业汇票。1 个月后，A 公司因资金周转不灵，将该汇票提请银行贴现，贴现率为 6%。

问题：（1）A、B 公司之间发生的这种信用形式是_____。

（2）本题中，商业汇票的出票人是_____。

（3）计算 A 公司实得的贴现付款额。

（建议：1 月按 30 天计算，1 年按 360 天计算；列出计算公式和运算过程）

10. 某公司需要一笔 6 个月的短期融资，面临两种选择。第一种选择是向银行申请 1000 万元贷款，利率为 10%；第二种选择采用贴现方式（即以低于面值的发行方式，到期按面值偿还，面值与发行价的差为利息）发行 1000 万元的短期票据，票据利率比贷款利率低 0.2 个百分点。若仅考虑融资成本，哪种融资选择对该公司更合算？若在申请贷款时，银行决定将 6 个月的贷款利率上调 0.4 个百分点，哪种方式合算？

11. 某上市公司每年每股收益均为 0.5 元，如同期市场利率为 5%，那么该公司股票的理论价值应该是多少？

12. 某债券票面金额为 100 元，期限 10 年，票面收益率为 5%，当投资者以 95 元价格购买并持有到期时，请问投资者的实际收益率是多少？

六、简答题

1. 简述金融市场的特点。
2. 简述构成金融市场的要素。
3. 试述金融市场在经济运行中的主要功能。
4. 什么是金融工具？金融工具具有哪些特征？
5. 简述金融工具分类。
6. 简述金融衍生工具分类及特点。

7. 简述货币市场特点及分类。

8. 简述同业拆借市场产生的原因。

9. 简述商业汇票承兑的意义。

10. 简述贴现与贷款的区别。

11. 请比较贴现、转贴现、再贴现的区别。

12. 请列出贴现额、可转让大额定期存单转让价格、可转让大额定期存单收益率计算公式并解释公式。

13. 请解释什么是回购、正回购和逆回购？

14. 什么是资本市场？资本市场有何特点？

15. 简述债券信用评级的作用。

16. 简述债券交易方式。

17. 简述股票发行的类型。

18. 简述股票发行价格的确定方法。

19. 简述股票价格指数计算和分类。

20. 简述金融衍生产品交易的特点及方式。

21. 简述你对我国股票指数期货的了解。

22. 什么是金融期货市场？金融期货市场有哪些交易品种？

23. 简述金融期货市场的交易机制。

24. 什么是金融期权市场？金融期货合约有哪些类型？

七、论述题

1. 试论述股票交易价格与理论价格的关系。

2. 试比较封闭式基金与开放式基金的交易规则与交易价格形成的区别。

3. 什么是金融衍生产品市场？请问你对我国金融衍生产品市场发展有什么思考？

4. 我国股票市场发行制度有何缺陷？如何改革我国股票市场的发行制度？

八、案例分析题

（1）中国航油（新加坡）股份有限公司（以下简称"中航油"）成立于1993年，由中央直属大型国企中国航空油料控股公司控股，总部和注册地均位于新加坡。公司成立之初经营十分困难，一度濒临破产，后在总裁陈久霖的带领下，一举扭亏为盈，从单一的进口航油采购业务逐步扩展到国际石油贸易业务，并于2001年在新加坡交易所主板上市，成为中国首家利用海外自有资产在国外上市的中资企业。公司经营的成功为其赢来了声誉，2002年公司被新交所评为"最具透明度的上市公司"奖，并且是唯一入选的中资公司。

中航油通过国际石油贸易、石油期货等衍生金融工具的交易，其净资产已经从1997年的16.8万美元增加到2004年的1.35亿美元，增幅高达800倍。但2004年11月，中航油因误判油价走势，在石油期货投资上亏损5.5亿美元。

2003年底，由于中航油错误地判断了油价走势，调整了交易策略，卖出了买权并买入了卖权，导致期权盘位到期时面临亏损。为了避免亏损，中航油新加坡公司在

2004 年 1 月、6 月和 9 月先后进行了三次挪盘，即买回期权以关闭原先盘位，同时出售期限更长、交易量更大的新期权。每次挪盘均成倍扩大了风险，该风险在油价上升时呈指数级数的扩大，直至公司不再有能力支付不断高涨的保证金，最终导致了破产的财务困境。应该说中航油在 7 年间实现净资产增幅 800 倍，到巨亏 5.5 亿美元，都是缘于"创新"及对衍生金融工具的使用。

思考题：

①谈谈金融衍生工具的特点有哪些。

②分析中航油破产的原因。

（2）金融衍生工具，作为金融工具创新的增长点，一方面，其显著的套期保值功能使其获得巨大的证明支持；另一方面，又因其巨大的杠杆效应多伴生的投机功能而受到高度关注。自 20 世纪 90 年代以来，国际金融市场上衍生金融工具导致的巨额损失甚至破产事件屡见不鲜。例如，宝洁公司在一次利率互换中就损失了 1.5 亿美元，美国最富庶的奥兰治县在利率衍生工具交易中的资产损失甚至达到了 17 亿美元，英国巴林银行在日经指数期货和期权交易中损失的资产更是超过了 20 亿美元。但是，衍生工具是否就真是扰动金融市场秩序的"魔鬼"抑或是推动金融市场发展不可或缺的"天使"？以下分别选取了两个具有代表性的论点：

乔纳森·特尼鲍姆：衍生金融产品——赌徒投机的工具

作为美国席勒研究所高级研究员，乔纳森·特尼鲍姆对于衍生金融工具的态度可谓深恶痛绝。在他看来，衍生合同在实质上是一种复杂的赌博。利用衍生金融产品进行投机的"赌徒"们，通过衍生合同使一定数量的票面资产多倍放大，在高比例"金融杠杆"的作用下，少量金融资产就可以博得高额的回报，从而获取投机行为的可观收益。

但是，衍生金融工具的收益与风险并存，伴随衍生交易快速增长的是金融风险的迅速积聚。这些"赌徒"很可能因为数倍于其总资产的损失而突然倒闭，如同巴林银行等机构破产所表明的那样。因此，在衍生金融市场上，即使一点点脱节或错位也会引起连锁反应，并迅速到达任何国家和地区；如果到了联盟都无法控制的地步，整个世界金融体系将毁于一旦。

唐·钱斯：衍生金融产品——利益传播的工具

与之相反，弗吉尼亚理工大学金融风险管理首席教授唐·钱斯则对衍生金融产品持肯定态度。他认为衍生金融工具在风险管理中的独特作用，决定了它是一个很好的利益传播工具。至于某些公司、基金投资者、州和地方政府在衍生金融市场中的亏损并不应该归罪于衍生金融产品，而应归咎于它们没有深刻了解衍生金融工具，或者没有适当运用衍生金融工具。正如由于一些人的疏忽大意造成火灾，我们也不应当去责备火本身一样。

在他看来，衍生金融市场是一种"零和博弈"。交易一方盈利之后，另一方必然亏损，该市场不会为整个经济体系带来额外的风险，仅仅是把真实商品交易的风险从厌恶风险的人那里过渡到愿意接受风险的人那里。衍生金融市场本质上既不创造财富，也不破坏财富，它只不过提供了一种转移风险的途径而已。衍生金融市场和"赌博"之间的重要差别在于为社会创造的福利不同而已。赌博的受益者一般只限于其参与者。但是，衍生金融工具的利益延伸超出了市场参与者，衍生金融工具能够协助金融市场变得越来越有效，涌现出更好的风险管理机会，而这些好处将在无形中扩散，融入到社会整体中。

思考题：

①结合以上两位学者的观点，谈谈金融衍生工具有哪些功能。

②谈谈你对衍生金融工具的看法。

宏观金融篇

第七章　货币需求与货币供给

【学习目的】

　　理解货币需求的概念，区分名义货币需求与真实货币需求。掌握西方理论界有关货币需求的理论。了解货币供给的数量界定，掌握货币的层次划分。掌握货币供给的形成机制。了解西方货币供给理论的发展脉络。

　　在现代社会中，每个人都有自己心目中的"货币需求"，但如果请他们把自己的"货币需求"讲出来，每个人的回答都可能不一样，他们会从不同的角度来考虑，也会从主观或客观需求来回答。之所以出现不同的答案，是由货币需求理论及其内涵的丰富性决定的。在明白货币需求之后，人们又会问："如此多的货币需求由谁供应？货币总量怎样形成？货币的供给是由货币需求决定还是由货币当局决定？"在最近10年里，全球货币供应量在以惊人的速度增长。1997~2008年，就全球主要经济体 M1 与 GDP 的相对比例来说，美国从 40.6% 提高到 60%，欧盟从 24.1% 提高到 45%，日本从 29.5% 提高到 78.5%。宽松的货币政策导致主要经济体的货币发行量大幅度增加，2002 年以来全球货币增长率每年都高于 10%。同期，全球 GDP 的年增长率仅仅维持在 2%~5%，并且两者之间的差距还在扩大。特别是 2001 年以来，全球各主要经济体普遍实行了低利率政策，导致全球货币流动性泛滥。

　　20 世纪 50 年代以来，经济学家普遍开始重视对货币供给理论的研究，建立了许多货币供给决定模型，形成了比较完整的货币供给决定理论，从而使货币供给理论与货币需求理论一样都成为了当代货币理论的重要组成部分。

第一节　货币需求理论

　　货币需求理论就是研究是由什么因素决定流通中货币的客观需要量，以及货币需要量计量模式的理论。现代货币需求理论可分为微观角度的货币需求理论和宏观角度的货币需求理论两大类。所谓微观角度的货币需求理论，就是从微观经济主体的持币动机、持币行为考察货币需求变动的规律性，剑桥方程式、凯恩斯货币需求模型、弗里德曼货币需求函数都是从微观角度分析货币需求的典型。所谓宏观角度的货币需求理论，就是根据国民经济总量指标来估算总体货币需求的方法，费雪的交易方程式、马克思的货币必要量公式等都是宏观货币需求模型，这些模型的共同特点就是不考虑微观经济主体的心理预期及行为因素，不考察各种机会成本变量对货币需求的影响，而主要从商品交易量、平均价格、货币平均流通速度等总量指标的变化来考察一国总体货币需求量的变化。

一、货币需求概述

（一）什么是货币需求

在经济生活中，货币是各个经济主体从事正常的经济活动所必不可少的条件，一定的经济活动必然伴随着对一定货币的需求。社会各部门（个人、企业、单位和政府）在经济活动中必须持有一定的货币，才能去媒介交换、支付费用、偿还债务、从事投资或保存价值等，由此产生了货币的需求。货币需求是指一定时期内社会各经济主体为满足正常的生产、经营和各种经济活动需要，而应该保留或持有一定货币的动机或行为。因此，货币需求是一种由各种客观经济变量所决定的对货币的持有动机或要求，而不是指人们在主观上"想要"占有多少货币的"欲望"。人们对占有货币的"欲望"是无限的，而人们为满足正常的生产、经营和各种经济活动所"必需"的货币是有限的。

（二）名义货币需求与真实货币需求

在现实生活中由于通货膨胀的存在，货币的名义购买力与实际购买力存在差异。这就形成了对货币需求的两种不同表示方法。名义货币需求是指经济主体在不考虑价格变动时的货币需求，即直接以现行价格水平或名义购买力表示的货币需求。真实货币需求则是指剔除了物价变动因素后的货币需求，即用货币的实际购买力表示的货币需求数量，它表现为名义货币需要量所能够购买到的实际商品和劳务数量。

（三）微观货币需求与宏观货币需求

微观货币需求是指微观经济主体，即个人、家庭、企业、单位在既定的收入水平、价格水平、利率水平和其他经济条件下，根据自身的经济利益所确定的货币需要量。宏观货币需求是从宏观经济角度进行分析，研究一个国家在一定时间内与经济发展、商品流通相适应的货币需求量。研究微观货币需求量的出发点是微观经济主体的资产选择行为，研究宏观货币需求量的出发点则是整体经济运行。但两者之间存在着密切联系，微观货币需求量是宏观货币需求量的构成和基础，宏观货币需求量是微观货币需求量的总括。在对货币需求进行研究时，需要将两者有机地结合起来。

二、马克思货币需求理论

马克思的货币需求理论或称为货币必要量理论，马克思的货币需求理论也是马克思在《资本论》中有关货币必要量的论述。按照马克思的论述，流通中必需的货币量是实现流通中待售商品价格总额所需的货币量。用公式可以表示为：

$$执行流通手段职能的货币需要量 = \frac{待售商品价格总额}{同名货币的流通次数}$$

这一公式的文字表述为："流通手段量决定于流通商品的价格总额和货币流通的平均速度。"若以 M 表示货币需要量，Q 表示待售商品数量，P 表示商品平均价格，V 表示平均货币流通速度，则有：

$$M = \frac{P \cdot Q}{V}$$

马克思的货币需要量公式具有重要的理论意义，是关于金本位制下金属货币流通特点及规律的高度概括，对公式的理解要把握四个要点：

（1）马克思货币流通规律公式既表达了货币需要量的决定因素，即流通的商品量、价格水平和货币流通速度，同时也表达了这三个因素与货币需要量之间的关系，即货币需要量与商品数量、价格水平，进而与商品价格总额成正比；货币需要量与货币流通速度成反比。如果进行动态考察，这三个因素的变动对货币需要量的影响有多种组合。比如，在商品价格不变时，商品交易量增加或货币流通速度下降，或者这两种情况同时发生，货币需要量就会增加，在相反情况发生时则会减少。

（2）这个公式不是一个简单的恒等式，它明确了货币需要量最核心、最基本的内容，就是商品价格总额决定货币需要量，反映了商品流通决定货币流通的基本原理。根据马克思的劳动价值论，商品价格由其价值决定，价值源于社会必要劳动，因此商品价格是由在流通领域之外的生产过程决定的，商品是带着价格进入流通的，由于价格是先于流通过程确定的，商品价格总额是一个既定的量，进入流通以后就要求有与之价值相等的货币量去实现其价值，因此在货币流通速度不变的条件下，流通手段量决定于待实现的商品价格总额。公式的因果关系是右边决定左边，而不是相反。

（3）马克思货币必要量公式反映的是货币的交易性需求，即执行流通手段职能的货币需求。

（4）在金属货币流通条件下，如果流通中的货币量大于或小于货币的需要量，金属货币流通的自发调节机制使货币流通量与货币需要量自发达到均衡，所以流通中的货币量永远等于货币的客观需要量。

在此基础上，马克思还进一步分析了纸币流通条件下有关货币需求以及流通中货币量与商品价格之间的关系问题，其主要有两点：

（1）纸币是价值符号（可以兑换黄金的银行券），本身没有价值，只是在流通中代表金充当商品交换的媒介，因而"纸币的发行限于它象征地代表的金（或银）的实际流通的数量"。用公式表示为：

$$\frac{P \cdot Q}{V} = (M) = M_d$$

式中：M_d 代表同金币对应的纸币量；（M）代表流通所需的金属货币的数量，它可能是隐性的或象征性的。它体现了马克思理论逻辑与历史分析方法的统一。

（2）在纸币流通条件下，不再存在货币流通量与货币需要量自动调节机制，纸币一旦进入流通，就不可能再退出流通。由于流通中可以吸收的金属货币量是客观决定的，所以流通中无论有多少纸币也只能代表客观所要求的金属货币量，流通中货币量的变动只会引起单位纸币代表的金属货币量的变动。因而就有公式：

$$单位纸币代表的金属货币量 = \frac{流通中需要的金属货币量}{流通中的纸币总额}$$

在这个公式中，可以明显看出纸币供应量对于纸币币值从而对物价的影响。在金属货币需求量不变的条件下，如果纸币供应量增加，则有币值下降和物价上升的变化。假设流通中需要 10 万镑黄金，如果投放面值为 1 镑的 10 万张纸币，那么 1 镑纸币可以代表 1 镑黄金；如投放 20 万张纸币，则 1 镑纸币只能代表半镑黄金，从而原来价格为 1 镑的商品（与 1 镑黄金等值），现在要用 2 镑纸币购买（仍与 1 镑黄金等值），即物价上涨 1 倍。也就是说，在金属货币量流通条件下，流通中所需要的货币数量是由商品价格总额决定的；而在纸币流通条件下，商品价格水平随货币流通数量的变化而变化。

三、古典货币需求理论——传统货币数量论

古典经济学家在 19 世纪末、20 世纪初发展起来了传统货币数量论，其对货币需求的影响因素和数量关系的解释，是货币需求最基本的思想和理论渊源。

（一）现金交易数量论（费雪交易方程式）

美国经济学家欧文·费雪（Irving Fisher，1867~1947）在 1911 年出版的颇有影响的《货币购买力》一书中，对古典货币数量论作了清晰的阐述。费雪的交易方程式如下：

$$MV = PT$$

其中，M 代表货币数量；P 代表价格水平；T 代表以不变价格表示的商品交易总量；V 代表货币流通速度，即货币周转率，也就是单位货币（1 美元）每年用于购买经济中最终产品和劳务总量的平均次数。

交易方程式表明，一定时期内以当年价格水平表示的商品交易价值总额应该恒等于购买这些商品的货币总量。费雪进一步认为，货币流通速度 V 由制度因素决定，因而在短期内不变，可以视之为常数；T 是由产出决定的，它总是与产出量保持固定的比例，在充分就业条件下，T 也是大体稳定的。由于 V 和 T 都与货币数量的变动无关，因此只有 P 与 M 的关系最重要，两者的关系可以表示为：

$$P = MV/T$$

上式表明，货币数量 M 的任何变动，必然带来物价水平 P 正比例的相应变动；或者说价格水平的变动来自于货币数量的变动，此即货币数量论观点。

由式 P＝MV/T 变形，可以得到相应的货币需求量表达式：

$$M = PT/V$$

从形式上看，交易方程式与马克思的货币需要量公式没有大的区别。但两者的含义却是截然不同的。费雪特别强调货币数量变化对商品价格的影响，而马克思则强调商品

价格对货币数量的决定作用。

（二）现金余额数量论（剑桥方程式）

该理论由剑桥学派的经济学家提出，属于剑桥学派的货币需求理论。英国剑桥学派创始人艾尔弗雷德·马歇尔（Alfred Marshall）在 1923 年出版的《货币、信用与商业》一书中系统地提出了现金余额数量论。他认为，人们用通货形态保存财富以备购买的数额是一定的；如果流通中货币数量增加，必将引起物价上涨；货币的价值取决于全国居民用通货保持的实物价值与货币数量的比例。他把人们用通货形态保持的实物价值称为"实物余额"，而把与保持实物价值相应的通货数额称为"现金余额"，因此马歇尔的观点被称为现金余额数量论。

马歇尔的观点又由他的学生、剑桥学派的主要代表庇古加以系统化并用方程式表达出来，即剑桥方程式：

$$M = KPY \quad 或 \quad P = M/KY$$

其中，M 为货币需求量，也就是所谓的现金余额；P 为一般物价水平；Y 代表实际收入；PY 为名义收入；K 为人们以货币形式持有的资产占财富或总收入的比例。其理论含义是指人们的货币需求总是与人们的财富或名义收入保持一定的比率关系，以名义收入乘以这一比率就可以求出货币需要量。剑桥方程式的贡献在于把货币看作是一种资产，是人们持有财富的一种资产形式，它指出货币资产在总财富中所占的比率，取决于持有货币资产的机会成本和人们对各种资产收益的预期。它开始重视研究分析人们为什么持有货币资产，从而开创了从微观经济主体的持币动机、持币行为的角度研究货币需求的先河，这是对货币需求理论的重大贡献。剑桥学派分析货币需求的方法成为了西方现代货币需求理论研究的基本方法，但他们对人们的持币动机和行为没有做深入研究，只是简单地假设货币需求同人们的财富或名义收入保持一定的比率，并且指出在通常情况下，人们所保持的货币量与收入水平保持固定或稳定的关系。

剑桥方程式也与费雪的方程式一样重点分析了 M 与 P 的关系，由于剑桥学派的分析仍然是在充分就业的假设下进行的，即 Y 在短期内不变，如果 K 也不变，那么 P 和 M 的关系最重要。由于剑桥学派假设整个经济的货币供给与货币需求会随时自动趋于均衡，因此当货币供求失衡时，就要求 P 与货币供给发生同方向、同比例的变动，以恢复货币供求的均衡。可见，由剑桥方程式同样得出了传统货币数量论的结论。

（三）两个方程式的比较

首先，两个方程式是意义大体相同的模型：①费雪交易方程式 $MV = PT$ 可以变换为 $M = \dfrac{PT}{V}$，由于交易量（T）近似于收入量（Y），$V = \dfrac{PT}{M} = \dfrac{PY}{M}$。所以，$\dfrac{1}{V} \approx K$，从而同剑桥方程式 $M = KPY$ 具有相同的数学形式。②在分析货币问题时均采用"两分法"，将货币分析与实体经济分析分开，认为货币数量的变动与实体经济增长无关，货币唯一的作用是决定一般物价水平，即两者都是关于绝对价格水平的学说。③两者都认为物价水平和货币数量之间存在一种因果关系，货币数量是因，物价水平是果，物价水平随货币数量的变化成正比例变化。

其次，两个方程式有显著的差异。主要有四点：①对货币需求分析的侧重点不同。费雪方程式把货币看作交易手段，通过货币完成商品交易的支出流量和货币流通速度计算货币的交易手段需要量。剑桥方程式认为货币是资产，是人们保有财富的一种形式，通过人们持有货币占收入或财富的比例来考察货币需求。②对货币需求分析的视角不同。费雪方程式重视影响交易的金融制度和支付习惯对货币需求的影响；而剑桥方程式重视人的意识及其对经济形势的判断能力对货币需求的影响。③所强调的货币需求决定因素有所不同。两个方程式虽然揭示的都是货币数量的变化是引起价格变化的根本原因这一基本原理，但同时也说明了货币需求的决定因素有哪些，费雪强调交易次数、交易数量和价格水平是货币需求的决定因素；而剑桥方程式则强调微观经济主体对持有货币的机会成本和效用的利弊权衡决定货币的需求。④剑桥方程式从货币供给和货币需求的相互关系的角度分析货币需求，认为货币供给增加会使价格水平提高，而价格水平提高又会使名义货币需求提高，货币供求在新的价格水平下实现均衡，然而真实货币需求并没有变。费雪方程式没有对货币供给与货币需求所起的作用做明显的区分。

四、凯恩斯的货币需求理论

凯恩斯的货币需求理论是其经济理论的重要组成部分。在其 1936 年出版的著名的《就业、利息与货币通论》一书中，约翰·梅纳德·凯恩斯放弃了古典学派将货币流通速度视为常量的观点，提出了一种强调利率重要作用的货币需求理论。他认为，货币需求是人们特定时期能够而且愿意持有的货币量；人们之所以需要持有货币，是由于存在流动性偏好的心理倾向。所谓流动性偏好，就是人们在心理上偏好流动性，愿意持有流动性强的货币的欲望。因为与其他资产相比，货币具有最充分的流动性和灵活性，货币需求的实质就是流动性偏好。

专栏 7-1

重要人物介绍

约翰·梅纳德·凯恩斯（John Maynard Keynes，1833～1946）是活跃于 20 世纪上半叶西方学术、思想和政治舞台的著名经济学家、哲学家和政治家，也是 20 世纪西方资本主义世界应付内外危机、实现国家和社会治理的政策和思想传统的根本转换的枢纽型人物。在 20 世纪 30 年代，凯恩斯发起了一场导致经济学研究范式和研究领域根本转变的革命（即著名的"凯恩斯革命"）；在 40 年代的第二次世界大战后期及战后初期，凯恩斯参与了国际货币基金组织、国际复兴开发银行（即世界银行）和关贸总协定（世界贸易组织的前身）等机构（它们构成了所谓的"华盛顿体系"）的组建工作，是当今世界经济秩序的主要奠基人之一。1998 年的美国经济学会年会上，在 150 名经济学家的投票中，凯恩斯被评为 20 世纪"最有影响力"的经济学家（弗里德曼排名第二位）。凯恩斯的著作甚丰，主要有《印度的通货和财政》（1913）、《和平的经济后果》（1919）、《货币改革论》（1923）、《货币论》（1930）、《就业、利息与货币通论》（简称《通论》，1936）。

（一）货币需求的三种动机

凯恩斯流动性偏好货币需求理论的一个显著特点是注重对货币需求动机的分析。凯恩斯认为，人们对货币的需求取决于交易动机、谨慎动机和投机动机三个方面。

（1）交易动机，即人们为进行日常交易而产生的持有货币的愿望，又可分为个人收入的动机和企业营利的动机。其强度大小主要取决于收入的多少和收入间隔的正常长度，即"主要取决于收入的数量和收入到支出的时间间隔的一般长度"。基于交易动机而产生的货币需求被称为货币的交易需求。货币的交易需求取决于收入的多少，是收入的递增函数。

（2）谨慎动机，即人们为应付不测之需而产生的持有货币的愿望。人们在生活中常会遇到一些未曾意料到的、不确定的支出和购物需求，因此需保持一定量的货币以应付这种不确定性和购买需求。对个人来说，如应付失业、患病等意外支出的需要，对企业而言，如原材料突然涨价等意外支出的需要。这类为应付不测之需的需求称为货币的预防性需求。凯恩斯认为，货币的预防性需求仍然主要取决于收入的数量，为收入的递增函数。

（3）投机动机，即人们为选择有利的机会进行债券投机活动从中获利的愿望或动机。货币是最具流动性的资产，持有货币则可以随时根据市场行情的变化进行债券投机活动而获利。出于投机动机而产生的货币需求称为货币的投机需求。根据凯恩斯的分析，货币的投机需求是利率的减函数。

（二）凯恩斯货币需求函数模型

凯恩斯认为交易动机货币需求与预防动机货币需求是收入的正函数，收入越多，这两个动机货币需求就会越多；反之则越少。而投机动机货币需求是利率的减函数，利率水平越低，为投机债券而持有货币的数量就会越多，利率水平越高，则为投机债券而持有货币的数量就会越少。并以此建立了货币需求函数式：

$$M = M_1 + M_2 = L_1(Y) + L_2(i) \qquad \frac{\partial M_1}{\partial Y} > 0 \qquad \frac{\partial M_2}{\partial i} < 0$$

凯恩斯货币需求理论中最有特色的部分是关于投机动机的分析，凯恩斯把为了投机而储藏财富的资产分为两类：货币和债券，而且人们要么全部持有货币，要么全部持有债券，人们对货币和债券资产选择的抉择取决于三个因素：一是当前利率水平；二是人们心目中正常的利率水平；三是人们对未来利率水平变动趋势的预期。如果人们认为当前的利率水平处于最低的水平，今后利率水平会不断上升，那么当前的债券价格就处于最高的水平，今后会随着利率的上升而逐渐下降，因此现在要全部卖出债券，持有货币，这时投机动机的货币需求最多；如果人们认为当前的利率水平处于最高的水平，今后的利率水平会不断下降，那么当前的债券的价格就处于最低的水平，今后会随着利率的下降而上升，所以现在要用持有的全部货币买进债券，这时投机动机货币需求最少。总之，投机动机货币需求同利率存在着负相关的关系（债券的收入包括名义收入和差价收入。在债券的名义收入一定的情况下，决定人们资产选择决策的是债券差价收入的大小，而差价收入与利率的变动直接相关）。

综合表现三种动机货币需求的公式为：

$$\frac{M_d}{P} = f\ (\overset{-}{i},\ \overset{+}{Y})$$

该公式被称为流动性偏好函数，该函数表明实际货币需求是 i 和 Y 的函数，与利率成反比，与收入成正比。凯恩斯认为货币流通速度也可以用函数表示：

$$V = \frac{PY}{M} = \frac{PY}{f(i,Y)}$$

利率上升，f(i,Y)下降，从而货币流通速度加快；反之则减缓。说明利率与货币流通速度相关性大，利率剧烈波动，货币流通速度也会出现较大波动。也就是说，货币流通速度是不稳定的，因此凯恩斯认为传统货币数量论认为货币流通速度是不变的常量，所以对货币数量变动影响价格同比例变动的观点提出了质疑。

专栏 7-2

货币需求七动机说

新剑桥学派认为，随着经济的发展，仅交易动机、预防动机和投机动机三种动机不能说明全部现实状况，应该予以扩展。英国经济学家西德尼·温特劳布（Sidney Weintraub）提出了货币需求七动机说，认为在现代经济生活中，货币需求的动机可以扩展为七个。

（1）产出流量动机：当企业决定增加产量或扩大经营规模时，需要有更多的货币。

（2）货币—工资动机：由货币—工资增长所连带造成的货币需求的增加，如通货膨胀，是一种经常性现象，所以货币量增加后，往往会带动工资增长，企业货币需求加大。

（3）金融流量动机：指人们为购买高档耐用消费品而储存货币的动机。

（4）预防和投机动机：个人手中保留超出交易需要的货币，一方面可备不测之需；另一方面可等待有利时机进行投资。

（5）还款和资本化融资动机：债务人为维护自己的信誉和保证生产活动顺利进行，必须按规定的条件还本付息，这就需要保持一定数量的货币。

（6）弥补通货膨胀损失动机：在通货膨胀中，因货币贬值，个人要维持原有的生活水平，企业要维持再生产，都需要持有更多的货币。

（7）政府需求扩张动机：当政府有意识地采取赤字财政政策时，政府需求货币动机十分明显。

　　温特劳布认为，由于某些货币需求的目的、用途、特点基本相同或相近，并且其决定因素和影响面也大致相同，可以简要地将上述七个动机归纳为三类：一是商业动机，包括产出流量动机、货币—工资动机和金融流量动机，这类动机与人们的收入紧密相关；二是投机性动机，包括预防和投机动机、还款和资本化融资动机、弥补通货膨胀损失动机，这类动机与人们对未来的经济金融预期有关；三是公共权力动机，即由政府的赤字财政政策和膨胀性货币政策所产生的扩张性货币需求动机，这种动机产生的后果或是冲击物价，或是冲击实际利率。

五、凯恩斯学派对凯恩斯货币需求理论的发展

　　从 20 世纪 50 年代开始，凯恩斯的后继者们认为凯恩斯货币需求理论存在缺陷需要修正、补充，他们对凯恩斯货币需求理论的补充、修正主要有两个方面：

　　（1）美国经济学家伯纳德·鲍莫尔（Bernard Baumohl）运用管理学最佳存货控制技术深入研究了交易性货币需求与利率的关系，发现交易性货币需求对利率的变动同样相当敏感，而不像凯恩斯所认为的那样只是收入的函数。他认为任何企业和个人的经济行为都以收益的最大化为目标。因此，在货币收入取得和支用之间的时差内，没有必要让所有用于交易的货币都以现金形式存在。由于现金不会给持有者带来收益，所以应将暂时不用的现金转化为生息资产的形式，待需要时再变现，只要利息收入超过证券交易的手续费就有利可图。利率越高，收益越大，生息资产的吸引力也越强，人们就会把现金持有额压到最低限度。但若利率低，利息收入不够变现的手续费，那么人们愿持有全部的现金。因此，货币的交易需求与利率不但有关，而且关系极大，凯恩斯贬低利率对现金交易需求的影响是不符合实际的。鲍莫尔为此还提出了"平方根定律"公式，用于计算最佳的现金持有额：

$$M_d = \sqrt{\frac{bY}{2r}} = \left(\frac{b}{2}\right)^{\frac{1}{2}} Y^{\frac{1}{2}} r^{\frac{1}{2}} = kY^{\frac{1}{2}} r^{\frac{1}{2}}$$

　　其中，Y 为月初取得收入，如工资；b 为证券买卖佣金；r 为月利率。公式表明当收入 Y 或交易成本 b 增加时，M 将增加；而当利率 r 上升时，M 则下降。该式表明，交易性货币需求在很大程度上受利率变动的影响。

　　鲍莫尔模型的结论：①交易性货币需求是收入的正比函数，弹性为 0.5。②交易性货币需求是利率的反比函数，弹性为 −0.5。

　　（2）一些经济学家发现凯恩斯投机动机货币需求理论也有漏洞。他们发现，影响投机动机货币需求的因素不仅有利率，还有风险因素，人们并不是要么只持有货币，要么只持有债券，一般的人是既持有货币同时又持有债券，其持有两种资产的比例取决于收益正效用与风险负效用的均衡点。当某人的资产构成中只有货币而没有债券时，为了

获取收益，他会把一部分货币换成债券，随着债券比例的增加，收益的正效用呈递减趋势，而风险的负效用呈递增趋势，当新增加的债券的收入正效用与风险的负效用之和为零时，人们就会停止将货币转换成债券。这时就实现了使总效用最大时的资产组合，这也就是在一定利率水平下的收益正效用与风险负效用的均衡点。当利率变动时会破坏原有的均衡点，人们就会重新调整资产组合，从而使投机性货币需求量发生变化，这就是托宾的资产组合理论。

六、弗里德曼货币需求理论

弗里德曼是货币主义学派的代表人物。货币主义学派是与凯恩斯主义和凯恩斯学派直接对立的西方经济学派。其中，弗里德曼的货币需求函数占有重要的地位。

专栏 7-3

米尔顿·弗里德曼

米尔顿·弗里德曼（Milton Friedman，1912～2006），美国经济学家，货币主义学派代表人物，以研究宏观经济学、微观经济学、经济史、统计学及主张自由放任资本主义而闻名。1976 年由瑞典诺贝尔奖金协会授予诺贝尔经济学奖，以表彰其在消费分析、货币供应理论及历史和稳定政策复杂性等范畴的贡献。弗里德曼是《资本主义与自由》一书的作者，此书在 1962 年出版，提倡将政府的角色最小化以让自由市场运作，以此维持政治和社会自由。他的政治哲学强调自由市场经济的优点，并反对政府的干预。他的理论成了自由意志主义的主要根据之一，并且对 20 世纪 80 年代的美国以及许多其他国家的经济政策都有极大影响。

弗里德曼一方面继承了凯恩斯视货币为一种资产的观念，利用它把传统的货币数量说改为货币需求函数；另一方面基本上肯定了传统货币数量说的长期结论，即货币量的变化反映在物价变动上。货币量变化从长期而论只能影响总体经济中货币部门的名义量，如物价、名义利率、名义所得等，但不能影响实质部门的真实的量，如就业量、实际所得或产量、实际利率、生产率等。1956 年，弗里德曼发表了他的著作《货币数量学说——新解说》（The Quantity Theory of Money——A Restatement）标志着现代货币数量论的诞生。弗里德曼对货币需求理论的最大贡献就在于提出了和古典学派的货币数量说不同的观点，即货币数量说不是关于产量、货币收入或物价的理论，而首先是货币需求的理论，是明确货币需求由何种因素决定的理论，物价水平或名义收入是货币需求函数和货币供给函数相互反映的结果。

弗里德曼没有着重分析人们的持币动机，而是深入地对影响人们持有货币的经济因素进行了细致分析，他从消费者选择理论出发，把货币看作是一种商品，认为货币需求由三个因素决定：收入、机会成本和效用，并建立了货币需求的函数模型：

$$\frac{M_d}{p} = f\left(y,\ w;\ r_m,\ r_b,\ r_e,\ \frac{1}{p}\frac{dp}{dt};\ u\right)$$

以上影响货币需求变动的三类因素具体含义如下:

1. 收入或财富对货币需求的影响

弗里德曼将个人的财富总额视为货币需求的主要决定因素。他这里所指的财富是从最广泛和最普遍意义上来说的财富。因此,财富总额包括人力财富和非人力财富。人力财富是指个人获得收入的能力,包括一切先天的和后天的才能与技术,其大小与受教育的程度紧密相关。非人力财富是指物质性财富,如房屋、生产资料、耐用消费品等各种财产。一般来说,个人所持有的货币量,不会超过其财富总额。弗里德曼认为财富可以用收入来表示,但不能用即期收入代表财富,因为即期收入受经济周期不规则波动的影响带有较大的片面性。因此,弗里德曼使用了"恒久收入"概念。恒久收入是一个人在相当长时间内获得的收入流量,相当于观察到的过去若干年收入的加权平均数(用y表示),恒久收入与货币需求成正比,是影响货币需求的最主要的变量。w为非人力财富占总财富的比重,非人力财富具有较高的替代性,而人力财富的市场则是不完全的,人力财富转化为非人力财富存在市场障碍,尤其在经济不景气时,更难将人力财富转变为收入。因此,为了应付可能发生的人力财富的滞销(失业),人们出于谨慎动机会增加对货币的需求,所以,人力财富在总财富中所占的比例与货币的需求成正比。从另一角度看,非人力财富在总财富中所占比例与货币需求成反比。

2. 持币的机会成本对货币需求的影响

弗里德曼认为,持有货币的多少是将货币资产与其他资产收益进行比较的结果。弗里德曼界定的货币是 M_2(与凯恩斯不同),货币和其他资产一样,对其持有者来说是有收益的,银行利率(r_m)可以看作货币的收益。债券、股票和实物资产被弗里德曼视为货币的主要替代品,股票收益包括变动收益——股利和买卖差价(r_e),债券的收益包括固定收益——利息和买卖差价(r_b),而实物资产的收益,就是物价变动率($\frac{1}{p}\frac{dp}{dt}$)。而因持有货币而放弃的其他资产所提供的潜在收益就成了持有货币的机会成本,股票、债券、实物资产收益率大小会影响到人们的持币需求,成反比关系。

3. 效用(个人对财富持有形式的偏好)对货币需求的影响

对于经济主体来说,持有货币既可便于日常交易,又可以应付不时之需,还可以抓住获利的机会,这就是货币所提供的效用。这些效用虽然无法直接测量,但是它们确实是存在的。人们对货币流动性效用大小的评价受许多因素的影响,这些影响因素有的是客观的,如社会的富裕程度、取得信贷的难易程度、社会支付体系的状况等,如果社会支付体系发达,人们普遍使用支票、信用卡结算,货币的效用就会下降;有的是主观的,如人们的嗜好、兴趣、社会风尚、民族习惯等,而这些因素均是影响货币需求的因素,弗里德曼将这些因素称为综合变量(u)。就个人对财富的持有形式的偏好来说,一般视其为不变的,但它们在客观环境发生变化时,也会发生变化。例如,战争时期以货币形式保有的财富的比例会增大;严重通货膨胀时期,人们可能更乐意保持实物资产。所以，这种偏好的变动也会对货币需求产生影响。

综上所述，弗里德曼将货币需求的决定因素归结为六种：财富总额、非人力财富占总财富的比例、债券的预期收益、股票的预期收益、实物资产的预期收益和财富持有者对各种财富持有形式的偏好。

此外，弗里德曼非常重视实际货币需求，认为人们关心的是实际货币需求而不是名义货币需求，他将名义货币需求剔除了价格因素后的实际货币需求作为货币需求函数的因变量。弗里德曼认为，"我们所谈的货币需求，必须是对支配商品和劳务的实际余额的需求，而不是对名义余额的需求"。上式所表示的是真实货币需求，式中 M 为个人财富持有者手中保存的货币量（名义货币量）；P 为一般物价水平；M/P 为个人财富持有者手中的货币所能支配的实物量（实际货币需求量）。

弗里德曼认为，货币需求函数的最主要特点是该函数的稳定性，其动向是可以预测的。理由有五点：①影响货币供给和需求的因素相互独立。影响货币供应的若干主要因素，并不影响货币需求。比如，影响货币供应量的最主要因素——金融制度和金融政策对货币需求没有什么影响，货币需求主要受制于函数式中的那些变量，而这些变量对货币供给没有影响，货币供应量的变动不会引起货币需求的变动。②在函数式的变量中，有些自身就具有相对的稳定性（如 u、w），有些只在很少情况下才影响货币需求（如 $\frac{1}{p}\frac{dp}{dt}$ 只有在通货膨胀的情况下才影响），因而它们不会破坏货币需求函数的稳定性。③实证表明货币需求对利率变化的敏感性差，其利率弹性很低（仅为 -0.15%），因此利率对货币需求的影响较弱。④实证说明，货币需求对收入弹性较大（一般在 $1.0 \sim 2.0$），说明货币需求受收入波动的影响较大。但如果用恒久收入的概念来考察，货币需求的变化就不大了。因为随着经济的发展，即期的年度收入会有所波动，但将历年的收入加权平均为恒久收入后，这种波动就趋于平衡，因而并不会影响货币需求的稳定性。⑤货币需求函数的倒数——货币流通速度基本上是一个稳定的函数。弗里德曼认为：从实证来看，货币流通速度有一定的稳定性和规则性。但传统货币数量学说把这种稳定性与规则性过分地夸张为一个常数，实际上货币流通速度本身的数值并不是一个常数。凯恩斯把货币流通速度看成是极不稳定的，也不符合事实。弗里德曼认为货币流通速度是一个稳定的函数，有规律可循。依据经验，流通速度往往与收入保持"正一致性"，即同方向变动关系。收入提高，流通速度加快；反之，流通速度减慢。

明确货币需求函数稳定性的特点具有重要意义。弗里德曼论证并强调货币需求函数具有稳定性，其目的在于阐明他的政策主张，即说明影响经济的主要因素不在货币需求方面，而是来自货币供给方面。也就是说，要保持货币均衡就必须保证货币供给的稳定，中央银行应采取稳定的货币政策，弗里德曼的"单一规则"因此而产生。因此，货币需求函数稳定性的论述成为货币学派理论及政策的立论基础和分析依据。

第二节　货币供给理论

货币供给理论是货币理论中比较新的发展方向之一，是货币理论的重要组成部分。货币供应理论主要是研究货币供应量由哪些因素决定及如何决定的理论。在实物货币和金属货币流通时代，流通中货币数量具有自动调节机制，货币供给是一个外生变量，不是由经济过程中的客观因素所决定的，货币的供应受制于贵金属矿藏的有无、多少和开采条件等经济过程以外的因素，而且流通中的货币数量存在自动调节机制，不论供给多少，流通中金属货币的数量始终与货币需求量一致，所以当时经济学家在研究货币理论问题时，只重视货币需求研究，忽视货币供应研究。到了信用货币时代，人们发现中央银行对货币供给量并没有绝对的控制能力，一个国家货币供给量的形成，不仅取决于中央银行的决策，而且受到商业银行部门和非银行部门行为的影响。实际上，货币供给量的决定过程比任何其他经济变量，包括货币需求的决定过程都要复杂得多。20 世纪 50 年代以来，尤其是 60 年代以后，经济学家开始重视货币供给理论的研究，并建立了许多货币供给决定模型，形成了比较完整的货币供给决定理论，从而使它与货币需求理论一样，成为了当代货币理论的重要组成部分。

一、货币供给的数量界定

货币供给是货币供给主体向社会投放货币的行为，货币供给量通常是指一国经济中的货币存量，或者说是流通中的货币量，也就是指被财政部门、企事业单位和居民个人持有的货币量。在现代信用社会，人们所持有的货币，就是银行系统对社会公众的负债。研究货币供给的决定机制，首先要研究一个国家的货币供给量包括哪些内容，就是界定货币供给的数量范围。在本书第一章分析货币本质，就是讨论货币本质的规定性，也就是讨论什么是货币的问题；而货币供给的数量界定就是讨论货币量的规定性问题，也就是讨论货币是什么的问题，即讨论货币包括哪些内容。货币量的规定性是由货币质的规定性所决定的，对货币本质及职能的不同认识，会直接影响对货币所包括内容的界定。根据对货币本质的不同认识，经济学家对货币所包括的内容有以下不同的认识：

（一）狭义货币量

所谓狭义货币，通常是由社会公众所持有的通货（即流通中的纸币和铸币）和银行的活期存款所构成的。持这种观点的经济学家认为货币的主要职能就是交易媒介职能，认为货币最本质的特性就在于货币能充当商品交易的媒介。因此，凡能发挥商品交换媒介作用的金融资产就是货币，而不能充当交易媒介的金融资产就不是货币。持这种观点的西方经济学家主要有穆勒、马歇尔等古典经济学家。在现代经济中，能作为交易媒介的首先是现金通货，还有能使用支票的银行活期存款，因为在商品交易中使用支票，就能直接购买商品或支付费用，支票成为了商品交换的媒介，所以能使用支票的活期存款属于货币的范围，在中国包括支票类和信用卡类的活期存款。这里应注意，不能使用支票的存折类的活期存款不能用来直接购买和支付，因而不属于狭义货币的范围，这样狭义货币量就是指通货加上可以使用支票的银行活期存款。

（二）广义货币量

广义货币范围是以弗里德曼为代表的经济学家提出的，他们认为货币是一种资产，它的主要职能是"价值贮藏"，是"购买力的暂栖所"。因此，他们认为货币应包括具有储存价值功能的各种资产。主要有以下三种意见：

（1）有的经济学家认为，除了既能充当交易媒介同时也具有储存价值功能的现金通货及银行活期存款是货币以外，具有储存价值功能的银行金融机构的资产——银行的定期存款和储蓄存款也是货币的组成部分。

（2）有经济学家认为，除了银行资产外，一些非银行金融机构（如财务公司、信托投资公司等）的存款也可以视为货币的组成部分。

（3）还有经济学家认为，除了金融机构的资产以外，一些非金融机构发行的流动性强的短期金融资产，比如政府发行的国库券、企业发行的短期债券及商业票据等，也应列入货币范围。这些资产既是储存价值的具体形式，又具有较强的流动性和货币性，它们在金融市场上兑换成现金通货的机会很多，与前面所认识的狭义货币只是在流动程度上有差别，而本质上没有差别，所以也应把它们列入货币范围。

各种广义货币定义的提出，有助于人们正确认识货币与其他流动资产的关系，但货币的主要职能毕竟还是交易媒介，价值贮藏只是货币的次要职能。由于其他金融资产必须转变为现金通货和活期存款以后，才能充当商品交换的媒介，所以严格地说作为交换媒介的现金通货和活期存款，与其他在一定条件下能够发挥货币职能的金融资产之间是有重大差别的，西方学者大部分倾向于以现金通货和活期存款为货币的基本界限，而把其他金融资产称做"准货币"、"亚货币"以示区别。

二、货币层次的划分

（一）概念及划分的标准

所谓货币层次的划分，是指把流通中的货币，按一定的标准进行相关排列，划分成若干层次，并用符号代表各层次内容的一种技术方法。货币层次的划分原则上是以金融资产的流动性为标准来划分的。所谓金融资产的流动性是指金融资产在不受损失或少受损失的前提下，及时转化为现实购买力的能力。

（二）衡量金融资产流动性大小的标准

衡量金融资产流动性大小的标准有三个：

（1）金融资产转化为现实购买能力时受损失的大小，不受损失是指规避各种风险，本息双保的能力。金融资产转化为现实购买力时遭受损失的原因是金融市场上存在着各种风险（如信用风险、利率风险、政策风险等），在金融资产通过交易转化为现实购买力时，各种风险都可能转化为现实的交易损失，金融资产在不受损失或少受损失的条件下能及时变现，则说明其变现能力强，流动性强；反之则弱。

（2）金融资产转化为现实购买力的及时性，主要是指转化速度的快慢。不需要转化就能直接用于购买和支付的金融资产转化速度为 0，流动性最强，需要转化的金融资产流动性相对较差，但转化速度也会有差别，从而流动性也会有差别。金融资产的转化速度快慢取决于发行者的信誉、收益的预期、市场供求关系的变化、制度政策因素等。一般来说，某一金融资产的转化速度是相对确定的，如果人为提高、变动金融资产的转化速度则会影响转化效率，如要将没有到期的定期存款提前变现，就会造成利息损失，转化效率下降。

（3）形成现实购买力，是金融资产转化的终点。金融资产不仅转化为现金，可以用来进行直接购买和直接支付，而且转化为活期存款等，也可以进行直接购买商品和支付费用，这些资产的共同特点就是代表了直接的购买力，所以金融资产只要转化成为直接的购买力，就应看作完成了流动性转化，而不应只看是否转化为现金。以此为终点，计算转化的损失和速度、评价流动性的大小。

（三）货币层次划分的方法

一般来说，可以将流动性最强的金融资产划分为第一层次、最基本层次，然后使货币范围逐步向流动性较强、次强的金融资产扩展，从而形成货币结构的不同层次。

由于各个国家经济发展水平不同，社会民众的生活习惯不同，金融体制、信用制度的特点也不同，甚至一个国家不同时期的具体情况也会发生变化，所以不同国家的货币层次的划分是有区别的，同一国家不同时期的货币层次划分也往往会随情况变化而调整。其基本模式是：

$M_1 = $ 现金（C）+活期存款（D_d）

$M_2 = M_1 + $ 储蓄存款（D_s）+定期存款（D_t）

$M_3 = M_2 + $ 其他所有存款（D_n）

$M_4 = M_3 + $ 除存款外的短期流动性金融资产（L）

美联储公布的货币层次统计口径是：

$M_1 = $ 流通中通货+所有存款机构的支票性存款

$M_2 = M_1 + $ 所有存款机构的小额（10 万美元以下）定期存款+所有存款机构的储蓄存款+隔夜回购协议

$M_3 = M_2 + $ 所有存款机构的大额定期存款+定期回购协议

$M_4 = M_3 + $ 其他短期流动性金融资产（如美国储蓄债券、商业票据、银行承兑票据、短期政府债券等）

国际货币基金组织货币层次划分统计口径是：

$M_0 = $ 银行体系以外的现钞和铸币

$M_1 = M_0 + $ 商业银行的活期存款+其他活期存款

$M_2 = M_1 + $ 准货币（这里指定期存款和政府债券）

1984 年，中国人民银行独立地行使中央银行职能以后，我国开始按国际货币基金

组织的建议划分货币层次，从 1985 年首次公布货币层次划分的统计口径起，我国根据
社会经济生活和金融创新的发展，已多次调整了货币层次划分的统计口径，如 1985 年
货币层次划分的统计口径是：

M_0＝流通中现金

M_1＝M_0＋企业活期存款+农村集体存款+机关团体存款

M_2＝M_1＋城乡储蓄存款+企业单位定期存款+自筹基建存款

M_3＝M_2＋财政金库存款+汇兑在途资金+其他金融机构存款

2000 年我国中央银行公布的货币层次划分统计口径是：

M_0＝流通中现金

M_1＝M_0＋活期存款

M_2＝M_1＋准货币（企业单位定期存款+城乡居民储蓄存款+证券公司的客户保证金存
　　　款+其他存款）

（四）划分货币层次的意义

将金融资产流动性作为货币层次的划分标准的原因，主要是因为金融资产的流动性
程度不同，其流通周转次数就不同，由此形成的货币购买力及对整个社会经济活动的影
响也就不同。按流动性划分货币供应量的层次，有助于金融管理当局掌握不同层次货币
的运行态势，按不同层次货币对经济的不同影响，采取不同的措施进行调控并确定调控
的重点。

三、货币供给的形成机制

在二级银行制度下，货币供给是通过中央银行和商业银行两级货币创造机制来完成
的。二级银行制度即由中央银行和以商业银行为主体的金融机构共同组成的国家银行体
系。在这种体制下，中央银行是发行银行、银行的银行、政府的银行，一般不与个人、
企业、单位发生信用关系，只与商业银行等金融机构及政府发生信用关系，是银行货币
的供应者。商业银行与个人、企业、单位直接发生信用关系，是公众货币的直接供应
者，在二级银行制度下，中央银行和商业银行在货币供应过程中的地位和作用是不
同的。

（一）商业银行与货币供给

在二级银行制度下，商业银行的存款创造活动是货币供给形成机制中的重要层次，
具有特别重要的地位。商业银行区别于其他金融机构的最重要特征在于：只有商业银行
才能经营活期存款业务，因而商业银行可以通过其业务经营活动（吸收活期存款及发
放贷款等）进行多倍存款扩张，并形成存款货币供应量。商业银行创造存款货币的原理
和过程如下：

1. 有关存款货币创造的两对基本概念

要理解商业银行存款货币创造原理，首先要理解以下两对概念：

（1）存款准备金与存款准备率。存款准备金是商业银行为了应付存款人随时提现

的需要而储备的流动资产。存款准备率是商业银行保留的准备金占活期存款的比率。

商业银行主要的业务活动是吸收存款、发放贷款，银行吸收存款后，一部分用于发放贷款，一部分要以准备金的形式保留下来以备存款人提现的需要。在实行部分准备金制度条件下，各国中央银行一般以法律的形式规定商业银行必须保留的最低数额的准备金，即法定准备金。这部分准备金是商业银行不能动用的，要全额上缴中央银行形成商业银行在中央银行的法定准备金存款，因而商业银行必须在此基础上保留更多的准备金，才能满足客户提现的需要和增发贷款的需要。商业银行实有准备金超过法定准备金的部分叫超额准备金。超额准备金主要由库存现金和在中央银行超额准备金存款两部分组成。法定准备金占活期存款的比率叫法定存款准备率，超额准备金占活期存款的比率叫超额存款准备率。

法定存款准备金用公式表示为：

$R_d = D \cdot r_d$

式中：R_d 为法定准备金；D 为活期存款总额；r_d 为法定存款准备率。

超额准备金用公式表示为：

$E = R - D \cdot r_d$

式中：E 为超额准备金；R 为实有准备金；$D \cdot r_d$ 为法定准备金。

（2）原始存款与派生存款。超额准备金是商业银行发放贷款进行存款创造的基础，在不考虑中央银行提供信用的情况下（这里只是存而不论），商业银行只有吸收客户的现金存款才能使超额准备金增加，所以客户以现金形式存入银行的存款，就称为原始存款，或者更准确地说，原始存款就是能增加商业银行准备金的存款。

商业银行信用创造是由运用超额准备金发放贷款开始的，在现代转账结算制度下，客户在以支票的形式取得银行贷款以后，一般并不立即提取现金，而是转入其开户银行的活期存款账户。这样，商业银行一方面增加了贷款，另一方面又增加了活期存款，这种通过银行转账方式发放贷款而创造的存款，就称为派生存款，它是在原始存款基础上形成的。在信用制度发达的条件下，大部分存款实际上都是派生存款。

2. 存款货币的创造过程

人们可以通过一个简单的例子来说明商业银行是如何在其业务经营过程中创造出派生存款的。

为了便于阐述先作几个假设：①每家商业银行对吸收的存款按 10% 的法定存款准备率提取法定准备金以后，余额全部用来发放贷款。而不留超额准备金。②银行的客户将其全部货币收入都存入银行而不持有现金。③银行客户将其全部货币收入都存入活期存款账户，而不增加定期存款和储蓄存款。

假设 A 企业将 10000 美元现金存入第一家银行，该行按照法定准备率 10% 提取1000 美元法定准备金之后，将其余 9000 美元全部贷给 B 企业，B 企业用这笔贷款以支票的形式向 C 企业支付货款。C 企业将支票交给自己的开户银行（第二家银行）代收这笔货款，并存入第二家银行，第二家银行存款增加了 9000 美元，在提取 10% 即 900美元准备金后，又可以将其余的 8100 美元贷给 D 企业，D 企业又用贷款向 E 企业支付货款，E 企业又将货款存入第三家银行，第三家银行提取准备金后又可发放贷款，如此循环下去，直至存款在扣除法定准备金后的余额递减至 0 而无法再继续循环为止。可以得到结果如表 7-1 所示：

表 7-1　存款货币的创造过程　　　　单位：美元

银行名称	存款增加数	按 10% 提留法定存款准备金数	贷款增加数
第一家银行	10000.00	1000.00	9000.00
第二家银行	9000.00	900.00	8100.00
第三家银行	8100.00	810.00	7290.00
第四家银行	7290.00	729.00	6561.00
第五家银行	6561.00	656.10	5904.90
第六家银行	5904.90	590.49	5314.41
第七家银行	5314.41	531.44	4782.97
第八家银行	4782.97	478.30	4304.67
第九家银行	4304.67	430.47	3874.20
第十家银行	3874.20	387.42	3486.78
十家银行合计	65132.15	6513.22	58618.93
其他银行	34867.85	3486.78	31381.07
总　计	100000.00	10000.00	90000.00

这一过程可以用几何级数来表示：

$D = 10000 + 9000 + 8100 + \cdots + 0$

$= 10000\left[1 + (1-10\%) + (1-10\%)^2 + (1-10\%)^3 + \cdots + (1-10\%)^n\right]$

通过级数求和可得下式：

$D = 10000 \times \left(\dfrac{1}{10\%}\right)$

10% 就是法定存款准备率 r_d，这样可得以下公式：

$D = P \cdot \dfrac{1}{r_d}$

用文字可表述为：

增加存款总额 D = 增加原始存款 $P \times \dfrac{1}{\text{法定存款准备率}}$ = $10000 \times 10 = 100000$

存款派生倍数 $W = \dfrac{1}{\text{法定存款准备率}} = \dfrac{1}{10\%} = 10$（倍）

派生存款 = $D - P = 100000 - 10000 = 90000$

由于 W 是法定存款准备率的倒数，所以法定存款准备率越低，存款的扩展倍数越大；反之越小。由于存款派生倍数是经过派生后的存款总额占原始存款的倍数，所以还可以表示为：$W = \dfrac{D}{P} = \dfrac{100000}{10000} = 10$。

3. 影响存款派生倍数的其他因素

影响存款派生倍数的因素只有法定存款准备率，但是实际经济生活中存款派生倍数还要受以下三个因素的限制：

（1）现金漏损。客户在取得贷款以后，往往不会将其全部转为存款，而是要提取一部分现金，这部分现金流出银行系统，退出银行的存款货币的创造过程，这种现象称作现金漏损。当出现现金漏损时，银行系统可以用于发放贷款的资金减少，所以存款派生倍数也必然缩小，银行创造存款货币的能力下降。

$$\text{现金漏损率 } C = \dfrac{\text{现金漏损 } C}{\text{活期存款}}$$

（2）银行持有超额准备金。在现实经济生活中，银行并不会把上缴法定存款准备金后的余额全部都用来发放贷款，而是要保留一部分超额准备金以满足客户提现及增发贷款之需，这部分超额准备金也会退出商业银行存款创造过程，使存款派生倍数缩小。银行超过法定要求持有的准备金与存款总额之比称为超额准备率，即：

$$e = \dfrac{\text{超额准备金 } E}{\text{活期存款}}$$

（3）部分活期存款转为定期存款。在现实经济生活中，有一部分活期存款会转为定期存款，由于在西方国家对于两种存款分别规定了不同的法定准备率，活期存款的法定存款准备率一般高于定期存款的法定存款准备率，所以部分活期存款转为定期存款使两种存款的比例发生变化时，必然会使商业银行的法定准备金总额发生变动，从而使商业银行可用资金发生相应变化，进而对其派生能力产生影响。该因素对商业银行派生能力的影响可表示为：$r_t \cdot \dfrac{D_t}{D} = r_t \cdot t$（t 是定期存款占活期存款的比例）。

（4）综合考虑以上三个因素的影响，存款派生倍数可以修正为：

$$W = \dfrac{1}{r_d + c' + e + r_t \cdot t}$$

4. 存款的多倍收缩过程

存款的扩张是倍数扩张，相反存款的收缩也是倍数收缩。例如，A 企业向第一家银行提取现金 10000 美元，意味着银行原始存款减少 10000 美元，相应法定准备金应减少 1000 美元，由于该银行在中央银行的超额准备金存款为 0，所以必须收回 9000 美元贷款，以满足客户提现的需要，这样第一家银行的资产负债会发生如下变化：

资产		负债	
准备金	−1000	A 企业活期存款	−10000
贷款	−9000		

第一家银行收回的 9000 美元贷款是从 B 企业收回的，B 企业在第二家银行的活期存款减少 9000 美元，第二家银行除了减少在中央银行的法定准备金存款 900 美元之外，

还要收回 8100 美元的贷款，第二家银行的资产负债会发生如下变化：

资产		负债	
准备金	−900	B 企业活期存款	−9000
贷款	−8100		

这个过程将一直进行下去，直到整个银行系统的活期存款总额减少 10000 美元为止。

收缩存款总额＝减少原始存款×存款派生倍数

可见存款的倍数收缩过程与存款的倍数扩张过程是相对称的，其原理是一样的。

5. 商业银行存款派生与中央银行信用的关系

从以上分析可知，通过商业银行存款派生过程投放到流通中的存款货币数量首先取决于商业银行所能获得的原始存款数量，其次取决于由法定准备率、超额准备率、现金漏损率、定期存款比例等因素决定的原始存款派生倍数。前面在介绍商业银行存款创造原理时，曾假定商业银行原始存款（能增加商业银行超额准备金的存款）的增加仅来自于吸收现金存款。实际上，吸收现金存款不可能成为商业银行增加原始存款的主要来源，因为从全社会和整个银行体系来看，社会公众持有的现金量是基本稳定的，每天商业银行既能吸收客户的现金存款，同时又要满足客户提取现金的需要，一进一出从较长时间来看出入不大。商业银行扩大超额准备金的主要来源实际是中央银行所提供的信用，商业银行所能获得的中央银行提供的信用的数量和最终通过派生机制创造的存款货币数量是"源"与"流"的关系。"源"是中央银行提供的"银行货币"，"流"是商业银行提供的"公众货币"，"公众货币"是在"银行货币"的基础上经过倍数扩张后形成的。

这就涉及现代货币供给形成机制的另一个层次：中央银行在货币供给机制中的地位和作用的问题。

（二）中央银行与货币供给

中央银行是现金的发行者与管理者，又是商业银行的最后贷款者，所以商业银行所能获得的原始存款的数量归根到底都是由中央银行提供的。中央银行向商业银行提供的货币是一种特殊的货币，被称为银行货币，也称基础货币。

1. 基础货币

基础货币又称高能货币、强力货币或货币基数，它由流通中的现金和商业银行在中央银行的准备金存款组成。流通中的现金是中央银行对公众的负债，准备金存款是中央银行对商业银行的负债，所以基础货币是中央银行对社会公众负债的总额。之所以称之为高能货币、强力货币，是因为它是整个商业银行体系创造存款货币的基础和存款倍数扩张的源泉，经商业银行运用以后能够产生数倍于自身的货币供给量。

基础货币是中央银行通过其资产业务提供的，中央银行通过其资产业务提供基础货币的途径如下：①再贷款、再贴现。②向财政借款或透支。③开展公开市场业务，购买外汇、黄金和国债等。以上资产业务的开展，都会使中央银行资产负债表上的资产金额与中央银行的两项货币性负债——现金发行和商业银行准备金存款等额增加。例如，中央银行向商业银行提供再贷款或者进行票据再贴现，资金的划拨是通过转账方式进行的，资金划拨给商业银行后，中央银行资产负债表上资产方再贷款、再贴现余额增加，同时负债方商业银行准备金存款余额等额增加；如果中央银行向商业银行发放的贷款和贴现部分是以现金方式支付的，则中央银行资产负债表上资产方再贷款、再贴现余额增加，同时负债方流通中现金和准备金存款余额之和等额增加。再如，中央银行向财政贷款透支后，中央银行资产负债表的资产方财政借款余额增加，同时负债方财政存款增加，这时两项货币性负债并未增加，当财政发生预算支出的情况下，财政在中央银行的存款减少，而企业、个人在商业银行的存款增加，商业银行在中央银行的准备金存款增加。也就是说，中央银行向财政提供信用最终会增加商业银行的存款准备金，导致基础货币的增加。中央银行在公开市场上收购外汇、黄金、国债，无论是向个人、企业还是商业银行购买，其结果都会导致商业银行准备金存款或流通中的现金增加，而中央银行资产负债表的资产方则表现为持有政府债券和黄金、外汇储备的增加。总之，中央银行资产业务的发生，都会引起中央银行的两项货币性负债——现金发行和商业银行准备金存款的等额增加（见表7–2）。

表7–2　中央银行资产负债简表

资　产	负　债
贴现与贷款	流通中现金（货币性负债）
政府债券与财政借款	商业银行及其他金融机构存款（货币性负债）
外汇、黄金储备	国库及公共机构存款
其他资产	其他负债及资本项目
合　计	合　计

所以，基础货币是中央银行通过其资产业务提供的，从中央银行负债来看，基础货币就是流通中现金和商业银行准备金存款之和，即：

$$B = C + R$$

其中，B 为基础货币；C 为流通中现金；R 为商业银行准备金存款。这里需要着重指出的就是，中央银行扩大资产业务并不是以负债业务的增加为前提的，中央银行并不像商业银行一样必须先吸收存款，有了增加的资金来源以后才能发放贷款，而是先扩大资产的规模，再形成等额的负债。其原因就是中央银行有发行货币的特权，而且这种创造货币的能力从技术上来说是无限的，但是要受稳定币值货币政策目标的制约。

中央银行提供基础货币以后，还要通过商业银行的信用创造过程才能成为货币供给量，这个过程是一个倍数放大过程，因此在二级银行制度下货币供给的一般模型为：

$$M = B \cdot K$$

2. 货币乘数

货币乘数是指货币供给量相当于基础货币的倍数，或者说是基础货币每增加或减少一个单位所引起的货币供给量增加或减少的倍数。货币乘数与派生倍数是两个不同的概念，货币乘数反映的是基础货币与货币供给量之间的倍数关系，即 $K_1 = \dfrac{M_1}{B}$（将货币供给量界定为狭义货币）；而派生倍数反映的是商业银行的原始存款与活期存款的倍数关系。以下介绍货币乘数公式的推导过程：

$$\because \qquad M_1 = C + D \qquad\qquad\qquad\qquad\qquad\qquad\qquad\qquad (7.1)$$

$$且 \qquad B = C + R \qquad\qquad\qquad\qquad\qquad\qquad\qquad\qquad (7.2)$$

$$\therefore \qquad K_1 = \frac{M_1}{B} = \frac{C+D}{C+R} \qquad\qquad\qquad\qquad\qquad\qquad (7.3)$$

$$又\because \qquad R = E + r_d \cdot D + r_t \cdot D_t \qquad\qquad\qquad\qquad\qquad (7.4)$$

其中，E 为商业银行超额准备金；r_d 为商业银行活期存款法定准备率；r_t 为商业银行定期存款法定准备率；D 为商业银行活期存款；D_t 为商业银行定期存款。

将（7.4）式代入（7.3）式有：

$$K_1 = \frac{C+D}{C+E+r_d D + r_t D_t} \qquad\qquad\qquad\qquad\qquad\qquad (7.5)$$

将（7.5）式分子分母同除以 D（活期存款）得：

$$K_1 = \frac{\dfrac{C}{D}+1}{\dfrac{C}{D}+\dfrac{E}{D}+\dfrac{r_d D}{D}+\dfrac{r_t D_t}{D}} \qquad\qquad\qquad\qquad\qquad (7.6)$$

$$= \frac{C'+1}{C'+e+r_d+r_t t} \qquad\qquad\qquad\qquad\qquad\qquad (7.7)$$

如果将货币的定义扩大为广义货币供给量 M_2，则广义货币乘数 K_2 决定模型的推导过程如下：

$$K_2 = \frac{M_2}{B} = \frac{C+D+D_t}{C+R} = \frac{C+D+D_t}{C+E+r_d D+r_t D_t} = \frac{1+C'+t}{C'+e+r_d+r_t t}$$

3. 影响货币乘数的因素分析

（1）法定存款准备率。法定存款准备率的变动与货币乘数负相关，法定存款准备率提高，货币乘数变小；法定存款准备率降低，货币乘数变大。

法定存款准备率的变动直接由中央银行决定，中央银行可以根据货币政策的需要来调整其比率，从而达到鼓励或限制商业银行创造存款货币，以达到控制全国货币供给量的目的。

（2）超额准备率。超额准备率的变动与货币乘数负相关。超额准备率的大小主要取决于商业银行的经营决策行为，它的变动直接由商业银行决定。影响超额准备率的因素主要有以下几个方面：

1）市场利率。市场利率是保有超额准备的机会成本。超额准备是银行的非营利性资产，市场利率高，银行放款或投资有利，势必减少超额准备；反之，市场利率低，保有超额准备的机会成本也随之降低，超额准备增加。所以，超额准备与市场利率呈反向变动。

2）再贴现率。再贴现率是商业银行向中央银行借入资金的成本。商业银行在准备金不足时，可以拿贴现客户的票据向中央银行再贴现。若中央银行的再贴现率低说明商业银行向中央银行融通资金的成本低，势必鼓励商业银行扩充银行信用，减少超额准备；反之，中央银行提高再贴现率，将使商业银行向中央银行借入资金的成本提高，从而减少向中央银行的资金融通，并相应保有较多的超额准备。

3）社会公众对现金或定期存款的偏好程度。当社会公众偏好现金时，银行为防备大量存款提现，势必保留较多的超额准备；若社会公众对定期存款的偏好增加，银行准备将超额准备降低。

4）社会资金需求愿望。在经济增长较快时，社会资金需求愿望强烈，会使超额准备率降低；反之，会使超额准备率升高。此外，商业银行的经营态度、市场的完善状况等，都影响商业银行的超额准备，使超额准备率降低或升高。

（3）现金漏损率。现金漏损率与货币乘数负相关（当 $r_d+r_t \cdot t+e \geq 1$ 时例外）。影响现金漏损率的因素很多，归纳起来有以下几个方面：

1）社会公众的收入水平与消费倾向。一般来说，收入增加，消费支出也增加，所以社会公众保有现金的绝对额也会增加。当然，也不排除在这种情况下出现资金持有量减少的现象。

2）社会公众的流动偏好。由于现金是一种流动性最强、最便利的金融资产，所以在其他条件不变的情况下，社会公众的流动偏好越强，保有的现金越多，现金漏损率也随之升高。

3）持有现金的机会成本。持有现金的机会成本有两种：一种是收益损失；另一种是由于价格变动引起的购买力损失。前一种情况与银行存款利率和其他金融资产的收益率有关。若银行存款利率和其他金融资产的收益率都高，保有现金的收益损失就大，机会成本增加。此时，社会公众将可能降低保有的现金比率，转而保有存款或各种有价证券。后一种情况与国内币值是否稳定有关。在通货膨胀期间，社会公众会减少对存款货币的需求，而更多保有现金，以便尽快从事交易，减少损失。因此，社会公众对未来价格的预期也会影响保有现金比率的高低。

4）其他因素。其他因素主要包括货币结算制度、银行制度的发达程度和服务水平、社会支付习惯、现金管理制度以及其他一些自然随机因素。

（4）定期存款比率。定期存款比率与狭义货币乘数负相关，与广义货币乘数正相关。定期存款比率主要与社会公众的行为有关。影响该比率的因素有以下几个方面：

1）定期存款利率。如果提高定期存款利率，定期存款可能会增加，从而使定期存款的比例提高；反之，降低定期存款利率，定期存款可能会减少，从而使定期存款比率下降。

2）其他金融资产的收益率。其他金融资产（股票、债券等）的收益率相当于保有定期存款的机会成本。如果其他金融资产的收益率提高，社会公众可能会减少定期存款额，从而使定期存款比率趋于下降，反之就会使定期存款比率上升。此外，定期存款比率的高低与社会公众的收入变动、偏好等也有关。

用以上公式计算的货币乘数，只是基础货币的最大的理论扩张倍数。在现实经济生活中，货币乘数要受到贷款需求和商业银行贷款意愿的影响，而比理论货币乘数小。例如，在经济停滞和利润下降的情况下，即使银行愿意多贷款，企业也可能因为对投资前景悲观而不愿意贷款；再如在经济过热、通货膨胀的情况下，即使企业贷款需求高涨，但商业银行在中央银行紧缩政策的指导下，可能因为担心贷款风险加大而不愿意多发放贷款。这都会使货币乘数不能有效展开，从而使可能的派生规模并不一定能够全部实现。

四、西方货币供给理论发展脉络

（一）19 世纪信用创造论和"金块论争"、"通货论争"为西方现代货币供给理论的形成奠定了基石

关于银行的基本职能，早期货币理论有两种朴素对立的学说：一是信用媒介论，二是信用创造论。信用媒介论产生于 18 世纪，盛行于 19 世纪前半期，主要代表人物是古典学派的亚当·斯密、李嘉图和约翰·穆勒等人。这是一种朴素的银行信用理论，它所概括的是金币流通条件下银行的功能。该理论认为，银行的基本职能是在接受存款的基础上发放贷款，是信用供求的媒介。信用创造论的先驱者是英国经济学家约翰·劳（1671～1729 年），而完成这一学说的是两位金融理论家和银行家：英国的麦克鲁德（1821～1902 年）和德国的哈恩（1889～？年）。该理论认为银行的唯一职能是创造信用，银行是信用的制造厂，而不是借款人和贷款人的媒介。麦克鲁德在《信用的理论》（1872 年出版）中对此作了深入阐述。该理论的基本命题——现代银行可以通过创造货币提供信用，是现代货币供给理论的基石。

19 世纪英国发生了著名的"金块论争"与"通货论争"，经济学家们发表了许多有关货币供给方面的见解，这也是现代货币供给理论的思想先河。19 世纪初期的"金块论争"是关于纸币发行是否与黄金脱钩的争论，19 世纪中期的"通货论争"是关于货币内容、银行券发行制度、银行券发行数量与经济波动、物价波动的关系以及货币调控等广泛内容的争论，为现代货币供给理论的形成和发展奠定了理论和思想基础。

（二）现代货币供给理论的形成

1. "原始存款"、"派生存款"概念的提出意味着现代货币供给理论雏形的形成

1921 年美国经济学家菲力普斯（C. A. Philips）出版了《银行信用》一书，最先使用了"原始存款"和"派生存款"的概念。他注意到了原始存款与派生存款的区别，也就把握了货币供给理论的核心问题，这代表着现代货币供给理论雏形的形成。

2. 货币供给方程式的研究推动了货币供给理论的发展

1939 年，经济学家丁伯根（J. Tinkergen）发表了"1919～1932，美国经济循环"一文，提出了一个货币供给方程式，指出了决定货币供给量的主要因素，并论证了中央银行对货币供给量的决定具有最大的支配力。从此，货币供给理论的研究得到了长足的发展，从而使西方货币理论的研究呈现出货币供需两侧并重的局面。1952 年，美国经济学家米德（J. E. Meade）发表了"货币数量与银行体系"一文，首次使用货币供给方

程对整个银行制度与货币供给量进行了系统性的研究，这标志着完整的货币供给理论的形成。20 世纪 50 年代以后，随着货币定义讨论的深入，货币供给理论转入了以货币供给方程式为理论模型的研究，许多经济学家借助数量分析方法，演绎和论证货币供给函数，对决定货币供给量的诸多因素进行系统分析，以阐明货币供给的决定机制。在这方面的研究中，货币主义和凯恩斯学派都卓有成就。货币主义学者以弗里德曼、施瓦兹、卡甘、伯伦纳、梅尔泽等人的成果最为突出，提出了货币供给的外生模型。以托宾为首的后凯恩斯学派则阐述了货币供给的内生性和不可控性，提出了货币供给的内生模型，创造了"货币供给新理论"。

(三) 货币供给决定的内生性和外生性分析是西方各学派理论发展的思想主线

货币供给决定的外生性和内生性分析，是西方各学派货币供给理论发展的思想主线，体现了各学派理论的主要思想，是形成各学派政策主张的理论基础。所谓货币供给外生性（Exogenous）是指货币供给是经济运行过程的一个外生变量，是由中央银行独立自主地决定的。所谓货币供给内生性（Endogenous），是指流通中的货币是由经济运行本身的内在要求决定的，中央银行的货币供给并不是一种主动的选择行为，而是一种被动的适应性行为。

1. 金属货币流通条件下各学派货币供给决定的主要思想

19 世纪初，以大卫·李嘉图为首的"金块论者"是早期货币供给外生论的代表。在其后的"通货论争"中，以奥维尔斯顿、英国首相皮尔为首的通货学派获得了胜利，他们主张"银行券的发行决定于黄金数量"，也就是认为货币供给是外生的。1844 年开始在英国实行的《皮尔条例》，使外生性的货币供给理论为多数人所接受。

内生性货币供给的思想可追溯至早期的货币名目主义者詹姆斯·斯图亚特。他在 1767 年出版的《政治经济学原理的研究》一书中指出，一国经济活动水平使货币供给量与之相适应。这一原理后来被亚当·斯密加以延续，又被银行学派，如图尔、威尔逊、富拉顿等加以发展。

在金属货币条件下，各学派关于 M 与 P 的关系的争论，实际上隐含了对货币供给内生性和外生性的不同判断。传统的货币数量论强调 M 对 P 的决定、制约作用，隐含了对货币供给外生性的判断。坚持劳动价值论的部分古典学派经济学家，强调 P 对 M 的决定、制约作用，则隐含了对货币供给内生性的判断。

2. 信用货币流通条件下货币供给决定的主要思想

由于信用货币没有内在价值，不再有货币流通的自动调节机制，其供给数量是由银行系统通过信用活动投入的，货币供给量能否由中央银行控制成为各学派争论的重点。

（1）凯恩斯的思想。凯恩斯认为货币供给是由货币当局控制的外生变量。在货币本质问题上，凯恩斯是一个名目主义者。他认为，货币之所以能被流通所接受，完全是凭借于国家的权威，依靠国家的法令来强制流通的。因此，货币是国家的创造物。

凯恩斯明确指出货币供给是由中央银行控制的外生变量，它的变化影响着经济运行，但自身不受经济因素的制约。凯恩斯提出货币供给外生性的理论是为他的经济政策主张服务的。

（2）现代货币主义的思想。以弗里德曼为代表的货币主义学派建立了科学的货币供给理论，他们也认为货币供给是外生变量。他们通过创立货币供给模型阐明了决定货币供给量的主要因素，通过分析影响货币供给量的主要因素，证明货币供给是一个外生变量（弗里德曼、施瓦兹、卡甘、乔顿、伯伦纳、梅尔泽的货币供给模型及其理论都阐述了这一思想）。货币供给的外生性是货币学派的一般性结论，其政策含义是：货币供给是政策的产物，货币数量可以由中央银行按"简单规则"来控制，从对实质经济过程的影响来说，货币最重要。

（3）后凯恩斯学派的思想。凯恩斯主义的继承者——新剑桥学派认为对货币供应起决定作用的主要是货币需求，而货币需求取决于经济的盛衰和人们的预期。新剑桥学派虽然赞成凯恩斯关于中央银行能够控制货币供应的观点，但又认为中央银行的控制能力是有限的。新剑桥学派虽然没有明确提出货币供给内生性理论，但实质上也包含了这种观点，只是论述不够系统。

新古典综合派也是凯恩斯学派的分支，他们明确提出了"内生货币供应论"，他们认为货币供给量主要是由银行和企业的行为决定的，银行和企业的行为又取决于经济过程的许多实际变量，如收入、储蓄、投资、消费等，中央银行不可能有效地限制银行和企业的支出，更不可能支配它们的行动。因此，货币供应量主要是内生的，货币政策对经济的调节作用有很大的局限。

3. 关于货币供给决定的评论

实际上，不论是"外生货币供应论"，还是"内生货币供应论"，对货币供给决定的分析都有片面性。

"外生货币供应论"的误区主要是：①把基础货币同货币乘数完全割开，是不合乎事实的。基础货币与货币乘数方面的变动是相互影响、相互作用的。②货币乘数并非常数。③近些年，各国中央银行对货币量目标的控制屡屡失手，这证明中央银行的控制能力并非无限。

"内生货币供应论"认为需求制约供给虽然是正确的，但完全否认中央银行在货币供给方面的能动作用也显得过于偏颇，因为广义的货币存量（流通中现金和全部银行存款）明显地表现为内生性的特点，而狭义的货币存量（流通中的货币和在中央银行的准备金）却主要是外生的，并由政策决定。

现代货币理论认为，货币供应的内生性和外生性问题在一定程度上取决于经济的类型和金融体系的复杂程度。市场经济越不成熟，信用制度越不发达，货币存量定义越狭窄，货币供给就越符合外生性的要求。市场经济越成熟，信用制度越发达，货币存量定义越广泛，由于金融创新、市场开放和金融市场全球化，货币供给则越表现为弱外生性，更常见的是内生性的。

五、西方主要货币供应理论简介

以下简要介绍几种西方主要货币供应理论的模型及其主要观点：

（一）弗里德曼—施瓦茨的分析

在弗里德曼与施瓦茨二人合著的《1867～1960 年的美国货币史》一书中，他们对货币供应决定因素作了相关分析。首先，弗里德曼和施瓦茨将货币划分为两大类：一是货币当局的负债，即通货。二是商业银行的负债，即银行存款。然后，假设 M 为货币存量，C 为非银行公众所持通货，D 为商业银行存款，H 为高能货币，R 为商业银行存款准备金。则有下列公式：

M＝C+D

而根据高能货币定义，又有：

H＝C+R

由两式相除并整理得货币乘数 m：

$$m=\frac{C+D}{C+R}=\frac{\frac{D}{R}(C+D)}{\frac{D}{R}(C+R)}=\frac{\frac{D}{R}\cdot C\cdot(1+\frac{D}{C})}{\frac{D\cdot C}{R}+D}=\frac{\frac{D}{R}(1+\frac{D}{C})}{\frac{D}{R}+\frac{D}{C}}$$

由于货币供应量又可以写成基础货币与货币乘数之积，即：

$$M=H\cdot\frac{\frac{D}{R}(1+\frac{D}{C})}{\frac{D}{R}+\frac{D}{C}}$$

从上述公式可知，货币存量 M 由三个因素决定：①高能货币 H。②商业银行的存款与准备金的比率 D/R。③商业银行的存款与社会公众持有的通货的比率 D/C。在高能货币一定的条件下，第二、第三两个因素决定货币存量。这里有一个问题要说明，弗里德曼和施瓦茨的货币供应模型中所用的两个比率与人们的习惯做法是完全倒过来的。对此，他们有一种解释："我们采用存款与通货之比，而不是它的倒数，目的是使货币存量同这一决定因素成正相关关系，而不是成负相关关系。"[①]

弗里德曼和施瓦茨认为上述两个决定货币存量的因素涉及公众、银行、货币当局三个经济主体，是分别由三个经济主体的行为决定的。

首先，在信用货币制度下，高能货币量决定于货币当局的行为，即决定于货币当局发行多少基础货币的决策。

其次，D/R 即银行存款与其准备金的比率最先决定于银行体系，但银行体系并不能决定其存款和准备金的绝对量，因为它们受到高能货币量的限制，并同 D/C 比率有关。但一般来说，银行体系能通过改变其超额准备金数量，决定银行存款与其准备金之比。

最后，D/C 即存款与通货的比率最先决定于公众的行为。同样，公众也只能决定其存款与通货的比率，而无法决定各自的绝对量，而且这一比率还受到银行存款服务水平和利率高低的影响。

---

① 弗里德曼，施瓦茨. 1867～1960 年的美国货币史［M］. 芝加哥：芝加哥大学出版社，1963.

弗里德曼和施瓦茨还利用他们的这种分析框架检验了 1867～1960 年的美国货币史，并得出了以下主要结论：

（1）高能货币量的变化是广义货币存量的长期性变化和周期性变化的主要因素。这一结论的重要政策含义是："联邦储备体系可以通过控制高能货币的发行，来抵消其他因素在某一短时期内的任何非意愿的变化，因而这一体系对货币量的控制发挥着重要的作用。"[①]

（2）D/R 与 D/C 对金融危机条件下的货币运动有着决定性影响。

（3）D/C 的变化还对货币量的变化有影响，是 M 呈现长期缓慢的周期性变化的重要原因。

（二）卡甘的货币供应理论

菲利普斯·卡甘（Philip Cagan）对货币供应理论的研究几乎与弗里德曼和施瓦茨是同时进行的，并且他于 1965 年出版的专著《1875～1960 年货币存量的决定和影响》是专门论述货币供应理论的，以后的著述也多以此为对象。可以说，卡甘是一位职业货币供应理论学家。

卡甘的货币供应理论是以对美国货币史的实证研究为基础的，其形式及理论结构与弗里德曼、施瓦茨的理论相似，但他的研究被认为是对 100 年来美国货币供应量决定的最全面、最深入，也是最具代表性和权威性的研究。与弗里德曼和施瓦茨的研究不同的是，卡甘不仅分析了决定货币供应量的各个因素，而且通过实证检验了各决定因素对货币存量变化率的作用，这是卡甘研究的特色。

卡甘在分析对货币乘数的两个决定因素时作出了与弗里德曼和施瓦茨不同的安排，他用通货比率即通货占货币存量的比率 C/M 取代存款通货比率，又以准备金存款比率 R/D 取代存款准备金比率。按照卡甘自己的解释，他使用不同于弗里德曼和施瓦茨的两种比率关系，只是为了"更方便"一些而已。

卡甘对货币供应的推理过程是（以下推导中的符号与弗里德曼—施瓦茨模型相同）：

$$\because \quad M = C + D; \quad H = C + R$$

$$\therefore \quad \frac{H}{M} = \frac{C}{M} + \frac{R}{D} - \frac{C}{M} \cdot \frac{R}{D}$$

$$M = \frac{H}{\dfrac{C}{M} + \dfrac{R}{D} - \dfrac{C}{M} \cdot \dfrac{R}{D}}$$

卡甘认为，如此变动之后，货币乘数 $\dfrac{1}{\dfrac{C}{M} + \dfrac{R}{D} - \dfrac{C}{M} \cdot \dfrac{R}{D}}$ 就有了比较稳定的规律可循。

因为，在货币乘数的分母中通货比率及准备金存款都必然小于 1，故 $\dfrac{C}{M} \cdot \dfrac{R}{D}$ 必然恒小于

---

① 施瓦茨. 对 1929～1933 年的解释 ［M］//卡尔·布伦纳. The Great Depression Revisited，1981.

$\dfrac{C}{M}$ 与 $\dfrac{R}{D}$ 的任何一项。因此，当基础货币以及通货比率和准备金比率中的任一比率保持不变时，另一比率上升将使货币供应量减少；反之，另一比率下降将使货币供应量增加。可见，货币供应量同通货比率和准备金比率呈负相关关系。

（三）乔顿的分析

针对弗里德曼、施瓦茨和卡甘的分析，采用了广义货币 M_2 定义，即货币包括公众所持有的通货、活期存款、定期存款和储蓄存款；不区分不同类型银行存款的不同准备金要求，20 世纪 60 年代末，美国经济学家乔顿做了进一步的发展，导出了较为复杂的货币乘数模型。在他的分析中，货币只包括公众手持通货和私人活期存款，即狭义的货币定义 M_1。他还区分了中央银行成员银行和非中央银行成员银行，区分不同法定准备金率的要求的存款。乔顿称这些区分为"货币分析家能准确地估计银行体系追加一元准备金将创造多少货币的关键"。

根据乔顿的分析，决定货币存量的要素为货币基数（Monetary Base）、商业银行的准备金与存款之比、通货与活期存款之比、定期存款与活期存款之比、政府存款与私人活期存款之比。以下就是这些要素的具体分析：

1. 货币基数

乔顿将货币基数定义为公众（包括商业银行）所持有的政府的净货币负债。而在弗里德曼与施瓦茨的分析中，高能货币则被定义为存款货币创造的基础。这两种定义其实说明了同一事物的两个方面。前者阐述了货币基数或高能货币的来源，后者则阐明了高能货币或货币基数的使用。这两者所包括的内容完全相同，都是指公众所持有的通货和商业银行的存款准备金。

2. 准备金/存款比率

乔顿在区分了不同类型的银行和受制于不同准备金率要求的不同类型的存款的基础上，将商业银行的全部准备金划分为不同类型银行的准备金和不同类型存款的准备金。如果以 D、T 和 G 分别代表商业银行的私人活期存款、私人定期存款和政府存款，则商业银行的全部准备金可表示为全部存款的一定百分比 r：

$$R = r(D+T+G)$$

3. 通货/活期存款比率

在乔顿模型中，影响银行体系货币基数增加能创造多少货币的重要因素之一，是公众期望持有的通货（C）与货币存款（D）的比率 k，也就是：

$$C = kD$$

乔顿解释说，k 越小，货币基数或在所增加的货币基数中，进入银行而作为准备金的部分就越大，银行体系所能创造的存款货币就越多。而这里并不像弗里德曼—施瓦茨模型和卡甘模型那样，将商业银行的全部存款与公众手持通货之比作为决定货币存量的因素之一，除了活期存款外，定期存款与储蓄存款也能被银行用做准备金。但乔顿的分析以 M_1 为对象，没有将定期存款纳入货币的范畴，所以他的分析仍保持了理论逻辑的一致性，将定期存款的影响放在后面讨论。

4. 定期存款/活期存款比率

在乔顿的分析中，定期存款不包括在货币的范围内。然而，银行对定期存款也提取准备金，且定期存款法定准备金率远远低于活期存款法定准备金率，因此定期存款与活期存款比率的变化将改变银行体系创造存款货币的能力，并在其他条件不变时改变货币量。如果以 T 和 t 分析表示定期存款和定期存款与活期存款之比，就可以得到如下的关系式：

$$T = tD \quad 或 \quad t = T/D$$

5. 政府存款/私人活期存款比率

政府存款并不包括在乔顿的货币定义内，然而商业银行对政府活期存款也必须保持准备金，并且其准备金率须同私人活期存款的准备率相同。所以，"当基础货币或准备金一定时，政府存款量的变化会影响银行所能支持的私人存款量"。

如果以 G 和 g 分别表示政府存款和政府存款与私人活期存款之比，就可得到如下的关系式：

$$G = gD \quad 或 \quad g = G/D$$

6. 货币乘数

乔顿将以上各参数的等式都代入货币乘数方程式：$m = \dfrac{M}{B} = \dfrac{C+D}{C+R}$，可得：

$$m = \frac{kD+D}{kD+r\,(D+T+G)}$$

$$= \frac{kD+D}{kD+r\,(D+tD+gG)}$$

$$= \frac{1+k}{r\,(1+t+g)+k}$$

这就是乔顿的货币乘数模型。根据这一模型，货币乘数 m 是行为参数 r、t 和 g 的递减函数。这就意味着，商业银行各种存款的平均准备率、定期存款/活期存款比率和政府存款/私人活期存款比率的变化将对货币乘数产生反方向的影响，然而却无法直接判断行为参数 k，即通货/活期存款比率的变化对货币乘数的影响。对此，乔顿也未予以说明。中国台湾经济学家徐义雄也曾认为等式并未说明通货/活期存款比率的变动对货币乘数的影响。乔顿货币乘数模型还表明，各行为参数对货币乘数的决定并不完全独立，而是互相影响的。例如，t 比率因活期存款增加或定期存款减少而下降，平均准备金比率 r 就会上升，因为活期存款的准备率高于定期存款的准备率；t 比率的下降使货币乘数扩大，而 r 比率的上升则使货币乘数缩小。所以，究竟货币乘数是扩大还是缩小，即活期存款与定期存款的相对变动对货币乘数的最终影响，将取决于这两种比率的变化对货币乘数影响的相对大小。

乔顿模型在弗里德曼—施瓦茨模型和卡甘模型的基础上，把他们模型中笼统的存款细分为不同性质的长短期存款，其形式更为简明，也更接近现实，更便于进行货币量决定分析。最近一二十年来，西方国家出版的货币银行学教科书中所介绍的货币乘数几乎都是乔顿模型的货币乘数，这就是乔顿模型的最大意义所在。

（四）货币供给新论

货币供给新论形成于 20 世纪 50～60 年代，其创导者主要是英国《雷德克利夫报告》的作者们，以及美国经济学家约翰·G. 格利、爱德华·S. 肖和詹姆斯·托宾等人。所谓的货币供给新论，是相对于菲利普斯的简单模型而言的，而不是相对于弗里德曼—施瓦茨货币供给模型与卡甘货币供给模型而言的。1957 年，在英国财政部的带领下，成立了以雷德克利夫为首的货币运行委员会。其主要任务是调查英国货币与信用系统的运行情况，并据此提出改进的建议。经过两年的广泛调查和深入研究，该委员会于 1959 年形成了一份长达 350 万字的报告。这就是著名的《雷德克利夫报告》。该报告有关货币供给的观点主要有：第一，对经济真正有重大影响的不仅仅是传统意义上的货币供给，还包括这一货币供给在内的整个社会的流动性；第二，决定货币供给的不仅是商业银行，而且还包括商业银行与非银行金融机构在内的整个金融系统；第三，货币当局所应该控制的不仅是传统意义上的货币供给，而且是整个社会的流动性。

美国经济学家约翰·G. 格利和爱德华·S. 肖于 1960 年合作出版了名著《金融理论中的货币》。在这本专著里，他们提出了有关货币供给的新观点。他们指出，货币与各种非货币金融资产之间、银行与非银行金融机构之间均具有一定程度的雷同性与替代性。货币的基本特性是具有较高的流动性。正因为这样，货币与非货币金融资产之间实际上没有本质的区别。因此，从货币供给角度来看，货币的定义应该是广义的，而不是狭义的。这种广义的货币不仅包括通货与商业银行的活期存款，还应该包括商业银行的定期存款及各种非银行金融机构所发行的负债。从货币控制来看，要真正控制好货币供给，中央银行不仅要控制好商业银行，而且要控制好各种非银行金融机构，只有这样才能真正奏效。

练习题：

一、单选题

1. 马克思货币量理论的假设前提条件是（　　）。

A. 完全的金币流通　　　　　　　　　B. 完全的纸币流通

C. 以金币流通为主　　　　　　　　　D. 以纸币流通为主

2. 费雪在其方程式（MV=PT）中认为，最重要的关系是（　　）。

A. M 与 V 的关系　　　　　　　　　B. M 与 T 的关系

C. M 与 P 的关系　　　　　　　　　D. T 与 V 的关系

3. 剑桥方程式重视的是货币的（　　）。

A. 交易功能　　　　　　　　　　　　B. 资产功能

C. 避险功能　　　　　　　　　　　　D. 价格发现功能

4. 凯恩斯把用于贮存财富的资产划分为（　　）。

A. 货币与债券　　　　　　　　　　　B. 股票与债券

C. 现金与存款   D. 储蓄与投资

5. 凯恩斯提出的最有特色的货币需求动机是(　　)。

A. 交易动机   B. 预防动机

C. 投资动机   D. 投机动机

6. 弗里德曼认为货币需求函数具有(　　)的特点。

A. 不稳定   B. 不确定

C. 相对稳定   D. 相对不稳定

7. 下列方程式中，属于马克思的货币必要量公式的是(　　)。

A. $MV=PT$ B. $P=MV/T$

C. $M=PQ/V$ D. $M=KPY$

8. 对于货币需求来说，下列变量中，属于典型的外生变量的是(　　)。

A. 利率   B. 税率

C. 汇率   D. 价格

9. 凯恩斯的货币需求函数非常重视(　　)。

A. 恒久收入的作用   B. 货币供应量的作用

C. 利率的作用   D. 汇率的作用

10. 弗里德曼的货币需求函数强调的是(　　)。

A. 恒久收入的影响   B. 人力财富的影响

C. 利率的主导作用   D. 汇率的主导作用

11. 凯恩斯认为，债券的市场价格与市场利率(　　)。

A. 正相关   B. 负相关

C. 无关   D. 不一定

12. 凯恩斯认为，如果人们预期利率上升，则会(　　)。

A. 多买债券、少存货币   B. 少存货币、多买债券

C. 卖出债券、多存货币   D. 少买债券、少存货币

13. 收入属于货币需求决定因素中的(　　)。

A. 微观变量   B. 机会成本变量

C. 制度变量   D. 规模变量

14. 划分货币层次的主要依据是(　　)。

A. 金融资产对市场冲击力的大小   B. 金融资产的流动性

C. 与金融资产对应的商品流转额的层次   D. 形成购买力的直接程度

15. 弗里德曼认为货币需求主要与具有稳定性的(　　)相关。

A. 均衡利率   B. 实物资产

C. 货币供应量   D. 恒久性收入

16. 在法定准备金率为10%，现金漏损率为10%，超额准备金率为5%的情况下，当商业银行吸收到1000万元的原始存款，则整个银行体系能创造的最大派生存款的规模为(　　)万元。

A. 1000　　　　　　　　　　　　B. 4000

C. 3000　　　　　　　　　　　　D. 5250

17. 在二级银行制度下，货币供给的主体是(　　)。

A. 中央银行　　　　　　　　　　B. 商业银行

C. 国家财政　　　　　　　　　　D. 社会存款

18. 现金交易说与现金余额说的相同之处在于(　　)。

A. 都把物价变动作为货币数量变动的原因

B. 都把货币数量变动作为物价变动的原因

C. 都认为货币是交换媒介

D. 都是用总量指标计算货币需要量

19. 凯恩斯的货币需求理论认为，投机动机的货币需求主要取决于(　　)。

A. 利率　　　　　　　　　　　　B. 收入

C. 流动性偏好　　　　　　　　　D. 物价

20. 下列关于货币层次的说法正确的是(　　)。

A. M_2 以外的短期资产称为准货币　B. M_1 包括通货和活期存款、定期存款

C. 通货和活期存款具有充分的流动性　D. 准货币可以直接充当交易中介

21. 下列哪项金融资产可以划入狭义货币量(　　)。

A. 支票存款　　　　　　　　　　B. 通知存款

C. 存折存款　　　　　　　　　　D. 定期存单

22. 在社会商品和劳务需求不变的情况下，由于生产资料价格提高而引起物价总水平的上涨的是(　　)。

A. 需求拉动型通货膨胀　　　　　B. 结构失衡型通货膨胀

C. 信用膨胀型通货膨胀　　　　　D. 成本推动型通货膨胀

23. 概括地说，创造与提供基础货币的是(　　)。

A. 商业银行　　　　　　　　　　B. 中央银行

C. 专业银行　　　　　　　　　　D. 财政部

24. 流动性陷阱是指(　　)。

A. 人们普遍预期未来利率将上升时，愿意持有货币而不愿持有债券

B. 人们普遍预期未来利率将上升时，愿意持有债券而不愿持有货币

C. 人们普遍预期未来利率将下降时，愿意持有货币而不愿持有债券

D. 人们普遍预期未来利率将下降时，愿意持有债券而不愿持有货币

25. 货币乘数一般性公式中直接受中央银行行为影响的要素是(　　)。

A. 超额准备率　　　　　　　　　B. 法定准备率

C. 现金漏损率　　　　　　　　　D. 差别准备率

二、多项选择题

1. 马克思认为，货币需求量取决于(　　)。

A. 商品价格　　　　　　　　　　B. 货币价值

C. 商品数量   D. 货币储藏量

2. 凯恩斯认为，人们持有货币的动机有(　　　)。

A. 投资动机   B. 消费动机

C. 交易动机   D. 预防动机

3. 弗里德曼把影响货币需求量的诸因素划分为以下几组(　　　)。

A. 各种金融资产   B. 收入或财富

C. 持币的机会成本   D. 效用

4. 人们通常将货币需求的决定因素划分为以下几类(　　　)。

A. 规模变量   B. 速度变量

C. 结构变量   D. 机会成本变量

5. 研究货币需求的宏观模型有(　　　)。

A. 马克思的货币必要量公式   B. 费雪方程式

C. 剑桥方程式   D. 凯恩斯函数

6. 研究货币需求的微观模型有(　　　)。

A. 马克思的货币必要量公式   B. 费雪方程式

C. 剑桥方程式   D. 凯恩斯函数

7. 影响我国货币需求的因素有(　　　)。

A. 价格   B. 收入

C. 利率   D. 货币流通速度

8. 根据"平方根法则"，交易性货币需求(　　　)。

A. 是收入的正比函数   B. 与利率同方向变化

C. 与利率反方向变化   D. 与证券交易成本同方向变化

9. 弗里德曼货币需求函数中的机会成本变量有(　　　)。

A. 恒久收入   B. 预期物价变动率

C. 固定收益的证券收益率   D. 非固定收益的债券证券收益率

10. 下列属于影响货币需求的机会成本变量的是(　　　)。

A. 银行利率   B. 国民收入

C. 社会财富   D. 物价变动率

11. 下列货币需求理论中，属于宏观货币需求理论的有(　　　)。

A. 马克思货币需求理论   B. 费雪交易方程式

C. 剑桥现金余额方程式   D. 凯恩斯货币需求理论

E. 弗里德曼货币需求理论

12. 中央银行增加基础货币的行为有(　　　)。

A. 出售黄金   B. 购进外汇

C. 对商业票据再贴现   D. 从金融市场购进国债

13. 我国中央银行公布的 M_2 层次货币供应量主要包括(　　　)。

A. 流通中的现金   B. 活期存款

C. 定期存款　　　　　　　　　　D. 储蓄存款

E. 短期金融资产（国库券、商业票据等）F. 其他存款

三、判断题

1. 费雪方程式又被称为现金余额说，剑桥方程式又被称为现金交易说。　　（　　）

2. 投机性货币需求同利率存在着正相关关系。　　　　　　　　　　　（　　）

3. 传统货币数量论非常看重货币数量与物价水平之间的因果关系。　　（　　）

4. 货币需求是由人们在主观上占有货币的"欲望"所决定的。　　　　（　　）

5. 马克思特别强调货币数量变化对商品价格的影响，而费雪则强调商品价格对货币数量的决定作用。　　　　　　　　　　　　　　　　　　　　　　　（　　）

6. 剑桥方程式、凯恩斯货币需求模型、弗里德曼货币需求函数都是从宏观角度分析货币需求的典型。　　　　　　　　　　　　　　　　　　　　　　　　（　　）

7. 在一个典型的市场经济体系中，商业银行向中央银行借款，会增加准备金存款，也就是增加基础货币的数量，从而能支持更多地创造存款货币。　　　　（　　）

8. 按照货币数量学说，货币数量与商品价格表现为负相关关系。　　　（　　）

9. 凯恩斯认为证券的价格最高时，投机动机的货币需求最多。　　　　（　　）

四、名词解释

1. 货币需求　　2. 预防动机　　　3. 交易动机　　4. 投机动机

5. 货币供给　　6. 货币层次划分货币　7. 原始存款　　8. 派生存款

9. 存款派生倍数　10. 基础货币　　　11. 货币乘数　　12. 流动性陷阱

五、计算题

1. 某商业银行体系供持有准备金 300 亿元，公众持有的通货数量为 100 亿元，中央银行多活期存款和非个人定期存款规定的法定准备金率分别为 15% 和 10%，据测算，流通中现金漏损率（现金/活期存款）为 25%，商业银行的超额准备金率为 5%，而非个人定期存款比率为 50%。试求：

（1）活期存款乘数；

（2）货币乘数（指狭义货币 M1）；

（3）狭义货币供应量 M。

2. 在某一时点上，某国流通中现金为 1 万亿元，通货比率（现金/活期存款）为 10%，请计算在该时点上该国货币流通量 M1。

3. 假定活期存款、定期存款准备金率分别为 20%、10%；商业银行超额存款准备金率为 3%，活期存款占定期存款总额的比重为 50%，流通中现金与活期存款总额的比例为 20%。当基础货币增加 45000 亿元时，M_1、M_2 增加多少（要求：货币乘数的计算结果精确到小数点后第 2 位）？

4. 某国商业银行体系的准备金为 300 亿元，公众持有的通货数量为 100 亿元，中央银行对活期存款和定期存款规定的法定存款准备金率为 15% 和 10%，定期存款比率为 0.5，若定期存款总额为 500 亿元，狭义货币供应量 M_1 为多少？若商业银行增加一笔 100 万的现金存款，在不考虑其他因素的条件下，银行体系据此创造的最大派生存款

额是多少?

六、简答题

1. 如何理解马克思货币需求理论?

2. 请比较费雪交易方程式和剑桥方程式。

3. 简述凯恩斯货币需求理论的主要内容。

4. 请解释凯恩斯为什么认为投机动机货币需求是利率的递减函数。

5. 简述弗里德曼货币需求理论。

6. 为什么弗里德曼货币需求函数具有稳定性? 该结论有何重要意义?

7. 货币量的规定性与货币质的规定性有何关系?

8. 简述货币层次的划分的意义及依据。

9. 简要说明决定基础货币变化的因素。

9. 剑桥方程式对货币需求理论的贡献是什么?

10. 简述凯恩斯"流动性陷阱"理论及现实意义。

七、论述题

1. 论弗里德曼货币需求理论的重要现实意义。

2. 论二级银行体制下的货币供给形成机制。

3. 论在二级银行体制下,商业银行在货币供给中的地位和作用。

4. 论在二级银行体制下,中央银行在货币供给中的地位和作用。

5. 通过对影响货币乘数因素的分析,说明微观经济主体对货币供给的影响。

八、案例分析题

(1) 1994 年,美国以 12314 亿美元的货币量(其中通货量为 3635 亿美元),实现了 67269 亿美元的国民生产总值,国民生产总值是货币量的 5.46 倍,是通货量的 18.5 倍。同期,我国实现国民生产总值 43750 亿元人民币,却需要货币量 20556 亿元人民币(其中通货量为 7289 亿元人民币),国民生产总值是货币量的 2.13 倍,是通货量的 6 倍。美国货币量和通货量推动国民生产总值的效果比我国高 1.56 倍和 2.08 倍。

思考题:

一般而言,现金的需求应与一国国民经济规模成正比,相应地,美国的现金流通也应高于中国,而中国却是世界上现金流通最多的国家。试根据货币需求的相关理论与知识,分析中国为什么是世界上现金流通最多的国家,并分析其影响。

(2) 20 世纪 80 年代以来,随着金融证券化的发展,为创造一个更加宽松的金融竞争环境,西方国家开始放松金融管制,采取金融自由化措施,各国政府纷纷放松对银行业的管制。1980 年,美国率先废除了 20 世纪 30 年代大危机后制定的 Q 条例,允许商业银行向支票存款支付利息。

这个措施提高了支票存款相对于通货的预期回报率,增加了支票存款对公众的吸引力,公众相应减少了通货的持有,于是在 1980 年 6 ~ 12 月,美国公众的 C/D(即通货比率:通货/支票存款)由 0.4 下降到 0.37。C/D 比率的下降意味着公众手持通货的减少和商业银行基础货币的增加,商业银行信用创造能力增强,这就造成货币乘数扩大,货币供给量增加，当年货币供应增长率就达到 7.2%。由此可见，短期内，C/D 比率的变动对货币供给影响很大，支票存款这一金融工具可以作用于通货比率，影响货币供给。显然，中央银行只是决定货币供给的一个方面，其他经济主体、商业银行和公众也有很大的影响货币供给的力量。

思考题：

随着刷卡消费的普及和电子货币的发展，货币乘数将发生什么变化？中央银行的地位又将发生什么变化？

（3）美、日货币层次的划分。

美国：

货币供应量分为 M_1、M_2 和 M_3 三个层次：

M_1 = 流通中现金 + 支票账户存款 + 旅行支票

$M_2 = M_1$ + 居民储蓄存款 + 定期存款 + 互助基金存款

$M_3 = M_2$ + 货币市场基金存款 + CDs + 回购协议 + 欧洲美元

日本：

货币供应量分为 M_1、M_2+CDs、M_3+CDs 三个层次，另编制广义流动性。

M_1 = 流通中现金 + 非金融机构活期存款

$M_2 = M_1$ + 准货币 + 居民储蓄存款 + 外币存款 + CDs

$M_3 = M_2$ + CDs + 邮政储蓄存款 + 劳动信贷协会以及农业合作社存款

$L = M_3$ + CDs + 信托投资性存款 + 金融机构签发的商业票据 + 回购协议 + 国外政府在日本发行的债券

思考题：

我国与美日货币层次划分的差异及原因是什么？

第八章 货币均衡与失衡

【学习目的】

　　掌握货币均衡与失衡的含义，以及货币供求与社会总供求平衡和失衡的关系。理解通货膨胀的定义、度量及类型。掌握通货膨胀的成因、经济效应及治理对策。掌握通货紧缩的成因及治理对策。更好地研究和分析后危机时期，中国和世界各国将要面临的种种挑战。

　　货币供求的均衡是世界各国中央银行追求的目标，在20世纪60年代中期以前，只是在某些特定的时期，如战争或者灾荒发生时，才发生严重的货币失衡，出现通货膨胀或通货紧缩。然而，自20世纪60年代中期以来，货币失衡却是一种常见的经济现象，世界各国不断受到通货膨胀、通货紧缩的侵扰。中国曾是一个物价高度稳定的国家，但是在改革开放高速发展时期，中国也未能幸免于货币供求失衡的困扰，通货膨胀与通货紧缩交替发生，近年来更有越来越严重的趋势。某著名宏观经济学家有感而发："2008年以来中国宏观经济形势转换之快前所未有。我们刚刚把通货膨胀理出个眉目，通货紧缩来了；还没把通货紧缩研究完，通货膨胀又要来了。"人们注意到，从2007年至今，通货膨胀—通货紧缩—通货再膨胀已经完成了一个轮回。在此期间，2008年我国宏观政策出现了短期内罕见的180°大转弯，从"双防"到"保增长、控通胀"再到年底的"保增长"，一年内宏观政策从紧的货币政策、稳健的财政政策大转弯至适度宽松的货币政策、积极的财政政策，好像过山车一样。我国对货币供求失衡的调节，从来没有面临过如此复杂和困难的局面。

　　当今世界人类共同面对的巨大挑战是流动性泛滥。2001年美元货币环境宽松，造成全球的流动性泛滥。更令人担忧的是，2008年由美国"次贷"危机引发的世界性金融危机爆发以来，以美联储、欧洲央行为首通过降息、注入流动性来拯救自己的金融体系，世界各国纷纷仿效，导致全球本已过剩的流动性更为泛滥。近十余年来，中国连年巨额的贸易顺差所形成的人民币外汇占款，使货币投放过多，中央银行宏观调控一直面临流动性过剩的强大压力，在旧的矛盾没有解决的情况下，2009年为了应对金融危机引发的世界性经济衰退，中国又被迫实施了"4万亿元"投资计划，2009年商业银行贷款达到创纪录的9.7万亿元"天量"。全球性流动性过剩已是人们的共识。现在令人担忧的是：全球性流动性泛滥会不会导致全球性通货膨胀呢？人类将如何共同应对呢？学习这一章，将帮助我们在理解货币均衡和货币失衡基本理论的基础上，深入了解货币失衡的两种状态——通货膨胀与通货紧缩的定义、成因、影响和治理对策等基本理论。

第一节　货币均衡与失衡概述

一、货币均衡的含义

"均衡"本来是物理学中的一个概念，但引入经济学后却得到了广泛应用，诸如一般均衡、局部均衡、静态均衡、动态均衡、瓦尔斯均衡、凯尔斯均衡以及科尔内均衡等著名概念。货币均衡则主要研究货币供求的一致性问题。

货币均衡（Monetary Equilibrium）又称货币供求均衡，是指货币供给和货币需求相适应的一种状态，用公式表示为：

$$M_s = M_d \quad 或 \quad B \cdot K = \frac{PT}{V}$$

正确理解货币均衡的概念需要注意以下四个方面的内容：

（1）货币均衡不是指货币供给量与名义货币需要量相适应，而是指货币供给量与货币客观需要量（经济过程客观因素决定的货币的需求量）相适应。如果从名义量上看，货币供给量与货币需要量永远是相等的。

（2）货币均衡是货币供需作用的一种状态，是货币供给与货币需求的大体一致，而非货币供给与货币需求在数量上的完全相等，即货币供求完全相等是一种偶然现象。正如马克思所论断的那样："供求实际上从来不会一致；如果它们达到一致，那么也只是偶然现象，所以在科学上等于零，可以看作没有发生过的事情。"[①]

（3）货币均衡是一个动态过程。货币均衡并不要求在某一具体时点上货币供给与货币需求的完全相等，它允许短期内货币供求不一致，但长期内应大体一致。虽然从短期来看，由于货币供给的确定性与货币需求的相对模糊性，以及货币需求的相对稳定性和货币供给的易变性使货币供给在一定程度上常常偏离货币需求。但是从长期来看，货币供给量具有收敛于货币需求量的客观必然性。这是因为，一方面，货币供给量对货币需求量的偏离要受市场的自我调节机制的约束，当货币供求的失衡对原有的市场结构产生破坏性影响时，市场的内部自动均衡机制就会发挥作用，使货币供求重新恢复均衡；另一方面，货币当局、货币政策的任务就是实现货币供求的均衡，在货币

---

① 马克思. 资本论. 第三卷［M］. 北京：人民出版社，1975.

政策实施过程中，货币当局会不断地采取调控货币需求与货币供给的措施，通过反复"试错"的方法，使得货币供给与货币需求的偏差逐步缩小，从而使货币供给向货币需求收敛。

（4）货币均衡在一定程度上反映了国民经济的总体均衡状况。国民经济的总体均衡既包括商品市场的均衡，也包括货币市场的均衡。货币均衡也就意味着国民经济实现了总体均衡，这是因为：货币不仅是现代经济中商品交换的媒介，而且是国民经济发展的内在要求；货币供求的相互作用制约并反映了国民经济运行的全过程，并且有机地将商品市场供求与货币供求紧密联系在一起。两者之间的关系是：货币需求决定于商品和劳务的供给，货币供给形成有支付能力的社会总需求。因此，在商品经济条件下，只有货币供求均衡才能实现社会总供求的均衡。

二、货币失衡

货币失衡是指名义货币供给量与实际货币需求量的不相适应已达到了影响国民经济正常运行的程度，即货币需要量与货币供应量之间产生了严重的失衡。货币需要量与货币供应量之间的不相适应是经常存在的，由于货币失衡的程度、范围不同，从而对经济生活的影响也不同。轻微的货币失衡虽然并不一定会对经济生活产生破坏作用，但货币失衡严重了、深化了，则必然会对经济生活产生消极的破坏作用，影响国民经济的正常运行。在现实经济生活中，中央银行一般并不把轻微的货币失衡定性为货币失衡，一般采取中性货币政策，主要通过发展求平衡；而只把影响国民经济正常运行的严重货币失衡定性为货币失衡，并实施干预性的货币政策。

货币失衡包括两种类型：①货币供给大于货币需求，即在货币供给超量，或者说在货币供给量多于商品、劳务数量的总和时表现为物价上涨或强迫储蓄。②货币需求大于货币供给，即货币不足，表现为物价下跌和资源闲置。

三、货币供求与社会总供求平衡和失衡的关系

在现代经济中，货币均衡是指社会总供求均衡条件下的货币均衡，或者说社会总供求的均衡是国民经济的最终均衡，它意味着货币市场和商品市场都实现了均衡。那么，货币供求与社会总供求究竟是怎样的关系？它们这种关系我们通常用图8-1来描述。

在国民经济总体经济均衡的条件下，图8-1包含两个平衡关系，即 $M_s = M_d$，$D = S$。在主导关系中，$S \rightarrow M_d$ 及 $M_s \rightarrow D$ 是具有客观性质的关系：货币的客观需要量是由商品和劳务的供应量所决定的，因为有多少商品和劳务就需要有与其价值相等的货币量与之相交换；而货币的供应量现实地形成了人们对产品的有购买能力的需求，所以这两个关系具有客观性、必然性。因此，货币供求均衡代表了商品市场的供求均衡。

反之，货币供求失衡也必然导致商品市场供求失衡，而货币供求失衡往往是由货币

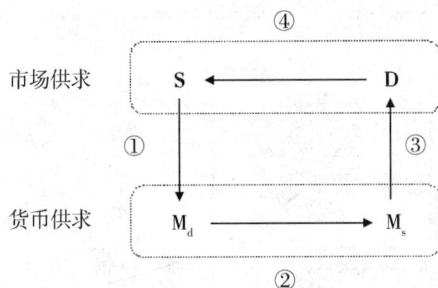

图 8-1　货币供求与社会总供求的关系

供给方引起的。原因是：M_s 与 M_d 是两个性质截然不同的经济变量，正如现代货币主义的货币供给理论所认为的，M_s 是一个活跃的因素，它由中央银行控制操作，反映的是货币当局的意志和判断，因而带有主观因素，属于外生变量或称政策变量；M_d 则是一个相对稳定的量，它由国民经济中的客观因素，如收入、利率及制度、技术、习惯等经济因素所决定，一般不受中央银行货币政策的影响，因而属于内生变量，所以货币供求失衡往往是人为干预的结果或货币政策失误的结果。如果 $M_s > M_d$，则会使 M_s 所决定的 D 大于 S；如果 $M_s < M_d$，则会使 M_s 所决定的 D 小于 S。所以总体来看，国民经济失衡首先是由货币失衡引起的，是由货币市场的不均衡导致商品市场的不均衡，这种关系实际上说明了经济学上的一个命题，即社会总供求出现各种不均衡状态，都是在货币经济这一特定环境中发生的，尽管货币供求失衡，不一定是社会总供求失衡的内部原因，但却是必要的外部条件，在商品流通完全以物物交换的方式进行时，社会总供给与社会总需求永远是平衡的，供给必然同时创造出对它的全部需求，一切需求都直接来源于需求者自身的供给，两者不仅在价值上是相等的，而且在时空上也是同步进行的。

当出现因货币供求失衡导致的社会总供求的失衡以后，经济会通过两个途径重新恢复均衡：一是货币供大于求，发生在社会有闲置资源的前提下，一方面会使总需求扩大，另一方面超量的货币供给量会把闲置的生产要素有机组合，形成新的生产力，从而在社会总供给增加的基础上与社会总需求达到平衡。二是货币投放过多，发生在没有闲置资源的条件下，货币供大于求导致的社会总需求增加只会拉动物价上涨，从而使商品市场和货币市场在新的价格水平上达到新的均衡。

> **专栏 8-1**
>
> ### 货币市场的自动均衡及其机制
>
> 1. 前提
>
> 货币需求主要取决于交易商品数量和利息率的水平，货币的供给则取决于中央银行的货币政策，不随利息率和交易数量的变动而自动发生变化。

2. 自动均衡过程

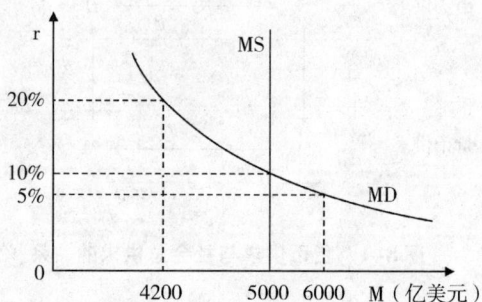

利率的变动会引起债券价格的变动，导致人们重新安排所持有的货币数量，从而导致货币总需求发生变动，利率调节着货币市场的需求。货币供求交点决定的利息率为均衡利息率。

假定货币供给量由中央银行根据某种货币政策控制在 5000 亿美元的水平上，根据既定的货币需求曲线，当利率为 10% 时，货币市场需求也为 5000 亿美元，货币市场处于均衡状态。假定最初的利息率不是 10% 而是 20%，在利息率为 20% 的情况下，货币的总需求为 4200 亿美元，而货币的供给却为 5000 亿美元。在总产量 Q 不变的条件下，货币的供给超过货币的需求，这意味着人们手中实际持有的货币量超过了其为交易和作为金融资产所需要持有的货币量，人们将试图减少持有的货币量。作为财产而持有的货币量的最佳替代物就是债券，人们会争相购买债券，于是债券的需求同债券的供给比相对会上升，这将推动债券价格上升，利息率就会下降。从而引起资产的货币投机需求上升，货币的总需求也就上升，直至利息率降到 10%，货币的供求重新等于 5000 亿美元为止。

第二节　通货膨胀与治理

通货膨胀（Inflation）是当今世界普遍存在的一种社会经济现象，特别是近半个多世纪以来，通货膨胀问题日益成为人们所关注的焦点和热点。正如美国著名的经济学家弗里德曼在《自由选择》一书中所言："通货膨胀是一种疾病，是一种危险的、有时是致命的疾病。如果不及时医治，它可以毁掉一个社会。"因此，认识、治理和消除通货膨胀，最终实现经济稳定持续增长已经成为当今经济理论界及各国政府亟待解决的、最为重要的现实课题之一。

一、通货膨胀的定义

通货膨胀是一个被广泛使用的经济学范畴，但是迄今为止，无论在西方或中国经济学界，对其定义都没有取得一致的看法。综合而论，中外经济学家不外乎从三个不同角度去定义通货膨胀：一是从表现形式的角度定义通货膨胀，即把通货膨胀定义为物价总水平上升，如保罗·萨缪尔森认为通货膨胀的意思是："物品和生产要素的价格普遍上升的时期——面包、汽车、理发的价格上升；工资、租金等也都上升。"[1] 大卫·莱德尔和迈克·帕根在《通货膨胀综述》中给通货膨胀下定义为："通货膨胀是一个价格持续上涨的过程，或相应地是货币价格的持续下降。"[2] 二是从成因的角度去定义通货膨胀，如从货币数量、过度需求和成本上升等角度去定义通货膨胀。弗里德曼是从成因即从货币数量增长的角度去阐释通货膨胀最著名的代表。他认为："通货膨胀随时随地都是一种货币，其产生的原因只能是货币数量的增长大大快于产量的增长。"[3] 西方自由主义经济学家费·哈耶克也认为："通货膨胀一词的原意和真意是指货币数量的过度增长，这种增长会合乎规律地导致物价的上涨。"[4] 社会主义经济学家大多也认为通货膨胀是货币过量供应的结果，但他们在表述上有自己的特点，一般认为通货膨胀指的是"货币供给量持续超过了经济增长所客观需要的货币量"这样一种事实。凯恩斯则是从货币数量增加使有效需求过度增加的角度定义通货膨胀。琼·罗宾逊夫人则是从成本的角度解释通货膨胀产生的原因，认为"通货膨胀是由于对同样经济活动的工资报酬率的日益增长而引起的物价直升变动"。三是从综合角度去定义通货膨胀，认为通货膨胀的定义应体现的基本要点包括：货币发行量过多是其产生的原因；通货贬值是它的实质；物价上涨是它的标志。比较完整的定义可以表述为：在纸币流通条件下，经济中的货币供应量超过了客观需要量，使得社会总需求大于总供给，导致单位货币贬值（货币代表的价值量减少或购买力下降），一般物价水平持续和显著上涨的经济现象。对这个定义需要掌握以下几个方面：

（1）通货膨胀是物价的普遍上涨，即所有商品的平均物价水平（也称为一般物价水平）的上涨。因而，个别的或局部的商品劳务的价格上涨不能称为通货膨胀，一种价格下降抵消另一种价格上升也不是通货膨胀。至于一般物价水平上涨到何种程度才可称为"通货膨胀"，主要取决于人们对通货膨胀的危害性的认识与敏感性，最为保守的看法是一般物价水平上涨幅度在1%~3%以内的视为物价稳定，超过3%可以说是发生了一定程度的通货膨胀。

（2）通货膨胀是一般物价水平的持续上涨。季节性或偶然性的价格上涨、一时的

① 萨缪尔森. 经济学 [M]. 上海：商务印书馆，1979.
② 大卫·莱德尔，迈克·帕根. 通货膨胀综述 [J]. [英] 经济学，1975（12）.
③ 米尔顿·弗里德曼. 货币理论的反革命 [J]. 不定期论文集，1970（33）.
④ 哈耶克. 无路可逃：失业必然跟随通货膨胀 [J]. 世界经济译丛，1981（2）.

或短期的价格上涨都不能称为通货膨胀。

(3) 只有货币超经济发行引起的物价上涨才是通货膨胀。正常的物价上涨，如商品劳务质量的提高，某些重要资源成本的提高，以及政府调整不合理的比价等引起的物价上涨不能称为通货膨胀。在商业周期循环中，从萧条时期价格下降之后出现的复苏阶段的恢复性价格上涨也不能称做通货膨胀。

(4) 通货膨胀的表现形式可以是公开的，直接表现为物价上涨；也可以是隐蔽的（在物价受管制的经济中），表现为商品限量供应、凭证供应、搭配供应、消费质量下降和黑市买卖等。这种隐蔽形式下的通货膨胀又被称为"抑制性的通货膨胀"。

专栏 8-2

20 世纪 20 年代德国恶性通货膨胀的真实写照

场景一：有位先生走进了咖啡馆，花 8000 马克买了一杯咖啡，当他喝完这杯咖啡，却发现原来同样一杯咖啡，此时已经涨到了 10000 马克。

场景二：一个美国人去德国旅游，他来到银行，想把一张 5 美元的钞票兑换成马克。可银行职员说："我们没有这么多钱，你能不能只换 2 美元？"美国人看看身后的长队，只好同意了。

场景三：另外一个美国人，在离开德国之前，给了他的德国导游 1 美元小费。这个德国人居然拿着这 1 美元，成立了一个家族基金，掌管这笔款项。

场景四：有家大工厂发工资了。只见火车拉来了一车的钞票，火车还没停稳，就开始向焦急地等待在铁路旁的工人们大捆大捆地扔钱。

场景五：一个老人想买一盒鸡蛋，却数不清价格标签上的零。卖鸡蛋的小贩却说，你数数有多少个鸡蛋就行了。

二、通货膨胀的度量

物价总水平上涨是通货膨胀的必然结果，是通货膨胀的主要标志。通常人们以通货膨胀率来表示通货膨胀的程度，而通货膨胀率一般以物价上涨率来反映，物价指数是测度通货膨胀率的依据。物价指数是报告期商品价格与基期商品价格的比率，通货膨胀率=物价指数−1，即物价上涨率。物价指数多以样本商品或劳务的价格为基础，采用加权平均方法计算。其公式如下：

$$I_t = \frac{\sum_{i=1}^{n} P_{it} Q_{i0}}{\sum_{i=1}^{n} P_{i0} Q_{i0}} \times 100$$

其中，I_t 表示计算期物价指数，P_{i0} 和 Q_{i0} 分别表示第 i 种商品的基期价格和基期数量，P_{it} 表示第 i 种商品的计算期价格，n 表示样本数量。利用物价指数就可以计算出一般物价水平的上涨幅度即通货膨胀率：

t 时期的通货膨胀率：$\pi_t = \dfrac{I_t - I_{t-1}}{I_{t-1}} \times 100\%$

然而，使用不同的物价指数计算出来的同一时期的通货膨胀率是不同的。常用的反映物价变动的指数有消费物价指数、生产者价格指数、国民生产总值缩减指数。

（一）消费物价指数（Consume Price Index，CPI）

消费物价指数也称消费者价格指数，是根据具有代表性的家庭消费的商品和劳务的价格变动状况编制的物价指数。这一指标的变化，表示居民货币收入购买力的升降，也在一定程度上反映了商品和劳务价格变动对居民生活支出的影响。因此，这一指数是居民在通货膨胀时期最为关心的物价指数。CPI 度量的是一组有代表性的商品和服务项目的价格变化情况，该指数一般由各国政府根据本国若干种主要食品、衣物和其他主要日用消费品的零售价格，以及水、电、住房、交通、医疗、教育、娱乐等费用编制而成，但选择哪些商品和劳务价格编制指数，取决于各国的实际状况，并无统一标准。消费物价指数的优点在于资料收集比较容易，市场敏感性高，公布次数较为频繁（通常为每月公布一次），因而能够比较及时地反映直接影响社会公众生活消费的物价变动趋势。

我国居民消费价格的调查内容分为食品、烟酒及用品、衣着、家庭设备用品及服务、医疗保健及个人用品、交通和通信、娱乐教育文化用品及服务、居住共 8 类，包括了居民吃、穿、用、住、行等 262 个基本分类。与此指标近似的有生活费用价格指数及零售物价指数。生活费用价格指数主要用来反映不同时期生活费用的涨落程度，但统计口径与消费物价指数有所不同，一是不仅包括商品和劳务价格的变动，还包括应缴纳的赋税变动；二是统计的范围比消费物价指数窄，只统计生活必需品的价格变动。零售物价指数主要反映商品零售价格变动情况，也能直观地反映消费者的价格负担。与消费物价指数不同的主要也是统计范围较窄，不包括生产资料价格及劳务费用的变化。

（二）生产者价格指数（Producer Price Index，PPI）

生产者价格指数是衡量工业企业产品出厂价格变动趋势和变动程度的指数，是反映某一时期生产领域价格变动情况的重要经济指标，也是制定有关经济政策和国民经济核算的重要依据。PPI 主要着眼于工业、矿业、原料、半成品的价格，目前也加进了服务业，不过比重较小。美国劳工部会对 25000 多家企业做调查，得出产品价格，根据行业不同和在经济中的比重分配比例和权重。目前，我国 PPI 的调查产品有 40000 多种（含规格品 9500 多种），覆盖全部 39 个工业行业大类，涉及调查种类 186 个。PPI 通常作为观察通货膨胀水平的重要指标。由于食品及能源价格一向受到季节及供求的影响，波动剧烈，所以生产者价格指数有时会因食品及能源价格波动影响而产生意外波动。为了能更清晰地反映出整体商品的价格变化情况，一般将食品和能源价格的变化剔除，从而形成"核心生产者物价指数"（Core PPI），进一步观察通货膨胀率的变化趋势。

根据价格传导规律，PPI 对 CPI 有一定的影响。PPI 反映生产环节的价格水平，CPI 反映消费环节的价格水平。整体价格水平的波动一般首先出现在生产领域，然后通过产业链向下游产业扩散，最后波及消费品。产业链可以分为两条：一是以工业品为原材料的生产，存在原材料→生产资料→生活资料的传导。二是以农产品为原料的生产，存在农业生产资料→农产品→食品的传导。

（三）国民生产总值缩减指数（GNP Deflator）

国民生产总值缩减指数又称为国民生产总值折算指数，是按当年价格计算的国民生产总值与按固定价格或不变价格计算的国民生产总值的比率。其计算公式为：

$$国民生产总值缩减指数 = \frac{按报告期价格计算的报告期国民生产总值}{按基期价格计算的报告期国民生产总值} \times 100\%$$

以国民生产总值缩减指数度量通货膨胀，优点是它所包括的范围广，除了包括消费资料及劳务的价格之外，还包括生产资料以及进口商品和劳务的价格，能够全面反映社会总体价格水平的变动趋势。但由于计算 DPI 的工作量较大，资料较难收集且统计数字发表滞后，通常每年只公布一次，缺乏及时性，很难及时描述通货膨胀的程度和变化趋势。

目前，在大多数发达国家和一些国际组织（如联合国、经合组织、世界银行、国际货币基金组织等）都采用消费物价指数和 GNP 平减指数来度量通货膨胀，前者主要用于月、季度分析，后者主要用于年度分析。我国自 1988 年开始按年公布国民收入平减指数。每月、每季度公布 CPI 和 PPI。

三、通货膨胀类型

在经济分析活动中，人们常常根据不同的标准将通货膨胀分为若干种类型，借以说明各种不同的经济现象和问题。通货膨胀的具体分类方法有以下几种：

（一）按照通货膨胀的程度或物价上涨的速度分类

1. 爬行式的通货膨胀（Creeping Inflation）

爬行式的通货膨胀，也称温和的通货膨胀，即物价水平每年按一定的比率缓慢而持续上升。目前人们普遍认为，通货膨胀率在 3% 以内，是可以为社会所承受的，属于正常的物价上升。这一程度的通货膨胀一般不会造成对社会经济生活的重大影响，反而对经济的发展和国民收入的增加都有积极的刺激作用，并将它看作是实现充分就业的必要条件。

2. 步行式的通货膨胀（Walking Inflation）

物价上涨的幅度比爬行式通货膨胀要高，但又不是很快，平均物价上涨率在 3%~10%。步行式的通货膨胀有可能是通货膨胀即将加速的危险信号。

3. 跑步式的通货膨胀（Running Inflation）

跑步式的通货膨胀，也称严重的通货膨胀，是指通货膨胀达到两位数以上，一般年通货膨胀率在 50% 以内，这一程度的通货膨胀已经对经济和社会产生重大影响，甚至会出现挤兑银行存款、抢购商品等引发市场动荡的现象，如果不坚决控制，就会导致物价进一步大幅度上升，酿成恶性通货膨胀的后果。

4. 奔腾式的通货膨胀（Hyper Inflation）

奔腾式的通货膨胀，也称恶性通货膨胀或超级通货膨胀，是指物价已经出现明显快速增长的势头，月通货膨胀率在50%以上，并且开始成倍增长，以致达到天文数字，是一种无法控制的通货膨胀。这种通货膨胀已经严重破坏了正常的生产流通秩序和经济生活秩序，开始动摇社会安定的基础，它会使货币信用制度走向彻底崩溃和经济的完全瘫痪。它一般多发生在处于战争、社会变革、政治动荡时期的国家和地区，如在第一次世界大战后的德国、奥地利和第二次世界大战之后的匈牙利、中国等都曾经发生过。

从价格上涨速度的角度对通货膨胀的状态进行区别，关键在于说明各种类型之间的具体数量界限。事实上，各种类型之间并不存在始终不变的、严格的、明确的划分界限。如在20世纪60年代，发达工业国家的公众大都认为年利率6%以上的通货膨胀就是难以忍受的，可视为严重通货膨胀；如果年物价上涨率达到两位数，则可认为发生了恶性通货膨胀。因此，以怎样的数量标准去界定，需要根据一国出现通货膨胀的特殊背景和社会对通货膨胀的承受能力等综合考察。

专栏 8-3

国民党统治时期的恶性通货膨胀

1935年，国民党政府将货币制度由金属货币制度改为纸币管理制度，开始发行"法币"，从此走上了依靠通货膨胀来为巨额的政府财政赤字融资的道路。1935~1949年短短的十几年，"法币"经历了一个持续不断加速贬值的过程，最后完全等同于废纸。100元"法币"的购买力变化如下：1937年，可买两头牛；1941年，可买一头猪；1945年，可买一条鱼；1946年，可买一个鸡蛋；1947年，可买1/5根油条；1948年，可买两粒大米。

如此严重的通货膨胀有着深刻的政治背景和经济背景。首先，年年战争使得国民党政府陷入严重的财政危机中。1945年以后的内战更使得财政支出急剧扩大，而巨额的财政赤字只能通过发行更多货币来弥补。其次，年年战争使物资供应严重不足，社会总需求大大超过社会总供给，导致物价飞涨。最后，"法币"从诞生之日起就不断贬值，使得普通百姓存在很高的通货膨胀预期，对"法币"的不信任加速了其贬值过程。

1946~1949年，国民党政府曾多次采取措施，试图缓解失控的物价上涨现象，但都以失败告终。

资料来源：易纲，吴有昌. 货币银行学 [M]. 上海：上海人民出版社，2000.

（二）按照通货膨胀的表现形式分类

1. 公开型的通货膨胀（Open Inflation）

公开型的通货膨胀是指完全通过一般物价水平上涨形式反映出来的通货膨胀，它是在市场经济中表现出来的通货膨胀形式。在较为发达的市场经济中，由于市场机制较为完善且没有政府的直接干预，货币的过多投放会直接拉动物价水平的上升，因此通货膨胀会以物价水平的公开上升的形式表现出来且通货膨胀率大体等于物价上涨率，这种通货膨胀普遍存在于西方发达国家和部分发展中国家。但在市场机制不完善、价格尚未完全放开的国家，物价水平的上升幅度还不能完全准确地反映通货膨胀的真实状况。

2. 隐蔽型的通货膨胀（Hidden Inflation）

隐蔽型的通货膨胀是指在经济生活中存在着通货膨胀压力或通货膨胀缺口时，由于价格被政府管制无法上涨，通货膨胀不能通过物价上涨表现出来，而只能以排队抢购、凭证购买、有价无货以及产品质量下降等隐蔽的形式表现出来。这种类型的通货膨胀主要存在于社会主义国家的计划经济时期和英美在20世纪40年代末的物价管制时期。

（三）按照通货膨胀的预期分类

1. 预期型通货膨胀（Expected Inflation）

预期型通货膨胀，是指在通货膨胀发生之前，人们已意识到通货膨胀将会出现，而且有可能预测到它的发展趋势和程度。在预期型通货膨胀发生时，人们为避免经济损失，会在各种交易、合同、投资中把预期通货膨胀率计算在内，从而导致物价与工资的螺旋式上升。

2. 非预期型通货膨胀（Unexpected Inflation）

非预期型通货膨胀，是指人们对未来通货膨胀无法加以正确预测，即不能确定是否出现，也不能确定其上涨幅度，但是未来通货膨胀又真实发生了，从而导致对收入和财富的再分配。

（四）按照通货膨胀产生的原因分类

根据通货膨胀产生的原因，可以分为需求拉上型通货膨胀、成本推动型通货膨胀、供求混合型通货膨胀和结构型通货膨胀四种类型。这是西方经济理论中最为常见的分类方法，我们会在通货膨胀的成因分析中作详细介绍和说明。

四、通货膨胀成因理论

通货膨胀的成因理论是关于通货膨胀形成机理的假说。

（一）需求拉上型通货膨胀

西方理论界最早出现的通货膨胀理论就是"需求拉上说"。需求拉上型的通货膨胀（Demand-pull Inflation），是指由于商品和劳务的总需求量超过其总供给量而导致过度需求拉动了物价水平的普遍上涨。在西方经济学中，所谓需求是指人们持有的货币对商品和劳务所形成的有支付能力的需求，而有支付能力的需求是由货币供给决定的。因此，在谈到总需求的增加而形成通货膨胀时，自然涉及货币供应量增加的问题。需求拉上型通货膨胀是由于货币供应过多以致社会总需求过度而产生的，是"太多的货币追逐太少的商品"的结果。需求拉上型的通货膨胀可用图8-2说明。

在图8-2中，横轴代表总产出或国民收入Y，纵轴代表物价水平P。AD_1到AD_5表示不断提高的总需求曲线，社会总供给曲线AS可按社会的就业状况分为AB、BC与CS三个阶段。

1. AB阶段的总供给曲线呈水平状态

这意味着供给弹性无限大，这是因为这时社会上存在着大量的闲置资源或失业，故

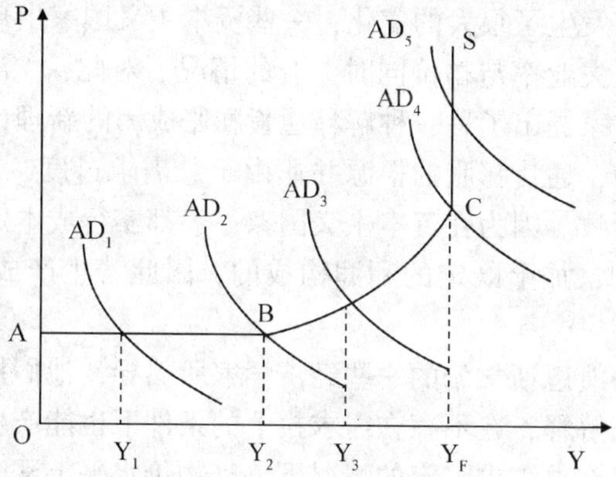

图 8-2　需求拉上型通货膨胀

总供给的增加能力很大。当总需求从 AD_1 增至 AD_2 时，国民收入便从 Y_1 增至 Y_2，而物价并不上涨。

2. BC 阶段的总供给曲线向右上方倾斜

这表示社会逐渐接近充分就业，意味着社会上闲置的资源已减少，此时扩大货币供应量而增加的需求既会促使产出增加，也会使部分生产要素的价格上涨。因此，当总需求从 AD_2 增至 AD_4 时，国民收入虽也增加，但增加幅度减缓，同时物价开始上涨。

3. CS 阶段的总供给曲线呈垂直状态

这表示社会的生产资源已经达到充分就业的状态，即不存在任何闲置的资源，Y_F 就是充分就业条件下的国民收入，这时的总供给曲线也就成为无价格弹性的一条直线。在这种情况下，当总需求从 AD_4 增加至 AD_5 时，国民收入不会再增加，而只会导致物价的上涨。

分析可得，社会总需求的增加，是否会引起通货膨胀，需视总供给的情况而定。在 AB 阶段，当货币量增加使总需求增加，由于总需求和总供给同时增加，物价不会上涨，因此并没有发生通货膨胀。在 BC 阶段，经济扩张到了一定阶段，以致在有些资源和技术变得稀少的情况下，总供给的增长速度赶不上总需求的增长，物价水平将会上涨。但由于这时生产仍然有所扩大，致使物价上涨幅度小于货币数量增加的幅度。这时货币量的增加，将部分引起生产和就业的增加，部分引起物价上涨，凯恩斯称其为"半通货膨胀"。在 CS 阶段，在达到充分就业的条件下，由货币供应量的增加而引起需求的增长，遇到了没有弹性的供给，物价将随着货币数量增加而成比例上涨，这时便出现了"真正的通货膨胀"。

（二）成本推进型通货膨胀

成本推进型通货膨胀（Cost-push Inflation）是一种侧重从供给或成本方面分析通货膨胀形成机理的假说，其基本含义是指由于生产要素价格的上涨，致使生产成本上升，从而导致物价水平持续上升的现象。

20 世纪 50 年代以前，通货膨胀的原因主要归结为需求性因素，从 20 世纪 50 年代后期起，资本主义经济发生了很大的变化，一些资本主义国家出现了物价持续上升而失业率却居高不下，甚至失业率与物价同时上升的情况。对此，"需求拉上说"无法加以解释，于是一些经济学家提出了另一种解释通货膨胀成因的新理论——成本推进论。

成本推进论者认为，通货膨胀的根源并非由于总需求过度，而是在于总供给方面，是由于产品成本上升所致。因为在资本主义国家一般都实行成本定价制度，即商品的价格是以生产成本为基础，加上既定的利润构成的，因此若生产成本上升，则物价必然上升。

成本推进论主要为凯恩斯学派的一些经济学家所倡导，他们提出成本推进的通货膨胀理论的主要目的在于解释，在不存在需求拉上的条件下也能产生物价上涨，所以总需求一定是分析的前提。在总需求一定的情况下，当物价水平上涨时，取得供求均衡的条件只能是实际产出的下降，相应必然是失业率的提高，从而实现在非充分就业状态下的市场均衡。这一理论解释了20世纪50年代在经济未达到充分就业情况下物价上涨的原因，以及失业与物价上涨同时并存的现象。成本推进型通货膨胀可以用图8-3表示。

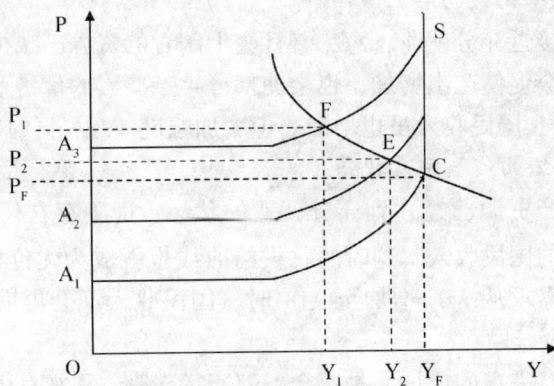

图8-3　成本推进型通货膨胀

生产成本上升主要有以下两种原因：

1. 工资推进

工资推进型通货膨胀是指由于货币工资的增长率超过劳动生产率的增长率而引起的物价水平提高，这种类型的通货膨胀是以存在力量强大的工会组织，从而存在不完全竞争的劳动市场为假设前提。因为在完全竞争的劳动市场条件下，工资率决定于劳动的供求，形成竞争工资，工资推进的通货膨胀就不可能发生。但是当工资由工会和雇主谈判决定时，工资水平会高于竞争工资，从而使工资的增长率超过劳动生产率提高的速度，企业会因人力成本的加大而提高产品价格，以维持原来的盈利水平，这就是因工资提高而引发的物价上涨。而物价上涨后，工人又要求提高工资，因而再度引起物价上涨，如此循环造成工资—物价螺旋上升。

2. 利润推进（或称价格操纵）

利润推进通货膨胀是指垄断企业为获取更大的利润，人为地使商品价格上涨速度超过成本支出的增长速度而引起的一般物价水平上涨。这种类型的通货膨胀是以存在商品的不完全竞争市场为假设前提的。因为，在完全竞争市场下，商品价格由供求双方共同决定，没有哪一方能任意操纵价格，利润推进型通货膨胀不可能产生。但是，在不完全竞争市场中或有垄断存在的条件下，商品的供给者就有可能操纵价格，使价格上涨速度超过成本支出的增长速度，以赚取垄断利润。当垄断企业产品价格提高后，以垄断企业的产品为原料的其他产品成本会相应提高，这又进一步推动其他产品价格上涨，引起物价总水平的上涨。

在图 8-3 中，横轴同样代表总产出或国民收入 Y，纵轴代表物价水平 P，Y_F 代表充分就业条件下的国民收入。最初，社会总供给曲线为 A_1S，在总需求不变的条件下，由于生产成本上升，使总供给曲线从 A_1S 上移至 A_2S 和 A_3S，结果在国民收入即产出由 Y_F 下降到 Y_2 和 Y_1 的同时，物价水平却由 P_F 上升到 P_2 和 P_1。

成本推进型的通货膨胀较好地说明了 20 世纪 50 年代后期，在整个经济尚未达到充分就业的情况下物价上涨的原因。

（三）供求混合型通货膨胀

从理论上可以区分需求拉上型和成本推进型通货膨胀，但在现实经济生活中需求拉上的作用与成本推进的作用常常是混合在一起的，即所谓"拉中有推，推中有拉"。所以，人们把由总需求增加和总供给减少共同作用下的通货膨胀称为供求混合型通货膨胀（Hybrid Inflation）。事实上，无论是需求拉上型通货膨胀，还是成本推进型通货膨胀，单方面的作用只会暂时引起物价上涨，并不能带来物价持续上涨。只有在总需求与总供给共同作用时，才会导致持续性的通货膨胀。供求混合型通货膨胀可以用图 8-4 加以解释说明。

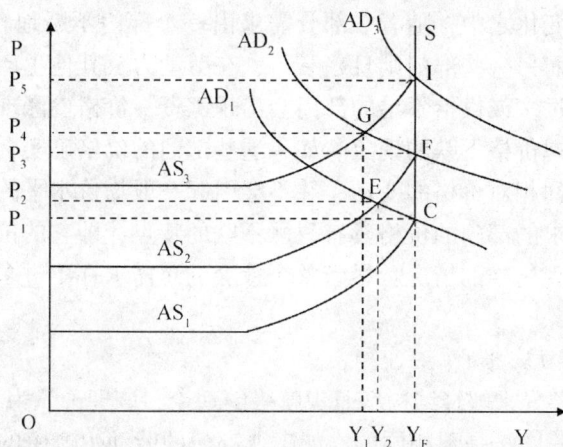

图 8-4　供求混合型通货膨胀

通货膨胀最初的起因可能来源于成本方面的因素，如图 8-4 所示，比如假定经济起初处于充分就业水平，总供求的均衡点为 AS$_1$ 与 AD$_1$ 的交点。由于强大的工会力量迫使企业增加工资，使总供给线向左上方移动至 AS$_2$，导致物价由 C 点上升到 E 点，同时使产出下降，失业率提高，产出由 Y$_F$ 下降到 Y$_2$；政府为增加产出、降低失业率又采取需求扩张政策，总需求线由 AD$_1$ 移动到 AD$_2$，产出由 Y$_2$ 上升到 Y$_1$，但是物价却由 E 提高到 F；物价的上涨，又导致在工会的压力下增加工资，总供给线由 AS$_2$ 移动到 AS$_3$，其结果使物价由 F 上涨到 G，产出由 Y$_F$ 下降到 Y$_1$；政府为增加产出、降低失业率又采取需求扩张政策，总需求线由 AD$_2$ 移动到 AD$_3$，产出由 Y$_1$ 上升到 Y$_F$，但是物价却由 G 提高到 I。因此，当供求混合型通货膨胀的最初动因来自供给方面时，在供求双方力量轮番推动下，物价会沿着 C→E→F→G→I 螺旋式上升。

当然，通货膨胀最初的起因也可能来源于需求方面的因素（如图 8-4 所示）。比如，政府为了促进经济增长，实行刺激总需求以提高产出的政策，需求曲线由 AD$_1$ 移动到 AD$_2$，物价从 C 点上涨到 F 点，物价上涨会引起工资提高，总供给线由 AS$_1$ 移动到 AS$_2$，政府再次采取扩张需求的政策，需求曲线又由 AD$_2$ 移动到 AD$_3$，物价从 F 点上涨到 I 点，随后总供给线又由工资的提高由 AS$_1$ 移动到 AS$_2$。因此，当供求混合型通货膨胀的最初动因来自需求方面时，在供求双方的拉、推作用下，会使物价沿着 C→F→I 直线上升。

（四）结构型通货膨胀

结构型通货膨胀（Structural Inflation），是指从经济结构分析物价总水平持续上涨机理的理论，其基本含义是在总需求和总供给大体平衡下，由于经济结构方面的因素所引起的物价上涨。与前三种原因相比，结构型通货膨胀理论为人们全面认识通货膨胀的成因提供了一种全新的思路。

1. 需求结构移动型通货膨胀

需求结构移动论认为，即使在总需求并不过多的情况下，只要需求在部门之间发生移动，也会产生通货膨胀。需求移动论的基本原理是：在总需求不变的情况下，社会需求结构总是处于不断变化之中，随着一部分需求由一个部门不断地转移到另一个部门，一些部门日渐兴盛，而另一些部门则日趋衰落，在劳动力及其他生产要素不能及时转移的情况下，一些需求过多或供给不足的部门会出现工资、价格上涨现象，而另一些供过于求的部门则应该出现价格下跌的现象。如果这些部门的价格确实会因供过于求而相应下跌，那么只是部门间相对价格的变动，并不会引起一般物价水平的上涨，不会发生通货膨胀。但若供过于求的部门的价格具有只涨不跌的特点，即它的价格并不因供给超过需求而下跌，就会出现这样的情况：尽管整个社会的总需求并不过多，也会出现一般物价水平持续上升的现象。

2. 部门差异型通货膨胀

这是一种从部门差异来解释结构型通货膨胀的理论，该理论认为在一个经济社会中，不同部门劳动生产率的增长是不相同的，如工业部门的劳动生产率的增长快于服务业部门。因此，当劳动生产率提高较快的部门的货币工资随劳动生产率的提高而增加以后，如果劳动生产率提高较慢的部门的货币工资和前者看齐，就会使后者的货币工资增长率超过自身的劳动生产率的提高幅度，这些部门的价格上涨会导致一般物价水平的提高。

3. 斯堪的纳小国通货膨胀

斯堪的纳小国通货膨胀，又称"北欧模型"，是结构型通货膨胀中最有影响的一种理论模型，它是以实行开放经济的小国为探讨背景的。该模型将一国经济分成两大部门：一是"开放经济部门"，即产品与世界市场有直接联系的部门，如制造加工业等；二是"非开放经济部门"，即产品与世界市场没有直接联系的部门，如服务业等。由于小国是世界市场上价格的接受者，因此当世界市场上的价格上涨时，开放经济部门的产品价格也随之上涨；开放经济部门价格上涨势必会使开放经济部门的货币工资相应上涨。在开放经济部门的货币工资上涨后，由于非开放经济部门的货币工资向其看齐，使这些非开放经济部门货币工资增长率超过了自己的劳动生产率增长率，就会出现工资推进所引起的通货膨胀。一国的通货膨胀率取决于该国国民经济中开放经济部门和非开放经济部门所占的相对份额，以及这两个部门的通货膨胀率。

4. "瓶颈"制约型通货膨胀

在发展中国家，由于资源配置缺乏相应的机制和效率，经济结构的不合理、不平衡现象比较严重，突出表现在有些产业和部门生产能力过剩，而另一些诸如农业、能源、交通等部门生产能力严重短缺，构成"瓶颈"产业。当这些产业的价格因供不应求而上涨时，其他产业也会"搭便车"提高自己的产品价格，这种连锁反应的结果便导致了一轮又一轮的通货膨胀。

与前三种原因相比，结构型通货膨胀理论为人们全面认识通货膨胀的成因提供了一种全新的思路。特别是对于发展中国家来说，经济结构的失衡和产业间的劳动生产率增长的差异在其通货膨胀的形成方面确实举足轻重，从而使这一理论更加具有现实意义。

（五）通货膨胀预期说

1. 适应性预期

适应性预期（Adaptive Expectations）理论认为，预期是基于过去（历史）的经验所形成的，预期将随时间推移缓慢发生变化。凯恩斯理论和货币主义中的预期为适应性预期。适应性预期认为，本期的通货膨胀率的预期等于上一期的通货膨胀率，或者是本期的通货膨胀预期等于过去几期实际通货膨胀率的移动平均，或者在上一期的通货膨胀率上加一个修正值，此修正值可视为相对上一期的通货膨胀趋势的延续。可用以下模型表示：

（1）$P_t^* - P_{t-1}^* = \theta(P_{t-1} - P_{t-1}^*)$　　　$0 < \theta < 1$

（2）$P_t^* = \theta P_{t-1} + (1-\theta)P_{t-1}^*$

2. 合理预期

合理预期（Rational Expectations）理论认为，人们在作出通货膨胀预期时会充分利用已知的信息，并把通货膨胀预期的形成与其他经济变量联系起来。当人们预期下一期通货膨胀时，不仅会利用历史的通货膨胀资料，还会考虑其他变量，如工资收入、利率、政府可能的政策变化以及外部可能发生的冲击（如能源危机、战争）等，并运用这些变量与通货膨胀的关系作出合理预期。

五、通货膨胀的经济效应

通货膨胀对社会经济的影响是多方面的，具体表现为以下几个方面：

(一) 强制储蓄效应

一个国家实行通货膨胀政策使货币贬值，一方面使人们持有货币的购买力下降，另一方面国家用多发行的货币进行投资，其实质是将一部分原来属于社会公众拥有的财富转移到国家手中，相当于向社会公众征收了通货膨胀税，这就是通货膨胀的强制储蓄效应。

(二) 通货膨胀的收入和财富分配效应

1. 收入分配效应

通货膨胀的过程是物价上涨的过程，从不同的社会成员或不同阶层来看，由于社会各阶层的收入来源不相同，因此在物价总水平上涨时有些主体的实际收入水平会增加，有些主体的实际收入水平会下降，这种由物价上涨造成的收入再分配，就是通货膨胀的收入分配效应。

在通货膨胀条件下，工薪阶层、退休人员、社会保险金领取者是主要受害者，因为他们名义收入的上升一般慢于物价水平的上涨。对于公务员来说，由于他们的工资合同是长期的，并不能随通货膨胀率而及时调整，所以通货膨胀会使他们的实际收入下降。那些靠退休金、社会保障金生活者是通货膨胀中最大的受害者，因为在通货膨胀时期，退休金或社会保险金一般没有调整或调整很少。

在通货膨胀条件下，对企业雇员、雇主的实际收入的影响有不同情况。那些工会力量强大的行业的雇员，可以通过工会强大的压力迫使厂商尽快地按通货膨胀调整工资；那些有技术的专业工人也可能得到较高的工资；而那些中小企业的工人，工资不受工会保护，并且这些企业本身还要受通货膨胀之苦，从而他们的工资调整要慢得多，所受的损失也大。通货膨胀对于不同企业主的影响是不一样的：那些具有垄断地位的厂商可以较大幅度、较迅速地提高价格，甚至可以使自己产品价格上升的幅度超过通货膨胀率，从中获取更大的好处；而那些处于完全竞争市场上的中小厂商，由于无法控制自己产品的价格，仅作为市场价格的接受者，如果市场处于供大于求的状况，就可能受损失。

在通货膨胀条件下，政府既是受益者，又是受害者，因为在累进税率和税率固定的情况下，物价上涨所引起的名义所得的增加会因纳税人适用的边际税率提高而使应纳税额的增加高于名义所得的增加，使政府成为通货膨胀的受益者。政府在从纳税人处获得收益的同时，又会受通货膨胀的不利影响，因为通货膨胀将迫使政府增加各项支出，这又会增加政府的财政负担，使其成为通货膨胀的受害者。

2. 财富分配效应

人们所拥有的财富主要表现为实物资产和金融资产，负债可看作负资产。通货膨胀的财富分配效应指在物价上涨条件下会对不同社会成员所拥有的财富产生消长作用。

在通货膨胀环境下，持有实物资产一般具有保值效应，但各种实物资产的价格上涨程度有所不同，有的价格上涨高于通货膨胀率，有的则低于通货膨胀率。因此，通货膨胀对实物资产持有者的影响取决于其持有的实物资产的价格上涨与通货膨胀率之间是否一致。如果前者大于后者，则可由此受益；反之，如果后者大于前者，则要因此受损。

在通货膨胀环境下，对收益固定的金融资产（如债券、定期存款等），其面值和收益会随着物价上涨而贬值，因此持有这些资产的社会成员或阶层（也就是债权方）会受到损失；持有现金资产会蒙受货币贬值的损失；对于变动收益的金融资产，其收益一般在通货膨胀时会呈上升趋势，其收益增长率是否超过通货膨胀率，是判断持有者是否获益的标准。

总之，通货膨胀对债务人来说是有利的，因为在名义利率不变的情况下，债务人实际所付的本金和利息减少了，在负利率的情况下还可以得到净收益；而对债权人来说是不利的，因为物价的上涨会使债权人受到本金和利息贬值的损失。

（三）通货膨胀的经济增长效应

通货膨胀能否促进经济增长是 20 世纪 50 年代以后西方经济学界长期论而未决的问题。围绕这一问题，各国经济学家在理论上进行了大量的研究，并运用了计量经济学方法对各种主要理论观点进行了实证检验。然而，时至今日也没有取得一致的意见。其观点大体可分为三类，即促进论、促退论和中性论。

1. 促进论

所谓促进论，是一种认为通货膨胀可以促进经济增长的理论。促进论是第二次世界大战后到 20 世纪 60 年代占主导地位的观点。这种理论的倡导者主要是凯恩斯学派的学者，他们认为资本主义经济的长期有效需求不足，生产要素尚未充分有效使用，劳动者"不充分就业"，实际经济增长率低于潜在经济增长率，因此政府可选择通货膨胀性政策、实行赤字财政、扩张投资支出、提高货币供给增长率等手段来刺激有效需求，促进经济增长。

除了上述观点外，西方还有一些经济学家认为，温和的通货膨胀有利于经济增长，这种"促进论"注重于温和通货膨胀对经济微观层面的效应。其主要根据是，在商品价格、工资具有刚性（也称"黏性"）的情况下，温和通货膨胀有利于资源配置的优化，有利于企业资本积累、生产性投资增加，从而有利于经济增长。

另外，还有一些经济学家认为，对发展中国家来说，通货膨胀促进经济增长的效应尤为明显：①发展中国家的政府，其税收来源有限，但可借助于向中央银行借款作为财政融资的一种手段，解决其财政支出。财政向中央银行借款，会增加流通中的货币供给，但只要政府将这种借款用于增加实际投资，同时采取各种措施保证私人部门投资并不因此减少，那么这种通货膨胀性的财政融资就可以使全社会的实际投资有所增加，从而能够促进经济的实际增长。②通货膨胀具有收入效应，这种效应会产生一种有利于高收入阶层的收入再分配结果。由于高收入阶层的边际储蓄倾向比低收入阶层高，因此通货膨胀的收入效应可以提高全社会的储蓄率，从而为投资提供更充足的资金来源，促进经济的增长。③在通货膨胀时期，人们对物价上涨率的预期调整比较缓慢，加上不常变动的工资协定和有规则的政府对工资的约束，会使劳动者货币工资的上涨滞后于物价水平的上涨，当名义工资增长低于物价上涨率时，利润率就会相应提高，这会刺激私人投资的积极性，从而促进经济增长。

2. 促退论

促退论主要是现代货币主义学派的观点，与促进论正好相反，促退论认为通货膨胀会损害经济增长，具有负的产出效应。这是大多数学者的看法。主要是因为：①长期的通货膨胀扩大了生产性投资的风险和经营成本，使资金投向生产性部门的比重下降，从而影响生产发展。②通货膨胀会降低借贷成本，诱发过度的资金需求，增加信用风险，从而削弱金融体系的运营效率。③长期通货膨胀使价格信号失真、市场导向失误，造成经济秩序混乱，从而阻碍经济增长。④通货膨胀期间，人们会增加现期消费，减少储蓄，从而使投资减少，不利于生产性投资的扩大和经济增长。⑤通货膨胀持续一定时间后，在公众舆论的压力下，政府可能采取全面管制的办法，削弱经济的活力。

3. 中性论

中性论是由美国理性预期学派主要代表人卢卡斯提出来的。所谓中性论，是一种认为通货膨胀对经济增长既无正效应也无负效应的理论。该理论认为，由于公众的合理预期和对物价上涨作出合理的行为调整，从而通货膨胀的各种效应和作用就会相互抵消，只是引起名义变量与通货膨胀率同比例变动。由于该理论是建立在不现实的假定条件之上，因而得到的赞同不多，人们在谈论通货膨胀与经济增长的关系时，通常持争论促进与促退两种观点。

（四）严重通货膨胀对经济的破坏作用

严重通货膨胀对国民经济的破坏作用具体表现如下：

1. 通货膨胀会破坏正常的生产和商品流通

一方面，通货膨胀不利于生产的正常发展。①通货膨胀导致投资率下降，生产规模萎缩。在商品和劳务价格普遍上涨的情况下，能源、原材料价格上涨尤其迅速，生产成本提高，生产性投资风险加大，生产部门的资金，尤其是周期长、投资大的生产部门的资金会转向商业部门或进行金融投机，社会生产资本总量由此而缩小。由于投资风险加大，投资预期收益率下降，股息收入增长率低于利息率的上升，证券市场价格下跌，企业筹措资本困难，导致投资率下降。②通货膨胀影响产业结构、产品结构的合理配置。通货膨胀不仅使生产总量削弱，还会破坏正常的产业结构和产品结构。通货膨胀导致需求增加，这最先会拉动周期短、投资少、见效快的加工工业迅速膨胀，而周期长、投资大、见效慢的基础工业相对滞后，从而加剧产业结构失衡。另外，居民的大量抢购，造成市场的虚假需求很容易对生产产生误导。例如，居民为了免遭通货膨胀的损失，会大量抢购高档消费品以保值，高档消费品的生产就会急速增加，从而导致经济资源的不合理配置和严重浪费。更重要的是，在抢购的情况下，产品生产多少就能销售多少，以致追求生产速度，产品粗制滥造，质量下降。

另一方面，通货膨胀打乱了正常的商品流通。在国内，通货膨胀造成人们对货币贬值的预期，导致流通中的囤积居奇，出现"投资不如投机、生产不如囤积、存钱不如存货"的现象，商品会长期滞留在流通领域，成为"倒买""倒卖"的对象，迟迟不能进入消费领域，进一步加剧了市场的供需矛盾，价格进一步上涨。

2. 通货膨胀引起金融领域混乱

首先，通货膨胀会影响货币职能的正常发挥。货币充当价值尺度和流通手段的职能是建立在币值稳定的前提下的。通货膨胀使货币的价值尺度功能受到破坏，成本、收入、利润等均无法准确核算。如果出现严重的通货膨胀，人们还会放弃货币，而用实物作为交易媒介，这会使交易成本大大提高，从而造成经济效率的损失。至于长期的通货膨胀或者更严重的通货膨胀，则会使社会公众对本币完全失去信心，人们大量抛出纸币，到了这种程度，一国的货币制度就会走向崩溃。

其次，通货膨胀影响银行业务的正常进行，甚至可能引发银行危机。通货膨胀使货币贬值，当名义利率低于通货膨胀率时，实际利率为负值。存款出现负利率，会引发居民减少储蓄，甚至挤兑存款，从而减少了银行的资金来源，并可能引起支付危机；贷款出现负利率，企业会争相贷款，而银行贷出货币将得不偿失。为了吸引存款、防止贷款实际利息收益下降，银行被迫提高存款和贷款的名义利率，高的名义利率不仅加重了银行自身的逆向选择和道德风险，而且加重了贷款者的道德风险和违约风险，由此将可能引发各种更为严重的银行危机及信用危机。

3. 通货膨胀会导致国际收支失衡

通货膨胀的国家，国内市场商品价格上涨，出口商品价格也会上涨，必然会削弱其在国际市场上的竞争能力，出口减少，而旺盛的国内需求会拉动对进口商品的需求，而且本国产品相对于外国产品的价格上升，也会促使进口增加，这样容易出现国际收支逆差，致使国际收支失衡。

4. 通货膨胀损害政府威信，使政局不稳

通货膨胀引起的经济领域和金融领域的混乱，会直接波及整个社会领域，最终表现为由于人们生活水平下降以及社会各阶层的利益分配不公平而引起社会矛盾的激化，使政府威信下降，政局不稳定。例如，第一次世界大战后，俄国的恶性通货膨胀，为俄国无产阶级十月革命的成功铺平了道路。第二次世界大战后，中国的恶性通货膨胀也是导致国民党的统治垮台的一个重要原因。

六、通货膨胀治理对策

世界各国都出现过不同程度的通货膨胀，对国内的经济造成了不同程度的损害。因此，各国政府都十分重视对通货膨胀的控制和治理，经济学家们也将其作为宏观经济中的重大课题加以研讨，形成了一系列治理通货膨胀的对策措施。

（一）紧缩性的需求管理政策

紧缩性的需求管理政策是针对需求拉上型通货膨胀采取的政策措施。在发生社会总供求失衡时采取抑制总需求的措施，是所谓需求管理政策的核心思想。需求管理政策是迄今为止在治理通货膨胀中运用最多且最为有效的政策措施。其主要内容包括紧缩性财政政策和紧缩性货币政策。

1. 紧缩性财政政策

它通常包括增加税收、压缩支出、缩小财政赤字等。增加税收的目的就是抑制私人企业的投资和个人消费的支出，如提高个人所得税，使消费者的可支配收入减少、购买力下降。而压缩政府支出，如减少对公共事业投资、减少各种补贴和福利救济支出，也可以起到抑制需求的作用。

2. 紧缩性货币政策

其实质是控制货币的增长速度或者减少货币供应量，具体方法有：第一，中央银行提高法定存款准备率，减少商业银行的超额准备金，从而抑制其信贷扩张能力，达到降低货币乘数，减少货币供应的目的。第二，中央银行提高再贴现率，以提高商业银行获取资金的成本，从而促使商业银行提高贷款利率，达到抑制企业贷款的需求，减少货币供应的目的。第三，中央银行在公开市场上出售手中持有的有价证券，以减少商业银行的超额准备金，达到减少货币供应的目的。此外，中央银行还可以动用法律、行政手段来实施紧缩的货币政策。

需要注意的是，这两种政策措施总的来说容易奏效，但也往往伴随着经济增长速度的下降和失业率的上升。

（二）收入紧缩政策

收入紧缩政策是针对成本推进型通货膨胀采取的政策措施。收入政策是指政府制定一套关于物价和工资的行为准则，强制性或非强制性地限制垄断企业提高价格以及工资水平的过快提高。其目的在于降低通货膨胀率而又不致造成大规模的失业。显然，收入政策主要针对成本推进型的通货膨胀。具体措施主要包括以下三种形式：

1. 确定工资—物价指导线

这种形式是利用政府威信对特定的物价和工资确定进行规劝或施加压力，迫使工会或垄断企业让步，对工资或物价的上涨进行限制。政府根据长期劳动生产率的平均增长率和产品成本的增长率等因素，制定一个工资和物价的增长标准，作为工会和雇主协会双方协商工资，以及垄断企业制定价格的指导性意见，要求他们自觉遵守。

2. 管制或冻结工资、物价

由政府颁布法令，强行规定工资和物价的上涨幅度，甚至暂时将工资和物价加以冻结，对违规者追究法律责任。这种办法通常在战争时期或在通货膨胀变得非常难以对付时采用。

3. 以纳税为基础的收入政策

政府以税收作为奖励和惩罚的手段来限制工资和物价的上涨。如果工资和物价的增长率保持在政府规定的幅度之内，政府就以减少个人所得税和企业所得税的方式予以奖励；如果超过界限，就增加税收作为惩罚。

从各国实践的结果来看，利用收入政策对付通货膨胀的效果并不太好。其原因在于收入政策存在着明显的缺陷：①对非强制性的指导性政策以及税收政策而言，其效果取决于劳资双方、垄断企业能否与政府通力合作。②强制性的管制手段又会妨碍市场机制对资源的有效配置，因为市场是通过价格信号引导生产要素流动的，价格限制也就必然使资源的转移和配置发生扭曲。③如果在价格管制的同时没有采取相应的紧缩需求的措施，还会导致公开的通货膨胀转变为隐蔽型的通货膨胀，一旦重新放开价格，通货膨胀会以更大的力量爆发出来。

（三）收入指数化政策

收入指数化政策又称指数连动政策，一般被当作一种适应性的反通货膨胀政策。所谓收入指数化就是对货币性契约订立物价指数条款，使工资、利息、各种证券收益以及其他收入一律实行指数化，同物价变动联系起来，使各种收入随物价的变动而做出调整，从而避免通货膨胀所带来的损失，并减少由通货膨胀所带来的分配不均的问题。

很显然，收入指数化政策只能减少通货膨胀对某些收入阶层造成的损失，缓解通货膨胀带来的分配不均问题，但并不能从根本上对通货膨胀起到抑制作用。而且，全面实行指数化在技术上也有很大的难度。

（四）供给政策

这是一种长期的反通货膨胀的措施，在西方这一政策主要是以拉弗为代表的"供应学派"提出来的。供应学派认为，虽然通货膨胀的直接原因是货币量过多，但从根本上说，需求膨胀、货币过多是相对于商品供给过少而言的，因此对通货膨胀治本的方法在于着力增加生产和供给。增加生产意味着经济增长，这样可以避免单纯依靠紧缩总需求引起衰退的负面效应。供应学派的主要措施如下：

1. 减税

主要是降低边际税率。边际税率是指增加的收入中必须向政府纳税的部分所占的百分比。降低边际税率，有利于提高人们的工作积极性；有利于提高储蓄意愿和刺激投资；有利于提高资金的运用效率。

2. 削减政府开支增长幅度

争取平衡预算、消灭财政赤字并缓解对私人部门的挤出效应。

3. 限制货币增长率

稳定物价，排除对市场机制的干预，保证人们储蓄和投资的实际效益，增强其信心与预期的乐观性。

4. 减少政府对经济的干预，由市场机制对经济进行自动调节

供给政策的实施，为解决通货膨胀问题提供了一种全新的思路，它改变了过去只着眼于解决过度需求的做法，从解决过度需求和增加供应两个方面来解决总供给的状况，以平抑物价，缓解通货膨胀。1981年美国里根政府的新经济政策就属于供应政策。

（五）货币改革

这通常是在经历了严重的通货膨胀，各项政策措施都难以奏效，货币体系已无法正常运转后采取的措施。其基本内容是废除旧币，发行新币，并制定一系列保证新币稳定的措施。其目的在于增强居民对货币的信任，恢复货币职能。在币制改革的同时辅之以其他措施，如严厉打击投机、哄抬物价的行为，削减预算赤字，控制工资物价等。

其他的反通货膨胀措施还有强制性的行政干预、保持经济低速增长等。

七、中国通货膨胀的成因及治理

（一）中国通货膨胀成因的分析

在对我国通货膨胀形成原因深入思考和探讨的过程中，理论界提出了一些较有特色的通货膨胀成因假说。

（1）需求拉上说。这是一种比较传统的研究方法。其代表性的思路有：一是把货币供给增长过快归因于财政赤字过大，财政赤字又由投资扩大，特别是基本建设投资过大所引起，以此来说明需求拉上型通货膨胀的形成机理。这种思路的形成是与改革开放前财政分配居于国民收入分配核心地位相联系的。二是将通货膨胀直接归结为信用膨胀的结果。这种思路的形成是以改革开放后信贷分配货币资金的比重急剧增长为背景的。银行贷款的规模超过了国民经济发展的实际需要，就会导致贷款的货币投入没有相应的产出。

（2）成本推进说。体制改革以来，打破了传统的几乎完全僵化、冻结的工资及物价模式，工资、物价的严格管制逐步放松。为了提高人们的生活水平，相应地增加了工资，为了理顺价格体系，提高了农副产品和原材料的价格。这是改革的必然，但是在某种程度上也形成了成本推进型的通货膨胀。

（3）结构说。我国经济结构长期处于失衡状态，农业落后于工业，工业中的基础工业落后于加工工业，加工工业的生产结构又跟不上消费的变化。由于农业发展落后，农产品供应长期紧张，一旦农产品价格放开，不可避免会出现价格上涨。农产品和以农产品为原料的工业品的价格上涨会通过工资—成本链条使物价总水平上升。另外，由于基础工业长期落后，工业原材料供应严重短缺，价格不断上涨，尤其是交通运输业，由于运力严重不足，阻碍了各地区物资供应，导致各地区生产资料价格大幅上升。由此可见，产业结构失衡是通货膨胀的重要原因。

（4）体制说。许多学者认为，根据我国的现实情况来看，包括银行信贷管理体制、企业制度、价格体系等体制性因素才是中国通货膨胀形成的真正根源。例如，在信用膨胀导致需求拉上型的通货膨胀中，一方面是因为财政对国有企业应补未补而占压国有银行贷款的"信贷资金财政化"的现象大量存在所致；另一方面是因为借贷双方都不是真正的企业，作为贷款方的国有银行，缺乏自主权。在政府的干预下，对企业无理的借款需求无法控制，只有满足，这样的贷款必然导致通货膨胀。而在成本推进型通货膨胀中，之所以会出现工资、物价的快速上升，与经济转轨过程中价格改革的推进是分不开的。

（5）国际通货膨胀转移说。这种观点产生于1994年我国的外汇体制改革后，由于种种原因，改革以来，人民币迅速贬值。人民币贬值出现了两个直接后果：一是出口额迅速增长。在结汇制度下，企业外汇收入马上全额兑换成人民币，成为人民币大量投放的一个重要因素。二是外资流入猛增。大量外资投入国内房地产业和固定资产建设，推动了固定资产规模的扩大，拉动了全社会的投资需求。这种情况类似于20世纪80年代末，部分拉美国家和东亚国家出现的大量外资流入所引起的通货膨胀率大幅上升的现象。

（二）中国治理通货膨胀的政策实践

在治理通货膨胀的过程中，我国对经济的调整主要是通过货币政策和财政政策进行的。

针对 1980 年的通货膨胀，1981 年我国采取了紧缩性的财政政策，主要是压缩了当年财政基建投资，使得财政赤字有所降低。

针对 1985 年出现的通货膨胀，我国开始实行"双紧"配合，财政政策方面，国务院先后 4 次召开省长会议，采取一系列措施增加收入，控制支出，解决投资规模过大、消费增长过快等问题；在货币政策方面，中国人民银行开始严格控制固定资产投资的贷款规模，对全年的信贷计划实行指令性管理，两次调高了储蓄存款利率，也提高了固定资产贷款利率，加强了对外汇和外债的管理，加强了现金管理，恢复了控制基金管理制度。

针对 1988 年出现的经济过热和严重的通货膨胀状况，中国人民银行采取了严厉的紧缩银根的措施，严格控制货币信贷增长，将法定存款准备金率从 12% 调高到 13%，同时提高了各种贷款利率。1989 年 11 月，中央又做出了关于进一步治理整顿和深化改革的决定，具体措施包括：实行从紧的财政信贷政策，清理固定资产投资项目，加强市场和物价管理等。这种财政政策和货币政策的"双紧"措施取得了明显的效果：一方面，过高的工业增长速度开始回落，从 1988 年的 17.7% 下降到 1989 年的 6.8%，居民储蓄存款增加 1300 亿元左右，比 1986 年增长了 1 倍。另一方面，居民的消费需求也相应减少，消费品价格上涨的势头开始回落。但是，在遏制高通货膨胀率的同时，由于长时间的强度紧缩政策，国民经济开始进入紧缩时期，工业生产速度下降，企业亏损增加，于是从 1990 年起，人民银行开始放松银根。但此时调整政策为时已晚，市场疲软、经济不景气的局面一时难以改变。

1994 年的通货膨胀是改革开放以来程度最高的。但在这一阶段，中国人民银行的调控能力得到了明显的增强，具体表现在注意了货币政策和其他政策的相互配合，改变了货币政策被动适应经济发展及调整要求的局面。同时，中国人民银行逐步理顺了与财政的关系，1994 年中国人民银行停止向中央财政透支，中央财政的赤字由向社会融资进行弥补，中国人民银行不直接购买和包销政府债券，从而完全切断了中央银行直接向财政提供基础货币的通道。中国人民银行可以从市场上购买国债，调节商业银行的头寸，间接调控宏观经济，这使得货币政策和财政政策的协调配合更为密切。另外，财政当局也有意识地通过控制财政支出的增长速度来配合货币政策实现稳定价格的经济目标。由于财政货币政策较为有效的协调，起到了调节国民经济结构的作用，使宏观经济在"快车道上稳刹车"，并最终顺利实现了经济的"软着陆"。

第三节 通货紧缩与治理

从历史上看，通货膨胀多有发生，人们对通货膨胀比较了解，也进行了比较深入、系统的研究。但是，近年来一些国家又出现了通货紧缩（Deflation），这对包括中国在内的许多国家和地区都造成了威胁。因此，进一步了解和深入研究通货紧缩成为摆在人们面前的重要任务。

一、通货紧缩的定义

通货紧缩是与通货膨胀相对立的概念。对于通货紧缩，西方的经济学家也曾做出过不同的定义。如萨缪尔森和诺德豪斯在《经济学》中认为："与通货膨胀相反的是通货紧缩，它发生于价格总水平的下降中。"货币主义代表莱德勒将通货紧缩定义为："一种物价降低和货币升值的过程。"托宾在《经济学百科全书》中指出："通货紧缩也是一种货币现象，它是每单位货币的商品价值和商品成本的上升。"

综合中外经济学家的观点可以得出关于通货紧缩的三点认识：一是通货紧缩从本质上说是一种货币现象，通货紧缩的成因是由于货币供给量的减少或货币供给量的增幅滞后于生产增长的幅度，致使对商品和劳务的总需求小于总供给，从而出现物价总水平的下降（也可能是物价总水平持续下跌与广义货币供给量适度增长并存，但狭义货币供给量零增长或负增长）。二是通货紧缩的特征表现为物价水平的持续、普遍下跌。也就是说，个别的季节性的、暂时的、偶然性的商品和劳务价格的下跌与货币因素没有必然的联系，不是通货紧缩，只有物价总水平下降才是通货紧缩的标志，当物价下降持续的时间有 6 个月以上时就可以认为出现了通货紧缩。三是通货紧缩是一种实体经济现象，通货紧缩往往伴随着经济衰退，表现为经济增长速度持续减缓甚至出现负增长，失业率攀升，企业普遍开工不足，产品大量积压，收入的增长速度持续放慢，商品销售额增幅持续下滑等。

综合以上三点认识，通货紧缩的一般定义为：在纸币流通条件下，经济中的货币供应量少于客观需要量，使得社会总需求小于社会总供给，导致单位货币升值（购买力增强），一般物价水平普遍、持续下降并伴随着经济衰退的经济现象。

在实际经济中，判断某国经济是否出现了通货紧缩，一看通货膨胀率是否由正转变为负；二看这种下降是否超过了一定期限。这个期限有的国家以一年为限，有的国家以半年为限。

按通货紧缩的程度不同，可将其分为轻度通货紧缩、中度通货紧缩和严重通货紧缩。轻度通货紧缩是指通货膨胀率持续下降，由正值变为负值的情况。通货膨胀率负增长超过一年且未出现转机的情况视为中度通货紧缩。中度通货紧缩继续发展，持续时间达到两年左右或物价降幅达到两位数，就是严重通货紧缩。严重的通货紧缩往往伴随着经济衰退。20 世纪 30 年代美国经济大萧条就是最典型的例子。

二、通货紧缩的成因

直观地说，通货紧缩是供给超过需求的结果。导致供给超过需求的原因既可能是供给增加、需求萎缩，也可能是供给的增加超过需求的扩张。而供给之所以增加，可能是生产能力的充分利用而造成了生产过剩，也可能是由技术创新与进步提高了劳动生产率所致；需求的缩减，则可能是收入下降造成的，也可能是有效需求不足引致的。这些都造成了供给量的相对增加、需求量的相对减少，引起物价普遍的持续下降。

综观世界各国的历史，通货紧缩产生的具体原因主要如下：

（一）宏观经济环境

社会总供给大于总需求是导致一个国家出现通货紧缩的主要原因，一般的情况是，在通货膨胀时期，商品供不应求，销售顺畅，错误的信息引导投资大量增加，高投资引致经济高增长，不适当的经济高增长会导致生产能力过剩，产品供大于求，价格下降。例如，新兴市场经济国家在过去20年中经济高速增长，出现了大规模生产能力过剩，世界上的主要产品包括钢铁、汽车、纺织、造船、化工产品等均出现生产能力过剩。

（二）不合理的产业结构

一些国家的产业结构不合理，使得一部分低水平的产品出现过剩，而高新技术产品则发展不足，在居民的需求层次不断提高的情况下，出现结构性生产过剩，过剩产品的价格下降。

（三）经济政策

在出现通货膨胀的情况下，国家实行紧缩的财政政策和货币政策，紧缩政策执行到一定阶段就要防止紧缩政策掌握不当而走向通货膨胀的反面——通货紧缩。世界各国的实践说明，过度紧缩的财政政策和货币政策确实曾导致通货紧缩的出现。有的经济学家认为，通货膨胀被制止时，不产生一个经济增长迟缓和失业超过平时的过渡时期，这样的例子在历史上还未见过。紧缩的财政政策和货币政策不可避免地要付出高昂的代价，这是惯性作用所致。

（四）心理预期

当企业对经济发展前景失去信心，认为经营效益难以保证时，会缩减投资。当居民预期未来支出将要增加，而收入的增加将减缓时，也会缩减消费，增加储蓄。在投资和消费需求缩减的情况下，会导致生产能力和商品的过剩，加剧社会总供求的不均衡，导致价格下降，加剧通货紧缩。

（五）技术进步和科技创新

科技进步与创新会提高生产力水平，使生产成本下降，劳动生产率提高，因而可能造成生产能力过剩，在供给大于需求的情况下物价下跌不可避免。例如，经济学家迈耶指出，日益激烈的全球竞争和降低成本的科技创新是导致生产率出现增长趋势、供给增加和物价下降的重要因素。

（六）国外经济的影响

随着经济全球化的发展，一个国家经济上出现问题也会波及与其经济联系紧密的其他国家。例如，1997年的亚洲金融危机，出现金融危机的国家的经济衰退，货币贬值，国内需求减少，商品以低廉的价格进入国际市场。而中国则保持人民币不贬值，导致出口减少，进口商品价格下降，加大了中国国内商品供大于求的矛盾，加剧了中国的通货紧缩。

三、通货紧缩的危害

一般而言，轻度的通货紧缩对经济的负面影响较小，中度的通货紧缩对经济的负面影响凸显，这时国家宏观决策者就应引起注意，并采取相应的对策，否则一旦中度的通货紧缩转变为严重的通货紧缩时就会诱发整个国家乃至世界的经济衰退。典型的例子是20世纪30年代的经济大萧条。具体来说，通货紧缩对经济的危害表现在以下几个方面：

（一）企业产品滞销，工业生产下降

通货紧缩的产出效应表现为生产萎缩，产值下降。

首先，通货紧缩会导致企业的商品销售渠道不畅通甚至是产品滞销，因而企业的销售收入无法及时实现。而同时企业的商品库存数量增加，必然增加企业的商品库存成本。这样一来，收入下降而成本上升，企业的预期利润得不到保证，迫使企业削减生产规模，产量下降。

其次，通货紧缩的收入分配效应对生产者是不利的。由于货币实际购买力的变化造成资产的重新分配，会有利于债权人，而不利于债务人。而生产者是资金的主要需求者，所以借贷成本的上升会使企业不得不收缩投资规模。

最后，随着通货紧缩程度的加深，产品价格持续下降，但工资是刚性的，因此企业利润进一步减少，甚至亏损。这时企业唯有继续削减生产规模甚至破产倒闭。最终造成全社会生产能力下降，经济倒退。

（二）失业率上升，社会矛盾加剧

经济衰退的直接后果就是失业率上升。企业效益不好，对人才的需求减弱，同时为维持企业的生存就会裁减员工，一时间下岗失业人数激增，社会就业非常困难。失业率太高会给社会带来诸多不稳定的因素，而不安定的秩序及混乱的社会局面反过来又会给国家经济带来破坏，妨碍经济的增长。

（三）居民的收入增长缓慢，消费需求水平下降

企业效益滑坡，经济增长缓慢，必然导致整个社会居民的收入也增长缓慢，使得人们对未来收益的预期下降，信心减弱，从而增加储蓄存款，减少现金持有。同时，物价指数的不断下跌，也会使得居民开支谨慎，惜金不用。总体上使得全社会的居民消费需求水平下降，人们的生活水平下降。消费需求的减弱，会进一步导致企业商品销售的不通畅，从而整个社会出现一方面生产厂家有商品卖不出去，一方面消费者却因收入减少消费不起这样一种恶性循环的经济局面，一旦如此，经济危机必然爆发。

（四）国内资金向国外转移，导致国内通货更加紧缩

当国内货币币值不断攀升，而资本效益却不断下降时，国内资本就会开始考虑转向效益更高的国外金融市场。另外，币值的实际上升，必然会影响到本国货币的汇率上升，使得本国企业的商品在国际市场上的价格竞争力下降，导致进口增加，出口减少，进一步加剧通货紧缩。

（五）影响金融的良性循环，增加金融风险

一方面，在通货不足的情况下，银行可以通过增加贷款和扩大信用规模来增加通货，但是在通货紧缩下，企业的效益不断降低，银行的惜贷之心日渐趋重，贷款的数量增长减缓甚至下降。同时，由于居民的惜金不用，银行的存款数量却日渐高涨，一消一长，会危及银行本身的经营，扰乱整个社会的金融秩序，使得金融秩序由良性循环转向恶性循环。

另一方面，通货紧缩会对银行信贷资产的安全性造成很大的影响。企业经营困难导致不能按时还贷，使得银行资产质量下降，出现大量不良资产和坏账。而一旦出现严重的通货紧缩，企业的大量破产倒闭势必引起银行信用风险的全面爆发，难以继续维系经营，甚至出现银行业的危机。

四、通货紧缩的治理对策

治理通货紧缩的措施犹如治理通货膨胀一样是综合性的，并根据各国具体的情况而选择最适宜、最可行的对策。

（一）扩张性的财政政策、货币政策

通货紧缩的一个重要原因是有效需求不足，因此治理通货紧缩应主要从增加需求着手，采取扩张性的政策，同样也是运用财政政策与货币政策两大需求管理政策手段。

实施扩张性财政政策，主要是扩大财政开支、兴办公共工程、增加财政赤字、减免税收。在20世纪30年代的大萧条中，美国总统罗斯福采取的一系列"新政"措施主要就是这类政策。例如，政府发行巨额国债，大力兴办公共工程，刺激国内需求；降低税率，鼓励出口。罗斯福"新政"取得了明显效果，国民收入从1933年的396亿美元增加到1937年的736亿美元，物价从1934年止跌回升，失业率大幅度下降。

实施扩张性货币政策，主要是下调法定存款准备率；下调利率，增加贷款，包括消费信贷、出口信贷、住房信贷等；与此同时中央银行增加再贴现和再贷款，以增加商业银行提供贷款的能力，增加货币供应量。例如，为防范通货紧缩，缓解经济的低迷状态，美国于2003年6月将银行间隔夜拆借利率从1.25%降为1%，这是继2001年1月以来第13次降息，降到了1958年以后的最低水平，美国商业银行的优惠贷款利率也由4.25%降为4%，达到1959年以来的最低水平。

在治理通货紧缩时，扩张性财政政策具有动员迅速、作用直接等优点，往往更加有效。相反，更多的理论分析（如凯恩斯的"流动性陷阱"）和各国实践（如近年来日本和中国的情况）表明，扩张性货币政策可能是无效的或者乏力的。因此，在治理通货紧缩的对策中，货币政策主要是配合财政政策来运用的。另外需要注意的是，扩张性财政政策和货币政策一定要适度，否则在经济恢复的过程中，可能蕴涵着新一轮的通货膨胀。

（二）提高居民收入水平，调整收入结构，扩大消费

居民消费能力不足会直接导致企业产品难以销售，生产受阻，引起通货紧缩。而要扩大消费需求，提高消费水平，除了充分利用各种政策组合，从财政政策、货币政策、

产业政策等方面创造增加社会消费的条件外，更重要的是要创造有利于扩大消费的物质条件，即在经济力量允许的情况下，使居民收入能够稳定增加，增强居民对未来收入的预期和信心，以增加居民的消费需求。

收入结构的不合理状况也是消费需求不旺的主要原因之一，收入水平高的人有消费能力，但需求相对较小，而收入水平低的人对消费品的需求相对较强，但没有支付能力。如果能采取一些措施，使得收入水平高的阶层的过剩消费能力转移到收入水平低的阶层，那么整个社会的消费需求就能得到很大的提高。一般政府会通过税收调节居民之间的收入水平结构。

（三）推动产业结构调整

利用经济紧缩时期生产力过剩、价格下跌的时机，促进企业重组，以调整产业结构和产品结构，调整资源配置，消化过剩的生产能力。淘汰一批低生产率、低效益、生产能力过剩的企业，也只有在紧缩时期这些企业才会被迫淘汰。而使用新技术、生产率高的企业则会继续生存并发展。总的来说，通过产业结构调整来优化供给，有利于拉动新一轮的经济增长。

（四）改革汇率制度或实施汇率调整

通货紧缩可能由于固定僵化的汇率制度所导致，这种汇率制度容易使本币过高估值，产生输入型通货紧缩。如果是这样，就需要对汇率制度进行改革，采取灵活的汇率制度，使汇率自由浮动或者扩大浮动范围，减轻外部冲击对通货紧缩的压力。

专栏 8-4

"安倍经济学"能挽救日本经济吗？

在经历了 20 年的通货紧缩后，2012 年底日本首相安倍晋三一上台，便高调抛出了名为"安倍经济学"（Abenomics）的经济政策，其基本原理是，通过向市场大量注入资金，造成通货膨胀率增加，日元贬值，出口增加，物价上涨，企业收益增长，员工收入也随之增加，最终摆脱通货紧缩，实现日本经济增长。

"安倍经济学"有三项措施：首先，安倍晋三强势要求日本央行配合发钞，学习欧美的量化宽松政策，甚至不惜公然挑战央行决策独立性，提出了所谓的"无限度"购买政府债券，即允许实行无限度量化宽松货币政策，大胆地提出了将通货膨胀率设定为 2% 的激进的货币政策目标。其次，安倍内阁在 2013 年 1 月 11 日批准一项规模为 1170 亿美元，总数 2267.6 亿美元的政府投资计划，即所谓的"紧急经济对策"。最后，实行日元贬值政策，安倍内阁提出建立一个金额达 50 万亿日元的基金，购买外国证券，压低日元汇率，达到促进出口的目的。

以激进的货币政策和财政政策为基本内容的"安倍经济学"的实施，为日本经济复苏注入了"兴奋剂"，首先，天量资金流入市场后，第一个动起来的是日元，在安倍晋三上台之后不到半年时间，日元汇率持续走低，到 5 月中，日元已经贬值 25%，美元兑日元突破了 100 日元大关。其次，以日元计价的日本股市也出现涨升行情，最高涨幅达 50%。一时之间日本市场成为国际资金的新宠儿，累计第一季度外资已经流入日股 100 亿美元，超过 2012 年全年规模。据日本官方公布的数据显示，一季度国内生产总值（GDP）较前一季度增长 0.9%，超出市场预期。"安倍经济学"似乎初见成效。

然而，市场盲目乐观情绪很快过去，首先，人们发现日元贬值并没有起到促进日本出口的效果，反而继续扩大了日本的贸易赤字幅度。因为，日本经济脆弱性的最大来源当然是其对进口能源的依赖。所有进口原材料的成本都是以美元计价的，由于美元相对日元不断升值，进口价格大幅上涨，部分抵消了弱势日元对出口商竞争力的提振效应。其次，日本政府在其负债率已达 GDP 226%、高于全世界任何一个发达国家的情况下，仍然赌博似地提出激进的超级量化宽松的货币政策与巨额赤字的财政政策，大幅增加政府债务，具有极高风险。如果一旦美联储像其所宣称的那样退出量化宽松货币政策，那么美元很可能会大幅升值，这意味着日元会大幅贬值。这会导致进口成本上升，进而使得通胀率有可能突破 2% 这一目标。一旦出现这种情况，日元债券利率将会大大升高，安倍政府的高额负债将由于其失去偿付能力，导致政府破产，提振经济的计划将根本无法实施。瑞银集团（UBS）的全球首席投资策略师弗里德曼（Alex Friedman）警告称，如果所谓的"安倍经济学"最终未能起到预期中的提振日本经济动力的效果的话，那么该国有可能陷入经济滞胀的困境。计算显示，一旦日本式滞胀噩梦成真，那么该国政府债务占国内生产总值的比重将由当前的 226% 进一步升高到 300% 以上，而 10 年期日债的收益率则将会由当前的 0.86% 飙升到 5%，这将使该国金融系统遭受重创，其国内脆弱的区域性银行业将会首当其冲陷入绝境。

由于市场对"安倍经济学"效果产生怀疑，2013 年 5 月 23 日，日本股市遭遇的"黑色星期四"，单日暴跌 1143.28 点，自 5 月 23 日出现罕见暴跌以来，日经指数在不到两周时间里，已经 4 次出现单日超过 500 点的暴跌。这给"安倍经济学"泼足了冷水。安倍的支持率由 70% 以上迅速下降到 60% 以下。

练习题：

一、单选题

1. 货币失衡是指（　　）不相适应已达到了影响国民经济正常运行的程度。

A. 实际货币供给量与名义货币需求量　　B. 名义货币供给量与实际货币需求量

C. 名义货币供给量与名义货币需求量　　D. 实际货币供给量与实际货币需求量

2. 货币供求均衡点决定的利息率是（　　）。

A. 实际利率　　　　　　　　　　　　B. 名义利率

C. 均衡利率   D. 基准利率

3. 如果名义货币供给量不变，当物价水平提高时，实际货币供给量将会(　　)。

A. 不变   B. 增加

C. 减少   D. 先增加后减少

4. 通货膨胀发生的主要标志是(　　)。

A. 物价上涨   B. 消费增多

C. 通货贬值   D. 投资减少

5. 能够全面反映社会总体价格水平变动趋势的通货膨胀度量指标是(　　)。

A. 消费物价指数   B. 生产者价格指数

C. 生活费用指数   D. 国民生产总值平减指数

6. 在物价总水平上涨时有些主体的实际收入水平会增加，有些主体的实际收入水平会下降，这是通货膨胀的(　　)效应。

A. 收入分配   B. 强制储蓄

C. 经济增长   D. 财富分配

7. 下列通货膨胀理论可以被用来解释经济的"滞胀"现象的是(　　)。

A. 需求拉上说   B. 成本推动说

C. 结构说   D. 供求混合说

8. 当存在完全竞争的劳动力市场时，不可能产生的是(　　)。

A. 需求拉上的通货膨胀   B. 工资推进的通货膨胀

C. 利润推进的通货膨胀   D. 结构性通货膨胀

9. 通货膨胀对债务人来说，其影响是(　　)。

A. 获得收益   B. 产生损失

C. 没有影响   D. 短期有利长期不利

10. 在经历了严重的通货膨胀，各项政策措施都难以奏效，货币体系已无法正常运转后而采取的措施是(　　)。

A. 紧缩性的财政政策   B. 紧缩性的货币政策

C. 收入紧缩政策   D. 货币改革

11. 如果通货膨胀率负增长超过(　　)且未出现转机，则将这种情况视为中度通货紧缩。

A. 半年   B. 一年

C. 两年   D. 三年

12. 所谓"供给政策"治理通货膨胀的主要措施是(　　)。

A. 减税   B. 指数化方案

C. 冻结工资   D. 管制物价

13. 物价上涨、失业、经济不景气同时存在的现象最有可能的原因(　　)。

A. 需求拉上的通货膨胀   B. 财政赤字引起的通货膨胀

C. 成本推进的通货膨胀   D. 停滞的通货膨胀

14. 需求拉上理论认为，当经济处于充分就业时，扩大总需求会使(　　)。

A. 收入增加，物价不变 　　　　　　　B. 收入增加，物价上涨

C. 收入不变，物价上涨 　　　　　　　D. 收入不变，物价不变

二、多选题

1. 如果货币供给大于货币需求，即存在货币超额供给，其主要表现为(　　)。

A. 物价上涨 　　　　　　　　　　　　B. 物价下跌

C. 强迫储蓄 　　　　　　　　　　　　D. 资源闲置

2. 度量通货膨胀的程度，主要采取的标准有(　　)。

A. 消费物价指数 　　　　　　　　　　B. 生产者价格指数

C. 生活费用价格指数 　　　　　　　　D. 国民生产总值平减指数

3. 按照通货膨胀的表现形式，可将其分为(　　)。

A. 温和的通货膨胀 　　　　　　　　　B. 恶性的通货膨胀

C. 公开型的通货膨胀 　　　　　　　　D. 隐蔽型的通货膨胀

4. 按照形成原因分类，通货膨胀可以分为(　　)。

A. 需求拉上型通货膨胀 　　　　　　　B. 成本推动型通货膨胀

C. 结构型通货膨胀 　　　　　　　　　D. 供求混合型通货膨胀

5. 成本推动型通货膨胀的支持者认为导致生产成本上升的主要原因是(　　)。

A. 工资上涨 　　　　　　　　　　　　B. 价格操纵

C. 总需求增加 　　　　　　　　　　　D. 总供给减少

6. 下列理解正确的是(　　)。

A. 总供给决定货币需求 　　　　　　　B. 总需求决定货币供给

C. 总需求成为货币供给的载体 　　　　D. 货币供给是总需求的载体

7. 关于通货膨胀究竟能否促进经济增长，西方经济学界的主要观点有(　　)。

A. 促进论 　　　　　　　　　　　　　B. 促退论

C. 中性论 　　　　　　　　　　　　　D. 合理预期论

8. 结构性通货膨胀是指从经济结构分析物价总水平持续上涨机理的理论，可以分为(　　)。

A. 需求结构移动型通货膨胀 　　　　　B. 部门差异型通货膨胀

C. 斯堪的纳小国通货膨胀 　　　　　　D. "瓶颈"制约型通货膨胀

9. 通货紧缩是一种实体经济现象，其发生往往伴随着(　　)现象。

A. 经济增长 　　　　　　　　　　　　B. 经济衰退

C. 失业增加 　　　　　　　　　　　　D. 企业开工不足

10. 由于货币实际购买力的变化造成资产的重新分配，通货紧缩会对(　　)产生不利影响。

A. 消费者 　　　　　　　　　　　　　B. 生产者

C. 债权人 　　　　　　　　　　　　　D. 债务人

11. 通货膨胀时期的经济表现包括(　　)。

A. 投资不如投机   B. 存钱不如存货

C. 债权人蒙受损失   D. 债务人获得收益

12. 成本推动型通货膨胀又可细分为(　　　)引起的通货膨胀。

A. 工资推动   B. 预期推动

C. 价格推动   D. 利润推动

三、判断题

1. 货币均衡是指货币供给量与名义货币需要量相适应。   (　　)

2. 货币均衡是货币供给与货币需求在数量上的完全相等。   (　　)

3. 通货膨胀的经济现象是原材料价格水平的上升。   (　　)

4. 如果商品的价格一旦上涨,则我们就认为发生了通货膨胀。   (　　)

5. 凯恩斯理论和货币主义理论中关于通货膨胀的预期为适应性预期。 (　　)

6. 物价的上涨会使债权人受到本金和利息贬值的损失。   (　　)

7. 如果一国通货膨胀率由正变为负,我们就说该国经济出现了通货紧缩。 (　　)

8. 通货紧缩现象一般伴随着经济衰退。   (　　)

四、名词解释

1. 货币均衡   2. 货币失衡   3. 通货膨胀   4. 需求拉上型的通货膨胀

5. 成本推进型通货膨胀   6. 结构性通货膨胀   7. 适应性预期

8. 合理预期   9. 强制储蓄   10. 通货紧缩

五、计算题

凯恩斯学派的货币需求函数可表述为:$L(Y,r) = L_1(Y) + L_2(r) = KY + hr$。其中,Y为收入,r为实际利率。

(1) L_1 和 L_2 分别表示何种需求?

(2) 以 M 表示货币供给,设货币需求函数的具体表达为:$L(Y,r) = 0.4Y - 8000r$

当 Y = 1000(亿元)、r = 2% 时,货币供求达到平衡,即 $M = L(Y,r)$。如果 Y 提高 10% 而货币供给不变,请问 r 要提高多少个基本点(BP,1 个基本点等于万分之一),才能维持货币的供求平衡?

(3) 本题说明:货币供求均衡时,收入与实际利率之间呈_____向变动关系。

六、简答题

1. 如何理解货币均衡的概念?

2. 货币供求和社会总供求平衡和失衡的关系是什么?

3. 如何全面理解通货膨胀的概念?

4. 如何度量通货膨胀?

5. 通货膨胀的类型主要有哪些?

6. 简述需求拉上型通货膨胀理论。

7. 简述成本推进型通货膨胀理论。

8. 简述工资—物价螺旋上升是如何形成的?

9. 简述供求混合型通货膨胀理论。

10. 简述结构型通货膨胀理论。

11. 简述通货膨胀预期理论。

12. 严重通货膨胀对国民经济的破坏作用主要表现在哪些方面？

13. 简述通货膨胀治理的需求管理政策。

14. 简述通货膨胀治理的收入紧缩政策。

15. 简述通货膨胀治理的供给政策。

16. 简述通货膨胀治理的货币政策。

5. 什么是通货紧缩？通货紧缩的危害主要表现在哪些方面？

七、论述题

1. 结合我国的实际情况，论述中国式的通货膨胀形成机制。

2. 针对我国 20 世纪 90 年代出现的通货紧缩现象，对我国产生通货紧缩的原因进行分析，并简述我国是如何治理通货紧缩的。

八、案例分析题

2007 年全年我国居民消费价格（CPI）上涨 4.8%，涨幅比 2006 年提高 3.3 个百分点（12 月上涨 6.5%）。食品、居住价格上涨是拉动价格总水平上涨的主要原因。其中，食品价格上涨 12.3%，拉动价格总水平上涨 4.0 个百分点；居住价格上涨 4.5%，拉动价格总水平上涨 0.6 个百分点。在食品价格中，粮食上涨 6.3%，肉禽及其制品上涨 31.7%，蛋上涨 21.8%。其余商品价格有涨有落。

从结构上讲，影响这一轮 CPI 上涨的诱因是在 2006 年 6 月开始的猪肉价格上涨。2006 年上半年肉价过低导致生猪存栏下降，猪蓝耳病的发生也导致价格上涨，粮食价格上涨促使饲料成本上升，带动整个 CPI 的上涨。

此外，影响物价上涨的另外一个因素，是国际初级产品价格上涨对中国的输入性影响。首先是石油价格的上涨推动国内油价上涨，其次是食用植物油价格上涨，2007 年其国际市场价格几乎上涨一倍。

石油和食用植物油的价格都是刚性很强的产品，是推动 CPI 上涨非常重要的结构性因素。这一轮物价上涨的国际背景和以往有很大不同，通货膨胀具有世界性的趋势。2007 年印度 CPI 上涨 5.2%，俄罗斯上涨 9.4%，美国也达 2.8%，欧元区 CPI 也上涨 2% 以上。

从总量上来讲，2007 年广义货币超过了 40 万亿元，充裕的货币供给是物价总水平上涨的影响因素之一。

思考题：

①推动 2007 年 CPI 上涨的原因主要有哪些？

②面对国内经济形势，政府应采取什么样的措施来应对？

第九章　货币政策与宏观调控

【学习目的】
　　了解货币政策的内容构成。理解货币政策的传导机制及政策效果。掌握国际收支与内外均衡的调节机制。

　　美联储主席艾伦·格林斯潘（Alan Greenspan），自其1987年就任以来，就成为了世界经济舞台上的一颗巨星，不仅在美国家喻户晓，而且以其前任从未有过的权威性和影响力左右着美国经济乃至世界经济的发展轨迹。格林斯潘的效应可以见诸于新闻媒介的报道中，如1999年5月4日《纽约时报》的"有了格林斯潘，谁还需要黄金"，1999年5月7日《金融时报》的"格林斯潘一番话，下午股票大跌价"，1998年7月27日金融界评论"格林斯潘一开口，整个世界都打颤"，1998年9月26日《经济学家》的"全都盯着格林斯潘"，等等。人们对他的评价是尊重性的，如格林斯潘的"奇迹般治疗"，"金口玉言"，"高级牧师——格林斯潘"，"我们信仰格林斯潘"。一位记者干脆大胆地断言："格林斯潘仅次于上帝！"格林斯潘是用什么魔术来对经济和社会产生这么大的影响的呢？

　　他利用的主要是货币政策的魔术。20世纪90年代，克林顿刚任总统时美国经济处于衰退之中，美联储通过扩张性的货币政策，降低利率、增加货币量、增加投资和刺激消费，使美国的边际消费倾向从长期以来的0.676左右上升到0.68，这微小的0.004对经济的影响不可低估。到了90年代末，美国经济有过热迹象时，美联储又提高利率，以防止可能出现通货膨胀加速的现象。进入21世纪，当美国经济又有衰退的迹象时，美联储又降息。正是通过交替地运用扩张性和紧缩性的货币政策来调节经济，使经济处于低通货膨胀的持续增长中。

第一节　货币政策的内容构成

　　货币政策是货币当局或中央银行为实现既定的宏观经济目标，运用各种工具调节货币供应量和利率，进而影响宏观经济运行状态的各类方针和措施的总和。它一般包括四个方面的内容：①货币政策目标（包括最终目标、中间目标和操作目标）。②货币政策工具。③货币政策的传导机制。④货币政策效果。

按照中央银行对货币政策的影响力和影响速度，货币政策目标分为三个不同的目标层次，即最终目标、中间目标和操作目标，它们共同构成中央银行货币政策的目标体系。货币政策工具经过操作目标、中间目标到最终目标是一个依次传递的过程，对中央银行而言，这些目标的可控性依次减弱，而从经济分析的角度来看，则宏观性依次增强。

中央银行货币政策的内容结构如图9-1所示。

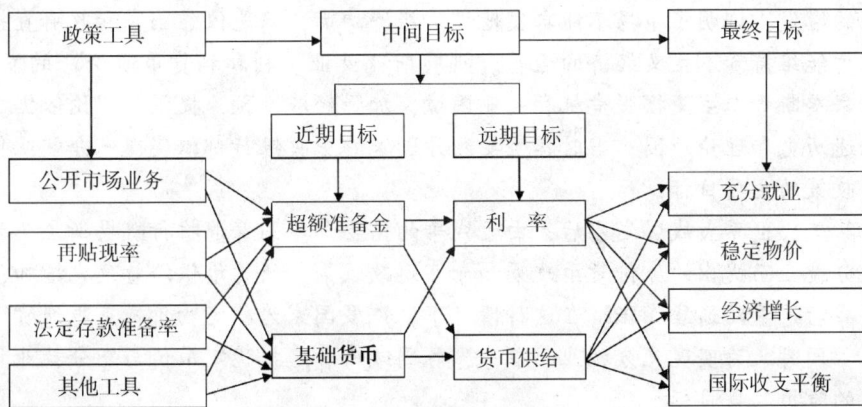

图9-1 货币政策的内容结构

一、货币政策的最终目标

货币政策的最终目标一般也称为货币政策目标，是中央银行通过货币政策的操作而达到的最终宏观经济目标。货币政策作为国家宏观经济调控的重要政策之一，其最终目标要与国家宏观经济目标一致，要成为国家整个宏观经济政策的重要组成部分而发生作用。一般认为，货币政策的最终目标包括稳定物价、充分就业、经济增长和国际收支平衡。

专栏9-1

西方国家货币政策目标的形成历程

从17世纪末英格兰银行诞生到1930年以前漫长的历史过程中，西方货币政策都以稳定币值为唯一目标，这也有其特定的历史背景。在资本主义发展初期，新兴的资产阶级进行资本原始积累需要有十足价值的货币作为聚集财富的手段，代表新兴资产阶级利益的银行自然以稳定币值为主要的政策目标。随后，金本位制下信用工具的使用，在客观上也要求单位货币含金量和汇率的稳定。在理论方面，当时古典经济学占统治地位，信奉萨伊定律，认为市场这只"无形的手"可以自发调节经济均衡，因而要求货币保持"中性"地位，国家不干预经济，排除一切影响经济增长的非经济因素，让市场去自由地调节生产。在这种情况下，国家的唯一任务就是保证币值稳定，使货币供应量与生产要求相适应。

1930年以后，各主要西方国家货币政策目标开始由原来的稳定币值转化为以实现充分就业为目标。1929～1933年资本主义世界爆发了空前大危机，当时美国的实际国民生产总值减少了31%，失业率高达32%，失业人口超过1700万人，失业问题成为当时资本主义世界的头号经济问题和政治问题。资本主义世界危机的爆发，证明了市场不能自发地调节经济均衡，只能依靠国家和政府直接干预，方能维持资本主义经济的运转。凯恩斯《就业、利息和货币通论》的发表，为国家垄断资本主义摆脱危机和失业困境，加强经济干预，提供了理论依据。由于上述历史和理论原因，当时各主要西方国家的中央银行都以实现充分就业作为货币政策的主要目标。

第二次世界大战爆发以后，由于战争的需要，各国普遍推行凯恩斯主义为实现充分就业而提出的廉价货币政策和赤字财政政策，使货币供给量急剧增加，导致了战后严重的通货膨胀。在这种情况下，许多国家为稳定物价、克服通货膨胀危机，同时又为实现充分就业而奋斗，各国政府普遍把稳定币值与充分就业作为主要的货币政策目标。

在第二次世界大战以后的十几年里，西欧各国和日本经济迅速复兴，出现了较高速度的增长，而美国的经济增长速度则远远落在后面，这使美国的经济霸主地位受到了严重威胁。为了维持自己的政治、经济和军事地位，也为了本国就业状况的改善，更为了与苏联抗争，在20世纪50年代后半期美国政府率先把经济增长作为货币政策和财政政策共同追求的目标，以后西方各主要资本主义国家也纷纷效仿。至此，各国中央银行的货币政策又在原来的基础上发展为稳定币值、充分就业、经济增长三大目标。

20世纪50年代末以后，由于通货膨胀的影响和长期实行低利率政策，美国的国际收支状况日益恶化，使以美元为中心的国际货币制度受到严重威胁，出现了两次美元大危机。20世纪70年代随着布雷顿森林体系的崩溃，美国首先提出了平衡国际收支的经济目标。因此，其中央银行的货币政策目标也相应发展为四个，即稳定物价、充分就业、经济增长和国际收支平衡。

（一）货币政策最终目标的内容

西方国家货币政策目标一般为以下四个方面：

1. 稳定物价

所谓稳定物价的货币政策目标，一般是指通过实行适当的货币政策，保持一般物价水平的相对稳定，以避免出现通货膨胀或通货紧缩。稳定物价是中央银行货币政策的首要目标，因为物价的稳定是发展经济的前提条件。稳定物价的实质是稳定币值，在现代信用货币和纸币流通的条件下，币值就是指单位货币在一定价格水平下，购买商品和劳务的能力，即货币购买力。因此，币值的稳定与否是用单位货币购买力稳定与否来衡量的，而单位货币的购买力与物价水平呈负相关，即物价水平上升，货币购买力相应下降，也意味着货币贬值，所以稳定币值与稳定物价含义是一样的。一些国家的货币政策往往用稳定币值代替稳定物价的表述。物价水平的稳定既包含防止物价水平上涨，也包含防止物价水平下跌。通货膨胀的表现是物价总水平的持续上涨，而通货紧缩的表现是物价总水平的持续下跌，因而在一般情况下，反通货膨胀、反通货紧缩与稳定物价水平、稳定币值具有完全一致的意义。

稳定物价不是冻结物价，而是指把物价的变动控制在一定的幅度之内，只要物价上升或下跌不超过这个幅度，就可以称得上实现了稳定物价的目标。这个幅度的确定，不仅取决于一个国家的政治经济环境，还取决于社会公众的容忍程度。一般认为，物价上涨率能控制在 2% ~4% 就基本上算实现了物价水平的稳定，而对于物价下跌的控制幅度目前并没有达成一个共识。

2. 充分就业

狭义的充分就业是指劳动力的充分利用。广义的充分就业不仅包括劳动力的充分就业，还包括其他生产要素的充分利用，用以衡量一国社会资源的利用程度。由于其他生产要素的利用程度很难测算，但它与劳动力就业状况保持基本一致的关系，所以一般以劳动力就业程度作为社会经济资源利用程度的代表性指标。

劳动力就业程度是通过失业率来衡量的。所谓失业率，是指失业人数（愿意就业而未能找到工作的人数）与愿意就业的劳动力的百分比，失业率的大小表示与充分就业目标的差距，失业率越高，距离充分就业的目标就越远。

充分就业是指通过实行适当的货币政策，以减少或消除经济中存在的非自愿失业，而并不意味着将失业率降低为零。充分就业通常是指凡是有劳动能力并愿意参加工作者，都能在较合理的条件下随时找到适合的工作。

西方经济学家认为，充分就业并不是社会劳动力 100% 就业，而应该排除两种失业，一是摩擦性失业或结构性失业，即由于季节性、技术性、经济结构等原因造成的临时性失业；二是自愿失业，即劳动者不愿意接受现行的工资水平和工作条件而引起的失业，这两种失业是不可避免的。凯恩斯学派认为，除上述两种失业外，还存在着非自愿性失业，即劳动者愿意接受现行的工资水平和工作条件，但仍然找不到工作。只要存在着非自愿性失业，就说明未达到充分就业。弗里德曼认为，资本主义经济在任何时候都存在着与实际工资相适应的某种均衡失业水平，即存在着所谓的自然失业率，货币政策不可能使实际失业率降低至自然失业率之下。因此，货币政策的充分就业目标只能将实际失业率降至自然失业率的水平。但是弗里德曼并未说明自然失业率到底为多少。

那么，失业率为多少时才可称为充分就业，或者说一个国家能够容忍的失业程度是多大。对此，经济学家的看法不一致。有的经济学家认为，只要失业率低于5%就可以看成是充分就业了；而有的经济学家认为这个比率太高，应该将失业率控制在 2% ~3%，否则就不能算实现了充分就业。实际上，同确定稳定的物价水平一样，对失业率的标准，各国政府也是根据不同时期的政治经济形势而灵活确定的。例如，1971年美国国会联合经济委员会提出美国长远的合理目标应当使失业率不超过3%；1978年美国《充分就业法案》又规定失业率不超过4%则为充分就业。如表9-1所示为世界主要国家失业率。

表 9-1　世界主要国家失业率　　　　　　单位:%

时间	美国	日本	欧元区	英国
2008 年 4 月	5.0	4.0	7.2	5.4
2008 年 5 月	5.5	4.0	7.3	5.6
2008 年 6 月	5.5	4.1	7.3	5.7
2008 年 7 月	5.7	4.0	7.4	5.9
2008 年 8 月	6.1	4.2	7.5	6.0
2008 年 9 月	6.2	4.0	7.6	6.1
2008 年 10 月	6.6	3.7	7.8	6.3
2008 年 11 月	6.8	3.9	7.9	6.5
2008 年 12 月	7.2	4.4	8.0	6.1
2009 年 1 月	7.6	4.1	8.3	6.7
2009 年 2 月	8.1	4.4	8.7	7.1
2009 年 3 月	8.5	4.8	8.9	7.2
2009 年 4 月	8.9	5.0	9.2	7.6
2009 年 5 月	9.4	5.2	9.3	7.8
2009 年 6 月	9.5	5.4	9.4	—

资料来源:《中国货币政策执行报告》，2009 年第二季度。

3. 经济增长

关于经济增长，经济学界至少有两种解释。一种观点认为，经济增长就是指国民生产总值的增加，即一国在一定时期内所生产的商品和劳务总量的增加，或者是人均国民生产总值的增加，它反映了一个国家的经济发展速度。另一种观点认为，经济增长是指一国生产商品和劳务能力的增长，它反映了一个国家经济增长的动态效率。目前，大多数国家采用 GNP 或 GDP 的年增长率或人均年增长率来衡量经济增长程度。

至于货币政策应当追求多高的经济增长速度，则取决于经济增长利益和经济增长成本之间的权衡和比较。社会欲实现一定速度的经济增长，必须付出一定的成本和代价，社会公众必须忍受目前消费减少的痛苦以进行储蓄和投资，经济的增长还可能带来环境的污染、资源的消耗等，而经济增长的最大利益是增加社会公众的未来福利。适度的经济增长，从理论上讲就是经济增长的边际成本和边际收益相等时的经济增长率，但是很难测算。在实际操作中，各国政府为了政治、经济和军事上的需要，总是追求实现一定速度的经济增长，但是应在综合考虑资源有效利用、环境保护和长期可持续性发展要求的基础上制定年度经济增长目标。

4. 国际收支平衡

国际收支是指一定时期内一国与其他国家或地区之间由于政治、经济、文化往来所引起的全部货币收支。国际收支平衡是指一国对其他国家或地区的全部货币收支持平，或略有顺差和逆差。国际收支平衡可分为静态平衡和动态平衡两种形式。静态平衡是以一年的国际收支数额相抵为目标的平衡，因为它与人们的传统习惯相吻合，判断简单，所以大多数国家采用这种平衡模式。动态平衡是指以一定时期（如3年、5年）的国际收支数额相抵为目标的平衡，动态平衡考虑了经济运行的周期性特点，更具有实际意义，因此这种平衡模式将会越来越广泛地被采用。

那么，国际收支平衡作为货币政策目标是如何被确定的？一个国家要保证对外经济活动和贸易支出的正常需要，必须保持适当的外汇储备，使外汇储备占进口总额的比例维持相对稳定的水平。究竟多大比例为好，要根据各国的具体情况而定。一个国家的外汇储备的需要，决定了对国际收支状态的具体要求。因此，大多数国家并不是追求国际收支的绝对平衡，而是根据外汇储备增减的需要确定国际收支的具体控制目标。

专栏9-2

我国关于货币政策目标选择的观点

1984年我国建立中央银行制后，理论界对于中国货币政策应有什么样的目标问题一直存在着争论。主要观点有以下几种：

（1）单一目标观点。这又分为两种相当对立的意见。一种是从稳定物价乃是经济正常运行和发展的基本前提出发，强调物价稳定是货币政策的唯一目标。另一种是从货币是再生产的第一推动力出发，主张以最大限度的经济增长作为货币政策的目标，并在经济发展的基础上稳定物价。

（2）双重目标观点。这种观点认为，中央银行的货币政策目标不应是单一的，而应当同时兼顾发展经济和稳定物价两方面的要求。强调两者的关系是：就稳定货币而言，应是一种积极的、能动的稳定，即在经济发展中求稳定；就经济增长而言，应是持续、稳定、协调的发展，即在稳定中求发展。不兼顾，则两者的要求均不能实现。

（3）多重目标观点。鉴于经济体制改革的进一步深化和对外开放的加快，就业和国际收支问题对宏观经济的影响越来越重要。因此有人提出，我国的货币政策目标必须包括充分就业、国际收支均衡和经济增长、稳定物价等诸多方面。

1995年颁布的《中华人民共和国中国人民银行法》将货币政策目标确定为："保持货币币值的稳定，并以此促进经济增长。"之所以这样表述，原因是新中国成立以来，我国中央银行始终把稳定货币、发展经济作为我国货币政策的基本目标。但是，将两项货币政策目标并列，实际工作中容易出现以发展经济为主，引起通货膨胀。多年的实践证明，只有币值稳定，才能有效地组织生产、分配、交换和消费，促进国民经济持续、快速、健康发展；只有币值稳定，才能最大限度地吸收国家建设资金，保持物价平稳，实现政治上的安定团结，保证我国改革开放的顺利进行。所以，中国人民银行的货币政策目标应以稳定货币币值为目标，通过调节货币供应量并保持国际收支平衡，为国民经济的发展创造一个良好的货币金融环境，以此来促进经济的增长。

(二) 货币政策目标的结构

货币政策目标是一个三维立体结构，即包括目标数量度、目标水平度和目标偏好度。

1. 目标数量度

目标数量度即政策制定者所确定的，通过货币政策所要实现的宏观经济目标的数量。各国货币政策目标数量有四目标、双目标、多目标、单一目标等差别。从立体结构分析来看，目标数量度是货币政策目标的空间分布范围的界限。货币政策目标变量越多，在各个目标变量之间空间距离不变（即变量之间关系不变）的情况下，其空间分布范围越大，政策的覆盖越广；反之，则越小。很明显目标数量的多少与政府所要解决问题的广度有关，政府要解决的经济问题越多，目标数量也就自然增多，反之则少。

2. 目标水平度

目标水平度即个体目标数值的大小，个体目标变量水平的高低是由目标变量的理想值与实际值的离差程度来表现的。例如，一国通货膨胀率理想的控制值为4%，而实际值为6%，那么通货膨胀目标值的水平则为2%（6%-4%）。这种离差值越大，则说明了目标水平度越高；反之则越低。个体目标变量水平度往往反映了货币政策所要解决的经济问题的难易程度。目标水平越高，所要解决问题的难度则越大；反之则越小。

3. 目标偏好度

目标偏好度即轻重缓急，是目标变量排列的空间次序。排列在前面的目标具有实施的优先权。货币政策目标的偏好度是由政策的制定者依主观判断决定的。他们根据自己的价值判断标准给不同的目标赋予不同的权重，从而确定实施的先后次序。政策制定者选择偏好度只有与经济系统本身客观存在的真实偏好度相比较，才能知道其合理与否。当选择的偏好度趋近于真实偏好度时，不管其偏好度有多大都是合理的；反之，则是不合理的。

(三) 货币政策目标之间的矛盾与协调

1. 货币政策目标之间的矛盾

尽管西方国家先后提出了上述四种货币政策目标，但就一个国家某一个时期来看，同时实现四大目标是非常困难的。理论分析和政策实践都表明，在所有货币政策目标中，有的目标是完全一致的，可以同时实现，如充分就业和经济增长，因为充分就业可以促进经济增长，而经济增长反过来又有助于充分就业；而有些货币政策目标之间却存在着一定的矛盾和冲突，常常不能同时实现。货币政策目标之间的矛盾主要有以下五个方面：

（1）稳定物价与充分就业之间的矛盾。为了稳定物价，就需要抽紧银根，紧缩信用，降低通货膨胀率，其结果就会导致经济衰退和失业率上升。为了增加就业，就需要扩张信用，放松银根，增加货币供应，以增加投资和刺激消费，其结果又会导致物价上涨和通货膨胀。所以，失业率与物价上涨之间存在着一种此消彼长的关系。稳定物价与充分就业是一对矛盾，要实现充分就业，就要以忍受通货膨胀率上升为代价；要维持物价稳定，就要以忍受失业率上升为代价，两者不能同时兼顾。其关系可以用菲利普斯曲线加以描述（澳大利亚籍的英国经济学家菲利普斯研究了 1861～1975 年英国的失业率和工资物价变动率之间的关系，并把这种关系概括为一条曲线，即菲利普斯曲线，它描述了失业率和物价上涨率之间此消彼长、相互替代的关系，并提出了相机抉择的政策主张）。

（2）稳定物价与经济增长之间的矛盾。稳定物价与经济增长之间是否存在矛盾，经济学界对此看法不一。古典学派认为，只有物价稳定才能维持经济的长期增长势头，而经济增长带来的商品丰富又会使物价稳定，所以稳定物价与经济增长是不矛盾的。然而，现代经济实践表明，经济增长总是伴随着物价的上涨。一些经济学家通过实证分析一些国家近百年来经济增长时期的物价资料，发现经济增长时期物价水平都呈上升趋势，第二次世界大战后更是如此。因此，两个目标之间客观地存在着矛盾，追求无通货膨胀的经济增长是不现实的。政府当局和货币管理当局在很多情况下只能在两者之间作出调和，选择两项目标的最佳组合方式，即在可接受的物价上涨率基础上发展经济，在保证合理经济增长需要的前提下稳定币值。

（3）稳定物价与国际收支平衡的矛盾。在开放型经济中，各个国家的经济是相互联系和相互影响的，这种联系和影响会通过一个国家的收支状况反映出来。一般来说，当本国出现通货膨胀，而主要贸易国物价稳定时，将导致本国出口减少，进口增加，国际收支恶化。若本国物价稳定，而主要贸易国出现通货膨胀时，将导致本国出口增加，进口减少，产生贸易顺差。因此，只有当世界各国都能维持国内物价水平的稳定，并且贸易状态不发生大的变化的情况下，稳定物价和国际收支平衡才能同时存在。在国际经济关系日益复杂、世界经济发展极不平衡的今天，这两个条件同时并存是不可能的，稳定物价与国际收支平衡的目标也就很难兼得。

（4）经济增长与国际收支平衡之间的矛盾。在经济较快增长的情况下，伴随着国内有效需求的增加，通常会引起对进口商品需求的增加，使进口增加；同时，国内本来用于出口的一部分商品也转为国内需求，使出口减少，两方面影响会使贸易收支失衡。当然，由于国内经济增长，投资需求增加，会使外资流入增加，从而使资本项目出现顺差，在一定程度上可以弥补由贸易逆差造成的国际收支失衡，但外资流入的规模受外资实际利用效果的制约，所以并不能保证经济增长与国际收支平衡目标的同时实现。

在一个国家出现巨大的国际收支逆差时，为了实现国际收支平衡的目标，必须压制国内的有效需求，减少进口，其结果可能使国际收支失衡得到改善，但是又会造成经济增长速度的减缓，有时甚至会带来经济的衰退。

（5）充分就业与国际收支平衡之间的矛盾。就业的增加必然引起货币工资的增加，而有支付能力需求的扩大，必然需要增加国内商品的可供量，从而使进口增加、出口减少，国际收支出现逆差。为了减少逆差，采用紧缩性货币与财政政策来抑制国内需求，这又将导致就业机会的减少，使失业增加。因此，短期来看，充分就业与国际收支平衡这两个目标已存在矛盾。

2. 协调货币政策目标之间矛盾的主要方法

虽然上述四个目标之间存在着矛盾，并且难以同时实现，但是西方国家中央银行仍力图从四个目标中选择一两个作为某一时期的重点目标来制定自己的货币政策。对货币政策目标的选择，主要采取以下三种方法（见表9-2）。

表9-2 西方国家货币政策最终目标的选择（第二次世界大战以后）

	20世纪50~60年代	20世纪70年代	20世纪80年代	20世纪90年代
美国	充分就业	稳定货币	稳定货币	稳定货币 经济增长
英国	充分就业 兼顾国际收支平衡	稳定货币	稳定货币	稳定货币
加拿大	充分就业 兼顾国际收支平衡	稳定货币 兼顾国际收支平衡	稳定货币 兼顾国际收支平衡	稳定货币 兼顾国际收支平衡
法国	经济增长 充分就业	稳定货币	经济增长 充分就业	经济增长 充分就业
意大利	经济增长 充分就业	稳定货币 兼顾国际收支平衡	稳定货币 兼顾国际收支平衡	稳定货币 经济增长 充分就业
日本	稳定货币 兼顾国际收支平衡	稳定货币 兼顾国际收支平衡	稳定货币 兼顾国际收支平衡	稳定货币 兼顾国际收支平衡
德国	稳定货币 兼顾国际收支平衡	稳定货币 兼顾国际收支平衡	稳定货币 兼顾国际收支平衡	稳定货币 兼顾国际收支平衡

（1）突出重点，即在一个时期内，选择一个或两个目标作为优先目标，而牺牲某一个或某几个目标。不同的国家，不同的时期，不同的政党，由于面临的社会经济问题不同，在政治上和策略上考虑的角度不同，选择的重点就不同。

（2）确定货币政策目标之间的最佳结合点。货币政策目标之间矛盾的激化，往往是中央银行过分追求某一目标所致，因此中央银行的首要任务之一就是要协调好货币政策各目标之间的关系，依据社会可接受的临界点，求得货币政策两个目标之间或多个目标之间的最佳组合，实现货币政策目标整体优化。

（3）根据形势变化，轮番突出。中央银行根据不同的社会形势变化，在不同的时期，轮番突出不同的货币政策目标。例如，在经济衰退时期，采用扩张的货币政策，以经济增长和充分就业为主要目标；在经济高涨时期，则采用紧缩的货币政策，以稳定物价和平衡国际收支作为主要目标。

二、货币政策的中间目标

（一）货币政策中间目标的作用

货币政策的中间目标，也称中介目标，它是中央银行为了实现货币政策的最终目标而设置的、可供观察和调整的中间性或传导性金融变量。中央银行在实施货币政策时所采用的货币政策工具无法直接作用于最终目标，需要一些中间环节来帮助完成政策传导任务，因此中央银行在政策工具和最终目标之间设置了某些短期的数量化的金融变量，中央银行可以通过它们的变动观察社会经济活动状态和金融趋势，测定货币政策工具的有效性以及货币政策的实施进度和效果，并通过对它们的控制与调节来影响并最终实现既定的货币政策目标。因此，货币政策中间指标是政策工具和最终目标之间的中介或桥梁，是为货币政策朝着最终目标运行而设置的可靠"航标"。使用它来校正工具和跟踪目标，可以使中央银行在实施货币政策的过程中时刻处于主动地位，对宏观经济实现有弹性和有层次的调控。

概括起来，货币政策中间目标的作用在于：第一，表明货币政策实施的进度；第二，为中央银行提供一个追踪的指标；第三，便于中央银行随时调整货币政策。

（二）货币政策中间目标的选择标准

通常一个良好的货币政策中间目标应具备以下条件：

（1）可测性。可测性是指中央银行选择的金融控制变量具有较明确的内涵和外延，中央银行能够迅速而准确地获得有关指标的数据资料，并且能被社会各方面理解、判断和预测。

（2）可控性。可控性是指中央银行通过各种货币政策工具的运用，能对货币政策中间目标进行有效的控制和调节，能够较准确地控制该变量的变动状况及其变动趋势。只有这样，中央银行才能够通过对中间目标进行有效的调节和控制，间接促进最终目标的实现。

（3）相关性。相关性是指与最终目标的相关性，中央银行选择的中间目标，必须与货币政策的最终目标有密切的相关性，中央银行通过对中间目标的控制和调节，能够促使货币政策最终目标的实现。

（三）货币政策中间目标的种类

货币政策中间目标包括近期中间目标和远期中间目标。

1. 货币政策的近期中间目标

货币政策近期中间目标又称操作目标，是指货币政策工具直接作用和影响的变量，中央银行对它的控制力较强，但它距离货币政策最终目标较远。目前，各国中央银行经常采用的操作目标主要有基础货币和超额准备金。

（1）基础货币。基础货币是指流通中的现金与商业银行存入中央银行的准备金之和。基础货币作为操作目标，其可测性、可控性和相关性非常好。首先，从可测性来看，基础货币表现为中央银行的负债，其数额多少随时在中央银行的资产负债表上反映出来，中央银行很容易掌握这些资料。其次，基础货币中的通货是中央银行向社会注入的现金量，中央银行愿意注入多少现金是可以直接控制的。金融机构的存款准备金总量则取决于中央银行的再贴现和再抵押贷款，以及法定存款准备金比率水平，有较强的可控性。最后，从基础货币与货币政策目标的相关性来看，中央银行通过对基础货币的操纵，就能使商业银行及社会大众调整其资产构成，改变社会的货币供应总量，从而影响到市场利率、价格以及整个社会经济活动。一般来说，基础货币增加，社会的货币供应总量增加，社会总需求会随之增加；相反，基础货币减少，社会的货币供应总量减少，社会总需求也会随之减少。所以，基础货币是一个良好的货币政策操作目标。

（2）超额准备金。超额准备金是指商业银行准备金中超过中央银行规定的法定存款准备金的部分，主要由库存现金和在中央银行的超额准备金存款组成。超额准备金是商业银行扩大贷款、增加货币供应量的基础，中央银行控制商业银行超额准备金是控制贷款规模的重要手段。虽然超额准备金主要受商业银行决策的影响，但是中央银行对商业银行的超额准备金是可以控制的，控制的方法就是通过变动法定存款准备率、开展再贴现业务和实行公开市场操作等。当中央银行提高法定存款准备率或在公开市场出售有价证券时，就会使商业银行的超额准备金减少；而降低法定存款准备率、增加对商业银行的再贴现、买入有价证券时，就会使商业银行超额准备金增加。中央银行还可以通过向某一商业银行定向发行央行票据，冻结其过多的超额准备金，限制它的贷款行为。由于商业银行要定期向中央银行报告库存现金变动情况，在中央银行的超额准备金存款数据可以从中央银行资产负债表上直接获得，因此超额准备金的可测性也是很好的。

2. 货币政策的远期中间目标

货币政策远期中间目标是指那些介于操作目标和最终目标之间的金融变量，这些变量既随操作目标变量的改变而改变，又能影响最终目标的变化，它距离最终目标较近，但受政策工具的作用和影响是间接的。

各国中央银行选择的货币政策的中间目标不完全相同，根据以上条件，结合各国中央银行的实际和传统习惯，较为广泛采用的中间目标主要有利率和货币供应量，少数国家采用汇率作为中间目标。

（1）利率。作为中间目标的利率是指市场短期利率。它是凯恩斯主义所推崇的货币政策中间目标。在20世纪70年代以前，凯恩斯主义占统治地位时，各国中央银行都把利率作为主要的中间目标。利率作为中间目标的优点如下：①可测性强。中央银行随时都能观察到市场利率的水平及结构。②可控性强。中央银行可以通过直接控制再贴现率、再贷款利率，或通过公开市场业务买卖有价证券，调节市场的资金供求，影响市场利率水平和结构。③相关性强。利率是把货币供应量变动传导到生产和投资领域的关键变量中，利率的变动直接影响投资需求，并通过投资乘数的作用使投资支出、消费支出数倍增长，从而使产出增加。市场利率作为经济的一个内在因素，总是随社会经济的发展状况而运转的。

但是，利率作为中间目标也存在缺陷。其主要缺陷是作为内生变量的利率与作为政策变量的利率会相互干扰。这主要表现在：利率作为一个经济内生变量，它的变化与经济周期变动方向是一致的，即在经济繁荣兴旺时期，利率会因为信贷资金需求的增加而上升；在经济萧条时期，利率会因金融市场的萎缩、信贷资金需求的减少而下降。而作为一个政策变量，利率变动也是与经济周期变动方向相一致的，即在经济繁荣时期，由于各经济主体投资增加，信贷资金需求旺盛，中央银行为防止通货膨胀，必须压缩社会总需求，调高利率；反之，在经济萧条时期，为刺激需求、提高就业水平，则需要降低利率。因此，作为经济内生变量的利率与作为政策变量的利率，与经济周期的变动方向一致，所以利率变动的政策性效果与非政策性效果是混合在一起的，中央银行往往难以判断货币政策是否奏效。

（2）货币供应量。货币供应量是以弗里德曼为代表的现代货币主义所推崇的中间目标，20 世纪 70 年代中期各国中央银行纷纷把中间目标由利率改为货币供应量。货币供应量作为货币政策的中间目标同样符合三个条件：①就可测性而言，货币供应量无论是现金、M_1、M_2 均有明确的定义和统计口径，都分别反映在中央银行、商业银行及其他金融机构的资产负债表内，便于准确地测算和分析；②就可控性而言，货币供应量是基础货币与货币乘数之积，货币主义者通过实证分析，论证了货币乘数在短期是稳定的，决定货币供应量变动的最主要因素是基础货币，而中央银行对基础货币是能够控制的，所以中央银行通过控制基础货币的投放就能有效地控制全社会的货币供应量；③就相关性而言，货币供应量的变动直接影响经济活动，货币供应量扩张时，投资增加，产出增加，经济增长加快；货币供应量收缩时，投资减少，产出减少，经济增长放慢。

作为货币政策中间指标，货币供应量与利率相比较，优点是不会产生内生变量与政策变量之间的互相干扰。作为内生变量，货币供应量的变动是顺经济循环的，即当经济繁荣时，银行会增加信贷资金投放，增加货币供应量；当经济萎缩时，银行会减少信贷资金的投放，减少货币供应量。货币供应量作为政策变量则是逆经济循环的，在经济过热时，为防止过高的通货膨胀，中央银行会压缩货币供应量；在经济萎缩时，中央银行会增加货币供应量，刺激需求。因此，货币供应量作为中间目标，不会使政策性影响与非政策性影响相互混淆，导致中央银行判断失误。

专栏9-3

西方国家货币政策中间目标的选择

一个国家是选择利率还是选择货币供给量作为中间目标，要视各国的具体条件而定。为达到经济稳定，货币供应量和利率的选择，主要依据该国的货币需求函数与投资函数何者较稳定而定。一般来说，在一个国家货币需求函数不稳定，而由消费倾向和资本边际效率决定的投资函数相对稳定的情况下，应以利率为货币政策的中间目标。而当一个国家货币需求函数相对稳定，但投资函数因消费倾向和资本边际效率经常变动且波动很大的情况下，则应选择货币供给量作为货币政策的中间目标。

在 20 世纪 70 年代中期以前，西方各国因受凯恩斯主义影响，一般以利率作为主要的中间指标，并受到国际组织的推荐；在 20 世纪 70 年代中期以后，由于货币主义的主张受到各国政府的普遍重视，货币供应量成为西方国家广泛采用的中间目标。但是，不同国家、不同时期，对选择货币供应量的哪个层次作为控制重点是不同的、有变化的，如美国在 20 世纪 70 年代注重 M_1，而 20 世纪 80 年代中期则重视 M_2；德国在 1973～1988 年以中央银行货币为中间目标，1988 年以后改为以 M_3 作为中间目标；英国于 1976 年确定了以 M_3 作为中间目标；1977 年日本确定以 M_2+CD 作为中间目标。鉴于该目标的运用在主要西方国家取得了成功，国际货币基金组织曾在 1975 年建议成员国，特别是发展中国家应以货币供应量作为货币政策的中间目标。进入 20 世纪 90 年代以来，一些发达国家又先后放弃以货币供应量为中间目标，转而采用利率。目前，在七国集团中，只有德国中央银行继续以货币供应量作为货币政策的中间目标，其他国家已经转向以利率作为中间目标了。其原因是 20 世纪 80 年代末以来的金融创新、金融自由化和金融市场一体化使各层次货币供给量之间的界限越来越不确定，基础货币的扩张系数失去了以往的稳定性，从而使货币总量同最终目标的关系更难把握，故纷纷重新采用利率作为中间目标，但同时仍不放弃把货币供应量作为监测目标进行观察。

（3）汇率。目前，有一些国家由于特定的经济金融条件，将汇率作为货币政策的中间目标。这主要在一些实行经济、金融高度开放的小国采用，这些国家把本国货币与某一个经济实力强大、币值稳定的国家的货币兑换比率（汇率）固定下来，并通过货币政策操作，盯住这一水平，从而使输入货币稳定。在欧元区形成以前，荷兰中央银行以汇率作为中间目标成功地实现了经济稳定。荷兰是一个小国，又是一个高度开放的国家，其对德国的贸易依存度很高，资本可以自由流动。对荷兰中央银行来说，控制本国的货币流通量几乎是不可能的。德国经济实力强大，德国中央银行一直奉行稳定币值的货币政策，德国马克是世界上最稳定的货币之一。荷兰中央银行将荷兰盾与德国马克的汇率作为货币政策中间目标，实行"盯住汇率"的政策，成功地从德国输入了货币稳定。

专栏 9-4

货币政策中间目标在我国的实践及完善

我国自 20 世纪 80 年代中期确立中央银行制度以来，对货币政策中间目标的选择经过了几次变化：①1984～1992 年，贷款规模和现金发行是这一时期的货币政策中间目标。②从 1993 年人民银行正式对外公布货币供应量开始，转入以货币供应量和贷款规模作为货币政策中间目标。③1988 年贷款限额控制取消后，贷款规模成为中央银行的一个监测目标，货币政策中间目标主要为货币供应量。中央银行根据年度内物价控制幅度和经济增长目标，在年初制定并公布货币供应量各层次年度增长计划，在年终进行检验，并按月统计和公布货币供应量增长变化情况。中央银行的季度"货币政策执行报告"对货币供应量增长变化进行重点分析；货币政策委员会的季度例会，也主要以前期的货币供应量增长情况和最终目标状况作为依据，决定下一个时期的货币政策取向。目前，货币供应量增长幅度的变化仍被人们看作是中国货币政策取向的风向标。

三、货币政策工具

货币政策工具又称货币政策手段，是中央银行为实现货币政策目标进行金融控制和调节所运用的策略和手段。货币政策工具按其影响范围的不同，可分为一般性货币政策工具、选择性货币政策工具和其他货币政策工具。

（一）一般性货币政策工具

一般性货币政策工具是最主要的货币政策工具，它是对国民经济产生普遍影响的策略和手段，是中央银行运用最多的传统工具，包括再贴现政策、存款准备金政策和公开市场政策，即通常所说的中央银行的"三大法宝"。

1. 再贴现政策

再贴现政策是中央银行最早采用的货币政策工具。所谓再贴现政策，是中央银行对商业银行用持有的未到期票据向中央银行融资所做的政策规定。再贴现是商业银行或其他金融机构将贴现所获得的未到期票据再向中央银行进行的票据转让。贴现是商业银行向企业提供资金的一种方式，再贴现是中央银行向商业银行提供资金的一种方式，两者都是以转让有效票据——银行承兑汇票为前提的。

一般来说，再贴现政策包括两方面：一是制定、调整再贴现利率水平；二是规定何种票据具有申请再贴现的资格，即再贴现的资格条件。前者主要影响商业银行的筹资成本，限制商业银行的信用扩张，控制货币供应量；后者则主要影响商业银行及社会的资金投向，可以按照国家产业政策的要求，促进结构调整。再贴现率工具主要着眼于短期政策效应，而中央银行对再贴现资格条件的规定则是着眼于长期的政策效用，以发挥抑制或扶持作用，并改变资金流向。

再贴现政策调控货币供求关系的传导机制是，当中央银行提高再贴现利率，使再贴现率高于市场利率时，商业银行向中央银行借款或贴现的资金成本增加，就会减少向中央银行借款或贴现，商业银行的超额准备金相应缩减，如果商业银行不能从其他的渠道取得资金，就只有收回贷款和投资，从而使市场货币供应量缩减。随着市场货币供应量的缩减，市场利率相应上升，整个社会的投资需求相应减少，从而使经济收缩。当中央银行降低再贴现利率，使再贴现利率低于市场利率时，商业银行向中央银行借款或贴现的资金成本下降，商业银行就会增加向中央银行的借款和贴现，并扩大对客户的贷款和投资的规模，从而导致市场货币供应量的增加，市场利率相应降低，整个社会的投资需求也会相应增加，从而使经济扩张。另外，再贴现率的制定或调整，在一定程度上反映了中央银行的政策意向；会产生"告示效应"，如再贴现率升高，意味着国家判断市场过热，有紧缩的意向；反之，则意味着有扩张意向。这种"告示效应"会影响商业银行及社会公众的预期，并按中央银行的意向调整自己的经济行为，从而使中央银行货币政策目标顺利实现。

再贴现政策的局限性在于：①中央银行运用再贴现政策缺乏主动性。再贴现政策实施后能否取得预期效果，主要取决于商业银行的行为，中央银行无法控制。因为在现代金融制度下，商业银行有多种融资渠道，如果商业银行有意避开中央银行的干预，选择其他的渠道融通资金，则会大大降低再贴现政策调控货币供求的效应。另外，商业银行是否向中央银行贴现不仅取决于利率，也取决于需求。在经济衰退时，再贴现率再低也难以吸引商业银行向中央银行借款。②再贴现政策缺乏弹性。如果中央银行经常调整再贴现率，会引起市场利率频繁波动，使商业银行和社会公众无所适从，从而对经济发展产生一定影响。这些局限性决定了再贴现政策不宜作为中央银行日常操作的货币政策工具，但再贴现率的调整对货币市场的广泛影响仍然是不可忽视的。

2. 存款准备金政策

存款准备金政策是指中央银行在法律所赋予的权力范围内，通过调整商业银行交存中央银行的法定存款准备金比率，以调控商业银行超额准备和改变货币乘数，控制商业银行的信用创造能力，进而间接调控社会货币供应量的策略和措施。法定存款准备金率是金融机构按规定向中央银行交纳的存款准备金占其存款总额的比率。

存款准备金制度是为防止商业银行盲目发放贷款，保证其清偿能力，保护存款者利益而设立的。将存款准备金率作为一种货币政策工具加以运用，始于1933年美国国会对联邦储备体系变动准备率的授权。1935年，美国国会又制定了《联邦储备法》加以确认。以后，联邦德国、英国、日本等国也相继采用。目前，一般而言，各国改变活期存款准备金率大多出于货币政策的考虑，而调整定期、储蓄存款的准备金率仍是以保证银行资产的流动性和清偿能力为目的。

中央银行调整法定存款准备金率可从两方面变动货币供应量：一方面可以直接增减商业银行超额准备金，影响商业银行信用扩张基础；另一方面可以改变货币乘数，影响商业银行信用扩张倍数。比如，中央银行降低法定存款准备金率，一方面减少商业银行向中央银行缴存的法定准备金，商业银行超额准备金同时增加，从而加强了商业银行信用扩张的基础；另一方面法定准备金率下降，会使货币乘数扩大，从而增加商业银行的信用扩张倍数。

由于调整准备金率不仅会影响商业银行的超额准备金，并且会影响货币乘数，所以即使准备金率的微小变动都会使货币供应量发生重大改变，政策效果十分明显，收效极其迅速。美国联邦储备银行曾估计，存款准备金率调整一个百分点，就会增减30亿美元的超额准备金。由于货币乘数的变动，最终会使货币供应量增减200亿~300亿美元。正因为调整法定存款准备金率对货币供应量的效果明显、迅速，操作简便，而且中央银行对其运用有绝对的控制权，所以存款准备金政策成为了中央银行货币政策的强有力的工具。

但是，存款准备金政策也有明显的局限性：①容易导致商业银行资金严重周转不灵，陷于经营困境。因为，银行一般只保留最低限额的超额准备金，只要法定准备金率提高，就会立刻引起商业银行资金流动性困难，商业银行为了迅速调整准备金以符合法定要求及流动性需要，往往不得不大幅度缩减贷款，或者大量抛售有价证券。这就使银行的盈利能力大大下降，甚至有可能导致银行陷于经营困境。②冲击力太大。法定准备金率稍有变动，就会导致货币供给量的剧烈变动，商业银行压缩贷款和投资，容易引起经济波动。③存款准备金对各类银行和不同种类存款的影响不一致，因此货币政策实现的效果可能因这些复杂情况的存在而不易把握。

因此，总体来说，准备金政策操作起来不灵活，不宜作为日常调节货币供应量的工具，中央银行对法定存款准备金率的调整应持谨慎态度。

进入20世纪90年代以来，许多西方国家，如美国、加拿大、瑞士、新西兰、澳大利亚等国中央银行都降低或取消了法定准备金率。究其原因：一是存款准备金制度本身存在上述问题；二是外部环境的变化，尤其是准备金制度的审慎监督作用与新经济环境已不相适应，如金融创新产生了大量新型的金融工具，非银行金融机构在金融过程中发挥的作用越来越大，金融市场发展使金融机构融资渠道增加，现代支付制度借助网络技术已高度发达等，这些变革都使准备金制度的审慎监督作用下降；加之西方各国普遍改用以利率作为货币政策中间目标，使准备金制度在实际运行中难以奏效。

3. 公开市场政策

公开市场政策又称公开市场操作，是指中央银行通过在公开市场上买进或卖出有价证券（特别是政府短期债券）来投放或回笼基础货币，以控制货币供应量，并影响市场利率的一种策略和措施。公开市场政策在金融市场发达的国家是最重要的，也是最常用的货币政策工具。

专栏9-5

公开市场操作的起源

公开市场操作最早在19世纪初被英格兰银行所采用。当时，英格兰银行为了维持国库券的价格而公开买卖国库券。以后，公开市场操作又被用来辅助"再贴现政策"。1913年，美国采用这一方法维持财政收支平衡，经过20世纪30年代的大危机，美国联邦储备委员会意外地发现公开市场操作可以极大地影响信用条件，于是大加使用。从此，公开市场操作就成为了中央银行控制和调节货币供应量的主要工具。1935年，美国国会颁布银行条例，正式建立公开市场委员会，以负责、协调和指导公开市场操作。

公开市场政策对货币供应量和利率的调节机制是，当经济衰退、金融市场上资金短缺时，中央银行执行放松银根的货币政策，在公开市场上购入有价证券，这实际上相当于中央银行向社会投入了一笔基础货币。有价证券的出售者不论是银行、企业还是个人，经过票据交换以后，必然会导致银行体系超额储备的增加。当银行扩大贷款规模后，会通过货币乘数的作用使货币供应量呈数倍扩张。与此同时，中央银行购买有价证券的行为会增加金融市场对有价证券的需求，引起其价格上涨，利率下降，这同样有助于商业银行扩大信贷。在这两方面的共同作用下，中央银行可以顺利实现银根的放松，最终达到扩大投资、刺激消费、促进经济增长的目的；反之，当投资过度、通货膨胀加剧时，中央银行则执行收缩银根的货币政策，在公开市场上卖出有价证券，对货币供应量和利率则会产生相反的影响。

此外，公开市场政策还可以改变利率结构，这样不仅会提高政策效果的针对性，还能同时达到多重政策目标。中央银行通过买卖不同期限的有价证券来影响利率期限结构，进而影响对不同利率有不同敏感度的贷款和投资，以同时实现多重货币政策目标，如在国际收支逆差和国内经济增长停滞并存的情况下，中央银行可通过公开市场的"扭动操作"，达到平衡国际收支和刺激经济增长的双重目标，即一方面买进长期债券，使长期债券价格提高、长期利率下降，从而刺激企业投资，发展国内经济；另一方面卖出短期债券，使短期债券价格下降、短期利率提高，从而使国外短期资本流入，改善国际收支状况。

中央银行在实施公开市场操作时，可以根据不同的目的和要求进行防御性操作和进攻性操作。前者是指为了维持既定的货币政策目标，抵消其他方面对商业银行准备金的影响。由于有各种不为中央银行所控制的因素，如税收的季节性影响、公众持有通货比率的改变等，会影响商业银行准备金发生变化，而使货币政策偏离既定的目标，中央银行应通过公开市场操作来抵消这些因素对商业银行准备金的影响，保证货币政策目标的实现。后者是指中央银行为了实现既定的货币政策目标，积极主动地开展公开市场业务，改变银行体系的准备金水平和基础货币，如在经济萧条时期，中央银行主动买入有价证券，扩大货币供给；在通货膨胀时期，中央银行主动卖出有价证券，收缩货币供给。

与贴现政策和存款准备金政策相比，公开市场政策具有明显优势，表现为：①中央银行运用公开市场政策，能非常精确地控制银行体系的准备金和基础货币，使其达到合理的水平。②中央银行能够随时根据金融市场货币供求关系的变化，进行经常性、连续性操作，使社会不易对公开市场政策作出强烈反应，具有一定的灵活性和隐蔽性。③中央银行运用公开市场政策始终处于积极主动的地位，完全可以按自己的意愿决定买卖有价证券的数量、时间和方向。④由于公开市场政策对货币供应量的调整是以弹性的、微调的方式进行，所以不会对经济产生剧烈的震动，即使出现政策失误，也可以及时地进行反方向操作加以修正。正因如此，公开市场政策成为许多国家中央银行青睐并积极推行的一项重要的货币政策工具。

公开市场政策的局限性如下：一是政策意图的告示作用较弱。由于公开市场业务操作具有连续性，随时可能改变操作方向，很难判断公开市场操作是改变政策的进攻性操作，还是抵消其他影响的防御性操作，所以人们很难从公开市场操作中了解中央银行的政策意图。二是对商业银行强制性影响较弱。中央银行虽然决意买进或卖出政府债券，但商业银行是否愿意交易，则取决于自己的判断，中央银行难以对商业银行的交易施加强制性影响。三是需要具有完善、发达的金融市场，金融市场上的有价证券规模要足够大，种类要齐全，结构要合理。

（二）选择性货币政策工具

选择性货币政策工具也称特殊的政策工具，是中央银行针对个别部门、行业、企业或特殊对象而采取的货币政策措施。与一般性货币政策工具侧重于货币总量调节相比，选择性货币政策工具对信贷资金配置侧重的是结构性调节。选择性货币政策工具大多是20世纪30年代以后逐步发展起来的，多数具有浓厚的行政色彩，它们的运行机制不是靠利益，而主要是依靠国家授予中央银行的权力来推动的。选择性货币政策工具有以下5种：

1. 消费者信用控制

消费者信用控制，是指中央银行对不动产以外的各种耐用消费品的销售融资予以控制。主要内容包括：①规定分期付款购买耐用消费品时第一次付款的最低比例。②规定消费信贷的最长期限。③规定可用消费信贷购买的耐用消费品的种类，不同种类消费品取得消费信贷的条件等。中央银行通过对消费信用进行控制可以起到刺激或抑制消费需求、调节消费结构的作用。

2. 不动产信用控制

不动产信用控制，是指中央银行对金融机构向客户提供不动产抵押贷款方面实施限制性措施，以抑制或刺激房地产生产和消费，调控方式与消费者信用控制类似。

3. 证券市场信用控制

证券市场信用控制，是指中央银行对有价证券的信用交易方式规定保证金比率，目的在于限制用借款购买有价证券的比重。保证金比率为购买者在购买有价证券时必须支付现款的比率。中央银行通过改变保证金比率来控制证券市场的信用交易规模。

4. 优惠利率

优惠利率，是指中央银行对国家产业政策要求重点发展的经济部门，如农业、出口工业等，制定较低的贴现率或放款利率，以鼓励其发展，优化资源配置，调整产业结构。优惠利率不仅在发展中国家多有采用，而且在发达国家也普遍采用。

5. 预缴进口保证金

预缴进口保证金，是指中央银行要求进口商预缴相当于进口商品总值一定比例的存款，以抑制进口的过快增长。预缴进口保证金多为国际收支经常出现赤字的国家所采用。

（三）其他货币政策工具

1. 直接信用控制

直接信用控制，是指中央银行以行政命令的方式直接对金融机构的信用活动进行控制。其主要手段包括以下四种：

（1）Q项规则。Q项规则是指美联储系统管制存款利率的规则，因其在各项规则中顺序为Q，所以称为Q项规则。中央银行可以根据货币政策的要求，采取提高或降低Q项规则中规定的存款利率的最高限，以有效控制信贷市场上存款的规模，实现货币供应量的收缩或扩张。

（2）信用配额。信用配额是指中央银行根据金融市场状况及客观经济需要，规定各金融机构或某一类金融机构的最高贷款额度，以此控制信用规模。在西方国家，这种直接干预一般只在发生金融危机、战争等特殊情况下使用。

（3）流动性比率。流动性比率即商业银行流动资产占总资产的比率。规定流动性比率是中央银行为了控制长期信用规模而采取的直接管制措施。商业银行为保持中央银行规定的流动比率，就必须压缩长期贷款，扩大短期放款，并增加易变现的流动资产比率，从而达到中央银行压缩长期信用规模，减少社会投资规模的目的。

（4）直接限制。直接限制是指中央银行对业务活动不当的银行的信贷业务、放款范围等加以直接限制。例如，对业务经营不当的银行拒绝给予再贴现，或拒绝再贷款，或对其采用高于一般利率的惩罚性利率等；又如直接干涉某一商业银行对活期存款的吸收；再如，规定某一商业银行对不动产投资的限额等。

2. 间接信用控制

间接信用控制，是指中央银行利用非强制性措施间接影响商业银行的信用创造。主要包括：

（1）道义劝告。道义劝告是指中央银行利用自己在金融体系中的特殊地位和声望，对商业银行和其他金融机构施加影响，说服、劝告它们遵守和贯彻中央银行货币政策。道义劝告的方式，可以采用由中央银行向商业银行和其他金融机构发出通告、指示的形式，也可以采用与各金融机构负责人进行面谈的形式来表明中央银行的意向、立场等。

（2）窗口指导。窗口指导是中央银行间接控制信用的一种政策工具。主要内容是中央银行根据产业行情、物价趋势、金融市场动向和货币政策要求，规定每家商业银行每季度贷款的增减额，并要求其执行。虽然窗口指导没有法律约束力，但其作用其实很大。因为如果商业银行不听从指导，中央银行可削减其向该行的贷款，甚至停止向其提供贷款，所以商业银行一般会认真执行。

（3）公开宣传。公开宣传是指中央银行利用各种机会向金融机构和社会宣传自己的金融政策，以求得各方面的配合。例如，美国联邦储备委员会每月出版《联邦储备公报》，各州联邦储备银行也发起自己的《银行评论》等，这些宣传都会在金融界和社会各界引起反响。

专栏9-6

我国货币政策工具的实践

我国货币政策工具的实践大致经历了以下三个阶段：第一阶段是1948 ~ 1978年，在这一阶段主要的货币政策工具为信贷现金计划，辅助货币政策工具为信贷政策、利率政策和行政手段。第二阶段是1979 ~ 1998年，在这一阶段主要

的货币政策工具为信贷现金计划和中央银行贷款，辅助货币政策工具为信贷政策、利率政策、再贴现、公开市场操作和特种存款。第三阶段是1998年至今，在这一阶段主要的货币政策工具为中央银行贷款、利率政策、公开市场操作和存款准备金，辅助货币政策工具为指导性信贷计划、再贴现、信贷政策和窗口指导。尤其是近年来，存款准备金率的调整比较频繁，成为货币政策主要的工具，这在西方国家是比较少见的。

综上所述，中央银行货币政策工具、中间目标、最终目标之间的关系如图9-1所示。

第二节　货币政策的传导机制及政策效应

一、货币政策的传导机制

货币政策的传导机制，是指中央银行通过货币政策工具操作，引起社会经济生活发生某些变化，最终实现预定货币政策目标所经过的全过程。由于中央银行货币政策的实施，必然反映在货币供应量的变动上，而社会生活的变动，必然反映在支出和收入的变动上，所以货币供应量变动与支出和收入变动之间的因果关系，就是货币政策传导机制理论研究的内容。在西方，对货币政策传导机制的分析，早期主要有凯恩斯学派的传导机制理论和货币学派的传导机制理论；此后，新的传导机制理论不断涌现。

（一）凯恩斯学派的货币政策传导机制理论

凯恩斯学派的货币政策传导机制理论，可分为局部均衡理论和一般均衡理论两种模式。

1. 局部均衡理论

局部均衡理论分析强调货币市场对商品市场的影响，而忽视两者的相互作用。凯恩斯学派认为货币政策的实施对经济活动影响的传递过程如下：中央银行货币政策实施，首先引起商业银行的准备金数量发生变动，继而导致货币供应量发生变化；货币供应量又会引起市场利率发生变化；市场利率的变化又会引起投资发生增减变动，进而通过乘数效应，最终影响社会总支出和总收入的变动，传递过程可以表示为：

$R \to M \to r \to I \to E \to Y$

其中，R为存款准备金；M为货币供应量；r为市场利率；I为投资；E为总支出；Y为总收入。

具体来说，当中央银行采取宽松的货币政策时，如降低存款准备金率、降低贴现率或买入证券后，商业银行超额准备金增加，贷款能力增强，贷款的增加必然会增加货币供给量，这就打破了原有的货币市场均衡，使货币供给大于货币需求，促使利率降低。而利率降低就意味着资本边际效率相应提高，从而刺激投资增加。增加的投资通过乘数效应直接增加了社会总需求，扩大支出，最终导致社会总收入的增加。若此时，社会处于未充分就业状态，则货币供应量增加，只会促进实际产出（或真实国民收入）的增加，以及就业水平的提高，而不会引起物价水平的上涨；当社会实现了充分就业后，货币供应量的增加就会造成物价水平的上涨。若中央银行采取紧缩性的货币政策则会引起与上述相反的效果。

综上所述，中央银行货币政策作用的大小主要取决于三个方面的因素：一是取决于一定的货币供应量变动能否引起利率发生变化，以及发生多大的变化。如果货币供应量增加，不能对利率产生影响，即存在流动性陷阱，则货币政策无效。二是取决于投资支出的利率弹性，即一定的利率变动对投资支出的影响程度。三是取决于投资乘数的大小。在这一传导机制中，利率是整个传导机制的核心和主要环节。如果货币供应量增减后不能对利率产生影响，或者利率变动后对投资支出的影响有限，那么货币政策就会失效。

2. 一般均衡理论

一般均衡理论分析是后凯恩斯学派对局部均衡理论的补充和发展，它不仅重视货币市场对商品市场的影响，而且强调两者之间的相互作用。其主要观点是：假定中央银行采取宽松的货币政策促使货币供应量增加时，在总需求不变的情况下，利率相应下降；下降的利率会刺激投资，并引起总支出和总需求的增加，总需求增加进而推动产出量上升，最终使总收入增加，这与原来的分析是一样的。但利率下降以后，又降低了存款人的存款意愿，借贷资金的供给会减少。与此同时，商品市场由于收入的增加，又产生了更多的货币需求，从而使货币需求量超过货币供给量，促使下降的利率又重新回升，这是商品市场对货币市场的作用。利率回升，又使总需求减少、产量下降、收入减少，其结果又导致利率再次回落。如果货币市场和商品市场继续按上述机制循环往复，最终会逼近一个均衡点，这个点将同时满足货币市场供求和商品市场供求两方面的均衡要求。

（二）货币学派的货币政策传导机制理论

与凯恩斯学派不同，货币学派认为，利率在货币传导机制中不起重要作用。它们更强调货币供应量在整个传导机制中影响社会总支出和总收入的直接效果。其传导过程可以表示为：

M→E→I→Y

货币学派认为货币需求函数具有内在稳定性，且不受货币供给变动的影响。货币供给是中央银行可以控制的外生变量，当中央银行增加货币供应量时，由于货币需求并未改变，公众持有的货币余额会超过他们所愿意持有的货币余额，为了消除这一过多的货币余额，人们必然会增加支出，将富余的货币用于购买更多的非货币金融资产或实物资产。货币总流量的扩大，会导致非货币金融资产价格上升，收益率下降，从而使更多的货币用于购买实物资产。这会使商品价格水平提高，在短期内，由于产品价格的上升幅度大于生产要素的上升幅度，因而实际工资降低，企业利润相对提高，这就刺激了生产的扩张和产出的增多，使社会总收入增加。因此在短期内，货币供给增加的结果往往具有两重性：一方面使物价水平上升，另一方面又使实际产出增加。然而就长期来看，由于不存在预期误差，货币供给的变动只能影响物价水平，而不能影响实际产出，实际产出的变动只受实物因素的影响。就长期过程来看，人们会根据不同资产收益率的变动调整自己的资产组合，最终实现不同资产收益率的相对均衡，这时人们持有的实际货币余额等于其愿意持有的货币余额，经济处于均衡状态。

从以上介绍可以看出，货币学派的传导机制理论与凯恩斯学派的传导机制理论最主要的分歧是：凯恩斯学派非常重视利率在传导机制中的作用，而货币学派则不重视利率在传导机制中的作用，认为货币供应增加的初期，虽然利率会随之降低，但不久就会因为货币收入的增加和物价的上涨使名义利率上升，而实际利率则又回到并稳定在原先的水平上。因此，货币政策不是通过利率间接地影响投资和收入，而是通过货币供应量的变动直接影响社会支出和货币收入。所以，货币学派认为，中央银行在实施货币政策时，应忘掉利率，而把注意力集中到货币供应量上来。

（三）托宾 Q 理论

以托宾为首的经济学家沿着一般均衡分析的思路，把资本市场、资本市场上的资产价格，特别是股票价格纳入传导机制，认为货币理论应看作是微观经济行为主体进行资产结构管理的理论。也就是说，货币和金融机构作为一方，实体经济作为一方，沟通这两方之间的联系并不是货币数量或利率，而是资产价格以及关系资产价格的利率结构等因素。传导的过程是：货币作为起点，直接或间接影响资产价格，资产价格的变动导致实际投资的变化，并最后影响实体经济和产出。资产价格，主要是股票价格，影响实际投资的机制在于：股票价格是对现存资本存量价值的评估，是企业价值据以评价的依据，而企业的市场价值评价是高是低，必将影响投资行为。托宾把 Q 定义为企业市场价值与资本重置成本之比。如果 Q 值高，意味着企业市场价值高于资本的重置成本，厂商愿意增加投资支出，追加资本存量；相反，如果 Q 值低，厂商对新的投资就不会有积极性。这一过程可以表示为：

$$M \to r \to Pe \to Q \to I \to Y$$

其中，Pe 为股票价格。

（四）信贷传导机制理论

信贷传导机制理论是较晚发展起来的理论，这种理论强调信贷传导有其独立性，不能由类似利率传导、货币数量传导的分析所替代。这方面的理论主要侧重于紧缩效应分析，主要分析的角度有以下两种：

（1）对银行传导机制的研究。其主要观点是：在银行贷款不能全部由其他融资形式替代的情况下，特定的借款人就只能通过银行贷款融资。如果中央银行能够通过货币政策操作影响贷款的供给，那么就能通过影响银行贷款的增减影响总支出。其过程是：如果中央银行决定实施紧缩性的货币政策，售出债券，商业银行可用的准备金 R 相应减少，存款货币 D 的创造相应减少，在其他条件不变时，银行贷款 L 的供给不得不同时削减。结果，那些依赖银行贷款融资支持的投资者必须削减投资和消费，于是总支出下降。其典型特点是不必通过利率机制。这一过程可以表示为：

公开市场的紧缩操作→R→D→L→I→Y

在我国，这样的传导机制是货币政策操作的主渠道，但是其起点不是公开市场的紧缩操作，而是货币当局及政府的紧缩意向直接反映在银行紧缩信贷上。

（2）对资产负债表渠道的研究。其主要观点是：货币供应量的减少和利率的上升将影响借款人的资产状况，特别是现金流的状况。利率上升直接导致利息等费用支出的增加，会减少净现金流；同时又间接影响销售收入下降，也会减少净现金流。而且利率上升还将导致股票价格下跌，从而恶化其资产状况，使可用做借款担保品的价值缩水。在这种情况下，贷款的逆向选择和道德风险问题趋于严重，并促使银行少放贷款。这样，一部分资产状况恶化和资信状况不佳的借款人不仅不易获得银行贷款，也很难从金融市场上直接融资，结果会导致投资与产出的下降。这一过程可以表示为：

M→r→Pe→NCF→H→L→I→Y

其中，NCF 为净现金流；H 为逆向选择和道德风险。

（五）财富传导机制理论

财富传导机制理论主要是从资本市场的财富效应及其对产出的影响来概述的，其传导公式为：

Pe→W→C→Y

其中，W 为财富；C 为消费。

这样的效应传递，已经得到普遍认同，而且随着资本市场作用的迅速增强，这一传导机制无疑会起越来越大的作用。但问题是，要把它确立为货币政策的传导机制，必须要弄清货币调控当局通过对货币供给和利率的操作，会怎样或在多大程度上对调节资本市场行情特别是股票价格起作用。这样的机理目前还没有取得较为一致的看法。

（六）开放经济下的货币传导机制

在开放经济条件下，净出口，即一国出口总额与进口总额之差，是总需求的一个重要组成部分。货币政策可以通过影响国际资本流动改变汇率，并在一定的贸易条件下影响净出口。在实行固定汇率制度的国家，中央银行可以直接调整汇率；在实行浮动汇率制度的国家，中央银行必须通过公开市场操作来改变汇率。当一国实行紧缩的货币政策时，利率随之上升，外国对该国生息的金融资产，如债券的需求会增加；而该国对国外类似资产，如外国生息的金融资产的需求会下降。为了购买该国金融资产，外国人必须购买该国货币，外国对该国货币的需求增加。相应地，该国对外国货币的需求减少。这就使得该国货币在外汇市场上升值。本币的升值不利于本国商品的出口，却会提升外国商品在本国的市场竞争力，该国贸易差额恶化，净出口下降。当一国实行扩张的货币政策，则有相反的过程。这样的机制可以表示为：

M→r→re→NX→Y

其中，re 代表汇率；NX 代表净出口。

在金融全球化的趋势下，国际资本的流动对本国货币政策的操作具有抵消作用。比如，当本国需要提高利率以限制对本国商品和劳务的总需求时，外国资本的流入却会抑制利率的上升。与此相反，当中央银行期望降低利率时，资本的流出却会阻碍利率的下降。

二、货币政策效应

货币政策效应是指中央银行推行一定的货币政策之后，最终实际取得的效果，即货币政策的有效性问题。它包括货币政策的数量效应和货币政策的时间效应。

（一）货币政策的数量效应

货币政策的数量效应是指货币政策效应的强度，即货币政策发挥效力的大小。

对货币政策效力大小的判断，一般着眼于实施的货币政策所取得的效果与预期所要达到的目标之间的差距。由于货币政策目标之间的矛盾，所以考察货币政策的数量效应，不应仅仅观察某一个政策目标的实现情况，而应综合考察各主要货币政策目标的实现情况。比如，一个国家货币政策的最终目标主要是稳定物价和经济增长，那么其政策效应就可以用如下方法来考察：

假设，以 Y 代表国民收入增长率；P 代表通货膨胀率；Y_t、P_t 分别代表政策实施前的国民收入增长率和通货膨胀率；Y_{t+1}、P_{t+1} 分别代表政策实施后的国民收入增长率和通货膨胀率。货币管理当局无论是实行紧缩的货币政策，还是实行扩张的货币政策，都会出现以下三种结果：

（1）$Y_{t+1}/Y_t > P_{t+1}/P_t$。说明政策实施以后，经济增长减速程度小于物价回落程度；或者经济增长的加速程度大于物价的上升程度；或者经济增长加速，而同时伴随着物价的下落。前两者是比较理想的结果，而后者是最理想的结果。

（2）$Y_{t+1}/Y_t < P_{t+1}/P_t$。说明政策实施以后，经济增长的减速程度大于物价回落程度；或者经济增长的加速程度小于物价的上升程度；或者经济增长减速而同时伴随着物价上涨。这时货币政策综合效应为负，因为货币政策的实施已产生了损害实质经济增长的结果。

（3）$Y_{t+1}/Y_t = P_{t+1}/P_t$。说明政策实施以后，经济增长率的变动的正效应为物价变动的负效应所抵消；或者物价回落的正效应为经济增长率变动的负效应所抵消，货币政策无效。

（二）货币政策的时间效应

衡量货币政策效应，除了看其发挥效力的大小外，还要看其发挥效力的快慢，这就是货币政策的时间效应。货币政策的时间效应，又称货币政策的时滞，是指中央银行从研究、制定货币政策到货币政策取得预期效果的时差。

货币政策时滞对货币政策有效性有很大的影响。由于货币政策时滞的存在，中央银行在实施货币政策的过程中常常发生这样的问题：当中央银行采取的货币政策正在发挥作用时，经济状况却已发生了完全相反的变化。例如，中央银行在前一经济高涨时期实施紧缩的货币政策，但由于时滞的存在，紧缩的货币政策在随后出现的经济衰退时期仍然发挥着降低收入的作用，这时货币政策不仅不能起到熨平经济周期的作用，反而还会扩大经济周期波动的幅度，使国民经济更加不稳定。如果货币政策的时滞短，并能进行较为准确的预测，则可大大提高货币政策的有效性。

货币政策时滞可以分为三个部分：内部时滞、中间时滞、外部时滞。

1. 内部时滞

内部时滞是指从经济形势发生变化，需要中央银行采取行动，到中央银行实际采取行动所花费的时间过程。内部时滞还可以细分为两个阶段：①认识时滞，即从经济发生变化需要中央银行采取行动，到中央银行在主观上认识到这种变化，并承认需要采取行动的时间间隔。②行动时滞，即从中央银行认识需要采取行动，到实际采取行动的时间间隔。内部时滞的长短取决于中央银行对经济形势变化和发展的敏感程度、预测能力，以及中央银行制定政策的效率和行动的决心，而这些又与决策人员的素质、中央银行的独立性以及经济体制的制约程度等密切相关。

2. 中间时滞

中间时滞是指从中央银行采取行动开始，到商业银行和其他金融机构根据中央银行货币政策的意图，改变其信用条件的时间过程。这段时间的长短决定于商业银行及其他金融机构的反应以及金融市场的敏感程度，是中央银行所不能操纵的。

3. 外部时滞

外部时滞是指从金融机构改变其利率、信用供给量等信用条件开始，直到对货币政策最终目标产生影响为止这段时间。外部时滞又可分为两个阶段：第一阶段，微观决策时滞，即在金融机构信用条件改变以后，个人和企业面对新的情况作出决定，改变自己的投资决策和支出决策的这段时间。第二阶段，作用时滞，即个人和企业作出新的投资决策和支出决策，并采取行动，到对整个社会的生产和就业等经济变量产生影响所耗费的时间。外部时滞是货币政策时滞的主要部分。它既包括微观经济主体在新货币政策出台后的决策过程，也包括微观经济主体行为对储蓄、投资、消费、货币需求、产出和价格等重要经济变量产生影响的过程。它的长短主要由客观经济条件和微观经济主体的行为所决定，是中央银行所不能控制的。

货币政策时滞长度是各国经济学家研究的重要课题，20世纪60年代以来许多经济学家对此进行了实证研究，但由于各国具体情况不同，研究的方法各异，所得出的结论相差很大，基本结论是：①内部时滞长度较短，一般在2～6个月。②中间时滞比较稳定，可预测，一般认为在2个月左右。③外部时滞最长，各国差异最大，一般在4～20个月。

专栏 9-7

我国货币政策的时滞效应

改革开放以来，我国货币政策的时滞效应表现得十分明显，已经成为制约货币政策达到预定政策目标的重要制约因素。研究我国货币政策时滞，可以得到以下一些结论：

（1）在1985～1989年，价格时滞比产出时滞短（产出时滞为7个季度，而价格时滞为1个季度），这与西方经济学家的结论完全相反。西方经济学无论是凯恩斯主义还是货币主义都认为货币供应的变动首先是引起经济产出的变动，进而才带动价格的上升，也就是货币供应短缺影响产出，长期影响价格，产出时滞应比价格时滞短。在 1990～1998 年，价格时滞比产出时滞长（产出时滞为 3 个季度，而价格时滞为 5 个季度），与西方学者的观点吻合。这在一定程度上反映出在 1985～1989 年，经济运行的市场化程度不高，而在 1990 年以后，市场在资源配置中日益发挥了越来越重要的作用。

（2）货币紧缩时滞比货币扩张时滞短。西方经济学家认为货币政策在进行紧缩时的有效性要比进行扩张时的有效性高，对中国货币政策时滞的分析也印证了这一判断。

1）从货币政策的紧缩效果来看，我国 1990 年第一季度贷款增长率开始下降，1991 年第二季度工业产值增长率开始下降。1994 年第三季度贷款收缩，1995 年第一季度工业产值增长率明显下降。

2）从货币政策的扩张效果来看，我国从 1995 年第三季度，贷款开始扩张，到 1997 年第二季度工业企业贷款增长的速度最高，工业产值的增长率没有明显扩张，一直在 10% 左右波动，货币政策出现"启而不动"的低效率格局。

（3）经济转轨时期，我国政策时滞十分不稳定，变动十分剧烈，影响因素众多，因而政策时滞就成为当前制约货币政策有效性提高的关键性因素之一。

（4）随着我国的货币政策从直接调控向间接调控转变，行政手段让位于经济手段，货币政策的外在时滞有加长的趋势。

货币政策时滞的存在，对提高货币政策有效性提出了强烈的挑战。中央银行应该努力提高金融调控能力，缩短内部时滞。这包括提高中央银行实施货币政策的独立性，提高中央银行的预测能力，合理确定中央银行的政策目标。同时，货币政策从"被动性"转向"预防性"，中央银行必须从国民经济的发展变化出发超前性地进行有效的货币控制。最后，中央银行在逐步放弃对贷款规模控制、现金投放控制等计划型的控制工具的同时，需要大力创造条件运用更为市场化的调控工具。

（三）影响货币政策效应的因素

影响货币政策效应的主要因素包括货币流通速度、微观主体预期的抵消作用、金融改革与金融创新、货币政策的透明度和公信问题以及其他因素的影响。

1. 货币流通速度

由于货币供给变化是在货币流通速度变化的基础上对价格和收入水平产生影响的，因此要研究货币供给量变化如何影响价格和收入水平等货币政策目标，就不能不考虑货币流通速度对政策效应的影响。如果货币政策制定者未能预料到货币流通速度的变动或对货币流通速度的估算出现差错，则货币政策效应会受到严重影响，甚至出现有悖于政策制定初始的预期效果。假设在预测的年度 GNP 将增长 20%，在假设根据以前一些年份有关数据的实证分析，主要包括货币流通速度在内的其他条件不变，货币供给等比增加即可满足 GNP 增长对货币的追加需求。如果货币流通速度在预测的期间加快了 10%，不考虑其他条件的变化，货币供给则只需增加 9.1% 即可。要是货币当局没有预见到货币流通速度的变化，而是按流通速度没有多大变化的考虑决定增加货币供给 20%，那么新增的货币供给量必将成为助长经济过热的因素。

如果货币流通速度不稳定且难以预测，则货币政策的效果不能不被削弱，而且货币政策可能成为影响经济稳定的根源。这是因为，社会总需求从流量上看，表现为一定时期的货币支出总量，它等于货币供应量与货币流通速度的乘积。如果货币流通速度是一个难以预测的波动不定的量，那么即使中央银行能够完全按照预定的目标调节货币供应量，也难使总需求和 GNP 达到预期的水平，这时货币政策就难以达到预期的效果。

2. 微观主体预期的抵消作用

根据合理预期学派的观点，当一项政策措施出台时，各种微观经济主体立即会根据可能获得的各种信息预期政策的后果，从而很快作出对策，而且时滞较短。货币当局推出的政策面对微观主体广泛采取的抵消对策时，政策可能无效。例如，政府拟采取长期扩张政策，人们通过各种信息预期社会总需求增加、物价会上涨，在这种情况下，工人会通过工会与雇主谈判，要求提高工资，企业预期工资成本的增大而不愿扩大经营。最后结果可能只是物价上涨而产出没有增加。鉴于微观主体预期，似乎只有在货币政策的取向和力度在没有或没有完全为公众所知晓时才能生效或达到预期效果，但这种可能性不大。货币当局不可能长期不让社会知道它所采取的政策，即使采用非常规的货币政策，不久之后也会落入人们的预期之内。如果货币当局长期采用非常规的货币政策，则将导致微观主体作出错误判断，并使经济陷入混乱之中。不过，实际情况是，即使公众预测非常准确，实施对策很快，其效果也有一个过程。也就是说，货币政策仍有效，只是公众的预期行为会使其效应大打折扣。

3. 金融改革与金融创新

西方发达国家自 20 世纪 60 年代起开始出现金融创新，以及自 20 世纪 70 年代以来实施的以"自由化"为主要特征的金融改革，主要在以下几个方面影响各国中央银行货币政策的实施效果：

（1）实施利率"自由化"之后，利率的变动更加频繁、剧烈，因而不易控制，带来更多的不确定因素，从而影响货币政策效应。

（2）货币流通速度由于各种新型金融工具的出现而发生变化，这些金融工具的存在会抵消货币政策紧缩作用的效果或扩大货币政策放宽信用的效果。例如，美国在 1974 年以后出现所谓"货币失踪"问题，实际上是由于金融工具创新导致货币流通速度上升，按照货币主义货币需求函数估计的货币数量显著大于实际需要的货币数量。

（3）金融创新使各层次货币定义与计量遇到困难。由于新型金融产品和工具的出现，货币与其他金融资产之间的区别越来越模糊，要计算狭义货币和广义货币十分不易，从而造成中央银行制定的各层次货币控制目标与实际货币增长经常不符。

（4）金融市场国际化使得各国金融市场的联系日益紧密，资本转移更加方便，国内资本与国际资本混合作用加强，由此抵消货币政策的效果。

（5）金融创新使中央银行控制货币供给的政策工具效力发生变化。首先，存款准备金比率的调整效力弱化。由于金融创新使融资证券化趋势增强，大量资金从银行流向金融市场，绕开了法定存款准备金率的约束，增大了金融机构的资金使用范围，削弱了中央银行通过调整准备金比率控制派生存款的能力。其次，贴现机制作用下降。金融创新使得金融机构的借款方式增加、融资渠道多元化，国内和国际市场融资都更加便利，其结果是降低了金融机构对中央银行再贴现的依赖程度。最后，公开市场业务的功能强化。金融创新导致的资产证券化趋势，金融市场的高度自由化、一体化，为中央银行进行公开市场操作提供了灵活、有效的手段和场所以及多样化的买卖工具。金融机构在金融创新的过程中，资产构成中有价证券的比重增加，特别是政府债券成为金融机构重要的二级准备，使得中央银行越来越多地利用公开市场操作工具，使其成为最重要的货币政策工具。

4. 货币政策的透明度和公信问题

货币政策决策的透明度，对于货币政策效应的发挥至关重要，也是一个受到十分关注的问题。货币政策的取向、目标、工具等都对市场运作产生了不同的影响，必然会受到微观经济行为主体，乃至外国和国际金融机构的密切关注。从方针政策和决策准则来说，要求在决策者和广大公众之间高度沟通。如果决策过程不透明，就难以树立公众对货币当局的信任；如果没有必要的透明度使公众领会决策者的行为准则和意向，在胡乱猜测中所造成的紊乱必然会使经济付出代价。

不透明或没有必要的透明度，公众的预期和"对策"会抵消货币政策的效应，乃至"政策无效"；有了必要的透明度将取得公众的信任，由此诱导公众的预期，使得公众的推测常常符合货币当局决策的意向，成为贯彻货币政策的助力。

5. 其他因素的影响

其他因素的影响主要包括：

（1）宏观经济条件的变化。一项既定的货币政策出台后，要保持一定的稳定性和持续性，不能朝令夕改。在这段时间内，如果客观经济条件出现某些始料不及的变化，而货币政策又难以做出相应的调整时，就可能出现货币政策效果下降甚至失效的情况。例如，在实施扩张性货币政策中，生产领域出现了生产要素的结构性短缺，这时纵然货币、资金的供应很充裕，由于"瓶颈"部门的制约，实际的生产也难以增长，扩张的目标就无从实现。

（2）既得利益者的政治压力。货币政策的实施，很可能会影响到一些阶层、集团、部门或地方的既得利益，基于自己的利益受损，这些主体会作出强烈反应，向政府施加压力，迫使货币当局或中央银行进行政策调整，从而影响货币政策的效果。

（3）政治性周期。货币政策效应在西方国家还会受到政治性周期的影响。为了在大选期间拉票，执政党总是力图刺激经济，而新政府成立后则会及时采取紧缩政策，以稳定经济。由于大多数西方国家中央银行理事会任期与政府首脑不一致，因此在大选之前往往出现货币政策与财政政策的不一致局面，总统力图刺激经济，降低失业率，中央银行则力图稳定经济，抑制通货膨胀。这种政治性经济周期的存在也会影响货币政策的效果。

第三节 国际收支与内外均衡的调节机制

一、国际收支失衡的原因和影响

国际收支平衡表是按照复式簿记的借贷原则编制的，所以在平衡表上借方与贷方总是平衡的，但这种平衡只是形式上的平衡。判断一国的国际收支平衡与否，仅看国际收支平衡表中的借贷余额是不确切的。目前，许多国家根据国际经济交易的性质来判断国际收支是否真正平衡。国际经济交易按发生的动机不同可以将所有交易分为自主性交易（Autonomous Transactions）和补偿性交易（Compensatory Transactions）。所谓自主性交易，又称事前交易，是指个人和企业为某种自主性目的（如追逐利润、追求市场、旅游、汇款赡养亲友等）而从事的交易。国际收支的差额或不平衡即指自主性交易的不平衡。而补偿性交易，又称调节性交易，是指为弥补国际收支不平衡而发生的交易，比如为弥补国际收支逆差而向外国政府或国际金融机构借款，动用官方储备等。

从上述两种不同交易的性质来判断，如果一国国际收支中的自主性交易自动相等或基本相等，不必依靠补偿性交易弥补，则说明这个国家的国际收支是平衡的；如果自主性交易收支不能自动相抵，而需要依靠补偿性交易来弥补才能维持平衡，则这种平衡只是形式上的平衡，而实际上是不平衡的。因此，形式上的平衡是虚假的、暂时的、被动的，是不能长期维持下去的。

（一）国际收支失衡的主要原因

一国的国际收支失衡可能是由多种原因引起的。按照这些原因，国际收支失衡可分为以下几种：

1. 周期性失衡（Cyclical Disequilibrium）

周期性失衡是指由于各贸易国处于经济周期或商业周期的不同阶段而造成的国际收支失衡。一般来说，当一国经济处于衰退、萧条时期，生产下降，企业、居民收入减少，国内需求不足，往往出现竞相出口而进口下降，国际收支发生盈余；相反，当一个国家经济处于复苏、繁荣时期，国内投资与消费需求旺盛，对进口的需求也相应增加，国际收支便会出现逆差。当然，在实际中，在不同的经济周期，各国政府必然要采取相应的政策措施，国际收支的实际状况还取决于调节政策的效果。周期性不平衡在第二次世界大战前的发达资本主义国家中表现得比较明显。在第二次世界大战后，其表现经常扭曲，如 1981~1982 年发达资本主义国家（除日本外）在衰退期普遍伴有巨额的贸易逆差。

在当代世界经济一体化和金融全球化的发展趋势下，世界经济关系更加密切，主要国家和地区的经济周期极易引发世界性的经济周期，从而影响其他国家的国际收支状况。

2. 结构性失衡（Structure Disequilibrium）

结构性失衡是指由于一国的经济结构（主要是产业结构、进出口结构、要素结构等）的状况或变化不适应国际市场供求的状况或变化，所导致的国际收支失衡。结构性失衡通常反映在贸易账户或经常账户上。如果一国产业结构和商品出口结构不适应国际市场的需求，出口商品很难进入国际市场，会造成贸易收入的下降；如果一国产业结构和商品进口结构不适应国际市场的变化，进口商品也很难适应本国市场需求和经济发展的需要，会导致进口的大起大落。同时，如果本国要素（如劳动力）的价格变动导致出口商品的生产成本大于国际市场的变动幅度，也会削弱出口的竞争能力，使贸易收支状况恶化。

3. 收入性失衡（Income Disequilibrium）

收入性失衡是指由于一国的国民收入或所得水平变化引起的国际收支失衡。引起国民收入发生变化的因素很多，如经济周期、经济增长速度及国家经济政策等。国民收入变化对国际收支的影响，主要是通过其对外需求的增减来实现的。一般来说，一国国民收入的快速增长，可能导致其对外的商品、劳务需求和投资工具的增加，从而引发国家收支逆差；相反，一国国民收入的大幅下降，相应地使贸易支出和非贸易支出减少，从而造成国际收支顺差。当然，一国国民收入的变化是否会引起国际收支状况的上述变动，还取决于进出口商品的价格和收入弹性。

4. 货币性失衡（Money Disequilibrium）

货币性失衡是指由于一国通货膨胀或通货紧缩引起的国内外相对价格水平变化所导致的国际收支失衡，又称价格性失衡。在一般情况下，当一国发生通货膨胀时，国内货币购买力下降，物价水平上升，必然引起该国货币的对外贬值，会刺激出口，而抑制进口，从而使该国国际收支出现顺差。在现实中，一国货币贬值，是否使国际收支逆差得到改善，取决于是否满足马歇尔—勒纳条件（见本章国际收支调节理论）和该国货币在贬值后对主要货币的汇率是否高估。如果仍然高估，该国出口商品的外汇收入按高估的汇率折算为本币后，仍不足以弥补出口商品的成本，从而抑制出口，国际收支反而恶化。通货紧缩的情况与之相反。货币性失衡可以是短期的，也可以是中期的或长期的。

5. 临时性失衡（Temporary Disequilibrium）

临时性失衡是指短期的、由非确定或偶然因素引起的国际收支失衡。这种性质的国际收支失衡程度一般较轻，持续时间不长，带有可逆性，因此可以认为是一种正常现象。在浮动汇率制度下，这种性质的国际收支失衡有时根本不需要政策调节，市场汇率的波动有时就能将其纠正。在固定汇率制度下，一般也不需要采用政策措施，而只须动用官方储备便能加以克服。

（二）国际收支失衡的影响

如前所述，国际收支的平衡是相对的，而不平衡则是绝对的。各国间经济往来关系中，一国国际收支的逆差（顺差）也必然是相关国家的顺差（逆差）。如果国家间的贸易是自愿的，就无所谓顺差国在贸易中获利而逆差国受害。但是，如果一国国际收支出现长期的、巨额的逆差或顺差，对该国的经济，甚至对国际经济都会带来不利的影响。

1. 国际收支逆差的影响

如果一国出现持续、巨额的国际收支逆差，首先会增加本币贬值的压力，如果一国不愿意让其发生，就必须动用国际储备进行干预，即抛售外汇和买进本国货币。这样，一方面会耗费国际储备，甚至可能会造成国际储备的枯竭，从而严重地削弱其对外支付能力，同时也会影响到一国的对外金融实力并使国家信誉下降；另一方面还会造成国内货币紧缩的压力，促使利率上升，从而导致投资下降、失业增加和国民收入减少。

从导致国际收支逆差的具体原因来说，如果国家收支逆差是因出口收入不足以弥补进口支出，而出现的长期性赤字所造成的，那就意味着出现对国外产品的净需求，这样就会造成国民收入的下降和失业的增加；如果是因资本流出大于资本流入所致，则会造成国内资金紧张，引起利率上升，从而影响经济增长。

2. 国际收支顺差的影响

一国出现国际收支顺差，固然可以增大其外汇储备，增强对外支付能力。但是，长期的或巨额的顺差，也会给国内经济带来不良的影响：一是会增加本币升值的压力，从而不利于本国商品的出口，这样有可能会加剧失业的矛盾；二是会因为国际储备的增加，而导致货币供应量增加和物价水平上升，从而加剧通货膨胀的压力；三是会加剧国际经济摩擦，因为一国的顺差意味着相关国家的逆差，一国顺差过多必然会影响其他国家的经济状况，从而引起国际摩擦；四是如果顺差是由于过度出口造成的，那么本国可供使用的生产资源就会减少，长期如此势必影响本国的经济发展速度。

当然，虽然国际收支顺差和逆差都会产生种种不利的影响，但是相比而言，逆差更受各国的重视，因为它会导致国内经济萎缩、就业不足和国际储备的枯竭。而国际收支顺差的压力则相对会轻一些。但是，从长期来看，无论是逆差还是顺差，都必须采取措施进行调节，尽可能地使国际收支保持均衡状态。

专栏9-8

美国国际收支情况

20世纪90年代以来，在政府支出和消费信贷的推动下，美国国内需求强劲增长，美国经常项目赤字日益膨胀，整体呈现不断上升的趋势。2004年，美国经常项目逆差达到6450亿美元，占GDP的5.5%；美国净外债2.54万亿美元，占GDP的23%。在目前可预见的时期内，美国的经常项目逆差还会进一步扩大。Roubini and Setser（2004）的研究表明，如果不采取措施，2006年美国贸易逆差达到GDP的6.5%，2008年达到GDP的7.8%。美国国际经济研究所的Mann（1999）预测，2010年美国贸易逆差将达到GDP的13%。高盛公司预测，即使经常账户赤字稳定在GDP的5%左右，到2020年美国的净外债也会增加到GDP的60%以上。

美国的经常项目逆差，必然意味着另外一些国家的经常项目盈余，主要是以日本、中国为代表的东亚经济体。它们把美国作为最主要的出口市场，通过经常项目顺差积累了大量的美元储备，然后以购买美国国债的形式保有这些储备，从而有利于美国通过支付较低的利息为其经常项目逆差融资，避免了经常项目逆差的不可持续。来自瑞银华宝的资料显示，到 2004 年底，亚洲国家总共持有 12000 亿美元的美国国债（其中包括大约 10000 亿美元的长期债券和票据），此外还持有至少 10000 亿美元的美国公司债券、股票以及存款，这一比例高达美国海外金融资产存量的 1/3（Anderson，2005）。此外，美国财政部的资料显示，在过去 3 年里，来自亚洲的资本流入占到美国外资净流入的 40%，2004 年这一比率接近 50%。因此，可以认为，在私人资本流入减缓的情况下，美国迄今为止之所以还能维持国际收支平衡，在很大程度上是依赖于东亚国家外汇储备资金的重新注入。

因此，目前东亚经济和美国实际上形成了这样一个循环：由于东亚经济是高度外向型的，而美国为东亚提供了最重要的外部需求，那么东亚就会主动采取盯住美元的汇率安排，并积累大量美元储备，然后主要以购买美国国债的形式使得国际资本回流到美国，缓解了美元贬值趋势，有助于美国维持较低的利率水平，从而使得世界经济仍然处于比较稳定的状态。

二、国际收支的调节机制和调节理论

一国的国际收支失衡是经常发生的，巨额的、持续的国际收支逆差或顺差均不利于经济稳定和发展，政府有必要采取措施降低不平衡的程度，调整不平衡的方向，从而产生了国际收支的调节问题。

（一）国际收支失衡的自动调节机制

国际收支失衡会引起国内某些经济变量的变动，这些变动反过来又会影响国际收支。国际收支的自动调节，是指由国际收支失衡引起的国内经济变量变动对国际收支的反作用过程。在完全或接近完全的市场经济中，国际收支可以通过市场经济变量的调节自动恢复平衡。当然，国际收支自动调节只有在纯粹的自由经济中才能产生理论上所描述的那些作用，政府的宏观经济政策会干扰自动调节过程，使其作用下降、扭曲或根本不起作用。

1. 货币—价格机制

"货币—价格机制"最早是英国经济学家大卫·休谟（David Hume）1752 年提出来的，其论述被称为"价格—现金流动机制"。"货币—价格机制"与"价格—现金流动机制"的主要区别是货币形态。在休谟时期，金属铸币参与流通，而在当代，则完全是纸币流通。不过，这两种机制论述的国际收支自动调节原理是一样的。

在金本位制度下，当一国国际收支出现逆差时，意味着对外支付大于收入，黄金外流增加，导致货币供给下降。在其他条件既定的情况下，物价下降，该国出口商品价格也下降，出口增加，国际收支因此得到改善；反之，当国际收支出现大量盈余时，意味着对外支付小于收入，黄金内流增加，导致货币供给增加；在其他条件既定的情况下，物价上升，该国出口商品价格也上升，出口减少，进口增加，国际收支顺差趋于消失。这一过程可以用图9-2来描述。

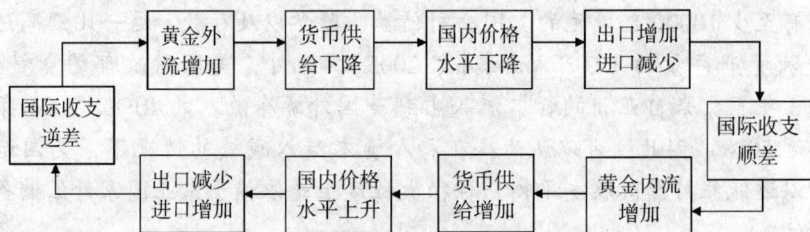

图9-2　货币—价格自动调节机制过程

"货币—价格机制"的另一种表现形式是相对价格水平变动对国际收支的影响。当一国国际收支出现逆差时，对外支出大于收入，对外币需求的增加使本国货币的汇率下降，由此引起本国出口商品价格相对下降、进口商品价格相对上升，从而使出口增加、进口减少，贸易收支得到改善。这一过程可以用图9-3来描述。

图9-3　货币—价格自动调节机制的另一种表现形式

2. 收入机制

收入机制是指一国国际收支失衡时，该国的国民收入、社会总需求会发生变动，这些变动反过来又会削弱国际收支的失衡。

当国际收支出现逆差时，表现为国民收入水平下降，国民收入下降会引起社会总需求下降及进口需求下降，从而使国际收支得到改善。收入机制的自动调节过程可以用图9-4来描述。

图9-4　国民收入的自动调节机制

3. 利率机制

利率机制是指一国国际收支失衡时，该国的利率水平会发生变动，利率水平的变动反过来又会对国际收支失衡起到一定的调节作用。

当一国国际收支发生逆差时，该国的货币存量（供应量）相对减少，利率上升；而利率上升，表明本国金融资产的收益率上升，从而对本国金融资产的需求相对上升，对外国金融资产的需求相对减少，资金外流减少或资金内流增加，资本与金融账户得到改善。同时，利率上升会减少社会总需求，使进口减少，出口增加，从而使贸易收支得到改善。利率机制的自动调节过程可以用图9-5来描述。

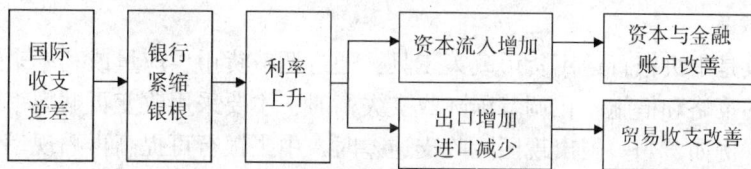

図9-5 利率的自动调节机制

（二）国际收支失衡的政策调节

市场失灵时，国际收支自动调节机制的作用将被削弱或失效，需要政府对市场进行适当干预，以实现国际收支平衡。政府对国际收支进行调节的手段多种多样，各国政府根据本国的国情采取不同的措施对国际收支进行调节。

1. 外汇储备调节

外汇储备调节是指一国发生国际收支困难时，通过运用官方储备或临时向外筹借资金来弥补国际收支赤字造成的外汇供给缺口。对于一次性或短期性的国际收支赤字，它是最为方便而有效的方法。它可以使本币汇率免受暂时性失衡造成的冲击，有利于对外贸易和投资的顺利进行，有助于国内经济目标的实现。但是，对于那些巨额的、长期的国际收支赤字，仅用外汇储备来调节是不行的。因为一国官方储备规模毕竟有限，长期运用将导致外汇储备的枯竭或大量外债的积累。因此，对于长期性的国际收支赤字，调整政策的实施不可避免。但调整政策的实施要有合理的时间分布，为避免过快调整对国内经济带来的震荡，可以动用国际储备做辅助措施，为调整创造宽松的环境。

2. 汇率政策

汇率政策是指一国通过调整本币汇率来调节国际收支、消除国际收支不平衡的政策。如当一国发生国际收支逆差时，该国可使本国货币贬值，以增强本国商品在国外的竞争力，扩大出口；同时，由于货币贬值，国外商品的本币价格上升，竞争力下降，进口减少，国际收支逐步恢复平衡。反之，当一国长期存在国际收支顺差时，该国可使本国货币升值，本币升值刺激进口，减少出口，两者共同作用于贸易收支，使贸易顺差减少，国际收支逐步恢复平衡。当然，汇率政策除了影响国际收支外，还会影响国民经济的其他方面。

3. 财政政策

财政政策是政府利用财政收入、财政支出对经济进行调控的经济政策，它的主要工具包括财政收入政策、财政支出政策和公债政策。财政政策通常是用作调节国内经济的一种手段，但由于总需求变动可以改变国民收入、物价和利率，启动国际收支的货币和收入调节机制，因此财政政策也就成为了国际收支调节手段。例如，当一国出现国际收支逆差时，政府可采用紧缩的财政政策，如削减政府开支或提高税收，迫使投资和消费减少，物价相对下降，从而促进出口，限制进口，改善贸易收支及国际收支；反之，当一国国际收支顺差很大时，政府可实行积极的财政政策，扩大政府开支或减少税收，以扩大总需求，增加进口及非贸易支出，从而减少贸易收支及国际收支顺差。

4. 货币政策

货币政策是中央银行运用货币政策工具，通过调节货币供应量或利率来影响宏观经济活动水平的策略和措施。在调节国际收支失衡时，主要采用改变再贴现率的政策来影响市场利率。例如，当一国出现国际收支逆差时，中央银行可提高再贴现率，市场利率也随之上升，投资和消费受到抑制，物价开始下降，从而有利于出口，限制进口，改善贸易收支。同时，市场利率的提高也有利于吸纳国外资本，从而改善国际收支。

财政政策与货币政策都可直接影响社会总需求，所以常用来调节内部均衡，但它作为国际收支调节手段具有明显的局限性，主要表现在为解决国际收支失衡问题而采取的财政或货币政策可能同国内经济目标发生冲突。因此，政府选择财政政策与货币政策实现国际收支平衡时，要注意时机的选择。

5. 直接管制政策

直接管制政策是指政府直接干预对外经济往来，以实现国际收支调节的政策措施。直接管制包括外汇管制、贸易管制和财政管制等形式。国际经济组织和经济学原理多半不赞成采用直接管制，但在国际收支发生较严重的困难时，发达国家和发展中国家都不同程度地采用过直接管制。

外汇管制主要是指一国政府通过有关机构对外汇买卖和国际结算采取限制性措施。例如，对出口所得外汇一律在一定时间内按外汇形式结算给国家银行或指定的经营外汇的银行，以便及时将外汇集中在国家手中。外汇管制通常由中央银行、外汇管理部门或财政部门执行。

贸易管制主要是指一国政府直接限制商品进出口数量的政策手段。一方面是对商品输入的管制，如采用进口配额制、进口许可证制、规定苛刻的进口技术标准、歧视性采购政策和歧视性税收政策，设置贸易壁垒。另一方面是对商品输出管制，如采用许可证制或某些奖励出口的办法。

财政管制主要是一国政府通过有关机构，如财政部、海关和官方金融机构等管制进出口商品的价格和成本，从而调节国际收支的政策手段。各国常用的财政管制手段包括进口关税政策、出口补贴政策、出口信贷政策等。

直接管制对平衡一国的国际收支具有较好的可操作性，效果较为迅速和显著，不像运用财政货币政策那样，必须通过汇率的变化和对经济活动产生影响后方能生效。同时，如果不平衡的出现是局部性问题，则直接管制较有针对性，对国内经济的影响面较小，不会导致整个国家国际贸易水平下降。但是，直接管制也有很多副作用，如容易受到对方的报复、可能扭曲市场价格信号、一定程度上限制了竞争、可能产生寻租行为等，因此国家在采用这一措施时应采取谨慎的态度。

6. 供给调节政策

运用政策调节国际收支时，不应忽略社会总供给的作用。从供给角度讲，调节国际收支的政策主要有产业政策、科技政策和制度创新政策。这些政策旨在改善一国的经济结构和产业结构，提高劳动生产率，增加出口商品和劳务的生产，提高产品质量，降低生产成本，以此达到增加社会产品（包括出口产品和进口替代品）的供给、改善国际收支的目的。供给政策具有长期性，虽然在短期内难以有立竿见影的效果，但它可以从根本上提高一国的经济实力和科技水平，从而为实现内外均衡创造条件。

（三）国际收支调节理论

国际收支调节理论是关于一国国际收支均衡以及国际收支与国民经济均衡的调节手段、调节机制和调节效应的理论。

1. 弹性论（Elasticity Approach）

20 世纪 30 年代，国际金本位制崩溃，各国纷纷采用货币贬值的手段调节国际收支。在此背景下，经济学家提出了弹性论。弹性论是由英国经济学家琼·罗宾逊在马歇尔微观经济学和局部均衡分析方法的基础上发展起来的。它主要探讨货币贬值取得成功的条件及其对贸易收支和贸易条件的影响。

（1）关于弹性的基本概念。价格变动会影响需求和供给数量的变动，需求量变动的百分比与价格变动的百分比之比，称为需求对价格的弹性，简称需求弹性。供给量变动的百分比与价格变动的百分比之比，称为供给对价格的弹性，简称供给弹性。在进出口方面，有四个弹性，它们分别是：

1）进口商品的需求弹性（E_M），其公式为：

$$E_M = \frac{进口商品需求量的变动率}{进口商品价格的变动率}$$

2）出口商品的需求弹性（E_X），其公式为：

$$E_X = \frac{出口商品需求量的变动率}{出口商品价格的变动率}$$

3）进口商品的供给弹性（S_M），其公式为：

$$S_M = \frac{进口商品供给量的变动率}{进口商品价格的变动率}$$

4）出口商品的供给弹性（S_X），其公式为：

$$S_X = \frac{出口商品供给量的变动率}{出口商品价格的变动率}$$

从上述四个公式可见，所谓弹性，实际上就是一种比例关系。当这种比例关系的值越高，就称弹性越高；反之，比例关系的值越低，就称弹性越低。

（2）假定条件。①贸易商品的供给具有完全弹性。②不考虑资本流动，国际收支等于贸易收支。③其他条件（包括收入、利率、偏好等）不变，只探讨汇率变化对贸易收支的影响，汇率采用直接标价法。

根据以上假设前提，弹性论认为，汇率变动通过国内外产品之间相对价格的变动，来影响一国进出口的供给和需求，从而作用于国际收支。

（3）马歇尔—勒纳条件（Marshall-Lerner Condition）。货币贬值会导致进出口商品的价格发生变动，进而引起进出口商品的数量发生变动，最终引起贸易收支变动。显然，贸易收支额的变化，最终取决于两个因素：一是由贬值引起的进出口商品的单位价格的变化；二是由进出口单价引起的进出口商品数量的变化。马歇尔—勒纳条件研究的是：在什么样的情况下，贬值才能导致贸易收支改善。

可以证明，在不考虑进出口商品的供给弹性的前提下，货币贬值后，只有当出口商品的需求弹性和进口商品的需求弹性之和大于1，贸易收支才能得到改善，即贬值取得成功的必要条件是：

$$E_M + E_X > 1$$

这就是马歇尔—勒纳条件。

（4）贬值与时滞反映——J曲线效应。在现实经济生活中，汇率变化时，进出口的实际变动情况还取决于供给对价格的反应程度。即使在马歇尔—勒纳条件成立的前提下，贬值也不能马上改善贸易收支。相反，货币贬值后的头一段时间，贸易收支反而可能会恶化，必须经过一段时期，贸易收支才能得到改善。

为什么贬值对贸易收支的有利影响要经过一段时滞后才能反映出来呢？这是因为，第一，在贬值之前已签订的贸易协议仍然必须按原来的数量和价格执行。贬值后，凡以外币定价的进口，折成本币后的支付将增加；凡以本币定价的出口，折成本币后的收入将减少。换言之，贬值前已签订但在贬值后执行的贸易协议，出口数量不能增加以冲抵出口外币价格的下降，进口数量不能减少以冲抵进口价格的上升。于是，贸易收支趋向恶化。第二，即使在贬值后签订的贸易协议，出口增长仍然要受认识、决策、资源、生产周期等的影响。至于进口方面，进口商有可能会认为现在的贬值是以后进一步贬值的前奏，从而加速订货。

在短期内，由于上述种种原因，贬值之后有可能使贸易收支首先恶化。经过一段时间以后，待出口供给（这是主要的）和进口需求作了相应的调整后，贸易收支才能慢慢开始改善。出口供给的调整时间，一般被认为需要半年到一年的时间。整个过程用曲线描述出来，成字母"J"形。因此，在马歇尔—勒纳条件成立的情况下，贬值对贸易收支的时滞效应，被称为J曲线效应（见图9-6）。

在J曲线图中，在 t_1 时刻，货币贬值，贸易收支状况从 A 点恶化到 t_2 时刻的 B 点，逆差扩大，然后随着时间推移，再经过 C 点和 D 点得到改善。

（5）对弹性论的评价。弹性论是在金本位制全面崩溃及20世纪30年代全球性经济危机的背景下产生的，它适应了当时西方国家制定经济政策的需要，并在许多国家调节国际收支的实践中取得了一定的效果。但该理论也存在很大的局限性：一是该理论建立在局部均衡分析的基础上，只考虑汇率变动对一国贸易收支的影响，而实际上其他条

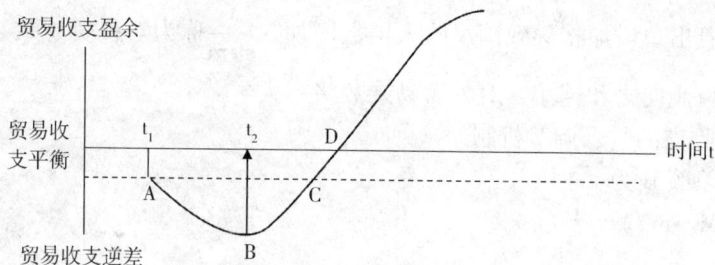

图 9-6　J 曲线效应

件并非不变；二是该理论没有涉及国际资本流动，在资本规模巨大的今天，其局限性就表现得非常突出；三是该理论是一种比较静态的分析，在现实世界中，本币贬值对贸易收支的影响是一个动态过程（本币贬值不仅会通过相对价格变动影响贸易收支，还会通过国民收入、货币供应量、绝对价格水平等诸多经济变量的变动对贸易收支产生巨大影响）；四是在应用该理论时，也可能会存在技术上的困难，弹性的估计是一个比较复杂的问题。

2. 乘数论（Multiplier Theory）

在 20 世纪 30 ~ 40 年代，以哈罗德、梅茨勒、马克鲁普等为代表的经济学家运用凯恩斯的乘理论揭示了国际收支的收入调节机制，以此形成了国际收支的乘数论。其基本观点是，进口是国民收入的函数，任何自主性支出的变动都会通过乘数效应引起国民收入变动，进而影响国际收支状况。

（1）假设条件。①假定非成分就业，供给具有完全弹性，从而进出口和收入的变动不会改变价格水平。②不考虑国际资本流动，贸易差额就是国际收支差额。③汇率、价格、利率等变量不变，只考虑国际收支的收入调节机制。

（2）对外贸易乘数。开放经济下的宏观经济模型为：

$$Y = C + I + G + X - M$$

$$C = C_0 + c\Delta Y$$

$$M = M_0 + m\Delta Y$$

其中，Y 为国民收入，C 为消费，I 为投资，G 为政府购买，X 为出口，M 为进口，C_0 为自发性消费，c（0<c<1）为边际消费倾向，M_0 为自发性进口，m（0<m<1）为边际进口倾向。则均衡国民收入为：

$$Y = \frac{1}{1-c+m}(C_0+I+G+X-M_0)$$

由于边际储蓄倾向 s = 1 - c，故上式又可转化为：

$$Y = \frac{1}{s+m}(C_0+I+G+X-M_0)$$

考虑出口变动对国民收入的影响：

$$\Delta Y = \frac{1}{s+m}\Delta X$$

上式意味着出口增加将导致国民收入倍数增加。$\frac{1}{s+m}$ 称为对外贸易乘数，边际储蓄倾向和边际进口倾向之和越小，对外贸易乘数将越大。

(3) 国际收支的收入调节机制。

国际收支差额 B 为：

$$B = X - (M_0 + mY)$$

$$= X - M_0 - \frac{m}{s+m}(C_0 + I + G + X - M_0)$$

可以看出，一方面，一国出口的增加可以直接改善其国际收支状况；另一方面，由于对外贸易乘数的作用，出口增加将导致国民收入水平的提高，继而带来进口的增加，从而间接导致国际收支状况的恶化。因此，一国出口变动对国际收支状况的综合影响（包括直接影响和间接影响）为：

$$dB = dX - \frac{m}{s+m}dX = \frac{s}{s+m}dX$$

分析上式可知，一国出口的增加可以改善其国际收支状况，但由于 $0 < \frac{m}{s+m} < 1$，因而国际收支改善的程度比出口增加的程度要小。

再看一国国内自主性支出 A（如自主消费、自主投资、政府自主支出等）的变动对国际收支状况的影响：

$$dB = -\frac{m}{s+m}dA$$

由上式可见，当一国国内自主性支出增加时，该国际收支将趋于恶化，但恶化的程度要小于国内自主性支出的增加额。

一国出口或国内自主性支出的变动，对该国国民收入以及国际收支状况的影响如表9-3所示。这表明，一国可通过实施需求管理政策来调整国际收支。当一国际收支出现赤字时，当局可实施紧缩性财政货币政策，国内支出减少，国民收入降低，进口减少，从而国际收支得到改善；而当一国出现国际收支盈余时，则实施扩张性财政货币政策，国内支出增加，国民收入提高，进口增加，从而国际收支盈余得以减少。

表9-3　出口与国内自主性支出变动的影响

	dY	dB
dX	$+\frac{1}{s+m}$	$+\frac{s}{s+m}$
dA	$+\frac{1}{s+m}$	$-\frac{m}{s+m}$

(4) 对乘数论的评价。乘数论基于凯恩斯宏观经济理论，重点阐述了对外贸易与国民收入之间的关系。弹性论只考虑了货币贬值的直接效果，而乘数论则进一步分析了货币贬值的间接效果，即通过国民收入的变化，从而进一步影响国际收支的状况。鉴于

此，一些西方学者如哈伯格等将弹性论的价格效应与乘数论的收入效应结合起来，提出了更富有现实意义的贬值改善国际收支的条件——哈伯格条件（Harberger Condition）：

$$E_X + E_M > 1 + m$$

乘数论也存在不足：一是乘数论仍属于局部均衡分析，假定非充分就业以及汇率、物价等不变，而如果国内处于充分就业，则增加出口将形成通货膨胀，结构将大为不同；二是与弹性论一样，乘数论没有考虑国际资本流动，这与现实相差较大；三是该理论建立在凯恩斯乘数理论的基础上，未能考虑货币因素和价格因素的作用。

3. 吸收论（Absorption Approach）

吸收论又称支出分析法，是当时在国际货币基金组织工作的西德尼·亚历山大在凯恩斯宏观经济学的基础上于1952年提出的。它从宏观经济学中的国民收入方程式入手，着重考虑总收入与总支出对国际收支的影响，并在此基础上，提出国际收支调节的相应政策主张。

（1）基本理论。按照宏观经济学理论，在封闭经济的条件下，一个基本关系式为国民收入恒等式：

国民收入（Y）＝消费（C）+投资（I）+政府购买（G）

在开放经济条件下，考虑对外贸易有：

国民收入（Y）＝消费（C）+投资（I）+政府购买（G）+［出口（X）−进口（M）］

经移项整理后得：

$$X-M = Y-C-I-G = Y-(C+I+G)$$

X−M为贸易收支差额，用B来表示，以此作为国际收支差额的代表。C+I+G为国内总吸收，即国民收入中被国内吸收的部分，用A来表示。由此，国际收支差额实际上就由国民收入（Y）与国内吸收（A）之间的差额来表示，即：

$$B = Y-A$$

亚历山大赋予这一恒等式以逻辑上的因果关系，认为右端（Y−A）是因，左端（B）是果，由此得到结论：国民收入大于国内吸收时，国际收支为顺差；国民收入小于国内吸收时，国际收支为逆差；国民收入等于国内总吸收时，国际收支平衡。

（2）政策主张。吸收论所主张的国际收支调节政策，就是改变总收入与总吸收的政策，即支出转换政策与支出增减政策。国际收支逆差表明一国的总需求超过总供给，即总吸收超过总收入，这时，就应适当运用紧缩性的财政货币政策来减少对贸易商品（进口）的过度需求，以纠正国际收支逆差。但紧缩性的财政货币政策在减少进口需求的同时，也会减少对非贸易商品的需求和降低总收入，因此还必须运用支出转换政策消除紧缩性财政货币政策的不利影响，使进口需求减少的同时收入增加。这样，使贸易商品的供求相等，非贸易商品的供求也相等；需求减少的同时收入增加，就整个经济而言，总吸收等于总收入，从而达到内部均衡和外部均衡。

吸收理论特别重视从宏观经济的整体角度来考察贬值对国际收支的影响。首先，它认为，贬值要起到改善国际收支的作用，必须有闲置资源的存在。只有当存在闲置资源时，贬值后闲置资源流入出口产品生产部门，出口才能扩大。其次，出口扩大会引起国民收入和国内吸收同时增加，只有当边际吸收倾向小于1，即吸收的增长小于收入的增长时，贬值才能最终改善国际收支。比如，出口扩大时，出口部门的投资和消费会增长，收入也会增长。通过"乘数"作用，又引起整个社会投资、消费和收入多倍的增长。所谓边际吸收倾向，是指每增加的单位收入中用于吸收的百分比。只有当这个百分比小于1时，整个社会增加的总收入才会大于增加的总吸收，国际收支才能改善。

（3）对吸收论的评价。吸收论是建立在宏观经济学基础之上，采用一般均衡分析方法，将国际收支和整个经济的诸多变量联系起来进行分析，克服了弹性论局部均衡分析的局限性，较弹性论前进了一大步。同时，吸收论还具有强烈的政策搭配取向：当一国出现国际收支逆差时，若国内存在闲置资源（衰退和非充分就业时），在采取本币贬值的同时，应采用扩张型财政政策来增加收入（扩大生产和出口）；若国内各项资源已达到充分就业、经济处于膨胀时，应采用紧缩型财政货币政策来减少吸收（需求），从而使内部经济和外部经济同时达到平衡。因此，吸收论具有较强的应用性。

但该理论也有一定的局限性：一是并没有对收入、吸收和贸易收支之间的因果关系提供令人信服的逻辑分析。实际上，收入与吸收对贸易收支确实会产生影响，但反过来贸易收支也会影响到收入与吸收。二是忽略了资本与金融账户在国际收支中的作用，把贸易收支作为主要研究对象，以贸易收支代替国际收支，分析得不够全面。

4. 货币论（Monetary Approach）

货币论的创始人主要是美国芝加哥大学和英国伦敦经济学院的哈里·约翰逊（Herry Johnson）和他的学生雅各布·弗兰科（Jacob Frenkel）。货币论的出现同20世纪70年代在美国兴起的货币主义学说有关系，它是建立在货币主义学说基础上的。它是从货币的角度而不是从商品的角度来考察国际收支失衡的原因并提出相应的政策主张的。

（1）假定前提。①在充分就业的均衡状况下，一国的实际货币需求是收入和利率等变量的稳定函数；②从长期来看，货币需求是稳定的，货币供给变动不影响实物产量；③贸易商品的价格是由世界市场决定的，从长期来看，一国的价格水平和利率水平接近世界市场水平。

（2）基本理论。在上述各项假定下，货币论的基本理论可以用以下公式表示：

$$MD = MS$$

其中，MS 表示名义货币的供应量，MD 表示名义货币的需求量。从长期来看，可以假定货币供应与货币需求相等。其公式为：

$$MD = pf(y, i)$$

其中，p 为本国价格水平，f 为函数关系，y 为国民收入，i 为利率（持有货币的机会成本）。pf(y, i) 表示对名义货币的需求；f(y, i) 表示对实际货币存量（余额）的需求。

$$MS = m(D + R)$$

其中，D 指国内提供的货币供应基数，即中央银行的国内信贷或支持货币供给的国内资产；R 指来自国外的货币供应基数，它通过国际收支盈余获得，以国际储备作为代表；m 指货币乘数。货币基数又称为强力货币。为叙述方便，设 m=1（实际上根据研究目的不同，MS 有不同的定义和范围，从而 M 也有不同的对应值），可得：

$$MS=D+R$$

$$MD=D+R$$

$$R=MD-D$$

其中，R=MD-D 是货币论的最基本方程式。这个方程式表明：①国际收支是一种货币现象。②国际收支逆差，实际上就是一国国内的名义货币供应量（D）超过了名义货币需求量。由于货币供应不影响实物产量，在价格不变的情况下，多余的货币就要寻找出路。对个人和企业来讲，就会增加货币支出，以重新调整它们的实际余额；对整个国家来讲，实际货币余额的调整便表现为货币外流，即国际收支逆差。反之，当一国国内的名义货币供应量小于名义货币需求量时，在价格不变的情况下，货币供应的缺口就要进行弥补。对个人和企业来讲，就要减少货币支出，以使实际货币余额维持在所希望的水平；就整个国家来说，减少支出维持实际货币余额的过程便表现为货币内流，国际收支盈余。③国际收支问题，实际上反映的是实际货币余额（货币存量）对名义货币供应量的调整过程。当国内名义货币供应量与实际经济变量（国民收入、产量等）所决定的实际货币余额需求相一致时，国际收支便处于平衡状态。

（3）货币论的政策主张。①从本质上说，所有国际收支不平衡都是货币性的，因此国际收支的不平衡，都可以由国内货币政策来解决。②国内货币政策主要是指货币供应政策。因为政府可能操作的是货币供应量的规模，而货币需求是收入、利率的稳定函数，受政府的影响小。因此，扩张性的货币政策可以减少国际收支顺差，紧缩性的货币政策可以减少国际收支逆差。③为平衡国际收支而采取的贬值、进口限额、关税、外汇管制等贸易和金融干预措施，只有当它们的作用是提高货币需求尤其是提高国内价格水平时，才能改善国际收支且这种影响是暂时的。若在施加干预措施的同时伴有国内信贷膨胀，则国际收支不一定能改善，甚至还可能恶化。总之，货币论政策主张的核心是，在国际收支发生逆差时，应注重国内信贷的紧缩。

（4）对货币论的评价。货币论的提出，是有其积极意义的：①使被遗忘的货币因素在国际收支调整中得到了应有的重视。②它考虑了资本在国际间移动对国际收支的影响，较弹性论和吸收论有了很大的进步。③从实践上看，其某些观点已被国际货币基金组织（IMF）接受，如 IMF 往往会要求会员国在接受贷款援助时严格控制信贷，就是基于货币供应决定国际收支这一基本认识。

当然，该理论也存在一些缺陷：一是货币论认为货币需求是收入和利率的稳定函数，但如果它不是稳定的，那么国际收支就不能仅仅从货币供应的变化中预测出来。另外，货币论假定货币供应对实物产量和收入没有影响，也不尽切合实际。二是货币论研究的是长期货币供求平衡在国际收支上的平衡效果，即长期的国际收支问题，却忽视了短期国际收支不平衡所带来的影响，这是货币论的一个重要缺陷。三是货币论对国际收支长期均衡的分析，相当程度上是将结论建立在一价定律或购买力评价基础上。但现实生活中存在运输成本、贸易障碍、关税及信息不完全等因素，一价定律并不完全成立，完全按照货币论关于国际收支的调节措施,在实践中就会出现政策预期偏差。四是无论从哪个方面看,货币政策主张的含义或必然后果,就是以牺牲国内实际货币余额或实际消费、投资、收入和经济增长来纠正国际收支逆差。这一点,受到了许多国家,特别是发展中国家的批评与抵制。

5. 结构论(Structural Approach)

结构论的相关分析,散见于 20 世纪 50～60 年代的西方经济学文献中。赞成结构论的经济学家,大多数是发展中国家或发达国家中从事发展问题研究的学者,因此结构论的理论渊源同发展经济学紧密相关。英国萨塞克斯大学发展研究院院长保尔·史蒂芬爵士(Paul Stephen)、英国海外发展署的托尼·可列克(Tony Klick)、英国肯特大学的瑟沃尔以及英国曼彻斯特大学的一批经济学家,都是结构论的积极倡导者和支持者。

(1)基本理论。在货币论流行的 20 世纪 70 年代中期,国际货币基金组织的理论权威、研究部主任波拉克将货币论的主要精神结合到了国际货币基金组织的国际收支调节规划中,使之成为国际货币基金组织制定国际收支调节政策的理论基础。当成员国国际收支发生困难而向国际货币基金组织借款时,必须按照国际货币基金组织国际收支调节规划的要求制定相应的调节政策。由于货币论的政策核心是紧缩需求,以牺牲国内经济增长来换取国际收支平衡,因而众多成员国在执行了国际货币基金组织的国际收支调节规划后,经济活动普遍受到压制,有的甚至因过度削减预算和货币供应导致经济社会动荡。

在这一背景下,结构论有针对性地提出,国际收支失衡不一定完全是由国内货币市场失衡引起的,货币论乃至以前的吸收论都是从需求角度出发对国际收支调节进行研究,但却忽视了供给因素对国际收支的影响。结构论认为,国际收支逆差尤其是长期性的逆差既可能是长期性的过度需求所引起的,也可能是长期性的供给不足所引起的,而长期性的供给不足往往是由经济结构问题引起的。具体来看,引起国际收支逆差或长期逆差趋势的结构问题有以下几种表现形式:

第一,经济结构老化。由于科技、生产条件和世界市场的变化,一国商品失去了原有的在世界市场的竞争力,而该国国内经济结构不能适应这一变化,由此造成出口供给长期不足,导致国际收支可能出现逆差。

第二,经济结构单一。这将从两方面导致国际收支可能出现逆差:一是出口商品单一,其价格易受国际市场价格波动的影响,使国际收支状况不稳定;二是经济发展长期依赖进口,进口替代选择的余地几乎为零。

第三,经济结构落后。这是指一国出口商品的需求收入弹性低但进口商品的需求收入弹性高,而出口商品的需求价格弹性高但进口商品的需求价格弹性低。出口商品的需求收入弹性低意味着别国经济和收入的相对快速增长不能导致该国出口的相应增加,而进口商品的需求收入弹性高则反映出本国收入的相对快速增长却导致进口的相应增加。在这种情况下,将发生国际收支的收入性逆差而非收入性顺差。出口商品的需求价格弹性高意味着本国出口商品价格的相对上升将导致出口数量的相应减少,而进口商品的需求价格弹性低则反映出外国商品价格的相对上升却不能导致进口数量的相应减少。在这种情况下，货币贬值不仅不能改善国际收支，反而将恶化国际收支。

（2）政策主张。结构论认为，调节国际收支不平衡政策的重点应放在改善经济结构、加速经济发展方面，以增加出口商品和进口替代品的数量和品种供应。而改善经济结构、加速经济发展的主要手段是增加投资、改善资源的流动性，使生产要素能顺利地从传统行业流向新兴行业。因此，一方面，经济结构落后的国家要积极增加和充分利用国内储蓄；另一方面，经济结构先进的国家和国际经济与金融组织应增加对落后国家的投资。经济结构落后的国家通过改善经济结构和发展经济，不仅有助于克服自身的国际收支困难，同时也能增加从经济结构先进的国家的进口，从而也有助于经济结构先进的国家的出口和就业的增长。

（3）对结构论的评价。结构论是作为传统的国际收支调节理论特别是货币论的对立面出现的，它自然受到许多批评。对于经济结构老化引起的国际收支困难，一些批评者认为：若一国出口商品不能满足国际市场的需求，出口商品的需求对收入的弹性就会较低。这与其说是缺乏价格竞争力，不如说是缺乏非价格因素的竞争力，如产品质量低劣、售后服务质量差、产品包装和款式不能满足消费心理等。对于经济结构单一和经济结构落后引起的国际收支困难，结构论的批评者认为：所谓国际收支结构性失衡，实际上是愿望与现实之间的失衡。国际收支困难有两种不同的概念，一种是事先的概念；另一种是事后的概念。事先的概念是指国际收支失衡的压力，而不是指失衡本身。只要财政与货币政策适当，就能避免失衡本身的发生。还有一些批评者认为：结构论讲的实际上是经济发展问题，而不是国际收支问题。经济发展政策对国际收支失衡的调节，常常是行之无效或收效甚微的。另外，要求以提供暂时性资金融通为主的国际货币基金组织向经济结构落后的国家提供长期性国际收支贷款，同时又不施予必要的调节纪律和恰当的财政货币政策，犹如把资金填入一个无底洞，既不利于有关国家经济的均衡发展，又违背了国际货币基金组织本身的性质和宪章，国际货币基金组织在客观上是无力做到的。

三、内部均衡与外部均衡的调节

（一）内部均衡与外部均衡

通常，在封闭经济中，各国政府都将经济增长、物价稳定与充分就业作为自己追求的目标，这些目标反映了经济均衡的理想状态。但是，这三个目标在某种程度上存在一定的冲突。例如，失业率与通货膨胀之间可能存在着相互替代的关系，经济增长往往也会带来通货膨胀。因此，在封闭的经济环境下，政府经济政策的任务就是协调三者之间的矛盾，使整个经济在一个相对稳定、协调的环境中发展。

在开放的经济环境中，由于对外经济贸易的结果——国际收支也构成整个经济的重要组成部分，政府的宏观经济政策目标也相应地发生了变化。一方面，国际收支本身成为了宏观经济的重要变量；另一方面，作为一个经济政策目标，国际收支同封闭经济条件下原有的目标一起构成开放经济条件下政府的宏观经济目标，并且国际收支同其他目标变量之间也存在矛盾和冲突，政府宏观经济调整的任务就扩大到了内、外经济目标两个方面。因此，在开放经济中，理想的经济目标是同时实现内部均衡和外部均衡。

内部均衡是指国民经济处于无通货膨胀的充分就业状态。经济增长、物价稳定与充分就业是反映经济内部运行情况的政策目标，可以归入内部均衡目标之中。这三个目标中，经济增长是一个长期任务，并且20世纪80年代以来，主要的发达国家都越来越强调应通过市场机制的自身运作来实现持续的经济增长，因此经济增长目标从这些国家政府的政策目标中逐渐淡化。在此背景下（并且也出于简单起见），在讨论内部均衡时，人们不考虑经济增长问题，只关注物价稳定和充分就业，但各国对充分就业的定义是不同的。

外部均衡是指国际收支的均衡，即与一国宏观经济相适应的合理的国际收支结构。但国际收支均衡并不等于国际收支平衡。前者是政府追求某种国际收支的理想状态，而后者是国际收支账户总差额为零的会计上的平衡。政府所追求的均衡状态大部分情况下不是国际收支账户总差额为零的状态。由于经常账户是国民收入的组成部分，并属于实体经济的范畴，所以外部均衡也可以表述为与一国宏观经济相适应的合理的经常账户余额。由于各国经济发展阶段以及发展水平不尽相同，所以外部均衡的具体标准也不尽相同。对于经济起飞阶段的国家，经常账户有一定程度的逆差，人们仍认为其国际收支是均衡的；而对于外向型经济主导的国家，经常账户有一定的顺差，人们也认为其国际收支是均衡的。

（二）内部均衡与外部均衡的关系

作为开放经济的主要政策目标，内部均衡与外部均衡是相互影响的，它们之间存在着非常复杂的关系。当政府采取措施努力实现某一目标时，针对这一目标的某些措施的实施可能会同时造成另一不同目标的改善，也可能造成另一目标的恶化，从而导致宏观经济政策的最终结果可能是不确定的。例如，开放经济可能面临着如表9-4所示的内外经济状况组合（假定失业与通货膨胀是两种独立情况，外部均衡就是经常账户平衡）。

表9-4 固定汇率制下内外均衡的搭配与矛盾

	内部经济状况	外部经济状况
1	经济衰退/失业增加	国际收支逆差
2	经济衰退/失业增加	国际收支顺差
3	通货膨胀	国际收支逆差
4	通货膨胀	国际收支顺差

1. 内外均衡的一致

内外均衡的一致是指政府在实现（内部）均衡目标的同时使得外部（内部）均衡目标同时得以实现或改善的现象。在表9-4中，第2种情况和第3种情况意味着内外均衡之间的一致。例如，当一国存在表9-4中的第2种情况时，即同时存在经济衰退、失业增加和国际收支顺差的现象时，为解决经济衰退和失业增加的问题，实现内部均衡，政府必须采取增加社会总需求的扩张性措施进行调控，这会通过边际进口倾向的作用导致进口的相应增加，从而可以在出口保持不变的情况下，减少贸易收支的顺差额，即国际收支的顺差状况得到改善。又如，当一国存在表 9-4 中的第 3 种情况时，即同时存在通货膨胀和国际收支逆差时，政府为解决通货膨胀问题往往会采取缩减社会总需求的调控措施，这样就同时导致进口的相应减少，在出口保持不变的情况下，经常项目的逆差就会减少，从而使得国际收支逆差的状况得以改善。这样，在上述情况下，当政府采取措施实现内部均衡目标的同时，外部均衡目标也得到实现或改善。

2. 米德冲突（Meade Conflict）

英国经济学家詹姆斯·米德于 1951 年在其名著《国际收支》中最早地提出了固定汇率制度下的内外均衡问题。他指出，在汇率固定不变时，政府只能主要运用影响总需求的支出增减政策来调节内外均衡。这样在开放经济运行的特定区间，便会出现内外均衡难以兼顾的情形，人们把这种情况称为"米德冲突"。它是指在固定汇率制度下，采用一种政策调控经济时，改善内部均衡（或外部均衡）而恶化外部均衡（或内部均衡）的情形。

表 9-4 中，第 1 种情况和第 4 种情况意味着内外均衡的冲突，也就是说此时政府采取一种政策无法同时实现内外均衡。例如，当一国存在表 9-4 中的第 1 种情况时，即同时存在经济衰退、失业增加和国际收支逆差的现象时，政府为了实现内部均衡，往往采取增加社会总需求的扩张性措施进行调控，这会通过边际进口倾向的作用导致进口的相应增加，在出口总量基本保持不变的情况下，经常项目的逆差就会增加，从而使国际收支逆差状况进一步恶化。又如，当一国存在表 9-4 中的第 4 种情况时，即同时存在通货膨胀和国际收支顺差时，政府为解决通货膨胀问题往往会采取紧缩社会总需求的调控措施，从而实现内部均衡，但与此同时，进口规模会随之减少，在出口基本保持不变的情况下，会导致国际收支顺差程度更加严重。以上两种情况说明，政府在通过调节社会总需求实现内部均衡目标时，会恶化外部均衡目标，即此时内外均衡存在冲突。

"米德冲突"分析的主要是固定汇率制度下的情况，并且没有考虑资本流动的情形。那么，当 20 世纪 70 年代实行浮动汇率后，可以利用汇率变动和资本流动来调节国际收支时还存在内外均衡冲突吗？实际上，在浮动汇率制度下，同样面临着内外均衡冲突问题，完全利用外汇市场自发调节国际收支是不可能的。在汇率变动受到政府的一定管理的条件下，通过国内总需求的变动来调节内外均衡仍是相当常见的做法。因此，浮动汇率制下也会出现与固定汇率制下相类似的内外均衡冲突现象。如果汇率水平发生了剧烈波动，这种内外均衡的冲突问题就会更加复杂。更加严重的是，当今活跃在国际金融市场上数以万亿美元计的国际游资会因各种原因频繁地在国与国之间流动，造成金融市场动荡不安。这会直接影响到各国的宏观经济政策，使得各国的经济政策制定受到更多制约，一国同时实现内部均衡和外部均衡的目标由此变得更加困难。内外均衡冲突产生的根源在于经济的开放性。

四、内外失衡调节的政策搭配

（一）政策搭配的基本原理

由于开放经济下的宏观经济政策目标既包括了内部均衡也包括了外部均衡，如果仍像封闭经济条件下一样单纯运用调节社会总需求的政策进行调控往往达不到预期的政策效果，甚至会造成内外均衡目标之间的冲突。所以，开放经济条件下的政策调控需要有新的思路。20世纪50年代以来，关于政策配合的"丁伯根原则"与政策指派的"有效市场分类原则"等理论的出现在一定程度上解决了这些问题。人们将政策配合或政策指派统称为"政策搭配"。

1. 政策配合的"丁伯根原则"

荷兰经济学家丁伯根是首届诺贝尔经济学奖得主（1969年），他最早提出了将政策目标和工具联系在一起的正式模型，被称为"丁伯根原则"，即要实现几种独立的政策目标，至少需要相互独立的几种有效的政策工具。这一原则对开放经济而言具有鲜明的政策含义：只运用支出增减政策通过调节支出总量的方法来同时实现内外均衡是不够的，必须寻找新的政策工具进行合理搭配。

"丁伯根原则"对目标的实现过程具有如下特点：一是假定各种政策工具可以供决策当局集中控制，从而通过各种工具的紧密配合实现政策目标；二是没有明确指出每种工具有无必要在调控中侧重于某一目标的实现。这两个特点与现实不尽相同或不能满足现实调控的需要。蒙代尔于20世纪60年代提出的关于政策指派的"有效市场分类原则"弥补了这一缺陷。

2. 政策指派的"有效市场分类原则"

蒙代尔对政策调控的研究基于这样一个出发点：在许多情况下，不同的政策工具实际上掌握在不同的决策者手中，如货币政策隶属中央银行的权限，而财政政策则由财政部门掌管，如果决策者并不能紧密协调这些政策而是独立进行决策，就不能达到最佳的政策目标。蒙代尔得出的结论是：如果每一工具被合理地指派给一个目标，并且在该目标偏离其最佳水平时按规则进行调控，那么在分散决策的情况下仍有可能实现最佳调控目标。

关于每一工具应如何指派给相应的目标，蒙代尔提出了"有效市场分类原则"。这一原则的含义是：每一目标应该指派给对这一目标有相对最大的影响力，因而在影响政策目标上有相对优势的工具。如果在指派问题上出现错误，则经济会产生不稳定性而距均衡点越来越远。根据这一原则，蒙代尔区分了财政政策、货币政策在影响内外均衡上的不同效果，提出了以货币政策实现外部均衡目标、财政政策实现内部均衡目标的指派方案。

蒙代尔提出了特定工具实现特定目标这一指派问题，丰富了开放经济政策调控理论，与"丁伯根原则"一起形成了开放经济下政策搭配的基本原理，即针对内外均衡目标，确定不同政策工具的指派对象，并尽可能地进行协调以同时实现内外均衡。通常，人们将这种政策间的指派与协调称为"政策搭配"。

（二）政策搭配的运用

根据政策搭配的这一基本思想，西方经济学家在以后的研究中提出了不同的政策分配方案，其中蒙代尔提出的财政政策与货币政策的搭配以及澳大利亚经济学家斯旺提出的支出增减型与支出转换型政策的搭配影响最大。

1. 财政政策与货币政策的搭配

蒙代尔提出的财政政策与货币政策搭配的方案以汇率固定不变、资本能够自由流动为前提，外部均衡被视为总差额的均衡。根据"有效市场分类原则"将内部均衡的目标指派给财政政策，将外部均衡目标指派给货币政策。因为财政政策对国内经济的作用大于对国际收支的作用，而货币政策对国际收支的作用较大，这是由于在资本流动的情况下，货币政策更倾向于扩大国内外利差，促进资本国际流动，影响国际收支。蒙代尔是以预算作为财政政策的代表（用横轴表示），以利率作为货币政策的代表（以纵轴表示）来论述其搭配方法的，如图9-7所示。

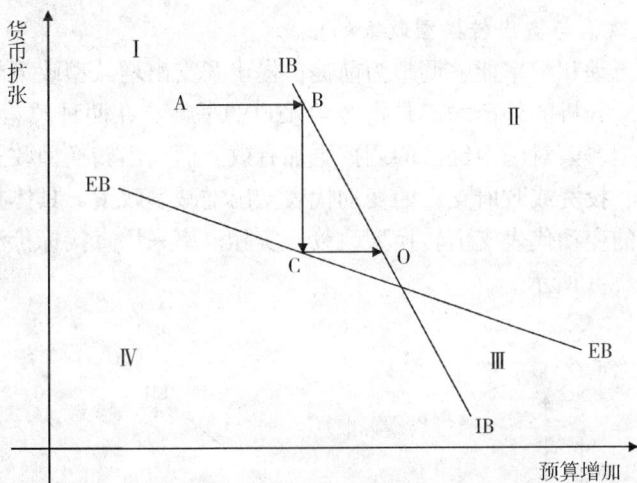

图9-7　财政政策与货币政策的搭配

在图9-7中，IB曲线为内部均衡线，在这条线上国内经济达到均衡。IB曲线的左边表示国内经济处于衰退和失业状态，右边表示国内经济处于通货膨胀状态。EB曲线为外部均衡曲线，在这条线上，国际收支达到平衡。EB曲线的上方表示国际收支处于逆差状态，下方表示国际收支处于顺差状态。沿着预算横轴向右移动，表示财政政策的扩张、预算增加；向左移动，表示财政政策紧缩、预算减少。沿利率轴线向上移动，表示货币政策的扩张，银根放松；向下移动，表示货币政策紧缩，银根收紧。IB曲线和EB曲线的斜率都为负，表示当一种政策正常扩张时，为达到内部均衡或外部均衡，另一种政策必须紧缩；或一种政策紧缩时，另一种政策必须扩张。IB曲线比EB曲线更陡峭，是因为蒙代尔认为，相对而言财政政策对内部经济调控更有效，而货币政策对国际收支调控更有效。

在上述假定条件下，蒙代尔认为，当国内经济和国际收支都处于失衡状态时，比如处于图9-7中区间Ⅰ的A点时，经济衰退、失业和逆差并存，就可以采用财政政策来解决经济衰退和失业问题，扩大预算，使A点向B点移动；同时，采用紧缩的货币政策来解决逆差问题，使B点向C点移动。扩张性财政政策与紧缩性货币政策的如此反复搭配使用，最终会使A点切近O点。在O点上，国内外经济都处于均衡状态。上述政策搭配的原理同样可以推广到区间Ⅱ、区间Ⅲ和区间Ⅳ，如表9-5所示。

表 9-5　财政政策与货币政策的搭配

区间	经济状况	财政政策	货币政策
I	失业、衰退/逆差	扩张	紧缩
II	通货膨胀/逆差	紧缩	紧缩
III	通货膨胀/顺差	紧缩	扩张
IV	失业、衰退/顺差	扩张	扩张

2. 支出增减型政策与支出转换型政策的搭配

斯旺以资本不流动和汇率能够调整为前提，提出了支出增减型政策与支出转换型政策的搭配方案。他所分析的外部均衡是指经常账户的平衡。在两种政策的指派问题上，斯旺认为支出增减型政策对国内经济的调控更加有效，而支出转换型政策对调节国际收支更加有效。消费、投资或政府支出的变动代表支出增减型政策，具体指财政政策或货币政策；实际汇率的变动代表支出转换型政策，实际汇率采用直接标价法，具体的政策为汇率政策，如图 9-8 所示。

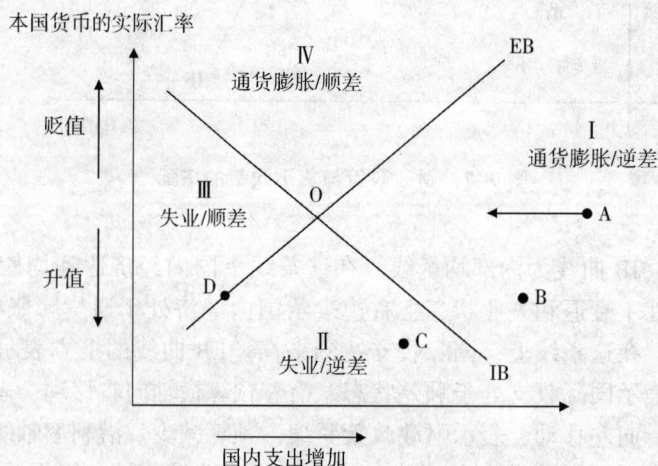

图 9-8　支出转换与支出增减政策的搭配

图 9-8 中，横轴表示国内支出，由原点向右表示国内支出增加；纵轴表示本国的实际汇率（直接标价法），由原点向上意味着本币实际汇率贬值。IB 曲线为内部均衡曲线，即能够实现内部均衡的实际汇率和国内支出水平的组合。该曲线向右下方倾斜，因为当国内支出增加时，总支出增加，引起通货膨胀，为了维持国内均衡，实际汇率应该升值，以减少净出口，从而减少总需求，使总需求恢复到均衡的水平。IB 曲线左边，表示经济处于失业状态，右边表示经济处于通货膨胀状态。IB 曲线向右平移，意味着宽松的财政政策或货币政策，而向左平移意味着紧缩的支出政策。EB 曲线为外部均衡曲线，表示所有能够使国际收支经常账户保持平衡的实际汇率和国内支出水平的组合。

其向上倾斜，是因为国内支出增加时，总需求增加，通过边际进口倾向，进口增加，使得经常账户出现逆差，为了保持外部均衡，使得本国实际汇率贬值，出口增加、进口减少，经常账户恢复平衡。EB 曲线左边表示国际收支处于顺差状态，右边表示国际收支处于逆差状态。

斯旺模型中，EB 曲线和 IB 曲线将经济划分为四个区域（四种状态）：Ⅰ区存在通货膨胀和逆差；Ⅱ区存在失业和逆差；Ⅲ区存在失业和顺差；Ⅳ区存在通货膨胀和顺差。EB 曲线和 IB 曲线的交点 O 就是经济的总体平衡点。在这一点上，国内支出水平和实际的汇率水平的组合，能够实现经常账户收支、就业水平以及通货膨胀率都处于相对合理稳定的水平。假设经济由于某种原因处于图中的 A 点，既承受着通货膨胀的压力，又存在着经常账户收支的逆差。这时，可以采取政策紧缩国内支出，使 A 点向左移动，减少通货膨胀的压力，不过逆差仍然存在；继续紧缩支出，进入区域Ⅱ，伴随着通货膨胀压力减少的是失业的增加，并且逆差仍然存在。所以，在这种情况下，当靠单一政策无法实现经济的内外同时均衡，必须实行政策搭配。在采取措施大幅度削减支出，实现经常项目收支平衡，使 A 点向左移动的同时，必须实行汇率贬值的支出转换政策，避免内部经济的衰退和失业，最终使 A 点向 O 点方向切近。其他各个区域的经济同样可以通过相应的政策搭配达到内外均衡的同时实现。

财政政策与货币政策的搭配和支出增减型政策与支出转换型政策的搭配仅仅是政策搭配的两个范例。现实中的经济要比理论中假设的情况复杂得多，在进行政策搭配时可能更加复杂。比如，在前面的论述中，假设经济衰退与通货膨胀是两种独立的现象，但实际上，它们可能同时存在，也就是所谓的"滞胀"，此时政策工具的选择就会多于两个。再如，货币贬值可能引起外国的报复，因此理论上应采用贬值与实际上能否采用贬值，有时并不一致，这也给国际收支的政策调节带来了复杂性。

练习题：

一、单选题

1. 西方国家一般将(　　)作为中央银行货币政策的首要目标。

A. 稳定物价　　　　　　　　　B. 充分就业

C. 经济增长　　　　　　　　　D. 国际收支平衡

2. 在一些实行经济、金融高度开放的小国一般采用(　　)作为货币政策的中间目标。

A. 利率　　　　　　　　　　　B. 汇率

C. 货币供应量　　　　　　　　D. 超额准备金

3. 作为货币政策中介指标，利率指标的缺陷是(　　)。

A. 可控性弱　　　　　　　　　B. 可测性弱

C. 相关性弱　　　　　　　　　D. 抗干扰性弱

4. 适于对货币供应量进行微调的货币政策工具是(　　)。

A. 再贴现　　　　　　　　　　　B. 法定存款准备金率

C. 公开市场业务　　　　　　　　D. 消费信用控制

5. 在下列货币政策工具中，缺乏主动性的是(　　)。

A. 再贴现政策　　　　　　　　　B. 利率政策

C. 存款准备金政策　　　　　　　D. 公开市场政策

6. 公开市场政策可以通过影响商业银行的(　　)而发挥作用。

A. 资金成本　　　　　　　　　　B. 超额准备

C. 贷款利率　　　　　　　　　　D. 存款利率

7. 货币政策的外部时滞主要受(　　)的影响。

A. 货币当局对经济形势变化的敏感程度　B. 货币当局制定政策的效率

C. 货币当局对政策的调整力度　　　　　D. 宏观经济和金融条件

8. 认为利率在货币政策传导机制中不起重要作用是(　　)的观点。

A. 货币学派　　　　　　　　　　B. 凯恩斯学派

C. 供给学派　　　　　　　　　　D. 合理预期学派

9. 一般只在发生金融危机、战争等特殊情况下才使用的信用控制手段是(　　)。

A. Q 项规则　　　　　　　　　　B. 信用配额

C. 流动性比率　　　　　　　　　D. 直接限制

10. 由一国通货膨胀或通货紧缩引起国内外相对价格水平变化而导致的国际收支失衡属于(　　)。

A. 周期性失衡　　　　　　　　　B. 结构性失衡

C. 货币性失衡　　　　　　　　　D. 收入性失衡

11. 主张运用支出转化政策及支出增减政策来进行国际收支调节是(　　)所主张的观点。

A. 弹性论　　　　　　　　　　　B. 乘数论

C. 吸收论　　　　　　　　　　　D. 结构论

12. 当失业增加，经济衰退，国际收支出现逆差时应该实行的财政政策和货币政策是(　　)。

A. 紧缩性财政政策和扩张性货币政策　B. 紧缩性财政政策和紧缩性货币政策

C. 扩张性财政政策和紧缩性货币政策　D. 扩张性财政政策和扩张性货币政策

13. 当一国的经济出现通货膨胀，但同时国际收支为顺差的情况下应采用的财政政策与货币政策搭配是(　　)。

A. 紧缩性财政政策和扩张性货币政策　B. 紧缩性财政政策和紧缩性货币政策

C. 扩张性财政政策和紧缩性货币政策　D. 扩张性财政政策和扩张性货币政策

14. 具有正相关关系的货币政策目标是(　　)。

A. 经济增长与国际收支平衡　　　B. 稳定物价与充分就业

C. 经济增长与充分就业　　　　　D. 稳定物价与国际收支平衡

15. 如果中央银行向公众大量购买政府债券，它的意图是(　　)。

　　A. 增加基础货币，降低利率　　　　B. 减少商业银行的贷款总额

　　C. 减少基础货币，提高利率　　　　D. 增加商业银行贷款总额

16. 中央银行从制定货币政策到采取行动所需要的时间，称为(　　)。

　　A. 外部时滞　　　　　　　　　　　B. 内部时滞

　　C. 认识时滞　　　　　　　　　　　D. 操作时滞

17. 一般性货币政策工具包括(　　)。

　　A. 利率政策　　　　　　　　　　　B. 再贴现政策

　　C. 存款准备金政策　　　　　　　　D. 公开市场业务

18. 20 世纪 90 年代以后西方国家一般都选择(　　)为货币政策中介指标。

　　A. 货币供应量　　　　　　　　　　B. 利率

　　C. 信贷规模　　　　　　　　　　　D. 基础货币

19. 在凯恩斯学派的货币政策传导理论中，(　　)是整个传导机制的核心和主要环节。

　　A. 基础货币　　　　　　　　　　　B. 货币乘数

　　C. 法定准备率　　　　　　　　　　D. 利率

20. 下列货币政策操作工具中，中央银行"三大法宝"之一是 (　　)。

　　A. 法定存款准备金　　　　　　　　B. 信用分配

　　C. 公开宣传　　　　　　　　　　　D. 道义劝告

二、多选题

1. 一般认为，货币政策的最终目标包括(　　)。

　　A. 稳定物价　　　　　　　　　　　B. 充分就业

　　C. 经济增长　　　　　　　　　　　D. 国际收支平衡

2. 充分就业并不是社会劳动力 100% 就业，在充分就业状态下还可能存在的两种失业是(　　)。

　　A. 自愿失业　　　　　　　　　　　B. 非自愿失业

　　C. 周期性失业　　　　　　　　　　D. 摩擦性失业或结构失业

3. 货币政策中介指标的选取标准主要包括(　　)。

　　A. 可测性　　　　　　　　　　　　B. 可控性

　　C. 相关性　　　　　　　　　　　　D. 稳定性

4. 目前较为广泛采用的货币政策中间目标是(　　)。

　　A. 基础货币　　　　　　　　　　　B. 货币供应量

　　C. 利率　　　　　　　　　　　　　D. 汇率

5. 中央银行实施货币政策的"三大法宝"是(　　)。

　　A. 再贴现政策　　　　　　　　　　B. 利率政策

　　C. 存款准备金政策　　　　　　　　D. 公开市场政策

6. 存款准备金政策作为货币政策工具之一，其特点有(　　)。

A. 中央银行具有主动性　　　　　B. 可以对货币供应量进行微调

C. 政策效果比较猛烈　　　　　　D. 需要有一个发达的金融市场

7. 下列属于间接信用控制的是(　　　)。

A. 信用配额　　　　　　　　　　B. 道义劝告

C. 窗口指导　　　　　　　　　　D. 公开宣传

8. 货币政策的时滞可以分为(　　　)。

A. 内部时滞　　　　　　　　　　B. 外部时滞

C. 中间时滞　　　　　　　　　　D. 作用时滞

9. 国际收支失衡的自动调节机制主要包括(　　　)。

A. 货币—价格机制　　　　　　　B. 利率机制

C. 汇率机制　　　　　　　　　　D. 收入机制

10. 直接信用控制工具主要有(　　　)。

A. 窗口指导　　　　　　　　　　B. 信贷规模控制

C. 规定流动比率　　　　　　　　D. 规定利率上限

三、判断题

1. 稳定物价就是冻结物价，是指物价水平的绝对稳定，既不上涨也不下跌。

(　　　)

2. 利率作为中间目标的主要缺陷是作为内生变量的利率与作为政策变量的利率会相互干扰。

(　　　)

3. 基础货币作为货币政策的操作目标，其可测性、可控性很好，但是相关性不行。

(　　　)

4. 在一般性货币政策工具中，中央银行实施法定准备金政策时具有较强的主动性。

(　　　)

5. 运用再贴现政策有利于中央银行进行经常性、连续性的货币政策操作。(　　　)

6. 根据托宾 Q 理论，如果 Q 值高，则厂商对新的投资就不会有积极性。(　　　)

7. 仅看国际收支平衡表中的借贷余额是否相等即可判断一国的国际收支是否平衡。

(　　　)

8. 国际收支顺差和逆差都会产生种种不利的影响，但相比而言顺差更受各国的重视。

(　　　)

9. 只有在完全或者接近完全的市场经济中，国际收支才可以通过市场经济变量的调节自动恢复平衡。

(　　　)

10. 国际收支均衡与国际收支平衡是两个完全相同的概念。(　　　)

11. 货币政策工具中具有强制性的政策工具是法定存款准备金政策。(　　　)

四、名词解释

1. 货币政策　　　2. 货币政策目标　　　3. 再贴现政策

4. 存款准备金政策　　5. 公开市场政策　　　6. 选择性货币政策

7. 道义劝告　　　　8. 窗口指导　　　　9. 货币政策传导机制
10. 货币政策的时滞　　11. 自主性交易　　　12. 补偿性交易
13. 内外均衡　　　　14. 米德冲突　　　　15. 丁伯根原则

五、简答题

1. 货币政策的最终目标有哪些？试述各目标之间的关系。
2. 为什么要设立货币政策中间目标？作为货币政策中间目标需要满足哪些条件？
3. 与其他政策工具相比，公开市场业务的优点是什么？
4. 中央银行运用再贴现政策进行宏观调控的局限性是什么？
5. 选择性的货币政策工具一般包括哪几种？
6. 简述在开放经济下的货币政策传导机制。
7. 影响货币政策效应的因素主要包括哪些？
8. 什么是货币政策时滞？它由哪些部分组成？
9. 你认为应如何缩短货币政策的内部时滞？
10. 简述国际收支失衡的类型及影响。
11. 国际收支自动调节机制有哪几种？自动调节机制有效的条件是什么？
12. 国际收支失衡的政策调节措施有哪些？
13. 简述内外均衡目标之间的关系。如何解决内外均衡冲突？

六、论述题

1. 论一般性货币政策工具的传导机制及各自的优缺点。
2. 论述与贴现政策和存款准备金政策相比，公开市场业务的优势与局限性。
2. 试述引起国际收支失衡的原因。

七、案例分析题

（一）随着我国在世界地位的提高、经济地位的强盛，对外经济、政治等各项往来日益频繁，人民币已在更广大的市场发挥作用，特别是在周边国家和地区，经济贸易更多地采用人民币来计价结算和支付。人民币已实现在经常项目下可自由兑换，资本市场也逐步开放，政府已不可能完全控制人民币汇率。在这种情况下，随着经济的快速增长，我国的人民币汇率就面临着越来越大的升值压力。

人民币升值是以人民币汇率下降形式反映出来的，即 1 美元兑换的人民币金额减少。1994 年人民币平均汇率为 8.6212，1995 年为 8.3490，1996 年为 8.3143，到 2003 年为 8.2770，人民币汇率近 10 年下降了 4.1%，到 2010 年 10 月 18 日，人民币兑美元汇率中间价报 6.6541，自 2010 年 6 月 21 日人民币汇率改革重启三个半月间内，人民币累计升值幅度已高达 2.76%。同时来自中国外汇交易中心的最新数据显示，2011 年 2 月 10 日人民币对美元汇率中间价报 6.5849，连续第三个交易日创出"汇改"以来新高。

问题：

1. 结合所学知识谈谈人民币升值对我国国际收支的影响。
2. 可以采用哪些措施来调节国际收支失衡？

（二）2008 年中国的宏观经济调控

2008 年的中国宏观经济调控取向出现两次重大变化。一是 7 月 21 日中共中央召开与党外人士座谈会后，决策层对宏观经济的定调由年初的"双防"（防止经济增长过热和防止全面通货膨胀）改为"一保一控"（保持经济平稳较快增长和控制物价过快上涨）。二是以 11 月 9 日国务院出台扩内需促增长的十大举措为标志，宏观调控的基调又由"一保一控"转变为"一促"（促进经济平稳较快增长）。

适应宏观调控取向的重大变化，8 月以来的货币政策、财政政策开始转向，主要包括：

A. 两次调高商品出口退税率。

2008 年 7 月 31 日财政部决定，自 8 月 1 日起上调部分商品出口退税率，其中纺织品的出口退税率上调 2 个百分点至 13%。10 月 21 日财政部决定，从 11 月 1 日起，上调 3486 项商品的出口退税率；其中，纺织品的出口退税率上调 2 个百分点至 15%。

B. 调增商业银行信贷规模并取消贷款规模控制。

8 月 4 日，中国人民银行决定，在年初核定的信贷规模（3.6 万亿元）基础上，调增商业银行信贷规模（全国性商业银行、地方性商业银行分别调增 5%、10%），以缓解中小企业融资难问题。这是 2007 年底以来，中央银行首次对从紧货币政策进行结构性微调。11 月 9 日，中国人民银行宣布，取消对商业银行的信贷规模上限控制。

C. 拟再次提高个人所得税起征点。

2008 年 3 月，个人所得税起征点由年初的 1600 元提高至 2000 元。此后，"再次调高起征点"的呼声四起。8 月 7 日，财政部部长谢旭人在财政部官方网站"调查研究"栏撰文《加强和改善财政宏观调控》对此作出肯定性回应。目前，个税起征点修订方案已进入征求意见阶段，3000 元的起征点方案即将付诸立法和实施。

D. 降低人民币存贷款基准利率。

9 月 15 日，中国人民银行决定，自 9 月 16 日降低人民币一年期贷款基准利率 0.27 个百分点。此后，中国人民银行于 10 月 8 日、10 月 29 日、11 月 26 日三次决定分别自次日起降低人民币存款、贷款基准利率；其中，11 月 26 日决定的降息幅度为 1.08 个百分点，远高于市场预测的 0.54 个百分点。

E. 降低法定存款准备金率。

法定存款准备金率步入上升通道始于 2003 年 9 月 21 日首次实施的上调（自 6% 至 7%），截至 2008 年上半年累计上调 21 次（其中 2007 年为 10 次）、11.5 个百分点，达到 17.5%。2008 年 9 月 25 日起，法定存款准备金率三次下调，但适用存款类金融机构的类别及其比率不同。

F. 降低个人住房买卖的税率。

10 月 22 日，财政部宣布，从 11 月 1 日起，个人首次购买不超过 90 平方米普通住房的契税税率暂统一下调到 1%；暂免征收个人买卖住房的印花税、销售住房的土地增值税；地方政府可制定鼓励住房消费的收费减免政策。

G. 降低购房首付款、扩大个人住房贷款利率的下浮幅度。

10 月 27 日，中国人民银行决定，从 11 月 1 日起，首次购房最低首付款比例下调为 20%；个人住房贷款利率的下浮幅度由贷款基准利率的 0.9 倍扩大为 0.7 倍。

问题：

1. 上述七项宏观调控政策，_____ 属于财政政策，_____ 属于货币政策；10 月份以来货币政策与财政政策的搭配模式是（H. 双松；I. 双紧；J. 一松一紧）。

2. 货币政策工具中，属于一般性货币政策工具的是_____；属于选择性货币政策工具的是_____；属于其他货币政策工具的是_____。

3. 2004 年 4 月 25 日起，中国人民银行开始根据商业银行的资本充足率、资产质量和存款类金融机构的类别，推行差别准备金率制。请计算：2008 年 12 月 5 日，大型、中小型存款类金融机构执行的法定存款准备金率分别为_____、_____。

4. 2008 年 9 月 16 日降息前，人民币存贷款基准利率的息差为____。11 月 27 日起，该息差为____。

5. 作为通货膨胀的度量指标之一，工业品出厂价格指数（PPI，亦即“生产者价格指数”）有什么优缺点？

6. 有人认为，中国人民银行在保持或促进经济平稳较快增长上出台的货币政策举措似乎略显滞后。请结合课程基本原理对此发表你的看法。

7. 影响货币政策效应的因素主要包括哪些？

（二）近年来，世界上许多国家的中央银行都降低甚至取消了法定存款准备金率。在美国，美联储分别于 1990 年和 1992 年取消了定期存款的法定准备金，并将可签发支票存款的法定准备金率从 12% 降至 10%。加拿大于 1992 年取消了所有 2 年以上期限存款的法定准备金。瑞士、新西兰、澳大利亚的中央银行也已完全取消了法定准备金。

我国 1984 年开始实施存款准备金制度时，规定的存款准备金率为 3 档：企业存款 20%，农村存款 25%，储蓄存款 40%。1985 年改为统一的 10%，后来为了配合紧缩性货币政策，1987 年上调为 12%，1988 年上调为 13%，1989 年进一步规定各专业银行在 13% 的法定准备金之外再缴存 5% 的备付金。直到 1998 年对存款准备金制度进行改革，合并了法定存款准备金和备付金账户，统一将法定准备金率下调为 8%，同时调低了存款准备金利率。1999 年进一步降低为 6%，这一时期存款准备金率总体呈现下降的趋势。但是，从 2003 年开始，中国人民银行多次提高存款准备金率，2003 年 9 月上调为 7%。2004 年 4 月又调整为 7.5%。2006 年中国人民银行 3 次提高存款准备金率，11 月份上调为 9%。2007 年中央银行进行了多达 10 次的存款准备金率上调，12 月份调整为 14.5%。2008 年中央银行曾 9 次进行存款准备金率调整，6 月 7 日达到 17.5% 的高位，之后中央银行开始逐步调低存款准备金率，9 月 16 日调整为 16.5%，9 月 25 日调整为 15.5%，10 月 15 日调整为 15%，12 月 5 日规定大型金融机构的存款准备金率为 14%，中小金融机构为 13%。

思考题：

（1）简述存款准备金对货币政策目标的作用机制。

（2）结合我国的经济发展状况分析中央银行频繁调高存款准备金率的原因，你认为政策效果理想吗？为什么？

第十章　金融监管与金融监管体系

【学习目的】

　　了解金融监管的理论演进。掌握金融监管的目标和原则，了解金融监管的内容和方法。认识金融监管体系，了解中国金融监管体系。了解中央银行在金融监管中的地位与作用。

　　2006 年，美国次贷危机爆发，而后由此危机引发的债务危机，最终演变成为全球性的金融危机。此次金融危机更是被美联储前主席格林斯潘称为百年难遇的金融危机，其对世界各国经济产生的影响将超过 1929～1933 年的金融大危机。冰岛成为首个因次贷危机而破产的国家。而据国际货币基金组织的金融稳定报告称，截至 2009 年 9 月，金融危机带给全球各大银行和金融机构的损失值约为 3.4 万亿美元。报告同时指出，虽然银行有足够的资本抵御此次危机，但是它们未来 18 个月的收入将无法完全抵消资产的损失。关于危机的元凶，众说纷纭，典型的几种观点如下：美国的资产膨胀型消费模式的不可持续导致危机的发生；美联储为金融市场提供杠杆操作，对市场混乱疏于监管是事态失控的主因；美国货币政策过于宽松，放出大量流动性、低利率政策是危机的根源。不管危机的真正元凶为何，全球金融监管方面确实存在一定的漏洞。英国《金融时报》专栏作家菲利普·斯蒂芬斯撰文指出，这场危机证明了全球一体化与缺乏可信的国际监管之间的矛盾日渐增大。金融监管的重要性再次被人们所重视。对金融业加强监管，既是市场经济的内在要求，也是由金融业的特殊性所决定的。金融业的这些特殊性主要包括金融业本身的业务性质、金融业在国民经济发展中的地位、金融业的风险特性等。

第一节　金融监管概述

　　在对经济进行宏观调控和监督中，金融在经济中的地位越来越高，金融监管也越来越重要。根据金融监管主体的不同，金融监管有狭义和广义之分。狭义的金融监管是金融监督和金融管理的复合称谓，是金融监管当局依法对金融机构及其在金融市场上的所有业务活动实施的监督和管理，以此督促金融机构依法稳健经营，保证金融市场的安全和稳定。广义的金融监管则把金融监管的主体和对象的范围都扩大了，监管主体除金融监管当局外，还包括金融行业自律组织、社会中介组织以及被监管对象的内部控制和稽核部门；监管对象则除了金融机构及其活动外，还应包括参与金融活动的个人和非金融机构，如普通投资者、上市公司等。

一、金融监管的理论演进

金融监管理论源于政府管制理论，尽管金融监管本身并不等同于一般性的政府管制，但是金融监管理论却得到了政府干预理论的大力支持。由于存在市场内在机制缺陷，金融监管也可以理解为政府为弥补这些缺陷而进行的一种制度安排。

（一）早期金融监管理论

早期的金融监管理论主要是20世纪30年代以前的理论。这个时期是经济自由主义盛行并占据统治地位的时期。古典经济学和新古典经济学反对政府干预，支持该理论的经济学家们认为货币是"中性的"，对经济不会产生实质性的影响。尽管统一了货币发行和票据清算，货币信用的不稳定问题仍然存在，许多银行常常由于盲目的信用扩张而引发金融体系的连锁反应，进而使得货币紧缩并制约经济发展。因此，作为货币当局，中央银行逐渐开始承担起信用"保险"的责任，同时作为金融机构的最后贷款人，中央银行必须为金融机构提供信用保证和资金支持，目的是防止因挤兑而造成的大量银行倒闭现象，以及整个经济活动的剧烈波动。尽管这一时期的理论较难算得上是真正的金融监管理论，但却为中央银行日后演变为更广泛的金融活动管制者奠定了基础。

20世纪30年代之前，关于金融监管的理论主要集中在防止银行挤兑和实施货币管理的政策层面上，对金融机构经营活动的监督和干预很少提及。1929～1933年的全球经济大危机最终改变了金融监管理论关注的方向和重点。

（二）全面控制的金融监管理论：严格监管、安全为主

全面控制的金融监管理论产生并盛行于20世纪30～70年代。在20世纪30年代的经济大危机中，大量金融机构倒闭，表明金融市场具有很强的波动性。这一时期的金融监管理论就建立在对市场的不完全确认的基础上，主要讨论金融体系的外部性影响、银行服务的公共品质、信息不对称、金融机构自由竞争的悖论以及金融市场的不确定性等。由于这一时期凯恩斯的宏观经济理论在西方经济政策中占据主导地位，传统的中央银行货币管制转化为货币政策，并服务于宏观经济的调控目标和安全，对金融机构的经营活动进行干预成为金融监管的主要内容。

（三）放松的金融监管理论：金融自由化、效率优先

20世纪70～90年代，世界各国尤其是发达国家金融业发生了巨大的变化。金融业内部各部门之间的界限日益模糊、金融全球化的迅猛发展令各国金融监管当局逐渐放弃了严厉的金融监管，转向灵活放松的金融监管体制。放松金融监管并不意味着政府放弃

对金融的监管，而是要求政府的金融监管作出适合于效率要求的必要调整和改革。

金融抑制与金融深化理论是放松金融监管的基本理论，核心主张是放松对金融体系的过于严厉的管制，特别是利率管制、金融机构经营范围限制和地域限制，恢复金融业的竞争，提高金融业的活力和效率。

（四）重新金融监管：安全和效率并重

20 世纪 90 年代以来，金融自由化达到高潮，世界各国纷纷放松对金融业的监管，国际性金融危机接连发生，如何加强金融监管、防范金融风险、创造稳定的外部条件成为了世界各国金融监管部门面临的重要课题。

新的监管理论中较为重要的有蒂伯维格和道格拉斯一同提出的银行挤兑模型，以及罗伯特·默顿的功能性金融监管理论。当前情形下，金融监管要注意两个方面：一是金融监管要确立安全和效率并重的目标；二是加强国际合作与协调。

二、金融监管的目标和原则

（一）金融监管的目标

金融监管的目标是金融监管行为要取得的最终效果，是实现金融有效监管的前提，是监管当局采取监管行动的依据。金融监管目标可分为一般目标和具体目标。大多数经济学家都把一般目标概括为：维护金融体系的稳定和高效，保证金融机构和金融市场稳定、健康发展，保护金融活动各主体人特别是存款人的利益，推动金融和经济的发展。

由于各国历史、文化、经济发展背景和发展水平不同，各国在金融监管活动中所设定的监管目标也不完全相同；即使是同一国家，也会随着金融和经济的不同发展阶段，适时调整金融监管目标。迄今为止，世界各国的金融监管目标主要有三种类型：以美国为代表的多目标型、以日本为代表的双重目标型和以英国为代表的单一目标型。其中，单一目标型按照保护主体的不同又可划分为以英国为代表的保护存款人利益和以德国为代表的保证银行资产安全两种类型（见表 10-1）。

表 10-1　各国的监管目标

类型	国名	监管目标摘要
多重目标	美国	维护公众对银行系统的信心；为建立有效率、有竞争力的银行系统服务；保护消费者；允许银行体系适应经济变化而变化
双重目标	日本	维护信用、确保存款人利益；谋求金融活动顺利进行，经济健康发展
	韩国	增进银行体系健全运作；促进经济发展，有效利用资源
单一目标	英国	保护存款人利益
	加拿大	规范货币与信用，促进经济与金融的发展
	德国	保证银行资产安全和业务运营正常

续表

类型	国名	监管目标摘要
单一目标	法国	确保银行体系正常运作
	新西兰	保持金融体系的效率及健全
	中国	维护金融业的合法、稳健运行

资料来源：李扬，王松奇．中国金融理论前沿Ⅱ［M］．北京：社会科学文献出版社，2001．

我国的金融监管目标属于德国型的单一目标，具体来说，主要体现在四个方面：①保证金融机构的正常运营，维护金融体系的稳定和安全。②保护存款人的利益，防范和化解金融风险。③创造公平竞争的环境，促使金融业在竞争的基础上提高效率。④保证宏观经济政策和金融货币政策的有效实施。

（二）金融监管的原则

金融监管的原则是金融监管当局在监管过程中应遵循的行为准则，大体包括以下几个方面：

1. 依法原则

依法原则是指金融监管必须依据现行的金融法规，保持监管的权威性、严肃性、一贯性和强制性。金融监管当局应当有法必依，执法必严；金融机构必须依法接受监管，不能有任何例外。

2. 独立原则

独立原则是指金融监管当局有明确的监管责任和目标，享受操作上的自主权，但不能以正规或非正规的方式干涉金融机构的内部管理活动。

3. 协调原则

协调原则，即内部控制与外部监管相结合。内部控制主要是组织机构健全、会计准则严格以及业务操作规范；外部监管主要是指市场准入、日常监管等。两者结合，保证监管达到预期效果。

4. 稳健原则

稳健原则就是要保证金融体系稳健运行，防范金融风险。监管活动中的组织体系、技术手段、工作程序、指标体系的设计和控制能力均要从保证金融体系的稳健性出发。当金融机构出现问题，无力继续经营时，监管当局要参与促成其被接管或是合并，如果不得不关闭，监管当局也有足够能力保证在关闭这家金融机构时不影响整个金融体系的稳定。

5. 效益原则

效益原则是指监管当局应以最低的监管成本获得最佳的监管效果。在大多数国家，监管费用由监管当局负担，迫使监管者尽可能地节约监管资源，提高监管效率，避免受到被监管者的质疑和投诉。

6. 共同监管原则

共同监管原则主要是针对跨国经营的金融机构的监管而提出的，即东道国可与金融机构的母国达成相关协议，共享信息，协调工作，共同对跨国金融机构实行有效监管。

三、金融监管的内容和方法

（一）金融监管的内容

金融监管的内容主要包括三个方面：市场准入监管、业务运营监管和市场退出监管。

1. 市场准入监管

世界各国的金融监管都是从市场准入开始的，把好市场准入这一关，可以把一些不符合要求的、有可能对金融体系造成危害的机构拒之门外。市场准入是金融机构获得许可证的过程。市场准入监管的最直接表现是金融机构的开业登记、审批的管制。在金融机构的设立方面，主要考虑三个方面：一是资本金要求，这是金融机构抵御风险能力的重要标志；二是管理人员素质；三是最低限度的认缴资本数额。

2. 业务运营监管

业务运营监管是对金融机构各种经营活动的监管。实践表明，金融风险大多发生在金融机构的经营活动中。由于金融机构的经营活动众多，在对其进行监管时，要根据具体的经营状况和特点有针对性地实施。在监管内容上，要体现保证金融机构经营安全性、流动性、盈利性三方面。目前，我国对金融机构业务运营监管的内容主要包括：资本的充足性，资产质量的可靠性、流动性及盈利性，业务经营的合法性，内部管理水平和内控制度的健全性。此外，金融监管当局还要对金融机构的运作过程进行有效监管，如对商业银行的监管包括：资本充足率监管、流动性监管、业务范围监管、贷款风险控制、外汇风险监管以及准备金管理。

3. 市场退出监管

由于金融业的重要性以及各金融机构之间影响的连锁性和敏感性，金融机构不能擅自退出。金融机构一旦退出市场，一般是由于其不能偿还到期债务或是发生了法律法规和公司章程规定的必须退出事由，从而不能继续经营，必须接受救助或破产清算。监管当局的市场退出监管就是指针对金融机构退出金融业、破产倒闭或合（兼）并、变更等的管理。

金融机构的市场退出可分为主动退出和被动退出两种。主动退出是金融机构因分立、合并或出现公司章程规定的事由需要解散，因此退出市场；被动退出则是金融机构由法院宣布破产、严重违规、资不抵债等原因遭到监管当局的依法关闭。

（二）金融监管的方法

采用合适的监管方法，可以令金融监管达到预期的效果和目的。尽管世界各国的情况不同，金融监管的方法也不完全一致，但大都结合法律、经济和行政的手段。金融监管的主要方法包括：市场准入、稽核检查、综合监管、市场退出。具体而言，分为以下几种：

1. 事先检查筛选

事先检查筛选主要是指金融机构建立之前的严格审查和批准登记注册，也就是对市场准入的监管方法。

2. 定期报告

监管当局要求金融机构定期提交有关其经营活动的报告，包括人员变动、各项报表、业务范围等。通过对报告的分析，监管当局可以及时发现金融机构存在的问题，并予以指出，要求金融机构尽快解决。

3. 信息披露

信息披露可以认为是外部监督的一种。由于社会公众是金融机构的服务对象，公众也就有权利知晓金融机构的经营状况。通过要求金融机构向公众披露一些相关的信息，把公众当做监管者之一，及时发现问题并指出，促使金融机构健康运作。

4. 现场检查

现场检查，也称现场稽核，是由监管当局委派监管人员到金融机构进行实地调查检验，主要检查金融机构的资本充足状况、资产质量、内部管理、收入和盈利状况、清偿能力等，以此作出全面评价。

5. 自我监督管理

监管当局要求金融机构根据法律法规，设立相关的内部监控部门，做到自我约束、自我管理，提高经营效率，做到安全运行。

四、金融监管的框架——《巴塞尔协议》

商业银行必须要遵守最低资本充足率的要求，但在 1988 年以前，各国规定的资本充足率计算方法和最低标准各不相同。随着经济全球化和金融全球化的发展和深入，客观上要求有一套各国通行的资本充足率的计算方法和标准，以利于各国银行在国际市场上公平竞争，同时也便于监管，维护整个金融体系的安全。1987 年 12 月，由美国、英国、法国、德国、加拿大、意大利、荷兰、瑞士、瑞典、日本、卢森堡、比利时 12 个国家的中央银行和监管机构代表组成的巴塞尔银行监管委员会，在瑞士巴塞尔举行会议。会议通过了《巴塞尔提议》，并在此基础上于 1988 年 7 月正式通过了《关于统一国际银行资本计算和资本标准的协议》，简称《巴塞尔协议》。

根据巴塞尔银行资本协议的规定，银行的资本充足率，即银行资本同加权风险资产的比率必须达到 8%；核心资本充足率，即核心资本同加权风险资产的比率，必须达到 4%。《巴塞尔协议》将银行资本划分为核心资本和附属资本（核心资本也称一级资本，附属资本也称二级资本），并且规定附属资本总额不得超过核心资本总额的 100%。核心资本是最完全意义上的银行资本，也是协议达成之前各国银行资本定义中唯一相同的部分。核心资本主要由留存收益或其他盈余等公开储备、普通股和永久性非累积优先股等构成；附属资本主要由有价证券的名义增值部分、坏账准备以及长期次级债务等构成。

从《巴塞尔协议》缔结的 1988~1998 年的 10 年间，巴塞尔银行监管委员会成员国的银行资本充足率的平均值由最初的 9.3% 上升到 11.2%。如果把资本充足率的提高认为是国际银行体系的安全性获得改善的话，《巴塞尔协议》的确起到了一定的作用。然而，也就是在这 10 年间，金融市场风起云涌，金融衍生产品的交易十分活跃，银行业的各项活动也深入其中，金融市场的风险对银行业的影响越来越显著，仅仅强调 8% 的资本充足率很容易使银行只重视资本充足率而忽视银行业的盈利性以及其他风险。巴林银行的倒闭就是最典型的事例。1993 年底巴林银行的资本充足率还远远超过 8%，一直到 1995 年 1 月，巴林银行仍被公认为是安全的，但到了 1995 年 2 月末，这家银行就宣布破产并被接管。

　　2004 年 6 月，几经修改和完善的《统一资本计量和资本标准的国际协议：修订框架》，即《新资本协议》正式出台，2006 年底开始实施。《新资本协议》增加了监管约束和市场约束等内容，把资本充足率、监管约束和市场约束并称为银行监管的"三根支柱"。与旧的《巴塞尔协议》相比，《新资本协议》主要有以下几个特征：①新协议充分肯定了市场具有使银行有效而合理地分配资金和控制风险的作用，并认为监管约束和市场约束是保障金融体系安全的重要手段。随着银行业务的复杂化和高度化，在银行风险方面，监管当局和银行之间存在着越来越严重的信息不对称。正因为如此，迄今为止监管当局所掌握的信息的质和量对实行有效的监管都是不充分的，而市场投资者所掌握的信息可能比监管当局掌握的更为准确和有效。为强化市场约束的作用，巴塞尔监管委员会对银行的资本结构、资本充足情况、风险状况等关键信息的披露提出了更为具体的要求。②新协议积极导入了银行内部所使用的技术水平比较高的风险管理模型，也称内部模型法。在内部模型法中，资本准备的计算方法不是从外部强加的，而是使用银行内部自己的风险管理模型。也就是说，银行能够按照自己的具体情况分配资本，更加注重银行管理过程的监管手法，这种方法可以灵活反映银行风险的变化。在新协议中增加内部模型法的推荐可看作是巴塞尔监管委员会试图向一种重视银行管理过程的监管手法转变。③巴塞尔监管委员会在向银行推荐使用比较高级的风险测定方法的同时，还为所有的银行提供了几种可供选择的方法。由于银行有规避监管的动机，向银行提供诱因整合的契约形式可以比较有效地解决这个问题。诱因整合的契约形式多表现为监管菜单的形式，在新协议中的风险测定的多重选择便是以这种监管菜单的形式表现出来的。这种做法展示了监管当局的监管手法变化的另一个侧面，即巴塞尔银行监管委员会试图摆脱那种无视银行动机的监管手法，实现向重视银行动机的监管手法转变。

第二节　金融监管体系

一、金融监管体系的国际比较

（一）高度集中的单一金融监管体制
　　高度集中的单一金融监管体制，是指仅由一家管理机构负责对金融体系的监督管理，而这家管理机构通常是各国的中央银行。这种体制在发达国家和发展中国家都比较普遍。发达国家如英国的金融服务监管局、荷兰的中央银行是对金融业进行全面监管的监管机构；发展中国家如巴西、泰国、菲律宾、印度等国都是由中央银行负责监管银行体系；至今尚未建立中央银行的一些国家如新加坡、巴林等则是由准中央银行——货币局或金融管理局负责监管其银行体系。

英国是单一金融监管体制的典型代表。英国素以非正式监管著称，但强调监管的法制化、规范化也是其近年来的重要举措。英国虽是不成文法律国家，但也制定了成文法律对金融业进行监管。1979 年成文形式的《银行法》确定了英格兰银行的监管银行系统的职能。1986 年，英国出台《金融服务业法》，银行业的监管主要由英格兰银行负责，而对银行业以外的其他金融服务业的监管则属于证券和投资委员会（SIB）的权限范围。1987 年，《银行法》进一步确定了英格兰银行监管的法制基础。然而，随着国际金融市场的发展变化，分业监管的模式逐渐不再适应英国金融系统发展的需要，各个监管部门相互独立不利于信息的沟通和监管的强化。1996 年，英国借鉴德国的统一监管模式，建立了金融服务监管局对金融体系进行统一监管。20 世纪 90 年代以来，英格兰银行的独立性得到了很大的提高，1997 年以后英格兰银行被赋予了独立制定货币政策的权力。同时，英格兰银行监管银行业的权力则移交给金融服务监管局。新的监管体制经过几年的运行后，英国于 2000 年 6 月颁布了《金融服务和市场法案》，对其金融监管体制实行了几百年来最重要的一次改革。成立单独的金融服务监管局对英国金融业的发展有着显著的推动作用，不仅有利于金融机构经营复杂的混业经营业务，使得金融机构经营的业务多样化，同时也降低了金融市场的风险，有助于金融体系的安全和稳定。

发达国家之所以采用高度集中的单一金融监管体制，主要是其经济与金融高度发达，基本实现了在一体化的基础上形成，是与其完善的市场体系、高度发达的经济水平以及中央银行或监管当局拥有较大独立性相适应的。发展中国家采用这种模式主要是由于国内市场体系还不完善，金融制度结构相对较为简单，客观上需要政府通过中央银行统一干预。高度集中的单一金融监管体制的优点是：金融法规统一，金融管理集中，金融机构不容易钻监管的空子，责任明确，可以为金融机构提供良好的社会服务。需要注意的是，这种体制也很容易使金融监管部门养成官僚作风，滋生腐败现象。

（二）双层多头的金融监管体制

双层多头的监管体制，是指中央和地方两级都对金融机构有监管职责，即所谓"双层"；每一级又设立多家管理机构共同负责金融监管工作，即所谓"多头"。双层多头的监管体制适用于地域辽阔、金融机构众多而且差别较大，或是政治经济结构较为分散的国家，多存在于联邦制国家。

美国是双层多头的监管体制的代表国家。1999 年以前，美国实行的是分业监管的模式。在联邦一级，银行业的监管主要由财政部货币监理署（OCC）、联邦储备系统（FRB）、联邦存款保险公司（FDIC）这几家机构负责，而非银行金融机构的监管则主要由证券交易委员会、联邦住房放款银行委员会、联邦储备贷款保险公司、国民信贷公会管理局和国民信贷公会保险基金这几家机构负责。在州一级，各州都有各自的金融法律法规和银行监管机构。这种多元监管体制不仅加强了对银行和其他金融机构监管的力度，保证了监管的质量，同时还有一个各监管机构的联合组织（FFIEC）从中协调，避免管辖权的重叠。这一联合组织负责制定统一的监管思路和指导原则，发布统一的对金融机构的评价标准和评级体系。然而，这种监管体制存在着监管机构过多、体系过于庞大、信息沟通时间过长、监管成本过高的问题。为了适应经济、金融环境的变化，提高监管的效率，美国政府开始改革这种监管体系。1999 年通过的《金融服务法》标志着美国金融监管制度的重大变革。这项法案允许银行、证券公司和保险公司以金融股公司的方式相互渗透，实现混业经营，彻底结束了银行、证券、保险分业经营与分业监管的局面。

双层多头的监管体制的主要优点是：能够结合不同机构的特点灵活选择监管部门，有利于金融监管的专业化，提高了金融行业的服务能力；防止了金融监管部门的权力过分集中，金融监管的效率得到大幅提高。双层多头的监管体制的主要缺点是：监管机构交叉重叠，容易造成重复检查和监管真空，影响金融机构业务活动的正常经营；金融法规不统一，容易使金融机构利用监管真空进行非法活动，加剧金融行业的风险波动，在一定程度上影响金融体系的稳定。

专栏 10-1

美国金融改革法案

美国总统奥巴马于 2010 年 7 月 22 日签署了金融改革法案，这是美国金融监管部门自 20 世纪 30 年代经济大萧条以来规模最大的改革。这项法案旨在封堵监管漏洞并消除导致 2008 年金融市场危机的投机行为，该法案是与"格拉斯—斯蒂格尔法案"（正式名称为《1933 年银行法案》）比肩的又一座金融监管里程碑。该法案的主要内容如下：

（1）新的监管权力：赋予联邦监管部门新的权力。在大型金融机构陷入困境的情况下，如果这些金融机构的倒闭可能破坏金融体系稳定，则联邦监管部门可予以接管，并对其进行分拆，而无须动用纳税人的资金进行救助。建立一套由美国联邦存款保险公司（Federal Deposit Insurance Corp., U.S., FDIC）负责操作的清算程序。美国财政部（Treasury）将提供接管破产公司所需的前期费用，但政府必须制定相应的还款方案。监管部门须对接管资产规模超过 500 亿美元的金融机构的相关费用进行评估，以便以后收回接管过程中产生的损失。

（2）金融稳定委员会：将新设一个由 10 人组成的金融稳定监管委员会（Financial Stability Oversight Council），委员会成员均为现任监管部门官员，主要负责监测和处理威胁国家金融稳定的系统性风险。该委员会的职责之一就是在认定某些大型综合性金融机构已对金融系统构成威胁的情况下，向联邦储备委员会（Federal Reserve, Fed）建议对这些金融机构采取更加严格的资本、杠杆及其他相应的管理措施。在极端情况下，该委员会还有权分拆金融机构。

（3）沃尔克规则：将控制大型金融机构的自营业务，但银行可以向对冲基金和私募股权基金进行小规模投资。这些投资的规模不得高于银行一级资本的3%。禁止银行对所投资的基金提供救助。

（4）衍生品交易：将首次对场外衍生品市场颁布全面的监管规定，监管范围包括交易行为以及出售产品的公司。要求多种常规衍生品在交易所通过清算中心进行交易。按照客户要求定制的掉期交易仍可在场外市场进行，但必须向中央数据库报告，以便监管部门能够更加全面地掌握市场状况。将在资本、保证金、报告、交易记录和商业行为等方面对从事衍生品交易的公司实施新的监管规定。

（5）分拆掉期业务：要求银行将风险最大的衍生品交易业务分拆到附属公司，这是国会就阿肯色州民主党参议员 Blanche Lincoln 提出的争议较大的方案达成的妥协。银行能够保留利率掉期、外汇掉期以及金银掉期等业务。新规定要求金融机构把农产品掉期、无须清算的大宗商品掉期、多数金属掉期以及能源掉期业务都划归到附属公司。

（6）消费者保护机构：将在 Fed 内部新设消费者金融保护局（Consumer Financial Protection Bureau），并赋予其决策权和部分执行权，对提供信用卡、抵押贷款和其他贷款等消费者金融产品及服务的银行和非银行实施监管。这一新机构将有权对所有抵押贷款相关业务、资产超过100亿美元的银行和信用社、短期小额贷款公司、支票兑现机构以及某些非银行金融机构进行检查和执行监管。在部分议员的强烈坚持下，汽车金融公司未被列入该机构的管辖范围。

（7）联邦法律优先原则：允许各州对全国性银行实施更加严格的消费者保护法。如果州法律妨碍或严重影响了这些银行的业务能力，这些银行可以根据依据个案的不同逐一向各州申请相关法律的豁免权。这一规定提高了联邦监管部门优先适用联邦监管规定的门槛。各州司法部长有权强制执行新设立的消费者金融保护局所发布的某些规定。

资料来源：新浪财经，http://finance.sina.com.cn/review/fmbd/20100504/01077868146.shtml。

（三）单层多头的金融监管体制

单层多头的金融监管体制，是指金融监管的权力集中在中央，地方没有独立的权力，即所谓"单层"；在中央一级设立多家机构共同负责监管，即所谓"多头"。单层多头的金融监管体制通常在经济发展水平较高、金融体系比较发达、政府对经济的干预程度较高的国家实行，如德国、日本。

以日本为例。经过改革的日本现行的监管体制，金融厅是金融行政监管的最高权力机构，除政策性金融机构由财务省（原大藏省）负责监管外，银行、证券、保险等商业性金融机构均由金融厅独立监管或与相关专业部门共同监管。财务省以及劳动省、农林水产省等行政部门作为金融监管的协作部门，根据金融厅授权或相关法律规定对相关金融机构实施监管。日本银行和存款保险机构可根据交易合同对与其有交易行为的金融机构进行财务检查。

单层多头的监管体制的主要优点是：有利于金融体系的集中统一和监管效率的提高，但同时需要各金融管理部门之间的相互协调和配合。然而，在一个法制不健全的国家，金融管理部门之间如果不能很好地协调配合，这种体制将难以发挥其效果，也存在机构重叠、重复监管等问题。

二、中国金融监管体系

我国金融监管体制的建设大体分为两个阶段：第一阶段是 1998 年以前，由中国人民银行对金融体系统一实施监管；第二阶段是从 1998 年开始，对证券业和保险业的监管逐步从中国人民银行统一监管中分离出来，分别由中国证券监督管理委员会和中国保险监督管理委员会负责。2003 年，中国银行监督管理委员会正式成立，接管了中国人民银行对银行业监管的职能。以中国银监会的成立为标志，我国正式确立了"一行三会"，分业监管的金融监管体制。中央银行作为一个系统的知识点，将在第三节具体介绍。本小节简单介绍"三会"的主要职能。

中国证监会的主要职能如下：

第一，建立统一的证券期货监管体系，按规定对证券期货监管机构实行垂直管理。

第二，加强对证券期货业的监管，强化对证券期货交易所、上市公司、证券期货经营机构、证券投资基金管理公司、证券期货投资咨询机构和从事证券期货中介业务的其他机构的监管，提高信息披露质量。

第三，加强对证券期货市场金融风险的防范和化解工作。

第四，负责组织拟订有关证券市场的法律、法规草案，研究制定有关证券市场的方针、政策和规章；制定证券市场发展规划和年度计划；指导、协调、监督和检查各地区、各有关部门与证券市场有关的事项；对期货市场试点工作进行指导、规划和协调。

第五，统一监管证券业。

专栏 10-2

从高盛事件看美国证券监管

2010 年 4 月 16 日，美国证券交易委员会（SEC）宣布，华尔街著名投资银行高盛公司（Goldman Sachs）在设计和销售与次级抵押贷款相关的担保债务凭证（CDO）产品时涉嫌欺诈。据披露，高盛方面曾为满足对冲基金公司 Paulson & Co. 希望做空次贷抵押证券的交易要求，设计了与次级债表现挂钩的组合 CDO 产品"Abacus 2007-AC1"，并通过不实陈述、隐瞒风险等欺骗其他投资者，导致投资者因此损失超过 10 亿美元。换言之，作为中介机构的高盛并没有对大户、散户一碗水端平，而是厚此薄彼要花招。又据说，高盛在 9 个月前就已经获知被调查，但一直期望通过与 SEC 方面私下沟通解决麻烦，但 SEC 此番响当当地公开声明让高盛或明或暗的努力付诸东流，市场形象近乎崩溃。

　　不仅如此，SEC 的声明还向外界暗示了华尔街的极大秘密：当美国住房市场 2006 年后开始出现问题苗头之时，以高盛为代表的一些嗅觉灵敏的大型金融机构不仅没有为公众提示风险，阻遏楼市崩盘，反而专门设计了系列产品，旨在提供更大、更强的杠杆工具，帮助对冲基金等重要客户合力做空住房市场牟取暴利。这使得这些"危机幸存者"成为千夫所指的目标，金融市场刚开始高涨的信心出现新的低潮。

　　毫无疑问，SEC 在此时此刻选择把高盛拎出来是经过深思熟虑的，以致《纽约时报》都感叹，人们今天终于看到了一个"更具攻击性的"SEC。当然，SEC 的做法也并非获得了一致的击节叫好。在国外，有媒体就感叹："好不容易复苏的金融市场又被高盛的一只'靴子'打下去了。"在美国国内，则有因不敢、不能、不愿评论国内问题而自觉成为国际问题专家的人们自作聪明地认为，SEC 此举是"秋后算账"，一定是为了配合奥巴马和民主党人近期高调推动的金融监管改革，颇有党派政治因素掺杂其中。

　　笔者以为，"顾全大局"的说法是丢掉监管本分，而一味将党派政治掺进经济现象是不明智的。SEC 此举虽是完全不利于高盛等美国金融机构的利益，但确实体现了实实在在的"以人为本"，彰显了"弱者守护神"的监管思路，不仅积极，而且正面。

　　由于我国证券监管制度基本取法美国，因此 SEC 近期的新做法、新思路更是值得我国证券监管部门借鉴。

　　首先，SEC 的声明给高盛带来的绝不仅是数亿美元的和解费，很有可能因此招致股东诉讼、投资者集体诉讼乃至针对某些人的刑事诉讼。不仅如此，有市场证据显示，不仅高盛，而且德意志银行、瑞银和美银美林等"危机幸存者"，都曾和投资者达成过规模不一但后来均很快爆发巨亏的按揭贷款交易。这是对危机始作俑者的一次总清算。

　　其次，SEC 在打击高盛的同时，还在和交易所之间关于监管话语权的争夺中明显胜出。根据美国法律，SEC 最初定位主要是监督交易所作为自律组织的活动，之后由于交易所被少数机构把持，不断发生丑闻，才使得 SEC 介入逐渐增多，乃至出现"双头监管"。此番 SEC 选择以对冲基金、结构化产品、不当营销等为打击对象，彰显其监管能力、覆盖范围远高于纽约交易所等交易所，无异于证明由它主导的监管范式才更具实用性。

　　最后，SEC 的突然亮相，更给了自己洗清骂名、重展拳脚的机会。一年前，SEC 因未能尽早对麦道夫骗局及斯坦福欺诈展开调查，背负了巨大的舆论压力。半年前，影响很大的 Aite Group LLC 甚至发布报告宣称，"这场危机实际上是由一个团队造成的"，美联储、SEC、政治家、蒙昧的民众和贪婪的金融机构都该为这次金融危机承担责任。从那时起，改革金融监管体系、对金融市场进行统一监管的呼声开始高涨，这使得 SEC 在 1999 年《金融服务现代化法》和 2000 年《商品期货现代化法》颁布后，进一步失去监管领域的先手。此番 SEC 挑头向华尔街宣战，等于以勇敢承担的姿态，以一己之力将对冲基金、做空交易等高智、强悍、贪婪、诡诈的"野孩子"、"野路子"集体收编。

最为重要的是，SEC 的做法显示了美国金融市场、金融体系乃至这个国家自身强大的纠错能力。也再次证明那个普世公理——一个金融机构或者天才，无论他看起来是多么强大，无论有多么悠久的历史、多么深厚的资源和背景，无论合谋者多么聪明、多么坚忍、多么善辩，注定只能在短时期欺骗大部分人，也可以长期欺骗少数人，但绝不可能永久欺骗所有的人。

从高盛事件看 SEC，反观我国，从 1990 年成立的证监会到 1997 年颁布的《证券法》，仅仅是做到了和美国联邦证券法律及 SEC 形似并对应。迄今为止，既没有保障被侵权者进行诉讼乃至集体诉讼的法律，更缺乏精通证券专业的法官，更遑论建立健全券商、基金等的自我约束机制了。时至今日，媒体也仍充斥着主力、庄家、操盘等恶俗语汇，绝大多数市场参与者都具有"斯德哥尔摩综合征"特征，深受市场操纵之害却仍一心期待跟庄暴富。更糟糕的是，"太平洋非法上市"乃至"短信门"等负面新闻最后总是虎头蛇尾，由此衍生出的弥漫在整个市场的不安全感几乎无法根除。

资料来源：搜狐网，http://star.news.sohu.com/20100420/n271635176.shtml。

中国银监会是监督金融行业的机构，主要职能具体有：依照法律、行政法规制定并发布对银行业金融机构及其业务活动监督管理的规章、规则；依照法律、行政法规规定的条件和程序，审查批准银行业金融机构的设立、变更、终止以及业务范围；对银行业金融机构的董事和高级管理人员实行任职资格管理；依照法律、行政法规制定银行业金融机构的审慎经营规则；对银行业金融机构的业务活动及其风险状况进行非现场监管，建立银行业金融机构监督管理信息系统，分析、评价银行业金融机构的风险状况；对银行业金融机构的业务活动及其风险状况进行现场检查，制定现场检查程序，规范现场检查行为；对银行业金融机构实行并表监督管理；会同有关部门建立银行业突发事件处置制度，制定银行业突发事件处置预案，明确处置机构和人员及其职责、处置措施和处置程序，及时、有效地处置银行业突发事件；负责统一编制全国银行业金融机构的统计数据、报表，并按照国家有关规定予以公布；对银行业自律组织的活动进行指导和监督；开展与银行业监督管理有关的国际交流、合作活动；对已经或者可能发生信用危机的，严重影响存款人和其他客户合法权益的银行业金融机构实行接管或者促成机构重组；对有违法经营、经营管理不善等情形的银行业金融机构予以撤销；对涉嫌金融违法的银行业金融机构及其工作人员以及关联行为人的账户予以查询；对涉嫌转移或者隐匿违法资金的申请司法机关予以冻结；对擅自设立银行业金融机构或非法从事银行业金融机构业务活动予以取缔；负责国有重点银行业金融机构监事会的日常管理工作；承办国务院交办的其他事项。

目前，中国金融监管的内容主要包括市场准入的管理和经营活动的监督检查，以及对有问题的金融机构进行处理并采取化解风险的政策措施的制定。中国人民银行主要是制定和执行货币政策，负责金融体系的安全，发挥中央银行在宏观调控和防范与化解金融风险中的作用。银监会主要负责商业银行、政策性银行、外资银行、农村合作银行（信用社）、信托投资公司、财务公司、租赁公司、金融资产管理公司的监管。以大银行业为口径，银监会成立了监管一部、二部、三部，合作金融监管部和非银行金融机构监管部，自上而下相应设立了省局、市分局、县（市）办事处体制。而证监会和保监会则分别负责证券、期货、基金和保险业的监管；内部设立了相应的监管部室，自上而下则建立了相应会、局（省、市、计划单列）的体制。

金融业的综合经营已是大势所趋。从监管体制的效力分析，分业经营体制下分业监管的效率是最高的。但近年来随着金融全球化、金融自由化和金融创新的迅猛发展，国际大型金融控股公司的进入对我国金融机构的发展和金融监管成为一个重大的挑战。国内的金融机构开展混业经营成为历史的必然选择。而当前分业监管体制已显现出明显的不适应，其本身所固有的问题也逐渐显露出来。

1. 缺乏有效的监管协调机制

在分业监管体制下，我国的银监会、证监会和保监会三家监管机构自成系统，各司其职，彼此之间的协调合作至关重要。目前，三家监管机构在职能的明确定位，信息收集、交流和共享等方面的协调合作机制缺乏一个完整的制度框架，随着金融业务的不断创新，业务交叉不断增多，容易出现监管真空和重复监管并存的局面，造成监管成本的提高和监管效率的降低。此外，在金融发展战略定位不清的格局下，通过不定期的金融监管协调工作虽然可以实现跨行业的监管，但相关监管部门各行其是，彼此之间的利益纠葛、矛盾日益凸显。

2. 监管的方式和手段较为单一

市场经济条件下，理想的金融监管手段应是经济手段、行政手段和法律手段的统一。而我国行政干预较多，在具体操作中随意性大，约束力不强。此外，基层监管部门的监管方式主要是现场监管和事后监管，对苗头性、倾向性问题不能做到超前预警，事前监管几乎空白。

3. 缺乏统一的监管制度安排和工作规范，监管成本较高

一些相同的或近似的经常性监管项目没有统一的制度安排，监管成本较高。现场检查的实施没有统一的工作规范，缺乏恰当的定期检查，每一次检查都花费大量的人力、物力，但效果甚微，还可能会影响金融机构的正常经营。

4. 金融机构内部控制制度不健全

金融机构的内部控制制度是防范风险的基础性、根本性保障，是金融机构稳健经营的前提。我国金融机构虽然也制定了一套基本的内部控制制度，但在实际执行工作中的效果并不明显，有的甚至形同虚设，根本起不到控制作用。

根据我国的具体国情和金融发展阶段，针对当前存在的相关问题，所能做好的就

是，在现有监管体制框架基础上，做好银行、证券、保险的分业监管工作，不断提高监管的专业化水平，完善金融监管协调合作机制，同时对相关法律法规进行修改，逐步将金融监管体制从分业监管转向混业监管，从机构性监管转向功能性监管，然后再建立统一的监管体制框架。我国要与其他国家金融当局签订双边谅解备忘录，诸如在信息提供、相互磋商、技术合作等方面展开合作。同时，要发挥各类国际组织和区域性组织在协调国际金融监管方面的作用。

第三节　中央银行

一、中央银行的性质与职能

（一）中央银行的产生

中央银行产生于 17 世纪后半期，形成于 19 世纪初叶。中央银行产生的经济背景主要包括以下几项：

（1）商品经济的迅速发展。18 世纪初，西方各国陆续开始工业革命，社会生产力得到快速发展，商品经济也在迅速扩大，促使货币经营业越来越普遍，更加有利可图，并由此产生了对货币财富进行控制的欲望。

（2）资本主义经济危机的频繁出现。资本主义经济自身的固有矛盾必然导致连续不断的经济危机。面对当时的状况，资产阶级政府开始从货币制度上寻找原因，企图通过发行银行券来控制、避免和挽救频繁的经济危机。

（3）银行信用的普遍化和集中化。资本主义产业革命促使生产力空前提高，生产力的提高又促使资本主义银行信用业蓬勃发展。其主要表现在：一是银行经营机构不断增加；二是银行业逐步走向联合、集中和垄断。

1656 年，历史上第一家中央银行——瑞典银行成立。而第一家具有中央银行意义的典型央行则是英国的英格兰银行。经英国国王威廉一世特许而成立于 1694 年的英格兰银行，开始时仅仅是一家拥有 120 万英镑股本的私人股份制银行，而其成立的最初目的，则是帮助王室应付对外战争的军事支付以及日常开支。英国政府虽然准许英格兰银行在不超过资本总额的条件下有权发行银行券，但当时的英格兰银行还只是分散、多元的银行券发行主体之一，本身还未能成为垄断银行券发行权的发行银行。1833 年，英国政府立法，确立了英格兰银行发行的银行券是唯一的无限法偿货币地位。1844 年，英国国会颁布了《银行特许条例》（又称《比尔条例》），进一步对英格兰银行独家发行银行券的地位做了明确规定。与此同时，英格兰银行还在自身地位逐渐提升的过程中对众多商业银行提供票据交换、债权债务清偿业务，接受商业银行的票据再贴现，在经济、信用出现危机时及时充当商业银行的"最终贷款人"，以稳定货币供给、维护整个系统的信用秩序。1857年的银行法确立了英格兰银行集中管理全国所有其他银行的金属储备，标志着英格兰银行最终完成了向中央银行的转变，成为了名副其实的中央银行。

专栏10-3

中国人民银行发布《中国金融稳定报告（2010）》

2010年6月30日，中国人民银行发布了《中国金融稳定报告（2010）》，对2009年我国金融体系的稳定状况进行了全面评估。报告认为，2009年是国际金融危机全面爆发后全球经济逐步企稳回升的一年，中国经受了危机的严峻考验，国民经济总体回升向好，金融业改革取得积极进展，金融机构实力明显增强，金融市场运行平稳，金融基础设施建设不断加强，金融体系总体稳健。

报告指出，2009年我国国民经济增长较快回升；国内需求增长较快，国外需求有所改善；财政收入逐月回升，财政支出保持较快增长；居民收入稳定增长，就业形势好于预期；物价前低后高，上行压力有所增大；主要资产价格上涨较快；货币信贷快速增长，人民币汇率在合理均衡水平上保持基本稳定。金融市场总体运行平稳，市场交易活跃，市场制度建设取得进展。政府、企业、住户财务状况整体较好，偿债能力基本稳定。金融基础设施现代化稳步推进，在营造安全有序的金融生态环境、促进金融业稳健运行方面发挥了重要作用。

基于对我国2009年银行、证券和保险业的分行业评估，报告指出，我国金融业整体实力明显增强，银行业主要稳健性指标总体保持良好，资产质量、盈利水平持续改善，流动性总体较为充足；证券业经营机构继续保持稳健经营的态势，上市公司数量和市值规模大幅增长，机构投资者的主导地位进一步增强，证券期货机构盈利能力显著提高，市场基础性制度建设和证券期货法律体系不断完善；保险业总体保持健康发展，保险资金运用的专业化水平稳步提升，产品和区域结构有所优化，销售渠道结构进一步调整，市场集中度继续下降，保险业偿付能力总体充足。

报告认为，2010年我国经济面临的有利因素增多，国民经济有望继续保持平稳较快增长的基本态势，但也面临国内外复杂局面的挑战。为此，需做好以下几个方面工作：继续贯彻国家宏观调控政策，及时制定科学发展的战略规划，加大对经济结构调整和发展方式转变的支持力度；进一步深化各项金融改革，完善多层次金融市场体系，加强金融基础设施建设；着力改善金融机构盈利结构，强化资本补充和约束机制，进一步提升综合实力、市场竞争力和抗风险能力；按照党中央、国务院的统一部署，加强宏观审慎管理，实现宏观审慎管理与微观审慎监管的有效协调和补充，更好地维护金融稳定。

资料来源：中国人民银行网站，http://www.pbc.gov.cn。

（二）中央银行的性质

1. 中央银行是一国金融体系的枢纽

中央银行、商业银行、其他各种金融机构共同构成一国的金融体系，而中央银行则处于整个金融体系的核心部分。

中央银行是一国信用活动的中心和枢纽。中央银行拥有一国货币的独家发行权，是经济中所有信用工具的总供给者。中央银行既可以通过改变货币发行量，又可以通过运用货币政策实现对流通中的货币总量的控制，从而达到调节信用规模的作用，进而实现对经济的调节作用，使经济发展符合客观规律。

中央银行既是市场的主要参与者之一，同时也是市场的管理者。一方面，中央银行通过公开市场业务，可以直接参与到市场的活动中，通过调节货币供应量，影响经济整体信用规模；另一方面，通过调整利率、贴现率以及存款准备金率等，引导信用活动按照中央银行政策意图发展。

因此，中央银行是一国金融体系的枢纽，是国家干预和调节宏观经济的重要部门。

2. 中央银行与政府存在特殊关系

（1）中央银行是国家机构的重要组成部分。中央银行最初的设立目的主要是为国家筹措资金，并统一银行券的发行，因此其享有其他银行不具有的行政权力。第一次世界大战后，各国普遍存在通货膨胀、金融秩序混乱的状况，使人们进一步意识到中央银行对稳定金融的重要性，为了保障其能有效、及时地采取措施，各国纷纷授予中央银行更多的行政管理权及其他公权力，使中央银行成为拥有一定立法权、行政权和司法权的国家机关。第二次世界大战后，大多数国家的中央银行的控股权迅速集中到政府手中。中央银行大多属于国家或政府权力机关。这其中，美国联邦储备系统直接对国会负责，是国会的一个部门；我国的中国人民银行直接隶属于国务院，是政府的一个部委单位。当然，也有少数国家的中央银行允许私人拥有股份，但这些私人股东只能按规定分红，不享有其他如人事任免和业务经营等权力。

（2）中央银行代表国家制定和执行各项货币金融法规及政策。中央银行在一国金融体系中居于核心地位，制定和执行金融法规和政策就成为其管理金融体系的重要手段。通过立法，将金融机构的各项活动纳入法制轨道是维持和管理金融秩序的基本方法。中央银行通过直接制定或是参与制定金融法规，保障金融稳健运行。另外，中央银行还拥有金融法规的监督执行权，代表国家监督金融业的各项活动。

中央银行通过制定和执行金融政策，适时合理运用货币政策工具，影响银行等金融机构的经营活动，使之适应国民经济发展的需要。例如，在经济增长过热时，中央银行通过采取紧缩性货币政策，提高利率或是改变货币供应量等，减缓经济增长的速度，使之能够可持续发展。

（3）中央银行代表国家管理金融市场。中央银行不仅是金融市场的参与者，更是金融市场的组织者和管理者。中央银行通过立法和行政干预手段，为金融市场的运作制定规则，对市场准入制定要求，再加上适当的货币政策，维护金融市场的稳定。

（4）中央银行代表国家参与国际金融活动，管理国家的外汇储备。一方面，中央银行代表国家参与国际重大金融和贸易问题的谈判与协调，干预国际金融市场，参加国际金融组织和会议等国际事务；另一方面，中央银行通过运用政策工具对国家的外汇收支和外汇储备进行管理，维持本国货币的汇率稳定，保证国家的国际收支平衡，以达到为本国经济发展服务的目的。

（5）中央银行具有相对独立性，即中央银行既是政府部门，又相对独立于政府。中央银行是一个政府部门，隶属于政府，必然受到政府的控制和制约。而中央银行又担负着调控宏观经济运行、监督管理金融体系的重任，同时鉴于中央银行职能及业务的特殊性，政府不能视其为一般的政府部门，因此其在一定程度上拥有独立性。多数发达国家都制定了中央银行法或其他相关法律，明确规定中央银行相对独立于政府之外，享有高度自主权。

3. 中央银行是特殊的银行

与一般的商业银行相比，中央银行在经营目标、服务对象和经营内容上有其特殊性。

（1）经营目标上，普通商业银行作为经营货币的机构，一般是以利润最大化为其经营目标；而中央银行作为国家管理金融体系的机构，主要经营目标则是维护金融秩序，保持货币稳定，促进国民经济健康发展，不以盈利为目的。

（2）服务对象上，普通商业银行一般是以社会团体、企业和个人为主要服务对象；而中央银行的主要服务对象是政府和银行等金融机构，一般不与企业和个人发生业务往来。中央银行通过与银行等金融机构的业务往来，贯彻执行国家的经济政策，实现其监督和管理金融业的职责。

（3）经营内容上，普通商业银行接受社会大众的存贷款要求，对存款支付利息，对贷款收取利息；而中央银行接受政府的财政性存款以及普通商业银行的准备金存款，不支付利息；中央银行独占货币发行权，制定和实施货币政策；普通商业银行则无权发行货币，是货币政策的接受者。

（三）中央银行的基本职能

中央银行具有特殊的职能，主要表现在中央银行是发行的银行、政府的银行以及银行的银行三个方面。

1. 发行的银行

所谓发行的银行，是指中央银行独占一国货币的发行权，是唯一的货币发行单位。货币发行权的垄断，对于中央银行根据国际和国内经济形势，制定和实施适当的货币政策，维护金融和经济发展秩序是十分重要的。

首先，中央银行独占货币发行权，可以较好地控制货币供应量，防止分散发行造成货币供应量的失控并影响币值的稳定。如果商业银行被允许发行货币，则各发钞行为了使自身的利润最大化会竞相发行货币。而各发钞行很难统观整个经济发展所需货币数量，彼此也存在利益冲突，因此容易造成发行规模失控的局面。此外，尽管一国的财政当局也可做到货币发行权的集中，但财政当局的主要职能是负责政府的收支。若财政当局垄断货币发行权，则当财政出现严重赤字时，财政当局就可能不顾经济发展要求，印发钞票，从而使得货币供应量增加，扰乱正常的金融秩序。当整个流通领域中的商品数量一定时，若货币供应量不稳定，则币值也将不稳定，容易造成通货膨胀或通货紧缩。

其次，中央银行垄断货币发行权，有利于制定和执行货币政策。货币政策的制定需要从全局统筹安排，而且其在传递和执行过程中也存在"时滞"问题，而中央银行垄断了货币的发行权力，就等于是控制了调节货币供应量的"总阀门"，中央银行就可根据经济发展的实际状况，及时、准确地改变流通中的货币数量，制定出合理的货币政策，保证经济的稳定运行。

2. 政府的银行

所谓政府的银行，是指中央银行代表政府管理财政收支，制定和执行金融政策，为政府提供各种金融服务。中央银行作为政府的银行主要通过以下四个方面表现出来：

（1）代理国库，即中央银行充当政府的出纳，通过政府在中央银行开立的各种账户，办理政府的财政收支。具体业务包括：①接受国库存款。政府会将暂时闲置的资金存在中央银行的活期账户上，然后等需要时再从账户中提取出来，这样就使得中央银行成为国库现金的中心。②为国库代收税收，办理公债的认购、还本、付息等业务。③为国库办理支付和结算。中央银行根据政府签发的支票，办理付款和转账业务，充当政府的出纳。

（2）向政府提供信用。中央银行作为政府的银行，当政府出现财政赤字时，负有向其提供信用支持的义务，以解决政府临时性资金需求。中央银行向政府提供信用支持的方式主要有以下几个方面：

1）购买国家公债。中央银行可以在一级市场上直接购买政府公债，这样中央银行的资金直接转变为财政存款，流入国库；中央银行也可以在二级市场上购买政府公债，这意味着资金间接流向财政，起到了向政府提供间接融资的作用。无论中央银行是直接还是间接购买政府公债，都意味着向政府提供了信用支持。

2）直接向政府提供贷款。中央银行直接向政府提供的贷款主要是短期贷款，用于弥补财政先支后收而发生的暂时性资金困难。如果向财政提供长期贷款，中央银行则变成了财政赤字的弥补者，此举不仅会降低中央银行自身资产的流动性，削弱中央银行对金融市场的控制能力，更可能因为货币的财政性发行造成通货膨胀，从而不利于一国货币金融的稳定。

3）向财政透支。向财政透支主要是指政府在中央银行开立透支账户，当财政出现赤字时，直接向中央银行透支。这比向财政直接放款具有更大的随意性，结果是会使中央银行难以控制向财政提供的货币数量。

（3）充当政府的经济和金融政策顾问，提供技术性建议。中央银行负有监管金融体系的职责，拥有庞大的信息网络，能够及时对国际和国内的经济形势作出比较准确的判断，因此中央银行可以很好地帮助政府制定和执行经济和金融政策。中央银行利用其信息回馈网络获得的大量或动态或静态的信息，为政府提供各种资料、数据和方案，并提出专业性建议，如预测经济走向、调整货币政策等。中央银行的建议在政府制定政策中受重视的程度取决于中央银行行使这一职能的独立程度。

（4）代表政府参与国际金融活动。中央银行代表政府参加国际金融组织，包括国际性金融组织（如世界银行、国际货币基金组织）和地区性金融组织（如亚洲开发银行），出席国际会议，代表政府与其他各国中央银行进行金融和贸易等相关事务的谈判、协调和磋商，并签订各项协议，管理与本国有关的国际资本流动，办理外汇的收支清算等国际金融业务，促进各国在国际金融领域的合作与共同发展。

3. 银行的银行

所谓银行的银行，是指中央银行凌驾于一般的商业银行和其他金融机构之上，只与商业银行和其他金融机构发生业务往来，而不与工商企业和个人发生直接的信用关系；在业务和政策上对商业银行和其他金融机构进行监督和指导。具体来说，这一职能主要表现在以下三个方面：

（1）集中保管各商业银行及其他存款机构的存款准备金。实行中央银行制度的国家，通常都以立法的形式，要求商业银行和其他存款机构按照一定比例在其存款中提取出一部分，上缴给中央银行作为其在中央银行的存款准备金，即法定准备金。这样做的目的在于：①保证存款机构的清偿能力，以备客户提现，从而保障存款人的资金安全，防止出现商业银行等存款机构因客户挤兑而倒闭。②控制商业银行等金融机构的信用创造能力及规模，达到控制货币供应量的目的。中央银行通过调整准备金比率，影响银行的信用创造能力，进而影响货币供应量，最终实现对经济的调控。

（2）充当"最后贷款人"。商业银行发生资金短缺，而在同业市场上难以拆借融通时可向中央银行申请贷款，此时，中央银行扮演最后贷款人的角色。商业银行一般以票据的再贴现方式向中央银行取得贷款。所谓再贴现，是指商业银行为取得贷款，用其从企业那里以贴现方式收取的票据向中央银行进行贴现，而这种贴现的利率，称为再贴现率。通过调整再贴现率，中央银行可以影响利率以及整个社会的资金供求状况，因此中央银行的"最后贷款人"角色有助于形成一个富有弹性的货币供给机制。

（3）作为全国的资金清算中心。中央银行作为全国金融机构的资金清算中心，起源于19世纪中期的英国。由于当时银行业务的日益扩大，银行间的交易日益频繁，每天需要处理的票据数量急剧膨胀，各银行之间的债权债务关系也日趋复杂。1854年，英格兰银行率先对各银行间当天清算的差额采取结算的办法，大大简化了各银行间资金来往的清算程序，后来其他各国纷纷效仿，沿革至今。

由于各商业银行在中央银行都设有存款准备金账户，各银行之间发生的资金往来或应收或应付都可以通过中央银行转账划拨，从而使中央银行具有了票据结算中心的功能。中央银行负责全国金融机构的资金清算，只要在中央银行的存款账户上进行划账、轧差并直接增减存款准备金，便可顺利完成。这样做不仅简化了金融机构资金清算程序，减少清算成本，节约了资金的占用，也便于中央银行利用清算系统对金融体系进行监督和管理。随着经济全球化的不断深入，借助于日益发达的计算机网络系统，中央银行的清算职能得到大大提升，超越国界，清算资金在全球范围内快速流动，大大提高了资金运作的效率。

二、中央银行的业务

中央银行的各项职责主要是通过各种业务来履行的。中央银行的负债是指政府、金融机构、个人、企业等持有的中央银行的债权，主要业务包括货币发行业务、存款业务以及其他负债业务。中央银行的资产是指中央银行所持有的各种债权，主要业务包括证券买卖、黄金外汇储备、再贴现和再贷款等。

（一）中央银行的资产负债表

中央银行的资产负债表是中央银行业务活动的综合会计记录。在全球金融一体化的大背景下，为了使各国之间相互了解彼此的金融运行状况，对金融统计数据按照相对统一的标准进行适当规范是非常必要的。国际货币基金组织（IMF）定期编制了《国际金融统计》刊物，以相对统一的口径向公众提供各个成员国的货币金融统计数据，中央银行的资产负债表就是其中之一，也被称为货币当局资产负债表。货币当局资产负债表的主要项目如表10-2所示（以中国人民银行为例）。

表10-2　简化的货币当局资产负债表

资　产	负　债
国外资产（Foreign Assets）	储备货币（Reserve Money）
外汇（Foreign Exchange）	货币发行（Currency Issue）
货币黄金（Monetary Gold）	金融性公司存款（Deposits of Financial Corporations）
其他国外资产（Other Foreign Assets）	其他存款性公司（Other Depository Corporations）存款
对政府债权（Claims on Government）	其他金融性公司（Other Financial Corporations）存款
其中：中央政府（Of Which: Central Government）	不计入储备货币的金融性公司存款（Deposits of Financial Corporations Excluded from Reserve money）
对其他存款性公司债权（Claims on Other Depository Corporations）	发行债券（Bond Issue）
对其他金融性公司债权（Claims on Other Financial Corporations）	国外负债（Foreign Labilities）
对非金融性公司债权（Claims on Non-financial Corporations）	政府存款（Deposits of Government）
其他资产（Other Assets）	自有资金（Own Capital）
总资产（Total Assets）	其他负债（Other Labilities）
	总负债（Total Labilities）

1. 资产

（1）国外资产。国外资产与国外负债轧抵后的净额，包括中国人民银行所掌握的外汇储备、黄金储备以及国际金融机构往来的头寸净值。

（2）对政府债权。主要是中央政府向中国人民银行的借款。

（3）对存款货币银行债权。主要是中国人民银行对存款性金融机构发放的信用贷款、再贴现等性质的融资。我国的存款货币银行包括中国工商银行、中国农业银行、中国建设银行、中国银行、交通银行、中信实业银行、光大银行、华夏银行、广东发展银行、深圳发展银行、招商银行、浦东发展银行、中国民生银行、福建兴业银行、农村信用社等。

（4）对特定存款机构债权。主要是中国人民银行持有的特定存款机构发行的债券。我国的特定存款机构包括金融租赁公司、国家开发银行、中国进出口银行、金融信托投资公司等。

（5）对其他金融机构债权。我国的其他金融机构包括证券公司、保险公司等。

（6）对非金融机构债权。中国人民银行为支持老、少、边、穷地区经济开发等所发放的专项贷款。

2. 负债

（1）储备货币。主要包括中国人民银行所发行的货币及存款货币银行库存现金，各个金融机构依法缴存在中国人民银行的法定存款准备金和超额存款准备金，金融机构吸收的由财政拨款形成的部队机关团体等的财政性存款、邮政储蓄转存款等。

（2）发行债券。中国人民银行发行的融资债券。

（3）国外负债。包括对非本国居民的所有本国货币和外币的负债。

（4）政府存款。各级财政在中国人民银行账户上预算收入与支出的余额。

（5）自有资金。中国人民银行的资本金和信贷基金。

中央银行的业务活动可以通过它在资产负债表上的数据得到概括反映。中央银行通过自身的业务来调节商业银行等金融机构的资产负债数量和社会货币总量，以此实现宏观金融调控的目标。因此，仔细研究中央银行业务、分析资产负债表就成为了把握宏观金融调控的基础。

表10-3 是截至 2009 年 11 月我国货币当局的资产负债情况。

表10-3　2009 年 11 月我国货币当局资产负债表　　单位：亿元人民币

报表项目（Items）	负债
国外资产（Foreign Assets）	183651.65
外汇（Foreign Exchange）	171638.58
货币黄金（Monetary Gold）	669.84
其他国外资产（Other Foreign Assets）	11343.22
对政府债权（Claims on Government）	15676.74
其中：中央政府（Of Which：Central Government）	15676.74
对其他存款性公司债权（Claims on Other Depository Corporations）	8752.40

续表

报表项目（Items）	负债
对其他金融性公司债权（Claims on other Financial Corporations）	11623.90
对非金融性公司债权（Claims on Non-financial Corporations）	43.96
其他资产（Other Assets）	7858.49
总资产（Total Assets）	227607.14
储备货币（Reserve Money）	133674.46
货币发行（Currency Issue）	39627.84
金融性公司存款（Deposits of Financial Corporations）	94046.62
其他存款性公司（Other Depository Corporations）	93922.83
其他金融性公司（Other Financial Corporations）	123.80
不计入储备货币的金融性公司存款（Deposits of Financial Corporations Excluded from Reserve Money）	623.97
发行债券（Bond Issue）	40447.01
国外负债（Foreign Labilities）	758.39
政府存款（Deposits of Government）	30767.82
自有资金（Own Capital）	219.75
其他负债（Other Labilities）	21115.73
总负债（Total Labilities）	227607.14

资料来源：中国人民银行网站，http：//www.pbc.gov.cn。

（二）中央银行的负债业务

中央银行的负债是工商企业、个人等社会各个集团所持有的对中央银行的债权，是形成中央银行的资金来源，主要包括货币发行业务、存款业务、其他负债（中央银行债券、对外负债和资本业务）三方面的内容。

1. 货币发行业务

在不兑现的信用货币制度下，货币是一种债务凭证，是货币发行人对货币持有者的一种负债，其有效性来自于国家对信用货币规定的法偿效力。中央银行拥有货币发行的垄断权，因此发行货币就成为了中央银行的最重要的一项负债业务。

中央银行发行货币主要是通过向商业银行及其他金融机构提供贷款、再贴现，在金融市场上购买有价证券、购买外汇和金银等方式，把它们投放到市场中，形成流通中的货币。

中央银行的货币发行必须遵循三个基本原则：第一，垄断发行原则，即中央银行独占货币发行权，是唯一法定的货币发行机构，只有中央银行发行的货币才是无限法偿的。第二，信用保证原则，即一国货币发行要有一定的黄金或是有价证券为担保。在现代不兑现的信用货币制度下，货币发行的弹性很大，货币发行量需与国民经济发展和客观的货币需求量保持平衡关系，否则会引起货币币值不稳定，扰乱经济秩序。因此，货币的发行要遵循经济发展规律，有可靠的信用保证。第三，弹性原则，即货币发行要有一定的灵活性和伸缩性，要适应不断变化的社会经济环境，防止通过膨胀或通货紧缩现象的发生，确保国民经济的正常运行。

2. 存款业务

中央银行的存款业务主要包括：

（1）存款准备金业务。这是中央银行存款业务中最重要的业务，与存款准备金制度直接有关。中央银行集中的存款准备金由两部分组成：法定存款准备金和超额准备金。所谓法定存款准备金，是指商业银行和其他存款机构按照一定比例在其存款中提取出一部分，上缴给中央银行的存款准备金。所谓超额存款准备金，是指超出法定存款准备金的部分。

法定存款准备金是中央银行资金来源的重要组成部分，大多数国家的中央银行对这种负债是不支付利息的。是否动用这部分资金完全由中央银行掌握，这就为中央银行不以盈利为目的运作资产业务提供了客观基础。由于法定存款准备金的规模主要取决于中央银行法定存款准备金率的高低，因此法定存款准备金是中央银行调控信用规模和货币供给量的重要政策工具。

与法定存款准备金不同的是，超额准备金是商业银行资产调整和信用创造的条件，商业银行可以自由使用这部分资金，而且其规模主要取决于商业银行资产结构的选择以及持有超额准备金的机会成本。

中央银行通过规定存款准备金比率开展存款准备金业务。在存款准备金制度下，商业银行要按照法定比率提取准备金上缴中央银行，不能将吸收的存款全部用于放贷或投资，因此其业务规模和创造派生存款的能力就受到存款准备金比率高低的直接制约。中央银行可以通过调整存款准备金比率来改变商业银行的业务规模和创造派生存款的能力，进而调节货币供应量。

存款准备金的基本内容包括：①规定存款准备金比率。中央银行既可以根据存款类别规定比率大小，也可以按照金融机构的类型、规模、经营环境规定不同比率。②确定存款准备金计提的基础，包括确定计算准备金存款的数量和确定缴存存款准备金的基期。③规定可充当法定存款准备金的内容。由于金融资产的流动性不断提高，金融机构不一定要以现金的形式持有准备金。因此，很多金融机构根据流动性，将金融资产划分为一级准备和二级准备。

（2）财政性存款业务。各级财政机关、政府机关、行政事业单位等存款在其支出前在中央银行存放，形成中央银行的财政性存款业务。这部分存款是中央银行重要的资金来源，数额仅次于商业银行缴存中央银行的存款准备金。

（3）特种存款业务。特种存款是在中央银行货币政策工具发挥作用有限的情况下，根据信贷资金的营运情况、银根松紧以及资金调度的需要，以特定方式从金融机构集中起来的一部分资金。特种存款是中央银行直接控制的存款之一，是中央银行调整信贷资金结构和信贷规模的重要工具。

（4）中央银行吸收的其他存款，包括外国政府存款、外国金融机构存款以及非银行金融机构存款。外国政府或外国金融机构在中央银行的存款，构成这些国家政府或金融机构的外汇，用于贸易结算和债务清偿。非银行金融机构在中央银行的存款，同商业银行在中央银行的存款在性质和范围上大致相同。

3. 其他负债业务

除了货币发行和存款业务外，中央银行还有其他一些可以成为其资金来源、引起负债变化的业务，如发行中央银行债券、对外负债和资本业务。

发行中央银行债券是中央银行的主动负债业务，目的不仅是为了获得资金来源，更多的是为了调节流通中的货币。中央银行一般在两种情况下发行债券：第一种情况是当公开市场操作规模有限时，发行中央银行债券作为公开市场操作的辅助工具，如中国人民银行发行的央行票据。第二种情况是当金融机构的超额准备金过多，而中央银行又不便采用其他货币政策工具进行调节时，可以通过向金融机构发行中央银行债券回笼资金，减少流通中的货币。

平衡国际收支、维持汇率稳定和应付危机是中央银行对外负债的主要目的。可以采取的形式主要包括向外国银行借款、对外国中央银行负债、向国际金融机构借款等。

中央银行的资本业务就是通过适当渠道筹集、维持和补充自有资本。由于各国法律对中央银行的资本来源和构成都有规定，因此中央银行在资本业务方面并没有多大作为，仅仅在需要补充自有资本时按照有关规定进行。

（三）中央银行的资产业务

中央银行的资产业务就是通过对持有资产的处理，履行中央银行的职能，主要包括贷款业务、再贴现业务、证券买卖业务、储备资产业务等。

1. 贷款业务

同商业银行一样，中央银行也发放贷款。中央银行的贷款对象主要是商业银行和其他金融机构。在我国，中央银行主要向商业银行、农村信用合作社、信托投资公司、金融租赁公司、企业集团财务公司、政策性银行等金融机构发放贷款，充分体现了中央银行"最后贷款人"的作用。中央银行的贷款大多是短期的，用于临时性的资金周转困难，而且不以盈利为目的，仅仅是为了实现货币政策目标。中央银行的贷款业务主要包括：

（1）对商业银行的再贷款。向商业银行发放贷款，保证商业银行的支付能力是中央银行作为"银行的银行"的重要职责，是中央银行最主要的贷款种类。中央银行通常定期公布贷款利率，商业银行提出贷款申请，中央银行审查批准贷款数量、期限和用途。金融市场的不断发展和创新，拓宽了商业银行融资的渠道，但向中央银行取得借款仍是商业银行扩大信用能力、保证支付的重要手段。

（2）对政府的再贷款。政府在提供公共服务的过程中，当发生暂时性的收支失衡时，中央银行有义务向其提供信贷支持。对政府的贷款可通过直接提供贷款和买入政府债券两种渠道进行。鉴于向政府直接提供贷款往往造成通货膨胀的经验，在大多数国家直接贷款都被限定于短期贷款。由于对政府贷款往往都是采用信用贷款方式，因此又要对贷款额度进行限制。

（3）其他贷款。中央银行的其他贷款大致有两类：第一类是对外国政府和外国金融机构的贷款。例如，中、日、韩三国与东盟十国签订的货币互换协议，根据协议，若协议签订国发生国际支付困难，其他协议签订国应使用本国货币提供贷款，一旦实行，就构成对外国政府的贷款。第二类是对非金融部门的贷款，贷款对象范围比较狭窄，一般有特定的目的和用途，带有一定的政策倾向，如向我国的老、少、边、穷地区贷款。

2. 再贴现业务

所谓再贴现，是指商业银行用其从企业那里以贴现方式收取的商业票据向中央银行再次进行贴现，以此获得资金融通，而这种贴现的利率，称为再贴现率。中央银行开展再贴现业务的目的是在商业银行等金融机构出现资金困难时提供短期资金融通，保证银行业务的顺利进行。由于是提供短期资金融通，大多数国家都规定只有在中央银行开设账户的商业银行等存款货币银行才能成为再贴现业务的对象。再贴现的票据必须是以商品交易为基础的"真实票据"。中央银行通过再贴现投放的资金体现了商品经济发展对货币流通量的需求。

通过调整再贴现率，中央银行可以影响利率以及整个社会的资金供求状况，起到收缩或扩大信用的作用。在一些国家，再贴现率作为"基准利率"发挥作用，反映了中央银行的政策意向，其他利率随再贴现率的变化而变化。

3. 证券买卖业务

中央银行的证券买卖业务，是指中央银行在公开市场上作为市场参与人进行证券的买卖。参与买卖的证券一般只能是政府公债、国库券以及其他市场流动性极高的有价证券。中央银行开展证券买卖业务，尽管可以取得一些差价收益，但其主要的目的是调节和控制货币供应量，配合准备金率和再贴现率这两大政策工具的运用。一般来说，中央银行在买卖证券时应遵循以下四个原则：

（1）中央银行只能在二级市场上买卖证券。主要是为了防止由于直接购买政府债券可能引起的通货膨胀，避免中央银行成为政府弥补财政赤字的工具。

（2）中央银行只买入流动性高的证券。主要限定在政府债券、国库券等。例如，英格兰银行规定的是商业票据和政府债券，美联储规定的是政府债券。我国中央银行证券买卖对象限定为短期国债（国债回购）、中央银行融资券和政策性金融债券。

（3）中央银行不能购买没有上市资格、在证券交易所不能挂牌的有价证券。这实际上是对证券质量的要求。中央银行购买质量好的有价证券，才能起到调节宏观经济的作用。

（4）中央银行不能买卖国外有价证券。

4. 储备资产业务

中央银行有管理储备资产的职责，这主要通过储备资产的买卖业务来实现。货币当局管理储备资产主要是为了调节国际收支失衡，维持本国货币汇率稳定，进行国际支付。这些储备资产主要包括黄金、外汇、普通提款权和特别提款权。

与管理任何一种金融资产一样，储备资产也要根据安全性、流动性和收益性三原则来保管和经营。应根据本国实际国情，确定合理的储备资产数量，过多则是浪费资源，过少则可能丧失国际支付能力；保持合理的储备资产构成，及时调整储备资产之间的比例，保证储备资产的有效利用。

（四）中央银行的其他业务

中央银行除了负债业务、资产业务外，还有代理国库业务、会计业务以及调查统计业务，这些业务在中央银行业务活动中同样占有重要位置，是中央银行行使职能的具体体现。

1. 代理国库业务

作为政府的银行，中央银行负有管理和办理国库活动的职责。中央银行代理国库，可以确保国家预算资金的及时收付、准确核算及库款安全，有利于提高国库管理效率，对于实现财政收支平衡、沟通财政与金融之间的联系、促进财政政策和货币政策的协调配合具有重要意义。

具体业务包括：①接受国库存款。政府会将暂时闲置的资金存在中央银行的活期账户上，然后等需要时再从账户中提取出来，这样就使得中央银行成为国库现金的中心。②为国库代收税收，办理公债的认购、还本、付息等业务。③为国库办理支付和结算。中央银行根据政府签发的支票，办理付款和转账业务，充当政府的出纳。

2. 会计业务

中央银行会计是针对中央银行的职能和业务范围，按照会计的基本原理，制定核算形式和核算方法。中央银行的会计业务就是中央银行履行职能、监督管理以及核算财务的体现和反映。

中央银行的会计工作是中央银行行使其职能的重要手段，既具有核算作用，又具有管理职能。主要任务包括：

（1）根据国家的经济方针、政策、法规以及银行的规章制度和办法，正确组织会计核算，高质量、高效率地处理各项银行业务，准确、及时、真实、完整地记载和核算银行业务以及财务收支活动的情况。

（2）通过办理资金收付、货币结算，掌握金融机构的经营状况和资金变化，督促其认真执行财经纪律，严格遵守会计制度和会计原则，改善经营管理。

（3）正确核算成本，管理银行内部资金和财务收支，努力增收节支，提高效益。

（4）开展会计检查和分析，运用会计资料和数据，分析金融业务变化情况，为金融决策提供信息。

（5）强化会计的内部控制和制度建设，防范中央银行自身会计风险，指导和督促金融机构健全会计风险防范机制。

3. 调查统计业务

调查统计是中央银行获取金融信息的基本手段，在中央银行的业务活动中发挥着重要的作用。同时，由于中央银行的权威性和其信息来源的可靠性、准确性，中央银行的调查统计也是观察和分析一国经济金融状况的重要途径。

中央银行的调查统计包括金融统计和经济调查统计，其中金融统计处于核心地位。金融统计是中央银行根据客观性、科学性、统一性、及时性以及保密性的原则，在金融市场上对金融活动现象的数量信息进行搜集、整理和分析。主要内容有货币供应量统计、信贷收支统计、现金收支统计、对外金融统计、金融市场统计、保险统计以及资金流量统计。中央银行的经济调查统计主要包括工业景气调查统计、城乡居民储蓄问卷调查统计和物价调查统计。

三、中央银行的支付清算系统

支付清算系统也称支付系统，是一个国家或地区对交易者之间的债权债务关系进行清偿的系统，是由提供支付服务的中介机构、管理货币转移的规则、实现支付指令传送及资金清算的专业技术手段共同组成的，用以实现债权债务清偿及资金转移的一系列组织和安排。

（一）中央银行支付清算系统的构成

支付清算系统主要由清算机构、支付系统和清算制度构成。

清算机构是为金融机构提供资金清算服务的中介组织，在支付清算系统中占有重要地位。最典型的清算机构是票据交换所，此外还有清算中心和清算协会等，既有私营的，也有政府主营的。

支付系统是由提供支付清算服务的中介机构和实现支付指令传送及资金清算的专业技术手段共同组成的，职能是实现债权债务清偿及资金转移。目前，比较有名的大额支付系统是联邦电子资金划拨系统（FEDWIRE）、纽约清算所同业银行支付系统（CHIPS）、英国清算所自动支付系统（CHAPS）、瑞士同业银行清算系统（SIC）和日本银行清算网络（BOJ-NET）。

清算制度是关于结算活动的规章政策、操作程序、实施范围等的规定和安排。作为货币当局，中央银行有义务根据国家经济发展状况、金融体系构成、银行业务能力及金融基础设施等，与相关部门共同制定支付清算制度。在当今金融业务十分发达的情况下，金融机构之间为办理客户委托业务和为自身的债权债务清偿而进行资金划转的同业清算业务也非常频繁，已经在社会支付清算业务中占据了极大的部分，同业间一旦出现清算障碍将危及金融稳定。因此，各国中央银行对同业间清算的制度建设、系统设计以及操作规则都予以高度重视，并赋予中央银行监督管理的职权。

（二）中央银行支付清算业务的主要内容

1. 组织票据交换与清算

票据交换是银行间进行债券债务和资金清算的一种最基本的手段。当各银行收到客户提交的票据后，通过票据交换的方式将代收的票据交付款行，并取回其他行代收的以本行为付款行的票据，彼此间进行债权债务的清偿和资金清算。

2. 办理异地跨行清算

不同银行之间的异地债权债务形成各行之间的异地汇兑，引起资金头寸的跨地区、跨银行划转，为保证划转的速度和准确性，不影响资金的使用效率和金融活动的安全，由中央银行集中办理异地资金汇划。因此，异地、跨行的资金清算活动就成为了中央银行清算业务的一项重要内容。

3. 提供跨国支付清算服务

国际投资和贸易以及民间往来的增多使得资金在国际间的转移十分频繁，不同国家的银行间债权债务业务量也迅速扩大。为提高资金使用效率，中央银行会借助一定的结算工具和支付系统进行清算，实现资金的跨国转移。

四、中央银行监管

不同国家采用不同的金融体制，金融监管体制也会不同，有些国家采用高度集中的单一金融监管体制，也有些国家采用双层多头的金融监管体制，还有些国家采用单层多头的金融监管体制。不管采用何种监管体制，中央银行都在其中起着十分重要的作用。作为政府机构的直接监管部门，中央银行代表政府对商业银行等金融机构进行监管，一是通过一系列的法律法规来约束和规范这些金融机构的运作；二是对商业银行等金融机构的业务程序进行比较全面的监督和管理，并在金融机构发生经营危机时进行善后处理。

中央银行金融监管的目的主要有：保证银行业存贷款的安全可靠，保证存款人的利益和金融稳定；营造平等的竞争环境，鼓励金融机构在正当、合理的竞争基础上提供高效率、多样化的服务；使金融机构的经营活动与中央银行的货币政策的近期和远期目标保持一致。

中央银行在进行监管的时候，应该以不干涉金融机构内部经营为原则，不对金融机构的业务活动做直接指示。在法律允许的范围内，规定金融机构经营活动的范围以及可承受风险的最大限度，利用自身的信息和专业优势，帮助金融机构找出其在经营中出现的问题，督促金融机构尽快解决问题。

中央银行金融监管的主要方式分为现场检查和非现场检查。现场检查，也称现场稽核，是由中央银行派监管人员到金融机构进行实地调查检验。实地检查有些是定期的例行检查，另一些是针对金融机构的报表或其他资料中暴露出来的问题进行重点检查。检查人员与被检查机构的主要负责人谈话，对金融机构的经验策略和风险管理等内容提问，检查金融机构的资产质量等。由于中央银行检查人员的数量有限，不太可能经常进行定期例行检查，非现场检查就构成了中央银行监管的重要一环。非现场检查，也称非现场稽核，是中央银行通过对金融机构的业务报表和其他资料的检查，发现被检查金融机构存在的问题的检查方式，内容同现场检查基本相同。

此外，在银行业中，信用评级也为中央银行确定商业银行的资产质量、风险管理能力和体制以及高层管理人员的素质提供了一套比较好的参考指标。其中，骆驼评级体系（CAMEL）是最为人们熟知的。该体系主要包括五项内容：①资本（Capital），主要是评价商业银行的资本充足情况；②资产质量（Assets Quality），主要是评价资产的风险程度，包括存款来源、风险资产组合、贷款组合、大笔贷款、逾期呆账情况及呆账准备金等；③经营管理能力（Management），主要评价银行的业绩、对银行法规的遵守、高层管理人员素质、报表质量以及信贷、流动资金、利率、汇率等风险的内部控制情况；④盈利能力（Earnings），主要评价商业银行的盈利增长、财务状况、平均资本收益率、红利发放情况等；⑤流动性（Liquidity），主要是评价流动性比例的情况。

练习题：

一、单选题

1. 下列国家中，属于以中央银行为重心的监管体制的是(　　)。

A. 英国 　　　　　　　　　　B. 日本

C. 美国 　　　　　　　　　　D. 德国

2. 传统金融监管的重点是(　　)。

A. 商业银行 　　　　　　　　B. 证券公司

C. 保险公司 　　　　　　　　D. 资本市场

3. 近年来实行综合监管体制的国家越来越多，这主要是由于金融业出现了(　　)。

A. 竞争加剧趋势 　　　　　　B. 全球化趋势

C. 分业经营趋势 　　　　　　D. 混业经营趋势

4. 在巴塞尔委员会发布的一系列文件中，首次引入市场约束概念的协议是(　　)。

A. 1988 年《巴塞尔资本协议》 　　B.《资本协议市场风险的补充规定》

C. 2001 年《新资本协议》 　　　　D.《有效银行监管的核心原则》

5. 金融监管首先是从对(　　)进行监管开始的。

A. 银行 　　　　　　　　　　B. 证券交易所

C. 信用社 　　　　　　　　　D. 非银行的金融机构

6. 源于"金融不稳定假说"的金融监管理论是(　　)。

A. 公共利益论 　　　　　　　B. 保护债权论

C. 金融风险控制论 　　　　　D. 市场失灵理论

7. 2003 年 3 月 10 日，十届全国人大一次会议批准国务院机构改革方案，决定成立(　　)。

A. 证监会 　　　　　　　　　B. 证券委

C. 保监会 　　　　　　　　　D. 银监会

8. 以下不属于我国行使金融监管职能的部门是(　　)。

A. 中国银监会 　　　　　　　B. 中国保监会

C. 中国证监会 　　　　　　　D. 财政部

二、多选题

1. 由于各国的金融监管体制不同，在监管主体上也呈现出不同特征。概括起来有(　　)。

A. 中央银行对金融监管负完全责任

B. 专门机构负责金融监管

C. 中央政府与地方政府协调负责金融监管

D. 中央银行和其他几个机构分工负责

2. 金融监管目标可分为(　　)。

A. 一般目标　　　　　　　　　　B. 最终目标

C. 具体目标　　　　　　　　　　D. 特定目标

3. 金融监管的经济学理论基础有(　　)。

A. 市场失灵理论　　　　　　　　B. 公共利益论

C. 信息不对称理论　　　　　　　D. 保护债权论

4. 商业银行核心资本包括(　　)。

A. 呆账准备金　　　　　　　　　B. 实收股本

C. 公开储备　　　　　　　　　　D. 混合资本工具

5. 中央银行或监管当局监管金融业务，主要有(　　)。

A. 监管黄金、外汇、股票、债券的发行及交易活动

B. 监管商业银行的信贷业务

C. 监管各种金融机构的资产负债结构

D. 确定商业银行的业务活动范围、监管商业银行存款准备金的交存情况

6. 巴塞尔协议的"三大支柱"是(　　)。

A. 最低资本要求　　　　　　　　B. 监管当局的监督检查

C. 政府监管　　　　　　　　　　D. 市场约束

7. 金融监管的最后贷款人手段，其具体做法有(　　)。

A. 提供贷款　　　　　　　　　　B. 提供担保

C. 兼并　　　　　　　　　　　　D. 由存款保险机构进行赔偿

8. 2003 年底修订的《中国人民银行法》明确规定中国人民银行及其分支机构负有维护金融稳定的职能。其表现为(　　)。

A. 作为最后贷款人在必要时救助高风险机构

B. 共享监管信息，采取各种措施防范系统性金融风险

C. 由国务院建立监管协调机制

D. 以上说法均正确

9. 在巴塞尔协议中，影响最大的是(　　)。

A. 1975 年巴塞尔协定　　　　　　B. 1988 年巴塞尔报告

C. 1992 年巴塞尔建议　　　　　　D. 2003 年新巴塞尔资本协议

三、判断题

1. 放松金融监管就意味着政府放弃金融监管。　　　　　　　　　　(　　)

2. 市场准入监管的最直接表现是金融机构的开业登记、审批的管制。　(　　)

3. 信息披露可以认为是内部监督的一种。　　　　　　　　　　　　(　　)

4. 《巴塞尔协议》将银行资本划分为核心资本和附属资本，并且规定附属资本总

额不得超过核心资本总额的 80%。 （　　）

5. 双层多头的监管体制适用于政治经济结构较为集中的国家。 （　　）

6. 近年来随着金融全球化、金融自由化和金融创新的发展迅猛，国内的金融机构开展分业经营成为历史的必然选择。 （　　）

7. 中央银行既是市场的主要参与者之一，同时也是市场的管理者。 （　　）

8. 中央银行作为全国金融机构的资金清算中心，起源于 19 世纪中期的美国。 （　　）

9. 中央银行的负债是工商企业、个人等社会各个集团所持有的对中央银行的债权，是形成中央银行的资金来源。 （　　）

四、名词解释

1. 金融监管　　　 2. 稳健原则　　　 3. 市场准入　　　 4. 资本充足率

5. 附属资本　　　 6. 内部模型法　　　 7. 单层多头的金融监管体制

8. 紧缩性货币政策　 9. 发行的银行　 10. 法定准备金　 11. 再贴现

12. 特种存款　　　 13. 支付清算系统

五、简答题

1. 金融监管需要遵循哪些原则？

2. 简述金融监管的内容。

3. 简述金融监管的方法。

4. 简述国际上金融监管体制的类型。

5. 金融监管的重要性有哪些？

6. 中央银行的基本职能包括哪些方面？

7. 金融监管的理论演进经历了哪几个阶段？

8. 金融监管的主要目标及内容包括哪些方面？

9. 中央银行的业务内容有哪些？

10. 中央银行金融监管的目的和措施有哪些？

11. 骆驼评级体系的主要内容有哪些？

六、论述题

1. 根据你的理解，国家应该对商业银行的哪些方面进行监管？

2. 结合金融业的特征，谈谈市场经济条件下金融监管的必要性。

七、案例分析

美国金融监管改革法案

（一）2010 年 7 月 21 日，美国总统奥巴马正式签署金融监管改革法案，新法案致力于保护消费者，解决金融业系统性风险等，被认为是"大萧条"以来最严厉的金融改革法案。

法案的主要内容有：

1. 设立消费者金融保护局，遏制欺诈行为。在美联储内部设立消费者金融保护局，这一机构有权对提供消费者金融服务或产品的银行或非银行金融机构制订消费者保护规则，并对所有抵押贷款相关业务、资产规模超过 100 亿美元的银行和非银行金融机构进行检查和执行监管。

2. 成立金融稳定监管委员会，负责识别、应对金融系统中出现的新兴风险，防范系统性风险。对有系统性风险的金融机构，该委员会将建议美联储在资本金、杠杆、流动性和风险管理等方面对该机构实施更加严格的要求。在极端情况下，在 2/3 多数投票通过后，委员会有权对金融机构进行分拆重组或资产剥离。

3. 完善处置机制，结束"大而不倒"现象。一是健全事前预防机制。通过金融稳定性监督理事会进行监测和监管，建立新的系统风险监管框架，将所有具有系统重要性的银行和非银行机构纳入美联储的监管之下。引入"沃尔克规则"，规范金融交易。引入"葬礼计划"，要求大型复杂金融公司定期提交快速、有序清算的关闭方案，否则将面临资本要求提高、规模限制等约束。二是完善事后处置机制。建立有序清算机制。由联邦存款保险公司（FDIC）负责对系统性重要金融机构进行清盘，并严格限定政府援助条件，保护纳税人利益。增加 FDIC 为银行债务提供担保的条件限制，以防止银行逃避责任。同时向大型金融机构征收"清算基金"，用于对濒临破产金融机构的破产清算。

4. 厘清各家机构监管范围，提高监管效率金融监管。改革法案将撤销联邦储蓄机构管理局（OTS），相应职责由其他三大银行监管机构——联邦存款保险公司（FDIC）、货币监理署（OCC）和美联储承担。同时，厘清了各监管机构的监管范围。

5. 加强金融衍生产品监管，限制过度投机行为。

6. 强化证券业监管，保护投资者利益。一是推进证券交易委员会（SEC）改革。二是提高对证券化活动的信息披露要求。三是加强对市政债券的监管。

7. 其他金融监管领域的改革措施，包括加强对冲基金、信用评级机构、高管薪酬的监管及按揭市场改革等。

问题：

1. 美国金融监管改革法案的实施有什么影响？

2. 美国金融监管改革法案对我国金融监管有何启示？

（二）美国金融市场的运作和监管机制一直被视为全球的典范。但历史告诉我们，从来就没有完美无缺的制度。回顾美国自 1929 年金融大崩溃以来的金融监管演变可见，伴随着经济的起伏，先后经历了自由放任——加强管制——金融创新——加强监管——放松监管等多次转折。

此次金融危机爆发前，美国采取的是"双层多头"金融监管体制。这样的格局无疑符合美国一直倡导的分权和制约的精神，正如格林斯潘在《动荡年代》里写到的，"几个监管者比一个好"。

不可否认，此种监管体制曾是美国金融业发展繁荣的坚实根基。然而，随着金融的全球化发展和金融机构综合化经营的不断推进，"双层多头"的监管体制出现了越来越多的缝隙，并使一些风险极高的金融衍生品成为漏网之鱼。

首先，最为突出的"缝隙"就是各部门、各产品的监管标准不统一。不仅如此，近年来一直有华尔街人士抱怨，美国监管体系机构太多，权限互有重叠。另外，监管空白也不鲜见。其次，由于各种监管规则制定得越来越细，以至于在确保监管准确性的同时牺牲了监管的效率，对市场变化的反应速度越来越慢。最后，多头监管的存在，使得没有任何一个机构能够得到足够的法律授权来负责整个金融市场和金融体系的风险。最佳的监管时机往往因为会议和等待批准而稍纵即逝。

思考题：

（1）"双层多头"监管体制存在哪些不足，如何改进？

（2）金融危机下，中国的金融监管体制应吸取什么教训？

第十一章 金融发展与金融深化

【学习目的】
　　了解金融发展的基本含义、衡量指标。理解金融发展理论，以及金融发展与经济发展的关系。熟悉金融抑制与金融深化。把握发展中国家的金融自由化发展趋势以及中国的金融改革和金融深化。

　　在20世纪90年代，世界上较贫穷的国家吸纳了数目甚为庞大的私人外来资金。根据世界银行的报告，在1990~1996年，流入的总数达到9380亿美元。总体而言，中国是最大的受惠者（2170亿美元），但墨西哥（1120亿美元）、巴西（760亿美元）、马来西亚（600亿美元）、印度尼西亚（500亿美元）和泰国（480亿美元）全都有大笔资金流入。从理论上说，这类资金是天降的横财。它使较穷的国家有能力减少贫穷和提高生活水准。不过，理论不是实行起来永远都一帆风顺的。许多国家对流入的资金管理不当，银行里遍地是假公济私或无力竞争的情景，劣质的贷款得以成交，或者跨国公司建立了太多的工厂，又或者投机活动将股票价格推到不实际的高度，以及充裕的外汇——由海外投资者所提供的美元和日元——供给钱财在进口上大肆挥霍。

　　如果资金的流入放慢或掉头而去，那蓬勃的景象就会崩垮下来。这正是在1997年亚洲金融危机爆发时，在泰国所发生的事。没必要建的办公大楼已停止，劣质的贷款如毒菌般在金融公司和银行里散布滋生、股票市场暴跌。其结果是这些国家和地区的经济迅速进入萧条和衰退。

　　为什么这些国家和地区的经济会出现这种状况？经济发展和金融发展之间到底存在什么样的关系，是相互促进，还是相互阻碍？通过本章的学习，你将找到这些问题的答案。

第一节　金融发展与经济发展

一、金融发展及其衡量指标

（一）金融发展的含义

所谓金融发展，主要包括金融资产的发展、金融机构的发展和金融市场的发展。自银行产生以来，人们就一直在思考金融在经济增长中的作用。20世纪60年代中期以后，金融发展理论随着发展经济学的产生而产生。金融发展理论，主要研究的是金融发展与经济增长之间的关系，即研究金融体系（包括金融中介和金融市场）在经济发展中所发挥的作用，研究如何建立有效的金融体系和金融政策组合以最大限度地促进经济增长，及如何合理利用金融资源以实现金融的可持续发展并最终实现经济的可持续发展。在金融发展与经济发展的关系上，以美国的格利和爱德华·肖以及雷蒙德·戈德史密斯的理论最为著名。

在格利和爱德华·肖看来，所谓的金融发展，主要是各类金融资产的增多及各类金融机构的设立。在各类金融资产中，货币只是其中的一种；而在各类金融机构中，银行也只是其中的一种。随着经济的发展，金融也随之发展。这种发展不仅表现在各种非货币金融资产的涌现及其数量的增多上，也表现在各种非银行金融中介机构的建立和发展上。

在雷蒙德·戈德史密斯看来，金融发展是指金融结构的变化，研究金融发展就是研究金融结构的变化过程和趋势。他把各种金融现象归纳为三个基本方面，即金融工具、金融机构和金融结构。其中，金融结构就是一国现有金融工具和金融机构的形式、性质及其相对规模。不同类型的金融工具和金融机构组合在一起，构成不同特征的金融结构。一般来说，金融结构越复杂，即金融工具和金融结构以及它们的组合数量和种类越多、分布越广、规模越大，金融发展的程度就越高，经济也就越发达。

（二）几种典型的金融发展理论

第二次世界大战后，一批新独立的国家在追求本国经济发展的过程中，不同程度地都受到储蓄不足和资金短缺的制约，而金融发展滞后和金融体系运行的低效是抑制经济发展的深层次原因。20世纪60年代末至70年代初，一些西方经济学家开始从事金融与经济发展关系方面的研究工作，创立了金融发展理论。其中，比较著名的理论有戈德史密斯的金融结构与发展理论、麦金农和肖的金融抑制论和深化论，以及后来兴起的金融约束论。

1. 金融结构理论

雷蒙德·戈德史密斯在1969年出版的著作《金融结构与金融发展》中，运用统计资料，对金融结构和金融发展作了横向的国际比较和纵向的历史比较，从而揭示了金融发展过程中带有规律性的结论，即"金融理论的职责就在于找出决定一国金融结构、金融工具存量和金融交易量的主要经济因素，并阐述这些因素怎样通过相互作用，从而形成金融发展"。

戈德史密斯的金融发展理论提出了一个重要的量化指标，即金融相关比率（FIR），该指标从数量上论证了金融发展与经济增长之间的关系。他把各种金融现象归纳为三个基本方面，即金融工具、金融机构和金融结构。其中金融结构就是一国现有金融工具和金融机构的形式、性质及其相对规模。不同类型的金融工具和金融机构组合在一起，构成不同特征的金融结构。他的基本结论表明，金融发展与经济发展有着密切的联系，并且发达国家与发展中国家在金融发展中存在着明显的区别。关于这两个问题，他从理论和历史两个方面进行了分析。

从理论上看，金融机构对经济增长的效用必须从总体以及储蓄和投资的分配这两个方面进行探讨。一方面，金融机构的存在和发展可以有效地增加储蓄与投资的总量。另一方面，金融机构的介入还能有效地将既定的资金分配给收益率较高的投资项目，从而使平均投资效率得以提高。显然，金融机构这两方面的作用都能有效地促进经济的增长和发展。同时，他也指出在某些情况下，金融机构的存在和发展也许会给经济增长带来消极的影响。比如，金融机构的存在与发展将大大便利政府的借款，从而使金融工具成为政府弥补财政赤字、筹措经费的重要工具。因此，从理论上看，金融发展对经济增长的影响是难以确定的。

从历史经验来看，戈德史密斯发现，在不同国家之间或在同一国家的不同时期之间，金融发展对经济增长的影响也大为不同。

专栏 11-1

雷蒙德·戈德史密斯简介

美国经济学家雷蒙德·戈德史密斯，1904 年出生于比利时的布鲁塞尔，1927 年获柏林大学哲学博士学位，毕业后在德国先后从事统计和金融研究工作。1934 年迁居美国，供职于美国证券交易委员会和美国战争生产理事会，并加入国际收入与财富研究协会委员会，兼任该委员会主席。1956~1961 年任纽约大学经济学教授，1962~1974 年任耶鲁大学经济学教授。

戈德史密斯在其著作《金融结构与金融发展》一书中认为，"金融理论的职责就在于找出决定一国金融结构、金融工具存量和金融交易流量的主要经济因素，并阐明这些因素怎样通过相互作用，从而形成金融发展"。他认为，金融发展就是指金融结构的变化，研究金融发展必须以有关金融结构在短期成长期内变化的信息为基础。他在这些信息资料的基础上找出了各国金融发展的一条共同道路。尽管金融发展的起点和速度都是千差万别的，但没有资料可以证实除了在战争和通货膨胀时期以外有哪一个国家的金融发展偏离了这条道路。

2. 金融深化理论

20 世纪 60 年代以来，发展中国家的金融发展问题受到了越来越多的关注。1973 年，美国经济学家罗纳德·麦金农和爱德华·肖先后出版了《经济发展中的货币与资本》和《经济发展中的金融深化》两本著作，对发展中国家的金融发展及与经济增长的关系和采取的货币金融政策和体制进行了深入探讨，分别提出了"金融抑制理论"和"金融深化理论"，建立了一套比较适合发展中国家特征的货币金融理论，在西方金融界引起的反响很大。由于这两个理论有许多相似之处，这里将它们统称为"金融深化论"。

（1）金融抑制论。根据麦金农的分析，所谓金融抑制是指这样一种现象：政府对金融体系和金融活动的过多干预压制了金融体系的发展，而金融体系的不发展，又阻碍了经济的发展，从而造成金融压制与经济落后的恶性循环。对金融抑制现象的系统理论解析构成了金融抑制理论，该理论主要用于分析发展中国家抑制市场机制和不恰当的金融管理政策对经济成长和经济发展如何产生阻滞作用。

该理论认为，金融变量与金融制度对经济发展来说，发挥促进作用还是阻滞作用取决于政府的政策和制度选择。在许多发展中国家普遍存在着选择金融政策和金融制度不恰当的现象，表现为政府当局对金融活动干预强烈，人为压低利率，使本币币值过高等。这些不恰当的政策和制度选择是导致金融抑制的主要原因，阻碍了经济的发展。

金融抑制在发展中国家对经济发展和经济成长的负效应主要包括：负收入效应、负储蓄效应、负投资效应和负就业效应。

专栏 11-2

罗纳德·麦金农简介

罗纳德·麦金农教授，1935 年出生于加拿大的埃德蒙特。1956 年获埃尔伯塔大学学士学位，1961 年获明尼苏达大学博士学位。他长期执教于美国斯坦福大学经济系，自 1984 年至今一直担任该系国际经济学教授。他长期为国际货币基金组织、世界银行、亚洲发展银行以及广大发展中国家政府提供货币政策和经济金融发展的专业咨询。

麦金农教授是世界上首先分析"金融压抑"对经济发展构成严重障碍的经济学家。他的第一本著作《经济发展中的货币和资本》成功地分析了金融压抑的危害，成为金融发展理论的奠基之作。

麦金农教授在他的《经济自由化的顺序——向市场经济转型中的金融控制》一书中给出了金融自由化的政策顺序，对发展中国家特别是包括中国在内的中央计划经济国家的转型产生了深远影响。

麦金农教授对于国际区域货币汇率安排也造诣颇深。他在 1997 年亚洲金融危机后，提出"东亚货币锚定美元"的主张，引起了强烈反响。在《东亚汇率两难和世界美元本位》一书中，麦金农教授更是明确表明了美元作为东亚货币本位的主张以及该主张对于减小汇率波动、维持金融稳定的作用和意义。

（2）金融深化论。1973 年，爱德华·肖提出了金融深化理论。与金融抑制相反，所谓金融深化，肖认为是这样一种情形：如果政府取消对金融活动的过多干预，发展中国家货币金融和经济可形成金融改革与经济发展的良性循环。

该理论认为，金融与经济发展息息相关，功能健全的金融体系能使较贫困地区的经济增长步伐变得更快；反之，扭曲的金融会阻碍经济的发展。肖指出金融深化一般表现为三个层次的动态发展：一是金融增长，即金融规模不断扩大；二是金融工具、金融机构的不断优化；三是金融市场机制或市场秩序的逐步健全，金融资源在市场机制的作用下得到优化配置。这三个层次的金融深化是相互影响、互为因果的关系。

金融深化是一个国家金融和经济之间呈现的相互促进的良性循环状态。麦金农和肖认为，金融抑制是发展中国家的一大发展障碍，要想实现经济迅速增长就必须进行金融深化，进行适当的金融改革，放松过度的政府干预，让金融体系充分发挥其有效配置资源的作用。

专栏 11-3

爱德华·肖简介

爱德华·肖教授（1908～1994 年），出生于美国的新墨西哥州。1929 年在斯坦福大学获学士学位，第二年在该校获硕士学位，1936 年又在该校获得博士学位。1941 年，担任斯坦福大学经济学教授，其间曾任经济系主任。1964～1966 年，肖在布鲁金斯学会任研究员，还曾在美国财政部、美联储和军队任过职。1964～1967 年，肖作为国际发展机构的一员曾在韩国工作过相当长的一段时间，亲身经历了这一时期韩国的金融改革。此外，在 1967 年，肖还受福特基金会的派遣到乌拉圭工作，这使其对一些发展中国家的情况有了较多的了解。1973 年以前，肖的主要著作有《金融理论中的货币》（与约翰·格利合作）等。

在上述理论和背景的影响下，1973 年肖以《经济发展中的金融深化》一书轰动了经济理论界。并以与斯坦福大学另一经济学教授罗纳德·麦金农著名的《经济发展中的货币与资本》一书，在 20 世纪 80 年代成为发展经济学中金融理论的代表作，共同构成了金融深化理论的基础。它之所以成为金融深化理论的经典著作，在于它从一个全新的角度对金融与经济发展的关系进行了开创性的研究。

---

3. 金融约束论

随着金融发展理论研究的不断深入，特别是信息经济学的发展，为金融发展理论的研究构筑了微观基础。以斯蒂格利茨为代表的新凯恩斯主义经济学家从不完全信息的角度提出了金融约束论。

金融约束理论运用信息经济学理论对发展中国家的金融市场和金融体系进行了研究，他们认为金融深化论的假设前提是瓦尔拉斯均衡的市场条件，但这在现实中难以成立。况且，即使现实中存在这些条件，但由于经济中普遍存在着信息不对称导致的逆向选择、道德风险和代理行为等因素的影响，金融市场也是失灵的。

金融约束理论认为，金融市场失灵本质上是信息失灵，它导致了金融市场交易制度难以有效运行，必须由政府供给有正式约束力的权威制度来保证市场机制的充分发挥。政府可通过金融约束政策来为金融部门和生产部门创造"租金机会"，并通过"租金效应"和"激励作用"来有效解决信息不完全问题。政府的这种选择性干预将有助于金融的发展并推动经济增长。

（三）金融发展的衡量指标

对于一国金融的发展程度，西方经济学家提出了对金融发展的衡量指标，主要从两个角度进行衡量分析：一是根据金融发展的含义，通过对金融结构状态的数量指标来衡量；二是通过金融发展状态与经济增长的相互关系来衡量。

1. 金融内部结构指标

（1）主要金融资产（如短期债券、长期债券、股票等）占全部金融资产的比重。

（2）金融机构发行的金融工具与非金融机构发行的金融工具的比率，该比率是衡量金融机构化（Financial Institutionalization）程度的尺度。

（3）在非金融机构发行的主要金融工具中，所有金融机构持有的比率，该比率用来进一步衡量金融机构化程度。

（4）主要金融机构如中央银行、商业银行、储蓄机构及保险组织的相对规模大小。

（5）各类金融机构资产之和分别占全部金融机构总资产的比重，该比率为"分层比率"，用来衡量金融机构之间的相关程度。

（6）主要非金融部门的内部融资（如公司本身的资本积累）和外部融资（主要指通过金融渠道融入资金）的相对比重。

（7）在外部融资中，各种融资工具所占的比重；在各类股票和债券中，国内部门（主要是国内金融机构）和外国贷款人各占的份额。

2. 金融发展与经济增长的相互关系指标

（1）金融相关率指标（Financial Interrelation Ratio）。所谓金融相关率，是指一定时期一国全部金融资产价值与该国经济活动总量的比值。金融资产包括：非金融部门发行的金融工具（股票、债券及各种信贷凭证）；金融部门，即中央银行、存款银行、清算机构、保险组织和二级金融交易中介发行的金融工具（通货与活期存款、居民储蓄、保险单等）和国外部门的金融工具。实际统计中，经济活动总量通常用国民生产总值或国内生产总值来表示。

金融相关比率的变动反映的是金融上层结构与经济基础结构之间在规模上的变化关系，它大概可以被视为金融发展的一个基本特点。因为在既定的国民收入或国民财富基础上金融体系越发达，金融相关系数也会越高。而且，随着国民收入的提高，金融相关比率也会提高，因此人们可以用金融相关比率来衡量金融发展的水平。金融相关比率的影响因素有很多，戈德史密斯提出了如下七个与之呈正向相关的因素：货币化率、非金融相关比率、资本形成率、外部融资率、金融机构新发行比率、金融资产价格波动和乘数；三个与之呈反向相关的因素：实际收入增长率、物价上涨率和平均资本—产出比率。

449

（2）货币化率（Monetization Rate）。在一国所生产的所有产品和服务中，有的通过货币进行交易，有的不通过货币进行交易。通常称通过货币交易的经济活动为货币经济，而称不通过货币交易的经济活动为自然经济。货币化率就是指一国通过货币进行交易的商品与服务的值占整个国民生产总值的比重。这个比重越高，说明一国的货币化程度越高。随着商品经济的发展，使用货币进行商品和服务交易的范围越来越广，通常把这种现象叫做货币化程度的不断提高。

除了以上提到的指标外，还可以根据研究需要构造适宜的指标来对金融发展做实证研究。比如，流动性负债比率，即金融体系的负债（现金+银行与非银行金融机构的活期以及有息负债）与 GDP 的比值，可以用来衡量金融深度；商业银行—中央银行比率，即商业银行资产除以商业银行与中央银行资产之和，可以用来分析商业银行与中央银行在配置社会储蓄中的规模对比；私人信贷比率，即分配给私人部门信贷与国内总信贷的比率，以及通过金融中介分配给私人部门的信贷与 GDP 的比率，来衡量信贷在私有部门与公共部门之间的分配；股票市场成交量比率（即股票成交量/GDP）以及股票的换手率（即股票成交量/流通股本）来衡量股票市场发展程度；等等。

二、金融发展与经济发展的关系

经济发展主要是指各种实际经济因素的发展，如物质财富的增加、生产技术的进步及经济制度的健全等。金融发展与经济发展之间有着密切的关系，经济发展是金融发展的前提和基础，金融发展是推动经济发展的动力和手段。

（一）金融发展对经济发展的促进作用

金融发展对经济发展的促进作用主要体现在以下几个方面：①金融发展有利于帮助实现资本的积聚与集中，可以帮助实现现代化的大规模生产经营，实现规模经济的效益。这个作用是金融的基本功能，金融产业越发达，迅速积累资本的功能就越强。在金融高度发达的国家，金融不仅能迅速帮其集中国内资源，还能迅速调动国外的资源，推动经济资源的全球范围优化配置，扩大资源利用的空间和渠道，并推动全球经济一体化。②金融发展有助于提高资源的使用效率，从而提高社会经济效率。发达的金融体系为投资人提供了众多可供选择的投资工具和理想的投资市场，在充分竞争的条件下，各种金融工具的价格相对趋近合理水平。在投资人的理性投资行为制约下，资源往往会从不善于利用资源的地方流出，转而流向资源得到有效利用的地方，从而实现社会资源的合理配置，提高资源的利用效率。③金融发展有助于提高用金融资产进行储蓄的比例，因而有助于提高社会的投资水平。以实物资产进行储蓄，一旦遇到投资机会往往难以迅速转化为其他的资产形式而错失投资良机。因此，投资对储蓄的依赖实际上很大程度是对金融资产储蓄的依赖。金融业的发展可以提供一个完善的金融市场，提高金融资产的流动性，而且金融市场的发达表现为金融资产的丰富、交易的多样和收益的稳定、合理。这样就会提高人们持有金融资产的兴趣，增加以金融资产形式持有的储蓄比例。尽管社会总储蓄水平可能没有变化，但是由于金融资产储蓄在向其他资产转化上的便利，也会带动社会投资的提高。④金融发展有助于提高经济发展水平。随着现代市场经济的发展，金融业获得了快速的发展，金融业的产值大幅度增加，占国民生产总值的比重也不断提高，金融业自身的产值增长直接构成一国 GDP 的重要组成部分，提高了经济发展水平。

（二）经济发展对金融发展的作用

经济发展对金融发展的带动作用体现在两个方面：①经济发展会使得社会收入水平不断提高，从而提高人们对金融投资和理财服务的需求。这种需求就是推动金融发展的原动力。②经济发展形成越来越多的大企业集团，这些大企业集团需要与其融资需求相匹配的现代金融机构为其服务。这意味着金融机构的融资规模必须大，融资的效率必须高，融资的手段必须多样化，承担风险的能力必须强。同时，众多新生的、有发展前景的企业也需要金融机构为其提供能适应其需求变化的服务。经济发展导致企业规模及类型的变化，是金融工具、金融机构多样化和金融效率迅速提高的直接原因之一。

第二节　金融抑制与金融深化

一、发展中国家金融抑制的产生及影响

所谓金融抑制就是指政府通过对金融活动和金融体系的过多干预，抑制了金融体系的发展，而金融体系的发展滞后又阻碍了经济的发展，从而造成了金融抑制和经济落后的恶性循环。这些手段包括政府所采取的使金融价格发生扭曲的利率、汇率等在内的金融政策和金融工具。美国经济学家格利和爱德华·肖根据发展中国家的实际情况提出了金融抑制。他们将发展中国家存在的金融市场机制没有得到充分发挥、金融资产单一、金融机构形式单调、过多的金融管制和金融效率低下等现象概括为金融抑制。

在金融抑制下，因为存款的实际收益很低，所以储蓄很低，由于银行不能根据风险程度决定利率，低的实际贷款利率吸引那些低收益和低风险项目，对生产性项目或高风险项目来说·要么得不到贷款，要么借助于信贷配给，而银行只能选择安全项目，从而使风险降低，对于生产企业来说，很难得到银行信贷，只好求助于非正式或场外市场，这样非正式的信贷市场就会产生。

（一）金融抑制的表现

由于格利和爱德华·肖将金融发展主要描述为金融机构的发展，因此他们分析发展中国家金融抑制的表现主要体现在以下几个与金融机构发展密切相关的方面：

（1）发展中国家的金融机构极其单一，商业银行在金融活动中居于绝对的主导地位，非银行金融机构则极不发达；金融机构的专业化程度很低，金融效率低下。发展中国家还通过一些特别的信贷机构进行金融抑制。中央银行掌握了这一非常重要的资源，

将廉价的信贷资源导引至不同的特别银行机构，这些银行机构依次以非均衡的低利率将资金用于促进出口、对小农户的信贷和政府想补贴的工业项目，如此等等。于是，这些银行机构就承担了部分政府的功能，中央银行的信贷也可以直接流向财政部，以弥补政府的预算赤字。

（2）发展中国家的金融体系存在明显的"二元结构"：一是以大城市和经济发达地区为中心的由现代化银行为代表的现代金融部门；二是以落后的边远地区和农村为中心的由民间信用形成的如钱庄、当铺、合作社为代表的传统金融机构。两者在同一国家共同作用，承担不同的资金融通需求。

（3）政府通过干预限制外源融资。在金融抑制下，政府对于外源融资进行控制，由政府决定外源融资的对象。甚至政府往来账户上的普通赤字，也常常预先占用存款银行的有限放款资源。而经济中其他部门的融资则必须由放款人、当铺老板和合作社的有限的资金来满足。

（4）发展中国家的直接融资市场十分落后，并且是作为政府融资的工具而存在，企业尤其是私营企业和中小企业的资金来源主要靠自我积累和银行贷款。即使是在直接金融市场上，发行的金融工具形式单一，规模有限。这与发达国家有着庞大的间接金融市场和丰富的金融工具形成了鲜明对比。

（二）金融抑制的成因

对于金融抑制现象，经济学家们分析认为，这不仅与发展中国家经济发展落后的客观现实有关，更重要的是由于发展中国家实行的金融压制政策。发展中国家都想发展经济，但是往往面临经济发展水平低、政府财力薄弱、外汇资金短缺的实际。为了获得资金推动经济发展，政府常常不得不对存贷款利率、汇率、信贷规模和投向、国际资本流动以及金融的准入实行全面限制和干预。具体看，导致发展中国家金融压制的主要原因有以下几点：

（1）通过规定存贷款利率和实施通货膨胀政策，人为地压低实际利率。发展中国家往往为了鼓励投资，而人为地通过设定贷款利率上限的办法降低投资成本。同时，为了通过财政扩张的方式拉动经济发展，发展中国家往往面临高额的财政赤字。为了解决财政赤字，发展中国家往往通过通货膨胀政策，通货膨胀率居高不下。而过低的名义利率又长期导致实际利率很低，甚至是负数，结果导致本来就稀缺的资金加速外流。而过低的实际利率使得人们以货币形式持有资产的意愿大大降低，金融资产规模的扩大也就无法实现。

（2）信贷配给制度使得稀缺的资金资源得不到有效配置。由于实际利率低下导致的低储蓄率，发展中国家往往面临资金短缺。而发展中国家又实行选择性的信贷政策，引导资金流向政府偏好的产业和部门。这些产业和部门往往都是享有特权的国有企业和具有官方背景的私人企业，预算约束的软化使资金在这些地方不能有效利用，直接结果就是资金配置效率低下。

（3）由于发展中国家实行严格的管制，致使金融资产价格严重扭曲，无法反映资源的相对稀缺，更无法实现资源自由、合理、高效的配置。具体表现为压低实际利率、高估本国货币价值。发展中国家一般都对贷款和存款的名义利率进行控制，时而采取规定上限的形式，时而又采用规定某一百分比的形式。这种低的或负的及不确定的实际存款利率，压制了社会对金融中介机构实际债权存量的需求。同时，这些措施使间接融资表层化，限制了这一金融过程提供用于投资的储蓄的能力。存在贷款低利率甚至负利率时，只能依靠信贷配额来消除对中介机构贷款的过高要求。中介机构的贷款利率水平往往偏低，某些利率还为特殊类别的借款人带来净补贴收益。

发展中国家，为了保持本币的稳定，往往将本币价值盯住一种坚挺的硬通货。然而，发展中国家的经济情况却无法同拥有硬通货的发达国家相比，在实际执行过程中，出现了本币价值的高估。由于这种高估，汇率无法真实反映本币价值，国内商品的出口受到很大限制。于是，政府便采取出口补贴和出口退税等措施，鼓励国内企业扩大出口，而且这种出口往往也只是限定在政府规定的具有出口权的企业之中，更多的没有出口自主权的企业则得不到这种补贴，只能将出口商品交给有出口自主权的企业，企业无法在同一水平上竞争。

（三）金融抑制的消极作用

（1）资本市场效率降低。任何加剧"金融抑制"的措施，都会降低已被限制的由银行导向的资本市场效率，这种代价将特别大。因为如果减少总需求而产生了商品和劳务的总供给"瓶颈"，这种需求下降就是自我打击的。如果相对于总供给的商品和劳务总需求被减少，价格水平只会下降（或停止上升）。价格不能真实反映供给与需求之间的关系，价格也不能起到刺激供给、限制需求的作用。

（2）经济增长达不到最佳水平。麦金农强调，不管怎样，金融抑制看来极其可能阻碍最初的经济增长。因为通过提高储蓄倾向和资本形成的质量，货币改革能够刺激实际产量增长，这个观点已得到确认了。反过来，一个经济增长中的高增长率对储蓄倾向和获得货币资产倾向的积极影响也是需要肯定的。虽然麦金农的理论特别强调发展中国家的实际，而且认为凯恩斯理论没有照顾到发展中国家的这种实际，但这并不等于说他否定了凯恩斯理论的全部。凯恩斯理论认为，经济增长的合意水平的前提条件是，投资等于储蓄。但在发展中国家，由于出现了金融抑制，使储蓄很难达到最佳水平，金融动员起来的储蓄也不能有效地转化为投资，导致了投资不能等于储蓄的结局，最后经济也就达不到合意的增长水平，金融抑制影响了经济增长。

（3）限制了银行体系适应经济增长的需要。抑制论者主张，银行体系应该扩大，其边界是直到持有货币的实际收益加上提供银行服务的边际成本等于新投资的边际收益时为止，这就是最优货币化点。一个有效的银行体系，可以将私人储蓄引向高收益的投资。然而，在金融抑制下，银行体系的扩展受到了限制，根本达不到理论上的边界，货币实际收益与服务的边际成本往往大于新投资的边际收益，银行业本身出现了缺陷，更无法引导私人储蓄向高收益的领域进行投资。

（4）加剧了经济上的分化。发展中国家的另一个重要金融现象是汇率抑制，即高估本币价值。其结果是本国商品出口缺乏国际竞争力，限制了本国商品的出口。由于当局是通过金融抑制手段来支持出口贸易，低价从农民手中收购农副产品的，但在出口时又给出口商以补贴，或者从有利于制造业产品这个角度来改变商品贸易条件，榨取其他地方特别是农村地区的强制性储蓄，且无须做出补偿。另外，正如前面所讲，内源融资使收入分配有利于城市中已拥有许多财富的富人。这样，使贫困的那部分人受剥夺而更加贫困，使富裕的人在分配中受益而更加富裕，市场经济的公平原则在这里得不到体现。

（5）融资形式受到了限制。一个企业或个人的内部积累毕竟有限，于是外源融资就成了一种大家趋之若鹜的权利，争取到外源融资的权利，就相当于拥有了一种稀有的金融资源，就相当于争取到了发展权。但是，金融抑制下对外源融资，尤其是对中小企业的外源融资是采取限制措施的，只有一些政府认为极为重要的大企业才有外源融资的权利。限制外源融资的后果是阻止了大批企业进行获得最佳生产技术的连续投资。

二、对付金融抑制的对策——金融深化

由于发展中国家的金融抑制导致发展中国家经济发展缓慢，所以发展中国家必须实施金融改革，实现金融深化，使金融得以发展。金融深化是指政府放弃对金融体系的行政干预，实行自由化利率政策和弹性汇率政策，使之能充分反映资金和外汇供求状况，鼓励各种金融机构的发展，开放金融市场，最大限度地吸引储蓄并将其灵活地转化为投资，从而促进经济增长的金融现象。金融深化的实质是：用市场机制代替行政干预，建立金融部门与经济发展之间的良性循环关系。

（一）金融深化对经济发展的促进作用

金融深化可通过储蓄效应、投资效应、就业效应、收入分配效应促使经济发展。

（1）储蓄效应。金融深化具有凝聚储蓄的功能，取消利率管制后，实际利率必然上升，这样会使得储蓄的实际收益率上升。同时，还能影响国外部门的储蓄，扭转资金外逃，从而提高整个国家的储蓄能力。这样就能为国内经济发展提供有利的储蓄支撑。

（2）投资效应。一方面是上述储蓄效应增加了投资的总额，另一方面是利率管制的取消使得利率能作为一种有效的价格手段来引导资源配置。金融机构管制的放松会使市场涌现出许多新的金融中介机构，扩大了企业的融资渠道和途径，企业能在更方便和更大的范围内获取资金。而且，金融管制的放松使得政府对资金的行政性分配减少，信贷资金能流向最合理的投资项目。

（3）就业效应。货币实际收益率的上升提高了投资者的资金成本，投资者将倾向于以劳动密集型的生产代替资本密集型的生产，以节约资本的使用，整个社会的就业水平将相应得到提高。就业效应对大多数发展中国家尤为重要。因为这些国家往往存在着大量的剩余劳动力，资本却相对稀缺。因此，通过以劳动密集型生产替代资本密集型生产，则既可充分利用这些剩余劳动力，又可缓解资本求大于供的矛盾，使有限的资本得到合理的配置和有效的使用。这将极大地促进一国经济的增长和发展。

（4）收入分配效应。金融深化及其相关的政策有助于促进收入分配的平等。因为落后经济中劳动力对资本的替代弹性很高，因而相对于工资率而言，利率和汇率的提高

可能既增加就业，又提高工资收入的份额。金融深化也能抑制那些特权阶层和特殊关系户的垄断收入，促进社会分配的公平；金融深化的措施能够取代抑制经济中流行的农业与工业扭曲的贸易关系，缩小工农"剪刀差"。总之，"金融深化有利于就业和产出的稳定增长，从而使落后经济摆脱徘徊不前的局面"。

（二）金融深化理论的政策主张

金融深化理论在政策研究方面主要强调金融改革先行，因为金融是宏观经济中的核心和关键，金融压制是阻碍经济增长的主要障碍。麦金农和肖的金融改革政策建议方案具体包括以下五个方面：

（1）放开利率。要使人们持有的实际货币数量有较大的增长，必须取消对存款利率的限制，提高名义存款利率，同时减少政府财政赤字，严格控制货币发行，降低通货膨胀率，这样就可以使人们持有货币的实际收益增加。

（2）鼓励银行竞争。应当削弱少数专业化金融机构在吸收存款和分配贷款时所处的垄断地位，变专业银行为商业银行，成立新的银行，以鼓励竞争，增加期限长、利率高、数量大的贷款，这有利于技术进步。

（3）扩大对效率高的小规模经济单位的放款。应当扩大有组织的金融机构对城乡小规模经济单位的信贷。大银行也可以把货币贷给地方信用合作社和钱庄，再让他们以较高利率贷出。虽然这种贷款利率较高，但可以把资金从效率低的地方引导到效率高的地方，况且这种利率毕竟低于民间高利贷的利率。

（4）金融改革与财政改革同步。金融与财政要恪尽职守，金融没有代行财政的职能，不能靠通货膨胀帮助政府增加收入，或者通过利率来进行补贴。财政也不能代行金融的职能，如以行政拨款的形式进行优先投资、进行人为的资金配给等。要进行税制改革，从而减少财政赤字，缓和并消除通货膨胀。

（5）金融改革与外贸改革同步。外贸改革的核心是让汇率自由浮动，实行外币自由兑换。取消对进出口的歧视关税和特惠补贴，本币汇率应逐渐贬值，外贸全面自由化优于局部自由化。

尽管金融深化论仍存在很多不足，如过分强调金融的作用、过分强调市场机制的作用等，但却首次从理论上论证了过分的金融管制尤其是利率的过分压制对经济发展的负面作用。

三、发展中国家金融自由化发展趋势

自 20 世纪 70 年代麦金农和肖提出金融深化理论以来，发达国家和发展中国家出现了金融自由化的浪潮。在世界金融发展史中，比较典型的金融自由化改革有两种：拉美"南锥体三国"迅速而全面的金融自由化和东亚发展中国家的渐进式金融自由化。

在金融自由化过程中，许多国家降低或取消了利率限制，降低了银行准备金率和市场准入门槛，减少了政府对银行信贷政策的干预，对银行和保险公司实行私有化；发展中国家还积极推动当地股票市场的发展，鼓励外国金融机构进入本国金融市场。有许多实证分析表明，金融自由化解除了发展中国家的利率管制，使利率能够真实反映资金供求状况，正的实际利率有利于提高发展中国家的储蓄率，从而增加银行的可贷资金；在金融自由化的国家，国内的实际储蓄率与国内生产总值增长呈正相关。然而，也有实证研究发现，由于利率提高会带来财富效应，利率与储蓄在实行自由化的金融市场里并没有存在明显的正相关。特别是 20 世纪八九十年代，实行金融自由化的国家相继发生金融危机，表明金融自由化在给发展中国家带来正的效应的同时，也会带来新的金融风险。

（一）20 世纪 70 年代拉美"南锥体三国"的迅速金融自由化

20 世纪 70 年代，拉美"南锥体三国"（智利、阿根廷、乌拉圭）面临着相同的金融抑制环境：严重的"滞胀"局面、财政赤字严重、国际收支经常项目巨大逆差、物价和汇率的管制、金融部门受政府的干预、经济发展严重失衡。于是这三国在 20 世纪 70 年代中期实施了金融自由化改革实验。

南锥体国家实施的金融自由化主要改革措施包括：取消对利率和资金流动的管制、取消指导性信贷计划、降低银行储备金比率、减少本国银行和外国银行登记注册的障碍、放松外汇管制、放开国内物价水平、货币贬值等。

在实施中，上述措施的积极成效非常突出：①金融中介在国民经济中的地位大幅度上升，储蓄和信贷迅速增加。②资本流入量（包括外债）增长幅度很大。③利率快速上升，如在 1975～1981 年，智利的实际利率高达 41%。

然而自由化的恶果也很快体现。由于实际利率的过快攀升，导致资本流入迅速，使得市场货币供应增加，造成了通货膨胀的心理预期，增加了通货膨胀的压力。同时，由于金融市场的放开，金融机构之间为了竞争，竞相提高存款利率而压低贷款利率，使得银行存贷利差减少，银行利润降低。并且由于政府放松了对金融机构的管制，越来越多的金融机构从事高风险的金融业务，而金融市场的放开使得金融资产的价格波动剧烈，银行倒闭成风。自由化使得政府掌控的金融资源减少，在金融系统出现危机的时候，不得不运用货币扩张的办法来实施救助，这又给恶化的金融环境雪上加霜。最终，以大规模的债务危机为表现，拉美的这次金融自由化宣告失败了。

（二）东亚发展中国家渐进式金融自由化

20 世纪 80 年代之前，东亚国家的金融体系是一个受到严格控制（抑制）的体系，大多数国家实行利率限制。东亚地区很多国家经常使用直接控制来管理信贷的总供给和部门配置，这些国家一般都有高水平的法定准备金率，很多国家金融体制的特征是高度分割。这些国家的货币和资本市场都比较落后，而且绝大多数东亚国家的国际资本流动受到严格控制。

受到管制的金融体系阻碍了储蓄，扭曲了投资发展，许多东亚国家僵化的金融制度已经不再适应复杂的现代经济发展要求，也难以应对 20 世纪 80 年代国际金融市场的波动和贸易全球化的趋势。于是，以韩国和泰国为代表的东亚国家，在 20 世纪 80 年代中期也开始了金融自由化的改革。与拉美国家相比，东亚国家的金融自由化进程要平缓得多，东亚国家的金融自由化主要采取渐进式的自由化战略，均以放宽政府管制、开放金融市场、加速金融国际化为特征。

从金融自由化的内容来看，东亚国家的金融制度的演进大致经历了以下六个阶段：①逐步放松了对利率的控制。②取消了一些金融领域的准入限制。③减少了政府对金融机构包括银行和非银行金融机构的干预。④改变了传统的金融分业经营方式，使金融机构向综合化方向发展。⑤放松了对外汇交易的限制。⑥资本跨国流动更加自由。

经过金融自由化改革，韩国和泰国的货币化程度、金融资产相关率均达到相当水平，金融机构与金融市场也发生了很大变化。但是，随着各国经济逐渐步入转型期，一些国家金融改革与经济转型不相适应，金融自由化进程过快，金融改革政策失误，终于酿成严重的金融危机。

专栏 11-4

中国台湾的金融自由化进程

自 20 世纪 80 年代以来，为了促进经济全面自由化，中国台湾金融先后进行了利率、汇率自由化、金融服务业综合化、金融机构设立自由化和公有银行民营化等几个方面的改革。

（1）利率自由化。中国台湾的利率自由化采取了渐进的方式。1975 年 7 月，中国台湾开始放松利率管制，由"中央银行"核定利率的上下波动限制，银行可根据自身的资金状况和客户的信用程度在限制范围内浮动，但此时的浮动范围只有 ±0.25%。1980 年 11 月，利率的浮动范围扩大到 ±2% 以上。1985 年 3 月起，中国台湾实施放宽基本利率制度，银行根据自身经营状况、对客户授信的长短、用途以及客户信用评级和往来业绩等因素，以基本利率加码放款。1985 年 8 月废止《利率管理条例》，1989 年 7 月《银行法》修正，废止利率放款上下限制规定，由各银行完全依照市场机制运作。

（2）汇率自由化。1978 年 7 月 10 日以前，中国台湾汇率制度属于盯住美元的固定汇率制。为了寻求中国台湾经济的稳定，中国台湾于 1978 年 7 月 10 日宣布不再盯住美元，改为浮动汇率制度，以使得汇率能根据市场的变化随时做出调整，发挥调节国际收支的作用。1979 年 2 月 1 日，中国台湾外汇市场成立，确定 5 家商业银行为外汇指定银行，由这 5 家银行的负责人共同商议确定美元对新台币的中心汇率，实际汇率允许在中心汇率的 ±0.5% 的范围内浮动。1980 年，由于中国台湾对美贸易出现大量顺差，台美间贸易摩擦升级，美国要求新台币升值，同时放弃中心汇率制度。1989 年 4 月，中国台湾宣布放弃中心汇率制度，经常账户下的外汇管制全部取消，资本项目下的外汇管制也基本从以前的"管出不管进"改为"管进不管出"的立场。

（3）经营业务的综合化。中国台湾银行业采取分类制度，分为商业银行、储蓄银行、专业银行和信托投资公司，各类银行各有专属业务。但在执行方面，商业银行却具有综合银行的经营性质。早在 1960 年，一般的银行通过设立储蓄部和信托部，就可经营证券业务。1992 年 5 月和 8 月，政府先后放开银行办理短期票据的经营和自营业务以及办理短期票券的签证与承销。票券业务已成为一般银行的一项业务。1989 年《银行法》修订时放宽了金融机构的经营业务范围，1988 年以后，放宽中小企业银行的经营地域范围，1993 年放宽信用合作社的业务区域和经营范围。

（4）金融机构设立自由化。在 1987 年 7 月前，金融机构在中国台湾仍然属于特许行业，在市场上处于垄断或"寡占"的地位。在中国台湾逐步放开各行业企业进出自由的推动下，1988 年开始允许新设证券公司，1990 年开放商业银行的设立，1992 年开放保险公司的设立，1994 年开放票券金融公司与证券金融公司的设立，1998 年成立期货交易所，建立期货市场，2001 年开放金融投股公司的设立。

（5）公有银行民营化。1989 年，中国台湾在公用事业民营化政策方向确定后，对公用事业展开民营化工作。但有关公营银行民营化的推动直到 1996 年仍未见任何成效。1996 年 12 月底召开"国家发展会议"，建议民营化过程加速，预定在 2002 年 6 月底完成公用事业民营化，包括 8 家银行在内。这 8 家银行采取在股票市场中以释股方式来达成民营化。

资料来源：李春平. 台湾金融自由化改革及其启示 [J]. 上海经济研究，2006（5）.

第三节　中国的金融改革与金融深化

一、中国金融改革的历程与成效

中国是一个发展中国家，而且是从集中计划经济模式向市场经济模式转轨的国家，以发展中国家体制为分析背景的金融抑制理论和金融深化理论，对中国金融业的改革和发展有着重要的意义。中国金融体制改革是以市场化为基本线索而展开的，在经济市场化过程中，必须相应地进行金融体制改革，积极消除金融抑制，建立适应市场经济体制的金融制度。

（一）中国金融改革的历程

1. 从高度集中的金融调控体系到市场化调控体系的初步建立（1978～1994 年）

中国的金融体制改革从 1978 年真正开始。1979 年 10 月，邓小平同志提出"要把银行作为发展经济、革新技术的杠杆，要把银行办成真正的银行"，从而开始了恢复金融、重构金融组织体系的工作。30 多年来的金融改革，遵循了一个以市场为取向的、渐进化的改革逻辑，改革的巨大成就体现在从整体上突破了传统的计划金融体制模式，突破了过去那种高度集中的金融机构体系，朝多元化体系方向改革，基本建立起一个符合现代市场经济要求的市场金融体制模式。

（1）中央银行体系的形成。随着"大一统"的金融体制逐步向多类型、多层次的格局演变，金融管理的重要性更加突出。在此形势下，中国人民银行仍然一身兼二任，会削弱其统管金融全局的地位。1983 年 9 月，国务院发布《关于中国人民银行专门行使中央银行职能的决定》，确立了中国人民银行的性质与地位，即作为发行的银行、政府的银行、银行的银行，是领导和管理全国金融事业的国家机关，应主要用经济办法对各金融机构进行管理。同时，另设中国工商银行办理中国人民银行原来所办理的全部工商信贷业务和城镇储蓄业务。中国人民银行完全摆脱具体银行业务，专门行使中央银行职能，标志着中国金融机构体系变革的一项重大转折，即中央银行体系的正式建立。

（2）以商业银行为主的金融机构体系的恢复与发展。1979 年 3 月 13 日，重新恢复成立中国农业银行集中办理农村信贷，领导农村信用社。紧接着，中国银行和中国人民建设银行也分别从中国人民银行和财政部分离出来。1984 年，中国工商银行从中国人民银行分离出来，承担了原有中国人民银行办理的金融经营业务。至此，新的金融体系有了雏形，四大专业银行业务严格划分，分别在工商企业流动资金、农村、外汇和基本建设四大领域占据垄断地位。1986 年 7 月 24 日，作为金融改革的试点，国务院批准重新组建交通银行。1987 年 4 月 1 日，重新组建后的交通银行正式对外营业，成为中国第一家全国性的国有股份制商业银行。之后，又陆续成立了 11 家股份制商业银行。股份制商业银行的建立与发展，打破了计划经济体制下国家专业银行的垄断局面，逐步形成了适应社会主义市场经济要求的多层次、多类型的金融机构组织体系的新格局，有利于营造多种金融机构分工合作、功能互补、平等竞争的金融服务体系。

（3）中国货币市场的产生。改革开放后，商品经济的发展、金融体制改革的顺利进行给货币市场的发展创造了良好的条件，收入分配格局的重大变化为货币市场的发展奠定了坚实的物质基础。同时，国有企业的客观现实和财政体制、投融资制度的改革，客观上也要求货币市场的形成和发展。

自 1979 年开始，中国开始大力推行商业票据。1984 年，中国人民银行颁布了《商业汇票承兑、贴现暂行办法》，并从 1985 年 4 月开始在全国范围内全面推行商业票据承兑贴现业务；1986 年，中国人民银行对专业银行以贴现形式买进未到期票据，正式开办了商业票据再贴现业务，从而标志着票据承兑贴现市场的初步形成。

同业拆借市场是中国货币市场中产生最早、发展最快、最具代表性的市场，它伴随着众多银行和金融机构体系的形成而发展。1985 年，"实贷实存"的信贷资金管理体制的实行，允许并提倡金融机构之间以有偿方式相互融通资金；在 1986 年国务院颁布的《中华人民共和国银行管理暂行条例》中，明确规定"专业银行之间的资金可以互相拆借"。这些政策促进了拆借业务在全国的迅猛发展，同业拆借中介机构也在一些大中城市先后成立。经过几年的发展，中国初步形成了一个以中心城市或经济发达城市为依托，跨地区、跨系统的资金融通网络，同业拆借市场也逐步发展成为中国货币市场中范围最广、规模最大的部分。

另外，在这一阶段，国债回购业务和大额可转让定期存单也开始出现，壮大了发展中的货币市场。

（4）中国资本市场的产生。在"大一统"的银行体制下，中国是没有资本市场的。随着1979年以后金融组织体系的建构，以银行为中介的间接融资市场首先发展起来。进入1985年以后，利用发行债券和股票筹集资金的企业开始增多，银行开始发行债券，资本市场在中国逐渐产生。

1984年4月的城市经济体制改革试点工作会议拉开了城市集体企业、国营小企业进行股份制初步试点的序幕。当年，上海飞乐音响股份有限公司发行了50万元股票，开创了中国股票发行的先河。随着股份制试点的扩大和股票发行数量的不断增加，客观上要求放开并不断扩展股票流通转让市场。1986年9月26日，上海试办了股票的公开柜台交易，它是改革开放以来中国最早的股票交易方式，标志着股票流通市场在当代中国的恢复和起步。1990年11月26日，中国第一家证券交易所——上海证券交易所宣告成立。接着，深圳证券交易所于1991年7月3日宣告成立。沪、深交易所以及1990年建立的STAQ系统（中国证券交易自动报价系统）成为新中国成立后中国资本市场重新建立的正式标志。

1979年以来，中国经济理论界和政府部门重新肯定了债务在国民经济发展和经济运行中的重要作用。因此，从1981年开始，又重新恢复了国债的发行。但在十多年的时间里，并没有形成国债市场，国债发行本身是行政任务，发行量也比较小。1991年4月20日，财政部同以中国工商银行信托投资公司为主干的承购包销团签订了《1991年国库券承销合同》，这标志着中国的国债发行终于开始走向市场。此后，国债发行逐步高涨，1994年国债发行全面走向市场，而且发行量突破了1000亿元。从此中国的国债市场形成了，再也没有出现行政摊派。同时，随着金融体制的发展，金融债券也开始产生。1994年4月，由国家开发银行第一次发行政策性金融债券。此后，政策性金融债券的发行稳步发展。

（5）金融宏观调控体制的建立与货币政策的发展完善。1979年末开始的经济金融改革，核心是逐步发挥市场在宏观调控和资源配置中的作用。这一时期是计划和市场调节并存的时期，伴随着金融机构体系的改革，中国的金融体制和货币信贷体制也适时进行了一系列的改革。

1979年，中国着手改革僵化的"统存统贷"的信贷资金计划管理体制，在部分地区试行"统一计划，分级管理，存贷挂钩，差额包干"的信贷资金管理办法。这一办法将信贷资金计划管理上的统一性和灵活性结合起来，同时也促进了信贷资金管理水平的提高。但是，这一信贷资金管理体制也存在一个突出的问题，即中国人民银行和各专业银行之间的资金并没有分开，各专业银行在资金使用上仍然"吃"中国人民银行的"大锅饭"。

1988年初，中央银行提出"控制总量，调整结构"的货币政策，决定继续紧缩银根。但在不久后，中央银行迫于各方面压力放弃了紧缩政策，再加上价格放开因素，货币、信贷从上半年起迅速增长，造成了改革开放以来前所未有的经济过热局面。

1992年后，新一轮经济过热再次出现。1993年，中央银行首先采取了带有行政色彩的严厉的信贷计划来控制信贷规模，并于当年5月和7月两次提高存贷款利率。除此之外，中央银行还采取了诸如整顿信托业、加强金融纪律、限制地区间贷款等措施，在宏观上收紧了银根，整顿了金融秩序，但也造成了金融机构更多的不良资产，损害了非国有经济，暴露出中央银行调控能力不足的缺点。

在这一时期，中央银行开始注意发挥利率调节资金供求的杠杆作用，并开始通过再贷款和再贴现政策实施间接调控。再贷款逐渐成为调控基础货币的主要手段。至此，除尚未开展公开市场业务外，中国已基本建立起一套间接宏观调控机制手段。

（6）计划管理与市场调节相结合的外汇管理体制。1979年以后，中国外汇管理体制逐渐由高度集中的计划管理向市场管理过渡。到1993年之前，已经基本建立健全了计划管理与市场调节相结合的外汇管理模式。这一时期的改革主要包括以下几个方面：

1）逐步完善外汇经营管理组织体系：1979年3月，国务院批准设立国家外汇管理总局，归属于中国银行，并赋予它管理全国外汇的职能，从此改变了外汇多头管理的混乱状况。1979年10月，中国国际信托投资公司被批准经营外汇业务，改变了原来外汇业务只由中国银行一家经营的状况。此后，包括外资金融机构在内的一大批银行、信托投资公司、财务公司、租赁公司等金融机构陆续涉入外汇业务，中国逐渐形成了由国家外汇管理局统一管理、以外汇专业银行为主体、多种金融机构并存的外汇经营体制。

2）实行外汇上缴与留成制度，建立外汇调剂市场：1979年8月13日，国务院颁发了《关于大力发展对外贸易增加外汇收入若干问题的规定》，提出外汇由国家集中管理、统一平衡、保证重点的同时，实行贸易和非贸易留成制。1980年10月，制定了《调剂外汇暂行办法》，开始外汇调剂试点，随后逐渐扩大调剂主体范围、增加交易品种、放松外汇调剂价格的限制，中国外汇调剂市场逐渐发展起来，形成了计划管理和市场调剂并行的管理方式以及官方汇率和外汇调剂价格并存的双重汇率制度。

3）对人民币汇率不断进行改革，市场化程度提高：为了发展对外贸易，适应外贸体制改革的需要，1979年中国开始实行双重汇率制，即贸易外汇内部结算汇率和官方公布的非贸易外汇收支牌价并存。这种制度在一定程度上鼓励了出口，支持了外向型经济的发展，但总体而言并没有改变改革开放前外贸亏损的局面，并且双重汇率的实施为国际经济往来带来了很大的障碍。1985年以后，随着外汇调剂市场的发展，中国开始实行官方牌价和外汇调剂价格并存，这实际上是一种新的双重汇率制。

2. 从市场化调控体系到金融体系全面深化发展（1994年至今）

1994年以后，中共中央已经明确提出了建设社会主义市场经济体制的目标，金融体制也进入全面深化改革的关键时期，中国金融业在已有的基础上继续发展，并初步建立起社会主义市场金融体制的基本框架。这一阶段的改革目标是：建立适应社会主义市场经济发展需要的以中央银行为领导、政策性金融和商业性金融相分离、以国有独资商业银行为主体、多种金融机构并存的现代金融体系。在具体实施中，主要是围绕贯彻"分业经营、分业管理"原则推进的。

（1）中央银行职能的转变。1995 年 3 月正式颁布《中国人民银行法》，中国人民银行作为国家的中央银行，其性质、地位、职能有了坚实可靠的法律保障。该法还确定了中央银行的主要职能、主要货币政策工具，规定中国人民银行不再对非金融部门发放贷款，促进了货币政策真正走向间接调控。

自 1998 年底开始，中国人民银行按经济区划在全国设置九大跨省市的分行（外加两个营业管理部），彻底改变了中国几十年来按行政区划设置分支机构的框架，这对减少行政干预、推进区域经济和金融发展、加强中央银行的金融监管，显然有着深远的意义。在这一时期里，与中国人民银行相关的监督管理职能的归属又发生了一些变化。1997 年 11 月，原来由中国人民银行监管的证券经营机构划归中国证监会统一监管。1998 年 11 月，中国保险业监督管理委员会成立，负责监管全国商业保险市场。2003 年 4 月，中国银行业监督管理委员会成立，统一监管银行、金融资产管理公司、信托投资公司等金融机构。从此时起，中国人民银行作为国务院组成部门，主要职能转变为制定和执行货币政策、维护金融稳定和提供金融服务三方面。

（2）深化了商业银行市场化改革。1993 年 12 月，《国务院关于金融体制改革的决定》明确提出，要把中国的专业银行办成真正的商业银行，至此专业银行的发展正式定位于商业银行。

随着中国市场经济体制改革的逐渐深入，要求建立一个适应市场经济环境需求的、有利于国民经济持续快速健康发展的、完善的金融体制和投融资体制。于是，在 1994 年中国相继成立了国家开发银行、中国农业发展银行和中国进出口银行三家政策性银行，标志着中国政策性银行体系基本框架的建立。

三家政策性银行的成立，承担了四大专业银行的政策性金融业务，专业银行开始作为国有独资商业银行而真正从事商业性金融业务。《中华人民共和国商业银行法》的正式颁布，首次以法律形式明确规定了中国商业银行的权利和义务，包括四大国有独资商业银行在内的中国商业银行的发展进入了法制化的轨道。2003 年银监会成立后，立即着手四大商业银行的股份制改造及上市工作，这对四大商业银行的长远商业化发展更有着深远的意义。

在中国人民银行的大力支持下，股份制商业银行及时推出消费贷款、股票质押贷款、单位通知贷款、单位协定存款等新业务品种，开展"网上银行"业务，大力发展中间业务，是中国金融创新的"急先锋"，为金融行业整体服务水平的提高做出了贡献。

目前，中国已有多家股份制商业银行成功上市，四大国有股份制银行已经全部上市。

通过将城市信用社改制成为城市商业银行，将原来邮政储蓄体系改造成邮政储蓄银行，建立村镇合作银行，改变了发展中国家金融机构所特有的"二元机构"特征，大大优化了中国金融机构体系。

（3）货币市场与资本市场逐渐成熟。首先，全国统一的同业拆借市场开始形成。1996 年 1 月 3 日，全国统一的银行间同业拆借市场交易网络系统在上海联网试运行，4

月 1 日起正式运行，实现了同业拆借的统一报价、统一交易、统一结算。随着拆借会员不断增多，全国统一的同业拆借市场利率（Chibor）开始形成。这标志着中国同业拆借市场进入了一个新的发展时期。

其次，商业票据贴现和再贴现市场得到了较快的发展。1994 年以后，商业汇票在全国大部分地区，特别是一些沿海经济发达省市被广泛使用，成为企业主要的结算方式和融资手段。再贴现手段也开始真正作为货币政策工具发挥作用，跨地区跨系统贴现、再贴现和银行间转贴现业务大幅度增长。1996 年起《中华人民共和国票据法》正式实施，对有效地规范票据行为、促进票据的正常使用和流通提供了可靠的法律保证。

最后，证券回购业务。国债回购市场开办以来，交易主体较杂，交易行为混乱，资金投向十分不合理。经过 1995 年中国人民银行、财政部和国家证监会的联合重点整治，有效控制了违规的回购交易，逐步化解了证券回购中积聚的金融风险。1997 年 6 月，银行间债券回购业务在中国外汇交易市场网络上正式展开，它为中央银行开展以债券买卖为主的公开市场业务，以及商业银行充分运用证券资产，灵活调节资金头寸，减少金融风险都创造了条件。

在股票市场上，通过逐步完善法律法规体系和实施股权分置改革，优化了资本市场的融资功能，同时通过 QDII 和 QFII 等措施，扩大了资本市场的对外开放程度。债券市场上，在继续完善国债和金融债券的基础上，大力发展企业债券，丰富了债券市场交易品种，扩大了企业融资渠道。同时，通过整顿券商、鼓励投资基金等机构投资者的发展，优化了资本市场参与主体的结构。

（4）利率市场化进程加快，金融市场资源配置作用日渐突出。中国在 1993 年明确了利率市场化改革的基本设想，1995 年初步提出了利率市场化改革的基本思路。从"九五"计划的第一年起，国家开始将一些资金置于市场中，通过市场机制来确定其价格，实现资金定价的市场化。中国利率市场化改革是从货币市场起步的，其中二级市场先于一级市场；存款利率改革先放开大额、长期，对一般存款利率是实行严格管制的；贷款利率改革走的是逐渐扩大浮动幅度的路子；在本、外币利率改革次序上，外币利率改革先于本币。2003 年，在党的十六届三中全会文件中，又着重提出在金融宏观调控方面要稳步推进利率市场化，建立健全由市场供求决定的利率形成机制，中央银行通过货币政策工具引导市场利率。利率市场化离人们越来越近。

（5）货币政策间接调控体系在发展中完善。1997 年 3 月，中国人民银行建立了货币政策委员会，使制定和实施货币政策的体系和制度逐步完善，货币政策的制定向科学化、民主化迈进了一大步。货币政策的操作手段逐步由过去的以贷款规模直接控制为主转变为以运用多种货币政策工具调控基础货币为主。1996 年中国人民银行开办了公开市场业务，标志着一套完整的金融间接调控机制的基本建立。

（6）外汇和人民币汇率管理日趋成熟。1994 年开始，中国进行了新一轮外汇管理体制改革，进一步发挥了市场机制的作用，为中国加入世界贸易组织和实现人民币可兑换奠定了基础。

1994 年实现汇率并轨，实行以市场供求为基础的、单一的、有管理的浮动汇率制度。同时，实行银行结售汇制度，逐步实现经常项目下的人民币自由兑换。1994 年 4 月 4 日，全国统一的外汇市场——中国外汇交易中心成立并正式运行，从此中国外汇市场由带有计划经济色彩的外汇调剂市场发展到符合市场经济要求的银行间外汇市场的新阶段。它的建立统一了人民币市场汇价，彻底改变了市场分割、汇率不统一的局面，奠定了浮动汇率制的基础，有利于企业的经营运作和进一步利用外资，同时也有利于中央银行充分发挥间接宏观调控的作用，保持汇率稳定。在外汇领域基本形成了国家间接调控下的市场机制。1996 年，人民币正式实现在经常项目下的可自由兑换。

2005 年 7 月 21 日，人民币汇率由过去盯住美元改为参考"一篮子"货币，汇率改为 1 美元兑 8.11 元人民币，变相升值 2%，并且不再与美元挂钩。中国人民银行于每个工作日闭市后公布当日银行间即期外汇市场美元等交易货币对人民币汇率的收盘价，作为下一个工作日该货币对人民币交易的中间价格。每日银行间外汇市场美元对人民币的交易价仍在人民银行公布的美元交易中间价上下 3‰ 的幅度内浮动，非美元货币对人民币的交易价在人民银行公布的该货币交易中间价上下一定幅度内浮动。从此拉开了人民币汇率有管理浮动的序幕。

(二) 中国金融改革的成就

金融体制改革 30 多年来，中国金融业通过创建多样化的金融体系、发展市场化融资体系、不断改进金融服务方式、建立有效的宏观调控和监管体系等方式，在维护经济稳定与金融业安全运行、运用货币信贷政策支持经济增长、促进经济结构合理调整、保持币值的稳定、维护金融秩序等方面发挥了重要的作用。中国金融体制已经成为国民经济的重要组成部分。

1. 健全多样化的金融体系，增强金融实力

通过改革开放 30 多年的发展，中国金融组织体系由单一的中国人民银行体制发展到今天，已初步建立了由中国人民银行调控，由银监会、保监会、证监会分业监管，以国有商业银行为主体，政策性金融与商业性金融分离，多种金融机构、多种融资渠道并存，功能互补和协调发展的新的金融体系。

2. 稳定人民币币值，为经济发展提供了良好的金融环境

改革开放以后，中国不断推进外汇体制改革，形成了以市场供求为基础的、单一的、有管理的浮动汇率生成机制，人民币的对内币值与对外币值有了共同的市场基础。中国人民银行有效地充实、运用、管理外汇储备和黄金储备，在国际经济交往中，人民币汇率的稳定也获得了较好的国际信誉。2008 年爆发金融危机之后，中国人民银行谨慎地应对形势的变化，适度调整货币政策操作力度和调整方式，力保人民币汇率的稳定。

3. 不断改进金融服务方式，发展市场融资体系

改革开放后，金融服务的市场需求和金融业的竞争开始加强。金融机构的服务水平不断提高，提供的各项金融服务已覆盖到国民经济各部门和社会发展的各个方面，基本形成了适应经济发展需要的现代金融组织和服务体系。

从 1986 年中央银行开始推行以票据信用为主体的规范化结算制度，协调各金融机

构，进行了支付结算体系的现代化建设。在"八五"计划期间，电子化的清算体系取得了重大突破，1991年中国人民银行电子联行系统正式投入使用，实现了"天地对接"、"实时清算"。在由大额支付系统和全国电子联行系统组成的中国支付清算系统混合运行以来，一直运行稳定，为整个金融系统及全社会提供了良好的支付清算服务。同时，中国现代化支付系统与债券市场、外汇市场、同业拆借市场等有机连接，为其提供快速、高效的资金汇划和清算服务，有效支持金融市场的发展和货币政策的实施。中国逐步形成了一个以现代化支付系统为核心，商业银行行内系统为基础，各地同城票据交换系统并存的中国支付清算体系。

在建立市场融资体制中，一方面建立了以市场供求为基础的新的投融资体制，商业银行要求为基本建设项目贷款实行项目法人制度、项目资本金制度和项目铺底流动资金制度，并大力开展国际通行的银团贷款、BOT等新的融资方式；另一方面不断探索社会融资的市场组织形式。从银行同业拆借、外汇交易和票据贴现市场业务的拓展，到上海及深圳证券交易所的成立，体现了一个市场化融资组织形式的良性发展的逻辑。

4. 建立有效的宏观调控和监管体系，维护经济稳定与金融业安全运行

1979年以后，经过30多年的改革，中国人民银行适应经济金融的体制变革与快速发展，宏观金融调控职能和调控手段不断强化，除了传统的信贷规模和现金发行量的计划控制之外，相继开发和运用中央银行贷款、中央银行基准利率、公开市场业务、再贴现率等手段进行货币和信贷总量调控与结构管理，并逐步由直接控制走向间接控制。到1998年，取消了信贷规模控制，全面转向货币供应量的间接调控，对金融机构实行资产负债比例管理和风险管理，中央银行严密的金融监督日益成为经济金融安全的基本保证，在稳定银行业方面起到了巨大的作用。

5. 稳步推进金融对外开放，积极开展国际金融合作

按照国内经济发展水平和国际间的相互合作原则，从1979年开始中国就有计划、有步骤地开放国内金融市场。随着中国加入世界贸易组织以及国家实施"引进来"和"走出去"相结合的战略以来，中国金融业对外开放速度加快，金融对外开放水平不断提高，中央银行严格履行加入世界贸易组织的承诺，已有一批外资银行可以不受地域和客户限制办理外汇业务，并进一步增加了外资银行从事人民币业务的城市。

与此同时，一些中小商业银行正积极寻求到海外上市。近年来，中资金融机构也已经在一些经济发展速度较快和有发展潜力的发展中国家和地区，如在东南亚和非洲等地设立金融机构。

二、中国金融发展的政策选择

尽管中国金融改革取得了巨大成就，但是中国从长期的计划经济模式向市场经济模式转轨这一特点决定了中国金融改革方向必然具有持续、浩大和艰巨的特征。中国的金融改革还存在国有股份制银行公司治理不完善、金融宏观调控机制不完全、金融体系不完善和金融监管不全面等问题。为了解决这些问题，有必要继续深入改革。

1. 全面规划、系统协调、积极稳妥地推进金融体制改革

（1）完善经济金融运行趋势监测指标体系，增强货币政策的前瞻性和科学性。根据经济金融运行规律准确分析和判断经济形势和趋势，及时采取预调和微调措施，不断改进中央银行金融调控水平。

（2）建立健全金融市场体系，完善货币政策传导机制。加大公开市场操作的力度，进行必要的窗口指导，保持贷款和货币供应量的适度增长，以保持人民币的币值稳定，以此促进经济持续增长。进一步发展以同业拆借市场、银行间债券市场和票据市场为主体的货币市场，鼓励金融机构开发新的金融工具，大力发展直接融资，改善社会融资结构，促进货币市场、资本市场与保险市场的有机结合、协调发展。

（3）稳步推进利率市场化，充分发挥利率机制调控作用。进一步扩大贷款利率浮动幅度，逐步过渡到取消贷款利率上限，对贷款利率实行下限管理。存款利率应在条件成熟时实行上限管理，允许商业银行存款利率向下浮动。综合研究应用各种货币政策工具，引导市场利率，维护货币市场利率基本稳定，稳固推进利率市场化，逐步建立健全由市场供求决定的利率形成机制。

（4）完善人民币汇率形成机制，保持人民币汇率在合理均衡水平上的基本稳定，增强汇率杠杆对经济的调节作用。有选择、分步骤地实现资本项目可兑换，稳步推进人民币可兑换进程，逐步放松外汇管制，改进现行结售汇制度，放宽企业和居民用汇限制，积极培育外汇市场，保持人民币汇率在合理、均衡水平上的基本稳定，促进国际收支平衡。

2. 加强金融监管，完善金融监管体系

（1）转变金融监管理念。发挥银监会新的管理体制的优势，拓宽金融监管覆盖面，实现本外币、境内外金融机构、表内表外业务、现场和非现场的统一监管；建立被监管机构档案，实现监管信息共享。完善日常监管、风险预警、资信评级、监管责任制度体系，增强监管效能；提高监管人员素质，以新业务、新知识培训为重点，努力培养复合型监管人才，按照新《巴塞尔协议》的要求，坚持持续性监管和审慎性监管原则，努力发挥监管在维护金融秩序稳定方面的功能和作用。

（2）加强三大监管主体的协调及与国际、区域监管机构的合作。加强银监会、保监会和证监会三者之间的联系、协调与合作，增强中国金融监管的合力和实效。要立足当前、分业经营、分业监管的实际，创造条件，逐步实现混业经营、统一监管。要加强与国际和区域金融监管当局的合作与交流，及时提供与获取对跨国金融机构并表监管的必要信息，积极学习和借鉴外国银行的监管经验，不断提高中国的金融监管水平。

（3）加强金融立法，健全中国金融监管的法规。中国要继续完善金融法规体系，一是对照已有的金融法规，认真结合国际金融监管规则的要求，制定中国详细、全面的金融监管实施细则，突出可操作性，以确保监管工作规范、统一。二是结合当前快速发展的金融业务实际，要借鉴国际上先进的金融监管经验，尽快制定完善有关的金融监管法规，可建立市场准入、经营范围、风险管理、市场退出等各个方面的金融监管法规体系。

（4）建立良好的金融机构内部自律机制和营造依照市场经济规则办事的市场氛围。国外的实践证明，在成熟的市场环境下，金融机构的稳健运行，一般以金融机构的内部控制、行业自律、中央银行监管的"三位一体"的安全体系为保证。前两者是金融机构自身以及金融机构之间的控制和约束，后者是外部对金融机构的制约和管理。这三个方面相互支撑，缺一不可。在加强监管的同时，完善金融机构的内部控制制度，强化金融机构自我约束的意识，同时充分发挥同业协会的监督管理职能，确保金融体系的稳健运行。

3. 大力发展资本市场，扩大直接融资

（1）大力发展资本市场是扩大直接融资，进一步发挥市场在资源配置中的基础性作用的需要。推进资本市场的改革开放和稳定发展，要不断完善资本市场的层次结构和品种结构，不仅要发展股票市场，还要大力发展债券市场（在债券市场方面，不仅要发展国债市场，还要发展公司债券市场和地方债券市场）；不仅要培育个人投资者，还要下大力气培育机构投资者；不仅要进一步完善证券发行市场，还要进一步完善证券交易（流通）市场，以适应市场投资者和筹资者的不同需要。

（2）加强资本市场本身的制度建设，不断完善资本市场法律法规体系，切实保护投资者，特别是中小投资者的合法权益，努力营造"公开、公平、公正"的市场环境。

（3）大力推进全社会的诚信建设，加大对上市公司违规行为的处罚力度，提高市场主体的内控机制和规范化运作水平，奠定资本市场稳定发展的基石。

（4）为适应经济全球化和加入世界贸易组织的需要，提高中国资本市场的对外开放水平，加大中国资本市场的对外开放力度，在更大范围、更广领域和更高层次上参与国际资本市场的合作和竞争。

4. 系统推进农村金融体制改革

完善农村金融服务体系，深化农村金融体制改革，是巩固农业基础地位、增加农民收入、促进农村经济全面发展的重大政策，也是金融体制改革的重要环节。

（1）深化农村信用社改革，明晰产权关系，完善法人治理结构；因地制宜改革农村信用社组织形式，把农村信用社办成产权清晰、管理科学、激励约束机制健全，主要为"三农"服务的金融机构。

（2）继续完善和发展农村政策性金融服务，明确中国农业发展银行作为国家政策性银行的职能定位，形成农村政策性金融与商业性金融分工明确、各负其责、共同支持农村经济发展的格局。

（3）加快健全农村信用社、农业银行、邮政储蓄银行等多种金融机构分工协作、平等竞争的农村金融体系，适度放松农村金融的市场准入条件，允许农村民间金融组织合法化，允许外资金融介入农村金融业务，重点支持农民自主参与的各种形式的合作金融，以增加农村金融的服务供给。

（4）逐步改革农村利率体制，推进农村利率市场化进程，有效抑制农村资金"城市化"的倾向，促使资金回流农村，降低农村融资活动的成本水平，并且通过农村利率的市场化引导和吸收民间资本，变非法金融为合法金融。

（5）建立有效的监管框架，完善农村金融法律法规，充实监管人员力量，改进监管理念，完善监管技术，提升监管质量和效率，确保包括农业银行、农业发展银行、农村信用社和按照合作原则建立的新的合作金融组织、民间金融组织共同为农村经济提供服务。

5. 调整优化金融体系结构，改变金融结构不对称格局

大力发展以市场为导向的地方性中小商业银行；发展创业板市场、开放柜台交易市场，建立完善的资本市场体系；大力发展企业债券市场，积极探索地方政府债券。

练习题：

一、单选题

1. 金融发展是指(　　　)。

A. 金融机构数量增加　　　　　　　　B. 金融工具多样化

C. 金融效率提高　　　　　　　　　　D. 金融结构变化

2. 以(　　　)为代表的结构论主义提出：金融理论的职责就在于找出决定一国金融结构、金融工具存量和金融交易量的主要经济因素，并阐述这些因素怎样通过相互作用，从而形成金融发展。

A. 戈德史密斯　　　　　　　　　　　B. 麦金农

C. 爱德华·肖　　　　　　　　　　　D. 帕特里克

3. (　　　)首先表现为货币化程度提高，经济发展随着经济货币化程度上升而不断获得发展。

A. 金融规模　　　　　　　　　　　　B. 金融结构

C. 金融增长　　　　　　　　　　　　D. 金融发展

4. (　　　)认为，金融市场失灵本质上是信息失灵，它导致了金融市场交易制度难以有效运行，必须由政府供给有正式约束力的权威制度来保证市场机制的充分发挥。

A. 金融压抑理论　　　　　　　　　　B. 金融深化理论

C. 金融约束理论　　　　　　　　　　D. 金融发展理论

5. 货币化率是社会的货币化程度，它是指(　　　)。

A. 金融资产总额与实物资产总额的比重

B. 一定经济范围内通过货币进行商品与服务交换的价值占 GNP 的比重

C. 一定时期内社会金融活动总量与经济活动总量的比值

D. 各经济部门拥有的金融资产与负债的总额

6. 中央集中计划体制国家金融处于被压抑状态的主要原因是(　　　)。

A. 体制因素　　　　　　　　　　　　B. 经济发展水平低

C. 金融资产单调　　　　　　　　　　D. 资金积累困难

7. 金融压抑论与金融深化论解释的是(　　　)。

A. 金融发展与经济发展的关系　　　　B. 金融发展与金融政策的关系

C. 金融政策与金融发展的关系　　　　D. 金融政策与经济发展的关系

8. (　　)，大多数发展中国家先后走上了金融自由化的改革之路。

A. 自 20 世纪 40 年代开始　　　　　B. 自 20 世纪 50 年代开始

C. 自 20 世纪 60 年代开始　　　　　D. 自 20 世纪 70 年代开始

9. 在发展中国家的金融自由化改革实践中，被视为成功范例的国家是(　　)。

A. 韩国　　　　　　　　　　　　　B. 阿根廷

C. 智利　　　　　　　　　　　　　D. 新西兰

10. 对付金融抑制的对策是(　　)。

A. 金融自由化　　　　　　　　　　B. 金融深化

C. 放开政府管制　　　　　　　　　D. 利率自由化

二、多选题

1. 金融压抑的表现有(　　)。

A. 金融管制　　　　　　　　　　　B. 利率限制

C. 信贷配额　　　　　　　　　　　D. 金融资产单调

2. 金融发展对经济发展的作用体现在(　　)。

A. 有助于资本积聚与集中　　　　　B. 有助于提高资源的使用效率

C. 有助于提高金融资产储蓄比例　　D. 有助于提高经济发展水平

3. 金融压抑论的代表性人物有(　　)。

A. 雷蒙德　　　　　　　　　　　　B. 戈德史密斯

C. E. S. 肖　　　　　　　　　　　　D. R. I. 麦金农

4. 金融压抑战略对经济发展和经济成长的负效应主要表现在(　　)。

A. 负收入效应　　　　　　　　　　B. 负储蓄效应

C. 负投资效应　　　　　　　　　　D. 负就业效应

5. 金融自由化的主要内容有(　　)。

A. 放松利率管制　　　　　　　　　B. 发行直接融资工具

C. 放松汇率限制　　　　　　　　　D. 缩减指导性信贷计划

6. 金融发展的衡量指标从不同的角度可分为(　　)。

A. 对金融结构状态的数量指标来衡量的金融内部结构指标

B. 对金融机构发行的金融工具与非金融机构发行的金融工具的比率来衡量的金融
   机构化程度

C. 对金融发展状态与经济增长的相互关系来衡量的金融发展与经济增长的相互关
   系指标

D. 主要金融部门的内部融资和外部融资来衡量的金融开放程度

7. 经济发展对金融发展的作用体现在(　　)。

A. 为金融发展提供更好的物质基础和保障

B. 经济发展会导致企业规模及类型的变化，促使金融工具、金融机构多样化和金

融效率迅速提高

C. 经济发展会使得社会收入水平不断提高，从而提高人们对金融投资和理财服务的需求

D. 经济发展会促进金融发展与国际接轨

8. 金融抑制的消极作用主要是(　　　)。

A. 资本市场效率降低
B. 经济增长达不到最佳水平

C. 限制了银行体系适应经济增长的需要
D. 加剧了经济上的分化

9. 金融深化可通过(　　)，促使经济发展。

A. 消费效应、收入效应
B. 储蓄效应、投资效应

C. 消费效应、储蓄效应
D. 就业效应、收入分配效应

三、判断题

1. 一般而言，经济不发达国家的金融相关率要高于发达国家的这个比率。(　　)

2. 一个社会的货币化率与其商品经济发展程度呈负相关关系。(　　)

3. 金融压抑论认为在经济相对落后的发展中国家，企业投资主要依赖外源型融资。
(　　)

4. 金融深化论认为强化利率管制有利于促进经济发展。(　　)

5. 金融约束是指如果政府取消对金融活动的过多干预，发展中国家货币金融与经济可形成金融改革与经济发展的良性循环。(　　)

6. 金融压抑论认为在经济相对落后的发展中国家，企业投资主要依赖内源型融资。
(　　)

7. 实行市场经济的国家也就是金融自由化的国家。(　　)

8. 金融自由化的标志之一就是政府放弃对金融业的干预。(　　)

9. 官定利率过低是金融压抑的表现之一。(　　)

10. 在世界金融发展史中，比较典型的金融自由化改革有三种。(　　)

四、名词解释

1. 金融抑制　　　2. 金融深化　　　3. 金融约束理论　　　4. 货币化率

5. 双重汇率制　　6. "二元结构"　　7. 汇率抑制　　　　8. 私人信贷比率

五、简答题

1. 简述爱德华·肖提出的金融深化理论。

2. 简述金融发展对经济发展的促进作用。

3. 试述发展中国家金融抑制的成因。

4. 简述金融深化理论的政策主张。

5. 什么是金融抑制？金融抑制的表现及其对经济增长的负效应有哪些？

6. 发展中国家金融自由化改革的经验和教训有哪些？

7. 金融深化论的政策主张是什么？

8. 发展中国家的金融体制有哪些特征？为什么说这些特征在很大程度上是由于发展中国家抑制性的金融政策造成的？

9. 试用"金融抑制"理论和"金融深化"理论分析我国金融发展中所面临的问题及对策。

六、论述题

1. 结合中国实际，论述中国金融发展的政策选择。

2. 发展中国家的金融自由化对我国金融改革提供了哪些借鉴？试从金融压抑和金融发展的角度论述我国金融改革的意义。

第十二章 金融危机与金融安全

【学习目的】
　　认识金融危机的含义、外延与分类。了解当代金融危机的主要特征。了解金融危机的成因理论及其危害性。认识到金融全球化后金融安全的问题。认识到金融开放后我国所面临的金融安全问题。

　　经济学家雷蒙德·戈德史密斯曾说过，金融危机就像美女一样，虽然难以定义，但当她一出现，人们马上就会识别出来。所以我们可以根据一些现象来定义金融危机，就像人们可以根据亭亭玉立的身材、姣好标致的长相等特征来判断美女一样。一谈到金融危机，人们很快就会联想到危机的破坏性，就如婚姻的危机会破坏家庭的幸福一样。自 18 世纪以来，金融危机总是在不同时期改头换面，以不同的姿态出现在人类社会，给经济发展和人民生活带来了极大的破坏性。1997 年爆发的东南亚金融危机还未散去，2007 年的美国次贷危机又引发了全球金融风暴，世界金融业千疮百孔。金融安全问题引起了各国的关注和重视。特别是随着中国金融业对外开放的力度进一步加大，金融体系的安全性正在经受前所未有的考验。在金融全球化背景下，如何利用金融全球化的优势推进我国经济平稳持续发展，维护我国的金融利益；同时将金融风险控制在可承受的范围内，维护我国的金融安全，始终是一对相伴相生的矛盾，也是我国迫切需要解决的现实问题。

第一节　金融危机

一、金融危机的含义、外延与分类

　　《新帕尔格雷夫经济学大辞典》将金融危机（Financial Crisis）定义为"全部或部分金融指标短期利率、资产（证券、房地产、土地）价格、商业破产数和金融机构倒闭数的急剧、短暂的和超周期的恶化"。金融危机应该是金融状况在全部或大部分领域出现恶化，而且具有突发的、急剧、短暂和超周期的特点。金融危机直接地表现为金融指标的急剧恶化和由于人们丧失信心而采取保值减损措施所造成的金融领域的严重动荡，及其对整个经济引起的一系列后果。例如，股票市场的暴跌使本来腰缠万贯的富翁一夜之间倾家荡产，利率的突然大幅飙升导致债券价格急剧下跌，使持有大量债券的机构遭受巨额损失。这些都会极大地扰乱原来的金融秩序。

金融领域的稳定，建立在某些均衡状态的基础上。一般来说，它需要四种基本均衡，即货币供求均衡、资金借贷均衡、资本市场均衡和国际收支均衡。货币供求均衡维系着币值的稳定，资金借贷均衡维系着信用关系的稳定，资本市场均衡维系着金融资产价格的稳定，而国际收支均衡维系着汇价的稳定和国际资金流动的稳定。这四种基本均衡状态被破坏到一定程度，就会爆发金融危机。金融危机一般分为四类，即货币危机、银行业危机、债务危机和股市危机。

1. 货币危机（Currency Crises）

货币危机是指人们丧失了对一国货币的信心，大量抛售该国货币，从而导致该国货币的汇率在短时间内急剧贬值的情形。一般来说，实行盯住汇率制或固定汇率制的国家更容易出现货币危机。因为这样的国家往往因国内经济变化没有配合相应的汇率调整，导致其货币内外价值脱节，反映为本币汇率高估，由此引发投机攻击加大市场上本币的抛压，其结果是外汇市场上本币大幅度贬值，该国金融当局为捍卫本币币值而动用大量国际储备干预市场或大幅度提高国内利率，使一国的货币流通领域出现严重混乱，甚至使原有的汇率制度趋于崩溃。例如，1994 年墨西哥比索与美元的汇率和 1997 年泰铢兑美元的汇率骤然下跌，都属于典型的货币危机。

2. 银行业危机（Banking Crises）

银行业危机是指由于某些原因导致人们丧失对银行的信心，从而大量挤提存款，银行系统的流动性严重不足，导致银行倒闭的现象。一家银行的危机发展到一定程度，可能波及其他银行，从而引起整个银行系统的危机，即大量银行倒闭。例如，20 世纪 30年代的大萧条，曾将金融危机推至极巅。美国在 1930 年，银行倒闭突破四位数，达1350 家，占银行总数的 5.29%；1931 年，倒闭 2293 家，占银行总数的 9.87%；1933年达到高峰，当年有 4000 家银行倒闭，占银行总数的 20%。

3. 债务危机（Foreign Debt Crises）

债务危机是指一国政府不能按照预先约定的承诺偿付其国外债务，并且导致该国发放外债的金融机构遭受巨大的损失。发生货币危机的国家很容易发生债务危机。因为危机发生伴随着资金外逃，国际借贷条件就会恶化。出现汇率贬值的现象时，当过度借入外债时，尤其是短期外债，偿债期限过于集中和自身经济结构失调导致对外支付手段枯竭。20 世纪 80 年代，拉美许多国家就爆发了债务危机。1982 年，墨西哥宣布无力偿还当年到期的国际债务。随后，巴西、阿根廷、委内瑞拉等拉美债务国也相继发生偿债困难。拉美债务危机同时也导致其大批外国债务银行陷入经营危机。

4. 股市危机（Stock Market Crises）

股市危机是指人们丧失了对资本市场的信心，争先恐后地抛售所持有的股票，从而使股票价格急剧下跌、股市崩溃的现象。一般来说,股灾同时具有扩散性,不同的股票市场相互影响,会引起连锁反应。而且,资本市场对外开放的国家,股市危机与货币市场危机往往具有联动作用。例如,1929 年 10 月 28 日,纽约股市日跌幅达 12.82%,史称"黑色星期五"。从 1929 年 9 月到 1933 年 7 月,美国道琼斯工业股票价格指数跌幅达 87.4%。这场股市危机不仅使无数市场参与者倾家荡产,也使美国金融、经济遭受重创,并波及全球。1999 年,美国纳斯达克股票市场的指数也急剧下跌,从原来的6000 多点跌至 2002 年 9 月底的 1150 点。

二、当代金融危机的主要特征

(一) 金融危机发生的频率加快

金融危机并非近年才有,但在第二次世界大战以前,它的出现在一定程度上还是一种偶然现象,其频率和影响范围、影响程度都比较有限。其中,1929 年开始的"大萧条"是仅有的一次由于经济危机而引发的波及面较广的金融危机。第二次世界大战以后,金融危机频频爆发,最终导致固定汇率制度受到冲击,布雷顿森林体系崩溃,债务危机四处蔓延。到 20 世纪 90 年代,金融危机愈演愈烈,频率有明显加快的趋势。首先是因金融衍生品投机失利的"巴林事件"和"大和事件"震惊了世界,随后发生了北欧银行危机,且有十余个欧洲发达国家在一批投机者的攻击下发生了欧洲货币体系危机。时隔不久,作为新兴市场经济国家典范的墨西哥发生了"新兴市场时代的第一次大危机"。1997 年 7 月爆发的亚洲金融危机,则成为"全球化时代的第一次大危机"。20 世纪 80 年代末 90 年代初苏联东欧集团的解体,使全球金融危机蔓延到"转轨国家"之中。据有关数据统计,1980 ~ 1996 年,共有 133 个国际货币基金组织成员国发生过银行部门的严重问题或危机,约占全部成员国的 70%。

(二) 金融危机的爆发具有突发性

综观近年来屡屡发生的金融危机,发生得都非常突然,虽然其中也有先知先觉的人士,但人们毕竟把它当做一种"不切实际"的预期,并没有引起应有的重视。比如,在东南亚金融危机爆发之前,国际上就有经济学家警告人们当心"亚洲奇迹"将要破灭,美国麻省理工学院教授及著名的经济学家克鲁格曼(Paul Krugman),曾于 1994 年在《外交事务》发表一篇名为《亚洲奇迹的神话》的文章。他在这篇具争论性的文章里否定了"亚洲奇迹",并认为亚洲无法持续长期的经济增长。然而当时并没有多少人相信这一论断。从本质而言,金融危机突然爆发往往源于金融风险的突发性。当金融风险在量上积聚时,只要数量上没有突破临界点,就不会发生根本性变化。然而,当金融风险、金融隐患不断积聚,就可能"牵一发而动全身",即使小小的外在压力也会导致金融危机大规模爆发。东南亚金融危机的突然爆发就充分证实了这一点。

(三) 金融危机具有明显的综合性

20 世纪 90 年代之前,金融危机通常只表现为某种单一形式,如 20 世纪 60 年代的英镑危机为单纯的货币危机,80 年代美国储贷协会危机为典型的银行业危机。但是,在 90 年代，多数金融危机具有明显的综合性，即多种危机融合在一起，形成"系统性金融危机"，也被称为"全面金融危机"。根据国际货币基金组织在《世界经济展望1998》中的分类，金融危机被分为四大类：货币危机、银行业危机、外债危机和全面危机。系统性金融危机是指主要的金融领域都出现严重混乱，即货币危机、银行业危机、债务危机和股市危机同时或相继发生，从而对实体经济产生较大的破坏性影响。较为典型的特征是，危机开始时是外汇市场的超常波动，及由此引起的货币危机，进而发展到货币市场和证券市场的动荡，并最终影响到实体经济的运行。例如，在 1994 年的墨西哥金融危机和 1997 年的亚洲金融危机中，危机国家在货币大幅贬值并最终被迫放弃原有的固定汇率制度的同时，均出现了银行坏账严重、存款抽逃等银行危机迹象。墨西哥、泰国和韩国等国家在危机期间还出现了外汇储备无法保证外债按期偿付的债务危机。

（四）金融危机的破坏性更大

金融危机的持续时间、传染范围、传播速度和危害程度都和从前的危机不同。比如，东南亚金融危机最严重时，东南亚经受金融危机的国家的货币平均贬值约 50%，股票价格下跌将近 70%，房地产价格下跌 40%～60%，此次危机带来的损失约占亚太各国 GDP 的 15%～60%，导致 1998 年全球经济增长从上年的 4% 跌至 2%，国际银行业经营效益也普遍出现下降，1997～1999 年全球 1000 家大银行的利润总额下降 29%。

（五）金融危机具有超周期性和超前性

传统金融危机表现为周期性金融危机，是由经济周期性波动引发的金融危机，因此伴随着经济周期波动而出现高峰、低谷。20 世纪 30 年代的大危机是历史上最深刻、最持久的一次周期性危机。1929 年 6 月，美国工业生产在经历高峰到下降，严重出现工业生产过剩危机，同年 10 月，纽约证券市场上股市暴跌，股价跌幅最少的将近 1/2，多的超过 4/5，金融危机猛烈爆发。这次严重的金融危机还表现在银行信贷业务陷入空前困境，各国众多银行相继停业，甚至破产。而与此同时，各国货币危机迅速发展，货币纷纷贬值，英国、日本等被迫放弃金本位制。由此可见，当时的金融危机是由经济周期波动引发的，是经济周期中长期潜伏的主要经济问题在经济危机爆发时得以发作所产生的某些后果。

现代金融危机强调它的超周期性和超前性。经过 20 世纪 30 年代的大危机后，伴随凯恩斯主义的出现，各国加强宏观改革调控，实施政府干预，经济危机似乎在某种程度上得到了控制，或者说经济危机的周期波段得到延长。然而，金融危机却是此起彼伏，似乎脱离了经济周期的轨道。伴随经济社会的证券化、资本化、货币化的发展，虚拟经济与实体经济严重脱钩，因此经济运动的疾病积累到一定程度时，先在金融领域爆发，使现代金融危机具有敏感性和超前性的特征，突发性加强，表现为经济危机爆发的前兆。考察墨西哥金融危机中的拉美各国，东南亚金融危机中的各国情况，以及美国次贷危机莫不如此。

（六）金融危机的蔓延和传染性效应增强，速度加快，呈全球性

20 世纪 90 年代以后，随着计算机、通信、网络技术的迅速发展，以贸易自由化、生产全球化、金融自由化与国际化为特征的经济全球化进程加快，也使金融危机蔓延和

传染的范围更广。在 1992 年的欧洲货币体系危机中，来势凶猛的欧洲金融风暴横扫欧洲货币体系的各国货币，在意大利里拉、英镑、芬兰马克宣布自由浮动时，法国法郎、爱尔兰镑和瑞典克朗等都承受了不同程度的投机压力。1994 年墨西哥爆发金融危机后，危机迅速传递到巴西和阿根廷等拉美国家。1997 年泰国金融危机发生后，危机传导的地域范围不断扩大，从最初的泰国到东南亚 5 国，进而到东亚、俄罗斯、欧美、拉美，直到全球，"多米诺骨牌"效应更加明显。将三次危机传染的范围和程度进行比较，范围最广、程度最深的是东南亚金融危机，具有全球性。这次危机中，不论是发达国家还是发展中国家，都成为受害者。同时，现代金融危机的一个显著变化就是"互震"趋势的加强，传统的单向传导，即由发达国家传递给发展中国家，变成双向传导趋势。发展中国家的金融危机会很快地传递给发达国家，这一点在东南亚危机中尤为突出。泡沫与崩溃的国际传递似乎不是一个经济法则，而更像是一种趋势。①

（七）金融危机更容易在新兴市场国家爆发的区域性特征

20 世纪 90 年代以前，国际性金融危机主要表现为发达国家或资本主义经济体系的周期或非周期波动。在人们目睹发展中国家这些"小龙、小虎"在世界经济中崛起的同时，同样而来的则是那些已经起飞和正在起飞的新兴市场经济国家的金融动荡的愈演愈烈之势，由此对世界经济的震撼一次比一次强烈。墨西哥金融危机和东南亚金融危机不仅让新兴市场经济国家深层次的经济体制和结构问题得到了充分暴露，而且使这类新型金融危机特点和机制浮出水面，人们对金融危机的研究也开始更加关注新兴市场国家的发展问题。

伴随发达国家金融自由化和金融创新的发展，发展中国家也先后开展了以金融深化或金融发展为旗帜的金融体制改革，相继开放资本市场，使发展中国家与全球金融市场的联系日益密切，吸引了大批国际投机资本，但由于缺乏约束机制，宏观经济基础脆弱以及制度的不合理，步入了"自由化"陷阱，造成了国内金融业的无序，使其暴露在强大的国际游资面前，成了投机者的牺牲品。1994 年之前的墨西哥一向被称为新兴市场国家经济改革"样板"和投资的"热点"，1997 年以前的泰国有"亚洲第五小龙"的美誉。作为金融和资本项目自由化的结果：大量的国际短期资本流入这些国家。与此同时，快速的金融和资本项目自由化并没有伴随着相应有力的监督和谨慎的监管体系的建立，银行和其他金融机构也缺乏足够的监测客户的技巧。而且，政府对银行债务明确地或隐含地担保也导致了严重的道德风险问题，这诱使银行经理去选择风险过高的项目，并使得国外投资者低估东道国银行资产组合的真实风险，这些金融机构的资产负债表中存在着严重的货币结构和期限结构的不匹配。投资质量的恶化引发了外国投资者对这些国家的国内银行的挤兑，反过来就产生了对外汇需求的突然增加。为了援助这些银行，中央银行耗尽了它的外汇储备，导致了危机的发生。

国际货币基金组织曾做过研究，② 对 50 个国家 1975～1997 年发生的金融危机进行

---

① Charles P. Kindleberger, Manias, Panics and Crashes：A History of Financial Crisis. MaCcmillan Press Ltd., 1996.
② IMF. World Economic Outlook, May, 1998.

鉴别，结果新兴市场国家货币危机发生是工业化国家的两倍，银行业危机是其两倍多。大多数工业化国家货币危机发生在 1975~1986 年，而银行业危机只发生在 1987~1997 年，新兴市场国家银行业危机相对集中在 20 世纪 80 年代早期和 90 年代。

三、金融危机成因理论

（一）金融脆弱性理论

金融脆弱性（Financial Fragility），有时称为"金融内在脆弱性"，有时简称为"金融脆弱"。高负债经营的行业特点决定了金融业具有容易失败的特性。这是狭义上的金融脆弱性。广义上的金融脆弱性，则是泛指一切融资领域，包括金融机构融资和金融市场融资中的风险积聚。早期，主要是从狭义上来理解金融脆弱性的，现在更多的是从广义角度使用这一概念。由于金融本身具有脆弱性，即金融体系本身就具有不稳定的性质，从而容易引发金融危机。

1. 银行的脆弱性

当储蓄者对商业银行失去信心时，就会出现对商业银行的挤兑，导致其流动性严重不足，甚至破产。商业银行面对挤兑所显示出的脆弱性，深藏于其业务的特征之中。作为一个中介机构，商业银行的功能，就是通过吸收资金和发放贷款，把对零散储户的流动性负债转化为对借款人的非流动性债权，这就导致了商业银行的资产负债的期限不匹配。从商业银行负债面上看，如果存款者提款是随机发生的，则根据大数原理，商业银行的资金流量就是稳定的。从商业银行的资产方面来看，如果商业银行将其资产都持有至到期日，并且在发放贷款时不发生逆向选择，也没有发生借款人的道德风险，则商业银行的收入也会是稳定的。简言之，只要存款基础是稳定的且借款人违约的风险较小，商业银行便可以在保持足够的流动性以应付日常提款的前提下，将其一定比例的资金投资于流动性低但收益率高的资产上。

在现实中，金融机构资产或多或少都存在一些问题，这会损害金融机构的盈利能力，从而导致金融机构清偿能力降低。而且，在一般情况下，正是金融机构资产质量的恶化引发了挤兑风潮。

导致商业银行资产质量恶化的重要原因是商业银行难以有效筛选借款者并对其进行有效监督。商业银行难以有效地发挥监督职能的根源主要在于信息的不完全。金融机构要有效地筛选借款人，就必须对借款者的经营能力及其投资项目有充分了解。可事实上，借款者要比商业银行更了解其项目的风险和收益特征。因此，在信息不对称的情况下，商业银行在发放贷款时很容易产生逆向选择，即商业银行恰恰将贷款提供给了那些违约风险较高的借款者，而将信用较好的借款者排挤到了信贷市场之外。此外，由于信息不对称，商业银行在发放贷款后又难以对借款者的行为进行有效监督，借款者在获得贷款后极有可能去从事一些银行所不希望的高风险的项目投资。一旦投资失败，就形成了银行的不良债权，恶化了银行的资产质量。

除了借款者产生道德风险和逆向选择外，商业银行自身也会存在不利于银行股东或存款者的道德风险。在现代经济条件下，商业银行或明或暗都是得到政府"保险"的，商业银行相信，一旦银行陷入了困境，政府是不会坐视不管的。危机越严重，政府援救的可能性就越大。例如，在银行业的监管中，就存在着"太大而不能破产"的"监管宽容"。监管宽容就是指出于金融稳定方面的考虑，当一家商业银行面临严重的财务困境时，政府会采取各种措施予以保护，而不让其破产。这样，即便个别商业银行认识到某类贷款存在着很大的风险，但如果已经有一些其他金融机构在从事此类贷款，它们也会"跟进"，否则它们就会失去获取高收益的机会。一旦经济形势发生逆转，借款者无力偿付时，商业银行的资产就急剧地恶化了。

商业银行资产负债结构的特征也是导致其从事高风险贷款的重要原因。商业银行的自有资本只占其资金来源的很小部分，而且银行的净值很小，所有者从其错误决策中可能招致的损失越小，它们从事高风险贷款的可能性就越大。特别是在其经营已经处于困境的条件下，金融机构的管理者会采取某种极端的风险投资，期望陷于困境的金融机构"起死回生"，结果往往雪上加霜。

总之，商业银行的正常运行依赖于高质量的资产和稳定的负债，但由于以上诸多方面的原因，使商业银行面临着道德风险、逆向选择和流动性风险，从而使其具有很高的脆弱性。

2. 金融市场的脆弱性

除了金融机构外，金融市场也具有脆弱性。金融市场的脆弱性是一个意外事件的冲击导致人们信心的丧失时，极易引发金融市场，尤其是股票价格的急剧下跌，从而严重扰乱金融和经济体系的秩序。

金融资产的价格是对它所带来的未来现金流的一个贴现值。但是，未来的现金流是人们根据自己所掌握的信息来预测的。由于信息不完全，要对未来的事情完全"先知先觉"是不可能的。事实上，人们在判断金融资产的价格时，往往具有一定的盲目性。这导致了人们在进行金融资产投资时具有"羊群效应"。简单地说，"羊群效应"就是指金融资产投资中具有跟风操作的现象，即当股票市场价格上涨时，人们就跟着买进；反之，一旦股票市场价格出现逆转下跌，就跟着"卖出"。所谓"追涨杀跌"就是典型的"羊群效应"行为。

可能导致股票市场过度波动的另一个重要原因是交易和市场结构的某些技术特征。交易制度中的任何便利低买高卖的技术性特征都可能加剧股票市场的波动性。以保证金交易方式为例，通过这种方式，投资者可以从事规模很大的金融交易，从而推动市场价格急剧变化。当价格朝着对其不利的方向发展时，迫于保证金的压力，这些投资者就不得不仓皇地强制平仓，这又会导致股票价格大落。

股票市场最大的波动性表现为股票市场泡沫的形成和崩溃过程。金融泡沫是指一系列资产在一个连续的过程中陡然涨价，开始时价格上升会使人们产生还要涨价的预期，于是又吸引新的买主——这些人一般只是想通过买卖谋取利润，而对这些资产本身的使用和盈利能力是不感兴趣的。但是，金融泡沫是很难持久地维持下去的，泡沫时期的繁荣非常脆弱。实际上，"泡沫"在非常形象化地表达了金融资产价格上涨和成交量放大速度之快的同时，也表现了它非常容易破灭的脆弱性一面。即便一个极小的外力作用，也很快会使"泡沫"破灭。在泡沫快到崩溃的前夕，投机之风盛行，整个社会都弥漫着投机的狂热。人们说起股票，像是吃了兴奋剂一样，也仿佛人人都是股票投资的行家里手，傻瓜也都成了股市里点石成金的奇才。但这时的股市就正如纸糊的窗子，被不经意的外力一捅就会破。加利·西林在《通货紧缩》中这样描述道："在1929年股市崩盘前夕，乔·肯尼迪就知道牛市已经到头了，这一判断的全部根据就在于，有一天，给他擦皮鞋的小男孩都能传他一招股市投资的秘诀。"当投机达到一定程度后，人们对股票市场的信心开始动摇，某个平常看来微不足道的因素都可能引发股票市场在短时间里急剧下跌，并在未来一段相当长的时期里维持非常低迷的行情，成交量也极度地萎缩。随着预期的逆转，接着就是价格的暴跌，最后以金融危机而告终。

（二）货币危机理论

20世纪70年代以来，货币危机理论一直是理论界的焦点之一，有关货币危机的理论和实证文献数量急剧增加。西方金融学界先后形成了三种不同的货币危机理论。

1. 第一代货币危机理论

第一代货币危机理论，又称货币危机的标准模型，最早出现于20世纪70年代末期，其奠基者是美国经济学家克鲁格曼。克鲁格曼认为，货币危机源于扩张性经济政策与试图维持固定汇率的目标之间存在着根本性不协调。典型的情况是：政府预算存在持续的财政赤字。为了弥补财政赤字，政府不得不大量发行货币，结果导致货币发行失控，物价水平持续上涨。在其他条件不变的情况下，一国的货币增长率持续地高于国际水平，该货币将面临贬值压力。在这种情况下，若该国试图维持本国货币固定的汇率，就只能动用外汇储备来干预外汇市场。如果货币贬值的压力不大，而且是暂时的，货币贬值的压力就可能被有效地化解。但若汇率贬值的压力很大且持续很久，该国中央银行就将面临外汇储备被耗尽的危险。当本国外汇储备难以承受货币贬值的压力而将被耗尽时，一些深谋远虑的投机者希望抢在该国外汇储备被耗尽之前悉数卖出该国货币，形成对该国货币的突然性投机冲击，从而迫使该国外汇储备加速枯竭，导致货币危机提前到来。由以上的分析可知，从第一代货币危机理论看来，货币危机是预算赤字的产物。

标准模型对货币危机的现实有较强的解释力。首先，在现实中，很多货币危机确实都反映了国内经济政策和汇率政策之间的根本不协调，标准模型便是对这种不协调状况的高度简化。其次，该模型表明，投资者放弃一种货币在短时间里大规模地突然抽逃货币与资本并不是一种非理性行为，也不能归因于市场操纵，它是在一国经济形势发展到一定情况下的合乎逻辑的结果。

2. 第二代货币危机理论

第二代货币危机理论的分析出发点与第一代危机理论比较接近，将货币危机发生的原因归结为国内经济政策与固定汇率制的矛盾上。它们之间的差别在于，第一代货币危机理论集中于讨论财政政策，而第二代货币危机理论则更集中于货币政策。第二代危机理论认为，在固定汇率制下，政府如果追求更具扩张性的货币政策，最终会导致本国汇率大幅度贬值，从而引发货币危机，迫使政府最终不得不放弃固定汇率制，转而实行浮动汇率制。

为什么政府有使本国货币贬值的动机呢？主要原因有以下两个方面：①政府有着大量的以国内货币标价的债务，而政府试图通过通货膨胀的办法来"销蚀"这些债务，如果汇率固定不变，就难以实现这一目标。如果外汇投机者识破了政府的这种动机，他们就可能开始攻击该国货币。20世纪20年代的法国法郎危机便是标准的事例。当时，国际投资者怀疑法国政府试图通过通货膨胀的途径来消除其在第一次世界大战中积欠的债务，从而对法国法郎展开了攻击，并导致法国放弃固定汇率制。②由于国内存在着严重的失业等问题，政府试图采取扩张性的货币政策来解决这些矛盾。这就导致了"对内目标"与"对外目标"的冲突：如果欲维持固定汇率，货币政策的扩张将受到限制；如果货币的扩张势在必行，则难以维持固定汇率制。

如果基于国内经济状况的考虑，政府有贬值的动机，那么为什么它还要维持汇率的稳定？可能的原因之一是，政府认为固定汇率对于国际贸易和跨国投资是十分重要的，也就是说，考虑到对外因素，政府认为维持固定汇率对自己是有利的。另一种原因是，该国有通货膨胀的历史，因此保持汇率的稳定，可以看作某种形式的信用保证。另外，在某些国家，汇率可能被看作民族尊严的象征，或者在某种国际条约的约束下，该国有在汇率上进行国际合作的义务。

问题是，为什么人们对维持固定汇率失去信心本身就会使得保卫汇率变得更加困难？主要原因在于，如果各种国内因素使得本国货币有贬值的压力，那么保卫固定汇率的成本会很高。比如，外国债权人可能要求高利率，从而使得经常项目下的债务负担更大；如果货币坚持不贬值，国外资金将不再流入，同样也会使固定汇率难以为继。再如，在人们普遍存在汇率贬值预期的情况下，国内工资水平可能提高，从而使得现行汇率下的国内产业缺乏对外的竞争力，导致汇率贬值压力越来越大。又如，倘若一国政府由于各种原因决心保卫固定汇率，它可能提高短期利率，这会使得政府和企业的现金流恶化，进而导致衰退和失业。无论如何，贬值预期本身会改变维持固定汇率平价的成本与收益之间的平衡，使得维持固定汇率的成本增大，最终迫使政府重新考虑汇率调整问题。

在克鲁格曼看来，如果将这样的一些因素综合在一起，就能产生一个类似于标准模型的理论。假定一国在维持现行汇率平价和放弃现行汇率平价的成本之间进行平衡，如果前者的成本比较高，那么在未来某个时候，即使没有遇到国际资本的投机性攻击，该国货币也会贬值。投机者在货币贬值之前就会开始放弃该国货币，这使得货币贬值提前到来。认识到了这一点，一些投资者甚至可能在更早的时候就开始放弃该国货币。投资者的这些行为将引发一场危机，从而使得在基本经济因素恶化使贬值成为必要之前，导致该国固定汇率制的崩溃。总而言之，假定基本经济因素的变化使得固定汇率最终不可避免地被放弃，同时投资者的信息是完全的，那么对一种货币的投机攻击会在更早的时候发生，并会取得成功。从投资者的角度分析，主要原因是套利的需要：如果不抢在危机发生之前进行攻击，该货币贬值的利润就会被其他投资者瓜分掉，并使自己蒙受损失。

不难看出，在第一代货币危机模型中，危机是由于基本经济因素恶化直接导致的。然而，在第二代货币危机理论中，货币危机并不是由基本经济因素的恶化直接导致的；相反，至少在该国政府看来，维持货币汇率平价的基本经济条件依然存在，而且政府已经为维持该货币平价做好了充分的准备。只是由于发生了投机攻击，使得保卫固定汇率制的成本太高，该国政府才不得不放弃维持固定汇率的努力。

3. 第三代货币危机理论

从 1997 年 7 月开始，东南亚国家爆发了严重的金融危机。人们发现，第一代货币危机理论和第二代货币危机理论都无法令人满意地解释东南亚国家的金融危机。原因如下：

1997 年，东南亚金融危机爆发之前，大多数东南亚国家的国内状况都是良好的：所有这些国家的政府预算都基本保持了平衡；它们没有实行不负责任的信用扩张政策；尤其重要的是，这些国家的通货膨胀率相当低。

1996 年，东南亚国家的确普遍出现了经济增长放慢和生产能力过剩的现象，但是在危机之前，这些国家的失业并不严重。换言之，这些国家没有必要放弃固定汇率来追求更加扩张的货币政策来提高国内的就业率。

在货币危机发生之前，这些国家的资产市场，特别是股票市场和房地产市场都经历了急剧膨胀到急剧破灭的过程。

在所有这些国家的金融危机中，金融机构起到了比政府更为重要的作用。这些金融机构从国际金融市场上借入了大量的短期债务，然后转借给国内投资者，这些资金大部分被投入房地产和股票市场。

这些都表明，亚洲金融危机的爆发，既不像标准模型所指的那样，归因于政府财政出了问题，也不完全像第二代货币危机模型所分析的那样，是由于这些国家不当的宏观经济政策取向所致。基于此，一些学者试图提出新的理论模型来对此加以解释。这就产生了第三代货币危机理论模型。

在新兴市场经济国家中，普遍存在着政府对借款提供隐含担保的现象，政府官员们也与各种金融活动有着千丝万缕的联系。这样，金融机构认为，在它们出现问题时，政府是不会坐视不管的。在这种背景下，金融机构通常会无所顾忌地对外大量借债，贷款也就不够谨慎，致使大量资金投资于一些高风险也可能是高回报的非生产部门，于是产生了"过度借款综合征"，即金融机构过量的风险贷款急剧膨胀。风险贷款的增加推动了资产价格的上升，使金融机构的资产负债表看起来比实际上好得多。只要整个资金链条没有崩溃，这一过程将得到维持并不断循环。然而，金融泡沫脱离实体经济的膨胀不可能永远持续下去，当某种外来扰动因素出现时，金融泡沫就会突然破灭，并通过支付链条传导到整个金融体系。此时，资产价格急剧下降，金融机构的大量风险贷款几乎立刻变成巨额不良贷款。当危机发生到一定程度，政府因无能力而可能被迫撤除其隐含担保，使金融机构再融资的能力进一步下降，一些金融机构被迫破产，并促使资产价格进一步下跌。这种恶性循环便是金融危机。

4. 三代货币危机理论的比较

三代货币危机理论研究的侧重面各有不同。

第一代货币危机理论认为一国货币和汇率制度的崩溃是由于政府经济政策之间的冲突造成的，这一代理论解释 20 世纪 70 年代末 80 年代初的"拉美式"货币危机最有说服力，对 1998 年以来俄罗斯与巴西由财政问题引发的货币波动也同样适用。

第二代货币危机理论认为政府在固定汇率制上始终存在动机冲突，公众认识到政府的摇摆不定，如果公众丧失信心，金融市场并非是天生有效的，存在种种缺陷。这时，市场投机以及"羊群效应"行为会使固定汇率制崩溃，政府保卫固定汇率制的代价会随着时间的延长而增大。第二代理论应用于实践的最好的例证是 1992 年英镑退出欧洲汇率机制的情况。

第三代货币危机理论认为关键在于企业、脆弱的金融体系以及亲缘政治，这是东南亚货币危机之所以发生的原因所在。

这三代货币危机理论虽然从不同的角度回答了货币危机的发生、传导等问题，但是关于这方面的研究还远不是三代危机理论所能解决的。例如，这三代危机理论对各种经济基本变量在货币危机积累、传导机制中的作用，对信息、新闻、政治等短期影响投资者交易心理预期因素的研究都显得有很大的欠缺；同时，这三代货币危机理论对于资本管制下货币危机爆发的可能性、传导渠道等均未涉及，其中第三代货币危机理论认为紧急资本管制是应付货币危机的手段之一。

（三）银行业危机理论

1. 货币政策失误论

弗里德曼的货币政策失误理论认为，因为货币需求函数的相对稳定性，货币供求失衡的根本原因在于货币政策的失误。并且，这种失误（如突然的通货紧缩）可以使一些轻微的局部的金融问题通过加剧银行恐慌演变为剧烈的全面的金融动荡。

2. 金融不稳定假说

海曼·明斯基对金融内在脆弱性进行了系统分析，提出了"金融不稳定假说"。他将市场上的借款者分为三类：第一类是"套期保值"型借款者（Hedge-financed Unit）。这类借款者的预期收入不仅在总量上超过债务额，而且在每一时期内，其现金流入都大于到期债务本息。第二类是"投机"型借款者（Speculative-financed Unit）。这类借款者的预期收入在总量上超过债务额，但在借款后的前一段时期内，其现金流入小于到期债务本息，而在这段时期后的每一时期内，其现金流入大于到期债务本息。第三类是"蓬齐"型借款者（Ponzi Unit）。这类借款者在每一时期内，其现金流入都小于到期债务本息，只在最后一期，其收入才足以偿还所有债务本息。因而，他们不断地借新债还旧债，把"后加入者的入伙费充作先来者的投资收益"，以致债务累计越来越多，潜伏的危机越来越大。

在一个经济周期开始时，大多数借款者属于"套期保值"型借款者，当经济从扩张转向收缩时，借款者的盈利能力缩小，逐渐转变成"投机型"借款者和"蓬齐"型借款者，金融风险增大。因而，金融体系具有内在的不稳定性，经济发展周期和经济危机不是由外来冲击或是失败性宏观经济政策导致的，而是经济自身发展的必经之路。

3. "金融恐慌" 理论

戴尔蒙德和荻伯威格认为银行体系脆弱性主要源于存款者对流动性要求的不确定性以及银行的资产较其负债缺乏流动性之间的矛盾。他们在 1983 年提出了银行挤兑理论（又称 D—D 模型）。其基本思想是：银行的重要功能是将存款人的不具流动性的资产转化为流动性的资产，以短贷长，实现资产增值。在正常情况下，依据大数定理，所有存款者不会在同一时间取款。但当经济中发生某些突发事件（如银行破产或经济丑闻）时，就会发生银行挤兑。而且，一些原本不打算取款的人一旦发现取款队伍变长，也会加入挤兑的队伍，发生金融恐慌。

4. "道德风险" 理论

麦金农认为，由于存款保险制度的存在，以及政府和金融监管部门在关键时候扮演"最后贷款人"的角色，一方面会使银行产生道德风险，从事具有更高风险的投资，增加了存款人受损害的可能性；另一方面存款者也会不对银行实施监督。世界银行和国际货币基金组织对 65 个国家在 1981～1994 年发生的银行危机做的计量测试也表明，在设有存款保险制度的国家，发生危机的概率要高于没有设立存款保险制度的国家。

（四）外债危机理论

1. "债务—通货紧缩" 理论

费雪是最早对市场经济条件下金融不稳定性的机制进行系统研究的经济学家。他分析了 1837 年和 1873 年发生在美国的"大萧条"以及始于 1929 年的全球性经济金融危机。他认为，金融市场产生大动荡的根本原因在于同时出现过度负债和通货紧缩。金融的"变异"会致使实体经济"变异"，其作用过程大体上是这样的：当经济中出现了新发明、新发现、新产业、新兴市场等新的投资机会时，人们便会产生新的预期收益，从而积极地举债。当预期新事物层出不穷，同时资金供给又较为宽松时，借款者为追求新的盈利机会便会产生"过度负债"。

当资金借贷双方均注意到"过度负债"时，借款者就不得不采取措施出售资产或减少借款，这样就会出现信用收缩。此时，即便投放货币也不能激活经济，货币流通速度下降，物价开始下跌。物价总水平的下降导致企业的净资产减少，收益下降，并进一步使破产企业增多，产量减少，大幅度地裁减人员，失业增加。面对这样的打击，人们就会对经济前景丧失信心，投资意愿下降，沉淀的货币量加大，货币流通速度进一步降低。由于投资需求下降，物价水平的下降又使实际货币余额增多，从而促使名义利率下降。但是由于物价下跌幅度超过名义利率下降幅度，因而实际利率反而上升，金融市场混乱局面加剧，接着便是银行接连倒闭，爆发金融危机。

可以将费雪的金融不稳定性过程简要描述如下：新发明→过度负债→信用紧缩→物价下跌、产量减少、失业增加→信心丧失→投资减少→名义利率下降→金融市场混乱、银行倒闭和金融危机。

1873～1879 年的美国经济不景气、1929～1933 年的"大萧条"等大规模的"金融危机"为费雪的债务—通货紧缩理论提供了良好的佐证。1921 年以来经济强劲增长的原动力使各种"新兴事物"层出不穷，如汽车及化学工业的发展、高速公路的修建、电力网的完善、现代化铁路事业的发展、曾经落后一时的不动产业明显复苏等。由于这些新发明的出现，导致了金融资产的急剧膨胀，资产价格急剧上升，美国对外贷款、对外投资十分活跃。欧洲很多国家都负有巨额短期外债，英国采取了低利率政策，支持重新实行金本位制。但后来银行贷款和货币供应量急剧减少，股票价格最终于1929年出现了暴跌，银行破产大量增加。

2. "资产价格下降"理论

沃尔芬森的资产价格下降理论的核心思想是：由于债务人的过度负债，在银行不愿提供贷款或减少贷款的情况下，被迫降价出售资产，就会造成资产价格的急剧下降。由此产生两个方面的效应：一是资产负债率提高；二是使债务人拥有的财富减少，两者都削弱了债务人的负债承受力，增加了其债务负担。债务欠得越多，资产降价变卖就越多，资产降价变卖越多，资产就越贬值，债务负担就越重。

3. "综合性国际债务"理论

从经济周期角度提出的综合性的国家债务理论认为：随着经济的繁荣，国际借贷规模扩张，中心国家（通常是资本充裕的发达国家）的资本为追求更高回报流向资本不足的边缘国家（通常是发展中国家），致使边缘国家的投资外债增多；债务的大量积累导致债务国偿债负担的加重，当经济周期进入低谷时，边缘国家赖以还债的初级产品出口的收入下降导致其逐渐丧失偿债能力，最终爆发债务危机。

四、金融危机的危害

金融危机对经济的冲击会涉及方方面面，社会总会为其付出高昂的代价。不论是发展中国家，还是发达国家，都屡受其害。拉美债务危机使拉美国家"失去了发展的十年"；美国的储贷协会危机让纳税人直接付出了1800多亿美元的拯救代价，加深了美国在20世纪80年代末90年代初的衰退；欧洲货币体系危机曾迫使西欧若干主要国家退出欧洲货币体系；亚洲金融危机则使一向欣欣向荣的亚洲经济倒退了五六年，"东亚奇迹"黯然失色；等等。而2007年美国的次贷危机不仅对这个世界上最强大的金融帝国造成了巨大的冲击和破坏，而且引发了一场波及全球的金融海啸，并带来了许多国家的经济衰退。正如金融大鳄乔治·索罗斯所说的，我们正在遭受着自1930年以来历史上最严重的金融危机的惨痛折磨。这次金融危机的冲击力无论是在实体经济还是在金融市场上都已经得到充分显现。下面，就以2007年国际金融危机为例，阐述金融危机带来了哪些方面的危害。

（1）在美国金融危机爆发后，大量金融机构遭受巨额损失，甚至破产倒闭。2007年4月，以美国第二大次级房贷公司新世纪金融公司破产事件为标志，美国次贷危机爆发。危机发生后，多家金融机构出现巨额亏损甚至倒闭，2008年3月，美国第五大投资银行贝尔斯登因濒临破产而被摩根大通收购。9月以后，由于房价的持续下跌，美国次贷违约率继续上升，与次级抵押债券相关的各种金融资产风险开始加速暴露出来，受波及的金融机构范围也越来越大。9 月 7 日，美国政府宣布接管"两房"——房利美、房地美，随后在不到一个月的时间里，华尔街五大投资银行相继破产或者被接管，包括商业银行、保险公司、投资银行、对冲基金等在内的金融机构大都遭受巨额损失。9 月 15 日，在次级抵押贷款市场危机（次贷危机）加剧的形势下，有 150 多年历史的美国第四大投资银行雷曼兄弟公司最终丢盔弃甲，宣布申请破产保护。雷曼兄弟公司的破产，标志着 2007 年开始的次贷危机终于将美国拖入自 1929 年以来罕见的严重金融危机之中。

（2）国际主要资本市场动荡加剧，很多国家甚至出现了股市连番暴跌，投资者损失惨重。美国金融危机全面爆发后，从美国纽约到英国伦敦，从法国巴黎到德国法兰克福再到日本东京，西方主要经济体的股市动荡不已，总体是持续下跌势头。到 2008 年 9 月，美国次贷危机愈演愈烈，并逐步升级为全面的金融危机，西方主要经济体的股市遭到了更大压力，频频出现暴跌，同时新兴工业国家和发展中国家的股市也大幅受挫，引发了新一轮的全球股灾。

（3）这场金融危机已从金融领域扩散到实体经济领域，造成经济衰退。这一次次贷危机导致的经济周期与此前的经济周期存在着显著差异，此前的经济周期往往是由实体经济恶化之后逐步传导到金融市场的，而此次经济动荡则是因为金融体系的监管出现缺陷等导致金融市场的大幅波动进而演进为现实的经济波动。从国际经济环境上来看，自 2008 年 10 月开始，伴随着次贷危机的进一步恶化，对各国实体经济的影响日益显现，各国经济增长出现明显减速，美国、欧盟等经济开始出现负增长，同时失业率上升，消费者信心显著下降，美国失业率继 10 月飙升至 6.5% 以后，11 月又创造了 6.7% 的 15 年来的最高纪录，引发了全球金融市场新一轮的大幅波动。此外，全球主要经济体逐步显现通缩压力，美国 10 月消费者物价指数大跌 1%，创历史上最大跌幅；日本 10 月 CPI 环比也下降 0.1%。泰国、韩国和澳大利亚等新兴市场国家 11 月通胀率与全球同步回落，如泰国 11 月通胀率从 10 月的 3.9% 大幅降至 2.2%。全球大宗商品价格更是同步一落千丈。原油价格从每桶 147 美元以上迅速跌落至 50 美元以下，铁矿石、煤炭和粮食价格也都大幅下跌。这意味着次贷危机对实体经济的冲击全面显现，全球经济的回落已经是一个显著的趋势。

另外，金融危机还通过国际贸易渠道传导到对外依存度较高国家的实体经济。由于全球资产价格下跌，其造成的负向财富效应使得世界各国，尤其是发达国家居民消费意愿和消费能力显著下降，直接导致发达国家进口萎缩，全球贸易量锐减。据国际货币基金组织估计，2008 年和 2009 年世界贸易量增速放缓，分别为 4.6% 和 2.1%。以美国为首的发达国家进口需求下降将对一些作为其贸易伙伴国的发展中国家的出口行业构成严重冲击。尤其是那些金融市场外资比重较大、经济增长高度依赖出口且出口结构单一、自身存在比较严重的资产价格泡沫的发展中国家将深受其害，如部分东欧国家和中亚国家，严重的情况下也会出现金融危机和经济衰退。

市场信贷紧缩、信心下降导致跨国公司的国际投资纷纷撤资，使国际投资东道国的经济增长滞缓。由于跨国公司原有的产能过剩，对经济增长的预期降低，加上融资成本增加，导致许多投资项目搁置。据世界银行统计，金融危机爆发以来，发展中国家借债的平均利率与发达国家借债利率之差从 2% 攀升至 8%，而且流向发展中国家的官方和私人资本出现了大幅下滑。

五、金融危机的防范

（一）国内层面的危机防范

1. 维护健全的宏观经济环境

健全的宏观经济环境和合理的产业结构是防范金融危机的必要宏观环境。健全的宏观经济环境主要包括适度的经济增长、较低的失业率、较稳定的物价水平、没有长期性的大规模的国际收支赤字、平衡的政府财政收支和适度的政府债务规模等。因为过高的经济增长率可能导致人们过于乐观的预期，信贷急剧扩张，资产价格也迅速膨胀。另外，大规模的财政赤字和高失业率都会造成货币供应量的过快增长，带来通货膨胀。这些都会给金融体系的稳定带来隐患。

2. 建立合理的企业治理结构

有效的企业治理结构是防范金融危机的微观基础。这是因为，有效的企业治理结构可以最大限度地防止融资中的道德风险和逆向选择。有效的企业治理结构包括对企业经理人员的激励和约束两个方面，如对企业经理人员利益的奖赏和不负责任行为的惩罚，促使经理人员采取有效率的行动。因此，合理的企业治理结构减少了给商业银行带来不良贷款的可能性，同时也会提高公司的盈利能力，从而给其投资者带来更高的回报，为股票价格的稳定上涨奠定良好的基础。

在多数情况下，如果公司治理结构不合理，内部人控制就会更加严重，管理层可能会转移公司的现金和其他资产，用于偿付管理层个人的债务，或将其直接存入在国外银行的账户，或者注入其他公司。在发生金融危机的亚洲国家，经理人员通过转移现金和其他资产来侵占其他股东的财产是非常普遍的事情。在中国，由于不合理的公司治理结构，在上市公司中，大股东作为控股股东非法侵占上市子公司资产的现象屡见不鲜，结果使上市子公司遭受巨额亏损，这给中国股票市场埋下了巨大的隐患。因此，合理的企业治理结构是防范金融危机的微观基础。

3. 选择合理的汇率制度和资本项目开放

不合理的汇率制度与资本项目开放可能会带来货币危机。例如，选择固定汇率制度与资本项目开放就是一组错误的搭配。在固定汇率制下，一国货币的汇率往往会被高估，但由于资本项目开放，当该国货币汇率被高估后，就很容易受到投机冲击，从而使固定汇率制度崩溃，该国货币汇率大幅度地贬值，引发货币危机。

东南亚金融危机发生后，克鲁格曼提出了"永恒三角形"，也叫"克鲁格曼三角"，如图 12-1 所示。克鲁格曼认为，世界各国的金融发展模式都可以被概括进这个三角形框架，A 是选择国内货币政策独立性和资本自由流动，美国及若干亚洲金融危机国家选择了这一模式；B 是选择汇率稳定和资本自由流动，实行货币局制度的中国香港及南美诸国选择了这一模式；C 是选择货币政策独立性和汇率稳定，这方面最有代表性的国家是中国。他认为，美国选择 A 模式却不发生金融危机的原因是美国的金融体系十分健全和完善，而亚洲一些国家之所以发生金融危机，主要原因是没有像中国那样实行严格的资本管制。资本项目的管制断绝了国际投机资本对本国货币发动投机冲击的机会。

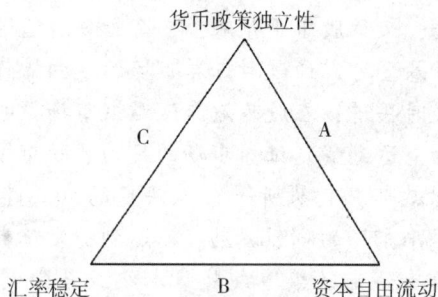

图 12-1　克鲁格曼三角

专栏 12-1

管理短期国际资本流动的方法——托宾税

在管理短期资本流动方面，最突出的建议就是对短期资本流动课税。人们称这种税为"托宾税"。托宾认为，由于流动性不同，商品和劳务依据国际价格信号做出反应的速度要比金融资产价格变动缓慢得多。国际资本市场上由投机引起的国际金融市场震荡，会传递到商品和劳务市场。商品和劳务市场的反应速度慢，来不及做出合适的反应，于是导致商品和劳务市场的扭曲。为此，他于 20 世纪 70 年代末建议，在快速运转的国际金融飞轮下面撒些沙子，即对短期资本流动课税，使之转得慢一点，对稳定经济是绝对必要的。托宾税的益处，是有助于减轻国际投机对本国经济的支配程度，而且对贸易和长期投资不会有太大的冲击。

4. 建立有效的金融监管制度

有效的金融监管可以减少道德风险和逆向选择，同时通过限制金融机构从事高风险的业务活动，也减少了金融机构发生坏账的可能性，从而增强了金融体系的稳定性。有关金融监管方面的内容，在前面章节中已经进行了阐述。

5. 提高对金融市场的干预调控能力

一是动用外汇储备干预外汇市场。针对国际投机资本的侵入，中央银行应该运用本外币资金入市干预，以稳定汇率。这种对冲性干预能在一定时期减少汇率波动幅度和打击投机。但一国或地区这种干预能持续多久，要受该国或地区外汇储备的规模、从国际金融市场上所能借到的外汇规模等因素制约。

二是动用财政资金，稳定股市。在股市大跌特别是市场信心涣散的时候，政府可动用财政资金进场护盘，这对于恢复市场信心，制止恐慌性抛售有很显著的作用。例如，在 2007 年国际金融危机中，各国政府都以这种方法积极救市。

专栏 12-2

建立股市平准基金

所谓股市平准基金，又称股市干预基金，是指政府通过特定的机构以法定的方式建立的基金。这种基金可以通过对证券市场的逆向操作，如在股市非理性暴跌、股票投资价值凸显时买进；在股市泡沫泛滥、市场投机气氛狂热时卖出的方式熨平股市非理性波动，达到稳定证券市场的目的。股市平准基金是政府通过特定的机构（证监会、财政部、交易所等）以法定的方式建立的基金，通过对证券市场的逆向操作，熨平市场的剧烈波动，以达到稳定证券市场的目的。一般情况下，平准基金的来源有法定的渠道或其基本组成是强制性的，如国家财政拨款、向参与证券市场的相关单位征收等，也不排除向自愿购买的投资者配售。从广义来说，平准基金通常是指政府通过特定的机构以法定的方式建立的基金，通过对某个具体市场的逆向操作，降低非理性的市场剧烈波动，以达到稳定该市场的目的。

目前国际市场上设立了股市平准基金的国家和地区并不多，主要有中国香港、日本和中国台湾。最成功的例子当属中国香港政府 1998 年的对国际金融炒家的一场成功的阻击战。1998 年 8 月，索罗斯等一批国际炒家发动冲击中国香港联系汇率和中国香港股市的"立体式"袭击。一方面索罗斯连同其他财力雄厚的"大鳄"指挥旗下基金大手沽售港元，三度冲击在港奉行多年的联系汇率，港元兑美元汇率从高位迅速下降。同时，至 1998 年 8 月 14 日，恒生指数已下挫至接近 6500 点，是当时近 5 年的新低，中国香港特区政府决定干预股市及期指市场，动用了 1180 亿港元的外汇基金购买香港股票，炒家不断抛空股票，港府则力接沽盘。经过 14 日的"火拼"，中国香港特区政府终于成功击退炒家：8 月 28 日恒指以 7829 点收市，成交额达 790 亿港元，创出单日成交纪录的历史性新高。随后，香港财政司立即注册成立了外汇基金投资有限公司，负责管理"入市"行动中购买的股票。到 2001 年为止的 32 个月中，中国香港特区政府当时动用的外汇基金已经尽数回笼。同时还赚回 1100 多亿元港币。2002 年，外汇基金通过盈富基金，将手中的港股平稳地转入香港市民的手中，顺利完成了"救市"的历史使命。

---

6. 完善金融机构的内控制度

在防范金融危机方面，金融机构的作用也不可忽视。金融机构健全的内部控制制度可以防微杜渐，减少金融机构内部的道德风险。例如，科学的决策程序就可能避免导致严重不良后果的选择；严格的内部稽核与审计就可能及早地发现潜在的问题等。此外，金融机构内部良好的激励与约束机制使金融机构的业务人员在开展工作时更为审慎，从而减少高风险的活动。例如，商业银行良好的内控制度就可以鼓励信贷员发掘风险更低的潜在借款人，也防止了信贷员与借款者之间相互勾结骗取银行的信贷。巴林银行内控制度的不完善在很大程度上促成了这家老牌英国商业银行的破产，因为它在新加坡的交易员里森可以为所欲为地从事期货交易。再庞大的金融企业，也必须有严格的内控制度，只有这样才能保证其业务的正常运营。失去了这一点，再小的疏漏也会导致万吨巨轮的倾没。

（二）国际层面的危机防范

面对 2007～2008 年席卷全球的金融危机，世界各国都认识到，在全球经济一体化的背景下，很难有哪个国家能在这种情况下独善其身，互相携手才能将其带来的风险降到最小。正如胡锦涛主席 2008 年 10 月 24 日在第七届亚欧首脑会议上指出的那样："面对这一全球性的挑战，世界各国需加强政策协调、密切合作、共同应对。"

1. 各国加强宏观经济的协调与合作，重构与虚拟经济相匹配的实体经济

美国金融危机爆发的根源之一，就在于其虚拟经济严重脱离实体经济而过度膨胀。在欧美等发达国家，长期过于注重服务业和金融业，而把工业等制造业转移到其他发展中国家。一旦消费和资本市场出现问题，严重依赖资本市场融资的实体经济将受到很大冲击。显然，发达国家实体经济与虚拟经济发展的失衡是长期积累而造成的，短期内难以达到平衡。这就要求发达国家制定实体经济与虚拟经济相协调的发展机制，使虚拟经济更好地为实体经济服务，找到新的经济增长点。同时，新兴经济体应积极、广泛参与全球宏观经济政策的协调合作，采取审慎、主动的刺激经济增长的扩张性政策，促进全球经济复苏。

2. 建立各主要经济体之间的经济合作与政策协调机制，循序渐进地调整全球经济失衡

在经济全球化深入发展的背景下，世界经济失衡影响着全球资源合理配置、加剧了全球经济结构性矛盾，它也是爆发美国金融危机的根源之一。各国应该根据自身情况，扩大国内需求，削减财政赤字，加快结构调整，深化体制改革，相互开放市场，加强战略对话和宏观政策协调，推动国际经济秩序朝着更加合理的方向发展，促进世界经济均衡发展。各主要经济体需进一步加快建立双边或多边的协调机制，为调整失衡制定明确的政策方向与行动重心。例如，美国应逐步提高国内储蓄，降低财政赤字；东亚各新兴经济体应逐步调整贸易结构，提高汇率弹性；日本应加快产业结构调整，扩大内需；欧洲应帮助美国吸收世界其他经济体出口，力争成为带动全球经济增长的新的"发动机"。

3. 世界各国要积极参与、密切配合，建立有约束力、行之有效的国际金融管理体制，共同抵御金融风险

（1）完善国际金融组织体系。完善国际金融组织体系，积极发挥其在维护国际和地区金融稳定、加强金融监管等方面的作用，提升新兴国家及发展中国家的知情权、话语权和规则制定权。在目前的国际形势下，要想推翻现有金融体制并不现实。国际金融市场最强大的国家都是现有体制的受益者。因此，世界各国应通过改革国际货币基金组织、世界银行等国际组织来对国际金融体制进行修补和完善。新兴国家及发展中国家在世界经济格局中的地位日益重要，因此他们在完善国际金融组织体系的过程中将发挥巨大的作用。

（2）改革国际金融监管体系。国际经济组织，特别是国际货币基金组织和世界银行，应通过在财政、金融和货币领域制定国际通用的行为准则、改进国际会计标准、完善各国经济和金融形势的信息披露制度等措施来制定合理有效的国际金融监管标准、预警系统和风险防范体系，同时密切关注各个国家不断上升和累积的具有发生金融危机的潜在因素，预先发出警告，并对各国政府提出相应的政策选择方案，以最大限度地避免危机的爆发。

（3）加快推进多元化国际货币体系建设。加快推进多元化国际货币体系建设，努力发挥多种货币的作用，共同支撑国际货币体系的稳定。美国金融危机的爆发与在当今国际货币体系中以美元作为储备货币的核心地位密切相关。未来要改变以美元为主导的货币体系，提升区域货币在货币体系中的地位，以对美元形成一定的约束。多元化的货币体系有利于形成货币之间的竞争，使货币反映其背后所代表的经济实力的变化，共同支撑国际货币体系的稳定。

第二节　金融安全

随着金融全球化进程的加快，各国金融市场越来越紧密地连接在一起。金融全球化在推动世界经济发展的同时，也从根本上改变了国际金融市场的结构，给金融市场的参与者和决策者带来了新的挑战，并且使局部金融危机在国际间迅速传染，也使得金融危机的易发性、联动性和破坏性越来越明显，各国面临的金融风险显著增加，各国特别是新兴市场国家的金融安全面临严峻的挑战。世界范围内不断爆发金融危机，一方面说明了在现代市场经济体系中金融所占据的核心地位；另一方面也说明了防范金融风险、维护金融安全对于保障国家经济安全的重要性。

中国作为正在崛起的发展中大国，随着金融业对内、对外"双向式开放"力度的进一步加大，尤其是资本项目开放的推进，金融体系的安全性正在经受着前所未有的考验。外资金融机构的进入、内资金融机构的加入、资本项目自由化程度的不断提高均会改变国内金融业所面临的竞争环境，使中国的金融业在引入新增变量的形势下重新洗牌，也将给我国经济、金融宏观调控和金融监管带来诸多难题，对我国金融安全构成极大威胁。因此，在金融全球化的背景下，如何利用金融全球化的优势推进我国经济平稳持续发展，维护我国的金融利益；同时，将金融风险控制在可承受的范围内，维护我国的金融安全，始终是一对相伴相生的矛盾，也是我国迫切需要解决的现实问题。

一、金融安全：金融危机引出的新范畴

1997年亚洲金融危机爆发之后，对金融安全的研究从经济安全的研究中凸显出来，

并随着世界经济一体化的发展而成为全球性的研究课题。可见金融安全理论是金融全球化发展的产物，是为了适应经济全球化所带来的负面影响应运而生的。因此在考虑金融安全的概念界定时，决不能脱离金融全球化的大环境。

金融安全（Financial Security）的概念可以界定为：在金融全球化条件下，一国在其金融发展过程中具备抵御国内外各种威胁、侵袭的能力，确保金融体系、金融主权不受侵害、使金融体系保持正常运行与发展的一种态势。[①]

正确理解金融安全的内涵，需要注意以下三个方面：

（1）根据金融的实质对金融安全概念进行界定。金融可以理解为凡是既涉及货币，又涉及信用的所有经济关系和交易行为的集合。把金融安全的概念界定为货币资金融通的安全，并强调凡是与货币流通以及信用直接相关的经济活动都属于金融安全的范畴，这实际上是根据金融的实质对金融安全概念的界定。

（2）反映了金融安全概念的广泛性。金融安全不仅是单个金融活动的安全，更是整个金融体系的安全。要进行货币资金融通、从事信用活动，就需要有一个健全、完善的金融体系。金融体系由五个基本要素组成：一是金融制度，具体包括货币制度、汇率制度、信用制度、银行制度和非银行金融机构制度、利率制度、金融市场的种种制度，以及支付清算制度、金融监管制度和其他；二是金融机构，通常划分为银行和非银行金融机构两类；三是金融工具，是指信用关系的书面证明、债权债务关系的契约文书等，其包括的范围极为广泛，从传统的商业票据、银行票据，直到期货、期权和种种金融衍生工具的标准合约，金融工具可以在金融市场上进行交易，是金融活动的载体；四是金融市场，是金融工具发行和流转的场所，金融市场主要包括资本市场、货币市场、外汇市场及衍生性金融工具市场；五是金融调控机制，是指政府进行政策性调节的机制，金融调控机制的内容包括决策执行机构、金融法规和货币政策。既然金融安全是货币资金融通的安全，凡是与货币流通以及信用直接相关的经济活动都属于金融安全的范畴，毫无疑问，在金融安全概念中理所当然包括了整个金融体系和金融运行的安全。

（3）将金融安全的概念置于金融全球化的大背景下讨论。金融全球化的影响具有两重性，金融全球化在大大提高国际金融市场效率、有效配置资源、促进世界经济发展的同时，也带来了众多负面影响，突出表现为加大金融风险和引发金融危机。亚洲金融危机的爆发为人们重视金融安全不断地敲响了警钟，也为人们在金融全球化潮流中维护金融安全提供了极其重要的经验教训。正因如此，从金融的实质角度界定金融安全概念时特别强调一国对外金融的安全，认为一国国际收支和资本流动的各个方面，无论是对外贸易，还是利用外商直接投资、借用外债等都属于金融安全问题的范畴，其状况如何直接影响着经济安全。需要指出的是，强调对外金融的安全，并不意味着忽略内部金融的安全，正如一些学者指出的：对目前的开放经济体而言，内外部经济往往是交织和融合在一起的。过分强调外部均衡的能力和状态而忽略内部均衡的状态来谈金融安全可能

① 王元龙. 中国金融安全论 [M]. 北京：中国金融出版社，2003.

有失偏颇。其实，这种对金融安全概念的界定中本身就已经包含了内外部金融安全，因为货币资金融通既可以在国内金融市场进行，也可以在国际金融市场进行。

二、金融全球化与金融安全

金融安全问题的提出是金融全球化（Financial Globalization）的产物。更确切地说，金融安全问题是应对金融全球化负面影响的产物。金融全球化所带来的混业经营和银行业的并购使国际金融市场上出现了一批具有超强竞争实力的金融集团；金融创新使金融市场的交易机制、交易形式、交易市场的类型更加复杂，不仅使交易的不确定性和风险性增大，也加大了金融监管的难度。金融业电子化、网络化使传统金融业的服务方式和服务内容发生了革命性变化，改变了原有金融业的竞争方式和竞争格局。这一系列的变化给世界各国的金融研究提出了新的课题，促使大多数国家开始关注金融安全。金融全球化对金融安全的影响表现在：

（一）金融全球化使现行国际金融体系的脆弱性不断加深

金融全球化的最明显特征是资本的自由流动。巨额资本的流动既意味着巨大的经济机会，也潜伏着巨大的金融风险。国际资本尤其是短期资本的无节制流动，其盲目性、投机性和破坏性十分突出。加之金融工具不断衍生和创新，使股票、债券、期货、期权、外汇等各种传统的或派生的金融资产交易额正以惊人的速度迅速膨胀，并在绝对数上成倍地超过了相应的实际社会财富。这既能给全球投资带来更多便利，又会形成大量游资。据不完全统计，目前全球游资高达 712 万亿美元。如此高额的游资必然会对一国金融市场形成巨大的冲击力。在还没有一个国际金融机构可以突破国家主权对其进行有效监管的情况下，国际资本无节制地流动将成为国际金融危机的一个重要诱因，并直接引发新兴市场经济国家的金融危机。1994 年底至 1995 年初的墨西哥金融危机、1997 年的东南亚金融危机和 1998 年的俄罗斯金融危机都是由国际资本的无节制流动引发的。[①]

资本自由流动程度加剧了直接冲击一国金融市场的稳定性，使金融脆弱性的程度不断加深。2006 年 4 月 11 日，国际货币基金组织发布了 2006 年上半年的《全球金融稳定报告》（以下简称《报告》），对当前全球金融总体稳定情况做出了以下基本判断：全球化和金融创新增加了资本市场为经济主体提供信贷的渠道，使银行能更加有效地管理和分散风险。此外，《报告》还对全球主要金融风险进行了细致入微的分析，并认为金融全球化的加速发展使国际金融市场的风险因素明显增加。

1. 金融不稳定性增加

由于各国金融体系间的联系更加紧密，一国金融市场的不稳定很容易波及全球金融市场。并且，新兴金融市场相比较而言更容易受国外金融市场动荡的影响。由于新兴市场国家宏观经济环境具有一定的相似性，外资流入周期及结构基本相同，因此其金融市

---

① IMF：全球金融稳定报告（2006）.

场表现出很强的同步性，尤其是在金融危机期间，国际投资者往往把这些国家的金融市场视为一个整体，同时从上述市场撤出资本，导致其同时崩盘。国际资本迅速膨胀，全球化的金融交易具有越来越强的投机性和泡沫性，造成金融资产的市场价格频繁波动。全球开展的金融交易所面临的不确定性和信息不对称程度大大提高，也使得市场剧烈动荡，给市场参与者造成巨额损失，同时扭曲了资源配置。另外，货币替代加剧了价格和汇率的波动。当预期通货膨胀发生时，为了避免实际资产的损失，投资者会卖出以本国货币表示的资产，购入以外国货币表示的资产，这将会导致对本国货币的需求减少，通货膨胀进一步加剧。在浮动汇率下，投资者的资产转换使得本国货币需求减少并伴随着外国货币需求增加，造成汇率的波动。

2. 加剧了金融脆弱性，并促使其向金融危机转化

新兴市场国家为了追求经济增长的速度，往往在金融市场不成熟、金融体系不健全、金融监管水平较低的情况下就放开金融市场、大规模引入国际资本。如果中央银行不实行反向市场干预政策，放任国际资本流入，就会导致银行资产规模的快速扩张超过经济规模的增长。而有限的经济增长速度又无法立即为新增巨额资本提供充足的投资机会，于是造成银行的新增贷款集中于房地产业等少数行业的现象。在国际资本稳定流入、经济持续高速增长时，这样的信贷投放政策还能得以维持。但在经济出现衰退、国际资本流动倒转时，这种循环将会被迫中断，一些行业出现周期性逆转，银行产生大量不良贷款。同时，一旦本币贬值，银行体系的巨额对外负债将会遭受巨大的损失。最令人忧虑的是，在金融全球化的时代，只要一国出现危机的预兆，一大批国际投机资本就会对该国货币发起突然攻击，引起该国货币急剧贬值，导致外汇市场排斥该国货币，造成货币危机，将金融脆弱性转化为金融危机。

3. 削弱一国货币政策的效力

国际资本流动和金融政策一体化也会降低一国货币政策的效力。金融全球化下，一国货币政策的效力会因国际资本的流动或因国外货币政策的干扰而减弱甚至偏离原来的目标。如当一国货币当局试图通过实行扩张性的货币政策以增加国内货币供应量时，一般会降低存款准备金率或在公开市场上出售政府债券。但这些政策手段将使国内利率降低，扩大国内外利率差异，结果导致国内资本大量流出，反而会减少国内的货币供应量，使原有的货币政策失效。

(二) 金融全球化的无序推进促使金融监管更加复杂

金融全球化以金融自由化、国际化为基础，是指进行金融交易时，国家的概念退至次要的地位，各国互相开放金融领域，资本的国际流动也没有大的障碍。20世纪90年代以来，许多发展中国家盲目加入金融全球化的潮流中，结果先后出现了金融危机。金融全球化可以促进一国经济金融参与国际竞争，提高金融效率，拓展金融发展的国际空间。但在金融全球化的进程中，由于没有强有力的国际准则和监督机制对其进行规范和约束，金融全球化实际上处于无序状态，国际资本的投机性和破坏性完全显现。国际投机资本对一国货币的攻击往往采取多角投机的方式，即不仅对一国外汇市场进行攻击，而且同时在资本借贷市场上进行攻击。这种联合攻击的方式使一国金融监管当局措手不

及、难以招架。

另外，金融全球化是由西方发达国家发动和控制的，金融全球化的进程和发展方向也完全体现了发达国家的经济金融利益，本质上是便利了西方发达国家对全球经济金融利益的过度追求和向发展中国家的利益渗透，是西方发达国家利用其经济金融优势地位进行全球经济金融扩张的一种手段，这在一定程度上会损害发展中国家的利益。近年来连续不断的国际金融危机，一方面暴露出新兴市场经济国家在经济发展中金融问题的严重性、金融风险的紧迫性和金融危机的破坏性；另一方面也反映了西方金融强国以金融全球化和自由化为借口，不顾国际资本无节制流动给国际金融体系造成的严重冲击以及给发展中国家经济金融带来沉重灾难的事实，20 世纪 90 年代以来发生的多次影响较大的金融危机都说明了这一点。然而，尽管经历了多次金融危机的教训，但现行国际金融体系在如何有效地防范金融风险和消除金融危机方面仍然显得束手无策。无论是亚洲金融危机还是后来的拉美金融危机，都没有促使国际社会，尤其是国际金融组织在促进国际资本合理流动方面拿出有效合理的规则来，对国际游资的监测和控制更显得软弱无力。国际银行业监管也不适应金融全球化的发展。巴塞尔委员会早在20 世纪80 年代就制定了一系列对银行监管的条例，如资本充足率等，但如何应对非金融机构及投资者的过度行为，如何对国际资本流动进行有效监管，对危害性的过度交易做出界定，制定有效游戏规则等，还有很多工作要做。

（三） 现行国际金融体系存在着功能的缺陷

随着金融全球化的加速发展，现行国际金融体系的许多方面跟不上国际金融市场的发展。由于现行国际金融体系存在着功能缺陷，这就使得在现行无序国际金融体系下存在的某些国际金融惯例并不完全是由国际经济社会成员国进行合作和协调的产物，而是国际社会对少数经济金融强国自行其是的一种国际承认，是以美国为首的少数发达国家以它们的经济金融发展水平和模式为基础来刻意安排和形成的，许多国际金融惯例渗透和维护这些发达国家的全球经济金融意志和利益。而作用和约束的对象却往往是市场不成熟且不完全开放的发展中国家，没有体现发展中国家经济金融发展的差异性和多样性，在其施用中又存在双重或多重标准，甚至某些国际金融惯例实际上是有损于发展中国家利益的。例如，在短期资本流动控制上、在国际收支调节责任上、在国际货币基金组织的救助条件上、在金融开放进程上等，少数发达国家均可以用某些所谓的国际金融惯例来遏制发展中国家的正当利益追求和利益保护，诱迫发展中国家盲目地向某些国际金融惯例靠拢，结果是发展中国家陷入西方发达国家主导的诸如金融自由化全球化、金融开放和资本自由流动的陷阱。20 世纪90 年代的拉美金融危机和东南亚金融危机就是最好的例证，这些金融危机实质上就是西方发达国家借所谓的国际金融惯例向新兴市场经济国家输出其经济金融发展模式的结果。① 这些不透明、不公正体现了西方国家经济利益所谓的国际金融惯例，是一国金融开放进程中面临的现实的国际金融环境，这在一

① Kristin Forbes, Roberto Rigobon. Contagion in LatinAmerican：Definitions, Measurement, and Policy Implication. [J]. NBER Working Paper, 2000.

国还无力改变现行不公平的国际金融惯例的状况下，一国对外的经济金融交易还不得不遵循现有的损害其经济利益的某些国际金融惯例。在不公平的国际金融环境中去平衡自身的经济利益和西方发达国家的经济利益，并要求一国在不引起西方发达国家极力抗拒的状态下实现其经济金融利益的最大化，这将对包括我国在内的发展中国家的金融体系的稳定构成巨大的威胁。

虽然现有国际金融体系必须加以改革已成为共识，但新的国际金融体系如何构建，国际社会却争论不休，至今仍无定论。面对频频发生的金融危机，发达国家金融市场成熟，金融体制较为健全，化解和转嫁危机的能力较强，而发展中国家金融体制严重滞后，金融体系脆弱，防范和消除金融风险的能力有限，正在步入金融危机的高发期。

三、金融开放与我国金融安全

（一）加入世界贸易组织后我国金融开放程度不断提高

中国加入世界贸易组织（WTO）是我国进一步推进金融开放（Finnaeial Openness）的新起点。由于我国金融服务业相对于整体经济而言基础薄弱，在应对外来冲击的承受能力方面相对会较弱，尽管如此从长期来看开放仍然会受益良多。跨入 2002 年，我国真正进入了金融对外开放的实质性阶段，对我国金融实施全方位开放是本阶段的重要特征，我们不仅要继续处理好国内金融的一些遗留问题，继续大力推进国内金融市场的各项改革，同时还面临着来自外部的各种压力，开放有了新的外部推动力。这种来自世界经济金融的各种因素可能从增强国内金融机构竞争能力的角度更好地促进了我国金融对内开放的顺利进行。本时期也是世界经济贸易和投资全球化急速发展的时期，金融业发展的国际化趋势非常明显，表现为国际资本的大规模流动、金融业务与机构的跨国化以及金融市场的一体化。在我国日益打开国门的今天，与这些因素的任何碰撞都极可能形成与我国金融开放相逆的巨大矛盾，进而阻碍金融开放的进程。

1. 加入世界贸易组织时对金融业开放的相关承诺

加入世界贸易组织后，依据加入世贸组织的相关法律文件，我国获得世贸组织成员国可以享受的所有权利，如可以全面参与多边贸易体制、充分享受多边无条件的最惠国待遇和国民待遇，作为发展中国家还将享受世贸组织各项协定规定的特殊和差别待遇等。但同时也必须履行相应的义务，如遵守非歧视原则、统一实施贸易政策按加入议定书列明的要求逐步放开外贸经营权、逐步取消非关税措施等。关于基本承诺的问题主要包括逐步降低关税和逐步开放服务市场两大方面，其中关于开放服务市场的部分全面涉及了金融领域的开放。加入世界贸易组织，我国在金融服务业开放方面做出了一系列重要的承诺，包括银行业、证券业和保险业三个方面。①

根据世界贸易组织的相关协议，银行业对外开放承诺将逐步取消对外资银行外币业

---

① 资料来源：中国人民银行网站，http://www.pbc.gov.cn。

务、人民币业务、营业许可等方面的限制。加入时，在外汇业务方面取消地域限制，允许外资金融机构在中国提供外汇服务并取消服务对象限制，允许外资银行在现有业务范围基础上增加外币兑换、同业拆借、外汇信用卡发行、代理国外信用卡发行等业务；对跨境交付方式不做限制，允许外国机构设立分公司，对营业许可的发放遵循审慎性原则，不采取任何形式的经济需求测试和数量限制；对外资银行经营人民币业务逐步从多方面扩大经营业务范围，逐步取消地域限制，加入时即开放深圳、上海、天津、大连，加入一年后开放广州、珠海、青岛、南京和武汉，以后逐年扩大开放城市，到第 5 年则取消所有地域限制；放宽对异地业务的限制；逐步取消人民币业务客户对象限制，继加入 2 年内允许外资银行对中国企业办理人民币业务后，5 年内外资银行将逐步享受国民待遇，即允许其向所有中国客户提供服务，准许外资银行设立同城营业网点，有关的审批条件与中资银行相同，并在这 5 年内取消所有现存的对所有权、经营以及外资金融机构企业设立形式，包括对分支机构和许可发放的非审慎措施。除此之外，允许外资银行在现有业务范围基础上增加票据贴现、代理收付款项、提供保险箱业务等。

证券业对外开放方面的承诺如下：加入时对跨境提供和境外消费的服务没有限制；外国证券机构可以（不通过中方中介）直接从事 B 股交易；外国证券机构驻华代表处可以成为所有中国证券交易所的特别会员；允许设立中外合资的基金管理公司，从事国内证券投资基金管理业务，外资比例可以达到 33%；加入后 3 年内则应允许从事国内证券投资基金管理业务的中外合营公司的外资比例可以达到 49%；3 年内允许外国证券公司设立合营公司，可以不通过中方中介从事 A 股的承销、B 股和 H 股、政府和公司债券的承销和交易，以及基金的发起，同时要求外资的比例不超过 1/3。

2. 金融开放全方位加快步伐

2002 年以来，我国的金融开放开始按照世界贸易组织所设立的时间表逐步开展起来。开放的加快正逐渐加剧外资与中资金融机构在金融业务、金融市场份额等各个方面的竞争，而我国的"走出去"战略也不断推动国内金融业向国际金融市场的拓展。2006 年过渡期结束后，我国在金融领域的开放应该达到了相当的程度，金融自由化的逐步推进使我国在很大程度上融入金融全球化之中，在经济金融继续发展和继续加强与其他国家经济金融联系的基础上获取参与全球化的更丰厚收益，同时面临前所未有的金融安全问题。应对金融的日益全方位开放，我国根据实际经济金融发展的需要继续进行了一系列的金融体制改革，同时随着外资金融机构的陆续进入，中国金融各个领域也出现了诸多新的变化。

（二）金融开放背景下我国面临的金融安全问题

1. 经济运行中难以提供金融安全所需的宽松的宏观经济环境

目前，我国正处于经济转型时期，经济运行中一些深层次的问题还没有彻底解决。宏观经济的不稳定，具体表现为资源使用的低效率和浪费、过高的财政赤字、紧缩和膨胀交替出现的经济活动、经济结构不合理、地区经济发展不平衡等。作为市场经济主体以及作为金融发展和安全所依赖的微观主体的国有企业的改革发展不尽如人意，还没有建立起权、责、利相统一的现代企业制度，企业的高负债依然是银行不良资产的主要根源。特别是近几年来全国各地借国有企业改制，在国有企业的拍卖转让中利用各种不正当的手段侵吞国有资产，逃废银行的债务，而这种通过不正当手段侵吞的国有资产和逃废的银行债务形成的个人资产，在生产中极具短期行为，甚至是利用各种渠道向国外转移侵吞的资产。这既影响到我国经济的整体效率和宏观经济的长期稳定发展，又会累积国有银行的不良资产。这种不稳定的宏观经济难以提供金融安全所需的宽松的宏观经济环境，波及作为市场经济核心的金融业，其表现就是金融资源的配置不当、银行不良资产增加、金融运行的高成本低效率、资本市场不稳定因素增加、金融体系不稳定，这极易形成系统性风险，直接危及我国的金融安全。

2. 现行金融体制中深层次的问题仍然存在

金融安全所需的金融基础不牢固，主要表现在：一是金融体制改革依然滞后，金融运行中不确定因素较多，金融体系的脆弱性和不稳定性仍然存在且日益外在化。二是金融监管当局的监管经验不足、监管手段和技术落后，监管的效率低成本高，完整、科学的金融监管体制的形成还需时日。三是国有独资商业银行的改革进程缓慢，业务活动没有形成自我约束机制，业务风险加大。政府要通过不断注资和核销不良资产来承担国有商业银行的业务风险，这种对银行业不正当的保护实际上是对社会其他行业的一种歧视，也是通过国家的权力给予银行业利益集团的一种特殊的不正当的利益倾斜，这是不公平的，也是不符合市场原则的。这既不利于国有商业银行内生出风险抗衡机制和风险防范机制，也会把国家拖入"银行风险——银行利益"的怪圈，即银行在缺乏风险抗衡机制和风险防范机制下，银行为了自身商业利益而违背业务原则所遭遇的风险，需要国家来承担，国家为了金融的稳定不得不一次次来利用对其他行业歧视的手段来维护银行的利益，而有了国家的保护，银行又成为风险偏好者，为了自身的商业利益又会去冒风险。四是金融市场特别是资本市场无序运行，市场监管严重滞后，资本市场累积的问题越来越多且呈难以控制之势，严重影响到投资人对我国经济和金融的信心。五是商业银行与政府的关系、中央银行与政府的关系以及企业与银行的关系扭曲等。由于这些问题的存在，使得在对传统的金融体制进行改革中，不仅使传统金融体制下隐含的金融不稳定因素外在化，还会生成许多新的金融不稳定因素，在整个宏观经济环境并不宽松的条件下，新旧不稳定的因素交织在一起，实际上就形成了金融业的存量风险和增量风险，两种风险所形成的破坏力，不断积累并叠加在一起，直接威胁到我国的金融安全。

3. 改革后的人民币汇率形成机制缺乏足够的弹性

东南亚金融危机以来，特别是 2002 年以来，美国、日本和欧盟等国家内部的经济问题凸显以后，人民币汇率问题一直是国际社会的热点问题，似乎日益严峻的国际经济失衡问题、中国与欧美和日本等国的贸易问题，都根源于人民币的汇率制度，这又从外部给人民币升值施加了巨大的压力。面对来自人民币汇率制度内外部的压力，我国于 2005 年 7 月 21 日宣布对人民币汇率制度又进行重大改革，由原来的单一盯住美元改为参考"一篮子"货币的汇率制度，这"一篮子"货币的构成主要是中国的主要贸易伙伴和在主要国际市场上的竞争对手的货币，主要有美元、日元、欧元、韩元等货币，客观地说这是目前人民币汇率制度改革的一个较好的选择，有助于增加人民币汇率的灵活性。但是，这次外汇管理体制的改革也存在不容忽视的问题。首先，这次实施的与新加坡相似的外汇管理体制，与 20 世纪 80 年代初新加坡实施这种外汇管理体制时的背景状况是不同的，新加坡当初并没有来自西方国家的任何压力，而是依据自己的经济发展状况自愿实施这种外汇管理体制。而我国这次实施的盯住"一篮子"货币的外汇管理体制，更多的是迫于欧美和日本等国的外部压力，实际上是西方国家转嫁其国内经济矛盾和贸易保护主义抬头的结果，这种被西方国家逼迫人民币升值的做法，有了第一次可能就会有第二次，因为欧美和日本等西方国家国内的经济矛盾不可能通过这一次人民币的升值来解决（当然西方国家国内的经济矛盾如失业等问题也根本不可能通过人民币汇率的变动来解决），劝说或迫使其他国家调整汇率政策是它们一贯的做法，人民币的汇率问题可能会越来越政治化。其次，人民币升值后会损害国内某些利益集团既得的经济利益，会要求政府实行扩张的宏观经济政策以缓解人民币升值所带来的压力，这会增加国内宏观经济调控的难度。再次，中国需要一个反映经济发展的真实水平和人民币汇率真实水平而又灵活有效的外汇市场，而这次外汇管理体制改革还难以形成这样的外汇市场。最后，人民币汇率管理体制改革的最终目标是在宏观经济平稳下实施更灵活的汇率制度，改善人民币汇率的形成机制，开放资本项目，实现人民币的可自由兑换。目前，实施的盯住"一篮子"货币的外汇管理体制仍然是弹性不足的体制，这种外汇管理体制下人民币汇率水平的高估或低估也是容易出现的，这就会引起国际投机资本向中国的无序流动，这种无序的资本流动将会影响我国宏观经济的稳定，破坏货币政策的独立性，危及我国的金融安全。

4. 外资银行进入的替代效应日趋显现

进入 2007 年，银行业市场的全面开放进入关键时期。外资银行将以多元化的手段争相进入我国金融市场，参与我国的财富分配和转移，分享我国经济增长的成果。外资银行的进入将促进我国金融市场的发展和完善，有利于吸引更多外资，引进先进技术和经营管理经验，提高国内银行业效率，加快金融创新和增进社会福利等，这是不容置疑的，我国理论界已对此进行了长时间和全方位的研究。但是，面临银行业的全面开放，多年问题的积累和银行改革的举步维艰，加之外资银行与中资银行的竞争领域将进一步扩大，竞争程度必将进一步加剧，导致我国的金融安全现状不容乐观。应该看到与国外有着上百年历史的国际性大银行相比，中国商业银行的历史仅仅只有十几年、二十几年，无论是在规模、质量方面还是在人员素质方面都有着巨大的差距。外资银行的进入带给中国银行业严峻的挑战和巨大的冲击是显而易见的，在中资银行存在大量不良资产和资本金不足的情况下，外资银行的大量涌入有可能使中资银行的经营风险加剧，甚至影响到我国银行业的稳健运行。

5. 资本市场的风险将是我国目前金融安全的最大隐患

20 世纪 90 年代以来，历次国际金融危机几乎都起因于资本市场和外汇市场，这与此前的历次国际金融危机几乎根源于银行倒闭而大有不同。这给我们的启示是：对于处于金融开放过程中的金融体系极具脆弱性且金融市场不成熟的中国，资本市场的问题很可能是我国金融稳定和安全的最大威胁。目前，我国资本市场存在的投资人缺位、法规不健全且不统一、监管与调控乏力、缺乏约束与激励机制、融资效益的低下以及大量的内幕交易人为操纵等问题，使得中国资本市场背离了资本市场的一般特征，也背离了中国的宏观经济走向，成为全球关联交易最多的地方，也是投机性并购与重组最多的地方。资本市场的市场化功能在削弱，政策市场的特征越发明显，整个资本市场处于调控不力、运行无序的状态，投机的盛行使得投资人对整个股票市场失去信心，近年来的股市惨跌就是最好的说明。这不仅是资本市场单一系统蕴涵风险，还会将整个金融系统拖入更加困难的境地，最终使金融风险难以避免，直接危及我国金融安全。当金融开放后一遇到国际金融动荡或国际投机资本的冲击，资本市场的风险就会外在化，这对处于经济转型期且金融体系脆弱的中国，要保持金融的稳定和安全会越来越困难。根据国际经验，由资本市场引发的金融危机并不是一国政府所能控制的，由此引发的金融危机对我国金融和经济的破坏是难以估量的。国际资本的投机性和破坏性完全显现。

6. 金融体系的脆弱性降低了抵御金融风险的能力

首先，从银行业看，其较高的不良资产比例和较低的资本充足率是中国金融业最大的风险所在。如果不是高储蓄率的支撑，我国银行业的运行和平衡就难以为继。对此，我们应当有一个清醒的认识。尽管近两年银行业改革力度较大，但效果尚有待检验。目前，我国银行业存在的问题依然突出，防范新的不良贷款难度加大；部分银行损失类贷款增加、潜亏问题仍很严重；不良贷款的行业和地区集中度依然较高，风险准备金缺口虽有缩小但总额依然较大；资本充足率达标率虽有大幅度提高但整体仍然偏低；金融基础设施依然薄弱；金融领域腐败现象较为严重；等等。银行系统脆弱的基本因素仍然存在，潜在的威胁是客观的。其次，从非银行金融机构看，证券业竞争力不强及上市公司质量较差。证券业展开竞争和抗御风险要以必要的规模和实力作为保证。目前，证券业经营机构和国内其他金融机构相比，规模普遍偏小，如果与外国投资银行相比，中国证券经营机构的实力就更差了。

7. 金融监管的有效性不尽如人意减弱了预防金融风险的前瞻性

近年来，中国一直在加强金融监管工作，目前已经形成了"一行三会"的金融监管体制。但从这几年来的运行效果看，金融监管如何适应金融混业经营、如何建立金融监管协调机制、如何更有效地监管外资金融机构、如何在监管实践中平衡金融创新和防范金融风险等问题都还没有很好地解决。首先，从被监管主体——我国金融业的内部自律看，金融机构面临着与国有企业一样的困境，即如何真正解决内部激励与约束机制问题。国有银行虽已上市，但如何成为真正意义上的银行，做到内部控制和公司治理科学、有效，在追逐利润的同时把风险控制在可承受的范围内，达到自身经济效益和社会效益的和谐统一，真正符合市场经济的要求还有待时日。如果这些问题不能最终解决，在与具有综合实力优势的发达国家金融机构竞争中就难以获胜。其次，从外部监管因素看，金融监管的实质是法制管理，但我国金融监管长期依靠自上而下的行政管理法律手段仍然不尽完善，依法监管意识比较淡薄；监管体制仍未理顺，金融监管的协调机制不畅通，影响各金融监管机构职能的充分发挥。再次，对外资监管准备不足。近几年随着外资金融机构在我国数量的增多，其运营安全性已日益与我国金融安全相关联。最后，一旦资本账户开放，国际游资定会大量进入，金融监管就会变得更加复杂。而目前，我国金融的对外监管尚处于初始阶段，从监管手段到法律法规都很不完善。

总之，无论是国内经济金融的运行环境，还是整个国际金融的现实环境，都存在诸多不利于我国金融稳定的因素，特别是金融对外开放后，国际上破坏金融稳定的因素渗入我国，与我国固有的影响金融安全的因素交织在一起，势必会损害我国脆弱的金融体系，加大我国的金融风险，危及我国的金融安全，甚至引发金融危机。

然而，仍然必须辩证地看待金融开放与金融安全的关系。两者之间具有相辅相成的关系，一方面，没有金融开放，就不可能实现真正的金融安全，"闭关锁国"只能使金融风险累积和隐藏；另一方面，没有金融安全，金融开放就缺乏金融发展的基础，金融开放的成果最终会化为乌有。

四、增强我国金融安全的对策

在金融全球化的背景下，特别是金融危机频繁发生、肆虐全球的严峻形势下，同时也鉴于我国目前在金融安全领域存在的问题及国际上的经验教训，我国应从实际情况出发，积极进行金融创新，探索保障金融安全的策略。

(一) 构筑有效的金融安全网

1. 完善金融安全法律体系

改革开放以来，随着金融业的逐步开放，我国已初步建立了以《人民银行法》、《商业银行法》、《证券法》、《保险法》和《票据法》等金融法律为核心，行政法规、规章和规范性文件相配套，多层次、全方位的金融法律体系框架，在保障我国金融体系运行安全、防范金融风险方面发挥了越来越重要的作用。然而，随着国际、国内经济形势的变化，金融安全问题也随着金融创新的不断出现而越发复杂。为此，基于金融稳定考虑的金融法律框架也有进一步完善的空间。目前，我国金融法律法规大都从行业特点、金融机构行为、具体业务风险等角度立法，并存在针对"部门立法、立法保护部门利益"的质疑和排斥，而缺少由国家立法机关从国家金融安全的宏观层面、国家整体利益考虑的法律。有关金融体制的改革、金融调控和监管行为的进行，以及违法责任追究和金融司法实践等，也都仍未真正确立法律的权威，未能在法治化的基础上进行。因此，应该积极制定出于国家金融安全考虑的金融安全法律。将凡是可能损害国家、民族、百姓的利益，可能影响国民经济秩序的正常运行，可能损害国际经济金融关系，可能影响到国家经济金融安全的因素纳入金融安全法律框架，所有重大金融政策的出台都需要经过全国人大听证。通过立法程序，实现决策程序的公正、透明，确保决策的正确性和有法可依。

2. 提高金融监管水平

我国要加快建立和完善市场经济条件下的金融监管制度，首先要赋予国家金融监管机构以应有的权力，并使之在运作上保持独立性。具体可以借鉴《巴塞尔协议》，强化金融监管：在监管对象上，由侧重于对银行机构的监管转变为对所有金融机构的监管；

在监管范围上，由针对性监管转变为全方位监管；在监管方式上，由阶段性监管转变为持续性监管，从一般行政性监管为主转为依法监管为主，从注重外部监管转为注重金融机构内部控制为主；在监管手段上，由现场检查为主转变为以非现场检查为主；在监管信息上，由注重报表数字的时效性，转变为注重报表数字的真实性；在监管内容上，从注重合规性监管转向注重风险性监管。

3. 建立有效的金融风险预警机制

通常金融震荡在发生前会以一些征兆为先导，有效的金融风险预警机制就是要以风险预警为导向，以矫正失误和隐患为手段，以免疫风险为目的的防错纠错新机制，为实现有效风险管理提供全面支持。建立有效的金融风险预警机制。首先，应建立既符合国情又与国际标准接轨的、定量和定性相结合的金融风险预警指标体系。其次，应综合考虑我国宏观经济状况、金融市场运行、金融机构风险，选取相应的多个层次、指导性强、易于操作的金融风险预警指标，以实现对单个金融机构风险及系统性金融风险的全面监测和管理。再次，依据国际标准或参照与我国具有相似经济金融背景国家已有的相关指标设置金融风险预警指标临界值。临界值的确定要与时俱进，一方面，要根据不同金融机构的特点调整所选用的风险预警测评工具；另一方面，要根据金融创新、金融风险以及金融危机的发展变化和特点，对各个指标的临界值加以修正。最后，建立金融机构内部风险预警系统，发挥金融风险预警机制的自律作用，完善金融机构与金融监管部门对金融安全维护的协同作用。

（二）推进实体经济协调发展，保证经济稳定运行

现代经济条件下，实体经济与金融之间的关系日益密切。如何规避各自风险，避免两者之间的传导机制发挥不良作用，对稳定经济运行、稳定就业有重要的意义。对于单个实体部门主体来讲，其对金融安全的影响并不明显，主要体现在企业的外部融资结构是否合理，企业经营的资金链条是否畅通，是否存在重大决策失误使企业陷入困境，导致广大投资者利益受损、银行不良贷款增加，从而影响金融机构的绩效。相对于具体的实体企业，一国的实体经济对金融安全的影响更为显著，实体经济的发展水平和均衡从根本上制约着金融稳定，实体经济的下滑必将造成导致金融体系的脆弱性增加；产业结构的不合理或是金融机构与经济结构发展的不匹配都将可能导致金融资源配置的低效率和金融风险的加大。

在当前全球经济危机的大环境下，要认清实体经济与金融安全的关系，从推动实体经济发展和维护金融安全两方面同时入手，促进金融与实体经济协调发展。应该稳步推进产业结构升级，降低对外依存度，切实保障金融安全。中国长期以来以出口拉动增长，对外部需求的依赖过度，这使得我国经济的稳定性较差。要从根本上摆脱中国经济过度依赖外需的局面，进而实现与美国等发达国家经济的"脱钩"，需要我们加快内部经济结构的调整，积极启动内需，提高国内消费对经济增长的贡献度；改变粗放的经济发展方式，淘汰那些高污染、高排放、低效率、低科技水平产业，提高经济效率；通过教育和科技水平的提高与应用，加快实体经济向资本密集型产业和技术密集型产业转换，对于劳动密集型低端出口企业，应该适时进行技术创新，提高实体经济的科技含量，增加产品的附加值；大力发展第三产业，促进制造业的"服务化"，带动内需增长，摆脱依赖外部资源和贸易环境的局面，切实推动实体经济的增长，进而保障中国金融安全。

（三）深化金融体制改革，完善我国的金融体系

目前，我国商业银行体系在金融机构中占有绝对优势，也使得金融风险更多地体现在银行体系中。虽然为完善我国金融结构，商业银行体系和资本市场都面临着改革和发展的双重任务，但相对来说，改革对商业银行更为突出，发展对资本市场而言则显得更加迫切。商业银行体系与资本市场的协同发展应建立在两者各自发展的基础之上，在发展中走向融合，在融合中进一步发展，以完善我国金融结构体系。

1. 必须高度重视商业银行的改革和发展

目前，我国的金融体系毫无疑问是商业银行主导型金融体系。从国际上来看，商业银行的地位只是相对下降，而不是绝对下降，因此我国必须高度重视商业银行的改革与发展问题。当然，商业银行改革不仅包括股份制商业银行的改革，还应包括农村信用社、城市信用社和企业集团财务公司的改革，因为农村信用社、城市信用社实际上都不是真正的信用合作金融组织，而是小型的商业银行，企业集团财务公司的性质与商业银行是极其相似的，只不过其业务范围限制在企业集团内部。由于四大商业银行在我国金融体系中占有极其重要的地位，四大商业银行的改革成功与否就显得非常关键。只有四大商业银行通过综合改革，健全激励约束机制，彼此之间展开竞争，金融体系才能有活力，四大商业银行是我国加入世界贸易组织以后与外资银行抗衡的主力军。股份制商业银行也需要完善内部治理结构，加强管理，走规模化经营的道路。

2. 大力发展多层次资本市场体系

建立多层次的资本市场体系是我国金融改革的重要内容。在市场层次方面，应加快建设政府债券市场和企业债券市场。在投资者层面上，应重视培养机构投资者。另外，还要实现商业银行与资本市场的协同发展，加快我国现代金融体系的建设步伐。就商业银行而言，要积极主动介入资本市场，借助资本市场的平台，开展投资银行业务。银行进入资本市场，表明金融产品的结构、金融机构的组织结构将发生根本性变革，中国金融业结构将进入根本性改革的时代。投资银行业务不是投资银行的专营业务，商业银行在从事投资银行业务方面相对于投资银行而言也具有某些优势，而且有利于加强金融竞争，提高金融效率，更好地满足客户的需要。

（四）加强外债管理，审慎推进资本项目开放进程

1. 完善外债统计监测体系和安全管理

外债规模和结构是衡量一国金融体系是否安全的重要指标。有必要建立能准确反映我国外债规模及风险的新的指标体系，设立新的符合国情的参照比例。例如，基于居民原则统计的外债无法体现中资机构境外负债情况，有必要建立国民原则外债统计体系来补充现有的居民原则外债统计体系，使宏观管理部门及时掌握海外分支机构资产负债状况，防止这些机构负债状况恶化导致对外支付危机。新指标体系要完善外债统计口径和范围，使其向国际标准靠拢，提高数据可分析性和可比性。同时，要不断完善国家外资

外债监测体系，实现对我国对外负债风险程度和外债清偿能力进行全面监测和评价，严格控制外债尤其是短期外债的规模，保持合理安全的外债规模和结构。

2. 适度审慎推进资本项目开放进程

对待资本项目开放要审慎，要依据具体国情作出适当安排。总的原则应该是有限度、有选择，注意资本项目下流动的总量、结构和渠道的把握。具体到我国，资本项目开放的顺序应该是先流入后流出；先长期后短期；先机构后个人；先债权类工具后股权类工具和金融衍生品；先发行市场后交易市场。

首先，实施跨境资本间接控制，防止非正常资金通过企业跨境流动。完善针对不同种类的交易采用不同汇率的双元或者多元汇率制度；减少投机者短期国内货币的净头寸；建立和完善有效的资本交易预警指标和跨境资本流动监测体系。其次，完善国际金融统计，加强会计与信息披露的国际合作和标准化；以《巴塞尔协议》为核心，加强与发达国家的合作与交流对对冲基金风险的监管经验，加强对跨国金融机构或跨国经营业务的国际监管合作，维护国际金融安全稳定。最后，应在开放资本账户之前进一步放松对贸易和投资领域的管制，建立起富有竞争力、有效配置资源的贸易与投资体制；在放开资本流入的同时控制资本流出，逐步放开对长期资本流入的管制，严格管制资本流出；先放松直接投资的汇兑限制（包括外商来华投资和国内企业的对外投资），在条件成熟时逐步放松对证券投资和银行贷款的汇兑限制；在短期资本流动方面，在总体上应当保持较长时间的限制。其中，对于贸易融资可以较早解除限制，而对逐利性短期资本交易则应实施较长时期限制。[①]

附录 20世纪80年代以来的金融危机

一、国际债务危机20年

当1981年3月波兰政府宣称无力偿付到期外债本息时，国际金融界并没有给予足够的重视，而仅仅将其看作是发生在低效率的计划经济国家中的局部问题。到了1982年8月，墨西哥首先宣布无力偿还到期债务，接着，巴西、阿根廷、委内瑞拉、智利等拉美国家纷纷跟进，一场席卷全球的国际债务危机就此爆发。

20世纪50~70年代，一大批亚、非、拉发展中国家获得了民族独立。这些国家急于改变本国的落后面貌，普遍将经济的高增长引为本国的主要奋斗目标。但是，极为贫

---

① 王国刚. 中国资本账户开放：经济主权、重点和步骤 [J]. 国际金融研究, 2003 (3).

乏的国内储蓄难以支持迫切追求的高指标，于是纷纷转向国际金融市场寻求资金支持。在另一面，发达国家经济增长的趋缓，欧洲美元市场的兴起和石油、美元的突然集聚，使得国际金融市场上资金充斥，急欲寻找出路。这种需求和供应的互动，导致大量资金开始流入发展中国家。

从 20 世纪 70 年代开始，发展中国家的外债以惊人的速度增长。据国际货币基金组织统计，1973～1982 年，非产油发展中国家的债务从 1301 亿美元增加到 6124 亿美元，负债率从 115.4% 增加到 143.3%，偿债率则从 15.9% 跃增为 23.9%，均超过了国际公认的安全线。更为严重的是，巨额的债务高度集中于少数发展中国家。据国际货币基金组织在 1983 年的统计，在 100 多个发展中国家中，14 个重债国的债务就占去债务总额的 80%，其中，仅巴西、墨西哥和阿根廷三国的外债总额就达到 2100 亿美元，占发展中国家债务总额的 1/3。

在外资大量流入的同时，债务国均采取了持续数年的扩张性财政政策和货币政策，通货膨胀随之发生。同时，高估的本币价格不仅严重削弱了本国出口商品的国际竞争能力，而且还促使国内资金为躲避日后不可避免的贬值灾难而不断外逃。更为致命的是，发展中国家普遍没有很好地利用其巨额的外债。一些重债国利用外债支持的往往是好大喜功、规模庞大的长期建设项目，有的贷款项目根本没有形成任何生产能力。在少数国家，当权者甚至用外债进行外国证券投资，或者索性将之据为己有。

在发展中国家债务管理混乱和债务负担日益加重之时，国际环境开始变得不利起来。1979 年石油价格的又一次上涨再次引发了世界经济衰退。从 20 世纪 70 年代末期开始，国际市场需求锐减，发达国家又兴起贸易保护主义之风，发展中国家的出口收入随之大跌。例如，非产油发展中国家的出口收入增长率在 1980 年为 23.8%，1981 年为 3.7%，1983 年竟出现了 5.2% 的负增长。创汇能力的急剧下降和还本付息负担的不断加重，使得发展中国家逐渐丧失偿债能力。而发达国家为了避免再度陷入"滞胀"的境地，又普遍实行了紧缩的货币政策，致使 1979 年后国际金融市场的利率和主要国际货币的汇率普遍升高。这对于已经陷入困境的发展中国家来说，无疑是雪上加霜。

在发展中国家偿债日益困难的情况下，为了保护自己，国际商业银行开始减少对发展中国家的贷款。从 1973 年开始，大规模流往发展中国家的贷款在 1982 年突然干涸。在 1981 年，这一地区还有超过 110 亿美元的净资本流入，而到了 1982 年，资本的净流出却已高达 190 亿美元。至此，发展中国家的债务危机已经无可避免。这一趋势一直持续到 20 世纪 90 年代初期：1989 年和 1990 年拉美的资本净流出仍分别达到 273 亿美元和 189 亿美元。

拉美债务危机爆发后的近 20 年，发展中国家的外债问题不仅没有丝毫缓解，反而以平均每年 5% 的速度递增。1998 年，发展中国家的国际债务总额仍达 2.18 万亿美元。

延续 20 年的国际债务危机作为 20 世纪 70 年代以来最重要的国际金融现象，对金融全球化的内容和进程产生了极大的影响。一方面，它使得发展中国家再度强化了对发达国家的依附；另一方面，它沉重打击了国际商业银行的放贷信心，促使国际资本更多地使用更具流动性的融资手段来取代传统的国际融资。

二、欧洲货币体系危机

金融全球化作为一种全球经济现象，不仅使发展中国家面临着新的风险，而且也使发达国家面临新的考验。在这方面，最显著的例子当推 20 世纪 90 年代初期的欧洲货币体系危机了。

1991 年 12 月，对于欧洲合作具有里程碑意义的《马斯特里赫特条约》（以下简称《马约》）达成。1992 年，当欧共体各国正忙于为是否赞同《马约》举行全民公决之时，一场货币危机悄悄降临。自 1992 年 8 月以后的近一年的时间内，来势凶猛的投机狂潮横扫欧共体各国货币，欧洲货币体系几近瓦解。

1992 年 8 月，欧洲货币体系中的弱币，如意大利里拉、英镑、西班牙比塞塔、葡萄牙埃斯库多和爱尔兰镑等首先遭受攻击。相关国家的中央银行几乎立刻进行干预，但阻挡不住本币汇率的下泻。这致使欧洲货币体系中心汇率的调整势不可免。但是，欧共体为给《马约》的全民公决营造良好的气氛，只想通过变动利率、干预市场和调整结构等手段来平抑汇率的波动。1992 年 9 月 6 日，欧共体财长会议发表声明强调不调整欧洲货币体系以及随时准备对外汇市场进行干预。但是，市场对此声明的反应平淡，抛售弱币的规模越来越大。1992 年 9 月 13 日，欧共体不得不宣布受冲击最严重的意大利里拉汇率下调 3.5%，其他货币汇率相应上调 3.5%。两天后的 9 月 15 日，里拉又大幅度下跌到 808 里拉兑换 1 马克，越过新的里拉中心汇率 802.49 里拉兑 1 马克。同一天，英镑对马克的汇率跌至 1∶2.7836，已接近 1∶2.7780 比价的最低点。9 月 16 日，在纽约外汇市场上，英镑对马克的开盘价跳空为 2.7，比欧共体中心汇率机制的最下限还要低近 8 个芬尼。为减轻投机压力，9 月 16 日，英国宣布英镑暂时与欧洲汇率机制"脱钩"，并两次宣布提高利率，使之提高到 15%，以阻止英镑汇率的进一步下跌。

9 月 17 日，欧共体财政官员在召开了 6 个小时的紧急会议后，正式宣布意大利里拉、英镑脱离欧洲货币汇率机制，允许自由浮动；同时，西班牙比塞塔贬值 5%。但是，汇市危机仍难平息。9 月 18 日，英镑再度贬至 1 英镑兑换 2.6050 马克，比原规定的浮动下限已低了近 20 个芬尼。同时，由于英镑和意大利里拉退出汇率机制，爱尔兰镑、法国法郎、丹麦克朗成为新的受冲击对象。到 9 月 22 日，马克与法郎比价为 1 马克兑换 3.4250 法郎，已接近 3.4305 法郎的下限。为此，法国和德国共耗去 303 亿美元进行了大规模的联合干预，法国还被迫把应急资金利率提高 2.5%，使之达到 13%。到了 11 月，西班牙比塞塔终因支撑不住，再度贬值 6%，葡萄牙埃斯库多也相应贬值 6%。

进入 1993 年以后，欧洲汇市仍然动荡不定。爱尔兰镑、西班牙比塞塔、葡萄牙埃斯库多和法国法郎先后大幅度下跌。8 月 2 日，欧共体货币委员会决定，将法国法郎、比利时/卢森堡法郎、丹麦克朗、爱尔兰镑、西班牙比塞塔和葡萄牙埃斯库多在它们的双边中心汇率基础上的上下浮动幅度扩大到 15%。事实上，15% 的浮动幅度已与自由浮动没有多大差别。那时，只有德国马克和荷兰盾仍维持围绕中心汇率 2.25% 的波动幅度。

持续一年的欧洲货币体系危机，无疑是欧洲货币体系成立 13 年以来遇到的最严重的一次挫折。危机过程中，为保护其货币，瑞典中央银行曾一度被迫把它的日贷款利率上升到了 500% 的天文数字。到危机结束时，英国、法国、意大利、西班牙、瑞士的中央银行的干预资金总计达 1000 亿美元，其中仅德国联邦银行一家就耗去了 500 亿美元。

欧洲货币体系的危机再次反映出固定汇率制的内在矛盾——人为稳定的货币制度与经济发展不平衡的现实之间的不协调。20 世纪 90 年代的欧洲货币危机，在某种程度上可以说是 20 世纪 70 年代以前布雷顿森林体系内在矛盾的翻版。与那时不同的是，随着金融全球化的发展，各国货币当局面临着比那时规模大得多的外部投机资本的冲击。在资本流动每天达 1.5 万亿美元的国际金融市场环境下，任何国家甚至国家集团的干预都显得苍白无力。

三、墨西哥金融危机

1994 年 12 月，墨西哥货币比索急剧贬值，被英国《经济学家》杂志称为"新兴市场时代"出现后的第一次大危机爆发了。

1994 年 12 月 20 日，墨西哥财政部长塞拉在与工商界和劳工组织的领导人紧急磋商后，突然宣布比索对美元汇率的波动幅度将被扩大到 15%。尽管政府的初衷是将比索兑美元的汇率从 3.46 比索贬为 4 比索，而后再贬为 4.5 比索。然而，由于墨西哥经济中的矛盾已经积累有日，此举触发了市场信心危机。一时间，人们纷纷抢购美元，抛售比索，两天后，墨西哥政府被迫允许比索自由浮动，比索汇率一落千丈，至 1995 年 1 月初，比索已贬值 30%。

自 1987 年 12 月起，汇率成为墨西哥反通货膨胀的工具：比索与美元保持固定比价，只允许小幅调整（初期贬值幅度最高不超过 0.0002 比索，1991 年扩大为最高不超过 0.0004 比索）。以汇率盯住美元为核心的反通货膨胀计划也带来了严重的副产品。由于墨西哥比索对外贬值的幅度小于通货膨胀率的上升速度，比索币值被大大高估了。据估计，如用购买力平价计算，比索的币值被高估了 20%。比索高估，沉重打击了墨西哥产品的国际竞争力，引起其经常项目收支的逆差。

在反通货膨胀的同时，墨西哥政府还加大了经济自由化的力度。贸易自由化使墨西哥的经常项目收支恶化；金融自由化使外国银行、经纪人公司、保险公司和证券公司大量进入墨西哥。资本项目管制的取消，也为国际投机资本大规模涌入墨西哥大开方便之门。这些都为以后的金融危机埋下了伏笔。

在实施反通货膨胀计划的初期，大量的外资流入，弥补了不断扩大的经常项目赤字，掩盖了外汇市场上比索疲弱的态势。流入墨西哥的资本仅在 1990～1993 年就有 910 亿美元，占同期流入拉美地区外资总额的一半以上。而且，流入墨西哥的外国资本又以证券投资居多。1990 年，在墨西哥股票市场上，按市场价计算的外国证券投资为 45 亿美元，至 1993 年 12 月，这一数额已高达 546 亿美元，即增加了 10 倍多。

可是外资总不会无限流入。墨西哥经济的虚弱状况——国内储蓄大幅下降，国内投资与生产率停滞不前，日益为国际社会知晓并广为传播，外资的信心开始动摇。1993年，一些经济学家发出警告，称墨西哥与阿根廷的比索可能会遇到麻烦。进入1994年，墨西哥的形势开始恶化。恰帕斯的农民造反、执政党的总统候选人惨遭暗杀这两个突发性政治事件引起市场信心的迅速崩溃。这时，外资开始撤离墨西哥，流入墨西哥的外国资本从1993年的310亿美元骤降为1994年的100亿美元。外资逃离，墨西哥的外汇储备迅速减少，1993年底墨西哥尚有外汇储备254亿美元，1994年12月9日已不足110亿美元，12月18日又有30亿美元外汇储备被抽走，到1994年12月22日，墨西哥外汇储备仅剩下60亿美元。如此少的外汇储备不仅不能满足干预市场之需，连正常的应急性进口需求也无法满足，更难以应付在1995年第一季度到期的高达100亿美元的短期国债。此时，除了放弃比索与美元挂钩并实行比索贬值之外，墨西哥政府已经别无选择。

金融危机沉重打击了墨西哥经济。根据最保守的估计，该国至少损失了450亿美元，这相当于墨西哥国内生产总值的16%。1995年，墨西哥的国内生产总值下降了6.9%，是20世纪初墨西哥革命爆发以来经济增长率下降幅度最大的一年。

墨西哥危机是金融全球化时代新兴市场国家的第一次危机，直接原因还是出在固定汇率制的内在矛盾上。为了抑制通货膨胀和稳定内外资的信心，墨西哥政府选择了将本国货币与美元挂钩的固定汇率制度。20世纪90年代初期墨西哥通货膨胀率的上升和国际竞争力的下降，使得比索不断被高估。汇率的高估引起贸易逆差。为了吸引外资来弥补贸易赤字，固定汇率急切难以改变，于是只能提高利率。利率的上升，引起国内经济进一步衰退，并使偿还债务利息和本金的负担越来越重。这种进退维谷的局面，正是国际投机资本肆虐的好时机。

四、亚洲金融危机

1997年5月中旬以后，以泰铢下跌开始，一场金融风暴席卷亚洲。这次危机波及范围之广、持续时间之长，为第二次世界大战以来所罕见。它不仅造成了东南亚国家经济的严重衰退，企业和金融机构大批破产，还几度引发全球性金融危机，严重滞缓了全球的经济增长。

东南亚货币危机首先是从泰国引发的。根据事后的研究，还在1996年年中，泰国就有金融不稳的明显迹象，国际投机者窥伺已久。1997年2～3月，投机家开始从泰国银行买入高达150亿美元的远期泰铢合约，随后数次大量抛售泰铢，压低泰铢现货市场汇率，引起泰国金融市场的动荡。5月，国际投机者再度冲击泰铢，并使股市在5月14日下跌54.08%。6月16日，泰铢再次受到攻击，泰国央行再行干预，但外汇储备已近枯竭。7月2日，泰国被迫宣布放弃和美元挂钩的联系汇率制，泰铢立即贬值20%。

泰国的货币危机很快波及东南亚诸国。继泰国之后，菲律宾、印度尼西亚、马来西亚和新加坡的货币相继大幅贬值。东南亚股市也普遍下跌。10月27日，美国、欧洲、拉美各主要国家的股票随之急剧下挫。

11 月 17 日，韩国央行被迫放弃对韩元汇价的干预。在 1 个多月的时间内，韩元汇率从 1 美元兑 860 韩元急剧下跌到 12 月 22 日的 1 美元兑 2000 韩元。亚洲金融危机对已经陷入困境的日本经济无疑是雪上加霜。11 月，日本第十大银行——北海道拓殖银行和日本四大证券公司之一的山一证券公司宣布破产。20 世纪 80 年代崛起的日本金融帝国受到重创。

进入 1998 年以后，危机并没有像多数人所预测的"止跌回稳"。亚洲金融市场分别于 1 月、5 ~6 月和 8 月三次出现剧烈波动。印度尼西亚政局动荡、日元汇率大幅跌宕起伏、俄罗斯金融危机、美国 LCMC 破产、拉美金融动荡，成为 1998 年国际金融动荡中的几件突出事例。

直到 1998 年 10 月以后，东南亚金融市场才渐趋稳定。进入 1999 年，虽有年初巴西金融动荡的冲击，亚洲经济已经显露出全面的好转。金融市场的信心问题基本得到解决，股市、汇率都处于上升之中。金融业重新恢复发展。国际资本也开始重新回流亚洲。这一切利好的集中反映就是经济增长。经过 1999 年亚洲经济的复苏，到 2000 年东南亚地区的经济金融已实现了恢复性发展。

亚洲金融危机之所以被世界所瞩目，不仅因其危害之烈，而且还在于这场危机爆发的原因即使在今天看来也有些难解。与历史上发生危机的国家不同，东南亚国家的经济状况一直表现良好；现在回过头来分析，在危机之前，除了国内金融自由化的速度过快和资本跨国流动的易变性提高之外，一些公认的危机指标在这些国家中多数并未恶化。而且，危机发生前，国际经济政治环境总体上说是相对稳定的，国际社会正热烈地讨论着人类社会即将进入知识经济时代的美好前景。总之，亚洲金融危机发生于一片"大好形势"之下。

这种状况，必然在国际社会引起广泛的争论。争论的焦点是：什么原因导致了亚洲金融危机以及怎样拯救亚洲。出于各自的利益立场，三大国际力量对于亚洲危机的看法各不相同。以英美为代表的发达市场经济国家，认为亚洲危机的根源是发展模式问题。它们认为，东南亚国家普遍实行所谓的"亲情资本主义"，这种模式早晚要失败。因此，要走出危机，只能按照西方的民主自由市场经济模式来重塑东南亚经济体制。国际货币基金组织也倾向于这种看法。处于危机冲击之中的亚洲国家则强调外部冲击的作用，尤其归罪于国际投机势力对亚洲国家金融市场的肆意破坏。马来西亚总统马哈蒂尔对美国量子基金管理人索罗斯的尖锐批判可以说是这种观点的极端代表。在西方社会，也有部分人士同意这种看法。世界银行、中国则认为，亚洲危机是内部因素和外部因素共同作用的结果，但"外因通过内因而起作用"。

五、美国次贷危机

2007 年 7 月中下旬，美国次级抵押贷款危机（简称次贷危机）爆发，并迅速从金融市场扩散到主流商业银行领域，随即从美国本土向全球各地蔓延。短短几个月内，美国已有 20 多家贷款机构和抵押贷款经纪公司破产，花旗银行等均受到波及；欧洲、亚洲金融业受到重创——英国、德国、法国、日本等国的银行和证券公司为此遭受巨额的损失，英国和德国已有银行被挤兑；受影响较大的还有新加坡、澳大利亚、巴西等国。中国的银行业在次贷危机中也受到了一定程度的影响。

在美国次级贷款危机爆发之初，美国及受到波及国家的中央银行普遍采取注资的方式来应对市场动荡。近一年中，美联储连续降息，将联邦基金利率由 5.25% 一直降至 2008 年 5 月的 2%，并承认美国经济增长将减缓。随着次贷危机影响的不断蔓延，各国及国际货币基金组织对次贷危机的判断已由最初的"次贷风波不会引发大的混乱"转变为后来的"对国际金融业造成的损失超过了此前最悲观的预期"、"次贷危机引发的全球金融动荡可能会持续且深远，并将减缓全球经济增长；次贷危机很可能造成进一步后果"，等等。至少到目前为止，危机及其影响还远没有过去。

现在，人们最关切的是这场危机何以会突发？概括而言，次贷危机源于房地产市场繁荣时期的大肆信贷扩张，当利率升高且房价开始下跌之后，借款人丧失还款能力，导致违约和丧失抵押品赎回权的比率剧增，次贷危机开始显现。资产证券化则进一步将危机由抵押贷款市场传递到证券市场，使得危机迅速蔓延并传递到其他国家。

美国次级抵押贷款市场兴起和快速发展的金融原因，可以归结为 20 世纪 90 年代以来美国放松对金融管制、金融产品创新和住宅抵押信贷经营方式变化等多种因素共同作用的结果。按贷款余额计算，次级贷款余额为 1.3 万亿美元，占贷款余额的 14%，涉及近 500 万个美国家庭。由于次级抵押贷款的信用风险比较大，违约风险是优级住房贷款的 7 倍，因此次级贷款的利率比优级住房抵押贷款高 350 个基点，并且 80% 左右为可调整利率。当贷款利率不断下调时，可以减轻借款人的还贷负担；但是当贷款利率不断向上调时，借款人债务负担随着利率上调而加重，导致拖欠和取消抵押赎回权的风险加剧。2007 年，次级抵押贷款的拖欠率（拖欠 30 天）和取消抵押赎回权的比率分别高达 13.33% 和 4%，远远高于优级抵押贷款 2.57% 的拖欠率和 0.5% 的取消抵押赎回权比率。

在美国，由于 70% 的住房抵押贷款多实现了证券化，2001 年以来，住房抵押贷款证券已成为美国债券市场上高于国债和公司债的第一大债券。次级抵押贷款也被打包，通过发行优先/次级抵押贷款债券或多级抵押贷款债券和结构性金融担保抵押债权等方式实现了证券化，出售给境内或境外的投资者。尽管次级抵押贷款证券的发行额逐年增加，但这类债券的风险评级多为 Baa 级和 Ba 级等。

当宏观经济处在上升周期、房地产市场向好时，借款人还可以按期还贷，次级抵押贷款证券也可以有稳定的收入流，从而保障证券投资的收益。而投资者的信心、媒体炒作、从众行为和"羊群效应"，招致大量资金进入金融市场，形成一种惯性，使得资产证券化的信用链条可以不断地延伸、运作下去，即使有一两个借款人违约，也不会造成资产组合的收入断流。这就是在金融市场上大量资产证券无论质量高低，有些甚至是垃圾债券也可卖出好价钱的原因。问题出在经济环境发生逆转或波动时，如近期美国经济增长放缓、利率上调导致借款人偿还能力下降，加之房价连续 4 个季度走低，使借款人无法靠房产增值、重新融资来减轻债务负担。借款人拖欠贷款或无力偿还贷款的数量不断攀升，就会导致次级抵押贷款证券失去稳定的收入流，让债券投资者蒙受损失。可见，次贷危机在很大程度上是次贷方面出了问题。美联储于 2008 年 7 月 14 日发布了一系列规范住房抵押贷款活动的新措施。

简要梳理其脉络，美国次贷危机起步于次级贷款市场，强化到资产证券化的次级贷款债券市场，分散传染到投资次级贷款债券的对冲基金、投资银行，通过债权杠杆机制感染了其他大型金融机构，汇总成金融机构"惜贷"的乘数效应，紧缩了市场流动性，由市场恐慌和利率上升扩大为股市缩水，延伸波及整个市场信心和全球经济增长。

练习题：

一、简答题

1. 金融危机的含义及类型。
2. 当代金融危机呈现出哪些新的特征？
3. 试述三代货币危机理论的主要观点。
4. 如何采取有效的措施来防范金融危机？
5. 如何理解金融安全的内涵？
6. 金融开放背景下，我国所面临的金融安全问题有哪些？
7. 阐述增强我国金融安全的对策。
8. 结合当前的国际金融危机，谈谈你对金融危机危害的认识。

二、案例分析题

受金融海啸影响，冰岛股市之前连续暴跌，政府于 2008 年 10 月 9 日被迫宣布暂停股市交易。在全球金融海啸暂时停歇之时，休市 3 天的冰岛股市在 14 日开盘后遭遇暴跌，冰岛 15 指数（OMX Icex 15）14 日开盘后从前市的 3004 点重挫至 683 点，跌幅一度达到 77%，创单日历史最大跌幅；而在 2007 年 10 月冰岛股市的最高点位还高达8571 点。如此算来，冰岛股市累计跌幅惊人地达到了 92%，勇夺全球跌幅榜冠军，创该国的历史纪录。

冰岛，这个密布火山和间歇泉的北大西洋岛国，真切地体会了突起于北美大陆的金融海啸的肆虐。三家最大的银行对外投资出现巨额亏损，被政府一一接管。冰岛金融体系完全崩溃。时任总理的吉尔·哈尔德于 10 月 12 日坦言国家可能面临破产。

冰岛 2000 人上街示威，焚烧一家银行的旗帜以泄愤，并要求总理和中央银行行长下台，以此来为经济的崩溃谢罪。政府方面则显得更加紧张，冰岛总统格里姆松面对三家最大银行被国家接收、货币崩盘、股票暂停交易等坏消息，急得心脏病发而住进了医院。

为了制止恐慌局势，冰岛金融服务管理局强调，正常营业中银行的所有国内存款都受到冰岛法律的保护。随着前三大银行都已遭国有化，冰岛政府正着手准备接管整个金融体系。

　　不过，金管局的承诺让冰岛 Ilandsbanki 银行的国际业务受到了质疑。这个问题引发了同英国的外交纠纷。英国首相布朗曾说，英国将起诉冰岛，要求收回 30 万英国人在 Ilandsbanki 的网上业务中损失的存款。英国政府已动用反恐怖法的权限冻结了该银行的资产，一直到这些问题获得解决为止。在英国高压之下，冰岛的不满情绪也相当强烈。9 月 13 日，曾被称做是"世界最温和的总理"——冰岛总理哈尔德，严厉抨击英国政府"威吓弱小邻邦"，为此准备付诸法律控告英国。两个国家互相起诉，看来一场邻里纠纷不可避免。

　　自 9 月次贷危机席卷冰岛以来，这里连续爆发了 5 次大规模的民众抗议且渐有失控迹象。愤怒的民众向冰岛议会大楼投掷鸡蛋、西红柿等，并与警察发生肢体冲突。政府、金融界中的悲观情绪相应而生。总理哈尔德眼见银行体系崩溃，建议国民自行捕鱼来节省粮食开支。政府官员表示，转型当上银行家的冰岛渔夫恐怕要脱下西服、扬帆出海了。

　　这似曾相识的场景似乎唤醒了我们灰色的记忆。曾几何时，伟大的卡尔·马克思谈到过虚构的资本主义，提及资本家之间抛来抛去的债券背后没有任何价值。他的预言要再次应验了。此时，人性的贪婪打破了平衡，最终毁灭了自己。现在，我们是时候去学一学那些勤俭生活、安分储蓄的国度，那些找到生活平衡点的人们了。

　　冰岛的崩溃是全球信贷危机给一个国家带来的最为严重的后果。它也形象地揭示了此次危机是如何摧毁一个一度欣欣向荣的经济体的。为了应对危机，冰岛已经向国际货币基金（IMF）、俄罗斯等多方求助。IMF 向冰岛提供了 21 亿美元的贷款，"用来支持冰岛的重建信心的国家项目"。

　　请结合案例讨论以下两个问题：

　　（1）冰岛的金融危机表现在哪些方面？

　　（2）面对冰岛危机，有关当局采取了哪些应对措施？

参考文献

［1］弗雷德里克·S. 米什金，斯坦利·埃金斯. 金融市场与金融机构［M］. 北京：北京大学出版社，2006.

［2］凯恩斯. 就业、利息和货币通论（中文版）［M］. 上海：商务印书馆，1963.

［3］博迪，莫顿. 金融学［M］. 北京：中国人民大学出版社，2004.

［4］罗纳德·麦金农. 经济自由化的顺序——向市场经济过渡中的金融控制［M］. 北京：中国金融出版社，1993.

［5］罗纳德·麦金农. 经济发展中的货币与资本［M］. 上海：上海人民出版社，1997.

［6］约翰·格利，爱德华·肖. 金融理论中的货币［M］. 上海：上海人民出版社，1994.

［7］查理斯·P. 金德尔伯格. 经济过热、经济恐慌及经济崩溃金融危机史［M］. 北京：北京大学出版社，2000.

［8］雷蒙德·W. 戈德史密斯. 金融结构与发展［M］. 北京：中国社会科学出版社，1993.

［9］兹维·博迪，罗伯特·C. 莫顿. 金融学［M］. 北京：中国人民大学出版社，2000.

［10］大卫·H. 弗里德曼. 货币与银行［M］. 潘文星译. 北京：中国计划出版社，2001.

［11］爱德华·肖. 经济发展中的金融深化［M］. 上海：上海三联书店，1988.

［12］马克思. 资本论［M］. 第一、二、三卷. 北京：人民出版社，1975.

［13］张亦春，郑振龙. 金融市场学［M］. 北京：高等教育出版社，2003.

［14］弗雷德里克·S. 米什金. 货币金融学［M］. 北京：中国人民大学出版社，2006.

［15］黄达. 金融学［M］. 北京：中国人民大学出版社，2004.

［16］黄达. 货币银行学［M］. 成都：四川人民出版社，1992.

［17］黄达. 金融学（第2版）［M］. 北京：中国人民大学出版社，2009.

［18］姜波克. 国际金融新编（第3版）［M］. 上海：复旦大学出版社，2005.

［19］王松奇. 金融学（第2版）［M］. 北京：中国金融出版社，2000.

［20］王敬琏. 当代中国经济改革［M］. 上海：上海远东出版社，2004.

［21］朱新蓉．货币金融学［M］．北京：中国金融出版社，2010.

［22］潘淑娟．货币银行学［M］．北京：中国财政经济出版社，2008.

［23］宋鸿兵．货币战争［M］．北京：中信出版社，2007.

［24］易纲，吴有昌．货币银行学［M］．上海：上海人民出版社，2005.

［25］张亦春．现代金融市场学［M］．北京：中国金融出版社，2002.

［26］王元龙．中国金融安全论［M］．北京：中国金融出版社，2003.

［27］曹龙骐．金融学［M］．北京：高等教育出版社，2003.

［28］吴晓求．中国资本市场：全球视野与跨越式发展［M］．北京：中国人民大学出版社，2008.

［29］曾康霖，谢太峰，王敬．银行论［M］．成都：西南财经大学出版社，1997.

［30］黄宪等．货币金融学［M］．武汉：武汉大学出版社，2003.

［31］彭兴韵．金融学原理（第3版）［M］．北京：生活·读书·新知三联书店，2008.

［32］侯志红，阮铮．金融学［M］．北京：经济管理出版社，2007.

［33］杨胜刚．国际金融学［M］．长沙：中南大学出版社，2006.

［34］汪祖杰．现代货币金融学［M］．北京：中国金融出版社，2003.

［35］姚长辉．货币银行学（第2版）［M］．北京：北京大学出版社，2002.

［36］周道许．金融全球化下的金融安全［M］．北京：中国金融出版社，2001.

［37］杜金富，郭田勇．货币银行学［M］．北京：中国金融出版社，2005.

［38］张启文．金融学［M］．北京：科学出版社，2009.

［39］俞乔．金融衍生产品——衍生金融工具理论与应用［M］．北京：清华大学出版社，2007.

［40］夏丹阳．货币理论与货币政策研究［M］．北京：中国财政经济出版社，2004.